建阳年鉴

2021

中共南平市建阳区委党史和地方志研究室 编

方志出版社
Publishing House of Local Records

图书在版编目（CIP）数据

建阳年鉴. 2021 / 中共南平市建阳区委党史和地方志研究室编. —北京 : 方志出版社, 2021.12
ISBN 978-7-5144-5108-5

Ⅰ. ①建… Ⅱ. ①中… Ⅲ. ①建阳－2021－年鉴
Ⅳ. ①Z525.74

中国版本图书馆CIP数据核字(2021)第275603号

责任编辑：王娜
责任校对：刘玉霞
责任印制：梅中英
出 版 者：方志出版社
地　　址：北京市朝阳区潘家园东里９号（国家方志馆4层）
邮　　编：100021
网　　址：http://www.zgfzcb.cn
发　　行：方志出版社图书营销中心（010-67110500）
印　　刷：福州报业鸿升印刷有限责任公司
开　　本：889毫米×1194毫米　1/16
印　　张：25
字　　数：709千字
版　　次：2021年12月第1版
印　　次：2021年12月第1次印刷
定　　价：280.00元

《建阳年鉴（2021）》编纂委员会

顾　问： 魏敦盛　区委书记

组　长： 王　冲　区委副书记、区政府区长

副组长： 李培文　区委常委

阎济民　区政府副区长

成　员： 叶义清　区委办公室主任

李国标　区政府办公室主任

陈献余　区人大常委会办公室主任

李国强　区纪委副书记、监委副主任

伍清生　区委组织部常务副部长

赖贞明　区委宣传部常务副部长

张文鲁　区委统战部副部长

黄永红　区委政法委常务副书记

杨　建　区人武部政工科科长

林满山　区法院党组成员、副院长

陈　辉　区检察院党组成员、检委会专职委员

魏剑平　南平市公安局建阳分局党委副书记、政委

魏松正　区发展改革和科技局党组书记、局长

陈大勇　区教育局党组书记、局长

曾邵辉　区工业和信息化局党组书记、局长

卢献根　区民政局党组书记、局长

江磐基　区司法局党组书记、局长

李永华　区财政局党组书记、局长

兰燕敏　区人力资源和社会保障局局长

叶春华　区自然资源局党组书记、局长

周天翼　区住房和城乡建设局党组书记、局长

谭　健　区交通运输局党组书记、局长

全祖梁　区水利局党组书记、局长

周瑞明　区农业农村局党组书记、局长

邹光祥　区商务局党组书记、局长

徐卫兵　区文化体育和旅游局党组书记、局长

翁少敏　区卫生健康局党组书记、局长

谢丽娟　区退役军人事务局党组书记、局长

张春贵　区应急管理局党委书记、局长

肖立新　区审计局党组书记、局长
丁德有　区林业局党组书记、局长
邱　松　区市场监督管理局党组书记、局长
范子凤　区统计局局长
周天翼　区信访局党组书记、局长
柳仙秋　区城市管理局党组书记、局长
刘建斌　区供销合作社联合社主任
虞福兴　区档案馆馆长
余庆明　区委党史和地方志研究室主任
廖建文　潭城街道党工委副书记、办事处主任
谢江峰　童游街道党工委副书记、办事处主任
黄　斌　将口镇党委副书记、镇长
连志茂　崇雒乡党委副书记、乡长
吴　超　徐市镇党委副书记、镇长
范启昌　莒口镇党委副书记、镇长
杨许曦　麻沙镇党委副书记、镇长
王东新　书坊乡党委副书记、乡长
吴建磊　黄坑镇党委副书记、镇长
郑卓宁　水吉镇党委副书记、镇长（副处长级）
林　璟　小湖镇党委副书记、镇长
李　炜　回龙乡党委副书记、乡长
刘永义　漳墩镇党委副书记、镇长

《建阳年鉴（2021）》编辑部

顾　问：余庆明　（区委党史和地方志研究室原主任）
主　编：王柳珍　（区委党史和地方志研究室主任）
副主编：余贵德　蔡哲安
编　辑：吴立弟　余碧兰　黄玉辉　范慎强

《建阳年鉴（2021）》审稿委员会

编　审：李培文　建阳区委常委
阎济民　建阳区政府副区长
副编审：詹文华　（中共南平市委党史和地方志研究室副主任）

建阳区地图

比例尺 1:450 000

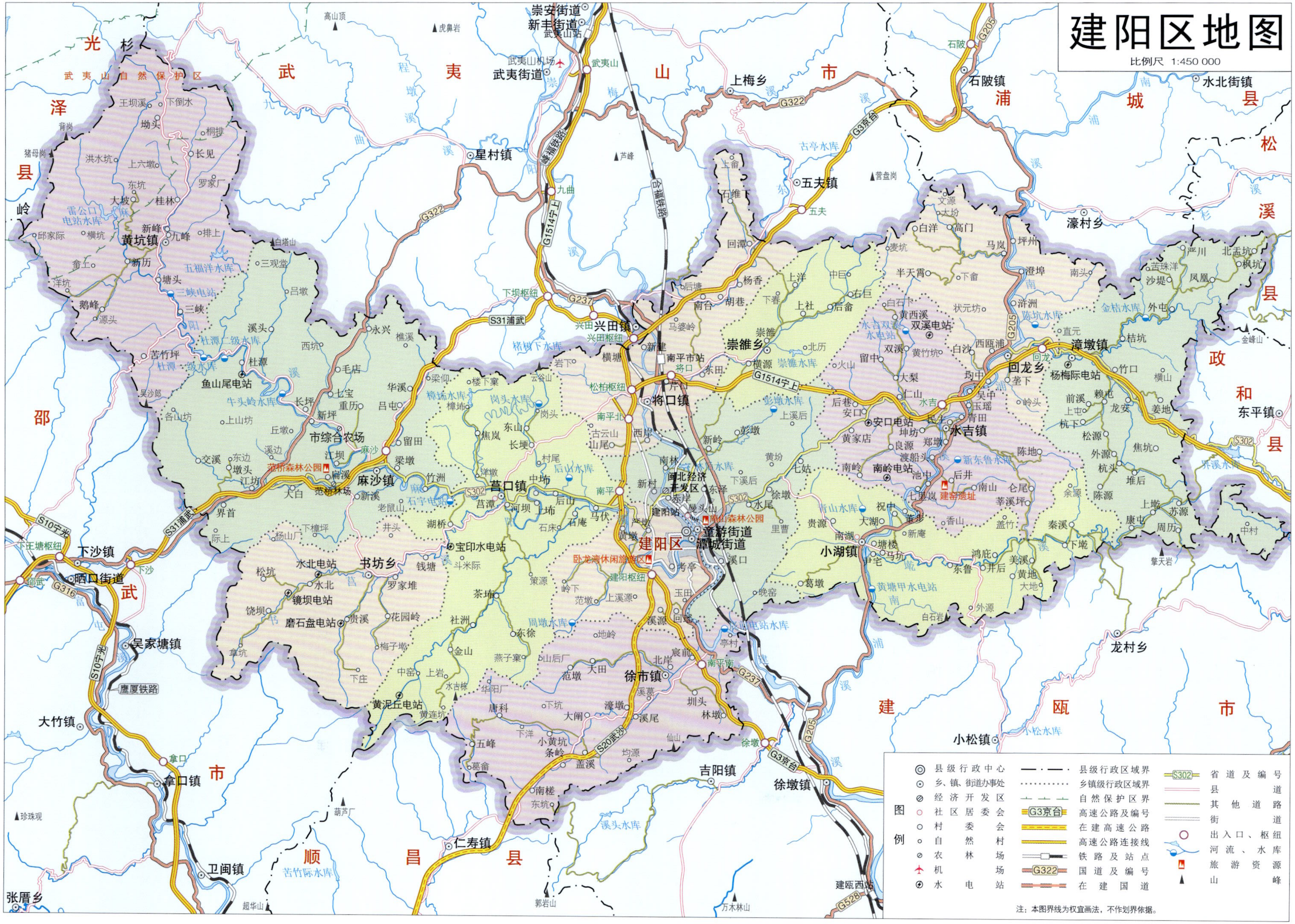

编制单位：福建省地图出版社　审图号：南S〔2022〕4 号　资料截至：2019年 12月

一、综　合

全年实现地区生产总值（GDP）261.9亿元，同比增长4.6%。其中，第一产业增加值39.4亿元，增长4.5%；第二产业增加值106.4亿元，增长4.0%；第三产业增加值116.2亿元，增长5.3%。三次产业结构总体趋好，比重为15.0∶40.6∶44.4。

全区公共财政总收入完成18.7亿元，下降5.6%，其中地方公共财政收入完成13.4亿元，增长1.4%。

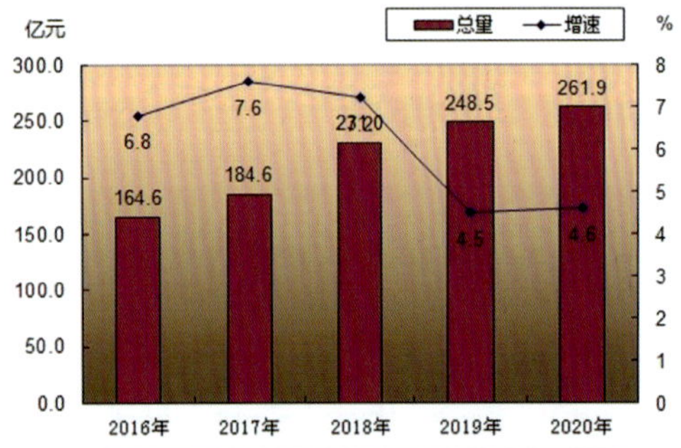

图1 2016—2020年地区生产总值与增速

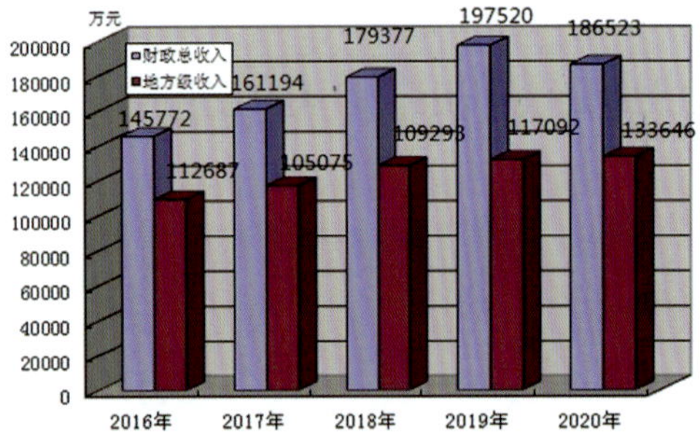

图3 2016—2020年财政收入

二、农业

全区农林牧渔业总产值实现67.0亿元，增长4.6%。

三、工业和建筑业

全区154家规模以上工业总产值同比下降5.9%，增加值可比下降1.9%。

全社会建筑业实现增加值26.3亿元，增长21.6%。

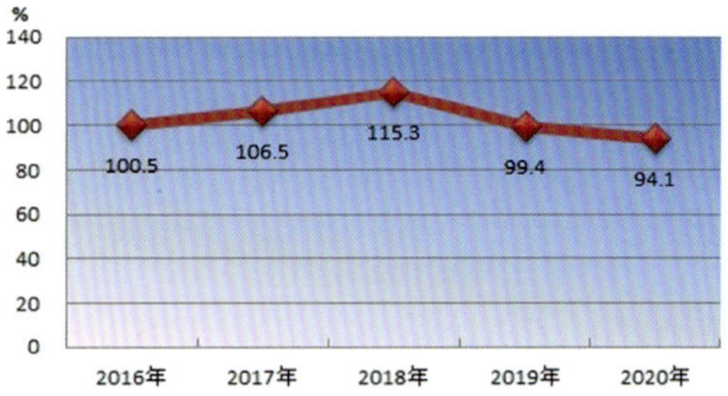

图2 2016—2020年规模以上工业总产值发展指数

四、固定资产投资

全区固定资产投资总额比上年同期增长3.4%。

全区房地产开发投资完成56.6亿元，比增44.7%。

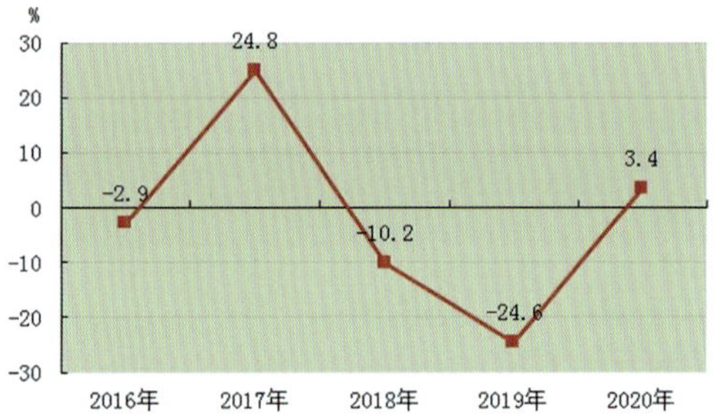

图4 2016—2020年全社会固定资产投资增速

五、国内贸易

全区实现社会消费品零售额89.2亿元，比上年同期下降3.4%。

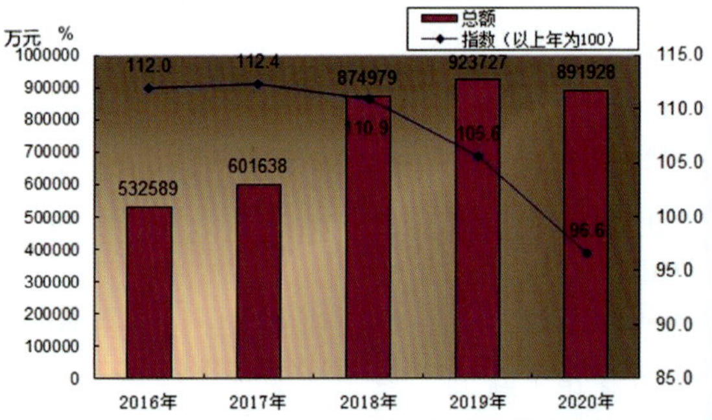

图5 2016—2020年社会消费品零售额与指数

六、对外经济

全年海关出口总额 14.4 亿元，下降 11.0%，实际利用外资 2140 万元。

七、金融

全区金融机构人民币存款余额达 325.1 亿元，增长 26.9%，其中住户存款 167.0 亿元，增长 18.7%。

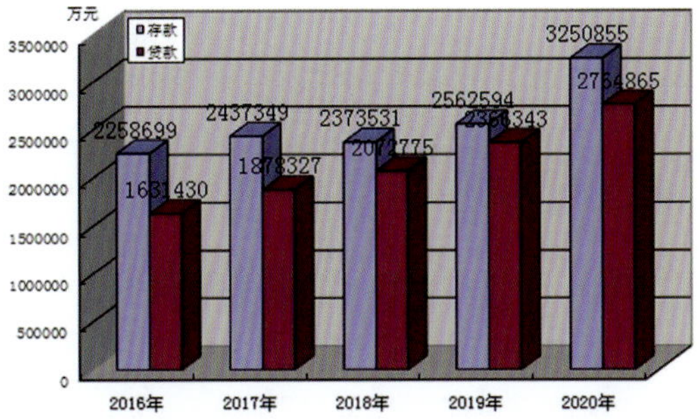

图 6 2016—2020 年金融机构人民币存贷款

八、交通和邮电

全年交通运输、仓储和邮政业实现增加值 11.0 亿元，比上年下降 1.2%。

全年邮政业务总量 9081 万元，同比增长 13.8%。电信业务总量 8000 万元，年末固定电话用户总数 8.1 万户，互联网用户 6.8 万户，移动电话用户 35.0 万户，年末移动电话基站 2566 个。

九、教育、文化和卫生

全区共有普通中学 16 所，班级数 389 班，在校生 18848 人；小学 24 所，班级数 670 班，在校生 25868 人；全区共有幼儿园 52 所，班级数 404 班，在园人数 10656 人。

年末共有体育场（馆）2 个，博物馆 1 个，文化馆（站）14 个。

年末共有各类卫生机构 204 个。年末卫生从业人员 2933 人，其中卫生技术人员 2565 人，医生 959 人，拥有病床总数 1486 张。

十、人口和人民生活

年末户籍总户数 101523 户，户籍总人口 360969 人。

全区城镇居民人均可支配收入 37425 元，增长 4.6%；农村居民人均可支配收入 18607 元，增长 7.3%。

全区共有 5.2 万职工参加了基本养老保险，16.5 万人参加了农村社会养老保险，28.5 万人参加了城乡居民医疗保险，4.5 万人参加了职工基本医疗保险。

敬老院 9 所，收养人数 212 人，建立社区服务中心（站）35 个。

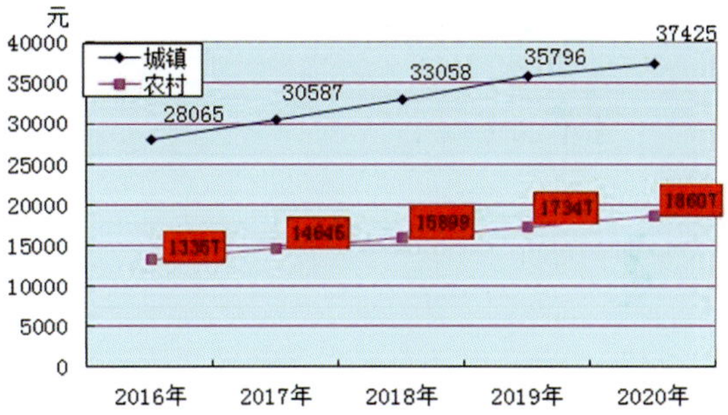

图 7 2016—2020 年城乡居民收入

十一、资源、司法和安全

全区行政土地面积 3383.4 平方千米，森林面积 27.1 万公顷，当年造林面积 1994 公顷。

全年律师代理案件数 748 件，公证 510 件，法律援助案件 303 件，免收诉讼代理 90.9 万元，基层人民调解纠纷 2854 件。

全年共发生农林牧渔业、采矿业、商贸制造业、建筑业、交通运输仓储业及其他行业等六大类生产安全死亡事故 6 起，同比减少 2 起，死亡 5 人，同比减少 2 人，未发生较大以上生产安全事故，亿元 GDP 生产安全事故率为 2.3%。

2020年9月2日，中国共产党南平市建阳区第十三届委员会第十次全体会议召开　　（邓 雪　摄）

2020年12月29日，中国共产党南平市建阳区第十三届委员会第十一次全体会议召开　　（黄 巍　摄）

2020年11月30日，区委书记杨新强（前右三）开展民生调研　（邓　雪　摄）

2020年4月8日，建阳援鄂医护人员凯旋　（丁健伟　摄）

2020年5月19日，由福建省文化和旅游厅、南平市人民政府主办，南平市文旅局、建阳区人民政府承办的2020年中国旅游日福建分会场主题系列活动在建阳区考亭书院正式启动

（张 伟　摄）

2020年5月20日，中国·漳墩小白茶第三届品鉴交易会暨香江茶业与建阳白茶协会战略合作签约庆典举行，图为签约现场　（叶倩秋　摄）

2020年6月18日上午，首条城市隧道——长安隧道正式通车

（林 晞　摄）

2020年6月19日，科技特派员现场指导农户　　（邓　雪　摄）

2020年7月23日，建阳建本雕版印刷技艺传承人技艺交流、展示活动召开
（邓　雪　摄）

2020年7月23日，雕版印刷体验现场　　（邓　雪　摄）

2020年7月23日，村民认真观看影片　　　　（伊 凡　摄）

2020年8月1日，电商直播基地揭牌仪式举行　　　　（叶倩秋　摄）

2020年8月21日，崇雒乡再生稻示范基地迎来头茬收割（洪 倩 摄）

2020年9月18日，社区工作人员开展邻里议事，为民解烦事（丁 娜 摄）

2020年9月18日，建阳区2020国家网络安全宣传周“金融日”主题宣传活动在中山广场举行（关 峰 摄）

2020年9月22日，中国农民丰收节活动现场 （陈琦辉 摄）

2020年10月14日，“决胜全面小康 决战脱贫攻坚”2020年南平市建阳区社会科学普及宣传周启动仪式暨畲族民俗文化展演在中山广场举行

（江 洁 林 晞 张 伟 池魏扬 摄）

2020年12月1日，“宪法宣传周”法治宣传活动在中山广场启动 （邓 雪 摄）

2020年4月1日，南平市建阳区“武夷山水”优品淘宝直播推介活动举行　　（谢 欣　摄）

2020年11月7日，“全民健身　活力中国”2020年“武夷山水·圣农杯”全国郊野钓鱼大赛举行　　（邓 雪　摄）

1. 建阳龙翔科技开发有限公司科技园装配车间（罗光耀　摄）
2. 武夷白鹭日用化工有限公司生产洗衣皂、洗衣粉、洗衣液、洗洁精、香皂等（黄杰敏　摄）
3. 龙竹科技工人加紧生产竹产品（邓　雪　摄）
4. 青华科技产业园施工现场（林　晞　摄）
5. 滴滴农机机插现场（邓　雪　摄）
6. 麻沙淮山（周心婷　摄）
7. 回龙乡果农进行脐橙装箱（邓　雪　摄）
8. 小湖镇果农采摘杨梅（伊　凡　摄）

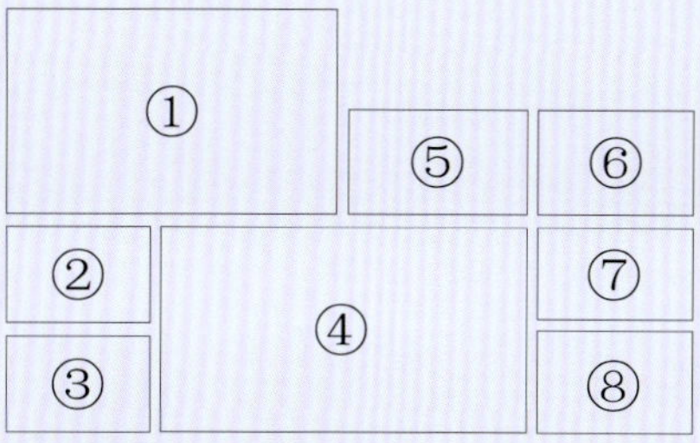

小湖红糖制作　　（邓　雪　摄）

国家AAAA级旅游景区建阳（卧龙湾）武夷花花世界　　（黄志新　摄）

建盏文化创意园 （丁健伟　摄）

考亭古街 （丁健伟　摄）

2019年12月30日至2020年1月2日，“水美南平　书香建阳”全国郊野钓鱼大赛在建阳举行（黄杰敏　摄）

编辑说明

一、《建阳年鉴（2021）》（以下简称“本年鉴”）是由中共南平市建阳区委领导，区人民政府主办，中共南平市建阳区委党史和地方志研究室编纂出版的年度资料性文献。本年鉴以马克思列宁主义、毛泽东思想、邓小平理论、“三个代表”重要思想、科学发展观、习近平新时代中国特色社会主义思想为指导，坚持辩证唯物主义和历史唯物主义的立场、观点和方法，力求全面、系统、翔实、准确地记述建阳区政治、经济、文化和社会生活等方面情况，意在“存史、资政、教化”。

二、本年鉴资料收录以2020年1月1日至2020年12月31日为限。为反映事物全貌，“建阳本土文化”和个别重大项条目有所突破。

三、本年鉴内容分为三大版块：卷首设特载、大事记、区情概貌。主体部分为各类行政事业和各乡镇（街道）概况。卷末设人物 荣誉。

四、本年鉴体例采用栏目、分目、条目三级框架结构，使用规范语体文记述，条目标题统一用黑体加【】表示。

五、本年鉴的所有资料均由区直（驻潭）单位及各乡镇（街道）、场、管委会提供，并经相关单位领导审核，以示负责。本年鉴的随文图未标注拍摄者的均由供稿单位提供。同一数据，以区统计局《建阳区统计公报》的为准，引用的统计数据，凡国家有统一规定范围、口径和计算方法的，均按国家规定统计。年鉴中所记的“同比增长”“增长”，均为当年与上年度的对比。

目录

特　载

大事记

区情概貌

中共建阳区委

建阳区人民代表大会

建阳区政府

政协建阳区委员会

纪检 监察

民主党派

群众团体

应急管理

法 治

军 事

自然资源管理

城乡建设与管理

环境保护

农业 农村

林业 水利

交通 邮电 电信

财政和经济管理

工业 商贸

银行 保险

教 育

文化 体育 旅游

卫生 计生

社会民生

乡镇 街道

人物　荣誉

索　引

政府工作报告

——2021 年 1 月 14 日在南平市建阳区第十六届人民代表大会第五次会议上

南平市建阳区人民政府区长 魏敦盛

各位代表：

现在，我代表南平市建阳区人民政府，向大会报告政府工作，请各位代表予以审议，并请区政协各位委员和其他列席人员提出意见。

一、2020 年工作回顾和“十三五”发展成就

2020 年是“十三五”规划收官之年，也是我们主动适应国内外疫情防控和经济运行新形势，在科学应变、主动求变中化危为机、战胜挑战的大考之年。一年来，全区上下坚持以习近平新时代中国特色社会主义思想为指导，深入贯彻落实党的十九大、十九届二中、三中、四中、五中全会精神，在市委、市政府和区委的坚强领导下，在区人大、政协的监督支持下，牢牢把握稳中求进工作总基调，紧扣绿色高质量发展超越主题主线，深入挖掘释放南平市行政中心搬迁红利，创新开展“四个年”活动，扎实做好 “六稳”“六保”工作，加快推进产业转型升级，做大做强实体经济，决战决胜脱贫攻坚，全面推进乡村振兴，经济社会持续健康发展。一年来主要工作和成效：

（一）战疫情克时艰，经济社会平稳有序。面对突如其来的新冠肺炎疫情，全区上下闻令而动、依令而行，在中央和省委、市委、区委的坚强领导下，迅速打响了疫情防控的人民战争、总体战、阻击战。党员干部冲锋在前，医务人员英勇作战，公安民警日夜坚守，广大群众全民参与，社会各界慷慨捐赠，凝聚起众志成城抗疫情、风雨同舟克时艰的强大合力。创新“六位一体”综合防控体系、“七个一”健康管理、“1234”社区防控工作法等，迅速筑起“外防输入、内防扩散”的牢固防线，仅用 42 天完成南平市第四医院建设任务，再创“建阳速度”，至今 342 天无新增确诊病例和疑似病例。疫情防控形势平稳向好后，我们因时因势精准施策，有序推动复工复产、复商复市、复学复课，以最快速度恢复了正常生产生活秩序。初步预计，2020 年全区生产总值 256 亿元，增长 3%；一般公共预算总收入 18.7 亿元；地方一般公共预算收入 13.4 亿元，增长 1.4%；农林牧渔业总产值 70.7 亿元，增长 4.5%；社会消费品零售总额 92.5 亿元，增长 0.2%；城镇居民人均可支配收入 37944 元，增长 6%；农村居民人均可支配收入 19500 元，增长 9%。

（二）夯基础破难题，三大攻坚扎实推进。脱贫目标如期实现。全区建档立卡贫困户 2657 户 6333 人全部达到脱贫退出标准，32 个贫困村全部摘帽，5 万元以下薄弱村全面消除。严格落实“两不愁三保障”“四不摘”要求，完成 16 个贫困村饮水工程建设。扎实开展就业扶贫，策划生成 104 个总投资 2682.8 万元

扶贫项目，增设公益性岗位安置贫困劳动力 109 人。生态环境持续向好。全力抓好省生态环境保护例行督察问题整改。完成植树造林 2.9 万亩、现有林改培 1.7 万亩、人工林栽培 2345 亩，空气质量达标天数比例 100%。认真落实“河湖长”制，建立生态巡查机制，在全市率先完成排污许可发证登记，集中式生活饮用水水源地、区域河流断面水质达标率 100%。持续巩固畜禽养殖污染防治成效，完成野生动物养殖退养转产，屠宰厂迁建项目建成投用。“大棚房”、违建别墅清理取得阶段性成果，污染地块修复“三防三监控”机制在全省推广。重大风险有效防控。坚持“化旧控新”“一企一策”化解不良贷款，不良率 0.93%，连续 19 个月保持在 1% 以内。首创“金融纠纷调解中心”，累计办结金融纠纷 457 件 8682 万元。加强地方政府债务管理，严格控制在省上核定限额之内。深入开展房地产领域乱象整治，房地产市场健康发展。深化房屋结构安全隐患大排查大整治“百日攻坚”行动，1705 栋重大安全隐患房屋全部整治销号。

（三）迎搬迁享红利，千年古县焕发新机。全力服务搬迁大局，南平市行政中心正式迁驻建阳。市区一体加速融合。全面融入闽北新兴中心城市建设，精准高效破解征迁难题，全力保障云谷水系工程、新区综合医院等重点项目用地，稳妥有序推进留置地问题化解。积极配合南平市体育中心、武沙高速等重点工程建设，雷公口引调水工程通水，省道 303 全线贯通。全力对接市区一体管理机制体制，行政服务中心整体进驻市级中心，人社、不动产登记、医保等分中心同步入驻。搬迁红利加快释放。借势发展“四大”新经济业态，全年新增各类市场主体 12465 户，比增 160%。首都师范大学学前教育学院 2020 年“国培计划”落地实施，建盏文化直播基地顺利揭牌，建阳建盏抖音电商直播基地启动招商。闽北物流集散中心投入运营，入驻企业 45 家。产业互补持续推进。建阳经济开发区产业发展格局基本形成，全年完成投资 5 亿元，征地 3130 亩，台地平整 1550 亩，入园大道、创业孵化园等项目建成投用。新引进企业 52 家，供地 20 家，医卫产业园实现福建闽瑞新合纤股份有限公司等 8 家全产业链企业入驻，达产后将成为建阳首个年产值超百亿元产业。

（四）调结构促转型，发展质效稳步提升。现代农业提质增效。新建粮食产能区 34 片 2.5 万亩，实现粮食产量 20.6 万吨，兑现耕地地力保护补贴 3325 万元。全面推广应用“滴滴农机”，水稻综合机械化率 81.9%。持续提升橘柚、葡萄、茶叶等特色产业，成功举办首届茶文化节、首届“中国水仙茶研讨会”，茶叶项目纳入武夷岩茶产业集群建设，并入选全省果菜茶有机肥替代化肥试点。恒亮禽业总部落户建阳，回龙乡入选国家农业产业强镇建设名单。工业经济支撑有力。深入开展“六严六帮”，打通“五难”操作链，帮助 21 家企业争取纾困资金 1 亿元，为 22 家企业转贷 55 笔，放款 3 亿元。规模以上工业企业产值增幅居全市前列，新增入规企业 6 家。青松股份入选 2020 年全省百强和制造业 50 强民营企业榜单及全省第四批制造业单项冠军企业名单。龙竹科技成为全国首批、福建首家新三板精选层企业，汽车锻压件厂、龙翔科技入选工信部第二批专精特新“小巨人”企业名单，龙翔科技高等级航空轮胎成型装备获国内首台（套）认定。第三产业加速回暖。顺利承办中国旅游日福建分会场线上主题活动，预计全年旅游接待总人数 520 万人次，旅游总收入 72 亿元。成功举办纪念朱子诞辰 890 周年祭祀大典，考亭书院教培基地投入运营，考亭讲坛开讲。深入实施“六夜”工程，完成潭人街夜市改造，嘉禾美食街获评省级美食街。积极参与“全闽乐购”促消费活动，投放消费券 244 万元，带动消费 2000 余万元，成功举办第二届大武夷赶山节暨“鱼”你同乐美食嘉年华活动。项目投资强力拉动。项目投资增长 17.7%。围绕南平发展“新三线”，谋划生成 686 项，总投资 1833 亿元“十四五”重大项目。全年新增“五个一批”项目 101 项，总投资 152.6 亿元；地方政府专项债入库项目 30 项，总投资 151 亿元。42 个省市在建重点项目完成投资 32 亿元。常态化开展项目集中开竣工，实现项目集中开工 80 项、竣工 33 项。新引进总投资超 5000 万元招商引资合同项目 47 项、总投资 55 亿元，全部实现开工。

（五）拓空间提品质，城乡面貌明显改善。城市功能更加完善。西区生态城、童游嘉禾等核心商圈业态逐步完善，马尚道、正达商业街投入运营，西区、童游赤岸农贸市场开门营业。启动螃蜞路拓宽改造，双龙桥隧、交通枢纽等项目加快推进，完成嘉禾大道改造、垃圾焚烧发电二期建设，首条城市隧道——长安隧道建成通车，新增城区停车泊位1109个。启动北门、西桥等6个片区、总投资3亿元的老旧小区改造。加快推进潭山林下旅游项目，完成宋慈公园等3个城市公园改造，建成区绿化覆盖率46.8%。城市管理更加精细。扎实开展垃圾分类试点，新增市场化保洁面积26万平方米，基本实现背街巷道全覆盖。持续深化“两违”整治，拆除各类违建1890处42.2万平方米。完善“5＋X”联合执法、路长制等机制，取缔新建路、西桥西路、五里樟“马路市场”。乡村振兴更加扎实。全面启动三大“卫星”集镇建设。水吉建盏小镇加快推进，旅游公路开工建设；徐市镇固定资产投资突破10亿元，与经济开发区产城融合稳步推进；麻沙镇入选省级商务特色小镇、福建全域生态旅游小镇名单，获评第六届全国文明村镇。水南村、溪源村等12个省级试点村和“一带N点”13个市区级示范村建设加快推进。实施新型农业经营主体培育工程，申报国家、省市级示范社14家、家庭农场15家。加快发展农村电商，打造电商示范村、服务中心17个。持续推进“四好农村公路”建设，完成农村公路单改双122千米，书麻线、将崇线等建成投用。深化农村人居环境整治，大力实施“一革命四行动”，新改建公厕198座，完成5个乡镇污水处理厂建设，“全域无垃圾”专项行动成效显著。扎实推进“两高”沿线环境整治，整治裸房1172栋，补植绿化2万平方米。

（六）补短板兜底线，民生福祉更加殷实。财政民生领域支出占比83.2%，28项为民办实事项目基本完成。社会保障不断完善。全力做好大中专毕业生、农民工、退役军人等重点群体就业帮扶，城镇登记失业率控制在4%以内。发放各类惠企补助1241.3万元，阶段性减免各类参保企业保险费1.1亿元，惠及职工10万余人。发放低保金、特困供养金、医疗救助金等各类惠民补助3636.9万元。落实保障性安居工程，公租房配租入住913套，配租率99.2%。社会事业蓬勃发展。启动实验幼儿园双龙校区、景龙幼儿园建设，崇雒九年一贯制学校、启明学校、老年大学新校区等建成投用，高考600分以上突破80人，顺利通过省政府教育“两项督导”评估。扎实推进14类基本公共卫生服务，村卫生所全部开通医保终端，小湖镇卫生院获评全国“敬老文明号”，黄坑镇获评全国卫生乡镇。有序推进省级托育试点、慢性病综合防控示范区建设，疾控中心建成投用。加快推进居家和社区养老服务改革，新改建农村幸福院、日照中心48所，65岁以上老人健康管理率70%。启动童游智慧体育公园建设，打造社区15分钟健身圈205个，顺利承办第四届市运会。社会治理更加高效。深化“平安建阳”建设，严厉打击新型电信网络诈骗和毒品犯罪，扎实开展“一十百千万”和“六清”行动，打掉涉黑组织3个、恶势力集团5个、恶势力团伙2个。顺利通过“七五”普法验收。扎实推进第七次全国人口普查。深入推进防灾减灾救灾体系建设，潭城街道七贤社区获评“全国综合减灾示范社区”。全面开展安全生产专项整治三年行动，积极推进安全生产主体责任示范企业创建，建立农村公路三级“路长制”，全区未发生较大及以上安全生产事故。妇女儿童、民族宗教、外事侨务、台港澳事务、老区库区、气象水文防震、人民防空、档案方志、双拥共建等工作继续加强。

（七）抓改革激活力，发展后劲不断增强。三大创新持续深化。53家企业加入“建盏生态银行”品牌联盟，建盏生态资源管理公司竞得建盏原料探矿权，与清华大学材料学院达成技术检测战略合作协议。中国世界遗产（福州）高峰论坛建盏文化交流中心顺利揭牌，建盏品牌价值160.4亿元、产值45亿元。扎实推动“一品一码”追溯管理，406家生产主体纳入省农产品质量安全追溯监管平台，新增授权使用“武夷山水”区域公用商标企业20家，“建阳白茶”品牌价值19.5亿元。成功承办“武夷山水·圣农杯”全国郊野钓鱼大赛，创下“规模最大的野钓竞赛活动”大世界吉尼斯纪录，“建阳考亭”被确认为国家垂钓基地。重点领域改革扎实推进。顺利完成乡镇机构改革。街道设置平稳有序推进。持续深化“放管服”改革，全区依申请审批服务事项网上可办率98.8%。深化国资国企改革，建立财政出资企业负责人经营业绩考核评价体系。推进更大规模减税降费，预计新增减税降费2亿元。持续开展综合治水试验县试点，“智慧河长”监管平台正式启用。积极推进全域土地综合整治试点，扎实开展闽江流域生态修复试点，山水林田湖草项目获省级正向激励资金1500万元。对外开放水平逐步提升。积极融入“海丝”核心区建设，抢抓闽东北协同发展、山海协作机遇，与连江县签订教育、旅游合作协议。持续开展外贸辅导培训，完成外贸进出口12亿元，外商实际到资2140万元。组建建达颐辰通国际供应链、建达颐辰网跨境电子商务公司。深化对台交流，启动闽台建盏文化交流基地建设。

（八）转作风提效能，政府建设更加务实。全面落实从严治党主体责任，坚持不懈推进政府系统党风廉政建设和反腐败斗争。全力抓好省委巡视反馈问题整改，完善政府采购、土地出让、招投标等监管机制。持续深化法治政府建设，完善“两法衔接”机制，办理人大代表议案、建议226件、政协提案93件，办结率100%，满意和基本满意率100%。严格落实中央八项规定精神及省市实施办法，带头过紧日子，“三公”经费同比下降28.4%。大力整治形式主义、官僚主义等“四风”问题，全年文件、会议分别减少10.8%、11.6%。全面开展突破“难、硬、重、新”工作行动，全力破解发展中面临的老难题和新挑战。加强审计监督，深化“随手拍”社会化监督机制，政务公开和权力运行网上公开扎实推进。

各位代表，2020年各项工作的有效推进，为“十三五”画上了圆满的句号，也为“十四五”开好局、迈好步奠定了基础。回顾过去的五年，深感成绩来之不易，经验弥足珍贵。

——“十三五”时期，是我们综合实力稳步攀升的五年。地区生产总值突破200亿元，年均增长10.8%；一般公共预算总收入年均增长6.4%。全社会固定资产投资稳步增长，一批重大项目建成投用。获评千年古县、中国建窑建盏之都、全国绿色发展百强区、全国百佳深呼吸小城。

——“十三五”时期，是我们转型升级步伐加快的五年。三次产业结构由16∶49∶35调整为13∶41∶46。五大百亿产业发展壮大，绿色经济占经济总量80%以上。新增上市企业2家、规模工业企业29家，成功创建国家A级景区5家。25.7平方千米的建阳经济开发区从无到有，实现企业入驻63家。现代物流、金融等服务业加快发展。

——“十三五”时期，是我们发展活力不断增强的五年。市区一体发展迈出新步伐。完成新一轮机构改革。农业农村、财税体制、商事制度、生态环境等重点领域改革取得新进展。国企改革扎实推进，成功组建城投、建达、林业三大集团公司。环武夷山国家公园麻阳溪流域水美经济带建设有序推进，考亭水美城入选全国第三届水工程与水文化有机融合案例。

——“十三五”时期，是我们城乡面貌深刻变化的五年。中心城区建成区面积从18.3平方千米拓展到34平方千米，城区人口总数突破20万人，城镇化率提高至62%。西区生态城实现收益57.6亿元，直接带动固定资产投资260多亿元，建发悦城、万达广场等城市综合体形成集聚效应。新建改建村级组织活动场所147个，建成美丽乡村61个。生态环境质量持续保持全省前列，森林覆盖率达78.2%。获评省级文明城区。

——“十三五”时期，是我们社会事业全面进步的五年。累计办成为民实事139项。总投资10.6亿元，惠及20多万人口的城乡供水一体化项目加快实施。教育、医疗等工作持续走在全市前列，新增学位6000个，实现乡村卫生服务“七统一”，第一医院医技楼建成投用，厚生眼科、八五口腔等专科医院相继运营。社会福利中心实现公建民营，农村幸福院覆盖率75%。完成农村路网改造320.5千米，新建改建城市公园8座，新增骑行道100千米，慢行绿道163千米。

——“十三五”时期，是我们民生福祉持续增进的五年。全区公共财政支出80%以上用于民生，新增城镇就业1.4万人，转移农村劳动力2.3万人。城镇、农村居民人均可支配收入年均分别增长7.3%、9.6%。城乡医疗保险、养老保险基本实现全覆盖。贫困户年人均纯收入从2384元/年增加到10867.9元/年。扫黑除恶专项斗争成效显著、禁毒重点关注地区成功摘帽。

各位代表，过去五年的成绩来之不易，统筹疫情防控和经济社会发展的积极成效来之不易。这是以习近平同志为核心的党中央坚强领导的结果；是习近平新时代中国特色社会主义思想科学指引的结果；是在市委市政府领导下，区委团结带领全区人民拼搏奋斗的结果。在此，我谨代表南平市建阳区人民政府，向在各行各业、各条战线辛勤工作的广大干部群众，向给予政府工作大力支持的人大代表、政协委员，向所有关心、支持、参与建阳建设和发展的各界人士、各方朋友以及老领导、老同志，向全区人民，表示衷心的感谢！特别是向去年以来奋战在疫情防控一线的医务工作者、社区工作者、公安民警、基层干部、新闻工作者、志愿者等广大党员干部群众，向识大体顾大局、全力配合疫情防控的全体市民，致以崇高的敬意！

在肯定成绩的同时，我们也清醒看到，我区在全方位推动绿色高质量发展超越中还存在不少困难和短板，主要表现在：受疫情影响，经济下行压力加大，一般公共预算总收入等指标没有完成“十三五”目标任务，财政收支平衡压力较大；实体经济发展面临较大困难，传统产业转型升级不快，新兴业态基础较弱，实现高质量发展依然任重道远；民生领域还有不少短板，教育、医疗、养老服务等方面供给与人民群众期盼仍有差距；安全生产、公共卫生、社会治理体系还不完善，抵抗风险的能力还不强，影响社会安全稳定的不确定、复杂性因素还很多。面对新情况、新要求，部分干部克难担当、推动发展的能力不足，作风效能建设还需加强，营商环境仍需优化，等等。对此，我们将高度重视，采取务实有效的措施，切实加以解决。

二、“十四五”发展目标及重点

“十四五”是由全面建成小康社会向基本实现社会主义现代化迈进的关键时期，是全面开启社会主义现代化强国建设新征程的重要机遇期。提请大会审议的《南平市建阳区国民经济和社会发展第十四个五年规划和二〇三五年远景目标纲要（草案）》，提出了我区今后五年经济社会发展的目标任务和各项措施，展望了二〇三五年基本实现社会主义现代化的远景目标。

规划草案明确我区“十四五”时期发展的指导思想：高举中国特色社会主义伟大旗帜，深入贯彻党的十九大和十九届二中、三中、四中、五中全会精神，全面贯彻党的基本理论、基本路线、基本方略，深入学习习近平总书记对福建、对南平工作重要讲话重要指示批示精神和省委十届十一次、市委五届十一次全会精神，统筹推进“五位一体”总体布局，协调推进“四个全面”战略布局，坚定不移贯彻新发展理念，坚持稳中求进工作总基调，以全方位推动绿色高质量发展超越为主题，以深化供给侧结构性改革为主线，以改革创新为根本动力，以满足人民日益增长的美好生活需要为根本目的，全面融入闽北新兴城市建设，加快建设现代化经济体系，加快构建新发展格局，推进新时代新建阳治理现代化，谱写新时代新建阳建设新篇章，奋力开创新时代“市区一体、绿色发展、产业强区、书香建阳”建设新局面。

规划草案提出今后五年全区经济社会发展的主要目标：到 2025 年，全方位绿色高质量发展超越迈出重要步伐。经济持续健康发展，质量效益明显提升；“五大绿色产业集群”基本形成，生态产业化产业生态化经济体系加快构建；人民生活水平普遍提高，中等收入群体比例持续提高，教育、医疗、养老、婴幼儿照护等领域短板加快补齐，人民精神文化生活日益丰富；生态环境质量持续保持省市前列；区域治理现代化水平得到明显提升。归纳起来有以下几个方面。

（一）综合实力再上台阶。经济持续健康发展，质量效益明显提升，经济结构更加优化，创新能力显著提升，产业高端化、产业链现代化水平明显提高，农业基础更加稳固，城乡区域发展协调性明显增强，现代化经济体系建设取得重大进展。

（二）科技创新加快推进。创新支撑引领高质量发展体系加快推进，全区研究与试验发展经费达到全省平均水平，建立多元化科技投入体系，科技创新环境不断优化，绿色高水平发展创新型城市格局基本形成。

（三）产业结构明显优化。现代绿色农业加快发展，基本构建茶产业、蛋鸡产业、果蔬产业、粮食产业等特色产业集群；紧紧围绕省委“6 + 4 + 5”产业新体系、南平七大绿色产业和“3 + 3 + 6”产业集群，重点打造 5 个百亿产业集群，加快培育 3 个五十亿产业，配套发展仓储物流、教育培训等服务产业体系，现代服务业对经济发展的推动力不断增强，初步建成国家级度假胜地和文化创意产业高地。

（四）幸福指数不断提升。民生事业发展稳步推进，公共服务资源配置合理，教育、医疗、养老、婴幼儿照护和城乡民生基础设施等领域的薄弱环节得以补齐，社会保障体系逐步完善，中等收入人口比重提升，劳动报酬在初次分配中的比重、居民收入在国民收入分配中的比重不断提高，脱贫攻坚成果巩固拓展。

（五）人居环境持续改善。生态文明治理深入推进，“山水林田湖草”生态保护修复成效明显，生态文明建设制度体系基本建成，农村环境综合治理不断加强，乡村人居环境整体提升，生态环境“高颜值”和人居环境“高水准”同步实现。

（六）治理效能稳步增强。把加快绿色高质量发展与推进治理体系和治理能力现代化紧密结合起来，加强系统治理、依法治理、综合治理、源头治理，将制度优势更好地转化为治理效能，新时代新建阳治理现代化扎实推进。

三、2021 年工作安排

2021 年是“十四五”规划开局之年，中国共产党成立 100 周年，也是进入新发展阶段的第一年，开好局、起好步至关重要。我们要保持战略定力、坚定发展信心，聚焦省委对南平“四个高质量”要求和南平“新三线”发展任务，顺势而为、乘势而上，全面统筹常态化疫情防控和经济社会发展，持续做好“六稳”“六保”工作，让发展更有势头、工作更有看头、群众更有奔头，在全方位推动绿色高质量发展超越中展示新形象、实现新作为。

2021 年经济社会发展的主要预期目标：全区地区生产总值增长 7.5% 以上；一般公共预算总收入增长 3.5% 以上；地方一般公共预算收入增长 3% 以上；全社会固定资产投资增长 8% 以上；规模工业增加值增长 7.5% 以上；农林牧渔业总产值增长 4.2% 以上；社会消费品零售总额增长 8.5% 以上；外贸出口总额增长 3.5% 以上；城镇居民人均可支配收入增长 7%；农村居民人均可支配收入增长 9%；城镇登记失业率控制在 4% 以内。

为实现上述目标，我们将重点抓好以下七个方面工作：

（一）坚持以市区一体为重心，着力打造闽北新兴中心城市

高标准提升城市功能。大力实施城市更新行动，主动对接中心城区规划编制，优化区域功能定位，推动城市功能完善和居民生活品质提升。实施提升老城区、繁荣新城区“双区联动”工程，协调推动西区生态城以西、双龙路以北地块开发，与武夷新区连线成片。加快螃蜞路、塔山大桥拓宽改造，完成水东片区、西桥片区等 6 个老旧小区改造提升。实施市政道路快速化改造，加快推进潭山隧道建设，规划建设城区至建阳经济开发区快速通道。实施城市绿化亮化彩化工程，完成建平大道、嘉禾大道等城市主干道景观绿化提升。启动南入城口安全生态水系项目建设，提升“南大门”整体品位。

高要求加强城市管理。全力配合南平市理顺城乡规划、土地、财政、城市管理等市区一体管理体制机制。强化数字城管应用及智慧城市建设，建成区级智慧城管平台。持续开展市场秩序、店外经营等专项整治，强力推进疏堵治乱，加快推进童游大型货车停车场建设，新增城市泊位 300 个。持续深化“两违”专项治理，全面开展城区生活垃圾分类工作，逐步实现生活垃圾资源化、无害化处理。

高质量发展城市经济。持续挖掘释放搬迁红利，培育壮大“四大”新经济业态。做大消费经济，持续提升西区生态城、童游嘉禾、中心城市 3 大核心商圈，加快实施嘉禾夜市街等 13 个总投资 78 亿元夜间经济示范项目，优化提升潭人街、宋慈广场美食城等特色街区，构建“食、游、购、娱、体、展、演”多元消费市场，推动水吉扁肉、麻沙豆腐干等申报中华美食。做活平台经济，加快引进 5G 网络、数据中心等数字新基建项目落地，扶持德丰、慧智物联网等企业做大做强，推进各行业线上线下深度融合。支持“召星传媒”“建盏君”等企业以“新零售”、网红直播等方式，打通销售渠道。做优服务经济，发挥西区生态城省级示范商圈优势，依托建发悦城和周边商业街区，加快发展楼宇、街区、总部等“三新”经济，推进现代金融、企业管理服务等行业集聚发展，打造高品质核心商圈。做强教育经济，坚持以教育聚人气、汇商气，积极引入优质教育资源、品牌民办教育机构在建阳增设分校，加快推进外国语学校申报省级达标高中。以首都师范大学“国培计划”落地实施为契机，全力打造全国学前教育示范区。

（二）坚持以绿色发展为导向，着力推进发展质量变革

筑牢绿色屏障。持续打好污染防治攻坚战，严格落实“三线一单”，巩固提升畜禽养殖污染治理成效，全力推进生态环境问题整改，重点抓好建盏龙窑专项整治。加快研究制定提前实现碳达峰、碳中和实施方案，确保空气环境质量保持全省领先。深化河湖长制，全面开展排水管网排查、疏浚、修复、建档，抓好城镇生活污水、小流域治理，乡镇生活污水集中处理率达 60% 以上。统筹山水林田湖草保护修复，加快推进国家储备林质量精准提升等试点，总结提升重点生态区位商品林赎买经验做法，支持生态环境公益诉讼，依法打击环保领域违法犯罪。

壮大绿色产业。全面实施绿色发展考核评价体系，做优做强与资源禀赋相得益彰的五大绿色产业，加快推进青华科技一期等40项总投资103.7亿元的绿色产业重点支撑项目建设，重点打造林产工业、机械制造、医卫材料、旅游康养、建盏文创等5个百亿产业集群，加快培育食品加工、生物医药、数字经济3个五十亿产业集群。深入实施重点行业、企业提标改造工程，加快推进13项总投资28亿元技改项目，高位嫁接引进一批竹加工、生物科技等产业强链补链扩链龙头项目，释放发展潜能，着力培育一批“新五南”企业，力争龙竹科技主板上市。

深化绿色创新。加快探索生态产品价值实现路径。提升“武夷品牌”价值力。坚持“品牌优先”战略，强化橘柚、葡萄、茶叶等优质产品品质管控，深入实施减肥控药工程，加快培育一批“三品一标”优质农产品，更好实现溢价增值。推动“建盏生态银行”市场化。全面整合矿土、人才等资源，加快“一基地、两平台、三中心”建设。严格执行建盏行业标准，探索建立原质料供应监管、溯源系统，推动“探矿权”向“采矿权”转化。加快启动建盏交易中心建设，规范市场秩序，成功申报“建阳建盏”中国驰名商标。培育“水美经济”新业态。借力南平市打造永不落幕的国家级钓鱼大赛，积极探索以体育赛事、体育休闲基地建设为依托的“水美经济”新业态，加快标准化垂钓赛场建设。持续推进麻阳溪流域水美经济带建设，加快实施6项总投资10.5亿元“水美经济”项目，全力推动考亭争创省级旅游度假区。

（三）坚持以产业强区为支撑，着力提升经济发展能级

扎实推进专业园区建设。以建阳经济开发区为主要载体，加快特色产业园建设，力争获批省级经济开发区。林产工业园。依托龙竹科技、庄禾竹业等龙头企业，发展竹制品精深加工、竹新材料研发等，打造全省竹家居用品生产基地。积极对接竹纤维生产项目，加快推进黄坑分园建设，打造竹筷小镇。生物医药产业园。以青松股份为龙头，延伸产业链，带动上下游产业集聚发展，打造中国香精香料产业基地。加快项目供地，实现青华科技一期、金石氟业一期竣工投产。同步加快推进和泉生物并购重组，重点发展医药中间体、原料药向下游制剂及中药提取等，打造南平生物医药新龙头。医卫材料产业园。发展高端医卫健康新材料，打造首个集高端ES纤维、高品质热风无纺布、卫材制品于一体的中国（闽北）医卫材料产业基地。加快推进一期标准厂房建设，年内实现2家以上企业投产。新型建材产业园。以建设南平市静脉产业园为契机，集聚发展绿色节能建材、新型复合建材等，加快台地平整，吸引全区建材企业入园发展。再生资源产业园。打造闽浙赣交界最大废旧物资回收利用基地。争取凯盛供销物资回收列入工信部《废钢铁加工行业准入条件》企业名单，实现年产值20亿元，同步启动项目二期建设。建盏文创产业园。以考亭片区文创产业、水吉片区遗址保护开发、徐市片区创业孵化为重点，推动建盏企业标准化、规模化生产。加快推进建盏小镇、建窑遗址公园等项目建设。食品加工产业园。发挥笋、茶、粮等资源优势，配套建设冷链物流，打造闽北农副产品加工分销专业园。引导夷山物产等企业退城入园，加快启动恒亮蛋鸡屠宰和鸡蛋深加工项目。同步推动漳墩分园小白茶文化产业中心项目建设。

深入实施创新驱动战略。坚持走专精特新、“单项冠军”发展道路，推动高新技术企业加速成长，新增国家高新技术企业2家，培育专精特新中小企业5家以上。强化企业创新主体地位，鼓励企业加大研发投入，攻克一批产业链供应链“卡脖子”关键核心技术，新增市级企业技术中心2个，争取5家企业创新项目列入省重点创新项目库。深入实施“能人引流”工程，加快引进一批国内外一流高校人才、急需紧缺型实用人才。强化知识产权保护，鼓励武夷白鹭、汽车锻压件厂申报中国驰名商标，争取3家以上企业成功申报省级知识产权优势企业。

持续深化“五个一批”项目攻坚。坚持把项目建设作为扩大有效投资重要抓手，筛选一批条件成熟、急需建设的“十四五”项目，实行清单式管理，做好全要素保障，确保一批大项目、好项目在开局之年落地实施。全力谋划、加快推进地方政府专项债入库项目，常态化开展项目集中开竣工，力争实现100个以上重大项目开工。加大招商选资力度，聚焦新基建、沿海发达地区产业转移，密切对接闽东北协同发展区重大协作和建阳—连江山海协作发展项目，争取全年引进10个以上超亿元项目，推进15个以上5000万元项目落地投产。

（四）坚持以书香建阳为抓手，着力提升特色文化影响力

打响文化品牌。持续加强传统文化资源挖掘保护，重点拓展朱子、宋慈、建本“文化＋”发展领域。朱子文化，系统梳理考亭学派理学成就，挖掘时代内涵、讲好当代故事。坚持以考亭书院、观书园等为载体，培育沉浸式旅游业态，持续办好考亭讲坛等系列主题活动，打造重走朱子之路的必经之地。宋慈文化，全力申报中国法医学博物馆、法医鉴定研究中心等项目，争取在宋慈纪念园设立省级法治文化教育基地、司法鉴定培训基地。加快推进宋慈纪念园二期建设，串联后畲村传统古村落等元素，打造全国政法系统游学胜地。建本文化，积极举办全国性建本文化学术研讨会，传承和弘扬建本雕刻技艺。积极推动建本文化与朱子、宋慈文化传承发展相融合，拓展雕版印刷仿古书籍市场，开发具有建阳 IP 的旅游伴手礼。加快推进麻沙建本小镇建设，再现“图书之府”繁华景象。

深化文旅融合。围绕国家级全域旅游示范区创建目标，推动文旅资源、市场、产业深度融合，推出考亭文化研学游、水吉古窑探幽游、建本雕版体验游、书坊红色记忆游等特色鲜明的文化旅游线路，积极推动点茶技艺申报省级非物质文化遗产，叫响“千年古县·书香建阳”品牌。完善旅游基础设施，书坊红色小镇争创国家 3A 级旅游景区，麻沙楠木林、黄坑景区争创国家 4A 级旅游景区。聚焦“吃住行购学”多元化，加快实施一批高端酒店、精品民宿项目，持续丰富考亭湖夜游等一批旅游体验项目，把看武夷山水、品武夷岩茶的游客引到建阳来。力争全年游客接待量增长 20%，旅游总收入增长 22%。

促进文化惠民。弘扬社会主义核心价值观，加强社会主义精神文明建设，积极争创全国文明城市，加快启动文化馆、博物馆、艺术中心建设。充分发挥“中国书画艺术之乡”优势，健全政府主导、多元投入的群众性文化活动和公共文化服务机制，加大与中国美术家协会、中国书法家协会合作力度，积极承办好“中国书画艺术之乡——建阳书画作品展”等活动，坚持每月不少于 2 场大型文化演出（展览），丰富群众业余生活。加强本土文化人才队伍建设，为繁荣文化事业提供智力支持。倡导全民阅读，新建一批“城市书房”，让城市散发书香。

（五）坚持以农业农村现代化为目标，着力推动乡村全面振兴

实施乡村建设行动。坚持以产兴镇、以镇促产，鼓励各乡镇因地制宜、各展其长，建设产业强镇、旅游大镇和历史名镇。持续打造三大“卫星”集镇，有序推进红色小镇、蓝莓小镇等一批特色小镇建设。加快完善镇、村基础设施，持续抓好城乡供水一体化、“四好农村公路”建设，新改建农村供水管网 150 千米，完成县乡道晋级改造 30 千米，加快推进官小线（童游段）、徐大线（二期）建设。深化水美乡村建设，完善村庄规划编制，开展新一轮整治提升五年行动，加大农村裸房整治力度。

实施乡村示范行动。坚持“一乡一带”，以乡村振兴示范村为引领，串点连线、扩线成面，打造 13 条乡村振兴示范带，重点推进“一圈两组团”建设。在“一圈”上：徐市片区突出经济开发区辐射带动，打造工农互促示范带；潭城片区围绕溪源、考亭乡村旅游，打造休闲观光示范带；将口—崇雒片区发展生态农业、现代种养业，打造特色农业示范带；莒口片区以小源古民居、屏山书院为载体，打造历史文化示范带。在“两组团”上：西片以麻沙水南“圆梦村”为示范，辐射书坊、黄坑，突出文旅融合促振兴主题；东片整合水吉、小湖、回龙、漳墩多元产业，坚持走农商融合发展模式，全力打造党建促振兴示范样板。

实施产业提升行动。严格落实粮食安全责任，严守 39.5 万亩基本农田红线，防止耕地“非粮化”，稳定粮食产能。深入实施特色现代农业“五百”工程，持续发展“一村一品”“一乡一品”，推动食用菌、烟叶等特色产业发展，重点提升橘柚、葡萄和茶产业。扎实开展全域土地综合整治，鼓励土地经营权流转和规模化经营，加快推进漳墩白茶、书坊吊瓜等 18 个农业产业园建设，提升农业现代化、智能化水平。大力发展农产品加工、农村电商、农村物流，拓宽农产品销售渠道。培育壮大新型农业经营主体，新增省、市级专业合作社 14 家、家庭农场 12 家。深化拓展科技特派员制度，加强职业农民教育，培育认定一批“土专家”“田秀才”，激发农村产业振兴活力。

实施脱贫巩固行动。严格落实“四个不摘”要求，建立扶贫对象动态管理、监测预警和返贫干预机制，做到现有帮扶政策、帮扶力量总体稳定。持续把产业扶贫和就业扶贫作为主攻方向，增强贫困群众自我发展能力。探索建立解决相对贫困长效机制，加大重点人群救助力度，确保脱贫攻坚与乡村振兴顺畅续接、相互促进。

（六）坚持以民生保障为根本，着力增强人民群众获得感

完善公共服务体系。全力办好省市为民实事。全面实施义务教育薄弱环节改善和能力提升工程，加快推进建阳二中扩容、赤岸、书坊九年一贯制学校建设，教师进修学校、启明学校创建省级标准化学校，建阳一中复评省一级达标高中。深化医药卫生体制改革，加快“健共体”建设。加强中医重点专科建设，中医院通过二级甲等评估。深入开展爱国卫生运动，健全公共卫生应急管理体系，加快第一医院公共卫生应急救治中心等项目建设。持续推进居家和社区养老服务改革试点，因地制宜发展农村养老服务产业。全面发展体育事业，加快推进童游智慧体育公园建设及体育场馆改造，积极备战第十七届省运会。

健全社会保障体系。坚持就业优先，实施“十个一批”扩岗行动，拓展高校毕业生就业渠道，促进农民工、就业困难人员等群体就业。实施高质量多渠道创收行动，拓宽工资性、经营性、财产性、转移性增收渠道，扎实推动共同富裕。全面实施全民参保计划，持续做好困难群众住房和兜底保障。维护妇女儿童合法权益，扎实做好“两纲”终期评估验收和新一轮“两纲”编制工作。健全老年人、残疾人关爱服务体系和社会福利制度，做到应扶尽扶、应保尽保、应助尽助。

创新社会治理体系。全力抓好《民法典》学习宣传和贯彻实施，全面推广“1335”新型乡村治理模式，完善农村信访评理机制，推动社会治理重心向基层下移。组织好新一轮村级组织换届选举。强化“雪亮工程”综合实战应用。完善扫黑除恶常治长效机制，严厉打击电信网络诈骗、涉麻制毒等突出治安问题。严格落实安全生产责任制，持续开展安全生产专项整治三年行动，确保安全生产形势持续稳定向好。

（七）坚持以改革开放为动力，着力构建新发展格局

全方位优化营商环境。全面开展营商环境指标考核，对标一流，聚焦痛点、堵点抓整改。健全区领导挂钩联系重点企业制度，积极缓解民营企业和中小微企业发展难题，构建“亲”“清”政商关系。深化“放管服”改革，深入推进“互联网＋政务服务”，全面推广“e 政务”，推动“同城办、多点办、就近办”。探索不动产登记窗口下移乡镇办理试点，实现不动产与水、电、气、广电网络“四合一”联动过户。

深层次推进重点领域改革。落实落细更大规模减税降费政策，激发各类市场主体活力。深化国资国企改革，加快处置低效无效资产和僵尸企业，消化历史欠账和遗留问题，做强做优做大国有企业，培育区属国企构建非政府融资平台。巩固机构改革成果，持续推进事业单位改革。进一步深化拓展医药卫生、农业农村、城市管理、生态环境、社会治理等重点领域改革，加快打造具有建阳特色的改革亮点。

高水平扩大对外开放。更加主动融入“海丝”核心区建设，认真做好第 44 届世界遗产大会筹备工作，持续办好建盏文化博览会、朱子祭祀大典等活动，扩大对外开放“朋友圈”。抢抓山海协作机遇，完善协同发展机制，推动与连江县在更大范围、更广领域、更高层次交流合作。深化对台融合，全面落实新一轮对台产业计划，全力打造省级台湾青年创业就业、实习实训基地。

四、加强政府自身建设

各位代表，奋进新时代，开启新征程。我们将坚持把人民对美好生活的向往作为奋斗目标，创新行政方式，提高行政效能，努力建设人民满意的服务型政府。

（一）始终坚持党的领导。自觉把党的政治建设摆在首位，坚持以习近平新时代中国特色社会主义思想为指引，深入学习运用中国共产党一百年的宝贵经验，进一步增强“四个意识”、坚定“四个自信”、做到“两个维护”，把党的领导贯穿政府工作全过程、各领域，确保中央和省委、市委、区委各项决策部署有效落实。

（二）始终坚持实干拼闯。持续发扬斗争精神、增强斗争本领，教育引导广大干部，特别是年轻干部努力提高“七种能力”。持续开展突破“难、硬、重、新”工作行动，敢于涉险滩、啃硬骨头、接烫手山芋。

加强对敢担当善作为干部的激励保护，以正确用人导向，激发干事创业精气神。

（三）始终坚持依法治区。严格遵守宪法和法律，深化法治政府建设。自觉接受人大法律、工作监督和政协民主监督，认真办理人大代表议案建议和政协委员提案。深入推进政务公开，主动接受社会、舆论监督。扎实开展“八五”普法，完善“两法衔接”机制，全力打造公平正义的法治环境。

（四）始终坚持廉洁从政。严格落实省委“五抓五看”“八个坚定不移”部署要求，把严的主基调长期坚持下去，强化重点领域廉政风险防控。持续做好省委巡视“后半篇文章”，不断巩固整改成效。坚决刹住享乐主义、奢靡之风，持续纠治形式主义、官僚主义，切实为基层减负。坚持以零容忍态度严查腐败问题，进一步营造风清气正的良好政治生态。

各位代表，百舸争流奋楫者先，千帆竞发勇进者胜。让我们更加紧密地团结在以习近平同志为核心的党中央周围，在市委、市政府和区委的坚强领导下，始终保持永不懈怠的精神状态、一往无前的奋斗姿态，万众一心加油干，越是艰险越向前，为全方位推动建阳绿色高质量发展超越而努力奋斗！

南平市建阳区人民代表大会常务委员会工作报告

——2021年1月14日在南平市建阳区第十六届人民代表大会第五次会议上

南平市建阳区人大常委会主任 胡宗礼

各位代表：

我受南平市建阳区第十六届人民代表大会常务委员会的委托，向大会报告工作，请予审议，并请列席人员提出意见。

2020年主要工作回顾

2020年是全面建成小康社会和实施“十三五”规划收官之年，是脱贫攻坚决战决胜之年，也是“用众志成城、坚忍不拔书写了抗疫史诗”的极不平凡的一年。区人大常委会在区委的正确领导下，坚持以习近平新时代中国特色社会主义思想为指导，深入贯彻落实党的十九大和十九届二中、三中、四中、五中全会精神，坚持党的领导、人民当家作主、依法治国有机统一，紧紧围绕统筹疫情防控和经济社会发展目标任务，切实履行宪法和法律赋予的职责。一年来，共召开常委会会议8次、主任会议14次，听取和审议“一府两院”专项工作报告26项，提出审议意见12项，作出决定、决议9项，检查法律法规实施情况6项，备案审查规范性文件4项，任免国家机关工作人员43人次，办理代表议案建议227件，圆满完成区十六届人大四次会议确定的年度工作任务。

一、切实强化政治引领，牢牢把握人大工作正确政治方向

坚定不移坚持党的领导。牢牢把握政治机关属性，坚决在思想上政治上行动上同以习近平同志为核心的党中央保持高度一致，自觉在人大实际工作中贯彻落实党的基本理论、基本路线、基本方略，贯彻落实党中央决策部署和省委、市委、区委工作要求，把对党绝对忠诚落实在行动上。坚决维护区委总揽全局、协调各方的领导地位，切实做到自觉接受区委领导、坚决贯彻区委决定、积极助力区委中心工作、主动向区委请示报告工作、严格执行加强党对人大工作领导的具体制度，确保人大工作的正确方向。重视加强常委会党组自身建设，制定和执行《中共南平市建阳区人大常委会党组工作规则》，充分发挥常委会党组在人大工作中把方向、管大局、保落实的重要作用。认真贯彻党中央关于新时代人大制度和人大工作完善发展的一系列决策部署，落实省委《关于加强新时代人大工作和建设的决定》、市委《关于进一步加强新时代人大工作和建设的实施意见》及区委相关文件精神，增强做好新时代人大工作的思想自觉、行动自觉和工作实效。

坚持不懈抓好理论武装。常委会把学习贯彻习近平新时代中国特色社会主义思想和党的十九大精神作为首要政治任务，把习近平总书记关于坚持和完善人民代表大会制度的重要思想作为工作总遵循，突出学习贯彻党的十九届四中、五中全会精神，学习《习近平谈治国理政》第三卷和《习近平在福建》等系列采访实录，通过专题讲座、集中培训、交流研讨等形式，引导党员干部在学懂弄通做实上下功夫，做到学思用结合、知信行统一，自觉用习近平新时代中国特色社会主义思想武装头脑、指导行动、推动工作，增强政治意识、保持政治定力、把握政治方向、承担政治责任、提高政治能力，为坚持和完善人民代表大会制度、做好新时代地方人大工作筑牢思想基础、凝聚精神力量、强化政治保障。持续深入开展“业务大学习、能力大提升”“争创文明城、争做文明人”大讨论等活动，促进政治能力和业务能力“双提升”。

持之以恒强化政治担当。常委会党组落实全面从严治党主体责任，推进党风廉政建设和意识形态工作，进一步优化常委会机关政治生态。着力正风肃纪，驰

而不息整治“四风”，严格落实中央八项规定及其实施细则精神。积极配合开展区委对区人大常委会机关的政治巡察工作，针对巡察反馈问题，强化整改措施，压实整改责任，逐项整改到位。而且，以此为契机，加大力度推进“三大建设”（政治建设、作风建设、业务建设），扎实深入打造“四个机关”，在打造立场坚定、听党话跟党走的政治机关，尊崇法治、依法行权的权力机关，履职尽责、担当作为的工作机关，反映民意、维护民利的代表机关等方面取得新成效。学习、传承习总书记在闽工作时留下的宝贵思想和精神财富，发扬“四下基层”“马上就办、真抓实干”等优良作风，深入学习廖俊波精神，激励党员干部弘扬新风正气、积极干事创业。认真落实区委关于抓党建促脱贫攻坚和“机关联乡村、党建促振兴”“机关联社区、党建促治理”等工作部署要求，发挥常委会机关党组织和党员干部对基层的指导、服务和引领作用。

二、围绕中心服务大局，助力全方位推动高质量发展超越

推动新冠肺炎疫情防控工作。新冠肺炎疫情发生后，区人大常委会立即行动起来，把参与、推动疫情防控作为一项重要工作加以部署和落实。及时调整常委会年度监督工作计划，督促贯彻落实全国人大常委会作出的《关于全面禁止非法野生动物交易、革除滥食野生动物陋习、切实保障人民群众生命健康安全的决定》，组织开展《中华人民共和国野生动物保护法》《中华人民共和国传染病防治法》等的执法检查，为守护人民生命健康安全强化法治保障。专题听取区政府及卫健部门关于新冠肺炎疫情防控工作情况的报告，督促进一步落实疫情防控工作责任，完善应急管理办法，加强公共卫生安全体系建设。发出《致建阳区各级人大代表的一封信》，发动全区各级人大代表发挥模范带头作用，参与联防联控、踊跃捐款捐物、带头复工复产。常委会领导以身作则，深入社区一线，走进挂点企业和项目工地，指导疫情防控和复工复产。常委会机关党员、干部全员行动、全力以赴，奔忙于小区楼宇，值守在街头巷尾，参与排查、巡防、宣传、劝导等志愿服务，用实际行动体现人大担当。

推动经济社会高质量发展。常委会聚焦做好“六稳”工作、落实“六保”任务和我区“四个年”活动工作重点，组织开展调研、视察、监督等履职工作，促进发展提质增效。开展我区“十四五”规划纲要编制情况专题调研，针对创新发展、项目策划、产业培育、民生改善等方面提出意见和建议。听取和审议区政府关于2020年1—8月份重点项目建设情况、国民经济和社会发展计划执行情况的报告，重点围绕加大扶持实体经济力度、补齐民生事业短板、推动经济结构转型升级等提出审议意见。听取和审议区政府关于行政事业性国有资产管理情况报告，督促加强国有资产管理，完善内部管理制度，提高资产使用效益，确保国有资产保值增值。推进全口径预决算审查监督，重点加强预决算编制、预算调整、预算执行、预算绩效、预算管理情况的调研及审查，特别是对抗疫、教育、医疗卫生健康、乡村振兴、精准脱贫、生态环境保护等重大政策落实和重点支出，以及经济开发区建设、水美经济建设、旧城区改造等政府性重大投资项目支出预算进行重点审查。支持和促进政府及相关部门全面贯彻新发展理念，依法推进预算绩效管理，提高公共财政资金使用的效率效益。听取林业三产融合发展情况的汇报，就推进林业供给侧结构性改革、加强林业产业深度融合、提升价值链等提出工作建议。听取和审议区政府关于农业品牌建设促进现代绿色农业发展情况的报告，督促夯实农业品牌创建的产业基础，加快农业产业融合发展，不断提高农业质量和效益。

推动民生和社会事业进步。常委会始终把增进民生福祉作为监督重点，综合运用专题审议、视察调研、执法检查等监督形式，打好监督组合拳，为改善和保障民生献计出力。听取城乡义务教育一体化发展情况汇报，就教育经费投入力度、城乡教育资源整合、师资队伍建设等方面提出工作建议，推动城乡义务教育协调、均衡、优质发展。开展公益性水利设施社会化管护工作调研，针对存在的水利设施管理不够规范、日常监管不够到位、群众维护水利设施意识不强等问题提出工作意见，促进农村水利事业可持续发展。审议通过区政府关于提请部分行政区划调整的议案，促进整合和集聚区域资源，提升城市治理水平，加快城市化进程。审议通过《区政府关于2020年为民办实事工作计划的议案》，督促落实为民办实事项目，解决困扰百姓生活的热点难点问题，进一步提升群众获得感。积极发挥维护社会和谐稳定作用，坚持把接待群众来信来访作为常委会了解民意、关注民生、维护民利、促进和谐的一项重要工作，全年共受理人民群众来信13件，接待来访21批23人次。一年来，常委会还先后对物业管理、食品安全、人居环境整治等工作开展监督，努力做到贴近民心、顺应民意、促进民生。

推动打赢“三大攻坚战”。聚焦防范化解重大风险攻坚战，加强对地方政府性债务管理的监督，促使区政府及有关部门加强债务管理，建立风险预警机制，有效防范地方政府债务风险。全年共开展4次新增政府债务限额及预算调整审查，批准新增地方政府债券资金21.467亿元，确保债券资金在安全、可控范围内按规定用途使用。聚焦打好污染防治攻坚战，连续四年听取和审议年度环境状况和环境保护目标完成情况的报告，就深化实施重点生态改革创新任务、健全生态环保考核评价体系、补齐生态环境治理短板等提出审议意见，推动我区生态环境持续改善。三级联动开展《中华人民共和国土壤污染防治法》执法检查，督促强化土壤污染源头管控，构建土壤环境管理体系，严厉打击污染土壤违法行为，坚决打好净土保卫战。听取区政府关于城市人居环境整治和市场化保洁工作情况的汇报，督促围绕创建全国文明城市任务目标，推进市容和人居环境整治，提升城市环境精细化保洁水平。持续关注精准脱贫攻坚战，发动和组织辖区各级人大代表通过结对帮扶、技术指导、资金支持、项目辐射和吸纳就业等方式，支持和带动村民群众发展生产、脱贫致富。加强共建村帮扶工作，定期深入潭城街道黄墩村、麻沙镇吕屯村走访调研，制定共建帮扶计划，落实帮扶资金42.4万元，帮助共建村发展集体经济、培育增收产业、解决实际困难。区人大常委会机关党员干部共与34户贫困户结成帮扶对子，帮扶对象均已脱贫。

三、尊崇宪法维护法治，服务和促进全面依法治区工作

重视宪法法律学习宣传和贯彻。开展“七五”普法规划决议实施情况视察调研，针对“谁执法、谁普法”责任制落实不到位、普法针对性实效性不强、普法宣传创新力度不够等问题提出工作建议，推动“七五”普法增强实效。参加以“深入学习习近平法治思想，大力弘扬宪法精神”为主题的“宪法宣传周”活动，营造尊崇宪法、学习宪法、遵守宪法、维护宪法、运用宪法的浓厚氛围。坚持带头学法与推动普法相结合，通过举办法制讲座、视察检查前学法、干部任用前法律考试、代表培训等方式，组织常委会组成人员、人大系统干部、人大代表及列席常委会会议人员学习《民法典》等3部法律法规，增强法治意识和依法履职、依法行政能力。重视加强执法检查工作，先后组织或配合上级人大检查6部法律法规的实施情况，听取审议执法检查报告并形成常委会审议意见交由区政府办理落实，推动有关单位严格落实法律制度和法定职责。如开展《中华人民共和国食品安全法》及《福建省食品安全条例》执法检查，针对存在“一法一例”宣传教育不够到位、监管力量弱与任务重的矛盾突出、部门协作配合不顺畅等问题提出工作建议，推动筑牢食品安全监管防线。

促进公正司法和依法行政。听取和审议区人民法院关于刑事审判工作情况的报告，督促推进刑事司法制度改革，全面履行刑事审判职责，切实提升刑事审判质效。听取和审议区检察院关于公益诉讼检察工作情况的报告，提出构建公益诉讼长效机制、提升办理公益诉讼案件的能力和水平、完善公益诉讼信息化智能化建设等审议意见，并组织常委会组成人员、人大代表到区法院旁听公开审理公益诉讼案件，促进发挥司法公益保护职能作用。加强规范性文件备案审查工作，共对区政府报送备案的4份规范性文件，从实体合法性、必要性、报备程序和时限上进行认真审查，促进依法行政。持续督促“两法衔接”工作，听取区政府和区检察院关于“两法衔接”工作情况的汇报，促使区政府、区检察院和相关行政执法部门严格履行法定职责，密切协作配合，完善工作机制，提升“两法衔接”工作效能。全年“两法衔接”信息共享平台共录入行政执法案件788件，涉嫌犯罪案件10件，建议移送2件，促进了有法不依、执法不严、违法不究等问题的解决。

强化干部任免和任后监督。坚持党管干部和人大依法行使任免权相统一，进一步规范任免程序，实行常委会党组会议、主任会议听取区委推荐人选的通报及“一府一委两院”提请人事任免的报告、拟任人员法律知识测试、任前表态发言、常委会组成人员票决、颁发任命书、宪法宣誓、主任会议成员对新任命人员谈话等程序和方式，确保党组织推荐的人选通过法定程序成为国家机关工作人员。一年来共依法任免地方国家机关工作人员43人次。同时，加强对区人大常委会任命的政府工作部门负责人履职情况的监督，对区民政局、交通运输局负责人进行述职评议和满意度测评，并将评议意见和测评结果报送区委，促使被任命人员增强接受监督、依法行政的自觉性。

四、健全机制强化保障，充分发挥人大代表主体作用

强化服务保障激励机制。坚持综合培训与专题培训相结合，在新冠肺炎防控期间，采取视频会议方式，组织代表210余人次参加法律法规、财经审查监督等履职业务培训，提高了代表依法履职的素质和能力。加强和规范代表工作平台建设，制定印发《关于规范乡镇（街道）人大代表联系群众活动室建设的方案》，推动乡镇（街道）人大代表联系群众活动室建设全面提档升级，潭城、童游、麻沙等8个活动室还被确定为全市示范点。重视活动室内涵建设，加强规范管理，增强运行功能。回龙乡人大代表联系群众活动室与水吉法庭携手共建诉讼服务站，为群众提供诉讼咨询、民事调解等服务，发挥人大代表在调解过程中的监督作用。着眼于扩大代表参与，健全完善代表参与常委会、专门委员会工作机制。一年来各级人大代表有89人次列席常委会会议，有284人次参加常委会组织的执法检查、调研、评议等活动，促进代表法定知情知政和监督权力的落实。

拓展双联工作广度深度。扎实推进“双联”工作制度化、规范化、常态化，通过召开座谈会、上门走访、组织人大代表视察调研、常委会组成人员走进代表联系群众活动室等形式，指导基层人大代表开展工作，听取人大代表对区人大常委会及“一府一委两院”工作的意见和建议。全年常委会组成人员参加乡镇（街道）人大代表联系群众活动室活动26场，召开听取人大代表和群众意见建议座谈会26场，走访各级人大代表280余人次，人大代表接待人民群众、走访选区群众1537人次，共收集到群众意见建议191条，较好地发挥了党和政府与人民群众的桥梁纽带作用。对收集到的意见建议进行梳理分析，将具有普遍性、全局性的关于农村社会事业补短板、物流体系建设、城市治理、医疗卫生服务、人居环境整治等12个方面的问题，交由区政府研究办理解决，推动人大代表联系人民群众工作不断走深走实。推进人大代表述职工作，各乡镇（街道）人大主席团（工委）共组织代表集中述职34场，参加述职活动的区乡人大代表176人，进一步密切了人大代表与人民群众的联系，增强了代表接受选民监督的自觉性和履职尽责的责任感。

增强议案建议办理实效。听取和审议区政府关于区十六届人大代表建议办理工作情况的报告，对前三年代表建议办理工作情况进行“回头看”，与区政府共同筛选出30件群众普遍关注但因当时条件不成熟而未有效解决的建议，进行重新办理，推动建议办理由“答复满意”向“结果满意”转变。听取和审议区政府《大力推进建阳茶产业发展的议案》的办理情况报告，提出夯实茶产业发展基础、抓好茶业品牌建设、发挥龙头企业示范带头作用等审议意见，促进茶产业持续发展。着眼于增强督办力度和办理实效，开展代表议案建议办理工作满意度测评，对十六届三次会议关于《推动建盏文化产业健康发展的议案》办理情况的审议意见跟踪落实，确保重点监督议题一抓到底、抓出实效。由于领导重视、部门办理措施强化，目前区十六届人大四次会议期间和闭会之后代表提出的1件议案、226件建议全部办结。226件建议中，已全部解决的107件，占总数的47.3%；部分或正在解决的39件，占总数的17.3%；纳入计划逐步解决的26件，占总数的11.5%；因条件限制或其他原因暂不能解决予以解释说明的54件，占总数的23.9%。代表对办理结果的满意和基本满意率达100%。

总之，2020年区人大常委会认真履行职责，推动我区人大工作取得新成效。但对照宪法法律、上级要求和人民期望，面对新时代新任务新要求，常委会工作还存在不足和问题。主要是：监督工作的机制有待进一步完善，正确监督、有效监督仍然任重道远；对加强新时代人大工作的形势和任务研究不够，实践创新和工作亮点不多；对宪法法律的宣传还不够到位，促进宪法法律贯彻实施的力度仍需加大；对乡镇人大工作指导不够，对人大代表的教育、管理和履职监督需要加强；常委会组成人员及机关干部作风建设仍需加强，工作制度和规范有待进一步落实等等。对此，我们将采取措施切实加以解决。

各位代表，区人大常委会一年来各项工作所取得

的成绩，是区委正确领导的结果，是全体人大代表和全区人大工作者辛勤努力的结果，也是区政府及其各部门、区监委、区法院、区检察院和乡镇（街道）党政领导支持配合的结果。在此，我谨代表区人大常委会表示衷心的感谢和崇高的敬意！

2021 年的主要任务

各位代表，2021 年是中国共产党成立 100 周年，是实施“十四五”规划开局之年，也是开启全面建设社会主义现代化国家新征程、向第二个百年奋斗目标迈进的第一年。区人大常委会工作的总体要求是：以习近平新时代中国特色社会主义思想为指导，全面贯彻党的十九大和十九届二中、三中、四中、五中全会精神，深入学习贯彻习近平总书记关于坚持和完善人民代表大会制度的重要思想，坚持党的领导、人民当家作主、依法治国有机统一，顺应开启新发展阶段、贯彻新发展理念、构建新发展格局的形势和任务需要，按照“市区一体、绿色发展、产业强区、书香建阳”的目标要求，在区委的正确领导下，开创新时代我区人大工作新局面，为全方位推动绿色高质量发展超越贡献人大力量。

着力强化政治担当，在落实重大决策部署上展现新作为。坚持把政治建设摆在首位，增强“四个意识”、坚定“四个自信”、做到“两个维护”，始终在思想上政治上行动上同以习近平同志为核心的党中央保持高度一致。深入学习贯彻习近平新时代中国特色社会主义思想和党的十九大精神，坚持把深入学习贯彻党的十九届五中全会精神与学习贯彻习近平法治思想、习近平关于坚持和完善人民代表大会制度的重要思想紧密结合起来，把学习成果转化为推进人大工作创新发展的强大动力。坚持党对人大工作的全面领导，不折不扣地执行党的路线方针政策，紧紧围绕党和国家工作大局、上级决策部署和区委中心任务谋划、推进人大工作。按照人大换届选举工作要求，精心组织和指导区乡人大换届选举工作。进一步贯彻落实省委、市委、区委关于加强新时代人大工作和建设的要求，推动人大工作创新发展。

着力强化监督力度，在服务发展大局上取得新成效。健全监督制度机制，综合运用法定监督方式，围绕全方位推动绿色高质量发展超越，聚焦人民群众普遍关注的热点难点问题，坚持正确监督、有效监督，不断增强监督的针对性和实效性。今年拟听取和审议区政府及相关部门关于公共卫生服务能力提升、人居环境整治、老旧小区改造、重点项目建设、旅游产业发展、“八五”普法规划等 13 个专项工作报告。进一步加强预算决算审查监督，推行预算联网监督，全面实施预算绩效管理。组织开展《南平市市容与环境卫生管理办法》执行情况视察调研，组织检查《中华人民共和国森林法》《福建省森林条例》《南平市饮用水水源保护办法》等法律法规实施情况，抓好《民法典》的学习宣传和贯彻实施，加大对司法执法行为的监督，促进法律法规有效实施和社会公平正义。

着力强化服务保障，在发挥代表作用上迈出新步伐。尊重代表主体地位，增强服务代表意识，支持保障代表依法履职，充分发挥代表联系群众的桥梁纽带作用。拓宽代表履职领域，扎实开展“双联”活动，确保常委会组成人员联系代表、代表联系群众更紧密、更有效。充分发挥代表联系群众活动室和网络平台的作用，做好群众意见的处理反馈工作，推动解决实际问题。改进代表议案建议提出、办理、反馈各个环节工作，强化审议意见落实的监督力度。加强代表履职培训工作，提升代表思想政治水平和履职能力。统筹做好代表集中视察、专题调研等工作，提高闭会期间代表履职活动质量。强化代表履职监督，完善履职登记和公示制度，推广代表述职评议工作，激发代表履职尽责的责任感和积极性。

着力强化自身建设，在提高履职水平上续写新篇章。落实全面从严治党要求，加强常委会党组和机关党支部建设，提高领导班子和党员、干部队伍的政治判断力、政治领悟力、政治执行力。坚持以政治建设为统领，全面加强区人大常委会思想、组织、能力、作风等各方面建设，把制度建设贯穿其中，更好发挥区人大各专门委员会作用，不断提升依法履职能力和效率。严格执行中央八项规定及其实施细则精神，持续整治形式主义、官僚主义，改进工作作风。支持派驻机关纪检监察组履职，巩固巡察反馈问题整改成果。高度重视意识形态工作，组织开展庆祝中国共产党成立 100 周年系列活动，加强人大制度宣传和新闻舆论工作，营造爱党爱国、向善向上、为民服务、担当作为的正确导向和良好氛围。进一步健全完善常委会议事、决策、运行、管理等规章制度，促进工作的规范化、标准化、精细化和高效化。密切与乡镇（街道）人大主席团（工委）的联系，加强工作指导和协同联动，增强全区人大工作整体实效。

各位代表，奋进新征程万马奔腾，奋勇新作为万众一心。让我们更加紧密地团结在以习近平同志为核心的党中央周围，高举习近平新时代中国特色社会主义思想伟大旗帜，在区委的坚强领导下，不忘初心、牢记使命，锐意进取、砥砺前行，推动我区人大工作与时俱进、创新发展，在全方位推动绿色高质量发展超越、谱写新时代新建阳建设新篇章中展现人大作为！

南平市建阳区人大常委会 2020 年监督工作计划

一、听取和审议专项工作报告

1. 听取和审议区政府 2019 年度环境状况和环境保护目标完成情况的报告（2 月）；

2. 听取和审议区检察院公益诉讼检察工作情况的报告（4 月）；

3. 听取和审议区法院关于刑事审判工作情况的报告（6 月）；

4. 听取和审议区政府关于行政事业性国有资产管理情况的专项报告（6 月）；

5. 听取和审议区政府关于农业品牌建设促进现代绿色农业发展情况的报告（8 月）；

6. 听取和审议区政府关于 2020 年 1—8 月重点项目建设情况的报告（10 月）；

7. 听取和审议区政府关于区十六届人大代表建议办理工作情况的报告（10 月）；

8. 听取和审议区政府关于“十四五”规划编制情况的报告（12 月）；

9. 听取和审议区政府关于区十六届人大四次会议议案办理情况的报告（12 月）。

二、听取和审议计划、预算、决算和审计工作报告

1. 听取和审议区政府关于 2019 年决算及 2020 年上半年预算执行情况的报告（8 月）；

2. 听取和审议区政府关于 2019 年预算执行及其他财政收支的审计工作报告（8 月）；

3. 听取和审议区政府关于 2020 年 1—8 月份国民经济和社会发展计划执行情况的报告（10 月）。

三、检查法律法规实施情况

1. 开展《中华人民共和国土壤污染防治法》执法检查（8 月）；

2. 开展《中华人民共和国传染病防治法》执法检查（10 月）。

四、满意度测评工作

对区政府落实区人大常委会关于《推动建盏文化产业健康发展的议案》办理情况审议意见的结果进行满意度测评（12 月）。

五、述职评议工作

对民政局、交通运输局负责人进行述职评议(6 月)。

六、主任会议听取工作情况汇报

1. 听取区水利局关于公益性水利设施社会化管护工作情况的汇报（4 月）；

2. 听取区林业局关于林业三产融合发展情况的汇报（5 月）；

3. 听取区城市管理局关于新修订的《物业管理条例》贯彻执行情况的汇报（6 月）；

4. 听取区教育局关于城乡义务教育一体化发展情况的汇报（7 月）；

5. 听取区政府、区检察院关于 2019 年“两法衔接”工作情况的汇报（8 月）；

6. 听取区政府关于城市人居环境整治和城市道路清扫保洁市场化服务工作开展情况的汇报（9 月）。

七、视察调研活动

1. 开展 2019 年度环境状况和环境保护目标完成情况的视察调研（2 月）；

2. 开展区检察院公益诉讼检察工作调研（3月）；

3. 开展区法院刑事审判工作调研（5月）；

4. 开展行政事业性国有资产管理情况调研(5月);

5. 开展对民政局负责人述职评议的工作调研(5月);

6. 开展对交通运输局负责人述职评议的工作调研（5月）；

7. 开展住房和建设局关于新修订的《物业管理条例》贯彻执行情况的视察调研（5月）；

8. 开展2019年决算及2020年上半年预算执行情况调研（7月）；

9. 开展区政府关于城市人居环境整治和城市道路清扫保洁市场化服务工作开展情况的调研（8月）；

10. 开展2020年1—8月份国民经济和社会发展计划执行情况调研（9月）；

11. 开展2020年1—8月份重点项目建设情况视察调研（9月）；

12. 开展代表联络站规范化建设和人大“双联”工作情况调研（10月）；

13. 开展建阳区2020年度国民经济和社会发展计划执行情况及2021年计划草案编制情况调研(12月);

14. 开展建阳区2020年预算执行情况和2021年预算草案编制情况调研（12月）。

1月

1月2日，区委书记杨新强主持召开区委经济工作会议、建阳区推进新时代科技特派员工作会议和全区实施乡村振兴战略暨农村人居环境整治推进会。

1月10日，区委书记杨新强走访慰问区部分退休老干部、省劳模、困难职工，为他们送去党和政府的关怀和温暖。区委常委、区总工会主席孙德胜参加慰问。

1月13日，区委书记杨新强主持召开2019年度乡镇（街道）党（工）委书记抓基层党建工作述职评议会议。

1月16日，区委书记杨新强主持召开区委常委会会议，学习贯彻习近平总书记在中共中央政治局“不忘初心、牢记使命”主题教育民主生活会上的重要讲话精神，传达贯彻省十三届人大三次会议和省政协十二届三次会议、市五届人大五次会议和市政协五届四次会议精神等。

1月16日，区委书记杨新强主持召开区委常委会会议，听取区委组织部关于进一步规范选派干部参与各类中心工作（重点项目）意见的汇报，专题研究进一步规范区选派各类干部参与区委、区政府中心工作（重点项目）等事宜。

1月17日，区委书记、区委“不忘初心、牢记使命”主题教育领导小组组长杨新强主持召开全区“不忘初心、牢记使命”主题教育总结会。市委第二巡回指导组组长陈明泉到会指导并讲话。

1月20日，区委书记杨新强主持召开区委常委会会议，学习贯彻十九届中央纪委四次全会和省纪委十届五次全会精神，审议区纪委十三届五次全会有关文件、2019年度乡镇（街道）抓基层党建工作述职评议结果等事宜。

1月21日，区委书记杨新强主持召开中共南平市建阳区纪委十三届五次全会。

1月23日，区委书记、区新型冠状病毒感染肺炎疫情防控工作领导小组组长杨新强主持召开领导小组第一次会议，研究部署区疫情防控工作。

1月25日，区委书记、区新型冠状病毒感染肺炎防控工作领导小组组长杨新强主持召开领导小组第二次会议，进一步研究部署区疫情防控工作。

1月26日上午，区委书记、区新型冠状病毒感染肺炎防控工作领导小组组长杨新强主持召开领导小组第三次会议，对疫情防控工作进行再研究、再部署。

1月26日晚，区委书记、区新型冠状病毒感染肺炎防控工作领导小组组长杨新强主持召开区委常委会（扩大）会议暨区防控领导小组第四次会议，传达贯彻中央、省市关于新型冠状病毒感染的肺炎疫情防控相关会议精神，进一步研究部署区疫情防控工作等事宜。

1月29日上午，区委书记、区新型冠状病毒感染肺炎防控工作领导小组组长杨新强主持召开领导小组第五次会议，传达中央、省市关于新型冠状病毒感染的肺炎疫情防控相关会议精神，进一步研究部署区疫情防控工作。

1月29日下午，区委书记杨新强主持召开区委常委会会议暨新型冠状病毒感染肺炎疫情防控工作领导小组第六次会议，学习贯彻1月27日习近平总书记关于疫情防控重要指示精神和《中共中央印发关于加强党的领导、为打赢疫情防控阻击战提供坚强政治保证的通知》精神和1月28日省委、市委新型冠状病毒感染的肺炎疫情防控视频会议精神，对区疫情防控进行再研究、再部署。

1月30日，区委书记杨新强到书坊乡和莒口镇，检查乡镇、村疫情防控工作落实情况，向奋战在疫情防控工作一线的广大医务工作者、各级党员干部和广大农民群众表示衷心感谢和亲切慰问。

1月31日，区委书记、区新型冠状病毒感染肺炎防控工作领导小组组长杨新强主持召开领导小组第七次会议，听取各乡镇（街道）疫情防控情况汇报，各专项工作小组工作开展情况汇报，分析研判当前疫情防控形势，进一步部署疫情防控工作。

2月

2月2日晚，区委书记、区新型冠状病毒感染肺炎防控工作领导小组组长杨新强主持召开领导小组第八次会议，进一步部署疫情防控工作。

2月2日晚，区委书记、区新型冠状病毒感染肺炎防控工作领导小组组长杨新强主持召开领导小组第九次会议，政府区长、领导小组第一副组长魏敦盛，区领导李江平、郑立新、郑顺莲，区委办、区政府办、卫健局、住建局、市场监管局等单位主要领导参加会议。

2月3日，区委书记、区新型冠状病毒感染肺炎防控工作领导小组组长杨新强主持召开领导小组第十次会议，听取各乡镇（街道）疫情防控情况汇报，进一步部署区疫情防控工作。

2月5日，区委书记、区新型冠状病毒感染肺炎防控工作领导小组组长杨新强主持召开区委常委会会议暨防控工作领导小组第十一次会议，传达学习习近平总书记在中央政治局常务委员会会议上的重要讲话精神、陈希在全国组织系统电视电话会议上的讲话精神和省委、市委疫情防控会议精神，听取区新型冠状病毒感染肺炎疫情防控工作情况汇报，通报福建省和建阳区6起疫情防控工作落实不到位的案例，研究部署下一步工作。

2月7日，区委书记、区新型冠状病毒感染肺炎防控工作领导小组组长杨新强主持召开领导小组第十二次会议，研究部署区疫情防控工作。

2月8日，建阳区确诊一例新型冠状病毒肺炎（重型）病例。

2月8日，区委书记、区新型冠状病毒感染肺炎防控工作领导小组组长杨新强主持召开领导小组第十三次会议，传达贯彻习近平总书记在中央全面依法治国委员会第三次会议上的重要讲话精神、中央应对新型冠状病毒感染肺炎疫情工作领导小组会议及省委、市委疫情防控视频会议精神，研究部署区疫情防控和经济社会发展等事宜。

2月11日，区委书记、区新冠肺炎防控工作领导小组组长杨新强主持召开区委常委会暨区防控领导小组第十四次会议，传达贯彻省委、市委视频会议精神，研究部署建阳区疫情防控和经济社会发展等事宜。

2月14日，区委书记杨新强主持召开区委常委会暨区新冠肺炎疫情防控工作领导小组第十五次会议，传达贯彻2月10日习近平总书记在北京调研指导新型冠状病毒肺炎疫情防控工作时的重要讲话精神和2月12日中共中央政治局常务委员会会议精神，研究区疫情防控、复工复产等事宜。

2月18日，区委书记、区新型冠状病毒感染肺炎防控工作领导小组组长杨新强主持召开领导小组第十六次会议，传达贯彻2月16日省委、2月17日市委疫情防控和复产复工会议精神，研究部署区疫情防控工作。

2月22日，区委书记、区新型冠状病毒感染肺炎防控工作领导小组组长杨新强主持召开领导小组第十七次会议，传达学习习近平总书记重要讲话重要指示批示精神，认真贯彻国务院联防联控机制指导组到区检查指导要求和2月20日省委、2月21日市委相关会议精神，听取各乡镇（街道）复工复产情况汇报和各专项小组工作情况汇报，研究部署建阳区疫情防控和复工复产工作。

2月24日，区委书记杨新强主持召开区委常委会会议，认真学习贯彻习近平总书记2月23日在统筹推进新型冠状病毒感染肺炎疫情防控和经济社会发展工作部署会议上的重要讲话精神，研究建阳区贯彻落实意见，部署下一步疫情防控工作。

3月

3月3日下午，建阳唯一一例新冠肺炎感染者治愈出院。

3月4日，区委书记杨新强主持召开全区第一季度绿色发展考核工作推进会，研究部署区绿色发展考核工作。

3月5日，区委书记杨新强主

持召开建阳城区人居环境童游片区重点整治工作第二阶段推进会，总结回顾前一阶段整治成果，分析研判当前存在的矛盾问题，研究部署新一轮人居环境整治工作。

3 月 10 日，区委书记、区新型冠状病毒感染肺炎防控工作领导小组组长杨新强主持召开区委常委会会议暨区新型冠状病毒感染肺炎防控工作领导小组第十八次会议，学习贯彻习近平总书记在 3 月 6 日决战决胜脱贫攻坚座谈会、2 月 26 日和 3 月 4 日中央政治局常务委员会会议、3 月 2 日在北京考察新型冠状病毒感染肺炎疫情防控科研攻关工作时的重要讲话精神，以及全国全省宣传部长会议和省委市委常委会会议及全市宣传思想文化工作会议、习近平总书记同党外人士共迎新春时的重要讲话、全国全省和全市统战部长会议、全市网络人士统战工作会议和全市民族宗教工作会议及《中央关于加强新时代民营经济统战工作的意见》、全国全省和全市组织部长会议、全国全省和全市老干局长会议、《关于 2019 年中央政治局贯彻执行中央八项规定情况的报告》和《关于解决形式主义突出问题 为基层减负工作情况的报告》精神，研究建阳区向部分爱心企业、爱心人士发放捐赠证书，疫情防控工作等事宜。

3 月 10 日，区委书记杨新强主持召开区委常委会会议，传达贯彻全省安全隐患大排查大整治视频会议精神，研究区贯彻意见，部署全区安全隐患大排查大整治等事宜。

3 月 10 日下午，区委书记杨新强主持召开全区安全隐患大排查大整治会议、区委常委会班子成员述责述廉述法会议、全区政法工作会议暨平安建设（综治工作）责任书签订仪式、全区生态环境保护工作会议暨生态环保目标责任书签订仪式。

3 月 12 日，区委书记、区委巡察工作领导小组组长杨新强主持召开区委第八轮巡察工作领导小组暨“五人小组”会议，听取区委交叉巡察组、巡察一组、巡察二组对区人民法院、司法局、供销社、潭城街道、童游街道及麻沙镇党组织巡察发现问题和线索的综合汇报，分别对重点人重点事重点问题提出处置意见，对后续整改提出要求。

3 月 13 日，区委理论学习中心组召开学习会，学习研讨《习近平在厦门》《习近平在宁德》和《习近平在福州》采访实录。

3 月 14 日，区委书记杨新强代表区委、区政府，看望慰问南平市第三批区支援湖北医护人员陈志信和王晓莹家属，向他们致以亲切的问候和崇高的敬意。

3 月 16 日，区委书记杨新强到潭城街道、徐市镇召开乡村振兴工作推进会，区政府副区长李培文，区农业农村局和所在乡镇（街道）相关负责人、村干部参加会议。

3 月 19 日，区委书记杨新强组织召开武夷新区 2020 年重点项目征迁工作推进会，由童游街道、潭城街道、将口镇、莒口镇、新区征迁协调办分别汇报各地块征迁进展情况，进一步推动新区项目征迁进度。

3 月 21 日，区委书记、区新型冠状病毒感染肺炎防控工作领导小组组长杨新强主持召开领导小组第十九次会议，听取建阳区疫情防控工作情况汇报，研究部署全区防止境外疫情输入工作。

3 月 22 日，区委书记、区新型冠状病毒感染肺炎防控工作领导小组组长杨新强主持召开领导小组第二十次会议，认真学习贯彻 3 月 18 日习近平总书记在中央政治局会议重要讲话和 3 月 18 日省委、3 月 20 日市委和 3 月 21 日省委、市委视频会议精神，研究部署全区防止境外疫情输入和安全隐患大排查大整治、城乡面貌品质两个提升暨“两高”沿线环境整治提升等事宜。

3 月 24 日，区委书记、区新型冠状病毒感染肺炎防控工作领导小组组长杨新强主持召开区委常委会会议暨防控工作领导小组第二十一次会议，认真学习贯彻习近平总书记 3 月 10 日在湖北省考察新冠肺炎疫情防控工作时的重要讲话精神，传达学习中央全面深化改革委员会第十二次会议、省委全面深化改革委员会第九次会议精神等事宜。

3 月 27 日，区委书记杨新强围绕“挖掘释放行政中心搬迁红利，统筹推进疫情防控和经济社会发展”主题，主持召开区级班子务虚会。

4 月

4 月 3 日，区委书记杨新强主持召开全区生态环境突出问题整改工作现场推进会，分析当前全区生态环境存在的突出问题，安排部署下阶段生态环境保护工作。

4 月 13 日，区委书记杨新强主持召开全区领导干部会议。

4 月 17 日，区委书记杨新强

主持召开区委工作会议、全区乡村振兴暨脱贫攻坚工作推进视频会议。

4月20日，区委书记杨新强先后到建阳三中、福建武夷学校、徐市中学，实地调研指导初三年级师生返校复课工作。

4月20日，区委书记杨新强会见前来建阳区洽谈投资项目的正邦集团总裁罗小波一行，双方就实施养殖产业链项目等有关合作事宜进行深入交流对接。

4月21日，区委书记杨新强主持召开区委党建工作领导小组会议，听取建阳区强化创新落实高质量推进基层党建工作方案起草情况及换届难点村摸排情况、2020年区委党建工作要点起草情况、2020年机关党建工作要点及模范机关创建活动情况，研究建阳区党建工作。

4月21日，区委书记杨新强主持召开区委常委会会议，学习中共中央办公厅《党委（党组）落实全面从严治党主体责任规定》，传达贯彻全国扫黑办第九次主任会议、全省扫黑除恶重点案件线索办理视频调度会议、南平市推进扫黑除恶专项斗争工作视频会、南平市学习弘扬俊波精神，全力夺取疫情防控和经济社会发展“双胜利”工作座谈会以及南平市抓党建促决战决胜脱贫攻坚暨推进“四联四促”机制电视电话会议精神，研究做好创城总评迎检工作、区2020年“四比”活动考评办法、建阳区精神文明创建管理办法修订、经济发达镇行政管理体制改革、区纪委监委派驻机构改革意见及机构改革方案、2020年区委党建工作要点、2020年机关党建工作要点及模范机关创建活动、建阳区强化创新落实高质量推进基层党建工作及换届难点村摸排情况等。

4月23日上午，区委书记杨新强主持召开学习弘扬俊波精神、全力夺取疫情防控和经济社会发展“双胜利”工作座谈会，持续学习、传承、弘扬廖俊波精神，营造学习先进、崇尚先进、争当先进的浓厚氛围，引领广大党员干部守初心、担使命。

4月23日，区委理论学习中心组召开学习会，深入学习研讨《习近平在福州》（十八）——“3820”工程就是习近平总书记给我们提出的“福州梦”，进一步学懂弄通做实习近平新时代中国特色社会主义思想，加快推动绿色发展高质量发展。

4月24日，区委书记、区级河长杨新强以问题为导向，以整改落实为目的，带领区直相关部门、潭城街道、童游街道负责人到崇阳溪巡河，重点督办非法弃土占用河岸和洗砂、制砂污染河道问题。

4月29日，区委书记杨新强主持召开全区一季度经济形势分析视频会、全区创建文明城区动员部署视频会议。

5月

5月6日，区委书记杨新强深入莒口镇、书坊乡调研乡村振兴及复学复课工作，区领导王杨、李培文及区直有关部门负责人参加调研。

5月7日，区委书记杨新强、区长魏敦盛到建阳经济开发区调研黑瓷公社项目建设情况，区领导谷国海、王杨、刘寒、陈文藩、郑顺莲，区委办、区政府办、区市场监督管理局、区文体旅局、建阳经济开发区指挥部、建达集团、雅克设计院负责人等参加调研。

5月9日，区委书记、区新型冠状病毒感染肺炎防控工作领导小组组长杨新强主持召开区委常委会会议暨防控工作领导小组第二十二次会议，认真学习贯彻习近平总书记3月29日至4月1日在浙江考察时重要讲话、4月20—23日在陕西考察时重要讲话、在中央财经委员会第六次会议上重要讲话精神，研究全区全面深化改革、财经、保密等事宜。

5月9日，区委书记、区委国家安全委员会主任杨新强主持召开区委国家安全委员会第一次会议，会议学习贯彻了中央国家安全委员会第三次全体会议、省委国安委第三次会议及市委国安委第一次会议精神，听取了区委国家安全委员会2020年工作要点起草情况汇报，研究全区国家安全、保密等事宜。

5月11日，区委书记杨新强主持召开全区教育工作紧急视频会议。

5月18日，区委书记、区新型冠状病毒感染肺炎防控工作领导小组组长杨新强主持召开区委常委会会议暨防控工作领导小组第二十三次会议，认真学习贯彻习近平总书记在山西考察时，在4月29日、5月6日中央政治局常委会会议上的重要讲话精神和习近平总书记关于精神文明工作重要论述，传达学习《中国共产党党和国家机关基层组织工作条例》《关于印发赵乐际和杨晓渡同志在全国巡视工作会议暨十九届中央第五轮巡视动员部署会上讲话的通知》精神等事宜。

5月20日下午，区委书记杨新强主持召开省委巡视十一组巡视建阳区情况反馈大会。

5月20日晚，区委书记杨新强主持召开区委常委会会议，传达学习省委关于巡视工作指示精神，贯彻落实省委巡视十一组巡视情况反馈会会议精神，研究部署区整改落实工作。

5月26日上午，区委书记杨新强主持召开区委常委会会议暨省委巡视反馈问题整改工作领导小组第一次会议，认真学习贯彻全国巡视工作会议暨十九届中央第五轮巡视动员部署会和省委、市委巡视巡察工作会议精神，通报了省委巡视办关于巡视检查建阳区选人用人情况、落实意识形态工作责任制、巡察工作的反馈意见，研究区整改方案等事宜。

5月26日晚，区委书记杨新强主持召开区委常委会会议暨省委巡视反馈问题整改工作领导小组第二次会议，专题研究省委巡视反馈意见整改方案，安排部署整改落实工作。

5月27日上午，区委书记、区委巡视整改工作领导小组组长杨新强主持召开领导小组第三次会议，听取区发科局、财政局、住建局等责任单位关于落实省委巡视十一组《关于巡视南平市建阳区的反馈意见》的整改任务与分解工作的情况汇报，具体部署巡视整改工作。

5月27日晚，区委书记、区委巡视整改工作领导小组组长杨新强主持召开领导小组第四次会议，研究省委巡视反馈问题整改方案起草制定工作。

6月

6月1日，区委书记杨新强组织区领导开展“六一”国际儿童节慰问暨小学低年段、幼儿园复学疫情防控检查。

6月2日，区委书记杨新强到潭城街道、建阳经济开发区召开乡村振兴和重点项目建设现场会，推动建阳区乡村振兴和重点项目建设工作再上新台阶。区领导王杨、郑立新、郑林山、李培文参加现场会。

6月5日，区委书记、区委巡视反馈问题整改工作领导小组组长杨新强主持召开区委常委会会议暨领导小组第五次会议，认真学习贯彻习近平总书记在全国两会上重要讲话和全国两会精神，研究区委常委会班子巡视整改专题民主生活会、2020年开展“四个年”活动、加快培育重点产业集群发展、建阳区部分行政区划调整及禁毒、安全生产等事宜。

6月9日，区委书记、区委巡视整改工作领导小组组长杨新强主持召开领导小组第六次会议暨省委巡视十一组巡视建阳区反馈意见整改工作动员会，传达学习习近平总书记关于巡视工作重要论述、省委书记于伟国关于巡视工作重要讲话、省委巡视办副主任陈晓光在巡视建阳区情况反馈会上重要讲话精神，具体部署巡视反馈问题整改工作。

6月11日，区委书记杨新强主持召开建阳区“圆梦村”工作座谈会，研究部署水南“圆梦村”项目建设工作。

6月15日，区委书记主持召开回龙乡社会生态农业产业发展规划汇报会。

6月16日，区委书记杨新强主持召开区委常委会会议、区委防控工作领导小组第二十四次会议、区委巡视整改工作领导小组第七次会议，认真学习贯彻习近平总书记在中央政治局第二十次集体学习时的重要讲话、在宁夏考察时的重要讲话和对经济赶超发展的重要指示精神，深入学习贯彻时任福建省委副书记习近平1998年10月23日在南平调研时的重要讲话、时任福建省委副书记习近平1996年7月3日在视察建阳时的重要讲话精神和习近平总书记关于新时代党的组织路线工作的重要论述，研究区统筹推进常态化疫情防控和经济社会发展的各项措施，具体部署抓好省委巡视反馈问题整改等事宜。

6月17日，省政协副主席、省工商联主席王光远带队来建阳，召开省领导挂钩帮扶建阳区工作调研汇报会。

6月18日，区委书记杨新强主持召开区委常委会班子巡视整改专题民主生活会。

6月22日，区委书记杨新强到崇雒乡调研乡村振兴工作。区委常委王杨参加调研。

6月23日，区委书记、区委巡视整改工作领导小组组长杨新强主持召开领导小组第八次会议，听取区发科局、财政局、水利局、行政服务中心管委会等单位关于省委巡视反馈问题整改工作进度的汇报，进一步安排部署巡视整改工作。

6月24日，区委书记杨新强

主持召开区委理论学习中心组学习会，集中学习《习近平在福建》采访实录。

7月

7月2日，区委书记、区委巡视整改工作领导小组组长杨新强主持召开领导小组第九次会议暨省委巡视十一组巡视建阳区反馈意见整改工作推进会，传达学习中共福建省委巡视工作领导小组《关于进一步加强巡视整改工作的通知》，通报建阳区巡视整改工作进展情况，研究部署巡视整改工作。

7月10日，区委书记杨新强主持召开区委常委会会议暨区委党的建设工作领导小组会议，认真学习贯彻习近平在中央政治局第二十一次集体学习时的讲话精神，学习研讨《习近平在福建》采访实录（三、四）、《中共中央办公厅、国务院办公厅印发〈关于设立统一规范的国家生态文明试验区的意见〉及〈国家生态文明试验区（福建）实施方案〉的通知》，研究省委巡视反馈问题整改、加强党的建设、全区依法治区等事宜。

7月10日，区委书记、区委巡视整改工作领导小组组长杨新强主持召开领导小组第十次会议，学习传达王鸿津同志在全国市县巡察办主任提级培训班上的讲话精神，研究部署建阳区巡视反馈问题整改和巡察工作。

7月10日，区委书记杨新强主持召开区委常委会会议，研究对南平市建阳区莒口镇四级主任科员陈文斌的党纪政务处分等事宜。

7月14日，区委书记杨新强主持召开区委理论学习中心组（扩大）学习会，持续提升党内政治生活。

7月20日晚，区委书记杨新强主持召开南林留置地信访稳定工作会议。

7月23日下午，区委书记杨新强主持召开2020年上半年建阳区经济形势分析会。

7月29日，区委书记杨新强主持召开区委常委会会议，深入学习贯彻习近平总书记在中央全面深化改革委员会第十三、十四次会议上的重要讲话，省委全面深化改革委员会第十次、十一次会议精神，认真学习《中国共产党基层组织选举工作条例》《中国共产党宣传工作条例》，研究全面从严治党工作、省委巡视反馈问题整改、水吉镇经济发达镇适用政策、加快数字经济发展措施等事宜。

7月29日，区委书记杨新强主持召开省委巡视十一组巡视建阳区反馈意见整改工作推进会，听取《省委巡视十一组巡视建阳区反馈意见整改进展情况的报告》起草情况汇报，研究部署重点难点问题整改工作。

7月29日，区委书记杨新强主持召开区委党的建设工作领导小组会议，传达学习7月28日市委书记袁毅在市委常委会（扩大）会议上的讲话精神，听取《建阳区关于2019年度省委全面从严治党主体责任落实情况检查发现问题整改计划的报告（审议稿）》起草情况说明、《中共南平市建阳区委党的建设工作领导小组落实全面从严治党主体责任清单（审议稿）》起草情况报告，研究区党建工作。

7月29日，区委杨新强书记主持召开区委常委会会议，研究南平市建阳区公安局城关派出所警务队八队队长叶德平等人违纪问题。

7月29日，区委召开区委理论学习中心组学习会，学习研讨《习近平谈治国理政》第三卷。

7月29日上午，区委书记、区委人才工作领导小组第一组长杨新强主持召开区委人才工作领导小组会议暨2020年度第一次人才工作联席会，专题研究建阳区年度人才工作要点、人才奖励房兑现、高层次人才区级配套补助以及省引进高层次B（C）类人才个人所得税奖励资金等事宜。

7月29日，区委书记杨新强主持召开区委议军会议，深入学习贯彻习近平强军思想，听取区人武部工作情况汇报，安排部署建阳区党管武装有关工作。

7月29日，区委书记杨新强主持召开省委巡视十一组巡视建阳区反馈意见整改工作推进会。区党政班子领导，区人大常委会、区政协主要领导，部分区直部门主要负责人参加会议。

8月

8月6日，区委书记、区新型冠状病毒感染肺炎防控工作领导小组组长杨新强主持召开领导小组第二十五次会议，认真学习习近平总书记重要讲话重要指示批示精神，落实党中央、国务院决策部署，对防控漏洞再排查、防控重点再加固、防控要求再落实，研究建阳区贯彻意见。

8月6日下午，区委书记杨新强主持召开建阳区整治“两违”、镇区环境暨建盏产业工作推进会。

8月10日，在区委书记杨新强，区委常委、宣传部部长刘寒的共同见证下，建阳区融媒体中心正式上线启动，标志着建阳区媒体融合发展进入了一个崭新的阶段。

8月12日，福建社科院科研处处长、研究员吴肇光带队出席南平市建阳区“十四五”规划编制工作专题会。

8月14日，区委书记杨新强主持召开区委常委会会议，学习贯彻《中共福建省委贯彻〈中国共产党政法工作条例〉实施办法》，研究绩效考评、部分行政区划、政府投资项目管理、闽台文化交流及平安建设等事宜。

8月14日，区委书记杨新强主持召开区委理论学习中心组学习会、区委常委会会议，观看国家安全工作宣传教育片，学习贯彻习近平总书记对“十四五”规划指示精神，研究区经济社会发展相关事宜。

8月20日，区委书记杨新强主持召开南平市建阳区龙泰竹业公司项目建设推进会。

8月24日，区委书记杨新强主持召开区委常委会会议，学习贯彻习近平总书记在企业家座谈会上的重要讲话和坚决制止餐饮浪费行为重要指示精神，传达贯彻省委十届十次全会、市委五届十次全会精神，研究区党建工作等事宜。

8月24日，区委书记杨新强主持召开区委党的建设工作领导小组会议，传达学习《2019—2023年全国党政领导班子建设规划纲要》《福建省贯彻落实〈2019—2023年全国党政班子建设规划纲要〉若干措施的通知》文件、全市组织系统贯彻落实新时代党的组织路线工作会议精神，研究建阳区贯彻意见等事宜。

8月27日，区委书记杨新强主持召开市领导调研建阳区座谈会，市委常委、武夷新区党工委书记丘毅出席。

8月28日，区委书记杨新强主持召开脱贫攻坚推进会暨成效评估会议。

9月

9月1日，区委书记杨新强主持召开区委常委会会议，学习贯彻习近平总书记在安徽考察时和在经济社会领域专家座谈会上的重要讲话精神，传达贯彻丘毅在建阳区调研座谈会上的工作要求，研究安全生产、垃圾分类、残联改革、生态环境、机构编制、“两高”沿线环境整治等事宜。

9月2日，中共南平市建阳区委十三届十次全会在区政府小礼堂召开。区委委员、候补委员出席会议。区委常委会主持会议，区委书记杨新强在会上作报告。全会以习近平新时代中国特色社会主义思想为指导，深入学习贯彻习近平总书记重要讲话重要指示批示精神，认真贯彻落实省委十届十次全会、市委五届十次全会精神，研究部署全方位推动绿色高质量发展超越的目标和举措，审议通过《中共南平市建阳区委关于全方位推动绿色高质量发展超越的决定》和《中国共产党南平市建阳区第十三届委员会第十次全体会议决议》，讨论《南平市建阳区全方位推动绿色高质量发展超越行动计划》。

9月11日上午，区委书记杨新强主持召开区管干部学习贯彻中共十九届四中全会精神专题培训班报告会。

9月11日下午，区委书记杨新强主持召开建阳区生态环境问题专题会议，认真学习贯彻习近平生态文明思想，传达贯彻南平市生态环境保护有关会议精神，听取区生态环境存在问题情况汇报，研究部署下阶段具体整治工作。

9月14日，连江·建阳山海协作联席会在建阳经济开发区召开，连江县领导周应忠、陈钦，建阳区领导杨新强、孙德胜、王杨、陈文藩，以及两地相关部门负责人参加会议。

9月15日，区委组织召开理论学习中心组学习（扩大）会议，深入学习《中华人民共和国公职人员政务处分法》，区委理论学习中心组成员、区纪委监委班子成员、区直各单位主要负责人参加学习会。

9月18日，区委书记杨新强主持召开专题会议，作迎接国务院第七次大督查安排部署。

9月21日，区委书记、区委巡察工作领导小组组长杨新强主持召开区委第九轮巡察工作领导小组暨“五人小组”会议，先后听取区委巡察一组对区人大办、区政协办、区党史和地方志、区贸促会，区委巡察二组对区铁路建设办、区委办，区委巡察三组对区政府办、黄坑镇党组织巡察发现问题和线索的综合汇报，分别对重点人重点事重点问题提出处置意见，并对后续巡察及整改工作提出要求。

9月22日，区委书记杨新强主持召开建阳区文明城区创建迎评冲刺推进视频会。

9 月 28 日，区委书记杨新强主持召开区委常委会会议，认真学习贯彻习近平总书记在中央全面深化改革委员会第十五次会议、中央第七次西藏工作座谈会上的重要讲话精神，深入开展“争创文明城、争做文明人”大讨论——“文明行为大家谈”专题研讨，研究省委巡视反馈问题整改等事宜。

9 月 30 日，南平市在建阳登高山革命烈士纪念碑举行烈士公祭活动。区委书记杨新强主持，南平市四套班子领导出席。

10 月

10 月 10 日，区委理论学习中心组召开学习（扩大）会议，观看《中央宣传部授予闽宁对口扶贫协作援宁群体“时代楷模”称号》视频，学习《中共福建省委关于开展向“时代楷模”闽宁对口扶贫协作援宁群体学习活动的决定》文件精神。

10 月 12 日至 13 日，区委书记杨新强到将口镇、麻沙镇、漳墩镇，围绕明年村“两委”换届选举工作、软弱涣散村和少数民族薄弱村党组织整顿建设、挂点联系贫困村帮扶、乡村振兴等主题开展调研。区领导林贻彬、方丹青参加调研。

10 月 14 日，区委书记杨新强主持召开 2020 年第四季度防范重特大生产安全事故暨安全生产专项整治三年行动动员部署会议，认真贯彻落实中央和省、市关于安全生产工作的部署要求，分析总结前三季度全区安全生产工作情况，研究部署第四季度安全生产重点工作。

10 月 19 日，区委书记杨新强主持召开区委常委会会议，认真学习贯彻习近平总书记在 2020 年秋季学期中央党校（国家行政学院）中青年干部培训班开班式上和中央政治局第二十三次集体学习时的重要讲话精神，围绕“七种能力”开展专题研讨，开展“争创文明城、争做文明人”大讨论——“不文明行为大家谈”专题研讨等。

10 月 19 日，区委书记杨新强主持召开区委常委会会议暨警示教育会，传达省纪委监委给予武勇开除党籍和公职处分的决定。南平市委常委、武夷新区党工委书记丘毅参加会议并讲话。

10 月 20 日，区委书记杨新强带领相关部门负责人到西区农贸市场调研，区领导郑立新、陈文藩参加调研。

10 月 22 日，区委书记、区扫黑除恶专项斗争领导小组组长杨新强，主持召开区扫黑除恶专项斗争领导小组组长会议，专题研究省扫黑办第三批挂牌督办王某满案件等事宜。

10 月 23 日，区委书记杨新强主持召开区委常委会会议，研究南平市建阳区人民法院原党组副书记郑某（已退休）的违纪问题。

10 月 23 日，区委书记杨新强主持召开区委常委会会议，认真学习贯彻习近平总书记在深圳经济特区建立 40 周年庆祝大会上和在广东考察时的重要讲话精神，研究省委巡视反馈问题整改、全面从严治党、近期重点信访等事宜。

10 月 24 日，在考亭书院举办“考亭讲坛”讲座，区四套班子领导出席。

10 月 27 日上午，区委书记杨新强主持召开建阳区企业家座谈会暨“八大专业园区”建设工作现场会。

10 月 27 日，区委书记杨新强主持召开区委常委会会议，研究南平市建阳区潭城街道人大工委主任刘某的违纪问题。

10 月 29 日，区委书记杨新强主持召开区委常委会会议，研究抗击新冠肺炎疫情省级表彰推荐评选工作，学习贯彻《中共南平市委办公室关于印发〈南平市贯彻落实《2019—2023 年全国党政领导班子建设规划纲要》若干措施〉的通知》（南委办发〔2020〕21 号）文件精神等。

11 月

11 月 2 日，由于区委书记杨新强 10 月 31 日至 11 月 4 日参加南平市委市政府工作调研检查，且 10 月 31 日参加南平市委常委会（扩大）会议，学习贯彻中共十九届五中全会精神。受区委书记杨新强委托，区委副书记、区政府区长魏敦盛主持召开区委常委会会议，传达学习贯彻中共十九届五中全会精神，研究建阳区学习宣传贯彻意见等事宜。

11 月 5 日，区委书记杨新强主持召开区委常委会会议，研究学习宣传贯彻中共十九届五中全会精神工作，传达市委市政府工作调研检查精神等事宜。

11 月 12 日，区委书记杨新强主持召开大战六十天，实现“全域无垃圾”专项行动暨文明“大讨论”工作推进会。

11月16日，区委组织召开区委理论学习中心组学习（扩大）会议，学习文化资源开发与乡村振兴（百场社会科学专题报告会），福州大学人文社科学院教授甘满堂主讲。

11月17日，区委书记杨新强主持召开专题会议，贯彻落实市委、市政府主要领导对建阳工作部署要求，研究环城区乡村振兴示范圈建设、建盏文化街秩序管控、考亭书院和考亭古街内涵提升、宋慈文化打造、玉枕山等山体公园环境提升、嘉禾大道和建平大道绿化彩化、医卫材料产业园建设等事宜。

11月23日上午，区委书记杨新强主持召开区委常委会会议，学习贯彻习近平总书记在10月22日中央政治局常委会会议和中央政治局第二十四次集体学习时的重要讲话精神等。

11月23日上午，受区委书记杨新强委托，区委常委王杨主持召开推进全区大战六十天，实现“全域无垃圾”专项行动专题会议。传达贯彻南平市人居环境整治推进会精神，听取建阳区现阶段人居环境整治工作开展情况汇报，研究部署下阶段具体整治行动等事宜。

11月30日至12月2日，区委书记杨新强、区长魏敦盛带领区委、区政府工作调研检查组，到13个乡镇（街道）开展为期三天的调研检查工作。南平市大督查第二组组长李晓华到场指导。

12月

12月3日，区委书记杨新强到漳墩镇堆后民族村开展驻村调研并作中共十九届五中全会精神宣讲报告。

12月7日，区委书记杨新强主持召开区委常委会会议，学习贯彻习近平总书记在中央政治局审议《中国共产党统一战线工作条例》《中国共产党党员权利保障条例》和中央政治局第二十五次集体学习时的重要讲话精神，研究《中共南平市建阳区委全面深化改革委员会重要改革举措实施规划（2020—2021年）（审议稿）》《南平市建阳区“访调对接”工作实施方案（审议稿）》《南平市建阳区关于深入推行“一窗受理、集成服务”进一步优化政务服务的实施意见（审议稿）》，听取省委巡视整改工作进展情况汇报，研究下一步省委巡视反馈问题整改工作。

12月14日，区委书记杨新强主持召开区委常委会会议，研究推荐省级文明村镇、文明单位、文明校园、文明家庭等候选对象，审议2019年建阳区委、区政府表彰先进集体候选单位、先进个人人选等事宜。

12月15日，区委书记杨新强到水吉镇郑墩村看望慰问结对帮扶贫困户，为他们送去慰问品，送去党和政府的关怀与温暖。区政协副主席、水吉镇党委书记沈嘉荣参加慰问。

12月18日，区委书记杨新强主持召开建阳区年轻干部座谈会，深入学习贯彻习近平总书记在2020年秋季学期中央党校（国家行政学院）中青年干部培训班开班式上的重要讲话精神，贯彻省、市年轻干部座谈会精神，动员广大年轻干部聚焦“十四五”、奋斗新征程，为“市区一体、绿色发展、产业强区、书香建阳”的建设贡献更大力量。

12月19日，区委组织召开理论学习中心组学习（扩大）会议，听取“贯彻五中全会精神，传承弘扬优秀传统文化——刍论朱子理学与书院文化”专题报告，福建省闽学研究会顾问、“福建省高校思政课”特聘教授朱清主讲。

12月23日，区委书记杨新强主持召开区委常委会会议，学习贯彻中央经济工作会议精神，传达学习省委十届十一次全会、省委经济工作会议精神，研究国民经济和社会发展、近邻党建、国家安全等事宜。

12月23日，区委书记、区委人才工作领导小组第一组长杨新强，主持召开区委人才工作领导小组会议暨2020年度第二次人才工作联席会。

12月23日，建阳区召开区委理论学习中心组学习会议，深入学习研讨《论党的宣传思想工作》。区委、区人大常委会、区政府、区政协领导等区委理论学习中心组成员参加会议并作交流发言。

12月28日，区委书记杨新强主持召开区委常委会会议，传达学习贯彻南平市委五届十一次全会、市委经济工作会议精神，开展“争创文明城、争做文明人”——“文明新风貌大家谈”专题研讨，全面总结“大讨论”以来的变化和成效。研究“十四五”规划建议及说明、全会报告及决议、2021年《政府工作报告》、林业集团改革等事宜。

12月28日，区委书记杨新强主持召开区委常委会会议，研究南平市建阳区人民检察院原副检察长黄某违法问题。

12月29日，区委书记杨新强主持召开区委十三届十一次全会，审议通过了《中共南平市建阳区委关于制定南平市建阳区国民经济和社会发展第十四个五年规划和二〇三五年远景目标的建议》。

12月29日，区委书记杨新强主持召开区委经济工作会议。会议以习近平新时代中国特色社会主义思想为指导，全面贯彻落实中央和省委、市委经济工作会议精神，总结2020年经济工作，分析当前经济形势，部署2021年经济工作，推动“十四五”建阳发展开好局、起好步。

自然理

【位置面积】 建阳区位于北纬27° 16′ 32″～27° 43′ 41″、东经117° 32′ 20″～118° 37′ 51″，地处南平市中部。东与政和县、松溪县相邻，南与建瓯市、顺昌县接壤，西与邵武市、光泽县毗连，北与武夷山市和浦城县为邻。辖区东西最大距离111.30千米，南北最大距离68.20千米，总面积3383.40平方千米。其中，陆域面积3342.50平方千米，水域面积40.90平方千米。

【地形地貌】 建阳区地处武夷山脉东南麓及其支脉所环抱的闽北盆地中部，地势西、西北部、西南部、东部、东北部高，中部低。西部、西北部主要为杉岭山脉，海拔大部分为800～1500米，呈北东—南西走向，有海拔1000～1900米的山峰98座；西南部有9列山脉，大部分海拔700～1300米，呈北东—南西走向；东部、东北部及中部有4列山脉，海拔600～1100米；全市中山面积184.10平方千米，占土地总面积的5.4%。低山分布在西部的杜潭、溪口，南部的拿坑、乌沙笼、狮子岩、葛墩、井后、罗古岩，东北部的高坑岗与东部的上墘、姜地、沙堤、马岗等地，面积1165.20平方千米，占土地总面积34.4%。中部为丘陵地区，海拔一般小于500米，面积1443.50平方千米，占土地总面积的42.7%。沿河谷零星分布水吉、小湖、麻沙、书坊、莒口、将口、徐市、回瑶和建阳城关等山间盆地，面积590.14平方千米，占土地总面积的17.4%。最高峰背岗，位于黄坑镇与光泽县茶富乡交界处，海拔1858.90米；最低点位于徐市镇震前村，海拔124.90米。

【气候】 2020年少冷寒、多暖热，气象灾害损失较少，气候年景偏好。年平均气温19.5℃，较常年高1.1℃，为建站以来的最高值，属异常偏高；年降水量1802.0毫米，较常年多8%，属正常；年日照时数1490.1小时，较常年少180.6小时，属偏少。

【主要气象要素】

气温　年极端最低气温-2.6℃，出现在12月31日，年极端最高气温37.5℃，出现在8月14日。2020年有9个月平均气温均为正常或偏高（见表1），其中尤以5月为甚。2020年低温（日最低气温≤0℃）日数为5日，比历年平均值少11日。2019年7月1日—2020年6月30日期间的终霜日出现在2019年2月19日，2019年7月1日后的初霜日出现在2019年12月31日，无霜期日数315天。3月29—31日连续三天日平均气温≤12℃，出现“倒春寒”天气。

降水　各季节降水量正常。9月份降水量为216.2毫米，较历年同期平均值多137%，属异常偏多，为1961年以来第3位。雨季期间出现多场暴雨过程，其中7月9日黄坑镇苦竹坪村暴雨强度为历史罕见。

日照　各月和各季节日照时数大多正常，9月日照时数84.4小时，较历年同期平均值少117.3小时（少92.9%），属异常偏少，该月的日照百分率（该月的实际日照时数/该月的可能日照时数）为23%。

【重大异常天气气候事件】 2020年主要灾害性天气气候事件有汛期暴雨、秋冬气象干旱。

暴雨　2020年明显的暴雨天气过程共有5个。

1. 5月6日8时到7日8时大部分乡镇出现暴雨过程，其中麻沙、童游、莒口、城区出现大暴雨，最大雨量 120.5 毫米（麻沙）。6 日 21—22 时部分乡镇出现 6 级以上雷暴大风，城区和童游瞬时极大风速分别达 21.2 米 / 秒和 23.1 米 / 秒。暴雨和大风造成烟叶受灾 1206.6 亩，其中绝收 0.7 亩。

2. 5 月 25 日 8 时到 26 日 8 时大部乡镇出现暴雨过程，最大雨量 80.8 毫米（黄坑），城区为 70.2 毫米。

3. 6 月 3—6 日出现持续性降水过程，全区 13 个乡镇（街道）过程雨量均超过 100 毫米，以麻沙 252.2 毫米为最大，城区雨量 165.8 毫米。据统计，受其影响全区受灾人口共 2620 人，共紧急转移安置 245 人；农作物受灾共 769.7 公顷（其中成灾 225.7 公顷），毁坏耕地共 1.096 公顷；因灾倒损房屋共 4 间。直接经济损失约 927.76 万元，其中农业损失 402 万元。

4. 7 月 8 日 8 时至 10 日 20 时建阳区普降大雨到暴雨，局部特大暴雨，以黄坑镇雨量为最大（250.7 毫米），其次为麻沙镇（68.2 毫米），城区为 50.3 毫米。最强降水时段在 9 日 8—14 时，黄坑镇苦竹坪村雨量达 150.5 毫米，其中 9：15—12：15 降雨量达 105.7 毫米，突发强降水引发山洪灾害。过程中全区受灾人口共 3447 人，共安置转移 322 人；农作物受灾共 488.61 公顷（其中成灾 330.45 公顷，绝收 9.63 公顷），毁坏耕地共 2.73 公顷；因灾损坏房屋共 32 间。直接经济损失 1624 万元，农业经济损失约 321.6 万元。

5. 9 月 18 日 20 时至 19 日 20 时建阳区普降暴雨，其中将口、黄坑、漳墩、回龙 4 个乡镇大暴雨，以将口镇 131.3 毫米为最大，为同期少见。

干旱　10 月 1 日到 11 月 21 日出现连续 52 日雨量 ≤ 2.0 毫米的少雨天气，其间累计雨量仅 3.8 毫米，达到气象中旱标准，受 22—29 日降水影响，建阳区气象干旱有所缓解，但仍存在气象轻旱。10 月 1 日到 12 月 13 日降水较常年异常偏少，其间累计雨量仅 14.8 毫米，出现气象轻旱。

强对流天气　3 月 22 日黄坑镇九峰村、新峰村、新历村 14 时 40 分到 15 时出现米粒大小的冰雹；麻沙镇扁溪村 15 时 30 分左右草莓园受米粒大小的小冰雹和大风影响，受灾约 40 亩，麻沙镇葡萄种植大户葡萄园受灾 50 多亩，损失 1 万多元。

寒潮　受强冷空气影响，12 月 29—31 日建阳区出现寒潮天气过程，日最低气温过程降温幅度为 11.9 ℃，31 日最低气温降至 -2.6℃，对越冬作物和果树造成不利影响。

2020 年建阳气象观测站各月要素一览表

表 1

月份	气温（℃）	异常度	评价	降水（毫米）	百分率	评价	日照（小时）	异常度	评价
1 月	10.4	1.91	显著偏高	57.2	-29%	偏少	81.8	-0.28	正常
2 月	11.9	1.27	偏高	94.7	-20%	正常	95.5	0.62	正常
3 月	14.6	1.16	偏高	343.8	56%	显著偏多	38.5	-1.17	偏少
4 月	16.7	-1.28	偏低	100.1	-56%	显著偏少	161.5	1.97	显著偏多
5 月	24.4	2.13	异常偏高	398.7	65%	显著偏多	130.8	-0.14	正常
6 月	27.1	1.98	显著偏高	338.4	8%	正常	116.4	-0.76	正常
7 月	28.4	0.22	正常	79.8	-33%	偏少	180.5	-1.19	偏少
8 月	28.8	2.11	异常偏高	130.7	31%	偏多	230.8	0.37	正常
9 月	23.6	-1.50	显著偏低	216.2	137%	异常偏多	84.4	-3.06	异常偏少
10 月	20.8	0.67	正常	3.6	-94%	异常偏少	159.9	-0.03	正常
11 月	17.2	2.10	异常偏高	11.2	-81%	异常偏少	152.6	0.71	正常
12 月	10.3	0.86	正常	27.6	-44%	偏少	57.4	-1.60	显著偏少
全年	19.5	3.10	异常偏高	1802.0	8%	正常	1490.1	-1.28	偏少
冬季	10.9	1.34	偏高	207.5	-16%	正常	337.8	0.75	正常
春季	18.6	0.55	正常	842.6	23%	正常	330.8	0.11	正常
夏季	28.1	1.34	偏高	548.9	3%	正常	527.7	-0.81	正常
秋季	20.5	0.76	正常	[illegible]	[illegible]	正常	396.9	-1.11	偏少

注：1. 降水量、平均气温、日[illegible]标准值。

2. 冬季指上一年 12 月、1 月、2 月，春季指 3 月、4 月、5 月，夏季指 6 月、7 月、8 月，秋季指 9 月、10 月、11 月。

水 文

【概况】 2020年建阳区雨水总体情况：降水量略多，洪水场次较多、径流量略多，属正常年份。

【雨情】 以全区各雨量站统计，2020年全市平均降水量为1802.0毫米，比上年少14.82%。降水量分布不均，全市各雨量站年降水量在3116.5毫米（坳头站）至1588.5毫米（水吉站）之间。

【水情】 2020年建阳区3个干流水文站建阳、麻沙、水吉均出现超警戒水位洪水（见表2），全区各支流洪水时有发生。

建阳区2020年各主要溪流水位情况表

表2　　单位：米

名称	最高水位	最低水位	水位变幅	备注
建阳水文站	131.79	125.81	5.98	警戒水位131.00
麻沙水文站	189.21	185.31	3.90	警戒水位188.30
水吉水文站	141.26	136.95	4.31	警戒水位141.00

资 源

【土地资源】 建阳区土地总面积33.85万公顷，耕地总面积3.38万公顷。土壤类型有红壤、黄壤、紫色土、山地草甸土。

【水资源】 境内主要河道有崇阳溪、南浦溪、麻阳溪等，均属闽江建溪流域；二级河有崇阳溪、南浦溪、麻阳溪3条，总长4899.10千米；三级河有黄坑溪、七宝溪、书莒溪、下墩溪、漳溪、杭头溪、徐宸溪、后崇溪、新历溪、江坊溪、茶马溪、仁山溪等12条，总长370.60千米。境内河流总长5269.70千米，河网密度0.18千米/千米^2，径流总量77.50亿立方米。最大河流崇阳溪由南向北，从将口镇横塘村入境，经将口镇、童游街道，至徐市镇亭村出境，长41千米，流域面积2343平方千米，年均流量190.60米^3/秒；主要支流有后崇溪、徐宸溪、麻阳溪等。南浦溪从回龙乡坪州村入境，经回龙乡、水吉镇，至小湖镇黄塘甲出境，长49千米，流域面积986.20平方千米，年均流量123.40米^3/秒；主要支流有漳溪、下墩溪、仁山溪等。

【矿产资源】 境内探明有铁、铬、铜、铅、锌、钨、锡、金、银等金属矿产与萤石、硫铁矿、蛇纹岩、石墨、白云母、高岭土、大理岩、透辉石、叶蜡石、饰面用花岗岩、辉绿岩等非金属矿产36种，各类矿产地109处，其中，中型规模矿床5处、小型矿床15处。铅锌矿主要分布在水吉、葛墩、溪东、硬岭头、黄村、秦溪与三宝山等地，其中水吉铅锌矿为中型矿床。石墨矿主要分布在岭根墙、莒口、留田、埂头与塘头一带，其中岭根墙中型石墨矿床位于书坊贵溪村。萤石矿主要分布在长坪、回潭、社洲3处，其中回潭中型萤石矿床位于将口乡回潭村。

【森林资源】 境内自然条件优越，森林资源丰富，全区土地总面积33.85万公顷（含武夷山保护区），林业用地面积27.32万公顷，有林地面积26.42万公顷，有生态公益林面积8.25万公顷，全区森林蓄积量2562万立方米，森林覆盖率78.21%。

【植物资源】 建阳属中亚热带常绿阔叶林区。有8个植被类型。针叶林：以马尾松和杉木为主，广泛分布在海拔200～1100米，占森林面积的47.70%。多由常绿阔叶林砍伐后通过人工栽培形成。此外，还有柳杉、油杉、红豆杉、三尖杉，以及分布在西北部诸母岗一带海拔1450米以上的铁杉、黄山松等，有30个建群种。武夷山自然保护区建阳部分大竹岚有大片的原始森林和植被群落，已定名的维管束植物1800种，其中，属国家二级保护的有7种：钟萼木、香果树、杜仲、银杏、水松、观光木、天竺桂；属国家三级保护的有12种：沉水樟、短萼黄连、八角莲、银钟树、黄山木兰、红豆、闽楠、半枫荷、银雀树、南方铁杉、乐东拟单性木兰、天女木兰。

建置 区划

【建置沿革】 东汉建安十年（205年），始置建平县，属会稽郡。西晋太康元年（280年），更名为建阳县，属扬州建安郡。南宋景定元年（1260年），建阳县更名嘉禾县。元至元二十六年（1289年），嘉禾县复为建阳县，属福建行中书省建宁路。明洪武元年（1368年），建宁路复称建宁府，建阳县属建宁府。清代建阳县属延建邵道建宁府。民国24年（1935年），建阳县属福建省第三行政督察区。1949年5月13日，建阳解放后属福建省第一行政督察区（治所建瓯）。1950年9月专署迁建阳，建阳县属建阳行政督察专员公署。1956年6月建阳专署撤销后，建阳县属南平行政督察区。1956年水吉撤销县建制，大部分地区划入建阳，建阳始为今制。1968年5月设南平地区革命委员会，建阳县属南平地区。1971年7月南平地革会迁建阳，建阳县属建阳地区。1978年，建阳地区革命委员会改称建阳地区行政公署，建阳县属建阳地区。1989年1月行政公署迁南平，建阳县属南平地区，下辖10个镇、3个乡，共190个村、14个居委会及3个国营农场。1994年3月4日经国务院批准撤销建阳县，设立建阳市，下辖乡、镇、村、居和农场不变。

2002年11月21日，经省政府批准，撤销潭城、童游两镇，设立潭城街道办事处和童游街道办事处。2007年后，国有农场相继改村归属所在乡镇。至2010年底，全市辖2个街道：潭城街道、童游街道；8个镇：将口镇、徐市镇、莒口镇、麻沙镇、黄坑镇、水吉镇、小湖镇和漳墩镇；3个乡：崇雒乡、书坊乡和回龙乡。

2002年，潭城街道办事处辖原潭城镇的中南、西市、永安、西桥、桥南5个居委会，城关、桥南2个村委会和从原童游镇划归的考亭、严墩、周墩、黄墩、回瑶、溪源6个村委会（共5个居委会、8个村委会）。

2002年，童游街道办事处辖原童游镇的营前居委会，童游、赤岸、彭墩、七姑、新岭、东泽、溪口、水尾、徐墩、南林、新村11个村委会和从原潭城镇划归的水东居委会和水东村委会（共2个居委会、12个村委会）。

2003年4月，将潭城街道办事处的桥南、西市、永安、中南、西桥5个居委会调整划分为11个居委会，新设置兴建、黄花山、宝山、南阳、北门、西门6个居委会。童游街道办事处的水东、营前2个居委会调整划分为5个居委会，新设置静园、富林、曼头山3个居委会。同时，居委会全部整合改名为社区居民委员会。

2004年4月，将水吉镇、漳墩镇、徐市镇、莒口镇、麻沙镇、黄坑镇6个居民委员会通过整合后改建为社区居民委员会。

2007年1月，将周家农场大白、蔡家2个作业区划归麻沙镇人民政府管辖，前者改制为大白村村民委员会，后者改为蔡家自然村，为大白村村民委员会的1个村民小组。书坊乡罗家堆良种场改制为罗家堆村村民委员会，归书坊乡政府管辖。将水吉镇坤坊良种场改制为坤坊村村民委员会，归属水吉镇人民政府管辖。

2010年3月，小湖镇董布良种场改制为小湖镇董布村村民委员会，归属小湖镇人民政府管辖。至年底，全市2个街道、8个镇、3个乡，共辖22个社区居委会、194个村民委员会。

2012年5月，小湖镇设立南湖社区，归属小湖镇人民政府管辖。至年底，全市2个街道、8个镇、3个乡，共辖23个社区居委会、194个村民委员会。

2014年1月，黄坑镇三峡村，漳墩镇陈元村、堆后村，麻沙镇毛店村，徐市镇南槎村更名为黄坑镇三峡民族村，漳墩镇陈元民族村，漳墩镇堆后民族村，麻沙镇毛店民族村，徐市镇南槎民族村。5月，国务院批复同意南平市行政区划调整方案，同意撤销建阳市，设立南平市建阳区，以原建阳市的行政区域为建阳区的行政区域；南平市政府驻地由延平区迁至建阳区。

2015年3月，建阳举行撤市设区挂牌仪式，这标志着建阳告别"市"的历史，进入"区"的时代。

2016年5月，潭城街道设立七贤社区，童游街道设立童子山社区、崇阳社区，将口镇设立崇文社区。至2016年底，全区2个街道、

8个镇、3个乡，共辖27个社区居委会、194个村民委员会。

2017年12月，崇雒乡设立雒新社区，书坊乡设立书林社区，回龙乡设立回龙社区。至年底，全区2个街道、8个镇、3个乡，共辖30个社区居委会、194个村民委员会。

2019年12月，潭城街道设立景龙社区，童游街道设立狮子山社区、云谷社区、焦源社区、嘉禾社区。至年底，全区2个街道、8个镇、3个乡，共辖35个社区居委会、194个村民委员会。

2020年12月，区种畜草种场下辖的黄坝州、外墩、富湾作业区合并设立黄墩湾村民委员会，归属麻沙镇人民政府管辖。至年底，全区2个街道、8个镇、3个乡，共辖35个社区居委会、195个村民委员会。

【行政区划】 全区设2个街道、8个镇、3个乡。共辖35个社区居委会 、195个村委会。

建阳区行政区划表

表3 单位：个

街道办事处镇名称	数量	社区居委会和村民委员会
潭城街道（人民路）	13	西市社区居委会 中南社区居委会 永安社区居委会 桥南社区居委会 西桥社区居委会 北门社区居委会 西门社区居委会 兴建社区居委会 宝山社区居委会 黄花山社区居委会 南阳社区居委会 七贤社区居委会 景龙社区居委会
	8	城关 桥南 考亭 严墩 回瑶 溪源 黄墩 周墩
童游街道（嘉禾南路）	11	营前社区居委会 静园社区居委会 富林社区居委会 曼头山社区居委会 水东社区居委会 童子山社区居委会 崇阳社区居委会 狮子山社区居委会 云谷社区居委会 焦源社区居委会 嘉禾社区居委会
	12	童游 徐墩 七姑 水尾 彭墩 东泽 新岭 南林 赤岸 新村 溪口 水东
麻沙镇	1	麻沙社区居委会
	24	麻沙 水南 竹洲 吕屯 华溪 新溪 扁溪 江坊 界首 墩头 交溪 重历 江坝 新坪 七宝 长坪 毛店 永兴 溪头 杜潭 梁墩 留田 大白 黄墩湾
水吉镇（和平村）	1	水吉社区居委会
	29	民主 市头 和平 建设 郑墩 营头 青田 吴中 玉瑶 池中 后井 南岭 良源 南山 叶中 仑尾 陈地 大梨 双溪 留中 仁山 安口 后巷 坤坊 七里岚 渡船头 莘溪坪 黄西溪 黄家店
将口镇	1	崇文社区居委会
	13	将口 西岸 芹口 横塘 松柏 山尾 东田 新建 胡巷 回潭 杨香 南台 石维
莒口镇	1	莒潭社区居委会
	16	莒口 湖桥 焦岚 长埂 东山 后山 马伏 石庵 上坊 中坊 茶坊 策口 社州 东徐 金山 河坝
黄坑镇（九峰村）	1	黄坑社区居委会
	11	九峰 新峰 塘头 三峡 新历 鹅峰 桂林 长见 大坡 坳头 苦竹坪
漳墩镇	1	漳墩社区居委会
	24	漳墩 龙安 焦坑 姜地 前溪 松源 杭下 陈元 杭头 堆后 上墘 苏源 桔坑 外屯 沙堤 凤凰 赖屯 竹口 周历 严川 康屯 枫坑 外源 北孟坑
徐市镇	1	徐市社区居委会
	16	徐市 溪尾 北岸 壕墩 宸前 圳头 林墩 范墩 大田 大阐 盖溪 唐科 五峰 条岭 南槎 黄坑

续表 3

街道办事处镇名称	数量	社区居委会和村民委员会
小湖镇	1	南湖社区居委会
	16	小湖　葛墩　大湖　祝中　贵源　塘楼　马坑　东鲁　井后　鸿庇　美溪　下垅　秦溪　尹宅　黄地　董步
崇雒乡	1	雒新社区居委会
	6	崇雒　横源　上社　后畲　上洋　右巨
书坊乡	1	书林社区居委会
	8	书坊　贵溪　花园岭　钱塘　水北　饶坝　松坑　罗家堆
回龙乡	1	回龙社区居委会
	12	回龙　垅下　浒洲　马岚　均中　白沙　白洋　高门　澄埠　坪州　半天霄　西瓯浦

重要会议

【区委经济工作会议】 1月2日，区委经济工作会议召开，全面贯彻落实中央和省委、市委经济工作会议精神，总结2019年全区经济工作，分析当前经济形势，部署2020年经济工作。

【全区实施乡村振兴战略暨农村人居环境整治推进会】 1月2日，全区实施乡村振兴战略暨农村人居环境整治推进会召开，深入学习贯彻习近平总书记关于“三农”工作的重要论述和关于实施乡村振兴战略、打赢脱贫攻坚战、改善农村人居环境等重要指示批示精神，认真贯彻中共十九届四中全会和中央农村工作会议精神，对深入推进乡村振兴战略、抓好农村人居环境整治工作进行再部署、再落实。

【全区推进新时代科技特派员工作会议】 1月2日，全区推进新时代科技特派员工作会议召开，深入学习贯彻习近平总书记对科技特派员制度推行20周年的重要指示精神，贯彻落实全国、全省、全市总结会议精神，明确新时代建阳区科技特派员工作的重点任务和举措，进一步坚持好、巩固好、发展好科技特派员制度。

【全区“不忘初心、牢记使命”主题教育总结会】 1月17日，全区“不忘初心、牢记使命”主题教育总结会召开，深入学习贯彻习近平总书记在中央主题教育总结大会上的重要讲话精神，认真落实全省、全市主题教育总结大会要求，巩固和拓展主题教育成果，坚守初心使命，勇于担当，奋力开创新时代“市区一体、绿色发展、产业强区、书香建阳”建设新局面。

【区纪委十三届五次全会】 1月21日，区纪委十三届五次全会召开，深入学习贯彻习近平新时代中国特色社会主义思想和中共十九届四中全会精神，全面贯彻落实十九届中央纪委四次全会、省纪委十届五次全会、市纪委五届五次全会精神，一以贯之、坚定不移推进区全面从严治党工作。

【区新型冠状病毒感染肺炎防控工作领导小组第一次会议】 1月23日，区新型冠状病毒感染肺炎防控工作领导小组第一次会议召开，深入贯彻习近平总书记关于疫情防控工作重要讲话指示精神，认真落实党中央和省委、市委决策要求，研究部署区疫情防控工作。

【区新型冠状病毒感染肺炎防控工作领导小组第六次会议】 1月29日，区新型冠状病毒感染肺炎防控工作领导小组第六次会议召开，学习贯彻1月27日习近平总书记关于疫情防控重要指示精神、中共中央印发《关于加强党的领导、为打赢疫情防控阻击战提供坚强政治保证的通知》精神和1月28日省委、市委新型冠状病毒感染肺炎疫情防控视频会议精神，对区疫情防控工作进行再研究、再部署。

【区新型冠状病毒感染肺炎防控工作领导小组第七次会议】 1月29日，区新型冠状病毒感染肺炎防控工作领导小组第七次会议召开，听取各乡镇（街道）疫情防控情况汇报、各专项工作小组工作开展情况汇报，分析研判当前疫情防控形势，进一步部署疫情防控工作。

【区新型冠状病毒感染肺炎防控工作领导小组第十三次会议】 2月

8日，区新型冠状病毒感染肺炎防控工作领导小组第十三次会议召开，传达贯彻习近平总书记在中央全面依法治国委员会第三次会议上的重要讲话精神、中央应对新型冠状病毒感染疫情工作领导小组会议及省委、市委疫情防控视频会议精神，研究部署区疫情防控和经济社会发展等工作。

【区新型冠状病毒感染肺炎防控工作领导小组第十四次会议】 2月11日，区新型冠状病毒感染肺炎防控工作领导小组第十四次会议召开，传达贯彻省委、市委视频会议精神，研究部署建阳区疫情防控和经济社会发展等工作。

【区新型冠状病毒感染肺炎防控工作领导小组第十五次会议】 2月14日，区新型冠状病毒感染肺炎防控工作领导小组第十五次会议召开，深入学习2月10日习近平总书记在北京调研指导新型冠状病毒肺炎疫情防控工作时的重要讲话精神、2月12日中共中央政治局常务委员会会议精神，听取区疫情防控工作和企业、项目复工复产情况汇报，通报福建省应对新型冠状病毒感染肺炎疫情工作领导小组疫情防控、科研攻关及学校组织关于聚集性疫情典型案例及南平市关于三起党员干部落实疫情防控决策部署不力典型问题。

【区新型冠状病毒感染肺炎防控工作领导小组第十六次会议】 2月18日，区新型冠状病毒感染肺炎防控工作领导小组第十六次会议召开，传达贯彻2月16日省委、2月17日市委疫情防控和复产复工会议精神，研究部署区疫情防控工作。

【区新型冠状病毒感染肺炎防控工作领导小组第十七次会议】 2月22日，区新型冠状病毒感染肺炎防控工作领导小组第十七次会议召开，传达学习习近平总书记重要讲话重要指示批示精神，认真贯彻国务院联防联控机制指导组到建阳区检查指导要求和2月20日省委、2月21日市委相关会议精神，听取各乡镇（街道）复工复产情况汇报和各专项小组工作情况汇报，研究部署区疫情防控和复工复产工作。

【一季度绿色发展考核工作推进会】 3月4日，一季度绿色发展考核工作推进会召开，解读绿色发展考核要点，分析研判、查找问题、明确攻坚重点，对下阶段的绿色发展考核工作作出具体的安排部署，加快统筹推进疫情防控和经济社会发展工作，推动高质量发展落实赶超。

【区人居环境童游片区重点整治工作第二阶段推进会】 3月5日，区人居环境童游片区重点整治工作第二阶段推进会召开，总结回顾前一阶段整治成果，分析研判当前存在的矛盾，对以童游片区为主的人居环境整治工作进行再部署、再落实，切实筑牢疫情防控基础防线，助力打赢疫情防控的人民战争、阻击战、整体战。

【2019年度区委常委会班子成员述责述廉述法会议】 3月10日，2019年度区委常委会班子成员述责述廉述法会议召开，深入学习贯彻习近平新时代中国特色社会主义思想，全面落实中共十九届四中全会部署，按照《中国共产党党内监督条例》和《福建省党的领导干部述责述廉工作意见》的要求，通过述责述廉述法、民主评议等方式，进一步督促区委常委会班子成员落实全面从严治党的政治责任，促进区委常委会班子成员廉洁从政、履职尽责。

【全区疫情防控和复工复产会议】 3月10日，全区疫情防控和复工复产会议召开，传达学习3月4日中共中央政治局常务委员会会议精神和3月6日市委视频会议精神，深化落实中央和省委、市委有关工作部署要求，进一步认清当前疫情防控面临的新形势、新问题，对全区疫情防控和复工复产工作进行再部署、再推进，确保夺取疫情防控和实现经济社会稳定发展目标的双胜利。

【全区政法工作会议暨平安建设(综治工作)责任书签订仪式、全区生态环境保护工作会议暨生态环保目标责任书签订仪式】 3月10日，全区政法工作会议暨平安建设（综治工作）责任书签订仪式、全区生态环境保护工作会议暨生态环保目标责任书签订仪式举行，进一步安排部署全区政法工作和生态环境保护工作，传导压力，明确责任，推动落实。

【全区安全隐患大排查大整治会议】 3月10日，全区安全隐患大排查大整治会议召开，深入贯彻落实全省安全隐患大排查视频会议精神，安排部署建阳区下阶段安全生产隐患排查重点工作，坚决遏制重特大事故发生，为夺取疫情防控和实现经济社会稳定发展目标双胜利营造安全稳定的社会环境。

【武夷新区 2020 年重点项目征迁工作推进会】 3 月 19 日，武夷新区 2020 年重点项目征迁工作推进会召开，听取童游街道、潭城街道、将口镇、莒口镇、新区征迁协调办汇报各地块征迁进展情况，进一步推动新区项目征迁进度。

【区新型冠状病毒感染肺炎防控工作领导小组第二十次会议】 3 月 22 日，区新型冠状病毒感染肺炎防控工作领导小组第二十次会议召开，认真学习贯彻 3 月 18 日习近平总书记在中央政治局会议重要讲话和 3 月 18 日省委、3 月 20 日市委和 3 月 21 日省委、市委视频会议精神，研究部署全区防止境外疫情输入工作。

【区级班子务虚会】 3 月 27 日，区级班子务虚会召开，围绕“挖掘释放行政中心搬迁红利，统筹推进疫情防控和经济社会发展”主题，思考谋划了今后建阳区工作思路和措施。

【全区生态环境突出问题整改工作现场推进会】 4 月 3 日，全区生态环境突出问题整改工作现场推进会召开，分析当前全区生态环境存在的突出问题，安排部署下阶段生态环境保护工作。

【区委工作会议】 4 月 17 日，区委工作会议召开，深入学习贯彻习近平新时代中国特色社会主义思想和中共十九届四中全会精神，全面贯彻新时代党的建设总要求，认真落实中央、省委、市委组织部长工作会议、宣传部长工作会议、统战部长工作会议精神，总结 2019 年工作情况，安排部署 2020 年任务，推动建阳区党的建设工作再上新台阶，为新时代新建阳建设提供坚强政治保障。

【全区乡村振兴暨脱贫攻坚工作推进视频会议】 4 月 17 日，全区乡村振兴暨脱贫攻坚工作推进视频会议召开，深入学习贯彻习近平总书记关于“三农”工作的重要论述和关于实施乡村振兴战略、打赢脱贫攻坚战等重要指示批示精神，认真贯彻中共十九届四中全会和中央农村工作会议精神，以及贯彻落实 3 月 23 日省委脱贫攻坚座谈会精神，对深入推进乡村振兴战略、抓好脱贫攻坚工作进行再部署、再落实。

【区委党建工作领导小组会议】 4 月 21 日，区委党建工作领导小组会议召开，听取区强化创新落实高质量推进基层党建工作方案起草情况及换届难点村摸排情况、2020 年区委党建工作要点起草情况、2020 年机关党建工作要点及模范机关创建活动情况的报告（汇报），研究区党建工作。

【学习弘扬俊波精神、全力夺取疫情防控和经济社会发展“双胜利”工作座谈会】 4 月 23 日，学习弘扬俊波精神、全力夺取疫情防控和经济社会发展“双胜利”工作座谈会召开，围绕收看近期央视一套黄金时段播出的电视剧《一诺无悔》，持续学习、传承、弘扬廖俊波精神，营造学习先进、崇尚先进、争当先进的浓厚氛围，引领广大党员干部守初心、担使命，全力夺取疫情防控和经济社会发展“双胜利”。

【全区一季度经济形势分析视频会】 4 月 29 日，全区一季度经济形势分析视频会召开，深入学习贯彻习近平总书记重要讲话重要指示批示精神，贯彻落实 4 月 17 日中央政治局会议和省委、市委一季度经济形势分析会精神，分析当前经济形势，研究部署区下阶段统筹推进疫情防控和经济社会发展工作。

【全区创建文明城区动员部署视频会议】 4 月 29 日，全区创建文明城区动员部署视频会议召开，通报建阳区文明城区创建的情况，分析存在的问题与面临的形势。

【区委国家安全委员会第一次会议】 5 月 9 日，区委国家安全委员会第一次会议召开，学习贯彻中央国家安全委员会第三次全体会议、省委国安委第三次会议及市委国安委第一次会议精神，听取区委国家安全委员会 2020 年工作要点起草情况汇报，研究全区国家安全、保密等工作。

【省委巡视十一组巡视建阳区情况反馈大会】 5 月 20 日，省委巡视十一组巡视建阳区情况反馈大会召开，传达学习省委关于巡视工作指示精神，认真贯彻落实省委巡视十一组巡视情况反馈会会议精神，研究建阳区关于省委巡视十一组巡视反馈意见的整改，确保各项整改任务落到实处、按时完成。

【省委巡视十一组巡视建阳区反馈意见整改工作动员会】 6月9日，省委巡视十一组巡视建阳区反馈意见整改工作动员会召开，动员全区上下深刻认识做好巡视整改工作的极端重要性、紧迫性和艰巨性，按照省委巡视十一组工作要求，以最坚决的态度、最有力的措施、最严格的要求，全面完成省委巡视整改任务，做深做细做实巡视整改“后半篇文章”。

【区委常委会班子巡视整改专题民主生活会】 6月18日，区委常委会班子巡视整改专题民主生活会召开，常委会班子深入查摆落实党的路线方针、政策，党中央重大决策部署和省委工作要求，落实全面从严治党战略，落实新时代党的组织路线，落实巡视、审计整改等方面的突出问题，剖析存在问题的根源，提出今后的努力方向和整改措施。

【省委巡视十一组巡视建阳区反馈意见整改工作推进会】 7月2日，省委巡视十一组巡视建阳区反馈意见整改工作推进会召开，对省委巡视反馈问题整改工作进行再推进、再部署，进一步明确责任、传导压力，以更有力的举措、更务实的作风，狠抓落实，加快巡视反馈问题整改，扎实做好巡视“后半篇文章”。

【区委理论学习中心组（扩大）学习会】 7月14日，区委理论学习中心组（扩大）学习会召开，深入学习《中国共产党廉洁自律准则》《中国共产党纪律处分条例》，持续提升党内政治生活。

【2020年上半年建阳区经济形势分析会】 7月23日，2020年上半年建阳区经济形势分析会召开，深入学习贯彻习近平总书记重要讲话重要指示批示精神，贯彻落实省委、省政府上半年经济形势分析会暨工作调研检查总结会精神，分析当前经济发展形势，研究部署建阳区下阶段统筹推进疫情防控和经济社会发展工作。

【区委党的建设工作领导小组会议】 7月29日，区委党的建设工作领导小组会议召开，传达学习7月28日市委书记袁毅在市委常委会（扩大）会议上的讲话精神，听取《建阳区关于2019年度省委全面从严治党主体责任落实情况检查发现问题整改计划的报告（审议稿）》起草情况说明、《中共南平市建阳区委党的建设工作领导小组落实全面从严治党主体责任清单（审议稿）》起草情况报告，研究建阳区党建工作。

【区委人才工作领导小组会议暨2020年度第一次人才工作联席会】 7月29日，区委人才工作领导小组会议暨2020年度第一次人才工作联席会召开，专题研究建阳区年度人才工作要点、人才奖励房兑现、高层次人才区级配套补助以及省引进高层次B（C）类人才个人所得税奖励资金等工作，确保建阳区人才事业迈上新的台阶。

【区委议军会议】 7月29日，区委议军会议召开，深入学习贯彻习近平强军思想，坚决落实党中央决策部署，在新起点上开创强军兴军新局面，切实加强党管武装工作，协调解决建阳区事关国防和人民武装工作的一些问题，共谱双拥共建新篇章。

【省委巡视十一组巡视建阳区反馈意见整改工作推进会】 7月29日，省委巡视十一组巡视建阳区反馈意见整改工作推进会召开，聚焦巡视整改重点难点问题，持续精准发力，紧扣时序进度要求，加快推进整改，确保高质量完成巡视整改各项工作任务。

【全区整治“两违”、镇区环境暨建盏产业工作推进会】 8月6日，全区整治“两违”、镇区环境暨建盏产业工作推进会召开，就全区建盏产业、镇区环境和“两违”整治工作作了情况通报，对下阶段整治工作作了安排部署，推动新时代“市区一体、绿色发展、产业强区、书香建阳”建设。

【区委党的建设工作领导小组会议】 8月24日，区委党的建设工作领导小组会议召开，传达学习《2019—2023年全国党政领导班子建设规划纲要》《福建省贯彻落实〈2019—2023年全国党政班子建设规划纲要〉若干措施的通知》文件、全市组织系统贯彻落实新时代党的组织路线工作会议精神，研究建阳区贯彻意见情况。

【脱贫攻坚推进会暨成效评估会】 8月28日，脱贫攻坚推进会暨成效评估会召开，动员全区上下进一步认清形势、统一思想，全面推进脱贫攻坚和成效评估工作，高质量打赢打好脱贫攻坚战，确保顺利通过上级督查。

【区委十三届十次全会】 9月2日，区委十三届十次全会召开，以习近平新时代中国特色社会主义思想为指导，深入学习贯彻习近平总书记对福建工作的重要讲话重要指示批示精神，认真贯彻落实省委十届十次全会和市委五届十次全会精神，科学谋划全方位推动绿色高质量发展超越的目标和举措，动员全区广大干部群众牢记嘱托、团结拼搏、砥砺前行，加快建设“机制活、产业优、百姓富、生态美”的新建阳，为实现“两个一百年”奋斗目标、促进祖国统一发挥更大作用。

【区管干部学习贯彻中共十九届四中全会精神专题培训班报告会】 9月11日，区管干部学习贯彻中共十九届四中全会精神专题培训班报告会召开，充分发挥“关键少数”的引领和带动作用，进一步统一思想和行动、凝聚智慧和力量，使学习贯彻更加深入、更加具体，扎实推进建阳治理现代化，为全方位推动绿色高质量发展超越提供坚强制度保证。

【生态环境问题专题会议】 9月11日，生态环境问题专题会议召开，分析建阳区环保工作面临的严峻现状，直面问题和差距，进一步明确任务、明确要求，全力抓好问题整改，不断提高建阳生态环境质量。

【连江—建阳山海协作联席会】 9月14日，连江—建阳山海协作联席会召开，就进一步借助山海协作平台，拓展交流领域，提升合作层次，创新结对方式，实现共同进步、共同提高进行深入交流，努力形成“山海并利、山海共赢”的良好发展局面。

【理论学习中心组学习（扩大）会议】 9月15日，理论学习中心组学习（扩大）会议召开，深入学习《中华人民共和国公职人员政务处分法》，推动各级党组织进一步加强主体责任，教育引导全体公职人员依法秉公用权。

【文明城区创建迎评冲刺推进视频会】 9月22日，建阳区文明城区创建迎评冲刺推进视频会召开，全面分析了当前存在的问题，对下一步的创建工作和组织开展“争创文明城、争做文明人”“大讨论”工作进行安排部署。

【理论学习中心组学习（扩大）会议】 10月10日，理论学习中心组学习（扩大）会议召开，观看《中共中央宣传部授予闽宁对口扶贫协作援宁群体“时代楷模”称号》视频，学习《中共福建省委关于开展向“时代楷模”闽宁对口扶贫协作援宁群体学习活动的决定》文件精神。

【2020年第四季度防范重特大生产安全事故暨安全生产专项整治三年行动动员部署会】 10月14日，2020年第四季度防范重特大生产安全事故暨安全生产专项整治三年行动动员部署会召开，认真贯彻落实中央和省、市关于安全生产工作的部署要求，分析总结前三季度全区安全生产工作情况，研究部署第四季度安全生产重点工作。

【区扫黑除恶专项斗争领导小组会议】 10月22日，区扫黑除恶专项斗争领导小组会议召开，专题研究省扫黑办第三批挂牌督办案件等工作。

【全区企业家座谈会暨“八大专业园区”建设工作推进会】 10月27日，全区企业家座谈会暨“八大专业园区”建设工作推进会召开，研究企业做大做强和八大专业园区建设工作，进一步统一思想认识，推进八大专业园区大发展、大提升，促进建阳区工业企业发展壮大、做大做强，为全方位推动建阳绿色高质量发展奠定坚实基础。

【全区河（湖）长制工作推进会】 10月27日，全区河（湖）长制工作推进会召开，深入学习全市河（湖）长制工作推进会会议精神，研究部署建阳区河（湖）长制工作。

【大战六十天实现“全域无垃圾”专项行动暨文明“大讨论”、交通安全工作推进会】 11月12日，大战六十天实现“全域无垃圾”专项行动暨文明“大讨论”、交通安全工作推进会召开，总结好的经验做法，进一步提高认识，对大战六十天实现“全域无垃圾”专项行动作出具体安排部署，务求全区城乡人居环境品质显著优化提升，让群众有更强的获得感。

【区委理论学习中心组学习(扩大)会议】 11月16日，区委理论学习中心组学习（扩大）会议召开，听取福州大学人文社科学院教授甘满堂主讲百场社会科学专题报告会，学习文化资源开发与乡村振兴。

【“争创文明城、争做文明人”“大讨论”——“提升社会文明大家谈”座谈会】 11月25日，“争创文明城、争做文明人”“大讨论”——“提升社会文明大家谈”座谈会召开，通过对照查找自身不文明行为，倡导机关带头示范，带动全区广大群众广泛参与，以“大讨论”推动全区城乡文明创建广泛深入开展。

【大战六十天、实现“全域无垃圾”专项行动推进会】 11月25日，大战六十天、实现“全域无垃圾”专项行动推进会召开，对正在开展的大战六十天实现“全域无垃圾”专项行动进行再强调、再部署，把压力进一步传导到每一层级、每个干部身上，全面掀起人居环境整治工作的新热潮，确保实现“全域无垃圾”目标任务。

【全区年轻干部座谈会】 12月18日，全区年轻干部座谈会召开，深入学习贯彻习近平总书记在2020年秋季学期中央党校（国家行政学院）中青年干部培训班开班式上的重要讲话精神，贯彻省、市年轻干部座谈会精神，动员广大年轻干部聚焦“十四五”、奋斗新征程，为“市区一体、绿色发展、产业强区、书香建阳”的建设贡献更大力量。

【理论学习中心组学习（扩大）会议】 12月19日，理论学习中心组学习（扩大）会议召开，听取福建省闽学研究会顾问、“福建省高校思政课”特聘教授朱清主讲“贯彻五中全会精神，传承弘扬优秀传统文化——刍论朱子理学与书院文化”专题报告。

【区委人才工作领导小组会议暨2020年度第二次人才工作联席会】 12月23日，区委人才工作领导小组会议暨2020年度第二次人才工作联席会召开，进一步将各级各类优秀人才纳入工作范围，提高人才在社会中的地位，在全社会形成尊重知识、尊重人才、尊重创新的浓厚氛围。

【区委十三届十一次全会】 12月29日，区委十三届十一次全会召开，以习近平新时代中国特色社会主义思想为指导，深入学习贯彻中共十九届五中全会精神，着重研究建阳区“十四五”规划和2035年远景目标并提出建议，要求将全会目标任务落实到具体项目、具体企业、干部担当作为上，把制定规划的好初衷变成推动发展的好结果。

【区委经济工作会议】 12月29日，区委经济工作会议召开，全面贯彻落实中央和省委、市委经济工作会议精神，总结2020年经济工作，分析当前经济形势，部署2021年经济工作，推动“十四五”建阳发展开好局、起好步。

深改工作

【概况】 2020年，建阳区全面深化改革委员会（简称建阳区委深改委）以习近平新时代中国特色社会主义思想为指导，全面落实党中央关于全面深化改革决策部署和省委、市委工作要求，以开展“创新突破年”活动为抓手，扎实做好“六稳”工作，全面落实“六保”任务，坚持整体推进与重点突破相结合，狠抓各项改革任务落实。对标中共十八届三中全会以来党中央、省委和市委的重大改革决策部署，制定《南平市建阳区全面深化改革领导小组专项工作小组重点改革任务实施规划（2014—2020年）》，细化梳理出181项重点改革事项，坚决抓好改革任务的落实。全年共召开区委全面深化改革委员会会议8次，研究制定区委深改委2020年工作要点，梳理出34项重点改革事项，实行项目化管理、清单化推进，各项重点改革事项基本完成。研究制定《南平市建阳区“访调对接”工作实施方案》《南平市建阳区关于深入推行“一窗受理、集成服务”进一步优化政务服务的实施意见》等改革文件。出台《中共南平市建阳区委全面深化改革委员会重要改革举措实施规划（2020—2021年）》，明确133项重点改革事项的目标任务、实施路径、时间进度和可检验的成果形式。

【统筹协调】 建阳区委深改委统

筹全局、协调各方，牢牢把握改革的正确方向，当好全区改革的“指挥部”，聚焦党中央决策部署和省委、市委改革工作要求，攻坚克难，无缝对接落实改革任务，加强对重点难点堵点问题的攻坚，项目建设、民生服务、机制创新、对外开放等重点领域和关键环节的改革取得突破。5 月 9 日，建阳区召开区委全面深化改革委员会第十二次会议，听取各专项领域改革小组组长关于 2020 年以来工作情况、存在问题和下一阶段工作思路的汇报，安排部署下一阶段工作，各改革牵头部门切实负起主体责任，加强与上级部门的工作对接，扎实推进所负责具体改革事项的落实。

【深化改革取得实效】 2020 年，建阳区委深化改革工作在南平市“四比”排名第一。在省委改革频道刊发题为《资源变资产，农民变股东？福建这个地方有着特殊的答案》《大写的赞！存“绿币”产“金山”南平这一举措被全国推广》《到 21 年！福建科特派从未止步》《“滴滴一下”农机到田头！建阳智慧农业显身手》《南平市建阳区聚力水美城市发展水美经济》等 5 篇文章。《建阳区创新“滴滴农机”促进农业服务社会化》被《福建改革》刊发。《建阳区采取“六严六帮”措施》《建阳区创新“滴滴农机”促进农业服务社会化》《建阳区探索党建引领市区一体化城市基层治理新路径》等 3 篇改革信息被《南平改革情况》采用刊登。《建阳改革情况》刊登改革经验做法 12 期。

【“三大创新”机制】 坚持从建阳实际出发，实施一批有特色、有影响的改革举措，形成一批具有建阳标识度的原创性改革品牌。“水美经济”效益初显。采取“政府主导、企业参与、多元投入”市场化运作机制，建设总投资 67 亿元的考亭水美城已建成考亭书院、环湖柳堤、观书园、考亭古街、建盏文创园、武夷花花世界等项目。2020 年，接待游客量 116 万人次，实现旅游收入 2.39 亿元。考亭被授予“国家垂钓基地”称号，被列入水利部第三届全国水工程与水文化有机融合案例。“生态银行”价值升级。探索“建盏生态资源管理公司＋龙头企业＋非遗传承人＋从业者”模式，推进“一基地、两平台、三中心”建设，推动“探矿权”向“采矿权”转化，首批建盏原料矿土供给企业反响良好。建立“慧眼识盏”建盏品质监控平台，实行“一品一码”追溯管理，推动建盏产业产品质量整体提升。中国世界遗产（福州）高峰论坛建盏文化交流中心顺利揭牌，53 家企业入驻品牌联盟，111 家企业使用“建盏”地理标志保护产品专用标志。中国品牌促进会发布建盏品牌估值达 160.43 亿元。“武夷品牌”优势扩大。成功创建中国驰名商标 3 个，福建名牌产品 7 个，地理标志证明商标 8 个。无公害农产品企业 10 家，产品 15 个；绿色食品企业 22 家，产品 36 个。入围南平市武夷山水品牌的经营主体 45 家，新增授权使用“武夷山水”区域公用商标企业 20 家，“建阳白茶”品牌价值 19.5 亿元，建阳橘柚品牌价值 34.85 亿元。推动“武夷山水”品牌和建盏特色文化触网发展，“建阳建盏文化直播基地”“中国陶瓷品牌集群建盏文化创意直播基地”等揭牌。直播基地成立以来，销售额突破上亿元。

【“放管服”改革】 2020 年，建阳区推行“一网通办”服务，优化项目审批流程，严格落实施工许可阶段、竣工验收阶段审批流程，实现“一窗受理、并联审批、限时办结、信息共享”。依托“互联网＋税务”平台，推广“非触式”办税，实现“多跑网络、少跑马路”。对 185 个可网上办理的涉税缴费事项，引导纳税人通过手机 App、电子税务局、自助办税终端等办理。通过“放管服”改革，全区依申请审批服务事项网上可办率 98.8%。深化国资国企改革，建立财政出资企业负责人经营业绩考核评价体系。顺利完成乡镇机构改革。

【生态文明体制改革】 2020 年，建阳区深入实施绿色发展考核评价体系，绿色发展考评全年成绩位列全市第二，空气质量达标天数比例达到 100%。持续开展综合治水试验县试点，“智慧河砂”监管平台正式启用。积极推进全域土地综合整治试点，扎实开展闽江流域生态修复试点，山水林田湖草项目获省级正向激励资金 1500 万元。建立生态巡查机制，在全市率先完成排污许可发证登记，集中式生活饮用水水源地、区域河流断面水质达标率达到 100%。污染地块修复“三防三监控”（防人体监控暴露风险、防渗漏、防扬洒，以及场内监测、场外监测、视频监控）机制在全省推广。整合优化分散的林业资源，将已赎买的重点区位商品林拨交给鑫储林场实行统一经营管理，并做好分类改培经营规划。

【社会治理体制改革】 2020年，建阳区持续开展“枫桥经验在建阳”活动，围绕“1335”新型乡村治理新模式，充分发挥乡贤在协调冲突、化解矛盾及村民事务管理等方面的作用，使矛盾纠纷化解在最基层。建立“一办三会”机制，有效化解矛盾纠纷，化解重大疑难纠纷36件。进一步优化“随手拍”、“12345”热线、民生“110”等网上信访和便民平台工作机制，推动形成齐抓共管合力。首创“金融纠纷调解中心”，着力化解经济下行周期金融纠纷上升问题，累计办结金融纠纷424件9210万元。

【市区一体融合发展】 围绕“四大经济”“六大行动”、南平发展“新三线”等，全面融入闽北新兴中心城市建设，加快构建城市空间共享、公共服务一体、产业发展互补的同城发展新格局。深入开展“特色产业提升年”等“四个年”活动，实施“百名干部服务百个重点项目”工作机制，坚持靠前服务，精准高效破解征迁难题，稳妥有序推进留置地问题化解。全年完成征地50.2公顷，拆迁1.1万平方米，退地142.05公顷；累计完成征地5933.33公顷、拆迁总面积104.8万平方米，营造了支持发展、促进发展的良好氛围。对接市区一体管理体制机制，区行政服务中心整体进驻市级行政服务中心，人社、不动产登记、医保等分中心同步入驻。挖掘释放搬迁红利，发展四大新经济业态，全年新增各类市场主体12465户，同比增加160%。首都师范大学学前教育学院2020年“国培计划”落地实施。闽北物流集散中心投入运营，入驻企业45家。

【优化营商环境】 统筹疫情防控和经济社会发展，及时出台纾困惠企政策，落实一、二、三产业“百千”增产增效等“八项行动”，创新“六严六帮”机制，打通“五难”操作链，搭建政银企沟通桥梁，组织在潭金融机构、辖区企业召开面对面座谈会，帮助更多企业获得金融支持，共21家企业获得授信金额10022万元，为27家企业转贷65笔共计3.38亿元。开展线上推介、网上洽谈、“云签约”等招商活动，新引进总投资超5000万元产业招商引资合同项目47项，总投资55亿元，全部实现开工。规模以上工业企业增加值增幅居全市前列，新增入规企业6家。青松股份入选2020年全省百强和制造业50强民营企业榜单及全省第四批制造业单项冠军企业名单。龙竹科技成为全国首批、福建首家“新三板”精选层企业，汽车锻压件厂、龙翔科技入选工信部第二批专精特新“小巨人”企业名单，龙翔科技高等级航空轮胎成型装备获国内首台（套）认定。

【农业农村改革】 2020年，全区建档立卡贫困户2657户6333人全部达到脱贫退出标准，32个贫困村全部摘帽，5万元以下薄弱村全面消除。推进国家农业可持续发展试验示范区建设，有机肥替代化肥试点项目的化肥减施技术加快推广。开展水稻绿色高质高效行动，创建733.33公顷绿色高质高效示范基地。全面推广应用“滴滴农机”，已向全区近4万户农户和36家农机专业合作社精准提供耕、种、防、收等服务，完成农机作业服务面积超过6666.67公顷，水稻综合机械化率达81.9%。举办首届茶文化节、首届“中国水仙茶研讨会”，将茶叶项目纳入武夷岩茶产业集群建设，并入选全省果菜茶有机肥替代化肥试点。7家涉农企业授权使用“武夷山水”公用品牌。农村电商发展步伐加快，打造电商示范村、服务中心17个，9家农副产品企业入驻电子商务综合产业园，实现交易额达3000多万元。农村人居环境品质提升行动深入开展，高标准推进人居环境整治“一革命四行动”，健全发挥群众主体作用的常态长效机制，推进“全域无垃圾”。深化“党建+金融”联动模式，选派54名金融人才担任区、镇、村三级农村金融助理，实现全区194个行政村全覆盖。

【乡村试点有序推进】 2020年，建阳区环绕南平市中心城区，稳步推进“一环四线多点”乡村振兴示范带建设，持续推进麻沙镇、黄坑镇2个省级特色乡镇创建，水南村、溪源村等12个省级试点村和“一带N点”13个市区级示范村建设稳步实施。麻沙镇入选省级商务特色小镇、福建全域生态旅游小镇名单，获评第六届全国文明村镇。恒亮禽业总部落户建阳，回龙乡入选国家级农业产业强镇建设名单。在2个省级乡村振兴特色乡镇、12个省级试点村开展垃圾分类减量处理试点。实现全区行政村户厕普及率 97% 以上和省级乡村振兴试点村户厕普及率 100% 的目标，行政村卫生保洁队伍全覆盖，垃圾转运率 100%。选派 197 名科技特派员组建现代绿色产业、文化旅游产业等科特派团队 17 个，打造科技特派员精品示范点 6 个。实施新型农业经营主体培育工程，申报国家、省、市级示范社 14 家、家庭农场 15 家。积极推进全国新时代文明实践中心建设试点，推行百姓“点单”、中心“派单”、志愿者“接单”、群众“评单”、乡镇配套的动态清单管理模式，打通服务群众“最后一公里”。

【交流合作】 2020 年，建阳区融入“海丝”核心区建设，抢抓闽东北协同发展、山海协作机遇，与连江县签订教育、旅游合作协议。持续开展外贸辅导培训，完成外贸进出口 12 亿元，外商实际到资 2140 万元。以“全闽乐购——闽台交流系列活动”为抓手，着力扩大开放，推动绿色建阳走进“一带一路”、走向世界。深入挖掘朱子文化、建盏建本文化等地方传统文化资源，增进两岸民众对同根同祖同文同源认同感。发挥建阳作为建窑建盏发源地优势，“闽台建窑建盏文化交流基地”创建工作加快推进。

【民生领域改革】 2020 年，建阳区持续推进紧密型县域医疗卫生共同体建设试点，完善紧密型医共体（总医院）管理运行机制，以建阳第一医院为牵头医院，以区域内中医院、妇幼保健院、康宁医院、康乐医养中心、11 家基层医疗机构、2 家社区卫生服务中心为成员单位，将全区 156 个村卫生室纳入管辖范围，推动医疗资源下沉。依托区级分院，建立健康管理、医学影像、远程会诊、治未病健康中心等，有效实现区域内的资源共享。积极推进居家和社区养老服务改革试点，加快医养联合体建设，推进医疗、康复、护理等 13 所医疗卫生机构与周边养老机构共建合作。打造桥南社区照料中心、长者食堂、时间银行、巡诊服务、智慧养老等项目。

【党的建设制度改革】 2020 年，建阳区持续推进“两学一做”学习教育常态化制度化，深入学习弘扬廖俊波精神，持续开展“业务大学习、能力大提升”活动，面向全区村（社区）、机关等领域开展线上“云党课”，累计开展集中学习研讨 2100 多场、“考学”大比武 100 多场。创新推动“四联四促”机制，深化“百个支部联百村”结对共建活动。创新“四融五办”联建机制，打造“近邻四景”“志联睦邻”等党建品牌。全面推行一线考察、蹲点调研和立体考察机制，建立“1＋1＋N”专项考核制度。深化区领导联系优秀人才制度，探索择优晋升职级机制。深化纪检监察体制改革，注重从“12345”“随手拍”等举报平台挖掘问题线索，紧盯重点领域、重点人员、重点环节，不定期开展明察暗访、专项检查。创新采用“巡审联动”模式，巡察组与审计组同时进驻、同步开展工作，实现工作和业务互补，发挥巡察监督和审计监督叠加效应。

保密工作

【概 况】 2020 年，建阳区保密工作认真贯彻落实党中央、省委、市委、区委关于保密工作的部署要求，聚焦全区经济社会发展、疫情防控等中心工作，认真履行“保安全、促发展、促和谐”职责，有序推进保密自查检查、宣传教育等各项工作。

【宣传教育培训情况】 2020 年，建阳区保密局结合“4·15”全民国家安全教育日、“12·4”国家宪法宣传日等有力开展保密知识宣传，累计分发宣传材料 1500 份。区委保密办下发有关通知，指导全区各单位扎实开展保密知识学习宣传活动，有力提高全区干部群众安全保密意识。结合区委党校教学培训，开办专题讲座，将保密课程列入教学重要内容。

【保密自查检查工作】 严格按照上级保密工作部署要求，有序开展保密工作检查自查。2020 年，共计 86 人次到建阳区 39 个单位开展保密工作检查，检查各类计算机 225 台，检索信息量逾几十万条。疫情防控期间，对区卫健局、疾控中心、疫情防控指挥部等进行检查，及时指出存在的问题，督促完成整改。6 月，结合上级保密部门关于开展保密自查的通知及区委杨新强书记批示精神，下发全面开展保密自查自评通知，扎实推进保密自查自评。联合区市场监管局对 13 个文印单位和 4 家接待酒店进行保密专项检查、评分，有力促进问题整改。年底，结合省专项检查通知要求，下发迎检工作清单，努力完成各项迎检准备工作。下发《问题整改通知单》12份、《保密工作提示函》17份。

【保密工作责任落实】 结合省、市保密工作部署要求，召开区委保密委员会第二次会议，传达学习上级保密工作会议精神，研究建阳区保密重点工作。根据保密自查检查情况，召开保密自查专题会议及保密问题整改推进会暨约谈会等保密工作相关会议，有力推进保密工作落地。结合市保密局部署要求，组织区委保密委员会委员进行为期3天共计9个内容的专题培训，提高保密委员会履职能力。2020年以来，全区未发生失泄密事故，国家秘密安全得到有力保障。结合省、市两级关于做好高考、中考等考试工作会议精神及市保密局部署要求，与教育局对接，完成试卷保密室检查验收，在高考、中考及公务员考试等各类考试前对试卷保密室及考场相关设备进行检查，有力保障各类考试顺利进行。

台港澳同胞

【概况】 截至2020年底，仅从建阳迁徙到台湾的游氏、蔡氏裔孙共繁衍有40多万人，主要分布在台北、新北、桃园等地，两岸恢复交往后，先后有530多名建阳籍人员嫁到台湾并取得台湾身份证，在建阳投资的台企7家，全区注册的台企有13家，长期生活在建阳的台胞（含二代）有70多人。

【惠台措施落实情况】 重点强化对习近平总书记2019年1月2日在纪念全国人民代表大会常务委员会《告台湾同胞书》发表40周年大会上的讲话和2019年3月10日参加十三届全国人大二次会议福建代表团审议时讲话精神的学习，多次组织台胞台商对中央先后出台的“惠台措施31条、26条”、福建省出台的“惠台措施66条、42条”、南平市出台的“惠台措施52条”，以及建阳区制定的惠台措施39条进行认真的学习和领会。针对全面贯彻中央和省、市的惠台政策要求，做到落实落细，让惠台政策更加接地气，落地有声，不会束之高阁。如台商台胞子女就近入学、台胞城区乘坐公交车免费、办事就医开设绿色通道、建阳区景区游览门票免费等，尤其是为方便台湾同胞办事，设立了台港澳服务中心。

【疫情防控情况】 2020年，新冠肺炎疫情突袭而至，全区积极响应党中央号召，在区委、区政府领导下，围绕“六稳”“六保”要求，做好抗击新冠肺炎疫情工作，第一时间开展联动排查。疫情防控初期，区委杨新强书记收到区台港澳办报告有4户在潭台胞买不到口罩，及时调剂了口罩满足了4户台胞的需求，极大地体现了区委、区政府对台湾同胞的人文关怀。在抗疫斗争如火如荼进行中，不忘尽快让台企复工复产，先后多次深入建阳区14家台资企业调研，对存在的问题进行认真梳理，并及时对症解决，切实做到让在潭生活创业的台胞台商有安全感、幸福感。

【服务台商台胞情况】 2020年，建阳区先后发生了4起台胞信访投诉信件事件。针对这4起信件，根据反映的问题进行梳理，妥善把台湾同胞反映的诉求及时处理好，切

2020年2月14日，市、区台港澳办为台企送去防疫用品

2020 年 7 月 22 日，潭城街道景龙社区举办两岸文化交流活动

实保障了台胞权益，有效推进两岸同胞心灵契合。解决的 4 起信件信访问题见下。（一）台商江朝栋企业——建阳区宏阳竹木有限公司搬迁事宜。建阳区宏阳竹木有限公司原租赁在建阳林产工贸园区内（地址：南林），因其用地已被武夷新区收储，8 月建阳区法院发出传票要进行清场，企业面临无法再租赁生产、停产倒闭的风险。针对这一严峻问题，市、区台港澳办与台商江朝栋商量，果断采取以下措施：一是与建阳区法院联系，请求不要急着清场；二是跑武夷新区，请求领导放宽企业搬迁期限；三是抓紧时间协助企业寻找新场所。最后，在市区两级台港澳办共同努力下，终于解决了台商江朝栋企业的搬迁问题。（二）妥善解决村民在建阳区群鹰竹木制品有限公司企业周围占地种菜事宜。建阳区群鹰竹木制品有限公司是一家坐落在武夷新区的贸易型台资企业，多年来，周边村民一直在其企业周边占地种菜，企业多次驱赶都没有结果。后在市台港澳办、武夷新区管委会、建阳区台港澳办、童游街道办事处、童游公安派出所、赤岸村等多家部门单位联合强力干预下得到圆满解决。（三）发挥法官工作室作用，顺利调解两起民事诉讼案件。第一起为 4 月 11 日，湖北新之都养殖有限公司未能及时供货南平市老花样生态养殖有限公司澳洲龙虾种苗，造成台企南平市老花样生态养殖有限公司受损，后经建阳区法院法官工作室驻点法官与湖北当地法官调解，经双方当事人同意，最后以湖北新之都养殖有限公司赔偿南平市老花样生态养殖有限公司 2 万元虾苗损失结案；第二起为 9 月 23 日，台商蓝旻铨在建阳区法官工作室指导下，依法追回了房屋租金。（四）引导台胞张秀花就购买苏金漩房产纠纷一事，由信访诉求走向建阳区人民法院提起诉讼，让台胞当事人权益得到有效保障。

【潭台融合发展情况】 2020 年，在做好疫情防控的同时，从未放松对台工作。思想上政治上行动上同党中央保持高度一致，不断坚持政治理论学习，坚持政治引领，积极发扬攻坚克难精神，充分调动社会各阶层和民间力量，久久为功、持之以恒，推动潭台各领域和产业融合发展。发挥以商招商纽带功能开展台资引进工作。2020 年，建阳区共引进台资企业 3 家，分别是福建新宏宇竹木制品有限公司、南平市建阳区知宋建盏文化传播有限公司、南平市建阳区千年一梦茶文化传播有限公司等。发挥以企引才纽带

2020 年 5 月 9 日，市、区台港澳办到台企调研复工复产工作

功能开展引进台湾青年人才工作，共引进了江书瑜、李睿腾、吕易腾3名台湾人才。以茶盏为亮点创新性打造闽台建窑建盏文化交流基地，在区委、区政府领导下，积极开展调查研究，深度挖掘建阳优势和特色，立足实际，攻坚克难，完成了打造闽台建窑建盏文化交流基地可研报告的撰写工作，根据可研报告的初设计划，向上申报，得到上级台港澳部门的赞许。

2020年7月，区委巡察组巡察乡镇党委及村级党组织期间，入户走访，与群众面对面了解情况

巡察工作

【概况】 2020年，建阳区委巡察工作在区委、区政府的正确领导下，全面贯彻落实习近平总书记关于巡视工作重要论述，深入学习贯彻中共十九届五中全会精神及省委十届十一次全会、市委五届十一次全会、区委十三届十一次全会、区纪委十三届六次全会部署要求。坚持稳中求进工作总基调，围绕中心、服务大局，全面贯彻巡视工作方针，准确把握进入新发展阶段、贯彻新发展理念、构建新发展格局对巡察的新要求，把督促增强“四个意识”、坚定“四个自信”、做到“两个维护”作为根本任务。严格执行《中国共产党巡视工作条例》《关于市县党委建立巡察制度的意见》，充分发挥巡视巡察标本兼治的战略作用，推动全区全面从严治党向纵深发展。

区委巡察办向区委和区委巡察工作领导小组负责并报告工作，受市委巡察工作领导小组办公室领导和指导，并根据上级决策部署，开展全区巡察工作。

【夯实主体责任，实现巡察全覆盖】 建阳区委严格落实“区委书记是巡察工作的第一责任人”要求，扎实开展巡察工作。区委“五人小组”会听取巡察工作情况汇报2次，区委常委会先后学习、研究巡察工作5次；区委书记点人点事点问题，提出明确处置意见，并对巡察成果的运用提出明确要求。2020年以来，建阳区开展3轮5批次巡察，全面完成十三届区委任期内对所管理的地方、部门、企事业单位党组织常规巡察全覆盖。

【形成监督合力，打好“组合拳”】 一是建立健全协调机制。2020年8月，区委分别出台建阳区巡察机构与区纪委监委、区委组织部、区委宣传部、区信访局、区审计局等部门的协作机制文件，有力提升巡察质效，夯实巡察制度基础。建阳区与各部门“六贯通一应用”的经验做法，在2020年第5期《福建省巡视巡察参考》上刊发。二是做好“五反馈”“四协审”。每轮巡察意见除向被巡察单位反馈外，巡察办还及时将反馈意见分送纪委监委、组织部门和派驻纪检监察组负责人，并将有关情况通报同级党委及政府有关分、挂点领导；由区委巡察办、组，区委组织部（区直机关党工委），区委宣传部分别就巡察整改整体情况以及选人用人、意识形态方面问题整改情况、巡察整改进展情况报告格式等方面进行协审，高标准严要求把握整改尺度。

【发挥支部堡垒和党员先锋模范作用】 建阳区委巡察办作为区纪委第四党支部，始终坚持学在前、走在前，支部党员先后参与或代表区纪委党总支参加区直机关党工委组织的比赛，取得优异的成绩。区纪委党总支在2020年区直机关党工委组织的“双强双比·业务大学习能力大提升”党建知识竞赛中获得三人团体赛第一名，其中翁昌平、

2020 年 4 月 21 日，区直机关党工委组织的“双强双比 · 业务大学习能力大提升”党建知识竞赛三人团体赛中，区纪委第四党支部翁昌平、雷黎明代表纪委党总支参赛，荣获第一名

雷黎明同志为参赛队员；王晓芳同志在区直机关党工委和区文明办组织的“建阳区‘不文明行为大家谈’演讲比赛”中获得三等奖。

组织工作

【概况】 2020 年，建阳区共有党组织 912 个，其中，工委 6 个，党委 35 个，党总支 46 个，党支部 825 个。党员 2.04 万名，其中，女党员 5334 名，占党员总数的 26.03%。新发展党员 279 名。

【巩固深化主题教育成果】 2020 年，建阳区委组织部全面落实省委“三四八”贯彻机制，围绕“初心四问”，扎实开展“四走进四服务”活动，不断巩固深化主题教育成果。以习近平新时代中国特色社会主义思想为指导，把深入学习贯彻中共十九大和十九届二中、三中、四中、五中全会精神作为重中之重，抓实《习近平在福建》等系列采访实录、《习近平谈治国理政》第三卷及《习近平关于统筹疫情防控和经济社会发展重要论述选编》等教材的学习，跟进学习习近平总书记最新重要讲话、重要指示批示精神，持续推动全体党员不忘初心、牢记使命。全区累计开展各类学习 5600 余次，参与党员 6.1 万余人次。新冠肺炎疫情防控期间，积极探索“云模式”，以“互联网＋党员教育”为主要方式，面向全区村（社区）、机关等领域开展线上“云党课”10 余次。同时采取观看《一诺无悔》《战“疫”一线党旗红》、开通“红色小喇叭”、录制“红色朗读者”、制作联学资料包、讲述初心故事会、开展“党课开讲啦”等形式，开展“无接触式”联合主题党日活动，实现同“屏”共振。

【加强干部教育培训】 2020 年，建阳区委组织部发挥党校主阵地作用，推动区党政领导干部进党校讲课 13 次，举办主体班 3 期培训干部 100 人次。用好书坊乡太阳山革命历史纪念园、上饶集中营南迁徐市纪念馆、漳墩镇泔洋革命老区纪念馆等红色现场教学资源，开展理想信念教育 340 人次。抓好中共十九届四中、五中全会精神学习培训，举办区管干部学习贯彻中共

2020 年 7 月 30 日，区委组织部与区委党校举办非公企业与社会组织党组织书记培训会

十九届四中全会精神专题培训班，对683名区管干部进行集中轮训。开展干部政治理论水平测试，持续提升干部理论水平。持续开展“业务大学习、能力大提升”活动，累计开展集中学习研讨2100场、“考学”大比武100场。举办各类短期专题班12期，组织科级干部、年轻干部、村干部等赴厦门、长汀、延平、沙县等地交流学习5期176人次。

【完善一线考察干部机制】 2020年，建阳区委组织部树立注重实绩、实干拼创的鲜明选人用人导向，选派145名干部参与武夷新区、重点项目等中心工作。突出干部政治素质、制度执行力和治理能力考察，严格执行南平市绿色发展考核评价机制，全面推行一线考察、蹲点调研和立体考察机制，坚持在疫情防控、脱贫攻坚等急难险重一线发现识别干部，共提任使用干部56名。建阳区精准推进干部政绩考核工作经验方法被《福建组工信息》刊载。强化考评结果运用，对“四比”和“绿色发展考评”工作排名前三的单位和乡镇（街道），给予推荐优秀干部，增加优秀指标、嘉奖名额的奖励；排在倒三的，核减优秀指标。发挥好公务员职务与职级并行的激励鞭策作用，职级晋升干部84名。

【构建年轻干部选育管用全链条机制】 2020年，建阳区委组织部贯彻落实《2019—2023年全国党政领导班子建设规划纲要》和省委、市委若干措施，以大力培养选拔优秀年轻干部为着力点，制定《年轻干部培养使用五年计划》，建立总量150名年轻干部的“成长库”，定期召开年轻干部座谈会，强化跟踪培养，实施动态管理。2020年全区共提任35岁以下干部36名，占提任人数的64.29%，其中30岁以下干部9名，占比16.07%。年轻干部培养选拔“三三工作法”在《闽北快讯》交流版刊发，并在全市组织系统贯彻落实党政班子建设规划纲要推进会上作交流发言。

【加强公务员队伍宏观管理】 2020年，建阳区委组织部完成13个乡镇（街道）机构改革任务，推进事业单位改革工作。出台建阳区股级干部管理办法，加强股级干部任免管理。按程序实时办理公务员调配、工资福利审批等工作，在十县（市、区）率先落实职级公务员按对应职务层次领取通信和加班误餐支出、公共交通补贴。落实干部荣誉退休制度，全年共办理公务员、参公干部退休手续及退休金核算31人，办理死亡抚恤金或新增遗属补助27人。贯彻落实“六稳”“六保”工作部署，扩大公务员招考规模，2020年招录公务员57名。

【抓好干部经常性管理监督】 2020年，建阳区委组织部聚焦疫情防控和大战六十天实现“全域无垃圾”专项行动开展干部履职尽责情况监督，对不作为、慢作为的干部进行提醒谈话、通报批评。结合巡视整改工作，落实领导干部谈心谈话制度，广泛开展干部谈心谈话。严把领导干部因私出国（境）审批，制定关于加强区管干部因私事出国（境）管理工作相关举措，实行“事前事后”全程跟踪管理制度，进一步严明纪律要求，登记备案国家工作人员因私出国（境）56人。下发《关于严格落实领导干部重要情况报告制度的通知》，将党内政治生活不正常、违反政治纪律等情形列为领导干部重要情况报告内容。严把领导干部社团兼职，审批同意退休科级干部兼任社团职务2人，在职科级干部兼任社团职务1人。健全完善干部“负面信息”数据库，收集区管干部受党纪政纪处分等负面信息20余条。严格落实“凡提四必”，征求纪委监委意见43批次。对17家区直单位进行选人用人专项检查，抓好巡察反馈问题整改。开展领导干部离任审计工作，对9名离任领导干部开展经济责任审计。开展省委巡视反馈意见整改工作，对巡视发现的问题照单全收、即知即改，已清理领导干部企业兼职3人，党纪处理领导干部违规因私出国（境）2人、批评教育1人、提醒谈话1人，函询入党材料存疑干部1人、诫勉1人。

【持续深化“四联四促”机制】 2020年，建阳区委组织部推动机关企事业单位党组织和党员干部下沉乡村、社区和企业一线，153个机关企事业单位党支部（党总支）与194个村党组织结对共建，1846名机关党员干部联系结对1984名农村党员，38个市直机关单位、66个区直机关单位党组织与24个城市社区结对共建，3600名党员主动到城市社区开展“双报到”服务，协助联建村（社区）抓好疫情防控、环境整治等重点工作。选派32名干部调研服务102家企业、43个省市重点项目，帮助企业解

2020 年 6 月 12 日，组织部举办村党组织书记“大比武”活动

决困难。选派 3 名干部作为“回归专员”联系服务异地建阳商会，助力“回归经济”发展。创新开展“机关联乡村、联社区、联企业、联商会”优秀服务案例、优秀服务团队、优秀服务先锋评选活动，2020 年，建阳区 6 个先进集体、15 名优秀个人获得省级以上荣誉表彰，25 个先进集体、113 名优秀个人获得市级以上荣誉表彰；区农业农村局“联建＋滴滴农机服务”做法，被福建省委改革办改革频道采用；建阳区机关党组织与村（社区）党组织“手拉手”结对共建共同开展主题党日活动经验做法在《中国组织人事报》刊登。

【农村党建】 2020 年，建阳区委组织部落实农村基层党建“整乡推进、整县提升”示范县乡创建行动，推广党建联盟做法，持续打造 3 条党建示范带和 1 个党建示范片，以党组织达标创星活动为契机，推动各领域基层党组织标准化规范化建设，选树各领域基层党建示范点 75 个，书坊乡党建联盟有关做法在《人民日报》头版头条刊登。持续开展村（社区）党组织书记抓基层党建工作述职“大比武”活动，已有 247 名村（社区）党组织书记参加“比武”，实现村（社区）党组织书记全覆盖。先后举办 2020 年全区党务工作者业务培训会和村（社区）主干视频培训会，开展新一轮农村“党建体检”，对历年的软弱涣散村和薄弱村党组织开展“回头看”工作，对新摸排出的 8 个软弱涣散村和少数民族薄弱村，采取“挂图作战”，按照“六个一”措施完成整顿转化。在对试点乡镇（徐市镇）完成排查的基础上，推进其他乡镇（街道）农村发展党员违规违纪问题排查整顿工作。深入推进抓党建促决战决胜脱贫攻坚，《建阳区推行“机关联乡村、党建促振兴”机制 挂出联动发展“作战图”》在上级媒体刊登。《建阳区突出“四个引领”促脱贫攻坚落地见效》在《八闽快讯》交流版刊发。

【城市基层党建】 建阳区委组织部在新冠肺炎疫情发生以来，全区建立联防机制和联包机制，推动 66 个区直共建单位党组织和 3600 名在职党员下沉一线，与社区干部同组配合、协同作战，切实筑牢社区疫情防控坚实屏障。总结运用疫情防控取得的阶段性成果，探索创建组织融合、资源融汇、服务融心、治理融入的“四融”联建机制，构建“区委—街道党工委—社区党委—网格（小区）党支部—楼栋党小组”五级组织架构，推动全区城市基层党建条块融合、高效运转。深化“为民办事全程代理”制度，创建“群众申办、社区交办、机关领办、街道统办、群众评办”的“五办”联建工作法。全区运用“五办”联建工作法，帮助解决小区高空抛物、消防通道堆杂、棚户区整治等治理难题，有关做法在“城市先锋行”微信公众号、《南平改革情况》和《闽北快讯》交流版刊发。积极践行习近平总书记提出的“远亲不如近邻”理念，深入推进“近邻”党建工作，在全区 24 个街道社区推广“邻里四共”工作法，深化打造出“近邻四景”“四邻心连心”“三化一满意”等特色品牌。近邻党建有关做法被“城市先锋行”、“学习强国”、《福建日报》等媒体报道推广。

【统筹各领域党建】 2020 年，建阳区委组织部深入开展“建设示范支部、创建模范机关”活动，区纪委、区委组织部等 10 个党支部获评“五星”示范党组织。深化“双强双比·业务大学习、能力大提升”活动，全区机关党组织围绕“聚焦‘四个高质量’要求、敢担当

2020 年 6 月 30 日，童子山社区党委与共建单位党组织赴政和县开展主题党日活动，并参观廖俊波先进事迹纪念馆

勇作为”专题研讨 70 次，推动党员干部政治能力和业务水平双提升。举办全区“争创文明城、争做文明人——不文明行为大家谈”演讲比赛及“大讨论”活动，推动机关党员干部为创建文明城市贡献“红色”力量。推广党企“三融合”做法，开展“强党建促发展”联合行动和“亮身份亮承诺比作为”活动，选树“党员示范岗”“党员先锋岗”“党员责任区”。持续摸排“三有”非公企业和社会组织，新组建非公企业党组织 4 个、社会组织党组织 1 个。认真贯彻落实《中国共产党国有企业基层组织工作条例（试行）》，扎实做好抓基层打基础的工作，推动国有企业将党建工作写入公司章程。抓实学校党支部书记“双带头人”队伍建设，实现中小学校党组织书记、校长“一肩挑”比例达 70.59%。全面实施“党员领航行动”，开展好“五个一”活动，发挥党员教师的作用，实现党建、教学双促进、双提升。

2020 年，组织部部长方丹清（右三）深入乡村一线考察干部宣传工作

【党建带群建工作】 2020 年，建阳区委组织部通过组织共建、队伍共育、活动共办、发展共促等方式，统筹推进工会、共青团、妇联、科协等群团组织建设。区总工会举办“红心向党·初心永挚”职工书画展活动；区团委开展“两红两优”表彰和区直机关青年突击队授旗仪式暨中国共产党建党 99 周年“荧光跑”活动，宣传青春正能量，激励青年建功立业；区妇联开展“基层组织规范化建设月”活动，持续推进“妇女微家”示范点建设，打造福建省白塔山茶业有限公司、潭城街道西门社区金太阳养老中心等一批“妇女微家”示范点。区科协以品牌建设为抓手，重点打造建盏文创园、童游街道童子山社区等科普示范基地。

【市区一体提供人才支撑】 2020 年，建阳区委组织部坚持党管人才，区委常委会 2 次听取人才工作情况汇报，召开 2 次人才工作领导小组会议。深化区级领导班子成员联系服务重点人才机制，本年区领导慰问挂钩联系的区管优秀人才，发放慰问金 5.2 万元。引进魏兴华团队获第七批福建省“百人计划”创新团队；引进人才被确认省引进高层次 B 类人才 1 人、C 类人才 3 人，自主认定 B 类人才 1 人、C 类人才 1 人，省工科类青年专业人才 3 人；引进“双一流”人才 7 人，开展第三届“人才南平校园行”活动，招聘教育、卫生人才 65 人。选派金融人才助力乡村振兴典型做法在《八闽快讯》刊登，调研文章《深化“党建＋金融”双基联动，助力乡村振兴发展的探索》获全省党建课题调研二等奖，并被收录入《新时代党建工作研究获奖文集》。入选国家平台 2 家、省级平台 10 家、市级平台 8 家，入选福建省技能大师工作室 1 家，南平市级技能大师工作室 5 家。开展建阳区第四批建窑建盏烧制技艺代表性传承人评选，评选了 30 名传承人。发放人才购房补助 48 人 240 万元；确认 15 名人才奖励房资格享受对象；发放紧缺学科教师安家补助 13 人共 39 万元；在省级奖励基础上，重奖荣获省引进 B、C 类高层次人才。170 套人才公寓套内装修全面竣工，配套建成人才健身活动室、党群工作者工作室、人才工作室及乒乓球室。2020 年度目标责任制考评获南平市第二名。

宣传工作

【概况】 2020 年，全区宣传思想文化工作以学习宣传贯彻习近平新时代中国特色社会主义思想为统领，深入学习贯彻中共十九大和十九届二中、三中、四中、五中全会精神。自觉承担起举旗帜、聚民心、育新人、兴文化、展形象的使命任务，围绕“市区一体、绿色发展、产业强区、书香建阳”的发展思路，真抓实干，务求实效，不断开创宣传思想文化工作新局面，

【强化意识形态管理，筑牢思想防线】 2020 年，建阳区委宣传部始终坚持党管意识形态总原则，落实《建阳区党委（组）落实意识形态工作责任制二十条措施》，出台《建阳区贯彻落实〈中国共产党宣传工作条例〉责任分工方案》，推动各党委（党组）更加自觉担当主体责任。一年来，区委常委会专题学习研究意识形态工作 6 次，召开意识形态工作专题学习培训会 3 次。管好载体阵地安全，强化对讲座、论坛、报告会、研讨会等的管理，加强对辖区内各类新闻媒体和网络媒体、各类出版物和文艺作品、各类文化类学会（协会）等社团的管理，加大对演艺场所、博物馆、陈列馆、展览馆等各类意识形态阵地的管理，严格落实公益广告管理实施意见，主动占领宣传阵地。组织开展区委意识形态工作专项巡察，一年来，开展 2 轮 3 批次 15 个单位意识形态工作专项巡察。

2020 年 10 月 10 日，中共南平市建阳区委理论学习中心组（扩大）学习会召开

【健全学习制度机制，推动思想建设】 2020 年，建阳区委宣传部加强制度建设，进一步完善理论学习中心组学习机制，推动各级党委（党组）理论学习常态化，严格执行党委（党组）理论学习中心组学习考勤、个人自学、专题研讨、学习档案、学习交流、专题调研等制度。一年来，区委组织理论学习中心组开展集中学习 16 次，63 个党委（党组）开展中心组学习 600 场次，召开中共十九届五中全会、《习近平谈治国理政》第三卷和四部采访实录学习研讨 300 场次，为加快新时代新建阳建设、决胜全面建成小康社会提供坚强思想保障。重视督查落实，推动党委（党组）理论学习中心组学习制度化规范化。按照“四个纳入”的刚性要求，强化对学习情况的监督考核。推动习近平新时代中国特色社会主义思想学以致用，把学习成效转化为推进新时代新建阳建设的动力热情和实际行动。

【创新宣讲形式载体，掀起学习热潮】 2020 年，建阳区委宣传部组建宣讲强队伍，抽调领导干部、业

2020年10月24日，《朱子文化漫谈》专题讲座在考亭书院举行

余讲师团成员、大学生村官等组建三级四类中共十九届五中全会精神宣讲队伍，按照“七进”要求，赴全区各地开展宣讲400余场，受众1.5万人次。创新宣讲新形式，创作的群口快板《五中全会我来夸》在“学习强国”学习平台播发。组建弘扬越剧团文艺宣讲小分队，举办“建阳区文化艺术乡村行”活动，用各类文艺形式推动党的十九届五中全会精神在校园课堂、乡场院坝、田间地头落地生根、开花结果。打造宣讲新平台，在省级理论进基层示范品牌潭山市民讲坛、新时代文明实践中心讲坛的基础上，创新打造考亭讲坛，开展以“朱子文化”“建阳传统文化”为主线的系列讲座15场次，受众2000人次。推出宣讲新模式，以“云课堂”直播教学的形式推进社区和乡村基层党员教育，全年开展20期，线上培训党员干部群众上万人次，实现基层理论教育由“点”扩“面”的规模效应。

【推进媒体融合，优化舆论阵地】

2020年，建阳区融媒体中心建设加快推进，投入300多万元完成指挥中心、智慧广播建设，更新升级采编设备，建成以“智慧建阳”App、微信公众号、抖音为主的移动新媒体集群，打造新型舆论宣传阵地。全年刊发新闻稿件5000篇（条），在南平市级以上媒体上稿2500篇，其中，在人民网、新华网、中国经济网等中央级媒体上稿500篇（条），“学习强国”学习平台上稿276篇。《靓丨福建建阳：百日菊迎风盛放》《乡村振兴丨南平建阳区：“互联网＋农机”开启智慧新农业》等稿件被推送，阅读量超10万人次，传播广泛。2020年区融媒体中心顺利通过省委宣传部融媒体中心验收，并获评优秀等次。

【紧扣主题主线，营造良好氛围】

2020年，建阳区委宣传部定期召开新闻选题策划会，指导新闻单位围绕中心，紧扣大局，扎实开展新闻宣传。在区本级媒体的重要版面、栏目、时段分别开设“认真学习贯彻中共十九届五中全会精神”“统筹推进疫情防控和经济社会发展”“脱贫攻坚”等20多个专题专栏，推出一系列有深度、有温度的鲜活报道。在疫情防控期间，充分运用新媒体平台，第一时间播发相关的宣传报道，建阳电视台1套、2套持续播出疫情防控知识图文节目，广播“村村响”每天播放疫情相关知识，确保做到家喻户晓、老少皆知，凝聚起防控疫情的强大宣传合力。拍摄制作疫情防控“红色倡议”情景剧视频，创作《麻沙镇防控疫情十劝歌》《童游街道疫情防控三字经》等，提升抗疫宣传吸引力。加强公益广告管理，开展公共领域宣传载体检查整改，不定期开展公益广告自查、检查，确保公共领域宣传载体整改工作全面、扎实、到位。主动占领宣传阵地，协调企业出资在宁武高速南平建阳出口建设广告牌10面，其中50%版面免费用于发布公益广告，考亭大桥建设22个智慧屏，40%时段免费用于发布公益广告，扩大了公益广告的覆盖面和影响力，营造良好的社会氛围。

【着力精品创作，推动文艺下乡】

2020年，建阳区委宣传部进一步推动书院文化、书香建阳的繁荣发展，成立“我们的中国梦”文艺小分队、“万福进万家”文化志愿服务小分队等下乡惠民队伍，开展“五个一百”迎新春活动。疫情期间，组织广大文艺工作者积极投入抗疫文艺创作，推出诗词楹联、歌曲、绘画、摄影等各类脱贫攻坚主题和疫情主题的文艺作品60余篇。积极践行社会主义核心价值观，编撰出版《不忘初心 赓续文脉——社会主义核心价值观建阳经典故事读本》《建本生香》《朱熹大传》。

2020 年，开展“文化三下乡”戏曲专场巡演活动

举办“我们的中国梦”——文化进万家 南平市 2020 年新春文艺展演、“中国旅游日”福建分会场“仿宋百人点茶”表演、“庆祝中国共产党成立九十九周年书画展”等系列活动。持续深入开展“三下乡”活动，组织开展 230 余场主题宣传活动，为群众提供文艺表演和咨询服务，获得群众一致好评。

【推进资源整合，做强文旅品牌】 2020 年，建阳区委宣传部成功举办纪念朱子 890 周年诞辰系列活动，完成考亭书院纪念馆布展提升，与省委党校行政学院、集美大学文学院合作，设立“教学实践基地”，合力打造考亭书院教育培训、文创基地。推进国学研学旅游开发及配套设施建设，与建盏文创园、考亭古街、花花世界等周边景点相互促进、相互融合，努力将考亭片区打造成集文化展示、研究培训、艺术体验、休闲度假为一体的国家级文化旅游度假区，推动区文旅产业融合发展。注重品牌保护，打造特色文化品牌，积极组织申报各类国家级品牌，主动融入“武夷山水”公用品牌建设，2020 年建盏品牌价值 160.43 亿元，居全国陶工艺品及其他类之首。评选第四批“建窑建盏烧制技艺”代表性传承人 30 名，“建阳建盏”先后荣获国家地理标志证明商标和国家地理标志保护产品称号，并于 2021 年 2 月 10 日获国家知识产权局认定为中国驰名商标。

2020 年 8 月 18 日，纪念朱子 890 周年诞辰祭祀大典

统战工作

【概况】 2020 年，建阳区委统战部深化“民企带村”工作，帮扶带动 33 个村村集体平均增收 31 万元，助力回归经济落地 18 个，新时代民营经济统战工作取得良好成效。台港澳工作走在南平市前列，涉台服务水平显著提高。民族宗教领域和谐稳定，海外侨胞、党外知识分子和新的社会阶层人士统战工作进一步增强。

【民盟】 民盟建阳区委会主委、区人大常委会副主任张晓虹以“深入学习贯彻十九届五中全会精神，助力乡村振兴，推动建阳区农业农村现代化”为主题宣讲中共十九届五中全会精神。报送的《新冠肺炎对全面脱贫稳定脱贫的影响及建议》信息被全国政协每日社情采用，《力戒形式主义》被市委主要领导批示。在区政协十四届五次会议中，提交团体提案 2 篇，个人提案 6 篇。2020 年盟区委研究审核通过考察合格的新盟员3人、入盟积极分子3人。民盟建阳区黄华山支部被民盟中央授予“盟务工作先进基层组织”称号。

【农工党】 充分发挥人才优势，做好社会服务。12月5日联合农工党南平市委会组织十余名医卫界农工党党员，赴南平市建阳区安康养老院开展“奉献爱心，关爱老人”公益活动，并赠送一批生活物资和常备药品，共服务老年朋友30余人，营造尊老、爱老、敬老的良好氛围。在区政协十四届五次会议中，提交大会发言1篇，团体提案1份，个人提案3份。2020年发展了4名新党员。农工党建阳区委会被农工党福建省委会授予“优秀市（县）组织”称号。

【非公经济工作】 实施民企带村。在“百企帮百村”的基础上，加大民企帮扶力度，召开“民企带村”助力乡村振兴工作推进会，引导12家经营好、信誉好、公益好、有带动能力的民营企业，以“2＋1”（2家企业共同帮扶1个贫困村）的模式帮扶6个村集体经济薄弱的扶贫重点村，并签订《民企带村帮扶协议书》。全区13个乡镇（街道）企业（商会）共帮扶33个村，村集体平均增收31万元。

“回归经济”稳中有进。选派“回归专员”3名，聘请15名异地商会会长、重要乡贤担任“招商顾问”，摸底在外重要乡贤基本情况，收集乡贤数据库信息238条，为回归经济打好基础。发挥桥梁组带作用。借助异地商会平台，向潭籍乡贤宣传建阳区的区位、政策和人文资源优势，通过举办“回归论坛”、乡贤座谈会、恳亲会等，打造重乡贤、聚乡情的浓厚回归氛围。协助组织、推介和接待建阳籍在外高层次人才恳亲活动7场次。助推项目落地。通过异地商会和在外建阳籍企业人士的牵线搭桥，“回归项目”落地18个，其中亿元以上项目8个，推动人才回归、项目回迁、资金回流、技术回乡、智力回哺，为建阳发展注入新动力。

2020年5月21日，召开“民企带村”助力乡村振兴工作会议

商会建设有声有色。强化商会组织建设。做好会员发展工作，增强商会活力。把乡镇（街道）商会规范建设内容列入“四比”考评。实现乡镇（街道）商会与党建全覆盖，加强非公党建工作，更好发挥商会组织在建阳区统战工作和经济工作中的重要作用。强化商会阵地建设，在全区乡镇（街道）商会推行“一一二二四四”活动场所规范建设，即每个乡镇（街道）商会场所都做到有一个商会精神，一个会员公示栏，会员、党员2个名册，学习活动、支部活动2个记录本，会长、监事长、秘书长、党支部书记或党建指导员四项职责，财务管理、学习活动、自律规范、党建工作四项制度，为基层商会提供阵地保障。2019—2020年度，建阳区寿宁商会和温州商会分别荣获全国和全省“四好”（班子建设好、团结教育好、服务发展好、自律规范好）商会。强化商会活动交流。定期走访基层商会、区域商会、异地商会，为拓宽商会企业交流合作搭建平台，先后接待异地商会交流活动5次120余人。

组建成立区商会人民调解委员会，并邀请法院、司法局等有关单位召开工作会议，运用法治手段服务保障民营经济健康发展；联合市区两级工商联、检察院开展“服务‘六稳’‘六保’护航民企发展”检察开放日活动，通过以案释法，提升民营企业风险防范意识。组织区青商会开展“缅怀先烈，不忘初心”七一主题活动，增强青年民营企业家使命感；推荐4名新生代民营企业家到市直机关学习锻炼；推荐优秀企业家参加南平工商联、南平电视台的《创业好故事》专题电视片的拍摄，营造全社会关心、关注民企发展的良好氛围，展示优秀民营企业家形象。深化理念信念教育。以“守法诚信经营、坚定发展信心”理想信念教育实践活动为重点，学习贯彻习近平在企业家座谈会上的重要讲话精神，以“民企大讲坛”为抓手，做好非公有制经济人士的培养工作。

【党外代表人士工作】 深化多党协商，推动民主政治建设。协助区委制定政党协商年度计划，推进落实区党政领导班子党员干部与党外人士联谊交友制度，提高政党协商制度化、规范化水平。协助召开政府工作报告征求意见座谈会、区委常委民主生活会征求意见座谈会等，加强协商民主制度化建设，助力区委、区政府科学、民主决策。引导民主党派建言献策。

加强沟通联系，推动新的社会阶层人士和党外代表人士工作。举办新阶联2020年中秋国庆双节联谊晚会，拓宽会员交流沟通渠道，为共创新业凝聚力量。完善党外代表人士信息库，推荐2名党外干部参加上级非党干部培训班。梳理区党外干部信息，掌握科级以上党外干部23名，其中处级4名、正科级8人。接待厦门湖里区委统战部一行40人在建阳开展党外代表人士培训班，推动厦门、建阳两地交流。

【民族与宗教工作】 提高民族村治理能力。组织少数民族村和民族中学认真学习贯彻党的民族政策，积极培养中华民族共同体意识。全区5个少数民族村，在原有2名下派书记基础上，堆后民族村增派1名下派书记，提高少数民族村治理能力。区委书记杨新强到堆后民族村宣讲中共十九届五中全会精神并驻村调研。12月，区民宗局、黄坑镇三峡民族村党支部被区委、区政府评为2019年度先进集体，三峡民族村获评全国文明村。

开展民族团结进步创建工作。开展民族团结进步宣传月活动，通过悬挂宣传标语、横幅，开展志愿服务活动等方式，宣传贯彻党的民族政策；配合省民宗厅到漳墩民族中学开展少数民族传统体育项目训练基地调研；组织9名少数民族群众参加上级培训，提升少数民族群众致富技能。指导区畲族文化协会和5个民族村举办主题为“奋斗‘十四五’ 奋进新征程”的庆祝中央人民政府确认畲族64周年联欢晚会。

帮扶民族村寨发展。争取省市民族项目7个，资金90万元。为三峡、毛店两个民族村争取全国、省基督教两会项目建设资金80万元。毛店民族村被列为第四批少数民族特色村寨建设试点村，争取资金100万元。同时积极对接上级各项政策，结合实施的“美丽乡村”创建工程开展民族特色村寨建设。完成畲族特色文化广场、文化长廊等配套基础设施建设，特色村寨建设初具规模。

加强宗教工作法治建设。强化宗教政策法规宣传教育。以“和谐寺观教堂”创建、“宗教政策法规学习月”等活动为抓手，开展《宗教事务条例》等政策法规学习和佛教道教商业化治理工作。区委常委会会议专题学习《福建省宗教事务条例》，并提出贯彻意见。依法治理基督教私设聚会点。按照省《关于依法治理基督教私设聚会点工作意见》开展专项治理，全区17个基督教私设聚会点全部完成整改。支持宗教团体加强自身建设。通过走访联络、

2020年7月31日，省人大常委会党组副书记、副主任梁建勇（左一）调研宗教工作

谈心谈话等形式，加强与宗教界人士的沟通交流。针对区道教的情况，筹备成立区道教协会，5月召开区道教协会第一次代表会议，提高宗教团体依法治理水平。

做好宗教督查“回头看”反馈问题和省委巡视反馈问题的整改。中央宗教督查存在的8个问题全部完成整改。落实省委专项巡视反馈问题整改，召开落实省委巡视整改推进会，规范加强宗教场所管理制度和“四进”（中华人民共和国国旗、宪法和法律法规、社会主义核心价值观、中华优秀传统文化进宗教活动场所）工作。全区59个场所成立了场所民主管理小组，建立健全各项管理制度。61个场所开展“四进”工作。

加强宗教活动场所建设。一是强化疫情期间督查检查。组织工作人员到13个乡镇（街道）开展检查，充分发挥县(市、区、旗)、乡（镇、街道）、村（社区）三级宗教工作网络和乡(镇、街道)、村（社区）两级责任制，确保宗教活动场所保持关闭，停止宗教活动。对发现的问题当场要求落实整改到位。开展宗教场所房屋安全隐患排查。对全区宗教活动场所房屋安全隐患进行全面排查。共排查出安全隐患10处，9处隐患已完成整改，宝山清莲寺旧宿舍楼问题正在协调相关部门办理拆旧重建手续。加大引进年轻教职人员力度。通过宗教协会换届，吸收年轻的，有较高文化程度、宗教造诣的教职人员充实宗教团体班子，提高宗教界教职队伍的整体素质。共引进14位教职人员到区佛教场所住寺。

【侨务工作】 2020年完成“三侨生”升学照顾身份证明审核22件，华侨到南平定居申请16件，办理归侨、华侨身份认定23件，无一件超期。学习贯彻习近平总书记有关侨务工作的重要批示精神和涉侨教育政策，与区教育局建立沟通协商机制，落细落实涉侨教育政策在各方面的支持措施，协调解决华侨子女入学申请9件，帮助牙买加福建同乡会副会长子女解决学籍问题。做好困难归侨侨眷帮扶和在潭侨企服务，积极解决归侨侨眷的实际困难，维护归侨侨眷合法权益。慰问困难归侨侨眷、“百支联百村”建档立卡贫困户、基层侨干，拜访回乡的侨联名誉主席共57人次，发放慰问金8.269万元，其中省侨联精准帮扶款7.499万元。对3名困难归侨发放固定生活补助金0.54万元，补助符合条件的大病住院和去世的归侨侨眷12人次5.468万元。

举办“侨法30周年”主题活动，召开归侨侨眷代表座谈会，开展传承“嘉庚精神”学习侨界先模活动。加强与海外侨胞的常态化联谊联络，持续做好侨情普查工作。莒口镇侨联获全国侨联系统优秀“侨胞之家”的表彰。区侨联于12月完成换届工作。

【机关建设】 传达学习习近平总书记关于新冠肺炎疫情的重要指示精神，号召建阳统一战线贯彻落实中央和省委、市委、区委决策部署，下沉一线助力打赢疫情防控阻击战。动员广大民营企业家、新阶联、侨界、宗教界、民主党派为疫情防控捐赠物资价值119.47万元，捐款115.86万元。全区第一笔捐款和物资来自宗教界。

强化思想政治建设。向全区统一战线传达中共十九届五中全会精神，增强统一战线成员坚持中国共产党领导、坚持中国特色社会主义制度的思想自觉、政治自觉、行动自觉。开展“业务大学习，能力大提升”活动，组织学习《习近平在厦门》等系列采

2020年3月20日，新冠肺炎疫情防控期间，建阳区委统战部向潭籍意大利侨胞援助口罩3500只

2020 年 5 月 22 日，宝山社区党委开展统战文化进社区主题党日活动

访实录、《习近平谈治国理政》第三卷等原文原著和统战业务知识，集中学习、研讨 34 场次。组织统战机关干部前往政和县石圳村、政和第一党支部旧址、政和赤色农会旧址、陈贵芳故居等地开展“七一”主题党日活动。

强化党风廉政建设。按照全面从严治党和省委“五抓五看”（看有没有抓加强教育、看有没有抓制度建设、看有没有抓“一把手”、看有没有抓查处、看有没有抓部署检查落实）、“八个坚定不移”（坚定不移维护核心，坚定不移学习贯彻习近平新时代中国特色社会主义思想，坚定不移落实党中央决策部署，坚定不移正风肃纪，坚定不移反对腐败，坚定不移强化党内监督，坚定不移深化监察体制改革，坚定不移紧抓“关键少数”）要求，压紧压实全面从严治党主体责任，落实“一岗双责”要求。坚持以党的政治建设为统领，严格执行党规党纪，抓好“三会一课”、民主生活会和组织生活会、民主评议党员、谈心谈话、述责述廉等制度的落实，规范党内政治生活。严格落实中央八项规定及其实施细则精神，严肃财经纪律，规范公务接待程序和财务报销制度。严格按要求控制文会数量，倡导文会新风。坚持“一把手”上廉政党课，开展廉政风险教育 8 次。

开展统战领域调研工作，形成 2 篇调研文章，其中《培育发展回归经济研究》被南平市委统战部评为全市统战系统调研文章三等奖。

强化村（居）结对共建。制定统战部“四联四促”工作（机关联乡村、党建促振兴，机关联社区、党建促治理，机关联商会、党建促回归，机关联企业、党建促发展）方案，确定各结对单位的结对领导、联络员，制定结对帮扶计划，支部党员结对率 100%。“七一”中国共产党建党日，部领导班子赴结对村上党课，开展党日活动 5 场次。落实党组织和在职党员进社区“双报到”服务，组织党员开展疫情防控、人居环境整治、人口普查、志愿服务、统战文化进社区等共建活动。2020 年为共建村（居）争取各类帮扶资金、慰问金 22.93 万元。

机构编制

【概况】 2020 年，区委编办完成 13 个乡镇（街道）机构改革，推进综合行政执法改革、事业单位改革，加强权责清单管理，宣传《中国共产党机构编制工作条例》，提升机构编制管理水平。

【机构编制管理】 2020 年，全区行政编制和各类专项编制不突破上级下达的总额。事业单位机构数和人员编制不突破 2012 年底总量，实行总量控制。领导职数严格按照规定核定。全面落实机构编制实名制管理和监督检查。

【乡镇（街道）机构改革】 2020 年，深化乡镇（街道）机构改革，完成了 13 个乡镇（街道）“三定”规定。重新对 12 个乡镇、街道（不含水吉镇）的内设机构进行设置，其中 10 个乡镇内设机构由原来 5 个整合设置为 6 个；2 个街道内设机构由原来 5 个整合设置为 5 个。对 12 个乡镇、街道（不含水吉镇）事业单位进行整合设置，由原来 5 个事业单位整合设置为 3 个事业单位，机构规格均相当于副科级。水吉镇由小城镇机构改革试点乡镇转型为经济发达镇，内设机构由原来 7 个重新整合设置为 7 个，事业单位由原来 5 个整合设置为 4 个，机构规格均相当于副科级。

【事业单位改革】 推进事业单

位改革工作。推行事业单位去行政化。规范相当于科级事业单位报备报批。完成 2 个生产经营类事业单位改革。同时，持续推进综合行政执法改革工作。

【权责清单管理】 开展新一轮区直部门权责清单梳理工作。对全区 24 个政府工作部门、4 个在党委部门挂牌并承担行政职能的机构开展梳理工作。全区 26 个单位（不含城管局、住建局）共计梳理公示权责清单事项 2881 项。同时，重新梳理公示潭城、童游 2 个街道办事处权责清单事项各 109 项，将口、徐市、莒口、麻沙、黄坑、小湖、水吉、漳墩 8 个镇人民政府权责清单事项各 198 项，崇雒、书坊、回龙 3 个乡人民政府权责清单事项各 197 项。

【事业单位登记管理】 2020 年，至 3 月 31 日完成 293 个事业单位年度报告网上审核和公示工作。2020 年，共受理办结 49 个事业单位设立登记、89 个事业单位变更登记、7 个事业单位注销登记、2 个事业单位补领证书。

老干部工作

【概况】 2020 年，区委老干部局服务管理的离休干部 39 人（含代管 6 人），“5·12”退休干部 11 人，处级退休干部 34 人。区管离休干部中，行政 14 人，事业 9 人，企业 10 人；享受县处级待遇 15 人，县处级以下待遇 18 人；抗日战争时期入伍 4 人，解放战争时期入伍 29 人，全区离休干部平均年龄 92.3 岁，“两费”（离休费和医疗费）保障实现财政全覆盖。区委离退休干部工委挂靠区委老干部局。

【离退休党建工作】 全区现有离退休党支部 77 个，其中 2020 年新成立离退休党支部 23 个，成立首个区直机关离退休干部联合党支部。全区离退休党员 3259 个，退休党员担任支部书记的有 68 个，行政事业单位支部书记和支委补贴均已落实到位。4 月，区委离退休干部工委印发《关于开展离退休干部党支部达标创星活动的实施方案（试行）》，督促指导各离退休党支部落实好“六有”（班子有配强、制度有落实、经费有支持、活动有实效、阵地有保障、工作有记录）要求，争创星级党支部。5 月，建阳区委组织部、老干部局领导赴省委老干部局、省老年大学汇报工作，交流学习。6 月，做好全省离退休干部信息管理系统和“福建老干部”App 的安装使用，全区 77 个离退休支部和支部内离退休党员均已关联省离退休干部信息管理系统。7 月，中共南平市建阳区潭城街道南阳社区春华支部委员会和中共国家税务总局南平市建阳区税务局老干部支部委员会获评首批省级离退休干部“示范党支部”，强化典型示范。10 月，建阳区“中央苏区纪念园”“书坊乡太阳山革命历史纪念园”命名为南平市“离退休干部党员传承红色基因学习教育基地”。11 月，邀请南平市委离退休工委专职副书记李春福为退休干部党支部书记培训党务技能。12 月，走访调研各支部达标创星工作开展情况，指导各支部加强支部建设，评选出星级支部 18 个，争创第二批省级离退休干部“示范党支部”。

【离退休干部服务保障】 在春节前夕开展义务书写春联活动 5 场，送出春联 1500 余副。建阳区

2020 年 6 月，中共国家税务总局南平市建阳区税务局老干部支部委员会获评首批省级离退休干部“示范党支部”

委书记杨新强、区长魏敦盛走访慰问了部分离休干部。2月，区委离退休干部工委通过微信群持续通报疫情防控信息和防控指南，帮助离退休党员申领八闽健康码，做好疫情防控常态化有关工作。疫情期间，通过书写通告、网络宣传、抗疫作品创作等多种方式参与疫情防控的老党员达200余人，全区离退休支部共捐款13.3万余元，范金祥、王文章两位老同志获评南平市“最美老干部（志愿者）”。5月，补充完善了购买服务内容，并将购买服务费用从月人均100元提高到300元。7月，举办“红心向党•助力发展——我看脱贫攻坚新成就”老年摄影展，区委副书记、政法委书记、区直机关党工委书记谷国海，区委常委、组织部部长方丹青出席此次展览。9月，联合多部门开展“追寻红色记忆 奏响时代强音”主题宣传活动，访谈多名离休干部，通过其亲身讲述，再现中华人民共和国和建阳70多年来建设发展的光辉历程。10月，举办2020年第一期退休党员干部培训班，组织近几年退休的老干部及担任离退休党支部支委的退休党员共43人参加培训。11月，举办离退休党支部书记培训班，48位离退休党支部书记参加培训；在全区离退休党员干部中开展“我为文明创城出把力”六个一系列活动（参与一次学习讨论，参加一次志愿服务，进行一次创城宣传，发一条文明宣传朋友圈，提出一条意见建议，开展一次表彰活动），各支部组织创建文明城市志愿活动12场次，参与创城志愿活动离退休老党员老干部达230余人次。12月，在毛泽东同志诞辰127周年来临之际，建阳区离退休干部工委开展主题党日活动缅怀一代伟人，全区各离退休党支部书记、老党员等80余人参加活动。全年重大节日走访慰问离退休干部及遗属282人次，发放慰问金10.9万余元。走访慰问生病住院的老干部7人次，帮助协调解决老干部日常生活困难和问题5件。区委老干部局做好每周一次“建阳离退休干部”微信公众号更新。调查研究离退休党支部建设、助力脱贫攻坚、文化养老等主题内容，撰写完成3篇调研文章，局机关被评为全市老干部信息工作突出单位，1篇调研论文获全省老干部工作调研成果三等奖，4人次分别被评为全市老干部信息宣传工作突出个人。

【老年教育发展】 1—6月，学校组织教学管理人员到省老年大学和武夷山市老年大学等先进老年大学学习考察、沟通交流。7月起，老年大学各专业学会及老年书画研究会等涉老社团先后举办“红心向党•助力发展——我看脱贫攻坚新成就”主题摄影展、“抗疫情•奔小康”主题书画展、“树敬老之风，促社会文明”主题戏曲晚会等。10月，组织百余名学员参演南平市老年大学举办的“朱子之歌”大型文艺活动。11月27日，建阳区老年大学新校区举行揭牌仪式，省政协提案委原副主任、南平市政协原主席、市老年大学校长张建光与建阳区委书记杨新强共同为建阳老年大学揭牌。老年大学新校区建成并投入使用，综合楼总建筑面积近5000平方米，设有教室12间，以及展厅、多功能演出厅、图书阅览室、棋牌活动室、老党员之家等配套场所，并接入电信和广电网络线路，把传统教育与智能化教学相结合，运用新媒体电视平台，打造互联网＋老年教育的“第三个轮子”，设备设施明显改善，达南平市一流水平，较好解决了“一座难求”问题。新校区作为参观点和会议场地，协办全市创建省级达标老年大学经验总结交流会，并在会上作交流发

2020年11月27日，南平市老年大学校长张建光、建阳区委书记杨新强共同为建阳区老年大学新校区综合楼启用揭牌

言。老年大学分校区——潭城街道南阳社区的“南阳乐教，青松不老”老年教育品牌被福建省终身教育服务中心评为2020年福建省“终身学习品牌项目”。

2020年9月，区委党校常务副校长邱行洲（左二）参加中共福建省委党校、福建行政学院2020年教师节暨建校70周年大会

党校（行政学院）工作

【概况】 2020年，建阳区委党校以习近平新时代中国特色社会主义思想为指导，全面贯彻中共十九大和十九届二中、三中、四中、五中全会精神，牢牢把握党校姓党根本原则，不断提高办学质量和水平，充分发挥党校（行政学校、社会主义学院）干部培训、思想引领、理论建设等作用，紧紧围绕区委、区政府中心工作，积极探索新时代党校发展的新思路、新方法，取得显著成效。2020年3月，区委党校在全省党校（行政学院）校（院）长会上作书面交流典型发言；学校上报的《深化改革创新　增强办学活力》县级党校经验做法的材料，入选中共福建省委党校、福建行政学院《福建省市县校院学〈条例〉固根基经验交流材料汇编》，是南平市唯一交流经验材料的县级党校（行政学校）；2020年7月，区委党校党支部获评区首批“五星”党组织；2020年8月，区委党校继2016年之后，再次获全省党校（行政学院）系统先进集体表彰，成为全省市、县级党校唯一蝉联此殊荣的党校。

【创新干部教育培训模式】 2020年，建阳区委党校认真做好干部教育培训工作：一是创新“云”课堂。在疫情防控常态化和对接数字培训成为趋势等背景下，区委党校探索运用“云党课”网络教学的形式宣传和宣讲党的政策方针。采用“腾讯课堂”开启了线上“直播＋研讨”的教学新模式，先后为回龙乡、漳墩镇、小湖镇和黄花山社区基层党员干部讲授了《让习近平新时代中国特色社会主义思想在八闽大地落地生根》课程，受众达2000人次，实现党员教育由“点”扩“面”，做到“离校不离教、学习不停步”，经验做法在东南网、大武夷新闻网作了宣传推介。二是开展“云”比武。借助政府第三会议室网络电话会议设备，创新采取了线上直播教学和部分学员现场集中学习的方式，开展建阳区第十二批村党组织书记抓基层党建工作“大比武”活动和建阳区党务工作者培训班，有效解决了基层党员干部为学习往返奔波的问题，大幅提高了学习效率，节约了行政成本。三是借力“云”平台。借助中央党校（国家行政学院）“网上党校”平台，在第15期干部进

2020年5月，区委党校探索线上“云课堂”

2020 年 10 月，区委组织部、区委宣传部、区直机关党工委、区委党校联合举办“党课开讲啦”精品党课摄制活动

修班增设“提高舆论引导能力”“坚决维护习近平总书记的核心地位和党中央权威”等网络直播课程；依托“福建干部网络学院”学习平台开展区管干部学习贯彻中共十九届四中全会精神专题培训班，培训学员 2000 余人。通过借力上级党校优质师资资源、学习平台发挥好党校的干部教育培训主渠道主阵地作用，让党的声音成为网络空间“最强音”。

【发挥党性教育大熔炉作用】2020 年，建阳区委党校坚持从全面从严治党的高度把加强党性教育贯穿于党校教学、管理的全过程。一是精心设置课程。坚持党校姓党，坚持一切干训工作都坚持党性原则，坚守思想阵地，筑牢思想防线。主动适时调整主体班次的课程设置，6 期主体班都安排了丰富的学习内容，特别是加强了习近平新时代中国特色社会主义思想、党章党规党纪廉政教育、巡视工作教育、理想信念、新冠肺炎防控知识等专题的学习，把《习近平在厦门》、《习近平在宁德》、《习近平在福州》、《习近平在福建》、《习近平谈治国理政》第三卷、《习近平关于力戒形式主义官僚主义重要论述选编》等列为必修教材，全年落实党的理论教育和党性教育内容占总课时达 72%。二是优化主体班次。认真按照区疫情防控指挥部的要求，全力做好办学期间的疫情防控工作。对年初制订的教学计划作出“小班化教学、缩短学时、增加网络教学”等优化调整，共完成党校主体班 6 期，分别是第 15 期、16 期干部进修班，第 5 期青年干部培训班，第 2 期行政学校公务员培训班，2020 年村党组织书记培训班和村（社区）主干培训班，总共培训学员 362 人。同时，通过大幅增加网络教学内容、增加晚上学习内容、调研论文撰写等方式，确保党校干部培训质量。三是举办短班补短板。举办各类短期班和专题培训班共计 13 期，共计培训学员 927 人次。协助区委组织部举办建阳区党务工作者赴厦门城市基层党建培训班，贯彻落实习近平总书记“近邻”理念的宝贵精神财富，深入小区党建、楼栋党建等现场教学点，学习交流城市基层党建工作经验做法，取得良好的教学效果；通过分批开展 8 批次村党组织书记抓基层党建工作“大比武”活动，进一步提升村党组织书记素质能力；与区委组织部、宣传部，区直机关党工委联合举办“党课开讲啦”精品党课摄制活动，破解基层党课师资少、形式单一、质量参差不齐等问题；通过联办“2020 年建阳区直机关党员发展对象培训班”（2 期）、“区委老干部党校退休党员干部培训班”（2 期）、“建阳区党务工作者培训班”、“新提任领导班子成员廉洁从政专题教育培训班”、“十九届四中全会精神专题培训班”、“2020 年度乡镇党校师资培训班”等 6 个班次。上述培训均通过“一班一策”制定教学方案，增强培训实效。

【开拓对外培训工作】 2020 年，建阳区委党校挖掘自身优势，依托平台做好对外培训工作。全年共承担福建省校（院）系统校（院）长培训班（第 6 期）在内的全国各类培训班 50 期的在潭教学，接待培训 2400 人次，更好地推介建阳，彰显干训资源的亮点和特点。一是省委党校现场教学点授牌。4 月 27 日，中共福建省委党校、福建行政学院常务副校长胡忠昭一行在建阳考亭书院完成现场教学点授牌仪式，建阳“朱子文化现场教学点”

2020年10月，省委党校（行政学院）系统校（院）长培训班（第6期）在考亭书院开展朱子文化现场教学

被纳入省委党校基地建设名册。二是市校（院）现场教学基地重新挂牌。主动对接南平市委党校，完成原有教学基地挂牌材料更新申报工作，包括建阳考亭朱子文化及美丽乡村建设教学基地、建阳区黄坑朱子文化及乡村振兴教学基地、建阳区建盏及建本历史文化产业现场教学基地、红色党史纪念馆和田头纪念馆教学点，同时，成功申报麻沙镇水南村“科特派”现场教学点。三是组建现场教学团队。建阳区委党校根据教师专业及所负责的课题内容，结合当前南平市政府关心关注的热点，成立廖俊波精神、科特派制度创新2个现场教学师资教研课题组，通过集体备课、现场调研等方式进一步拓展教学点。同时，通过老带新的培育方式，增加现场教学师资力量，打造现场教学团队。四是深化市区县校外培训合作。建阳区委党校独立承办厦门市湖里区人大常委会2020年度履职培训班、厦门市总工会2020党建培训班等专题培训班，打造覆盖南平市区域五天四夜培训体系课程安排，梳理优化了相关对外培训的带班流程，形成相对规范的带班制度。在全域化协作方面，重点对接南平市委党校（行政学院）、顺昌县委党校、光泽县委党校，深化市区县党校合作，加强师资交流，打造优质现场教学示范点。

【强化科研咨政功能】 2020年，建阳区委党校主动改革创新，大力实施“教科咨一体化”工程，聚焦全区经济社会发展中的重点、难点、热点问题，开展决策咨询研究，努力发挥资政参谋作用，不断增强服务全区中心工作的能力和水平。一是建立健全科研考核激励机制。将教师的科研成果纳入绩效考评，建立激励约束机制，鼓励教师队伍分课题、分组深入乡镇、街道、区直部门调研，撰写出高质量的调研报告。《新时代实行村级主干“一肩挑”的若干思考——以南平市建阳区为例》《乡村振兴战略背景下乡镇镇府职能转变问题研究综述》2篇论文在CN刊物上发表；《关于文化产业创新发展的若干思考——以建阳区建盏文化产业发展为例》《浅谈南平市红色文化资源的保护、传承与弘扬》等4篇论文发表在《闽北党校》。二是积极参与省市党校系统科研活动。申报福建省委党校校院系统2020年度研究课题立项2个；南平市校院系统年度研究课题立项3个，其中重点课题1个。完成2019年福建省党校、行政学院立项课题结项工作2个；完成南平市校院系统2020年度研究课题结项工作2个，其中建阳区委党校教师的《〈洗冤集录〉蕴含的法律思想与现代启示》一文在县（市、区）系列人员的研究课题中排名第一。

党史和地方志研究工作

【概况】 2020年，在省、南平市史志研究室的指导支持下。在区委、区政府及上级部门的正确领导下，深入贯彻落实习近平新时代中国特色社会主义思想，坚持围绕中心、服务大局，以史鉴今、资政育人，认真贯彻落实中指办、省委党史方志办有关会议文件精神，推进地方志“两全”目标、党史“福建中央红军村”编研、党史方志系统党建工作等工作。扎实推进建阳区党史和地方志事业稳步向前发展，较好地完成上级下达的各项工作。

【二轮志书编纂工作】 为了实现“两全”目标，确保2020年完成出版印刷任务，2019年，与方志出版社签订了《建阳市志（1994—

2010）》出版协议，并向区财政争取到 32 万元出版资金，确保出版工作顺利完成。

【《建阳年鉴》编纂工作】 2020 年，中共南平市建阳区党史和地方志研究室年初认真做好《建阳年鉴（2020）》的组稿工作，4 月初稿收集完成，年底完成出版印刷。《建阳年鉴（2018）》获评福建省优秀年鉴三等奖。

【“福建中央红军村”编研工作】 按照上级有关要求，建阳区初步确定麻沙溪头、永兴、江坊，将口石维、回潭、松柏，漳墩外屯、杭头，黄坑九峰、新峰，莒口焦岚等 11 个红军村，这些村除漳墩外屯、杭头是中央红军 58 团到过并帮助建立政权组织外，其他主要是闽北红军活动区域范围，但有好几个村在建阳苏区史上分量比较重，对照文件要求，经考虑，2019 年上报溪头村、回潭村和江坊村，2020 年上报外屯村。

机关党建

【概况】 2020 年，建阳区机关党工委负责管理区直机关党委（直属总支、支部）工作，指导全区机关党建工作，宣传机关党的建设典型经验做法。内设办公室、组宣部。

【政治建设“两个维护”】 2020 年，建阳区机关党工委认真落实《关于加强党的政治建设的意见》，教育引导机关党员干部进一步增强“四个意识”（政治意识、大局意识、核心意识、看齐意识）、坚定“四个自信”（中国特色社会主义道路自信、理论自信、制度自信、文化自信）、做到“两个维护”（坚决维护习近平总书记党中央的核心、全党的核心地位，坚决维护党中央权威和集中统一领导）。开展“建设示范支部、创建模范机关”活动。年初与区委组织部联合下发创建方案，以示范支部建设引领模范机关创建，着力建设“政治忠诚、组织过硬、务实清廉、服务最优、创新争先”的模范机关。表彰区纪委党总支等“五星”（全区机关开展“建设示范支部、创建模范机关”活动，各党组织对照各领域党支部规范化建设标准，扎实开展“达标创星”活动）示范党支部 10 个。引领机关各级党组织学习《习近平在宁德》《习近平在厦门》等系列采访实录，《习近平谈治国理政》第三卷，中共十九届四中、五中全会精神，并开展专题研讨。举办学习贯彻中共

2020 年 12 月 15 日，区委书记杨新强为培训班学员上专题党课

2020 年 12 月 15 日，区直机关党务干部学习贯彻党的十九届五中全会精神和党务业务培训班开班

十九届五中全会精神培训班，区委书记杨新强为培训班学员上专题党课，讲授十九届五中全会精神。

以党的政治建设为统领，压实抓机关党建政治责任，持续落实“三个书记”。1. 抓党建责任并且严格落实意识形态工作责任制。把意识形态工作列为党建工作要点，模范机关创建、各级党组织书记述职评议和“党建体检”的重要内容，与机关党建工作同部署、同落实、同考核，进一步加强机关各级党组织抓意识形态工作责任制的意识。召开意识形态工作专题会议 2 次，工委直属总支、支部书面汇报意识形态工作开展情况 2 次。2. 讲好基层党支部故事。开通建阳机关党建微信公众号，及时发布工委开展的系列活动及好经验、好做法和好成效。3. 宣传好国家、省、地、市党组织、先进共产党员等英模故事。

2020 年 11 月 13 日，“青年突击队”队员清理垃圾

【围绕中心，服务发展提质增效】

2020 年，建阳区机关党工委疫情防控阻击战打响以来，及时发出《致区直机关各级党组织和机关党员干部倡议书》，与区委组织部联合印发《关于组织动员区直机关党员干部参与社区疫情群防群控工作的通知》，组织动员机关党员干部下沉社区参与疫情防控，提前对全区机关党员干部职工春节假期出入疫区情况进行细致摸排。开展“全域无垃圾我先行”志愿服务活动，不定期组织区直机关 60 余名“青年突击队”队员到翠屏山、玉枕山等风景名山清理垃圾。向全区机关党员干部发出《制止餐饮浪费、养成节约习惯》倡议书，举办“争创文明城、争做文明人——不文明行为大家谈”演讲比赛等，引领机关各级党组织和广大党员干部在全国文明城市创建中践初心、展形象。

【规范化建设，夯实机关党建基础】

2020 年，建阳区机关党工委着力抓党建业务培训，执行党组织日常制度。先后举办机关党组织书记和党务干部专题培训班 2 期，邀请省、市机关工委领导、专家授课。开展现场观摩学习 2 次，以查代训。编印《机关党建工作手册》，收录近年来党内法规、相关文件，整理发展党员、党组织换届、党费收缴、“三会一课”等方面党务知识，着力提升机关党务工作者业务能力和工作本领。

党建体检作为工委破解机关党建“灯下黑”问题的有力抓手，由工委班子成员带队，组织机关党务干部分批深入各机关党组织开展“党建体检”2 次，开展省委巡视组对发展党员和党费收缴反馈意见

2020 年 10 月 30 日，建阳区“不文明行为大家谈”演讲比赛举行，图为优胜者

2020年，关于开展现场观摩学习交流暨2020年上半年"党建体检"的工作安排会

专项"党建体检"1次。用好"党建体检"结果，督促机关党组织抓好整改落实，共发出整改清单70多份，约谈负责党建分管干部6人次，推动230个问题得到有效整改。举办2期发展对象培训班，培训95人。预审区直单位入党材料91份，研究直属党总支（支部）接收预备党员17人，预备党员转正20人。调整优化机关党组织设置，指导督促机关各级党组织落实好支部换届、单位"一把手"任党组织负责人等工作，增设总支3个、支部10个，调整撤销机关党委2个、总支1个，撤销支部13个。抓好离退休党支部成立工作，新成立机关离退休支部20个。调整党组织书记14人。

【加强自身建设，建设务实清廉领导班子】 2020年，建阳区机关党工委抓好省委巡视反馈问题整改和区委巡察工委反馈问题整改，严格按已建立完善的制度抓好内部管理和自身建设，落实谈心谈话、慰问关怀等关心关爱制度，增强工委干部的荣誉感、归属感。注重机关党建重点课题调研，在全市工委机关党建调研论文评选中获奖，工委连续几年被南平工委评选为党建调研工作先进单位。弘扬"四下基层"优良作风，为工委扶持结对帮扶的徐市镇五峰村发放帮扶资金2.6万元，为贫困大学生发放慰问金1万元，想方设法为结对帮扶的贫困户协调解决各方面困难和问题。积极开展党员到社区"双报到"服务，为社区人口普查工作提供支持。按照"一岗双责"要求，认真抓好工委反腐倡廉工作，把反腐倡廉工作与业务工作同部署、同落实、同问效。组织党员学习《关于重申严禁党员干部违规接受吃请纪律的通知》《巡视利剑——政治巡视》《网络密战》等，并开展研讨。

精神文明建设

【精神文明创建工作】 2020年，建阳区文明办以南平市争创全国文明城市提名城市为目标，进一步压实责任、合力攻坚，高标准推动各项任务落到实处。建阳区委区政府主要领导、分管领导多次召开全区创建文明城区动员部署会和推进会，推进文明城区创建工作，并亲临一线督促指导，解决补短板问题。以开展"争创文明城、争做文明人""大讨论"为契机，在各级各部门展开大讨论，创新创建举措，在全区进一步营造"争创文明城、争做文明人"良好氛围，共召开座谈会3800场，发放宣传单5万份，教育10万人次。同时，探索祝中村"管家＋巡查＋整改"的"小巷管家"人居环境管理制度、"城管＋交警"联合整治机制、"3＋N"的喷淋模式文明施工法，持续推进"5＋X"联合执法机制和路长责任制，与沿街商户签订"门前三包"责任书，形成各部门齐头并进抓创建的良好格局。完成122个村镇、157个单位、37所学校、19个社区各级各类文明单位评选工作。

【农村精神文明建设】 2020年，建阳区文明办实现"十三五"期间提出的"535"的目标。麻沙镇成功创建全国文明村镇，黄坑镇三峡民族村保留"全国文明村"荣誉称号。深入开展爱国卫生运动，累计出动19.9万余人次参与城乡环境卫生整治。开展"厕所革命"，完成3115户农村户厕无害化改造任务。广泛开展"星级文明户"和好媳妇、好儿女、好公婆、好环境（干净庭院等）等评选表彰活动，评选

2020 年 4 月 29 日，建阳区召开创建文明城区动员部署会议

“星级文明户”50000 多户，村民“星级文明户”参评率达95%以上，60% 以上的农户达到星级文明户的标准。

【深化移风易俗专项整治】 2020 年，建阳区文明办全面修订村规民约，发挥村民理事会、道德评议会、红白理事会等群众自治组织作用，开展乡风评议促进行动，提高乡村自治水平。深化乱埋乱葬等专项治理，确保实现“三沿六区”视野范围内见树不见墓。推进公益性骨灰楼建设进度，完成 2408 平方米骨灰楼主体建设。发布疫情防控期间践行移风易俗的倡议书，劝导取消、简办聚会、红白事 1700 场，宗教活动 350 场，办理殡葬惠民补贴 259 人。加强毒品预防教育，全年悬挂禁毒横幅 800 条，张贴禁毒标语 4000 张，发放禁毒传单、宣传图册 7 万余张；开展禁毒宣传进校园巡回讲座 34 场，组织师生参观毒品预防教育基地 1500 人次。集中开展各类禁毒专项行动，形成部门齐抓共管，社会广泛参与的良好局面。

【先进典型推荐评选工作】 2020 年，建阳区文明办推荐省级文明家庭 1 户、“身边好人”2 人，市级文明家庭 2 户、“身边好人”5 人、道德模范 2 人、最美家庭 17 户、五好家庭 7 户，“文明标兵”100 位，与妇联联合表彰建阳区最美家庭 100 户、五好家庭 107 户。并注重运用报刊、广播、电视、网络、自媒体等传播媒介，大力宣传道德模范的先进事迹和精神，使人们学有榜样、赶有目标、见贤思齐。

【未成年人思想道德建设】 2020 年，建阳区文明办组织开展“携手抗疫情 别样少年心”、“学习和争做新时代好少年”、清明网上祭英烈、“大手拉小手 共创文明城”等主题活动，利用线上教学平台、微信、QQ 等信息化手段开展空中德育课堂，围绕社会主义核心价值观、文明礼仪、就餐礼仪、诚信友善、爱国教育、责任担当等内容向广大师生宣传未成年人思想道德建设的重要意义，从而进一步规范师生言行，培养良好习惯，让爱国主义精神入脑入心。漳墩中心小学被列为中央彩票资金扶持乡村学校少年宫。对 7 所中央彩票资金扶持的乡村学校少年宫进行考评排名，推进“一宫一品”项目建设和“文明校园与乡村学校少年宫共建”工作，确保乡村学校少年宫建得好、管得好、用得好。

【提升社会主义核心价值观宣传】 2020 年，建阳区文明办依托各类

2020 年 6 月 2 日，建阳区召开创建文明城区宣传工作专题会

2020年9月23日，2020年建阳区道德模范巡讲报告会——建阳第一医院专场召开

社会载体，重点是户外电子显示屏、广告牌、公交站牌及LED显示屏、地名牌、建筑围挡等设置各类公益广告，推动社会主义核心价值观落细落小落实。投入约49万元更新主次干道道旗公益广告2444面，新增配电箱公益广告300个。印发创城宣传材料、创城应知应会、调查问卷，通过三大通信公司发送创城短信等多层面、立体化的宣传教育，让社会主义核心价值观真正融入人们的日常生活。利用“我们的节日”重要时间节点，依托学校课堂、爱国主义教育基地、理论文化广场、道德讲堂、文化讲坛（堂）、新时代文明实践所（站）等阵地，开展大型文艺演出（展览）、全民阅读书月等群众喜闻乐见的活动，丰富群众的精神文化生活。立足《新时代公民道德建设实施纲要》《新时代爱国主义教育实施纲要》，全区上下掀起两个纲要的学习热，不断增强干部群众的爱国情怀和爱国意识。

【新时代文明实践中心试点工作】2020年，建阳区文明办建成新时代文明实践中心1个、试点所13个、试点站229个，实现新时代文明实践所（站）建设全覆盖。按“五有五优”的标准，对文明实践基地、试点所（站）建设进行考评验收，同时，把试点工作列入2020年建阳区为民办实事项目。依托智慧建阳，设计建阳区新时代文明实践中心App，开设“活动发布”“信息互通”“文明风采”“7＋N平台”“文明实践所（站）”等栏目，多维度展现建阳新时代文明实践风采。围绕实践中心做文章，制作中心宣传版面，对中心进行全面提升改造，实现中心与党建服务中心的深度融合，打造集学习宣传、指挥调度、志愿服务统筹、交流培训于一体的新时代文明实践中心。发动各单位各团体加入新时代文明实践中心的志愿服务体系，形成“人人关注文明实践、人人参与志愿服务”的社会氛围。先后组织开展“情暖建阳·传递关爱”“文明相伴，温暖回家路”、清明网上祭祀、“3·5”学雷锋纪念日主题活动、疫情防控、环境卫生整治、创建文明城市等志愿服务活动，进一步丰富志愿活动内容。出台《南平市建阳区志愿服务嘉许激励制度（试行）》，促进建阳区志愿服务的广泛开展。截至年底，全区注册志愿者约4.7万人，发布项目约1.9万个，有志愿服务组织830个，推选福建省“最美志愿者”1名。各乡镇（街道）、村（居）也注重特色项目服务的打造，全区上下较好地发挥文明实践项目的“一村一品”特色。

档案工作

【概况】 2020年，建阳区档案工作在区委、区政府的正确领导和南平市档案局、市档案馆的关心指导下，在做好常态化疫情防控的同时，有力推进档案各项工作目标落实。一是全力开展县级档案馆业务建设评价，对标对表、查缺补漏、以评促改，不断提高档案馆业务能力水平；二是依法加强监督指导和业务培训，依托行政执法检查，重点推动“村档乡管”、疫情防控、脱贫攻坚、土地确权、机构改革、重点项目等档案工作业务指导跟踪，加强对档案服务机构的监管，不断提高全区档案业务水平；三是稳步推进档案资源建设，新一轮到期档案进馆接收、地方特色及疫情防控档案资料征集和档案信息化建设取得新进展；四是主动作为、靠前服务，围绕疫情防控、决战决胜脱贫攻坚、民生档案利用、政府信

2020年6月5日，区档案馆在建发悦城中庭举办“档案见证小康之路”图片展

息公开等提供优质高效档案服务；五是加强档案队伍建设，按组织程序调整副科级干部1名，对2名股级干部进行轮岗交流，提拔2名年轻副股级干部，推荐1名年轻副科级干部转岗交流，同时，推荐指导2名档案专业人员顺利通过档案专业职称评审，进一步提升档案工作队伍质量。

【档案行政执法】 2020年8—10月，建阳区档案局结合“村档乡管”工作开展业务检查，到书坊乡、水吉镇、徐市镇、区委统战部、台办等立档单位进行执法检查。同时，对档案服务机构和部分重点项目进行跟踪指导，对涉及机构改革单位档案管理进行督促指导，及时反馈存在问题，提出整改意见，促其整改。

【档案普法宣传】 2020年，建阳区档案局加强档案法治建设的普法宣传教育。结合“6·9”国际档案日和“12·4”国家宪法日，开展“档案见证小康路、聚焦扶贫决胜期”系列宣传活动：征集并精心挑选一批反映建阳扶贫新老照片，制成8幅专题宣传展板，在建发商场中庭和区档案馆举办图片宣传展，开展档案咨询活动，接待来咨询的群众100人次，发放档案知识宣传册300份、小纪念品100个；向区党政机关干部、各乡镇班子领导及各村主干手机用户发送档案宣传短信2000条，向区党政机关单位档案员发送QQ、微信宣传有关档案知识；收看省档案馆直播节目，提高民众对档案工作及依法利用档案的认识。

【档案行政审批】 2020年，建阳区档案局进一步对行政审批事项加强管理，及时梳理审批条件，压缩办理程序，缩短办理时限，更新办事指南。重点做好档案事项网上登记和重点项目档案网上登记的审批工作，明确登记对象，完善好档案登记材料，保证档案登记及时、准确及完整。同时，做好“互联网＋监管”平台实施清单梳理工作，清单梳理完成率100%。

【档案监督指导】 2020年，建阳区档案局做好“村档乡管”工作。以将口镇为试点总结经验，8月17日召开全区“村档乡管”工作会议部署工作，并于8月24日至9月8日，通过划片整合方式，下沉到13个乡镇（街道）、20个行政村，面对面进行现场指导培训，扎实推进“村档乡管”工作。2020年，全区190个行政村中有158个已建档，共整理档案1570卷。其中有85个村已开展“村档乡管”工作，整理档案837卷。

土地确权档案工作。数次到土地确权档案数字化服务公司开展安全检查与业务督导，跟踪了解土地确权档案的整理和数字化扫描进度，对纸质档案和数字化副本进行初验，并就数据格式、移交方式进行对接确定。截至2020年底，一户一档已数字化49993卷，占总量的90%。

脱贫攻坚档案工作。2020年10月，与区扶贫办联合下发《关于进一步做好精准扶贫档案工作的提示》，及时传达国家、省有关文件精神，明确移交要求和移交时限。同时，加大对精准扶贫档案的指导，重点指导区扶贫办综合档案的整理和乡镇一户一档材料的收集整理。2020年，建阳区脱贫攻坚档案收集工作已通过有关部门验收，共收集档案2685卷，其中，贫困村档案32卷、贫困户（一户一档）2615卷、其他38卷。

【档案服务机构监管】 2020年

3 月，建阳区档案局相继到付瑜档案服务有限公司、福建省恒丰达信息科技有限公司、中承档案服务公司、厦门蓝极档案服务公司等四家档案服务机构进行档案安全检查及档案整理规范化指导。8 月，对中承公司新搬迁地点进行办公场所功能区分及安全情况检查指导，督促指导中承公司做好档案服务机构备案。同时，为有关服务机构安排馆内跟班学习机会，进一步提高服务机构工作人员业务水平。

【国企退休人员人事档案培训】 2020 年 12 月，《南平市建阳区国有企业退休人员社会化管理工作方案》明确，“退休人员人事档案移交各乡镇（街道）劳动保障所集中统一管理”，12 月 4 日，应区人力资源和社会保障局邀请，对全区各国有企业政工、各乡镇（街道）劳动保障所工作人员进行企业人事档案管理业务培训。

【档案馆内部业务测评】 2020 年，建阳区档案局根据福建省档案局《关于加强市、县级综合档案馆内部业务建设相关工作的要求》，对建阳区档案馆 2014—2018 年内部业务工作情况进行自查自纠，整理完善工作台账，确保各项工作底子目清录明。8 月 24 日，南平市县级综合档案馆内部业务建设评价专家培训会在建阳区档案馆举办，详细解读《福建省市、县级综合档案馆内部业务建设评价标准（评价操作细则）》，明确评价工作操作规程和实施要求。9 月 14 日，建阳区档案馆顺利通过南平市级组织的内部业务建设评价。

【馆藏档案资源建设】 2020 年，建阳区档案局推进新一轮全区立档单位已形成 30 年以上档案到期移交工作。2020 年预收 39 个单位（档案馆项目档案和文书档案算同一单位）各门类档案 4129 卷（盒）（包含：西门电站仅收运行楼数字化电子档案 34 卷，以及人大、环保、建设 3 个单位新立卷方式文件材料 391 盒）、新立卷方式文件 7895 件；截至 2020 年底办理完成 18 个单位的各门类档案 1884 卷、新立卷方式文件 6259 件，以及西门电站运行楼数字化电子档案 34 卷；还完成 8 个单位各门类档案 493 卷、新立卷方式文件 1636 件的验收工作。此外，还做好全宗介绍的编制、案卷目录、全引目录、归档目录、分类目录的接收，并接收档案数字化副本存储光盘 24 盘。投入经费购置除湿机、防磁柜等设备，提高库房档案实体保管条件。加强地方特色资料及疫情防控档案资料的接收和征集，接收多种地方特色的资料，征集《方舱医院工作手册》（三版）、建阳援鄂医护人员数码照片 68 张、视频 4 段、抗疫日记 5 篇。

2020 年 8 月 24 日，南平市县级综合档案馆内部业务建设评价专家培训会在建阳召开

【政府信息公开接收】 2020 年，建阳区档案局接收建阳区政府办、童游街道办事处等 37 个单位共 935 份政府公开信息纸质原件、电子目录数据及扫描件。同时，做好信息公开查阅服务，在一楼利用大厅设置政府公开信息查阅处，公开信息按单位分年度排列上架供群众查阅，配置一台计算机和档案管理软件，将政府公开信息目录与扫描件导入、挂接进系统，方便群众自行查阅利用。

【档案信息化建设】 2020 年，建阳区档案局完成馆藏档案数字化扫描（二期）项目，建阳区财政资金投入 118 万余元共扫描完成馆藏存量档案 2 万卷约 305 万页。截至 2020 年 12 月底，馆藏存量档案累计完成扫描 48598 卷 650.6 万页，馆藏档案数字化率达 85.3%。

建阳区档案馆政府公开信息查阅处

【档案服务疫情防控】 2020年1月28日，根据省、市档案局关于做好新型冠状病毒感染肺炎疫情防控工作的通知精神，建阳区档案馆闭馆，暂停现场对外查档服务，闭馆期间，提供电话查档服务，通过微信、邮箱等方式开展“点对点”服务，为2人次提供3卷次5页的查阅服务。2月24日重新开馆，此后严格按照疫情防控要求，定期对档案馆大楼进行规范消毒，做好防护和人员登记，接待好来访群众，做到疫情防控与便民服务两不误。此外，贯彻落实中央、省、市有关疫情防控档案工作文件精神，及时转发文件，并定期跟踪了解建阳区新冠肺炎疫情防控指挥部有关疫情防控工作档案整理情况。

【档案服务民生大局】 2020年，建阳区档案局围绕全面建成小康社会、决战决胜脱贫攻坚、土地征迁、政策落实、人事档案专项审核和山林权、知青、工龄等社会民生档案利用需求等做好档案服务工作。全年共接待450人次查档，查档1010卷次2144件，复印3064页，拷贝、拍照利用486件，1人次借阅资料2册。同时，馆藏档案数字化成果持续为群众提供更方便快捷的服务，馆藏劳动局、人事局、编办、劳动服务公司、民政局、婚姻档案、复退办、知青办等56个全宗档案已完成扫描，可对外提供利用，约97%的利用者体验到电子扫描件带来的便利。

重要会议

【概况】 2020年，建阳区人大常委会共召开常委会会议8次，听取和审议“一府两院”专项工作报告26项，提出审议意见12项，作出决定、决议9项，检查法律法规实施情况6项，备案审查规范性文件4项，任免国家机关工作人员43人次，办理代表议案建议227件，全面完成区十六届人大四次会议确定的年度工作任务。

【十六届人大常委会第二十九次会议】 2月27日，十六届人大常委会第二十九次会议召开。会议听取和审议区政府《关于南平市建阳区2020年第一批新增地方政府债务限额及预算调整方案（草案）的说明》和区人大财经委《关于南平市建阳区2020年第一批新增地方政府债务限额及预算调整方案（草案）的审查报告》，决定批准南平市建阳区2020年第一批新增地方政府债务限额及预算调整方案；传达学习福建省十三届人大三次会议、南平市五届人大五次会议精神；传达学习中央统筹推进新型冠状病毒肺炎疫情防控和经济社会发展工作部署会议精神；审议通过有关人事任免事项。

【十六届人大常委会第三十次会议】 4月28日，十六届人大常委会第三十次会议召开。会议听取和审议区政府关于2019年度党政领导生态环境保护目标责任书完成情况的报告；会议听取和审议区检察院关于公益诉讼检察工作情况的报告；听取和审议区公安局关于申请许可对区人大代表张忠华采取刑事强制措施的报告，许可对区人大代表张忠华采取刑事强制措施；听取区政府关于新型冠状病毒肺炎疫情防控工作情况的报告；会议听取和审议通过《区政府关于2020年为民办实事工作计划的议案》；听取和审议通过《南平市建阳区人大常委会关于办理区十六届人大四次会议主席团交付审议的代表议案的决定》；审议通过有关人事任免事项。

【十六届人大常委会第三十一次会议】 6月23日，十六届人大常委会第三十一次会议召开。会议听取和审议区政府关于行政事业性国有资产管理情况的专项报告；听取和审议区政府关于南平市建阳区2020年第二批专项债务限额及预算调整方案（草案）的说明和区人大财经委关于南平市建阳区2020年第二批新增地方政府债务限额及预算调整方案（草案）的初步审查报告，决定批准南平市建阳区2020年第二批新增地方政府债务限额及预算调整方案；听取和审议区法院关于刑事审判工作情况的报告；听取和审议区人大常委会执法检查组关于检查《中华人民共和国野生动物保护法》《福建省实施〈中华人民共和国野生动物保护法〉办法》实施情况的报告。

【十六届人大常委会第三十二次会议】 8月11日，十六届人大常委会第三十二次会议召开。会议听取和审议区政府关于提请审议部分行政区划调整的议案。会议认为，建阳区部分行政区划调整是适应市行政中心迁驻建阳、全方位推动高质量发展超越、提升城市治理水平、更好服务群众改善民生的需要，有利于更加合理拓展中心城区发展空间，整合和集聚区域资源，增强城市功能，加快推进建阳区城市化进程。会议审议决定，同意将潭城街道析置为潭城、水南 2 个街道；童游街道析置为童游、南林、赤岸 3 个街道，并由区人民政府按程序上报南平市人民政府审批。

【十六届人大常委会第三十三次会议】 8 月 27 日，十六届人大常委会第三十三次会议召开。会议听取和审议区政府所作的关于 2019 年决算及 2020 年上半年预算执行情况的报告、关于 2019 年度预算执行及其他财政收支的审计工作报告、关于提请审议 2020 年新增部分地方政府一般债务限额及预算调整方案（草案）的说明和区人大财经工委主任王雪英所作的关于南平市建阳区 2020 年新增部分地方政府一般债务限额及预算调整方案（草案）的初步审查报告，决定批准南平市建阳区 2020 年新增部分地方政府一般债务限额及预算调整方案。会议听取和审议区人大常委会执法检查组关于检查《中华人民共和国土壤污染防治法》实施情况的报告。会议听取和审议区政府关于农业品牌建设促进现代绿色农业发展情况的报告。会议听取和审议区人大常委会执法检查组关于开展《中华人民共和国食品安全法》及《福建省食品安全条例》执法检查情况的报告。会议还审议通过有关人事任免事项。

【十六届人大常委会第三十四次会议】 10 月 29 日，十六届人大常委会第三十四次会议召开。会议接受刘庆辞去南平市建阳区第十六届人大代表职务，并报区十六届人民代表大会备案。会议还审议通过其他人事任免事项。会议听取和审议区政府关于区十六届人大代表建议办理工作情况的报告。会议听取和审议区政府关于《2020 年 1—8 月份重点项目建设情况的报告》和《2020 年 1—8 月份国民经济和社会发展计划执行情况的报告》。会议听取和审议区财政局受区人民政府委托所作的关于南平市建阳区人民政府关于提请审议 2020 年第三批专项债务限额、抗疫特别国债及预算调整方案（草案）的说明和区人大财经工委主任王雪英所作的关于南平市建阳区人民政府关于提请审议2020年第三批专项债务限额、抗疫特别国债及预算调整方案（草案）的初步审查报告，决定批准南平市建阳区 2020 年第三批专项债务限额、抗疫特别国债及预算调整方案。会议听取和审议区人大常委会执法检查组关于开展《中华人民共和国传染病防治法》执法检查情况的报告。

【十六届人大常委会第三十五次会议】 11 月 25 日，十六届人大常委会第三十五次会议召开。会议审议接受林斌、姚华杰、陈松林等辞去南平市建阳区第十六届人民代表大会代表职务的请求，并报区十六届人民代表大会备案。会议听取和审议《南平市建阳区人大常委会关于补选区十六届人大代表工作方案》，并予以原则通过。会议要求，认真组织开展补选区十六届人大代表的各项工作，确保补选顺利完成。会议还审议通过有关人事任免事项，并举行宪法宣誓仪式。

【人大常委会主任会议】 2020 年，区人大常委会召开主任会议 14 次。传达学习福建省十三届人大三次会议、南平市五届人大五次会议精神；研究区人大常委会 2020 年监督工作计划，决定报区委批准后实施；根据机构改革后的实际需要，拟将“南平市建阳区人大常委会内务司法委员会”更名为“南平市建阳区人大常委会监察和司法工作委员会”，“南平市建阳区人大常委会财政经济委员会”更名为“南平市建阳区人大常委会财政经济工作委员会”，报区委机构编制委员会批复；讨论研究 2019 年度乡镇（街道）人大主席团（人大工委）履职情况的排名；审议区人民政府关于提请李洁等职务免职的议案；听取区人民法院关于提请范正刚等任职的报告；听取区人大常委会财经委关于南平市建阳区 2020 年第一批新增地方政府债务限额及预算调整方案（草案）的说明；听取区政府关于拟设立街道办事处的报告；研究讨论区人大常委会 2020 年工作要点（征求意见稿）；听取区卫健局关于建阳区新型冠状病毒肺炎疫情防控工作情况的报告；研究确定将区十六届人大四次会议代表提出的“关于建立健全背街小巷环境综合整治长效机制的议案”等 9 件建议，作为重点督办建议；听取区人大常委会办公室关于 2019 年度财务收支情况的报告和机关工会关于 2019 年度工会经费收支情况的报告；传达区人大常委会党组会议关于人事安排有关事项的精神，审议关于黎真等职务任免的报告；听取区水利局关于公益性水利设施社会化管护工作情况汇报；听取区公安局关于申请许可对区人大代表张忠华采取刑事强制措施的报告；听取了区法院关于提请陈丽辉等免职的报告；听取区检察院关于提请熊爱森等免职的报告；听取区人大常委会人事代表委关于区十六届人大四次会议主席团交付审议的代表议案处理情况的报告；听取区人大常委会办公室关于麻沙镇、回龙乡人大主席团申请代表联络站建设资金补助的报告；听取区人大常委会办公室关于省、市、县（市、区）三级人大高清视频会议系统建设情况的报告；听取区林业局关于区林业一、二、三产融合发展情况的汇报；听取和审议区人大常委会人事代表委关于2020年以来“双联”工作情况的报告；听取区人大常委会人事代表委关于外出培训有关事项的报告；听取区住房和城乡建设局关于建阳区贯彻落实《福建省物业管理条例》情况的汇报；审议区人民检察院关于提请李诗灿等任职的报告；听取区人大常委会人事代表委关于接受李江平辞去区十六届人大代表职务的请求；听取区人大常委会财经工委关于区政府提请审议2020年第二批专项债务限额及预算调整方案（草案）的议案的说明；传达学习全省人大财经工作座谈会、全省人大环境与城乡建设工作座谈会、全省农经工作视频会议及市人大农经工作会议、南平市人大代表联系群众活动室示范点建设暨侨台民宗工作座谈会、南平市监察和司法工作座谈会、南平市整治形式主义为基层减负专项工作机制视频会议等会议精神；听取区政府关于提请廖旺顺免职的报告；听取区教育局关于城乡义务教育一体发展情况的汇报；审议通过《关于对区民政局局长谢泽浩述职的评议意见》和《关于对区交通运输局局长谭健述职的评议意见》；研究讨论关于召开2020年第二次乡镇（街道）人大主席（工委主任）联席会有关事项；研究讨论通过《关于规范乡镇（街道）人大代表联系群众活动室建设的方案》；听取区人大常委会办公室关于2020年上半年财务收支情况的报告；研究讨论通过《南平市建阳区人大常委会机关新闻信息发布三审制度》和《南平市建阳区人大常委会办公室会议制度（试行）》；听取区人大常委会办公室关于落实《关于下拨南平市各级人大代表联系群众活动室示范点建设补助经费的通知》（南财行指〔2020〕9号）和关于下拨区人大代表活动经费的有关事项的汇报；听取区政府关于提请审议部分行政区划调整的报告；听取区政府、区检察院关于2019年“两法衔接”工作情况的汇报；听取区人大常委会财经工委关于区政府提请审议2020年新增部分地方政府一般债务限额及预算调整方案（草案）的议案的说明；听取区人民法院关于提请王培强免职的报告；听取区人民检察院关于提请审议王艺勤等免职的报告；听取区政府关于城市人居环境整治和市场化保洁工作情况的汇报；听取区人大常委会办公室关于徐市镇人大主席团申请人大代表联络群众活动室建设补助资金的报告；传达并研究贯彻区人大常委会党组会议有关人事安排事项的精神，同意撤销刘庆建阳区人大常委会潭城街道工作委员会主任职务以及接受刘庆辞去区十六届人大代表职务的请求；听取区人民法院关于提请余卫东等任职的报告和撤销胡世清职务的报告；听取区人大常委会财经工委关于区政府提请审议2020年第三批专项债务限额、抗疫特别国债及预算调整方案（草案）的说明；听取和审议区政府关于提请陈大勇等职务任免的报告；听取区人大人事代表委关于提请接受林斌等辞去区十六届人大代表职务的请求的报告；听取区人大人事代表委关于补选区十六届人大代表等有关事项的报告。

重大事项审议决定

【人事任免】 区人大常委会坚持党管干部和人大常委会依法任免干部相统一原则。2020年，任免“一委一府两院”国家机关工作人员43人次。

【关于许可对区人大代表张忠华采取刑事强制措施的决定】 4月28日，区十六届人大常委会三十次会议听取区公安局关于申请许可对区人大代表张忠华采取刑事强制措施的报告，决定许可对区人大代表张忠华采取刑事强制措施。

【关于2020年为民办实事工作计划的议案的决定】 4月28日，区十六届人大常委会三十次会议听取《区政府关于2020年为民办实事工作计划的议案》，决定批准2020年为民办实事工作计划。

【关于办理区十六届人大四次会议主席团交付审议的代表议案的决定】 4月28日，区十六届人大常委会三十次会议听取《南平市建阳区人大常委会关于办理区十六届人大四次会议主席团交付审议的代表议案的决定》，决定批准南平市建阳区人大常委会关于办理区十六届人大四次会议主席团交付审议的代表议案。

【关于南平市建阳区2020年第二批专项债务限额及预算调整方案的决定】 会议听取区财政局局长李永华受区人民政府委托所作的关于南平市建阳区2020年第二批专项债务限额及预算调整方案（草案）的说明，决定批准南平市建阳区2020年第二批新增地方政府债务限额及预算调整方案。

【关于批准审议部分行政区划调整的决议】 8月11日，区十六届人大常委会三十二次会议听取区政府关于提请审议部分行政区划调整的议案，决定将潭城街道析置为潭城、水南2个街道；童游街道析置为童游、南林、赤岸3个街道，并由区人民政府按程序上报南平市人民政府审批。

【关于批准2020年新增部分地方政府一般债务限额及预算调整方案的决议】 8月27日，区十六届人大常委会三十三次会议听取区财政局局长李永华受区人民政府委托所作的关于提请审议2020年新增部分地方政府一般债务限额及预算调整方案（草案）的说明，决定批准南平市建阳区2020年新增部分地方政府一般债务限额及预算调整方案。

【关于批准2020年第三批专项债务限额、抗疫特别国债及预算调整方案的决议】 10月29日，区十六届人大常委会三十四次会议听取区财政局受区人民政府委托所作的关于南平市建阳区人民政府关于提请审议2020年第三批专项债务限额、抗疫特别国债及预算调整方案（草案）的说明，决定批准南平市建阳区2020年第三批专项债务限额、抗疫特别国债及预算调整方案。

【关于批准补选区十六届人大代表工作方案的决议】 11月25日，区十六届人大常委会三十五次会议听取《南平市建阳区人大常委会关于补选区十六届人大代表工作方案》，并予以原则通过。

法律和工作监督

【开展满意度测评活动】 着眼于增强督办力度和办理实效，开展代表议案建议办理工作满意度测评，对十六届三次会议关于《推动建盏文化产业健康发展的议案》办理情况的审议意见跟踪落实，确保重点监督议题一抓到底、抓出实效。由于领导重视、部门办理措施强化，区十六届人大四次会议期间和闭会之后代表提出的1件议案、226件建议全部办结。226件建议中，已全部解决的107件，占总数的47.3%；部分或正在解决的39件，占总数的17.3%；纳入计划逐步解决的26件，占总数的11.5%；因条件限制或其他原因暂不能解决予以解释说明的54件，占总数的23.9%。代表对办理结果的满意率和基本满意率达100%。

【法律法规的贯彻实施情况检查】 2020年，参加以“深入学习习近平法治思想，大力弘扬宪法精神”为主题的宪法宣传周活动，营造尊崇宪法、学习宪法、遵守宪法、维护宪法、运用宪法的浓厚氛围。坚持带头学法与推动普法相结合，通过举办法制讲座、视察检查前学法、干部任用前法律考试、代表培训等方式，组织常委会组成人员、人大系统干部、人大代表及列席常委会会议人员学习《中华人民共和国民法典》等3部法律法规，增强法治意识和依法履职、依法行政能力。重视加强执法检查工作，先后组织或配合上级人大检查6部法律法规的实施情况，听取审议执法检查报告并形成常委会审议意见交由区政府办理落实，推动有关单位严格落实法律制度和法定职责。开展《中华人民共和国食品安全法》及《福建省食品安全条例》执法检查，针对存在“一法一例”宣传教育不够到位、监管力量弱与任务重的矛盾突出、部门协作配合不顺畅等问题提出工作建议，推动筑牢食品安全监管防线。

【督促落实公正司法各项制度】 听取和审议区人民法院关于刑事审判工作情况的报告，督促推进刑事司法制度改革，全面履行刑事审判职责，切实提升刑事审判质效。听取和审议区检察院关于公益诉讼检察工作情况的报告，提出构建公益诉讼长效机制、提升办理公益诉讼案件的能力和水平、完善公益诉讼信息化智能化建设等审议意见，并组织常委会组成人员、人大代表到区法院旁听公开审理公益诉讼案件，发挥司法公益保护职能作用。加强规范性文件备案审查工作，共对区政府报送备案的4份规范性文件，从实体合法性、必要性、报备程序和时限上进行认真审查，促进依法行政。持续督促“两法衔接”工作，听取区政府和区检察院关于“两法衔接”工作情况的汇报，促使区政府、区检察院和相关行政执法部门严格履行法定职责，密切协作配合，完善工作机制，提升“两法衔接”工作效能。全年“两法衔接”信息共享平台共录入行政执法案件788件，涉嫌犯罪案件10件，建议移送2件，促进了有法不依、执法不严、违法不究等问题的解决。

代表工作

【保障和提高代表的履职能力】 坚持综合培训与专题培训相结合，在新型冠状病毒肺炎防控期间，采取视频会议方式，组织代表210余人次参加法律法规、财经审查监督等履职业务培训，提高代表依法履职的素质和能力。加强和规范代表工作平台建设，制定印发《关于规范乡镇（街道）人大代表联系群众活动室建设的方案》，推动乡镇（街道）人大代表联系群众活动室建设全面提档升级，潭城、童游、麻沙等8个活动室还被确定为全市示范点。重视活动室建设，加强规范管理，增强运行功能。回龙乡人大代表联系群众活动室与水吉法庭携手共建诉讼服务站，为群众提供诉讼咨询、民事调解等服务，发挥人大代表在调解过程中的监督作用。着眼于扩大代表参与，健全完善代表参与常委会、专门委员会工作机制。一年来各级人大代表有89人次列席常委会会议，有284人次参加常委会组织的执法检查、调研、评议等活动，促进代表法定知情知政和监督权力的落实。

【拓展双联工作】 扎实推进“双联”工作制度化、规范化、常态化，通过召开座谈会、上门走访、组织人大代表视察调研、常委会组成人员走进代表联系群众活动室等形式，指导基层人大开展代表工作，听取人大代表对区人大常委会及“一府一委两院”工作的意见和建议。全年常委会组成人员参加乡镇（街道）人大代表联系群众活动室活动26场，召开听取人大代表和群众意见建议座谈会26场，走访各级人大代表280人次，人大代表接待人民群众、走访选区群众1537人次，共收集到群众意见建议191条，较好地发挥了党和政府与人民群众的桥梁纽带作用。对收集到的意见建议进行梳理分析，将具有普遍性、全局性的关于农村社会事业补短板、物流体系建设、城市治理、医疗卫生服务、人居环境整治等12个方面的问题，交由区政府研究办理解决，推动人大代表联系人民群众工作不断走深走实。推进人大代表述职工作的开展，各乡镇（街道）人大主席团（工委）共组织代表集中述职34场，参加述职活动的区乡人大代表176人，进一步密切了人大代表与人民群众的联系，增强了代表接受选民监督的自觉性和履职尽责的责任感。

【认真督办代表议案建议】 听取和审议区政府关于区十六届人大代表建议办理工作情况的报告，对前三年代表建议办理工作情况进行“回头看”，与区政府共同筛选出30件群众普遍关注但因当时条件不成熟而未有效解决的建议，进行重新办理，推动建议办理由“答复满意”向“结果满意”转变。听取和审议区政府《大力推进建阳茶产业发展的议案》的办理情况报告，提出夯实茶产业发展基础、抓好茶业品牌建设、发挥龙头企业示范带头作用等审议意见，促进茶产业持续发展。

【信访件受理】 发挥维护社会和谐稳定作用，坚持把接待群众来信来访作为常委会了解民意、关注民生、维护民利、促进和谐的一项重要工作，2020年全年共受理人民群众来信13件，接待来访21批23人次。一年来，常委会还先后对物业管理、食品安全、人居环境整治等工作开展监督，努力做到贴近民心、顺应民意、促进民生。

重要会议

常务会议

【第一次常务会会议】 2020年2月7日，区长魏敦盛主持召开区政府常务会会议，听取有关部门汇报新型冠状病毒感染的肺炎疫情防控工作开展情况及下步工作计划，研究增设街道办事处、河道清淤疏浚、武沙高速建设专项债使用、2020年重点项目、审定第二批历史建筑、聘请区政府法律顾问、清理一批规范性文件等有关事项。

【第二次常务会会议】 2020年2月13日，区长魏敦盛主持召开区政府常务会会议，听取有关部门汇报新型冠状病毒感染肺炎防控工作开展情况及下一步工作计划，研究成立建阳区有序推进企业和项目复工复产领导小组，应对疫情，帮助中小企业共渡难关若干措施，房屋被征收人领取购房及装修补助，解决安置房源不足问题，潭城街道北门教堂片区、童游街道鹭鸶路片区棚户区改造项目房屋征收，听取全区企业和项目复工复产情况并研究部署复工复产有关事项。

【第三次常务会会议】 2020年2月27日，区长魏敦盛主持召开区政府常务会会议，传达上级有关会议、文件精神，听取有关部门汇报新型冠状病毒感染肺炎防控工作开展情况及下一步工作计划，研究财政局出资企业负责人经营业绩考核办法和企业负责人经营业绩管理绩效指标考核评价实施细则、促进旅游产业发展奖励扶持办法规定（入潭教育人才培训奖励办法），审议县级土地开发项目和2019年灾毁耕地工程复垦补助标准等有关事项。

【第四次常务会会议】 2020年3月13日，区长魏敦盛主持召开区政府常务会会议，研究审议南平市绿色发展考核体系建阳区考核方案、第44届世界遗产大会建阳筹备方案、改革国有企业工资决定机制、成立城管大队夜巡管控队伍、2019年安全生产目标管理责任制考评结果及研究部署安全生产隐患集中大排查大整治、房屋结构安全隐患大排查大整治“百日攻坚”专项行动方案等有关事项。

【第五次常务会会议】 2020年4月24日，区长魏敦盛主持召开区政府常务会会议，学习传达袁毅书记在督查专报上的批示精神，听取有关部门汇报建阳区生态环境工作情况、疫情防控和复工复产工作情况、建阳经济开发区2020年征迁任务及项目建设工作情况，研究审议了区委区政府2020年为民办实事工作、加强建窑遗址保护和规范建盏产业发展开展综合整治相关工作方案、南平市建盏检测中心业务用房选址、卧龙湾玉馥园79套房屋出售、建阳考亭武夷旅游文化园投资开发有限公司股权问题等有关事项。

【第六次常务会会议】 2020年5月22日，区长魏敦盛主持召开区政府常务会会议，听取公安部门关于禁毒工作及打击治理电信网络新型违法犯罪工作情况汇报，研究审议设立麻沙镇黄墩湾村村民委员会、2019年建盏产业发展情况调查工作方案、南平市建阳区人民政府安委会2020年工作要点、潭城街道北门片区土地开发利用方案、房管处公租房及直管公房资产划拨事项、建阳区2020年开展“四个年”活动实施方案、突出毒品问题整治方案、事业单位奖励事项有关规定等相关事项。

【第七次常务会会议】 2020年5月29日，区长魏敦盛主持召开区政府常务会会议，研究撤销南平市建阳区金洋矿业有限公司里曹萤石矿关闭决定、扫黑除恶专项斗争工作、建阳区加快培育重点产业集群发展八条措施等有关事项。

【第八次常务会会议】 2020年7月3日下午，区长魏敦盛主持召开区政府第八次常务会会议，审议加快数字经济发展若干措施，研究近期上级审计报告发现问题整改任务分解及落实情况、水吉镇经济发达镇适用政策、小湖镇下垅村拟新建地质灾害搬迁安置点（二期）、区城市管理局业务用房、争取上级资金正向激励考核暂行办法、财政专项资金管理办法、抗疫特别国债资金安排方案等相关事宜。

【第九次常务会会议】 2020年8月3日上午，区长魏敦盛主持召开区政府常务会会议，讨论研究申报建阳区部分行政区划调整的有关问题。

【第十次常务会会议】 2020年8月3日上午，区长魏敦盛主持召开区政府常务会会议，讨论研究居家和社区养老服务改革试点、潭山林下旅游项目、潭城街道北门教堂片区和童游街道鹭鸶路片区棚户区改造补偿资金、建筑垃圾和建筑垃圾运输车辆管理规定、2019年绩效管理考评结果和2020年绩效考评方案、进一步规范征地工作的实施意见、政府投资项目管理办法、划拨土地房屋出让转让补办土地出让金手续、加强建筑规划设计管理等相关问题。

【第十一次常务会会议】 2020年8月20日上午，区长魏敦盛主持召开区政府第十一次常务会会议，审议安全生产专项整治三年行动实施方案，研究下达2020年安全生产和消防工作目标责任、消防有关工作、审议残疾人联合会改革实施方案、贯彻落实中央生态环境保护督察报告整改方案、研究建阳城区生活垃圾分类处置、成立建阳区治安巡防大队水吉中队、追加2020年临时救助资金预算等相关事宜。

【第十二次常务会会议】 2020年8月31日上午，区长魏敦盛主持召开区政府第十二次常务会会议，审议全方位推动绿色高质量发展超越的决定、全方位推动绿色高质量发展超越行动计划，研究提高不动产登记中心专项业务费、乡村公厕建设资金补助，审议考亭水美城PPP项目提前终止合同协议书，研究连江县帮扶资金安排方案等相关事宜。

【第十三次常务会会议】 2020年10月12日上午，区长魏敦盛主持召开区政府第十三次常务会会议，听取2020年为民办实事项目工作进展，研究加快推进老年教育发展若干措施、实施书坊乡九年一贯制学校项目、城镇小区（绿欧璟园）配套幼儿园专项治理、工会及小东门片区房屋征收项目补偿安置方案、中国国际贸易促进委员会南平市建阳区委员会深化改革方案、提高机关事业单位人员安家补助费标准、招聘公共就业管理和保障服务管理岗位、新型冠状病毒肺炎疫情防控常态化下医疗机构正常运营保障工作等相关事宜。

【第十四次常务会会议】 2020年10月21日下午，区长魏敦盛主持召开区政府第十四次常务会会议，听取教育“两项督导”省级评估考核迎检工作情况汇报，研究钓鱼大赛、考亭旅游第二通道交通建设项目及考亭环湖栈道一期工程项目建设资金、西区生态城项目建设资金、清理一批规范性文件，听取“法治政府”建设等相关事宜。

【第十五次常务会会议】 2020年11月26日下午，区长魏敦盛主持召开区政府常务会会议，会议审议乡镇（街道）权责清单和水吉镇经济发达镇赋权事项清单，听取全区妇女儿童工作情况汇报，讨论研究离任村主干生活补助统筹发放的实施办法、建阳区海西花园公租房划转为南平市级公租房、开展集群注册登记管理工作、贯彻南平市促进平台经济发展行动方案、人居环境整治专项资金等有关事项。

【第十六次常务会会议】 2020年12月4日下午，区长魏敦盛主持召开区政府常务会会议，会议讨论研究建阳区2021年国民经济和社会发展计划报告，审议2021年政府工作报告、林业集团有限公司整合重组改革方案等有关事项。

外事 侨务

【海外侨务工作】 优化因公出国管理，确保建阳区因公出国的安全有序。为建阳第一医院医护人员及时办理手续，确保其随国家卫健委团队赴博茨瓦纳执行援医任务。同步做好“1＋X”因公出访专项督查。确保路线与审批相符，杜绝超期、公款旅游等问题发生。2020年，为武夷味精企业邀请加纳商务人员到公司，开展经贸洽谈、人文交流等工作。妥善安排加拿大中国经贸文化交流协会一行9人到建阳区考察建盏文化旅游街区、考亭书院等项目。组织邀请韩国等国家的朱子文化专家学者、朱子后裔、社会各界人士，参加朱子文化讲坛、朱子敬师礼、祭祀大典等文化活动，共同研究探讨考亭书院与朱子文化。进一步提升朱子文化在全国乃至世界的知名度和影响力。

【外事管理】 2020年，建阳区外事侨务办认真履行APEC（亚太经济合作组织）商务旅行卡的管理与服务职责，严格做好APEC商务旅行卡的办理和管理工作，对企业申请人员进行严格审查，严格按照上级要求管理APEC商务旅行卡，建立商务卡借还台账。深入了解企业的复产复工情况及企业需求。为龙泰竹家居、龙翔科技等10家民营企业的董事、高管申办APEC商务旅行卡。

【维护侨益】 2020年，建阳区外事侨务办成立区涉外联防联控指挥部，与公安、卫健等部门组成工作专班，参与数据组、机场转运组、口岸值守组等小组工作，形成一体化联勤联动工作机制。设立海外联络员，利用微信群等做好海外侨胞的答疑解惑，保障外籍人员配合抗击疫情。

信访工作

【概况】 2020年，全区信访总量1586件次，同比下降32.31%。其中：来信来邮网络信访1296件，同比下降24.47%，信访总量占比81.72%；来访290批766人次，同比分别下降53.75%和67.19%，信访总量占比18.28%。建阳区网上信访总量占比持续提升，在群众中逐步形成了“让数据多跑路、让群众少跑腿”的良好社会氛围，全区信访总量下降，信访整体秩序好转。

【领导接访规范有序】 坚持领导干部定期接待群众来访制度，2020年，建阳区级领导共接待群众来访210批次530人次，受理信访事项210件。充分发挥信访工作联席会议作用，探索完善发挥社会力量作用解决信访突出问题机制，每月15日均安排1名律师参与区主要领导接待群众来访工作。

【信访渠道持续拓宽】 2020年，全区开通接入福建省信访信息系统的乡镇（街道）、区直单位共82家，搭载“省长信箱”“人民网地方领导留言板”“建阳区人民政府门户网站‘网上信访’”等渠道，畅通群众网上信访渠道，让群众多渠道网上信访，减少来访数量，变“群众上访”为“群众上网”。2020年受理来信来邮等网上投诉件1296件次，占信访总量的81.72%，形成“信访网上投、事项网上办、结果网上评、问题网上督、形势网上判”的工作模式，网上信访已逐步成为信访主渠道。2020年，“12345”便民服务平台受理6163件，占南平全市的13.27%。建阳区“随手拍”平台受理4878件，占南平全市的10.61%。

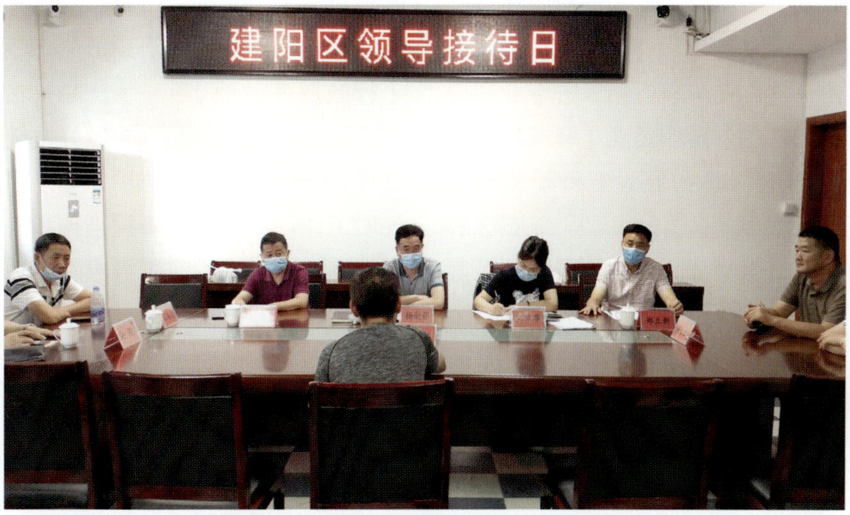

2020年，区委书记杨新强（右四）接待群众来访

【建立乡级信访联席会议机制】 深入贯彻落实习近平总书记关于加强和改进人民信访工作的重要思想，加强基层社会治理，推动信访工作重心下移、关口前移，构建信访联治、矛盾联调、工作联动的格局，打通服务群众的“第一站”和“最后一公里”，加强信访形势分析研判，依法及时就地解决群众合理诉求，推动矛盾化解在早、化解在小、化解在基层，在全区各乡镇（街道）探索建立乡级信访工作联席会议机制，2020年8月，全区13个乡镇（街道）完成乡级信访工作联席会议机制建立工作，设立乡级信访工作联席会议机构和任命总召集人、召集人，制定相关工作规则、工作任务和日常制度。乡级信访工作联席办场所设立在乡镇（街道）综治中心。建阳区乡级信访工作联席会议及联席会共召开会议51场，研究信访事项64件次，解决信访问题35件次。

【健全评查评理机制】 主动适应人民群众对高质量信访服务新需求，创新阳光信访新机制，在全区建立“一事一调解、一村一评理”制度的基础上，通过信访评查、信访评理，充分发挥第三方专业和公正力作用，辨明是非、释理析法、定分止争，立足基层和源头及时化解各类信访矛盾，提高依法解决信访事项的能力和效果，更好维护群众合法权益，提高政府公信力。2020年建阳区完成1个区级、13个乡级评查评理室、229个村级评理室建设，评查评理室建设达100%。全区共开展信访事项评理394件，化解390件，化解率达98.98%。

机关效能建设

【概况】 2020年，区政府办公室深入学习贯彻习近平新时代中国特色社会主义思想，全面贯彻中共十九大和十九届二中、三中、四中、五中全会精神。紧紧围绕省、市改革发展大局，在区委、区政府的坚强领导下，不断加强自身建设，持续提升服务质量。统筹抓好疫情防控和各项常规工作，充分发挥参谋助手作用，保障了区政府工作高效运转。

【机制创新工作】 将“机制创新”工作列入2020年度区直部门绩效管理工作方案中。对扎实推进经济社会发展，狠抓机关效能建设，取得明显成效的部门和单位予以正向激励，落实容错纠错机制，支持和鼓励各部门围绕中心任务，勇于担当、奋发有为，真抓实干、竞相发展，充分调动全区干部干事创业的积极性。

【行政服务效能】 （一）抗击疫情坚强有力。一是有力做好疫情防控。全面参与疫情防控领导小组各项工作，制定完善防控措施和应急预案。及时完成《积极应对疫情帮助中小企业共渡难关十条措施》《南平市建阳区新型冠状病毒感染肺炎疫情防控应急预案》等276份重要文件草拟及下发，确保抗疫指令零延误，抢占战疫主动权。全员参与疫情防控应急值守、大数据摸排、防护劝导等工作，累计处理排查数据八批次。二是有序推进复工复产。落实“六稳”“六保”政策措施，开展“六严六帮”行动，及时下发《关于积极应对疫情帮助中小企业共渡难关十条措施》，积极协调区直有关部门，帮助企业做好复产方案，指导企业做好疫情防控管理。建立区、乡、村三级联动机制，积极引导农民群众就近就地就业，实现企业用工本地化。协调有关部门在加强金融支持、减轻税费负担、降低运营成本、保障交通运输等方面予以扶持，鼓励全区中小企业坚定信心、渡过难关。三是稳健推进复商复市。制定下发《促进夜间经济发展行动方案》，协助区领导推动实施潭人街、赤岸片区夜市等22个、总投资27亿元的夜间经济项目，打造“潭人街”夜间经济示范街区，参与策划大型促消费活动7场，中小型促销活动30余次，繁荣发展夜间经济，促进经济恢复增长。

（二）金融环境安全稳定。积极承担区政府金融工作议事协调机构的工作职能，深化与人行、银保监及区直部门的沟通协作，强化监督指导，强化工作考评，协调推动属地金融风险防范处置和化解工作。一是化解企业及个人信贷风险。加大金融机构不良贷款化解力度，防范新的不良贷款发生，做好疫情复工达产相关工作，帮扶困难企业渡过难关。为企业协调办理还旧借新转贷业务6笔，合计金额3110万元，贷款展期业务7笔，合计金额4210万元。二是强化小微企业金融服务。大力推广“无还本续贷”，积极协调办理转续贷抵押登记，推动融桥融资担保机构积极开展业务。建立合理的银担风险共担机制和绩效评价制度，协调利用“过桥”转贷资金，全年为26家企业办理转贷业务61笔，转贷资金3.2亿元，有效控制了不良贷款率的上升势头。三是严密防范非法集资风险。建立健全风险监测预警和早期干预机制，完善风险防控机制。落实举报奖励办法，开展防范非法集资宣传月、非法集资风险排查、非法集资广告咨询信息排查清理等活动。大力宣传非法集资、涉众型金融犯罪的危害性，累计悬挂海报、展板、横幅1532条，发放传单、手册等宣传材料20余万份。四是关注类金融机构领域风险。推进类金融机构风险排查工作，落实《建阳区类金融机构风险排查和专项整治工作方案》，形成上下联动、齐抓共管、配合有力的类金融监管工作格局，累计开展联合检查11次，出动人员65人次，排查类金融机构70家次，并逐一登记造册，真正做到底数清、全覆盖、无遗漏。

【效能督查工作】 紧扣区政府重大决策部署，确立区政府常务会议、区长办公会、年初政府工作目标等决策性督查重点，坚持做到认真梳理、主动查办、跟踪问效，及时反馈各方面的工作动态，推动各项工作扎实开展，确保区委、区政府决策的贯彻落实。充分发挥组织协调作用，重点抓好分办、交办、督办、总结等各个环节工作，做到事事有结果，件件有回音，确保重大决策部署落实落细。全年共承办市政府“两单平台”的责任清单督办件69件，问题清单督办件13件，承办区政府领导批示信访件37件，承办国务院“互联网＋督查”平台留言清单6件，全部按要求及时办理反馈，及时率100%，办结率100%。2020年以来，下发督办单51件，刊发政务督查通报11期，跟踪落实区长交办重要工作清单20次。开展2017—2019年建阳区人大会议代表建议和议案办理情况“回头看”活动，确保2020年实现三年代表件全部清零。召开政协重点提案协商督办会，采取“现场视察＋专题协商会”联合办提案的形式，大大提升了提案办理成效。2020年跟踪督办南平市人大建议5件、政协提案7件，满意率均达100%。承办建阳区人大代表建议226件，议案1件，政协提案93件，满意率均达100%。

【绩效管理工作】 一是推进绩效考评。紧密衔接南平市绩效考评方案，紧扣区委、区政府中心工作、重点工作，在充分调研的基础上，科学设置区绩效考评指标体系，制定《南平市建阳区2020年度绩效管理工作方案》（潭委〔2020〕24号），对区直59个被考评单位实行分类考核，完善差别化考评指标体系。下发《2020年建阳区区直相关部门承担南平市绩效考核指标任务分解表》（潭效〔2020〕2号），将绩效考核指标任务分解至各相关单位。二是深化效能督查。2020年以来，开展机关作风督查5次。开展县（市、区）交叉察访1次。深入疫情防控领导小组成员单位和社区开展新冠肺炎疫情防控专项督查3次。聚焦重点项目推进、审批服务、营商环境等重点工作开展专项督查，提高审批服务效率，开展政务便民化联合抽查3次，“互联网＋监管”平台联合督查2次。开展各类会风会纪督查35次。开展信访接待日专项督查11次。围绕群众投诉反映强烈，影响建阳区营商环境的问题，开展直查快办。2020年以来，共受理企业群众各类来电、来访、来函投诉咨询类问题133件。三是严肃问责问效。针对省、市效能联合督查通报问题，区下发效能督查整改通知书11份。针对南平市大督查办发现的建阳区机关效能方面的问题，建阳区下发整改通报2份，通报问题3个，并督促问题及时整改。2020年以来，责成部门效能问责共13人次，其中，诫勉教育11人次，通报批评2人次，将问责情况与绩效考评、评先评优有机结合，切实增强问责的严肃性和威慑力。

行政服务

【概况】 2020年，建阳区行政服务中心管委会（以下简称“服务中心”）围绕区委、区政府的中心工作，全面贯彻落实中共十九大精神，深化“放管服”改革，围绕审批服务“一趟不用跑”和“最多跑一趟”目标要求，优化营商环境，构建更加高效、便捷、规范的政务服务环境。全年累计受理各类行政审批和服务事项47.24万件，日均办件1882件，承诺件当日办结19.36万件，承诺办结率99.92%。

【以党建引领政务服务再提升】 2020年，服务中心党支部持续开

2020年10月23日，建阳区政府区长魏敦盛（右二）到区行政服务中心调研

展创建“A级支部”活动和达标创星工作。严肃党的组织生活，认真执行支部“三会一课”、谈心谈话、党务公开、民主评议党员等基本制度。在职党员17人，上缴党费4057.20元。组织党员学习18次，参加现场活动16次，召开廉政警示教育专题党课1次、上党课3节，专题学习5次。在开展“业务大学习、能力大提升”和“四亮四比四评”党建活动中，评选出“党员服务之星”6名、“三星”党员（学习星党员、模范星党员、服务星党员）18名。10月底至11月底，配合第十轮区委巡察二组开展为期一个月的巡察工作。2020年7月，被区委组织部、区直机关党工委授予“五星党支部”称号；参与社区大党委共建。组织党员志愿者44人次，精心编排11个节目，走访住户90余户。开展疫情防控摸排工作。动员机关党员干部17人参与疫情摸排，组织8名党员干部到居住地所在社区报到，拨付七贤社区共建经费1.3万元。凝心聚力打赢脱贫攻坚战。开展“机关联乡村，党建促振兴”调研、主题党日活动4次，先后3次到麻沙七宝村、大白村进行乡村环境整治活动，走访慰问贫困户并送去慰问品，发放慰问金2700元。协调库区移民局帮助解决农田灌溉引水项目点、文化广场、幸福院等设施资金缺口问题，拨付七宝村、大白村帮扶资金各2.2万元，赠送3台空调、27张等候椅。走访交溪村开展精准扶贫活动6次，拨付帮扶资金2万元。

【中心日常精细化管理】 7月13日，服务中心由建阳区西区生态城搬迁至武夷新区，实行行政服务中心市、区一体化建设。新大厅按功能划分为户政婚登事务区、企业开办区、税务事务区、社会事务区、投资建设项目审批区、不动产登记区共六个综合受理区，完成区人社局分中心、不动产登记分中心、南平医保建阳管理部的整体窗口入驻，加上邮政快递、银行、水、电、气、电信等南平市的配套服务窗口，初步实现了“进一扇门，办全程事”的目标。中心管委会修订《窗口及工作人员效能建设考评细则》，实行每月一考评，每季度一汇总，做好窗口出勤考核和每季度“红旗窗口”“党员服务之星”评选工作。组织开展消防演练，增强市民与窗口工作人员的安全防范意识。撰写各类信息40余篇，在市级、区级党报党刊采用12篇，分别在中国经济网、东南网、大武夷新闻网各采用1篇。中心精简文件、会议数量，分别减少至去年的40%以内。通过加强日常督查和业务考评，加强对窗口首问责任、一次性告知、容缺受理等执行情况的监督检查，对审批服务工作中“不作为”“慢作为”“乱作为”及违反机关效能行为的个人进行问责，全年共处理投诉件6件，小纠纷若干件。工会组织集体活动1次，慰问工会会员2人。2020年3月，中心被省总工会评为“五一先锋号”；2020年10月，被区爱卫办授予“2020年度建阳区无烟单位”称号。

【打造优化营商环境助推政务服务】 全面推行“马上办、网上办、一次办”，实现全区1974项行政审批和公共服务事项中，63.3%的服务事项能实现“马上办”，98.7%的事项能实现“网上办”，网上申报率达47.6%，11.7%的事项实现“最多跑一趟”，86.7%的事项实现“一趟不用跑”，“全流程网办率”达到52.4%。疫情防控期间，服务中心大力推行“网上办、掌上办、邮寄办、预约办”服务模式，加强线上线下深度融合，减少跑腿次数。全力“护航”企业复工复产。制定出台《关于优化行政审批服务精准稳妥推动企业复产复工

2020年度党员服务之星

十六条措施》，梳理出涉及9个单位的87个事项236份“容缺”申报材料清单，简化11个单位的81个事项141份可调用、复用的共享材料，为企业复工复产和经济社会发展提供服务保障，确保“六稳”“六保”有效落实。中心紧抓搬迁契机，按照“应进必进”原则和国务院“一门、一网、一次”的要求，将与企业生产经营、群众生活密切相关的29个单位的1532项行政审批和公共服务事项全部纳入行政服务中心办理，实现100%入驻，并授权到位。同时加大智能化建设投入，更新取号机4台，配置了高拍仪19台、评价器76台，为全面实现网上办理提供了硬件支持。针对群众需求较大的不动产登记、公积金、交警、户政、婚登等业务，实行周末轮班办事服务，入驻以来，共为群众办理业务136156件。中心下沉服务同城办、就近办，在老城区设置2个办理点（出入境、司法局），开展出入境、法援、公证业务市、区同城通办、多点办理。购置“e政务”自助机6台，将公安、人社、医保、不动产、公积金、卫健等16个部门的55个高频事项集成于“e政务”自助机上进行自主申报、查询。设“e政务”便民服务站6个，并于12月1日正式启用。

【努力打造“放管服”改革升级版】服务中心推进多部门联办“一件事”改革，梳理出“我要开建盏店”“我要开电商店”“我要开茶叶店”“我要开服装店”等33个“一件事”套餐，把“一揽子事”变成“一件事”，让企业和群众只需要到一个窗口办事，纵深推进“最多跑一次”理念的实现。8—12月，服务中心“一件事”综合服务窗口已受理办结73件“一件事”套餐，平均用时为2个工作日，提速明显，比承诺办结时限缩短了70%以上，手续简化70%以上。“一件事一次办”做法先后在中国经济网、东南网、大武夷新闻网、《闽北日报》等媒体刊登，并在省审改办的内部刊物作为典型经验刊发。在新中心三楼三区设置企业开办综合受理区，将工商、食药监、公章刻制、银行开户、医保、社保、就业等集中设置，实现企业开办“一站式”，企业首次开办免费刻制公章一套三枚，公章刻制现场制作、立等可取。同时加大网办力度，线上全面启动企业开办全程网上办理平台，推进企业经营许可“证照同办”，打包成“套餐式”同步办理。经过精简压缩，个体工商户设立即来即办，个人独资企业、合伙企业、分公司、有限公司的设立和变更都已实现全程网办。公司设立登记与公章刻制实现“一窗受理”，照章同步出件，最快1天办结。全区1661项审批服务事项中平均承诺总时限由原来的压缩在法定时限的50%压缩到现在的15.15%；全类型即办件事项从原来的610项增加到1146项，占比由原来的25%提升到69%，行政许可即办件事项由原来的258项增加到628项，占比由原来的27%提升到68%，“一趟不用跑”占比由原来的60%提升到87%，“全流程网办”占比46%，网上可办率占比98.8%，实现审批时限全面提速。

【工程项目审批制度改革】中心管委会将项目审批窗口重新设置，分设为综合受理区和审核审批区，按照“一窗受理”服务规范实施细则，在发科局、自然资源局、住建局、交通局、水利局的前台实行“一窗受理”、联合收件，综合窗口负责咨询、代办和出件。部门之间不再互为前置，变串联审批为并联审批。每个阶段分别由发科、自然资源、住建一家牵头，开展协同联动，提高项目审批时效。例如，立项用地规划许可阶段，发科和自然资源并联审批；施工许可阶段的消防设计审核、人防设计审查、施工许可证核发三个环节由住建并联推进；联合验收阶段，由住建牵头相关部门实行联合验收。所有项目类别审批时限均压缩到65个工作日以内，具体为政府投资房屋建筑类65个工作日；政府投资线性工程类65个工作日；社会投资房建类60个工作日；小型社会投资类38个工作日；带方案出让土地类42个工作日；社会投资工业类建设项目51个工作日，审批时限压减50%以上。全年在工改系统上共完成436个项目的审批工作，其中（含子项目）实施并联审批247件，共完成25个含子项目联合验收，实行联合审图的项目数量25项，实行告知承诺制的事项数量2项。

【投资项目审批代办服务】 完善行政服务中心“投资项目审批服务代办窗口”的各项制度，增强工作力量，开辟“绿色通道”，为重点工程、重大项目提供项目全流程帮办、代办。同时加强与区重点项目办联系，针对2020年的27个前期项目，组织各审批部门提早介入，强化实时指导，随到随审。针对徐市经济开发区的项目，建立点对点的代办机制。截至10月，管委会共召开项目会商会6次，解决审批问题8个。

【公共资源交易】 8月17日，完成搬迁并与市公共资源交易中心共享硬件设施及办公场所，结合省上标准化验收机会，全面梳理各岗位职责10余项，明确岗位职责。制定出台《廉洁自律制度》《业务操作规程》《交易参与各方守则》等制度。积极推动“互联网＋”模式，所有开标环节均在网上进行，招标人或招标代理通过网上交易系统平台发布招标公告、制作电子投标文件，投标人网上递交投标文件、标书远程解密，评标专家通过电子评标系统进行评审工作，实现全过程电子留痕，招标备案“零跑腿”。先后取消工程招投标交易服务费、拍卖鉴证费、电子平台服务费等，每年为企业减少费用600多万元，实现投标过程零费用。全年共完成工程招投标交易项226个，预算金额17.29亿元，中标金额14.16亿元，节约资金2.84亿元。组织产权交易22场（其中，拍卖18场、土地矿产交易4场），成交金额12.86亿元。

【公共机构节能管理】 2020年，全区公共机构节能工作有序开展，通过开展公共机构节能示范单位创建、实施节能重点项目改造等工作，构建多层次、立体化、全覆盖的公共机构节能宣传体系，以全国性的“低碳体验日”“节能宣传周”“环境保护日”等活动为节点，开展主题宣传活动，引导全区人员践行绿色环保理念，实现市下达的人均综合能耗同比下降、单位建筑面积能耗同比下降、人均水耗同比下降等综合年度目标。严格做好能耗统计与监测，落实能耗统计报送制度。

【政府采购工作】 建阳区政府采购工作实行公开招标、询价采购、邀请谈判等多种形式，对区市行政事业单位办公设备、卫生部门专用医疗设备、教育部门教学设备、垃圾清扫服务等实施规范的政府采购。2020年，完成统一集中采购26批次，计划采购总金额81.5万元，实际采购金额351.68万元。

【公务接待】 疫情防控期间严格落实中央、省、市有关疫情防控各项措施，每日对接待定点酒店和宾馆涉及的房间、餐厅、会议室等进行消杀毒并配备相关消毒、防疫用品，用餐均采取分餐、自助或套餐等形式，并控制座位间距，有效避免用餐时交叉感染风险。同时严格落实中央八项规定及其实施细则精神和省实施办法，市、区实施意见及《南平市建阳区党政机关国内公务接待管理实施细则》，响应国务院号召，带头过紧日子，严格控制接待标准和接待范围，保质保量完成全年各项接待任务。2020年，接待到建阳区指导检查、调研、参观、考察的全国、省、市、兄弟县市领导及各地客商、参观团体等210余批次；成功承办纪念朱子890周年诞辰祭祀大典、第二届大武夷赶山节暨“鱼”你同乐美食嘉年华活动、首届茶文化节、首届“中国水仙茶研讨会”、中国旅游日福建分会场线上主题活动、“武夷山水·圣农杯”全国郊野钓鱼大赛等精彩纷呈的主题活动。

【公务用车管理和整改工作】 健全公务用车管理制度，制定出台《南平市建阳区人民政府办公室公车管理制度》，细化用车范围、车辆维修、车辆调度、驾驶员管理，并严格执行。委托第三方代理机构公开招投标，确定3家符合资质的汽车维修厂作为公务车辆定点维修机构。疫情期间严格落实交通出行工具防控各项措施，采取每趟次出行消杀制度，并做好隔离防护，共保障区领导及区直部门前往一线参与防控工作300余次。2020年全年日常及节假日公车定点停放及使用报备858例（定点停放报备227例，出行使用报备631例），其中节假日出行报备215例。规范处置使用年限长、存在安全隐患的公务用车29辆，其中拍卖11辆，报废18辆；更新公务用车20辆，其中一般公务用车8辆，执法执勤用车10辆，特种作业用车2辆。联合区纪委监委、交警大队“1＋X”联合督查组对节假日公务用车运行轨迹、定点停放进行抽查共计3次，抽查公务用车加油情况，涉及党政机关、事业单位、区属国有企业共计459例，基本实现抽查全覆盖，发现可疑加油记录6例。配合区纪委和效能督查对区林业系统公车使用情况及管理进行抽查，发现不规范共性与个性问题4例，并提出整改意见。

【后勤保障】 坚持量力而行，尽力而为，不断提高后勤服务水平和服务质量。竭诚为机关工作人员改善办公条件，提供良好的工作和生活环境。配合上级部门开展房屋安全隐患大排查大整治“百日攻坚”行动，成立百日攻坚专项行动领导小组，制定出台《南平市建阳区人民政府办公室房屋结构安全隐患大排查大整治“百日攻坚”专项行动方案》，及时摸排政府大院内各类房屋存在的安全隐患，请第三方机构对各类房屋进行安全隐患等级鉴定，对鉴定为危房的房屋及时进行拆除。不断提升区政府机关食堂的环境、餐品和服务模式，特别是疫情防控常态化形势下的食品卫生安全把关，每日定时定点消杀消毒，工作人员重点监控记录。不断创新菜品种类，人性化点餐取餐模式得到了广大机关干部的认可与好评，年底，区政府机关食堂餐承接率达90%，已基本满足登记用餐干部所有需求。

信息化工作

【政府信息公开】 落实“基层减负年”工作要求，严控文件印发数量和会议召开次数。加强文件拟定、核稿、签发、复核等各环节审核把关，制定50人以上会议上报区政府办备案审核机制。对印发的各类文件，按照政策性、规范性、时效性和程序性原则，从严把关，严格制发，切实增强指导性、针对性和可行性，2020年，共起草下发各类文件878份，处理省政府及南平市政府文件2700余份；承办各乡镇人民政府、街道办事处、区直各部门上报给区政府的请示、报告、呈阅件等165份；通知召开区政府各类会议217场次；办理领导批示件37件、信访件76件，有力保障政府工作有序运转。以推进行政权力公开透明运行为核心，以提升政务公开工作水平为重点，全面推进政府信息公开工作。围绕“六稳”、“六保”、优化营商环境、突发事件应对，加强政策发布解读和政务信息公开，以公开促落实、促规范、促服务，为实现2020年全区经济社会发展目标任务提供有力支撑。2020年主动公开政府文件273条，信息公开及时率100%，按时办理依申请公开政府信息12件，办结率100%。切实加强政府门户网站建设，及时更新网站内容，在政府门户网站“中国建阳”发布各类信息共7996条。

【政务协同办公系统】 2020年，持续应用政府机关办公自动化信息系统，提高政府各机关之间、机关内部各科室之间公文和信息交流效率。政务协同办公系统提供政府机关之间计算机网络之间信息交换和公文交流，建立高质量、高效率信息网络，为领导决策和无纸化办公提供服务，实现机关办公现代化、信息资源化、传输网络化和决策科学化。

政协建阳区委员会

综 述

2020年，政协建阳区委员会共征集到提案93件（包含重点提案5件），立案93件，截至12月，93件提案全部办结；召开常委会会议5次，党组会议9次，主席会议9次，向区委区政府提交专题协商调研报告3篇；邀请各民主党派和无党派人士参与专题协商会3场、重点提案协商会3场、各类视察调研活动12次；区政协委员为抗击新型冠状病毒肺炎疫情捐赠各类口罩18万余只、防护服210套、红外测温仪50支、牛奶500箱、方便面100箱等，捐赠的物资、资金合计300万元；全年接待区域外政协来建阳区开展各类调研活动15批，126人次；在长泉（南平）实业集团挂牌成立建阳区政协首家基层委员联系点；全年共收到社情民意信息38条，整理报送市政协38条，为推动实现“市区一体、绿色发展、产业强区、书香建阳”的奋斗目标贡献智慧和力量。

重要会议

【主席会议】 1月19日，区政协召开十四届十五次主席会议，会议学习传达省、市政协会议精神；议定关于春节期间慰问退休领导干部工作事宜；确定关于劳务派遣（临聘）人员奖金发放事宜；确定关于拨付挂点村人居环境整治工作经费的有关事宜。

2月18日，区政协召开十四届第十六次主席会议，会议传达贯彻建阳区新型冠状病毒防控工作领导小组会议精神；确定关于政协在疫情防控期间履行职责的有关事宜。

6月17日，吴少华主席主持召开区十四届政协第十七次主席会议，确定关于传达学习全国“两会”精神相关事宜；确定关于人事任免工作的相关事宜；确定关于区政协第十六次常委会的相关事宜；确定关于开展巡视整改专题民主生活会会前学习研讨的相关事宜。

6月24日，吴少华主席主持召开区十四届政协第十八次主席会议，确定关于理论学习相关事宜、关于区委巡察工作的相关事宜；确定关于撤销黄硕区政协第十四届委员职务的相关事宜；确定关于传达《中共南平市建阳区委办公室关于开展2019年度全面从严治党主体责任落实情况检查的通知》（潭委办〔2020〕37号）的相关事宜。

8月25日，吴少华主席主持

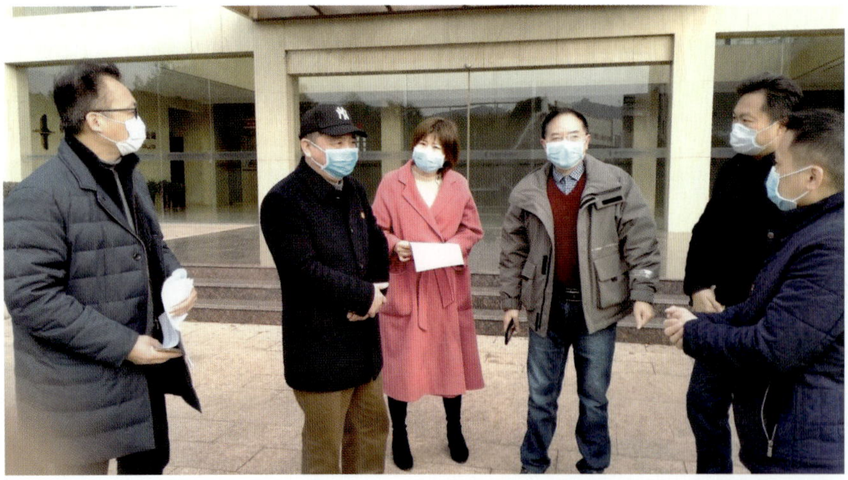

2020年2月19日，吴少华主席到福建武夷白鹭日用化工有限公司指导企业复工复产工作

召开区政协第十四届第十九次主席会议，确定关于学习贯彻习近平总书记在坚决制止餐饮浪费行为作出的重要指示精神；确定关于《血脉——龙战于野·黄道》一书编撰经费支付事宜。

11 月 2 日，吴少华主席主持召开区政协第十四届第二十次主席会议，专题传达学习中共十九届五中全会精神。

11 月 6 日，吴少华主席主持召开区政协第十四届第二十一次主席会议，专题学习研讨中共十九届五中全会精神。

11 月 25 日，吴少华主席主持召开区政协第十四届第二十二次主席会议，确定关于学习贯彻中共十九届五中全会精神有关事宜；确定关于审议三项制度规定的有关事宜；确定关于召开政协南平市建阳区委员会第十四届第五次全体会议有关事宜；确定关于人事工资的有关事宜；确定关于召开政协南平市建阳区委员会第十四届第十九次常委会会议有关事宜；确定关于中共十九届五中全会精神宣讲的有关事宜；确定关于落实“四联四促”机制有关事宜；确定关于成立基层委员联系点的有关事宜。

12 月 18 日，吴少华主席主持召开区政协第十四届第二十三次主席会议，确定关于政协第十四届南平市建阳区委员会第五次会议有关事宜；确定关于审议《中国人民政治协商会议第十四届南平市建阳区委员会常务委员会工作报告（征求意见稿）》等会议材料的有关事宜；确定关于召开政协南平市建阳区委员会第十四届第二十次常委会会议的有关事宜；确定关于审议通过《中国人民政治协商会议南平市建阳区委员会提案办理协商办法（草案）》的有关事宜；确定关于人事工作的有关事宜。

【常委会会议】

6 月 17 日，区政协召开第十四届第十六次常委会会议，会议由区政协党组书记、主席吴少华主持，副主席陈宗财、李家回、沈嘉荣、黄辉，秘书长谢道华和区政协常委出席会议。区政协部分委室负责人列席会议。会议学习传达全国“两会”精神相关事宜；传达《中共南平市建阳区委办公室 南平市建阳区人民政府办公室关于印发〈南平市建阳区部分行政区划调整工作方案〉的通知》文件精神的相关事宜；审议通过《政协第十四届南平市建阳区委员会辞去委员名单（草案）》的相关事宜；审议通过《关于邹光祥等同志职务任免的通知》的相关事宜；审议通过了《建阳区政协常委会 2020 年工作要点》；确定关于征求对中共南平市建阳区政协党组领导班子及成员意见建议的相关事宜。

8 月 7 日，区政协召开第十四届第十七次常委会会议，会议由区政协副主席李家回主持，主席吴少华，副主席黄辉，秘书长谢道华和区政协常委出席会议。区政协不是常委的委室主任列席会议。会议传达习近平在全国宣传思想工作会议上的讲话精神。会议审议《南平市建阳区人民政府关于征求部分行政区划调整意见建议的函》（潭政函〔2020〕46 号）；会议表决通过有关人事任免的相关事宜；会议审议通过《中国人民政治协商会议第十四届南平市建阳区委员会辞去副主席职务名单（草案）》的相关事宜；会议审议通过《中国人民政治协商会议第十四届南平市建阳区委员会撤销委员资格名单（草案）》的相关事宜。

10 月 16 日，政协召开第十四届第十八次常委会会议。会议由黄辉副主席主持，会议听取关于开展“加大招商引资力度，推进建阳经

2020 年 1 月 19 日，中国人民政治协商会议第十四届南平市建阳区委员会十五次会议在区政府小礼堂召开

济开发区建设”课题的专题协商的有关事宜；会议学习《习近平谈治国理政》第三卷“把人民政协制度坚持好，把人民政协事业发展好”。

12月1日，建阳区政协召开第十四届第十九次常委会，会议由区政协主席吴少华主持，会议听取关于开展“狠抓人居环境整治，打造宜居宜业环境”专题协商的有关事宜；会议学习《中国共产党第十九届中央委员会第五次全体会议公报》；会议审议通过《中国人民政治协商会议第十四届南平市建阳区委员会关于建阳区政协委员履职考核办法（草案）》。

12月22日，政协召开第十四届第二十次常委会会议，会议听取了关于开展“推进社区建设、提升城市社区综合服务水平”专题协商的有关事宜；会议审议通过了关于召开中国人民政治协商会议第十四届南平市建阳区委员会第五次会议有关事宜。

【党组会议】

1月19日，吴少华主席主持召开中共南平市建阳区政协党组会议，会议学习《习近平在厦门——采访实录汇编》第一篇和第二篇；讨论年度考核优秀等次、“不忘初心、牢记使命”主题教育总结会议、关于做好2019年度党的领导干部述责述廉述法工作等有关事宜。

2月27日，吴少华主席主持召开中共南平市建阳区政协党组会议，会议学习习近平总书记在统筹推进新型冠状病毒肺炎疫情防控和经济社会发展工作部署会议上的讲话和《习近平在厦门》第三篇和第四篇等有关内容；审议通过《中共南平市建阳区政协党组工作规则（试行）》；讨论决定机关临聘人员聘用事宜（陈安休产假、陈子川暂替）以及通过《中共南平市建阳区政协党组落实意识形态工作责任制的工作方案》和部署2020年意识形态工作落实、强调政治理论学习。

6月10日，吴少华主席主持召开中共南平市建阳区政协党组会议，会议讨论决定了关于省委巡视整改、机关党建、党风廉政建设、综治平安和精神文明建设等工作，开展学习领会中央纪委十九届四次全会、省纪委十届五次全会、市纪委五届五次全会讲话精神的研讨，并组织党组成员进行意识形态专题学习。

6月19日，吴少华主席主持召开省委巡视整改专题民主生活会，组织部和驻政协机关纪检组有关同志列席会议。

7月8日，吴少华主席主持召开省委巡视整改专题民主生活会，学习了《习近平在福建》第三篇和第四篇、《中国共产党宣传工作条例》、中共中央办公厅印发《党委（党组）全面从严治党主体责任落实规定》；开展了《党的十九大以来查处违纪违法党员干部案件警示录》之《丢掉“压舱石”走上倾覆路》警示教育；并就2019年度绩效考核工作情况听取秘书长汇报；学习讨论了《中共中央办公厅 国务院办公厅印发〈关于设立统一规范的国家生态文明试验区的意见〉及〈国家生态文明试验区（福建）实施方案〉》；最后审议通过《建阳区政协事业单位工作人员奖励规定实施方案》。

8月25日，吴少华主席主持召开中共南平市建阳区政协党组会议，会议认真学习《习近平谈治国理政》第三卷；会议组织学习贯彻《领导干部报告个人有关事项规定》和《领导干部个人有关事项报告查核结果处理办法》；会议传达学习习近平总书记2020年6月29日在中央政治局第二十一次集体学习时的重要讲话精神；会议再次传达《建阳区关于2019年度省委全面从严治党主体责任落实情况检查发现问题整改责任清单》要求；会议审议并原则通过《中共南平市建阳区政协党组关于落实全面从严治党主体责任清单（征求意见稿）》；会议听取蔡伟同志关于注销建阳区考亭文学书画研究院和成立建阳区政协书画院的有关情况说明；会议议定关于人事工作的相关事宜。

10月20日，吴少华主席主持召开中共南平市建阳区政协党组（扩大）会议，会议通报学习了省纪委监委给予武勇开除党籍和公职处分决定；会议组织学习贯彻习近平总书记在2020年秋季学期中央党校（国家行政学院）中青年干部开班式上的重要讲话精神；会议传达学习《关于进一步规范股级干部任免的工作意见》（潭委组〔2015〕干字68号）、《关于规范新（提）任股级干部任职有关要求的通知》（潭委组发〔2018〕32号）文件精神；会议组织重点学习了《中华人民共和国公职人员政务处分法》第三章关于违法行为及其适用的政务处分；会议审议并原则通过《南平市建阳区政协办公室关于区委巡察一组巡察反馈问题的整改方案（征求意见稿）》。

10月20日，吴少华主席主持召开中共南平市建阳区政协党组会议，开展主题为“切实扛起政治责任 做好政协系统意识形态工作”的意识形态专题学习。

12月18日，区政协党组书记、主席吴少华主持召开中共南平市建阳区政协党组会议，会议认真组织学习了《党的十九届五中全会〈建议〉学习辅导百问》“到2035年基本实现社会主义现代化远景目标”的相关内容；会议确定了关于党建工作的相关事宜；会议确定了关于意识形态工作的相关事宜。

主要工作

【在政治建设上作表率】 2020年，政协建阳区委员会主动加强与区委区政府工作的有效衔接，向区委常委会报告区政协党组工作要点和工作计划，报告政协年度专题协商计划，报告全会准备情况，做到重要工作主动报告、重大事项及时请示、重要议题充分沟通。邀请党政领导参加政协专题协商、重点视察、重要调研活动，做到政协的一切工作都在区委的领导下开展，一切重要活动都围绕党政中心任务进行。

一年来区政协共召开常委会会议5次、党组会议9次、主席会议12次，向区委区政府提交专题协商报告3篇，较好地完成全年5方面14项任务，充分发挥了服务大局、建言献策、协调关系、凝聚共识的作用。

疫情之下，区政协党组按照区委统筹安排，主动作为，担当尽责，积极发动政协力量。发出《致委员的一封信》，倡议广大政协委员发挥智力和资源优势，在区委的领导下，同心协力做好建阳区的疫情防控工作。据统计，区政协委员为抗击新型冠状病毒肺炎疫情捐赠各类口罩18万只、防护服210套、红外测温仪50支、牛奶500箱、方便面100箱等，捐赠的物资、资金合计300余万元。

【政治协商工作】 2020年，政协建阳区委员会自觉把政协工作放到全区发展大局中去谋划和部署，始终围绕党政中心，聚焦工作大局，不断提高建言资政水平，努力为推动建阳绿色发展高质量发展落实赶超提供助力。

围绕建阳区推进“项目建设攻坚年”“招商突破年”等活动，以“加大招商引资力度、推进经济开发区建设”为题，组织委员深入飞力士现代物流产业园、青华科技产业园、建阳经济开发区和武夷白鹭日用化工有限公司等地开展调研，同时赴宁德、三明“取经”。就招商理念、招商质量、招商方式、投资环境、园区建设和资源要素等方面提出意见建议，经充分协商最终形成报告，呈送区委区政府。

按照“产业兴旺、生态宜居、乡风文明、治理有效、生活富裕”总要求，聚焦持续推进农村环境综合整治。围绕“狠抓人居环境整治、打造宜居宜业环境”课题，组织政协委员深入乡镇（街道）和村庄开展调研，了解建阳区农村人居环境整治情况，并借鉴浙江省的先进经验和做法。在专题协商中，提出“提高思想认识，增强工作动力”“加大财政投入，引进产业支撑”“营造良好氛围，促进乡风文明”“建立考核机制，健全规章制度”等方面对策建议，供区委区政府作为决策参考。

组织开展“推进社区建设、提升社区综合服务水平”的专题调研。课题组采取集体调研与个人调研、外出考察学习与进社区走访调查、听取情况通报与查阅相关文件“三结合”的方式，摸清区社区建设存在的问题，结合下沉调研和前往广州市考察学习的成果，在区政协常委会会议上进行专题协商，积极为建阳区推进治理体系和治理能力现代化建设出谋献策。

【民主监督工作】 2020年，政协建阳区委员会始终秉持为民情怀，切实把人民群众对美好生活的向往作为奋斗目标，聚焦民生关切，关注民生改善，践行人民政协为人民的初心使命。

从“小切口”入手，聚焦民生精准发力。从“解决安全警示标志牌及减速带安装事项”到“加强停车场规划建设管理、缓解‘停车难’”，从“加强校园周边环境安全治理”到“加强小学生校外‘托管’管理”，委员们的提案真正做到想群众之所想，急群众之所急。在《关于建阳三中至易居酒店路段治理的建议》督办协商过程中，区政协组织提案委员、民意代表与有关部门进行交流协商，协商成果以呈阅件的形式报送区委、区政府，并得到区委主要领导批示，区政府迅速组织召开关于研究解决建阳三中至易居酒店路段安全隐患的专题会议，以专题会议纪要的形式推进协商成果转化。2020年，区政协共收集

2020 年 11 月 13 日，区政协副主席黄辉（左一）在绍兴市越城区考察人居环境整治工作

各类提案 93 件，立案 93 件，确定重点提案 5 件，立案率达 100%。截至 12 月，93 件提案全部办结，满意率达 100%。

始终把畅通渠道作为做好反映社情民意信息工作的关键。畅通委员微信群、电子邮箱、QQ 平台等经常性反映社情民意信息的途径和渠道，提高征集速度和工作效率。主动出击，结合政协全会、常委会议和视察调研等履职活动的开展，拓宽集中征集社情民意信息的渠道。2020 年共收集和上报各类社情民意信息 38 件，其中《新冠肺炎对农村实现全面脱贫的影响分析及政策建议》被全国政协每日社情采用，《疫情防控应力戒形式主义》的社情民意信息得到南平市委主要领导批示。

【参政议政工作】 2020 年，政协建阳区委员会支持各民主党派和无党派人士在政协参与区委区政府重大决策部署的讨论协商，一年来邀请各民主党派和无党派人士参与专题协商会 3 场、重点提案协商会 3 场、各类视察调研活动 12 次。尊重和保障各民主党派和无党派人士开展视察、提出提案、反映社情民意信息以及参与调查研究的权利。在立案的 93 件提案中，民盟“关于打造考亭精致水美城、促进‘产城文旅’发展的建议”和“关于加快推进‘健共体’建设的建议”被列为年度重点提案，由区党政领导领办。

【团结联谊工作】 2020 年，政协建阳区委员会不断探索创新团结联谊方式方法，持续增进感情，加强思想沟通。把“春天走访委员”活动与有序推进企业复工复产工作相结合，积极走访企业委员，调研复工复产情况，主动对接信用联社等有关部门，帮助企业解决贷款授信额度和新上项目消毒产品许可证等问题。创新文化交流平台，组织开展“翰墨凝心同抗疫，丹青聚力祈康宁”的网络书画展，以书法、绘画、篆刻等作品形式，讴歌日常防疫中的感人故事，致敬抗疫一线工作人员。

协助省政协在建阳区开展“加强生态文明建设中的法律服务”“加强基层三保”“加强小水电站治理 改善水生态环境”等课题调研。参与市政协组织的“发展夜间经济，激活城市潜能”“提倡健康生活方式，推进全民健康战略”以及“抓住历史机遇，倾力打造闽北物流集散中心”等课题调研。主动发挥乡镇（街道）政协联络组促进基层和谐稳定作用，做好理顺情绪、化解矛盾、凝聚人心、维护稳定等工作，为促进乡镇（街道）经济健康发展、社会和谐稳定凝聚正能量。全年共接待区域外政协来建阳区开展各类调研活动 15 批，126 人次。

【自身建设工作】 2020 年，政协建阳区委员会深入学习贯彻习近平总书记关于加强和改进人民政协工作的重要思想，立足“两支队伍”建设，练好内功、树好形象，努力推动新时代政协工作高质量发展。以落实区委巡察整改工作为抓手，对巡察组反馈的三方面 13 项 30 个问题，进行全面梳理和深刻剖析。制定了详细的整改方案，通过进一步落实主体责任、明确整改任务和划定整改时限，强化整改措施落地落实。召开专题组织生活会，做到主动认领问题，剖析不遮不掩，谈整改不虚不空，开展批评和自我批评深刻到位，确保了专题组织生活会达到预期目标。同时，在补短板、堵漏洞、强弱项上持续发力，更新制定《南平市建阳区政协机关行政管理若干规定》，深化机关效能建设，提高机关履职服务水平。

纪检 监察

重要会议

【区纪委全会】 2020年1月21日下午，建阳区召开区纪委十三届五次全会，认真落实十九届中央纪委四次全会、省纪委十届五次全会、市纪委五届五次全会和区委十三届八次、九次全会部署。回顾2019年纪检监察工作，研究部署2020年纪检监察任务。全区纪检监察机构忠实履行党章和宪法赋予的职责，扎实开展“不忘初心、牢记使命”主题教育，一以贯之学习贯彻习近平新时代中国特色社会主义思想，一以贯之督促党员、干部自觉做到“两个维护”，一以贯之贯彻落实全面从严治党方针和要求，坚持稳中求进，依规依纪依法，以改革创新精神推动全区纪检监察工作高质量发展。

【纪检监察工作座谈会】 2020年8月14日，建阳区纪委监委召开全区纪检监察系统半年工作座谈会，各乡镇（街道）纪（工）委书记，各派驻纪检监察组组长，区委巡察办主任、副主任，区委巡察一组、二组、三组组长以及机关各部室负责人参加会议。

落实“两个责任”

【压力传导】 2020年，建阳区纪委监委紧紧牵住主体责任这个“牛鼻子”，一级抓一级、层层抓落实。细化“两个责任”清单，层层压实责任。协助区委做好落实2019年度省委全面从严治党主体责任情况检查反馈问题整改，对照责任清单，将需要整改的10个问题细化分解，逐个明确牵头整改责任单位，推动反馈问题整改和问责工作。协助区委对将口、莒口等5个乡镇（街道）和区自然资源局等3个区直单位党委（党组）开展2019年度主体责任落实情况检查，精准发现问题，督促整改到位。

【抓好问责】 认真贯彻落实修订后的《中国共产党问责条例》，依规依纪严肃问责、规范问责、精准问责、慎重问责，从程序上有效避免问责不力和问责泛化、简单化问题。2020年，共问责党的领导干部6人，免职1人。

开展反腐败斗争

【信访举报】 2020年，共受理群众信访举报437件次，其中检举控告类354件次，业务类79件次，批评建议2件次，无实质内容的信访举报2件次。不断深化“四访”活动，坚持实行领导带班和全员接访制度，共参与接访218人次，接待群众来访112批166人次；解决群众痛点难点，推动职能部门解决群众反映问题137件。

【惩治腐败】 2020年，全区共处置问题线索523件，其中开展谈话函询63件，初步核实320件，暂存待查2件，予以了结138件。共立案95件99人，其中自办案件47件51人，乡科级案件12件12人，贪污贿赂案件3件3人，处分117人。

【四种形态】 2020年，运用“四种形态”（第一种：党内关系要正常化，批评和自我批评要经常开展，让咬耳扯袖、红脸出汗成为常态。第二种：党纪轻处分和组织处理要成为大多数。第三种：对严重违纪的重处分、作出重大职务调整应当是少数。第四种：严重违纪涉嫌违法立案审查的只能是极少数），批评教育帮助和处理 539 人次。其中，第一种形态 423 件，占比 78.48%；第二种形态 68 件，占比 12.62%；第三种形态 22 件，占比 4.08%；第四种形态 26 件，占比 4.82%。

全面推进作风建设

【正风肃纪】 立足“监督的再监督”，回应群众关切，注重合力监督提质增效。2020 年，查处违反中央八项规定精神问题 32 件 47 人，处分 12 人；监督保障疫情防控与经济社会发展，共通报批评基层组织 2 个，处分 8 人，免职 1 人；查处扶贫领域腐败和作风问题 9 件 12 人，处分 3 人；查处涉黑涉恶腐败和“保护伞”48 件 56 人，处分 37 人，移送检察机关 3 人；查处民生领域突出问题 27 件 37 人，处分 32 人，移送检察机关 3 人；查处移风易俗违规违纪问题 11 件 11 人，处分 1 人。

【通报曝光】 2020 年，通报违反中央八项规定精神问题典型案例 2 期 4 起，扶贫领域腐败和作风问题典型案例 2 期 3 起，民生领域突出问题典型案例 2 期 4 起。

【队伍建设】 以支部学习、主题党日、党课、周五讲坛等方式，组织学习习近平系列采访实录、《习近平谈治国理政》第三卷。紧盯纪检监察干部严格遵守政治纪律和政治规矩、履职尽责以及八小时外生活圈、交际圈等方面开展明察暗访。2020 年，开展监督检查 165 次，下发整改通知书 55 份，提出整改建议 200 余条。着重对 61 名“三新一临”干部就思想动态、履职尽责以及纪律规矩方面进行再提醒。建立干部负面信息库，对干部存在的问题分类提出处置意见，靶向监督执纪问责，严防“灯下黑”。

巡视巡察工作

【建立协作机制】 制定出台建阳区巡察机构与区纪委监委、组织、宣传、信访等部门的协作机制，有力提升巡察质效，用规章制度夯实巡察工作基础。采用“巡审联动”工作新模式，巡察组与审计组同时进驻、同步开展工作，积极会商协

2020 年 1 月 21 日，建阳区召开区纪委十三届五次全会

2020 年 8 月 14 日，建阳区召开纪检监察系统半年工作座谈会

2020年6月13日，南平市建阳区纪委监委举办第33期“周五讲坛”

作，信息互通共享，实现工作和业务互补，发挥审计监督和巡察监督叠加效应，提高发现问题的精准度。

【发挥巡察利剑作用】 2020年，建阳区共开展3轮5批次巡察，共反馈问题777个，移交问题线索32条，已实现十三届区委常规巡察全覆盖。

巡视 监察

【概况】 2020年，建阳区委巡察工作在区委、区政府的正确领导下，全面贯彻落实习近平总书记关于巡视工作重要论述，深入学习贯彻中共十九届五中全会精神及省委十届十一次全会、市委五届十一次全会、区委十三届十一次全会、区纪委十三届六次全会部署要求。坚持稳中求进工作总基调，围绕中心、服务大局，全面贯彻巡视工作方针，准确把握进入新发展阶段、贯彻新发展理念、构建新发展格局对巡察的新要求，把督促增强“四个意识”、坚定“四个自信”、做到“两个维护”作为根本任务。严格执行《中国共产党巡视工作条例》《关于市县党委建立巡察制度的意见》，充分发挥巡视巡察标本兼治的战略作用，推动全区全面从严治党向纵深发展。区委巡察办向区委和区委巡察工作领导小组负责并报告工作，受市委巡察工作领导小组办公室领导和指导，并根据上级决策部署，开展全区巡察工作。

【夯实主体责任，实现巡察全覆盖】区委严格落实“区委书记是巡察工作的第一责任人”要求，扎实开展巡察工作。区委“五人小组”会听取巡察工作情况汇报2次，区委常委会先后学习、研究巡察工作5次；区委书记点人点事点问题，提出明确处置意见，并对巡察成果的运用提出明确要求。2020年以来，建阳区开展3轮5批次巡察，全面完成十三届区委任期内对所管理的地方、部门、企事业单位党组织常规巡察全覆盖。

【形成监督合力，打好“组合拳”】一是建立健全协调机制。2020年8月，区委分别出台建阳区巡察机构与区纪委监委、区委组织部、区委宣传部、区信访局、区审计局等部门的协作机制文件，有力提升巡察质效，夯实巡察制度基础。建阳区与各部门“六贯通一应用”的经验做法，在2020年第5期《福建省巡视巡察参考》上刊发。二是做好“五反馈”“四协审”。每轮巡察意见除向被巡察单位反馈外，巡察办还及时将反馈意见分送纪委监委、组织部门和派驻纪检监察组负责人，并将有关情况通报同级党委、政府有关分、挂点领导；由区委巡察办、组，区委组织部（区直机关党工委）、区委宣传部分别就巡察整改整体情况以及选人用人、意识形态方面问题整改情况、巡察整改进展情况报告格式等方面进行协审，高标准严要求把握整改尺度。

【发挥支部堡垒和党员先锋模范作用】 建阳区委巡察办作为区纪委第四党支部，始终坚持学在前、走在前，支部党员先后参与或代表区纪委党总支参加区直机关党工委组织的比赛，取得优异的成绩。区纪委党总支在2020年区直机关党工委组织的“双强双比·业务大学习能力大提升”党建知识竞赛中获得三人团体赛第一名，其中翁昌平、雷黎明为参赛队员；王晓芳在区直机关党工委和区文明办组织的建阳区“不文明行为大家谈”演讲比赛中获得三等奖。

民盟建阳区委会

【思想建设】 一是加强理论建设。盟区委坚持以思想建设为基础，抓住重要的时间节点，紧跟中国共产党前进的步伐，及时发放学习材料，带领全体盟员不断加强自身建设。及时组织学习中央会议精神，注重联系建阳实际和民盟工作实践，通过报告会、座谈会、听取讲座、参观考察、自主学习等形式，组织广大盟员认真学习贯彻落实全国“两会”精神，习近平总书记对福建工作的一系列重要讲话重要指示批示精神；学习《中国共产党统一战线工作条例（试行）》《关于政协反映社情民意信息报送有关事项的提示》《全国政协反映社情民意信息来稿标准》；学习传达了民盟南平市五届十次常委（扩大）会议精神，尤其是认真学习了《中国民主同盟组织发展条例》《民盟组织发展重点分工领域解释（试行）》《组织发展工作答疑》等文件精神。二是进行专题学习。为更好地宣传十九届五中全会精神，民盟南平市委会主委、市体育局局长杨志平以“深入学习贯彻中共十九届五中全会精神，以新担当新作为更好地为富美新南平服务”为主题，向广大盟员宣讲中共十九届五中全会精神。民盟建阳区委会主委、区人大常委会副主任张晓虹以“深入学习贯彻中共十九届五中全会精神，助力乡村振兴，推动建阳区农业农村现代化”为主题，重点阐述了乡村振兴的重要性，并希望广大盟员立足岗位工作，加快农业产业现代化，助力乡村全面振兴。派出范子凤参加2020年民盟福建省社会主义学院举办的骨干盟员培训班培训。通过系列学习使广大盟员增强“四个意识”、坚定“四个自信”、做到“两个维护”，不忘入盟初心，做到信念过硬、政治过硬、责任过硬、能力过硬、作风过硬。三是做细宣传工作。加强信息宣传工作，广泛宣传各类盟务活动、优秀人物、先进事迹，对树立民盟形象，扩大社会影响产生了积极的作用。“疫情防控盟员在行动”信息被福建省委统战信息和《闽北日报》采用。同时，为更好地促进交流学习，2020年为各支部征订民盟中央机关刊物、统战系统主流媒体《群言》，进一步加强思想宣传理论工作。

【参政议政】 2020年，民盟建阳区委会高度重视提案、议案工作，将政协提案工作和大会发言作为民盟履行民主监督和参政议政职能的重要工作，紧紧围绕党委、政府的中心工作和群众普遍关心的热点、难点问题，加强调查研究，进企业、下乡村、走机关、入学校等，努力提高盟区委在政协会议上的大会发言和团体提案的质量，推动提案工作的健康发展。该届区委会充分发挥各界人才优势，向南平市建阳区政协十四届四次会议大会提交团体提案2篇，个人提案6篇，内容涉及教育、乡村振兴、环境、市区一体化发展等当下建阳区发展的热点、难点问题，为建阳区发展积极建言献策。其中《打造精致水美城，促“产城文旅”融合发展》《加快推进“健共体”建设，实现市区一体化发展》两篇团体提案被评为重点提案，且被省政协采用。一年来，积极向各级有关部门报送《关于进一步优化福建省物流集散中心布局的建议》《实施生活垃圾分类处理营造生态宜居美丽福建》等建言献策信息6篇，其中范子凤副主委撰写的《新冠肺炎对全面脱贫稳定脱贫的影响及建议》信息被全国政协每日社情采用，《力戒形式主义》被市委书记袁毅批示。

次，职工“大学习”课堂1场次，工会干部“大学习”学堂25场次，劳模进企业、进园区、进车间、进班组“大学习”巡讲活动3场次并组织区级以上劳模体检，给予省（部）级以上劳模医疗补助15人次，补助金额4.27元；上报省（部）级困难劳模生活补助9人，特殊困难帮扶1人，南平市劳模困难补助2人；组织各级劳模参加省总和南平市总疗休养活动。并推动劳模子女享受优先入学待遇的贯彻落实。2020年共有8名区级以上（含区级）劳模子女享受到城区中小学优先择校入学待遇，其中小学3名，中学5名。疫情期间号召全区110名各级劳模向区红十字会爱心捐款2.1万元，营造“学习劳模、尊重劳模、崇尚劳模、争当劳模”的浓厚氛围，大力宣传劳模事迹，大力弘扬无私奉献精神，充分发挥劳模的示范引领作用。

【关爱女工】 2020年，建阳区总工会重视女职工权益。投入经费17万元，在全区范围建设了19个“妈妈小屋”，其中汽车站“妈妈小屋”获评全省“我最喜爱的妈妈小屋”荣誉称号。并投入经费在南平市建阳第一医院等3家医院建设3个医生休息室；“三八”国际妇女节期间，慰问238名奋战在防疫一线的女环卫工，送上价值1.5万元的牛奶等营养品。筹集资金5万元，在建阳妇幼保健院新建一家“医生休息室”。进一步做好女职工特别关爱行动，慰问3名援鄂医护人员子女和2名单亲困难女职工子女，发放慰问金0.25万元。筹集资金0.75万元，为15名家政服务人员和商场信息员开展免费健康体检。分别于9月16日下午和10月27日下午，深入区环卫处、区发电有限责任公司开展题为《当一名快乐、敬业的环卫守护者》和《运用心理学知识　奔向幸福生活》的心理健康知识讲座。区一线环卫道路清扫保洁员、垃圾清运驾驶员、区发电有限责任公司女干部职工、区总工会女干部职工等共111名职工（其中女职工89名）参加了讲座。

【荣获表彰】 2020年，推荐评选全国劳动模范1名、福建省五一劳动奖章1名、南平市劳动模范8名、福建省五一劳动奖状1个、福建省工人先锋号1个；2020年上半年建阳区总工会信息采稿得分位列全市总工会第二名，其中3篇信息被全国总工会采用，3篇信息被福建省总工会采用。报送建阳区委办《建阳信息》采用正稿2篇、简讯2条。

共青团南平市建阳区委员会

【概况】 2020年，建阳团区委有383个团支部，团员共6700人。团区委于2017年11月2日召开共青团南平市建阳区委第十九次代表大会，推选团代表132名，选举产生共青团建阳区第十九届委员44名、常委会组成人员9名，其中基层一线青年代表比例不低于80%、60%、30%。把各领域青年中的优秀代表吸纳进团组织体系，增强群众性、广泛性和代表性。团区委对机关职能和机构设置进行改革，团区委机关原有办公室、组织与宣传部、学校与少年部3个部室，2018年改革后，团区委机关调整为组织与宣传部、青年发展部、学校与少年部3个部室。

【青少年思想道德建设】 2020年，建阳团区委紧抓思想引领和成长服务两大战略任务，不断完善思想政治引领。一是培育社会主义核心价值观，结合重大纪念日和重要时间节点开展党史国情、革命传统、经典国学等主题教育实践活动；扎实推进青年马克思主义培养工程，深入学校开展“青马之光”主题宣讲活动，提升学生政治意识和团员意识。二是加强共青团宣传阵地建设，推进“网上共青团”建设，运用网络新媒体开展学习培训，将青年大学习网上主题团课学习打造成常态化学习形式，督促全区团员参与学习，将学习情况列为评先评优参考标准。5月，对一中194名青年大学习学习积分达标的团员学生进行奖励，赠送印有团属标志的笔记本，对团员学习起到一定激励作用。三是结合“业务大学习　能力大提升”活动，通过“学习强国”“智慧团建·青年大学习”等平台的开展充分发动机关、企事业单位、学校、乡镇、行业等各领域团组织，组织团员青年参与到学习中来。四是开展各类主题团日、少先队活动，将青年紧紧地围绕在团组织周围。结合文明城市创建，开展“文明行为大讨论”主题团队课活动，策划主办“大手拉小手绿色出行齐步走”少先队主题活动，开展“红领巾小卫士”“小小禁毒志愿者”等主题少先队队课活动，活动信息获得福建共青团、共青团中央等团属新媒体转载。

【青少年网络文化建设】 2020年，建阳团区委以建设立足青少年的全媒体引导平台为抓手，在不断完善主题QQ、飞信、微信群等媒体基础上，发挥团区委官方微博微信公众平台的作用，在团区委官方微博发起情暖冬日、青春自护·假期安全等活动。覆盖近万人次，动员广大团员青年积极参与构建清朗网络空间，在网上积极发出青年好声音、形成强劲青春正能量。

【青年志愿服务】 2020年，建阳团区委抢抓学雷锋纪念日、"12·5"志愿服务日等契机，深化"共青团义务星期六""共青团河小禹"等品牌活动，常态化开展交通劝导、家园清洁、扶残助残、文明礼仪、"三关爱"等志愿服务。参加文明城市创建活动的宣传、咨询、秩序维护等方面的志愿服务工作，为活动的顺利进行提供有力帮助。三年来，各级团组织共开展各类志愿服务活动600次，青年志愿者队伍整体形象不断提升。为助力文明城市创建，开展"人居环境整治"专项志愿服务，青年突击队自10月以来，每周坚持开展"全域无垃圾"志愿服务，在考亭、翠屏山、潭山公园，街头巷尾都能见到青年志愿者的身影，为文明城市创建贡献力量。

【青少年权益工作】 2020年，建阳团区委继续深化预青警示教育基地作用，组织1200名城区中小学生参观禁毒教育基地，接受毒品警示教育、反邪教等宣传教育；联合法院、司法局等部门，组织法律专业工作者，普法知识讲座、扫黑除恶、校园防欺凌讲座，利用警示教育基地移动式图板等形式在全区各中小学积极开展法制进校园系列活动。继续开展"共青团与人大代表、政协委员面对面活动"。选准青少年工作的重点、难点问题，争取与会人大代表、政协委员的理解和支持，促使其提出对推动青少年事业发展起到良好促进作用的议案、提案和建议。

【青少年关爱行动】 2020年，建阳团区委深化学业资助，围绕"控辍保学"资助义务教育阶段学生，重点是失学辍学的贫困户、返贫户和边缘户，以及受疫情影响严重的困难家庭。2020年爱心储蓄资助27名大中小学生，帮助困境学生完成学业。主动链接社会资源，向农信社建阳联社申请了3名资助名额，每位大学生将获得5000元圆梦助学金；省脱贫攻坚圆梦计划2万元，共资助4名应届大学生；省国酒茅台项目5000元，资助1名建档立卡贫困应届大学生；为2名中考生争取"工行助学"资助金每人1500元。围绕困境青少年、进城务工人员子女、农村留守儿童、残疾青少年等特殊群体，开展"圆梦行动""关爱留守儿童""微心愿"等多种形式的志愿帮扶活动。整合多方资源，积极争取上级团委支持，开展"一缕阳光""社会人士爱心专项助学金""快乐阅读包""快乐体育包"等爱心助学活动，发动社会爱心人士和青联委员结对资助贫困学生群体，进一步激发和调动社会各界参与捐资助学的热情。组织暑期社会实践大学生开展"夜市地摊行"爱心义卖活动，义卖所得全部用于资助贫困青少年。

【助推青年就业创业】 2020年，建阳团区委根据实际情况为用人企业和大学生搭建就业服务平台，广泛募集岗位信息，增加就业渠道。组织应届大学毕业生60人到企业参观，促进双方相互了解并邀请组织部为大学生解读人才引进政策。定期邀请中公教育、华图教育、粉笔教育等培训机构开展公益指导讲座，为广大备考青年进行系统化内容梳理和讲解并提供免费备考教材。团区委与建阳联社西城信用社联合开展青年主题银行致力于打造"青年梦想之家"，为青年创业者提供贷款咨询、青创项目洽谈等一对一客户经理服务，开通"青创贷"绿色通道，降低贷款利率，使各项政策有效落地，真正服务青年，实现青年的创业梦想。举办"奋斗的青春最美丽"系列宣讲活动，弘扬"敢为人先、追求创新、百折不挠"的创业精神，营造良好的创新创业文化氛围，不断增强创业创新意识。

【青少年校外教育】 2020年，建阳团区委青少年宫举办3期培训（春季、暑期、秋季），开办美术、书法、器乐等兴趣班10个，培训学员700人次。开展固定活动6项，举办绘画、围棋、剪纸、器乐、唱歌等比赛10余场，全年参加活动达6000人次，学员作品多次获国家级、省级、南平市级表彰。

【严抓团组织建设，夯实团的基层基础】 2020年，建阳团区委落实“三会两制一课”等团内规章制度，严格入团程序标准，严控团员发展比例，提高团员发展质量，把团员教育评议与团员年度团籍注册结合起来。2020年，建阳区共发展新团员600人，团员总数达6866人。提高团员的先进性光荣感。强化仪式教育，让团员主动亮身份，在学习、工作、生活中体现先进、树好形象、展现作为，积极引导团员青年注册成为网络文明志愿者，累计参与志愿服务200余场，成立青年突击队，充分发挥广大团员青年勤勉敬业、攻坚克难的精神，展现优秀青年应有的精神风貌。增强基层团干队伍力量，进一步指导配齐配强基层团组织领导班子，做好乡镇行政编制专兼职团干部的选配工作，将选调生、“三支一扶”和“服务欠发达地区计划”志愿者等乡镇各领域、各行业中的优秀党员、团员吸纳到乡镇团委班子中。强化党建带团建、党建带队建工作，全区中小学全面成立学校少工委，由学校党支部书记任少工委主任，加强了对基层团队组织的指导建设，并开展村级团支部书记述团建、中小学述团建、队建工作，对基层团组织工作进行示范指导。规范基层团组织建设，始终坚持党建带团建，着力抓好非公、两新组织团建，深化星级团支部创建，落实基层团组织工作，3年来，新建社会领域组织22家。凝聚青年力量，激活团组织活力。近两年，团区委通过开展“农村微心愿”活动，通过村团支部书记，征集农村困境儿童微心愿，号召村团员青年认领微心愿；每周一次，通过微信群督促团员青年开展青年大学习；继续开展村级团支部书记述团建评议会，以此激发团组织凝聚力、活跃度。

【落实党建带团建机制，强化团的工作保障】 一是落实党建带团建机制。落实区委常委会每年听取团区委工作汇报机制，带动乡镇（街道）党（工）委建立研究青少年工作的专题会议制度或党政青少年事务联席会议制度。推动把团建纳入各级党委党建工作规划，列入党建工作责任制考核和党委书记抓基层党建工作述职评议内容。二是健全政府协调工作机制。制定《南平市建阳区中长期青年发展规划》，注重与建阳区经济社会发展规划及相关专项规划衔接。建立区级青少年事务联席会议制度。进一步健全稳定规范的共青团和青少年工作经费保障制度，由财政拨款的共青团工作经费和活动专项经费已列入同级财政年度预算。原则上按照每个乡镇（街道）工作经费不少于3万元标准列入区财政预算，预算经费集中归团区委统筹。

【加强队伍配置建设，激活团的队伍活力】 2020年，建阳团区委机关编制数（5名）和领导班子职数（一正一副）均保持不变，增设挂职副书记1名、兼职副书记1名，使领导班子成员挂、兼干部比例达50%。机关各部门配备挂、兼职干部比例不少于50%。二是持续完善“团干部＋社工＋志愿者”队伍。“团干部＋社工＋志愿者”队伍，采取专挂兼职结合等方式配备工作力量，深入开展各类重点青少年帮扶项目。

【完善少工委机构建设，健全少先队工作组织】 2020年，建阳团区委配备配齐少工委主任1名、第一副主任1名、副主任1名，少工委委员27名，其中少先队员委员1名。聘任少先队总辅导员1名，副总辅导员2名。督促各中小学成立校少工委。

【同心协力、共抗疫情】 2020年，建阳团区委在疫情防控期间，积极谋划、主动对接，在志愿服务、物资筹措等方面主动作为，有序开展防控工作。组织各乡镇（街道）团员青年组建青年突击队，团区委组织19名青年志愿者赴高铁南平市站，协助做好外来人员信息登记、境外返回人员交接工作。网络平台强力发声，释放强大青春力量，以“潭阳青年”微信公众号为平台，面向全体团员青年，科普各类防疫知识，帮助青少年科学认识疫情，增强对各类信息的辨识力，做到不信谣、不传谣、不造谣。疫情防控期间推出“战疫一线团旗飘”“防疫一线，童心战疫”“抗疫情，献热血”“战‘疫’中的青年”等系列推文，邀请援鄂医护人员分享讲述抗疫故事，展示青年担当，宣扬青春正能量。保障物资，构筑青春防线，在全区防疫一线人员面临防疫物资紧缺的情况下，建阳团区委按照“上级帮扶一点、社会筹措一点、团费安排一点”的思路，积极动员多方力量筹集防疫物资，共筹集一次性医用口罩4000个、医用酒精200瓶、消毒洗手液128瓶及各类后勤保障食品254箱，供各乡镇（街道）、建阳第一医院、邮政快递、供电抢修保障等一线人员使用；为建阳第一中学、建阳第二中学、建阳外国语等学校捐赠一次性医用口罩2600个。

区 妇 联

2020年3月8日，区妇联一行到“胜德山庄”集中医学观察点，看望慰问隔离点医护人员

【踊跃捐赠 慰问抗疫英雄】 2020年，建阳区妇联在疫情发生以来，组织发动区女企业家协会有力担当作为，伸出援手，承担社会责任，捐款捐物，千方百计生产、购买防疫物资，2次发动捐赠近7万元及10500只口罩，酒精4桶，一次性手套250个，捐献给区疫情防控指挥部，为疫情防控一线工作人员增添了一份安全保障。同时联合市妇联开展抗疫情、庆“三八”国际妇女节走访慰问活动，先后深入3户援鄂医护人员家中。区妇幼保健院、曼头山社区及医学隔离点等地，为奋战在疫情防控一线的女同胞们将慰问金、鲜花、牛奶、水果等慰问品送到家到岗，送上慰问金共计2500元及牛奶、水果30箱。

【线上招聘不停歇 就业服务不断线】 2020年，建阳区妇联举办2次线上招聘会，72家规模企业参与线上招聘，提供6665个就业岗位，2254名求职者成功报名，线上招聘当天接待咨询人数共计676人，其中女性270名，在线面试822人，其中有就业意愿408人，其中女性160名，意向率达49.48%。同时，为有效提升农村妇女的就业技能，推动建阳区家政服务市场的发展，促进广大妇女就业增收，家政和电商培训班在书坊和小湖开班，投入资金7.1万元，促成妇女就业109人。2020年，区妇联举办6期线上实用技术培训（185人），11期线下家政技能培训（462人），共计促成就业320人。

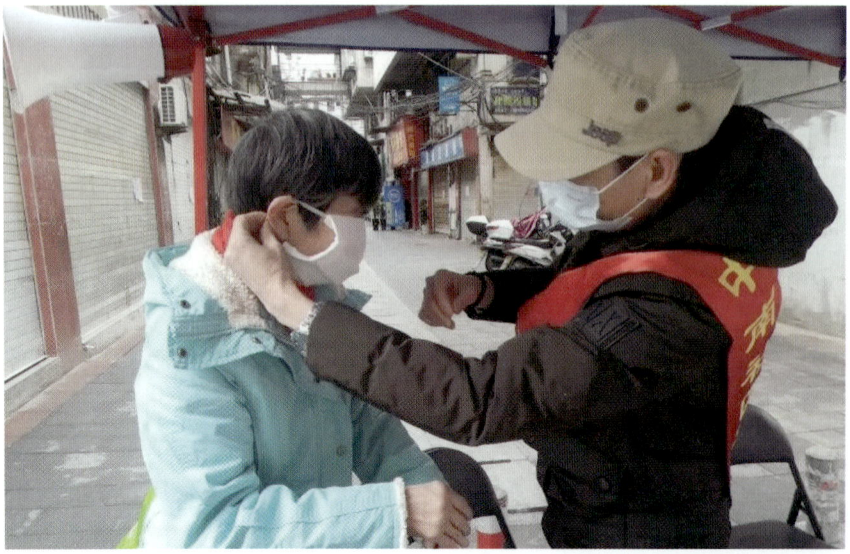

2020年2月15日，潭城街道中南社区志愿者给一线工作者送去暖心口罩

【搭建就业平台 促进贫困妇女增收】 2020年，建阳区妇联搭建包括白塔山茶业、双华果牧、花花世界在内的10个家门口就业扶贫车间、巾帼绿色示范基地、城乡妇女家门口灵活就业点等，带动805名城乡妇女（27名贫困妇女）脱贫增收，成功帮助贫困户渡过难关。同时，联合区农村信用合作社，通过巧妇贷、巾帼创业贷、丽人贷等专门为女性设计的金融类产品，为有创业愿望和贷款需求的农村妇女、贫困妇女提供最优惠最便捷的服务。截至12月底，建阳区共开展活动63场次，“巧

妇贷”获贷（授信）6000万元，受益妇女1120人，让“女子主题银行”巧解妇女创业难题。

2020年6月8日，区妇联“6 + X”点题服务，书坊乡妇联组织近100名妇女参加培训

【农村妇女免费“两癌”筛查】 2020年，建阳区妇联进一步关爱企业女职工身心健康，深化区政府为民办实事项目——农村妇女免费“两癌”筛查项目这一惠民政策落到实处，推进“机关联企业，党建促发展”党日活动落地见效，5月，建阳区妇联党支部联合区妇幼保健院党支部、福建龙泰竹家居股份有限公司党支部开展“关爱女性健康，‘两癌’筛查进企业”惠民服务主题党日活动。截至12月底，“两癌”普查人数达7607人，查出患病人数4578人，筛查发现癌前病变25例，宫颈癌2例，乳腺癌8例，真正做到了早发现、早诊断、早治疗，让广大妇女增强自我保健意识。

【开展“关爱女性 关爱健康”暖人心活动】 2020年，建阳区妇联两节期间到乡镇（街道）、村（社区）慰问包括困难妇女儿童、贫困“两癌”妇女、建档立卡贫困户、20年老妇干等在内的213人，共计发放慰问金23.68万元，帮助她们度过欢乐、祥和的新年。开展2020年“母亲健康1＋1”公益募捐活动，共募集捐赠9.5万元。看望和问候8名贫困患病妇女，发放2020年第一批2.1万元的“两癌”贫困妇女救助金，发放2020年“贫困母亲‘两癌’救助专项基金”2万元。此外，截至12月，全区“女性安康保险”承保人10400人，保费136万元，居全市前列。2020年有8名妇女出险，获得理赔56.4万元。黄坑镇妇联还因在“女性安康险”公益项目的推广方面表现优异，受邀到建瓯参加中国人寿南平分公司举办的2020年“关爱女性健康”交流活动并做典型发言。

【开展各类关爱儿童活动】 2020年，建阳区妇联联合章飞一绝皮肤治疗中心、阳光志愿服务队开展“六一”慰问困难儿童活动，为困境儿童家庭送上慰问金、书包、文具盒等学习用品，鼓励孩子们始终树立积极乐观的生活态度，用行动回报社会。截至2020年底，共资助春蕾女童26人，发放助学金8.66万元。1月在莒口镇长埂村小源组开展“把爱带回家”寒假关爱留守儿童活动，向45名留守

2020年5月26日，建阳区妇联党支部开展“关爱女性健康，‘两癌’筛查进企业”惠民服务活动

2020 年 5 月 30 日，南平市“关爱复学儿童家庭教育进乡村社区”活动启动仪式暨首场授课现场

儿童、困境儿童赠送关爱礼包。6 月在麻沙镇水南村开展“守护童年　牵手共成长”暑期儿童关爱服务活动，慰问困难儿童 6 名，合计慰问金额 1000 元，营造了良好的关爱留守儿童氛围。同时开展福建省家庭教育进乡村启动仪式，据统计，12 月底在全区共开展 45 场家庭教育公益大讲堂进基层活动，共计 1528 户家庭受益。其中省市联动 10 场，区、乡共计 35 场。

【妇儿中心购买服务，提升妇儿素质】　2020 年，建阳区妇联与南平市建阳区阳光志愿者服务中心配合开展各项公益性活动和普惠性技能培训。一方面，开展儿童公益课堂，提升兴趣爱好。暑假打造少儿绘画、舞蹈、围棋、琴类、语言类等五大类暑期亲子公益课堂，报名人数共计百余人。另一方面，开办女子公益课堂，促进家庭和谐。共有茶艺、书法、剪纸、摄影、工笔画、烘焙、音乐、心理疏导等 10 余种课程，报名人数达 600 人，通过公益课堂，让妇女不断丰富家庭生活，促进身心健康、提升家庭文化建设，受到全区广大妇女姐妹的喜爱。

【拓展组织，推动“微家”成立步伐】 2020 年，建阳区妇联共为徐市镇龙竹科技集团股份有限公司、崇雒乡上洋村安然家庭农场、水吉镇仁山村等 40 个微家示范点授予“妇女微家”牌子，区妇联干部还亲自带队走进微家宣讲中共十九届五中全会精神，引导妇女姐妹听党话跟党走，并指导基层妇联组织结合实际，开展微活动、提供微服务，满足基层妇女的实际需求。

【推进“两新”组织妇建工作】 2020 年，建阳区妇联按照“哪里有妇女，哪里就有妇女组织”的原则，6 月福建龙泰竹家居股份有限公司成立妇联，拓展横向妇女组织建设，扩大“妇女之家”覆盖领域，不断增强妇联组织的凝聚力和影响力。

【妇联基层规范化建设月活动】 2020 年，建阳区妇联成立指导组于 3—4 月开展“妇联基层组织规范化建设月”活动，多措并举完善阵地建设。通过走访等实际情况归纳存在共性问题，提出下阶段阵地建设计划，以点带面，逐步推进，并对排名靠前的示范点给予 2000 元资金支持用作阵地建设。

【法治宣传活动】　2020 年，建

2020 年 12 月 1 日，南平市妇联与建阳区妇联及市、区相关单位在建阳区步行街广场开展“2020 年南平市‘宪法宣传周’大型现场法治宣传活动”

阳区妇联利用“三八”国际妇女节、“11·25”国际反家暴日、“12·4”全国法制宣传日等时间节点，通过悬挂宣传横幅、发放宣传资料等形式，广泛宣传《中华人民共和国宪法》《中华人民共和国民法典》《中华人民共和国婚姻法》《中华人民共和国妇女权益保障法》《中华人民共和国未成年人保护法》《中华人民共和国反家庭暴力法》，以及禁毒、防艾等相关妇女维权法律知识，共发放宣传手册1000份，答疑咨询792人，引导广大妇女自觉学法、用法、懂法，树立正确人生观、价值观、婚姻家庭观。

【持续发挥一体化维权中心作用】2020年，建阳区妇联成功解决卓某彩礼纠纷、叶某遭遇家暴寻求帮助等来信来访40余件。家事巡回审判法庭成功调处肖某离婚后争取孩子抚养权、余某反映其丈夫照顾不周全等事件。心理疏导室开展心理疏导个案13件，取得明显效果的7件。与阳光志愿者服务队联合成立阳光巾帼志愿联盟，建立健全阳光巾帼志愿联盟公约，将司法救助和关爱帮扶无缝衔接，开展妇女维权、儿童保护、犯罪预防、关爱教育、心理辅导等10余项服务，受益妇女、儿童达到近千人。

【创新创优，扩大维权覆盖面】2020年，建阳区妇联在区委政法委的指导下，区妇联在妇女儿童维权一体化服务中心的基础上，与区民政局联合在婚姻登记中心设立婚姻矛盾纠纷调解工作站。制定《建阳区婚姻家庭纠纷条件工作专项工作方案》，成立婚姻家庭纠纷调解领导小组。同时，聘请2名专职调解员，负责中心的日常运作。成立以来，共接待35对夫妻，调解6对，挽回了6个家庭，将矛盾化解在基层，维护社会的和谐稳定。

科学技术协会

【概况】2020年，建阳区科协坚持以习近平新时代中国特色社会主义思想为指导，深入学习贯彻习近平总书记重要讲话、重要指示批示精神和中央、省委、市委、区委决策部署，围绕中心，不折不扣全面落实完成全年各项目标任务。“建阳区2020年全国科普日——农村科普联合行动”被中国科协评为“2020年全国科普日优秀活动”，被福建省科协评为“2020年全国科普日优秀组织单位”。获评“2020年福建省全民科学素质网络竞赛优秀组织单位”；积极组织青少年开展科学调查体验活动、参加各类科学竞赛活动。在第十一届全国青少年科学影像节中作品《建盏之光》入围全国展映活动，并获得第十一届全国青少年科学影像节优秀展映作品、“科学万花筒”科学微电影最佳科学微电影、最佳剧本等荣誉称号；建阳区作品获南平市科学影像节一等奖4名、二等奖5名、三等奖3名；童游中心小学青少年科学调查体验活动学生数和作品数量逐年增长，名列全省第二名、全市第一名，被中国科协、教育部、国家发改委、中央文明办、共青团中央评为“全国优秀实施学校”；在2020年首届福建省青少年创意编程与智能设计比赛中，建阳水东中心小学获得一等奖一名，建阳一中获得三等奖一名的好成绩；建阳区实验小学在全国科技馆联合行动中，获得“同上一堂科学课”一等奖、优秀奖各一项。建阳区青少年科技活动和科技竞赛取得丰硕成果，不仅激发青少年“学科学、爱科学、用科学”的兴趣，同时还促进全区青少年科学素质的提高。

【科普活动】2020年，建阳区

2020年9月22日，中山广场举行“全国科普日”活动

2020 年 5 月 22 日，“2020 年南平市建阳区科技活动周”活动开展

科协 9 月 22 日在中山广场举办全国科普日“决胜全面小康，践行科技为民”主题活动，通过专家咨询、义诊、发放宣传册、摆放科普展板等形式，向群众宣传普及防震自救、农业技术、健康生活、禁毒防毒、移风易俗、气象等各方面的科技知识，切实提高居民的科学文明素养；在莒口中学开展“大篷车进校园巡展活动”；在莒口镇开展“农村科普联合行动”活动；在建阳一中开展“联办校园科普”等系列活动。在全国科普日建阳区科技馆实行免费开放，让青少年体验科学、快乐成长。区教育局、发科局、林业局、农业局、卫健局等 17 个单位 60 名科技工作者、科普志愿者参与全国科普日举办的义诊、科技咨询、科普讲座等系列活动。据不完全统计，2020 年科普日全区共有 28 个单位、100 多名科技工作者参加活动；参与系列活动达 2 万人次以上。累计发放各类科普宣传资料 1.1 万余册。通过系列活动，浓厚了全社会爱科学、学科学、用科学的良好氛围。以科普大篷车项目 20 周年为契机，围绕“助力精准扶贫　服务乡村振兴”“弘扬科学家精神”“发扬科技志愿者精神”“我为抗疫做点事”等主题开展科普大篷车活动。12 月 14—18 日建阳区科协联合区教育局分别到水东小学、徐市中学、麻沙中学、书坊小学、将口小学开展“科普大篷车进校园巡展”活动，活动中科普展品涉及物理、光学、数学、电磁技术等多门学科知识，展示科技魅力，为培养乡镇偏远学校学生爱科学、学科学、用科学的兴趣起到了积极的作用。

“全国科技工作者日”与“科技活动周”亮点纷呈。5 月 29 日与 8 月 27 日在万达广场和中山广场开展“科技活动周”活动，共发放各类科普宣传资料 1500 册，参加活动群众 5000 人次。

为有效推进全民科学素质网络竞赛活动，区科协召开专题动员部署会，13 个乡镇（街道）科协秘书长参加会议。同时继续与区融创传媒有限公司合作，在电视上播出《科普新说》节目，每日以剧集式播放科普内容，同时在街道广播上每天分时段播报科普知识 3 次，内容每周更新一次，以科学技术的视角，发挥影视传播的特长，传播先进科技文化，提高全民科学素质，播放期限一年。此次活动建阳区参赛人员达 59546 人，参赛人次超 130 万次，取得全省排名第五的佳绩，获评“2020 年福建省全民科学素质网络竞赛优秀组织单位”。

【科技馆与青少年科学工作室作用】 2020年，建阳区科协新建一家建阳一中青少年科学工作室，对科技馆共投入4.7万元，新购置科技馆展品，让科技馆真正发挥有效作用。努力培养更多的青少年爱科学、学科学、用科学、讲科学的浓厚兴趣。开放搞活青少年科技馆，使科普活动富有成效。科技馆常年坚持每周一至周四接待学生团体参观体验，周日向公众免费开放，全年共接待前来参观体验人数达5000人次。

【基层科普行动计划】 2020年，建阳区科协按照省、南平市科协要求，开展“基层科普行动计划”项目申报工作，经科协班子认真讨论研究，确定5个省级申报项目，并向上级科协争取，获得14万元的项目奖补资金。其中，科普示范社区建设2万元，补助科技志愿者服务队科普服务2万元，新时代文明实践中心开展科技志愿服务5万元，示范青少年科学工作室建设2万元，科普大篷车巡展3万元。争取市级“基层科普行动计划”项目申报获得11万元专项资金，其中建阳区建盏文创园科普教育基地3万元，童子山社区科普宣传员3万元，全国文明城市创建科普阵地建设5万元。加大科普宣传栏建设。按照推进科普资源向农村延伸的具体要求，区科协每年投入资金订购科普挂图用于更新科普宣传栏内容，确保110个科普宣传栏内容得到及时更新，发挥其有效的作用。通过对科普知识的宣传，进一步培养形成健康、良好的生活方式。

2020年10月27日，区科协主席卢献根（右三）陪同南平市领导调研美丽乡村

【其他工作】 2020年，建阳区科协为贯彻落实“全国科技工作者日”到来之际习近平总书记重要回信精神，始终坚持党的领导，切实增强组织的凝聚力吸引力，不断增进广大科技工作者以习近平同志为核心的党中央的政治认同、思想认同和情感认同，引导和支持广大科技工作者在服务脱贫攻坚、乡村振兴、企业发展的宽阔舞台上大展拳脚。截至2020年底，已完成13个乡镇（街道）“三长制”增补工作，充分发挥基层科协组织及“三长”联系服务科技工作者、推广科学技术、普及科学知识等方面的重要作用，增强基层科普力量。固本培元、夯实基础，助力乡村振兴发展。2020年以来，区科协在大力开展固本培元、夯实基础，助力乡村振兴发展工作中，努力创新科普方式，联合区委组织部为将口镇松柏村、小湖镇小湖村等10个行政村建设远教广场+全民科普大屏，利用互联网技术，面向基层推送科普知识。定时为广大群众送上“科普大餐”，为提升全民科学素质打下坚实的基础，实现乡村科普全覆盖。继续推行“联系科技工作者‘2＋3’工作制度”，为推进乡村振兴发展打下坚实基础。加大精准扶贫和结对帮扶工作力度。开展科普服务“精准扶贫”和“百个支部联百村”活动中，坚持普及科学知识、弘扬科学精神、传播科学思想与科学方法的精神。创新科技扶贫，科普联百村，进一步推进乡村振兴发展。引导基层协会、学会开展协会+扶贫的科普引智活动。充分发挥基层协会、学会组织的职能作用，同时密切与科技、农林部门的友好合作，共同举办了白茶、橘柚等科技培训班12期，参加培训人员达1012人。

区侨联

【概述】 2020年，建阳区归国

华侨联合会有基层侨联组织 6 个（黄坑镇侨联、莒口镇侨联、黄坑镇新历村侨联、莒口镇长埂村侨联、潭城街道西门社区侨联、建阳区温商侨界联合会）。全区归侨 54 人，侨眷 5 万多人，海外侨胞 1 万多人。

【做好贫困侨眷危房改建】 2020 年，建阳区归国华侨联合会了解到莒口镇长埂村侨眷胡允石，居住房屋存在安全隐患，南平市侨联、区侨联共同出资 2 万元加上莒口镇村建所危房改造项目配套 2 万元，对其所住房屋进行改建，胡允石已经搬入新房居住。

【持续开展“侨心工程”】 2020 年，建阳区归国华侨联合会在抗击新冠肺炎疫情期间，引领侨胞献爱心。据统计，捐赠各类医用物资与捐款共计 33.87 万元。

【防疫抗疫工作】 2020 年，建阳区归国华侨联合会在抗击新型冠状病毒肺炎疫情期间，区侨联干部下沉到社区防疫劝导点作好劝导工作，并到结对共建社区——宝山社区入户开展防疫抗疫宣传工作。新型冠状病毒肺炎疫情在海外蔓延期间，部分侨胞选择回国。为避免海外侨胞因采取不必要的出行计划，增加旅途感染的风险，区侨联采用“全程跟踪”模式，为旅居海外及归国返乡的侨胞们提供服务。一是与国外重点侨胞人士和侨团负责人加强联系，在各海外侨胞微信群转发防疫知识，及时宣传国内防控疫情政策，同时邀请建阳区第一医院一位副院长进入微信群，为侨胞们提供指导防疫防护、在线答疑解惑等服务。二是规劝有条件居家防护的侨胞尽量暂缓或延期回国，避免路上感染疫情风险。三是区侨联制作“南平市建阳区华侨华人境外回国申报平台”二维码链接，及时收集返乡侨胞的信息，与区防控工作领导小组建立信息共享，每日相互补充新增返乡人员信息，做到事先知情，争取主动，共同构筑起联防联控的严密防线。四是及时掌握回国侨胞们的航班信息，与他们保持全程联系。跟踪了解他们在入境口岸的健康排查情况，同时做好后续工作，把侨胞接回集中医学观察点的安置工作。建立集中医学观察点侨胞微信群，为侨胞们的生活起居服务，同时密切关注返乡侨胞们的心理，增进互动，排解侨胞因集中隔离而产生的烦闷情绪。五是主动会同区委统战部（侨办）克服疫情期间国际航班减少、物流受阻等困难，向意大利建阳籍侨胞捐赠医用口罩 3500 个。六是与结对村——水吉镇青田村保持密切联系，及时了解掌握和指导结对村的防疫工作。

【侨企复工复产工作】 2020 年，建阳区归国华侨联合会在新冠肺炎疫情缓解后，到建阳奇英彩印有限公司、建阳龙翔科技发展有限公司、春盏建窑陶瓷开发有限公司了解企业在复工复产期间用工和防疫物资等情况，宣传相关税费等优惠政策。

【协调做好华侨子女转学事宜】 2020 年，建阳区归国华侨联合会帮助牙买加福建同乡会副会长李杨森女儿李籽彤请求就读建阳二中，因学籍、户籍均不在建阳区，按政策不能就读建阳二中。区侨联与区教育局多次沟通，在区教育局的大力支持下，李籽彤顺利到建阳二中就读。

【开展侨法宣传】 2020 年，建阳区归国华侨联合会为纪念《中华人民共和国归侨侨眷权益保护法》颁布 30 周年，9 月 27 日，区侨联联合区侨办到共建社区——潭城街道宝山社区开展侨法宣传，共为 20 人解读侨法，发放各类涉侨法律法规宣传材料 100 份。同时邀请归侨侨眷代表参加侨法宣传座谈会，了解他们对《中华人民共和国归侨侨眷权益保护法》颁布 30 年来的切身感受，以及在工作生活中遇到的困难。

【开展委员活动】 10 月 23 日，建阳区侨联组织侨联委员、名誉主席、部分乡镇（街道）统战委员和海外侨胞代表一行 30 人赴政和县开展传承“嘉庚精神”，学习侨界先模活动。一行人到政和县石圳村“廖俊波同志先进事迹馆”参观，回顾廖俊波同志在政和的工作足迹，学习他不忘初心、扎实工作、廉洁奉公的精神。在政和县西津畲族小学，召开传承“嘉庚精神”，学习侨界先模座谈会，观看了“闽北侨界先模”“全国归侨侨眷先进个人”“廖俊波式好党员”庄桂淦校长的宣传片。座谈会上，庄校长介绍了他夫妻俩 40 多年来投身教育事业、关爱留守儿童、倾心建设西津畲族小学的事迹；两地侨联就未来侨联工作开展交流，共同推进侨联各项工作上新台阶。

2020年10月23日，建阳区侨联开展“学习廖俊波精神”委员活动

2020年12月21日，建阳区第七次归侨侨眷代表大会在区政府大礼堂举行

【召开第七次归侨侨眷代表大会】 2020年12月21日，在区政府小礼堂召开建阳区第七次归侨侨眷代表大会，该届代表85人，选举产生第七届建阳区归国华侨联合会委员会，委员会由25名委员组成，主席：谢洁；兼职副主席：卢献根、程强、王旭晶、刘宏斌、李黎忠；兼职秘书长：张美鑫；常委：黄莉霞、林志明、潭菁、杨晓平、傅建声、刘日考；名誉主席：王建平、陈天明、陈宝林、邱伟、吴昭孝、林朱庆、林贵阔、范高庭、杨金党、徐金华、黄火妹、董宗理、路明。顾问：李龙金、徐清泉、谢松青。主要议题：审议并通过建阳区侨联第六届委员会工作报告、选举产生建阳区第七届归国华侨联合会委员会、聘请建阳区侨联第七届委员会名誉主席。

文学艺术家联合会

【概况】 建阳区文学艺术家联合会（简称建阳区文联）于1990年5月28日成立。建阳区文联是中共建阳区委区政府领导下的群众性文艺团体机关，是党和政府联系文艺家的桥梁和纽带，是全区文艺家协会联合组织。有团体会员12个，即建阳区作家协会、建阳区摄影家协会、建阳区书法家协会、建阳区美术家协会、建阳区音乐家协会、建阳区舞蹈家协会、建阳区诗词楹联学会、建阳区戏剧曲艺家协会、建阳区民俗协会、建阳区根雕艺术家协会、建阳区女子书法协会、建阳区电影电视艺术家协会。

【加强新形势下文联工作】 2020年初，在疫情防控期间，建阳区文联在各活动场所粘贴《防控疫情 共同行动——致全区广大文艺工作者的信》，告诉大家在疫情防控期间的注意事项。建阳区文联领导和工作人员深入大潭映象小区开展疫情防控宣传、劝导等服务工作，严格做好小区外来车辆登记、人员核查，劝导小区居民在疫情防控期间要佩戴口罩、不要聚会，维护小区群众健康安全。组织文艺家创作抗疫作品，在各大媒体发表，为打赢新冠肺炎疫情阻击战贡献文艺的力量，受到广大群众欢迎和上级领导的肯定。

7月28日下午，建阳区文联组织各协会代表集中学习《习近平在福州》采访实录。在学习会上，大家一致认为，福建作为习近平新时代中国特色社会主义思想的重要孕育地、实践地，是福建人民的最大福气，更是艺术家们创作的最大精神财富。大家一致表示，通过对《习近平在福州》采访实录的学习，深刻领悟到习近平总书记亲身示范、勇于担当的工作作风，心系基层、心系群众、心系民生的赤诚情怀。要把学习采访实录成果转化到工作和创作中去，提高政治站位，怀着深厚感情，推动建阳文艺创作繁荣发展。

8 月 14 日，南平市文联全委会暨意识形态工作专题培训会在武夷新区召开，全委会举办了扎实做好新形势下意识形态工作的专题培训，区文联领导参加培训后，召集文艺界代表，传达此次专题培训的内容。继续办好《考亭文苑》杂志编辑发行工作，完成 6 期编辑刊印发行。

【文艺活动】 春节前，组织书法家和书法爱好者到各乡镇、街道，开展文化进万家送春联活动，累计向群众送出 5000 多副春联，给群众送去了节日的温暖和祝福。7 月 1—10 日，建阳区文联和美术家协会、书法家协会在美术馆举办中国共产党建党 99 周年书画展，共展出作品 120 幅。8 月 13 日，建阳区音乐家协会举行换届大会，召开新一届区音乐家协会主席团成员会议，推选新一届会长、副会长、秘书长。9 月 11 日，组织作家协会作家到建阳味精厂采风，讴歌创业工匠精神。11 月 27 日，由中共南平市委宣传部与福建省摄影家协会主办，南平市文联、南平市摄影家协会承办，中共松溪县委宣传部、《海峡摄影》杂志协办南平市承办的“湛卢杯”第 27 届福建省摄影展在建阳的南平万达广场开幕。在本届大赛上，建阳摄协会员获 1 银 1 铜 2 优秀 1 入选的历史最好成绩，总积分 43 分并列南平市第一名。

【文化交流】 2020 年 9 月 23 日晚，由省曲艺家协会、省戏剧家协会组成的文艺志愿者深入建阳，在建发悦城中心举行“说唱新时代、阔步奔小康”——中秋、国庆文艺惠民演出。南平市文联主席黄卫平、建阳区政协副主席李家回和宣传部及文联领导与 200 多名群众一起观看演出。文艺志愿者们带来曲艺、杂技、戏曲、歌曲等内容丰富、形式多样的文艺节目。建阳区曲艺家协会、戏剧协会的文艺家们也登台献上了歌曲、戏曲表演等节目，为观众献上一场文艺盛宴。活动结束后，省艺术家们还与当地演员进行了艺术交流辅导。2020 年 11 月 27 日至 29 日，福建省基层摄协骨干和新文艺人才培训班在建阳御景国际酒店开班培训，全省各地选拔的摄影骨干人才和新文艺人才 50 人参加了为期 3 天的培训。

【文学创作】 叶木青童话集《小黑猫拾宝》2020 年 2 月中国人口出版社出版；王小艾散文《贵草与野草》入选《当代作家作品精选》，2020 年 5 月，四川人民出版社出版；6 月，在“万众一心 防疫抗疫”——2020 年全省防疫抗疫征文中，陈苓《众志成城 共克时艰》、吕兰旺《文化新兵 战“疫”精兵》获散文组三等奖；刘通《名公宋慈书判研究》(合著)，2020 年 8 月北京线装书局出版；8 月，叶木青作词《一盏风韵》获福建省艺术馆“华夏文房，薪火相传”主题歌曲征集评选三等奖；祝熹《瀛洲渡口，一曲骊歌》入选福建古建筑丛书《古道亭桥》，9 月福建教育出版社出版；11 月，祝熹《寻访图书之府》发表于《福建文学·福建文化和自然遗产探寻》专号；张桂辉散文集《南薰楼遐想》，2020 年 12 月，团结出版社出版；文艺作品在“学习强国”登出并取得了新的突破，文艺家拍摄《遇见南木林》《薄雾缥缈戏潭阳》摄影照片在“学习强国”平台“每日一景”刊出。创作《一盏风韵》歌曲在中央平台“东南西北唱新歌”播出。

【诗词创作】 肖祖仿诗歌《俊波精神激励着我们前进》获福建“水文勇担当”征文二等奖；朱雄亮《泉州丝路》获共青团福建省委、省创建青年文明号颁发的“奋斗的人生是幸福的人生”主题春联创作优秀奖；刘通《水调歌头·福建建阳》词在中国地名诗词创作征集活动中获得优秀奖，入选《美丽中国，诗意地名》一书，2020年1月光明日报出版社出版。

【美术创作】 6 月 24 日，原省文化厅副厅长陈吉、副区长郑顺莲和区文旅局局长徐卫兵到美术馆召开“中国书画艺术之乡”建阳书画家座谈会，共计四十余名建阳书画家代表参与；7 月 1 日，举办“红心向党 初心永擎——建阳区庆祝中国共产党成立九十九周年职工书画展”；7月9日，美术馆牵头召开“中国书画艺术之乡——建阳书画精品展”筹备座谈会，建阳书协、美协负责人和建阳文化代表共计20人参与；8月25日，建阳区美术馆承办“朱子画传”——李铮写意人物画在考亭书院展出；9月30日至10月15日，举办“峰华正茂——建阳区庆国庆迎中秋张剑峰、周志华书画雕刻艺术展”；11月6日，在考亭古街举办钓鱼大赛配套展览“鱼”主题作品展。

【书法创作】 谢烽华入展2020“兰亭神韵”全国书法作品展和第三届“王铎杯”全国书法大赛；张剑峰、何逸凡获“中国梦·劳动美”第七届全国职工书画作品展优秀奖；张剑峰入展第三届“董子杯”全国书法大展；刘金生入展2020“笔祖蒙恬杯”全国书画篆刻大赛、福建省第六届书坛新人新作展；张剑峰、姚杏仙入展福建书协“同舟共济·助力战疫”书法作品微信展。

【摄影创作】 2020年4—12月成功承办两场高水平的摄影赛事，分别是“吉水上游，建盏小镇”水吉镇首届摄影大赛和“红色书坊，建本之乡”书坊乡首届摄影大赛。在第27届福建省摄影展上，陈琦辉的《绿海穿行》获环境类银奖，《梦中之城》获艺术类铜奖，黄千爱的《为祖国庆生》和郑素容的《春之韵》获生活类优秀奖，梁勇的《相视开笑靥》获生活类入选奖。2020年6月，梁勇、陈琦辉、王素萍获批加入中国摄影家协会。

区残联

【概况】 截至2020年12月31日，全区共有持证残疾人8372人（其中视力残疾1075人，听力残疾1007人，言语残疾69人，肢体残疾3811人，智力残疾656人，精神残疾1217人，多重残疾537人）。

【三代残疾人证（智能卡）换发】 2020年，建阳区残联结合实际情况，全面进行二代残疾人证核查整治工作，通过入户核查、机构评定和摸排自查，注销不符合标准和程序的假证、错证。截至12月底，完成持证残疾人核查7519人。在二代残疾人证核查、基础信息数据采集收录基础上，同步开展第三代残疾人证（智能卡）换发换证工作，已进入制卡打印阶段，提交第一批制卡6567人。

【康复救助】 2020年，建阳区实行残疾儿童康复补贴网上申请，已为139名0～14周岁残疾儿童发放康复补助，累计发放111.6万元。同时，实施残疾人辅具补贴网上申请，共受理辅具申请473人，发放轮椅、助听器、拐杖、坐便椅等辅助器具825件，辅具补贴资金49.3万元。继续实施贫困精神病患者免费服药救助和重症贫困精神病患者住院救助项目，服药每人每年最高补助500元，住院每人每年最高1500元，为146名重度精神病残疾人发放服药（住院）补助4.4万元。

【就业扶持】 2020年2月17日，举办残疾人就业网络专场招聘会，征集全区6家企业招聘残疾职工，提供就业岗位37个，对辖区内就业年龄段的残疾群众及其家属发放招聘短信2400条。全年认定按比例安置残疾人用人单位50家，安排残疾职工122人，征收残保金313.8万元；对4名高校残疾人毕业生就业需求进行摸底调查，录入实名制系统，建立残疾人大学生档案，推送各类招聘信息20条，4

2020年8月25日，建阳区残联开展残疾预防日活动

名残疾高校毕业生已实现就业；为134名自主创业就业残疾人办理社保补贴，累计发放补贴49.8万元；开展“创翼计划”线上指导培训工作，培训内容涵盖就业权益保障、职业发展规划、求职实用技能、就业准备、职业规划方面，共计33课时，共有64名残疾人参加线上指导培训；开展残疾人职业技能和实用技术线下培训2场次，培训人数74人次。

2020年5月17日，建阳区第三十次全国助残日捐赠仪式举行

【扶贫保障】 2020年，建阳区残联扶助12名在校残疾幼儿，发放助学金3.6万元；投入13万元开展老年残疾人康复筛查和评估需求及居家精准康复服务项目；对156名智力、精神和肢体重度残疾人发放居家护理补贴每人每年2000元，共31.2万元；扶持57名农村贫困残疾人开展就业创业，累计补助资金28.5万元。扶持机构托养10名残疾人，发放补助资金5万元；做好残疾人“两项补贴”审核工作，截至12月，全区享受残疾人生活困难补贴3352人，享受重度残疾人护理补贴4234人。补助4507名残疾人参加城乡居民基本医疗保险、对个人参合费给予全额补助；为全区70岁以下的6444名残疾人购买每人20元的意外伤害保险。其中1396名建档立卡户加购10元；163名70岁以上建档立卡户残疾人购买每人30元的意外伤害保险。

2020年12月2日，建阳区残联在童游赤岸统建房开展爱心助残进社区活动

【维权保障】 2020年，建阳区残联为符合条件的4名残疾人机动轮椅车车主发放燃油补贴1040元；落实残疾人家庭无障碍改造工作任务，为符合条件的50户残疾人家庭发放无障碍补贴（每户1000元标准），共发放5万元；处理信访事项1件，“12345”便民服务事项共9件，全年没有出现越级上访的现象，为建设“平安建阳”“法治建阳”营造和谐稳定的社会环境。

【文体宣传】 2020年12月，参加南平市残联举办的“共融共享，同奔小康”征文活动，选送14篇优秀作品参赛，9篇作品获奖，建阳区残联荣获“优秀组织奖”；11月，区残联就业服务指导中心主任叶静静，在2020年全国残疾人岗位精英职业技能竞赛暨就业服务机构工作人员职业指导竞赛中，作为福建省代表队的一员参赛，喜获小组第一，获“职业指导模范”荣誉称号；通过“六一”国际儿童节、全国残疾预防日等节日向残疾儿童、贫困残疾人家庭子女发放爱心礼包共110份，呼吁全社会增强残疾人预防意识，关爱残疾儿童，重视残疾人健康，促进健康中国建设；开展“文化生活‘五个一’”文化项目，有力推进残疾人文化进社区、进家庭群众性文化活动的落实；开展第二十九个国际残疾人日捐献活动，围绕“全面建成小康社会，残疾人一个也不能少”的奋斗目标，开展系列助残宣传、助残助学活动，向困难残疾人发放总价值26.7万元的物资，向区残疾儿童康复机构发放价值1.6万元的儿童书包文具。

【基础设施】 2020年，建阳区有4家专业康复机构，提供专业康复训练。2019年新建建阳区残疾人康复及综合服务中心，项目主体结构已经封顶，大楼内部装修已经进入扫尾阶段，正在进行地面铺砖、水电安装等工作，预计2021年1月主体工程可以完工。康复中心和托养中心的建设，将为全区残疾人提供一个功能健全、基础设施完善、服务周到的专业康复和托养服务基地，能满足残疾人多方面的服务需求，全面提升建阳区残疾人公共服务水平。

区红十字会

【红十字会】 发挥红十字会优势，参与疫情防控。及时呼吁社会各界，为抗击新型冠状病毒肺炎疫情，踊跃捐款捐物。接收捐款190笔329.36万元，物资76批212.10万元，列南平市第三位。对接收的捐赠款物，做到专款专用、专物专用，“快进快出，物走账清”，为支援建阳区抗击新型冠状病毒肺炎工作做出积极努力。接收捐赠款物使用及审计情况在建阳新闻微信公众号公示，主动接受社会监督。同时，积极参加卫健局值班值守、武汉返乡人员信息摸排及信息登记；协助做好抗击新型冠状病毒肺炎疫情一线医务人员服务保障工作；关心关爱受疫情影响的困难群体，为10户困难家庭，送上生活物资。

区计生协会

【概　况】 2020年，建阳区基层计生协会259个，其中，区级计生协会1个，乡级计生协会13个，村（居）计生协会229个，企事业单位计生协会14个，流动人口计生协会2个。村（居）会长229人，秘书长229人，小组长814人。会员21941人，占全区总人口的6.04%。

【助力疫情防控，携手打赢防“疫”攻坚战】 2020年，建阳区计生协疫情防控期间，充分发挥计生协会网络优势，做好返乡人员排查、健康管理登记、入户宣传、交通路口值班、临时采购员等工作。实施“问、记、讲、送——四字防控工作法”，全面关心关爱全区200户计划生育特殊家庭，采购396套预防病毒的中药香囊和沐足包，为计生特殊家庭送去温馨关怀。区各级计生协会响应《支援国家抗击新冠肺炎疫情会员一元捐》活动，参与捐款8311人，共募集人民币24.55万元，捐赠区红十字会，用于疫情防控一线。

【深化“四联创”活动及计生基层群众自治】 根据《福建省计划生育协会关于深入开展计划生育协会“四联创”活动的意见》（闽人口领〔2013〕1号）要求，建阳区于2013年开展“四联创”活动。2020年，全区已形成“区、乡、村、组”四级争创先进的良好格局。先进乡镇计生协会有9个，“一流村”和“合格村”（居）计生协会208个，“五好小组”645个。2020年，全区计生基层群众自治覆盖面100%。已创建“六好”示范村（居）112个。

【持续开展宣传教育活动】 2020年，建阳区计生协围绕“壮阔四十年　奋斗新时代”——庆祝中国计生协成立40周年这一主题，结合母亲节、“5·29”会员活动日开展“四个一”系列宣传活动。一是开展一场学习宣传习近平新时代中国特色社会主义思想以及《习近平在厦门》《习近平在宁德》《习近平在福州》等采访实录的学习心得宣讲；二是慰问一批计生特殊家庭，包括计生失独、伤残、手术并发症家庭；三是集中发放一批幸福工程项目资金，帮扶一批计生母亲发展生产；四是组织一次“我和协会合张影”的网络征集和“5·29”宣传随手拍“云”活动，庆祝中国计生协成立40周年。全年在中国、省、市计生协会相关刊物、网站和微信公众号上稿81篇。在庆祝中国计生协成立40周年“5·29”随手拍系列

2020 年 5 月，书坊乡计划生育协会"5·29"会员日红色文化活动

活动中，投稿两组图片获得中国计生协最受网友喜爱作品称号。

【开展优生优育进万家活动】2020 年，建阳区计生协开展优生优育进万家活动，普及优生优育知识。全年共开展宣传和亲子活动 20 场次，发放育儿宝典 500 本、宣传资料 5000 份。持续巩固发展青春健康教育项目，累计投入省、区级专项资金 11 万元，全区共创建各类青春健康项目试点 6 个（青春健康家长示范校 2 所，青春健康俱乐部 1 个，青春健康阵地 3 个）。发挥青春健康项目试点的先行作用，开设青少年成长之道、家长沟通之道讲座课堂，开展青春健康宣传活动。联合小学、中学在重要节点结合禁毒、防艾、生殖健康等主题宣传，增强广大青少年禁毒、防艾意识及自我保护能力。2020 年度共开展青春健康宣传、讲座课堂、户外拓展等活动 36 场次，发放青春健康教育读本等各类宣传资料、宣传品 3000 份。

2020 年 3 月 18 日，区计生协会向建阳区红十字会转交捐赠款

【继续推进生育关怀行动】2020 年，建阳区计生协共投入幸福工程救助资金 179.5 万元，救助贫困母亲 66 户，惠及 220 人，资金到期还款率为 100%，帮扶脱贫率 92%。在计生家庭意外伤害保险方面，2020 年，全区计生家庭保险参保户数 15720 户，参保金额 166.5 万元。计生意外伤害出险理赔 316 件，理赔金额 115.78 万元。全年区计生协会为 34 名考上一本院校一本专业的计生家庭贫困学子发放助学金 6.8 万元。同时从区扶贫开发协会认领帮扶 1 名考上一本的计生家庭子女，资助 2 万元助学金。2020 年建阳区争取省、市、区三级协会安居工程资金共计 36 万元，为 9 户计生贫困家庭提供安居服务。为 5 户计生贫困户新建房屋，每户资金扶持 6 万元，给予生活困难补助金 2000 元；为 4 户计生贫困户修缮房屋，每户资金扶持 1.5 万元。生殖健康援助行动蓝氧项目。全年累计服务蓝氧治疗新项目 4800 人次。全区共有计生特殊家庭 294 人，其中失独家庭 199 人，伤残家庭 95 人。区协会精心谋划各项帮扶工作，经常性开展慰问关怀活动，结合元旦、春节、母亲节、重阳节等重大节假日走访慰问，共慰问 467 人次，发放慰问金 28.01 万元；为符合条件的计生特殊家庭购买每户 150 元计生意外伤害保险和每人 100 元住院护理险；认真落实符合条件的独生子女户、二女户重大疾病、重大灾害的补助政策，截至 2020 年底，共为 197 户计生特

殊家庭提供救助资金 40.85 万元。

【深化结对帮扶，携手共促发展】2020 年，建阳区计生协严格按照区委、区政府要求，融入乡村振兴推进工作，以“机关连乡村、党建促振兴”为抓手，认真开展“百个支部联百村”结对共建工作，抓好落实。疫情防控期间，及时下拨 5000 元防疫经费用于储备防疫物资，并组织志愿者入户宣传防疫知识；定期组织志愿者前往上洋村进行人居环境整治，清扫垃圾，清理杂物并开展垃圾分类宣传活动；2021 年区级元旦、春节慰问，给崇雒乡上洋村的两户计生困难家庭送去慰问金；全年共下拨 4.5 万元结对帮扶资金。

2020 年，“9·15”教育报告团开展传承红色基因教育

区关工委

【概 况】 2020 年，建阳区关工委班子成员（兼职）12 人，机关人员在编 1 人，办公室聘用 1 人。内设教育报告团、关爱工作团、法制指导组、心理咨询组、家庭辅导组、科技服务组，新成立竹笛艺术支教团，形成“三团、四组”工作机构，团组人员 58 人，由“五老”及社会志愿者组成。全区各级关工委组织达到 290 个，乡镇、村（社区、校）均成立了基层关工委组织，参加关心下一代工作人数2836人，其中“五老”人员 1666 人，社会志愿者 1170 人。各乡镇（街道）关工委均设立青少年思想道德教育报告团、关爱青少年工作团工作机构，参与人员 80 人。

【开展主题教育】 2020 年，建阳区关工委克服新冠肺炎疫情的影响，采用线上网课和线下上课方式，抓住加强青少年思想道德教育这条主线，以城乡中小学为主阵地，深入开展“三爱”主题教育，引导青少年听党话、跟党走。区关工委报告团重点围绕“党史、国史”“爱祖国、爱劳动、爱学习”“传承红色基因，争做时代新人”“关爱明天，普法先行”等活动，共完成教育报告 60 余场，受教育的青少年学生、家长和青年教师约 1.5 万人次。区关工委德育报告团和关爱工作团分别被区文明委列为南平市新时代文明实践专业志愿服务支队。

【开展有益于青少年健康成长的活动】 2020 年，建阳区关工委全年开展法治宣讲活动 8 场，广场宣传 4 场，受教育青少年学生 8000 余人。与南平市关工委联合开展禁毒教育进社区活动 2 场，与区检察院等部门开展对青少年普法教育开放日联建活动 2 次；区关工委关爱工作团老干部 20 人次代表区关工委作为合适成年人代理未成年人家长，协助区公安局、区检察院提审未成年人犯罪案件调查工作，维护未成年人合法权益。推动“未成年人零犯罪学校（行政村）”创建工作，区关工委关爱团积极与有关部门配合，以“关工＋社工＋志工”关爱模式，进行调查跟踪，做好关爱服务，设立“阳光心灵驿站”，对 16 名有心灵创伤青少年给予精神抚慰，重拾阳光心态，还结对帮扶 12 名关押的少年犯，与他们通信交流，用真诚感召失足青少年改恶从善。全区有 51 名服刑在教人员未成年子女，67 名困难学生、留守儿童得到心理和经济帮助，27 名严重不良行为青少年得到就业指导、心理帮助。

【开展家风家教服务】 受水吉中心小学、回龙中心小学的点单邀请，家教组组长熊潭英、副组长吴松英及家教组成员进行良好家风建设的关爱志愿者服务。区关工委报告员陈云芳为两地开设了《把为人父母当成一门大学问来做》的家风建设讲座，受到家长和教师们的好评。

【助力农村青年脱贫攻坚】 2020年初，区关工委对科技服务团进行调整充实，新增2名正高、2名副高专业技术人员，并由正高级农艺师廖海林担任团长。区关工委李家回主任、陈煊华常务副主任和廖海林团长先后深入黄坑镇长见村杨龙创建的东方红家庭农场和崇雒乡崇雒村叶文生的洛田里农民专业合作社进行调研，推进区关工委农村青年创业示范基地的创建；协同农业局等部门，举办20期培训班，对1000多名青年农民进行种植、养殖技术指导，并选送10多名青年农民到建瓯、延平、邵武参加农业技术培训。截至2020年底，经关工委科技服务团培养的“种子学员”获得省、市级以上表彰的有6人次；全国种粮大户水吉镇戴春生被中国关工委评为“双带”农村青年人才。

【扶助困境青少年】 2020年，区、乡两级关工委为贯彻落实习近平总书记对关心下一代工作的重要指示精神，切实做好精准扶贫工作，坚持每年开展扶贫助学工作。在徐市镇举行区关工委助学金发放仪式，为11名困难家庭的中小学生发放助学金各500元。在建阳一中举行省关工委“福光助学金”建阳发放仪式，区关工委领导向10名品学兼优、家庭经济困难的高一学生发放每年每人资助2000元的“福光助学金”。这项助学金已连续两年，将扶持家庭困难的学生至高中毕业。在脱贫攻坚战中，区、乡两级关工委对453名贫困建档立卡学生进行帮扶，助学金额达60多万元。

【培育美育特色　完善青少年文化阵地建设】 2020年，建阳区关工委公益艺术课堂开设了竹笛、少儿歌唱、成人礼仪、塑身舞蹈等4期艺术技能培训，参加培训的社区青少年及学生家长200多人次，20多人次通过各类艺术专业考级。根据社区“三社联动”工作要求，从社区公益竹笛班培养出的有一定演奏水平和教学能力的分别组建了中南笛乐团、关工委青少年竹笛艺术支教团。至2020年底中南笛乐团参加市、区综合性文艺演出20多场，成为市、区宣传文化舞台上一道亮丽的风景和丰富市民精神文化生活的主力军；关工委青少年竹笛支教团成为区关工委弘扬优秀民族文化，开展美育教育的中坚力量。

10月28日，省关工委主任刘群英、省关工委常务副主任沈瑞武、南平市关工委主任郑明洋，在建阳区委常委、组织部部长方丹青的陪同下，到中南社区调研关工委工作。听取社区公益艺术课堂基本情况介绍，饶有兴趣地观看了区关工委竹笛支教团的现场竹笛吹奏表演，省、市关工委对区关工委支持指导社区公益艺术课堂和建阳区关工委竹笛支教团开展的工作给予充分肯定，认为这项帮扶工作做得很实在，富有特色，很有意义，创新了关工委工作的新途径，开拓了关工委工作的新领域。竹笛艺术传承支教团10多名成员先后在水东小学开设第三期竹笛特长班，西门小学、童游小学开设首期竹笛特长班，每个特长班15～25人，每周固定上课。葛天宇、谢杰睿、余之术等三位小学生参加中国民族管弦乐学会举办的“北京竹笛邀请赛”分别获得金、银、铜奖。水东小学竹笛特色教学已逐步形成。

【拓展“三爱”工作新形式】 2020年，建阳区关工委会同区教育局和有关专家，每年计划安排抓1～2所学校的创建工作，逐校帮

2020年11月12日，建阳区关工委助学金颁发仪式举行

助具体策划，制订创建计划，力求抓一所学校形成一个特色。桥南小学邀请区关工委报告团副团长、区诗词楹联学会会长李加林为校外辅导员，指导编写了诗歌校本课程。小湖中心小学建立茶艺教室，报告团成员徐胜文老师一直关注茶艺教学班，随时到校为师生排忧解难、答疑解惑。区关工委报告员、省中青年童话家叶木青到崇雒中心小学担任校外辅导员，指导童话写作，10 多名学生的童话作品登上《考亭文苑》杂志，拿到稿费，点燃起童话创作的梦想。

【强化组织保障，完善机构、健全制度】 建阳区关工委认真学习贯彻习近平在纪念中国关心下一代工作委员会成立 30 周年暨全国关心下一代工作表彰大会上作出的重要指示精神，落实深化基层组织建设。

党委重视，组织落实。区委、政府高度重视关心下一代工作。12 月 7 日，建阳区委书记杨新强主持召开区委常委会。会上，专门安排学习了《习近平就做好关心下一代工作作出重要指示》精神，研究部署建阳区关工委工作。区关工委主任李家回作关工委工作汇报，区委常委、宣传部部长刘寒传达了习近平在纪念中国关心下一代工作委员会成立 30 周年暨全国关心下一代工作表彰大会上作出的重要指示精神；区委常委、组织部部长、区关工委第一主任方丹青介绍了省关工委刘群英主任调研建阳区关工委工作的情况和近年来建阳区关工委工作形成的美育特色；杨新强书记在会上充分肯定建阳区的关工委工作，并强调，关心下一代工作非常重要，今后要以习近平总书记的重要指示精神为指导，各级党委政府要支持更多老同志参加关心下一代工作，使广大“五老”在关心下一代的广阔舞台上老有所为、发光发热，不断开拓关工委工作新局面，为培养社会主义建设者和接班人作出新的更大的贡献。

机构健全，网络完善。全区共 13 个乡、镇（街道），都由党政一把手兼任同级关工委名誉主任。乡镇（街道）、区直机关关工委均建立思想道德报告团和关爱工作团。全区共有 212 个村（社区），均由支部书记或主任兼任关工委主任，“五老”志愿者任常务副主任。37 所中小学、幼儿园均由校长任关工委主任，“五老”志愿者任常务副主任。

健全制度，工作到位。区关工委每年初召开 1 次以上全委扩大会，传达贯彻全国、省以及南平市关工委会议精神，交流汇报工作情况，总结部署新年度工作。召开乡镇（街道）、区直机关关工委常务副主任、秘书长学习培训会议，及时交流基层关工委“设基地、建机制、抓典型、创品牌”的工作成效和经验，推进各项工作全面发展。麻沙、徐市、潭城、莒口、漳墩等关工委对村级关工委骨干进行业务培训。区教育局关工委召开关工委现场会，及时总结推广新典型、新经验，以会代训培训各校关工委骨干。

【加强自身建设，提升队伍服务能力】 2020 年，建阳区关工委加强自身学习，学习贯彻习近平新时代中国特色社会主义思想和对关心下一代工作的重要指示，围绕加强和改进青少年思想道德建设这个根本任务，发挥全区广大“五老”人员以及社会志愿者作用，为青少年做好事、办实事、解难事。

加强学习开展培训。区关工委多次召开会议，认真贯彻习近平总书记对关心下一代工作的重要指示和纪念中国关工委成立 30 周年暨全国关心下一代工作表彰大会精神，组织有关人员参加省关工委线上业务培训和市关工委《中华人民共和国民法典》培训讲座；市、区关工委联合开展“纪念中国关工委成立 30 周年暨全国关心下一代工作表彰大会精神”进中南社区宣讲和学习讨论活动。

开展“基层建设提升年”活动。召开主任办公会议、基层关工委主任培训会议，贯彻落实《关于加强以党的建设带动关工委建设工作的意见》（闽委组通〔2018〕90 号、南委组综〔2018〕82 号）文件精神，推进关工委组织领导、班子配备、目标考核、工作保障等制度进一步完善，形成党建带关键的常态化工作机制；学习贯彻南平市关工委《关于开展“基层建设提升年”活动的实施意见》（南关工委〔2020〕11 号）文件精神，全区开展“基层建设提升年”活动，进行部署，把潭关工委〔2020〕5 号文件下发到乡镇街道、区直机关关工委。

深入基层专题调研。徐市镇作为建阳区开展“基层建设提升年”活动的工作试点。11 月，区关工委到徐市镇开展基层关工委工作调研，在徐市小学召开区关工委“基层建设提升年”实施情况座谈会，徐市镇党政领导，关工委老干部，中小学校长，镇司法所、禁毒办负责人参加座谈，镇关工委就开展基层建设提升年工作做了情况汇报，与会者分别就开展“基层建设提升年”活动和当前关心下一代教育青少年存在的问题提出了意见建议。李家回主任在座谈会上进一步强调了开展关工委“基层建设提升年”活动的指导思想、目标任务、工作措施和活动要求。

市区一体，主动对接。南平市政府搬迁至建阳以来，主动对接市关工委工作部署，力争做到市区一体，促进工作落实到位。李家回主任、陈煊华常务副主任多次陪同市关工委领导深入徐市、潭城、崇雒、将口等乡镇（街道）开展关爱帮扶、农村科技服务、关工委基地建设等工作调研；配合市关工委开展禁毒宣传进社区活动，在潭城街道兴建社区开展以“健康人生，绿色无毒”为主题的禁毒宣传进社区活动。讲解禁毒知识、发放宣传册，对部分社区戒毒社区康复人员进行禁毒知识宣传和关爱帮教，并发放慰问品。乡镇（街道）党委增强对关心下一代工作的领导和支持，解决一些存在的问题，为今后的工作奠定了良好的基础。

区老科协

【概况】 2020 年，建阳区老科学技术工作者协会在建阳区委、区政府，南平市老科协等有关部门的领导和大力支持下，认真学习中共十九大及习近平总书记一系列重要讲话精神，坚持以习近平新时代中国特色社会主义思想为指导，按照“老有所为，老有所乐，量力而行，尽力而为”的原则，围绕老科协职能特点，积极开展科技宣传、服务“三农”等工作，把科学技术与生产实际紧密结合，做科技支撑农、林业发展的桥梁和纽带，取得了成效。该会是以全市退离休老科技工作者为主体自愿结成的非营利性组织，是综合性的全区性法人社会团体，是党和政府联系老科技工作者的桥梁和纽带。下设农业、林业、医卫计生、教体文育、财政金融经济交通 5 个专委会，和林业、农业、童游 3 个分会以及 1 个“三农”科技服务团。共有会员 84 人，其中，高级专业技术职称 34 人，占会员总数的 40.48%；中级专业技术职务 38 人，占会员总数的 45.24%。

【创办学习型协会】 2020 年，建阳区老科协始终把学习作为推动工作的首要任务，把学习中共十九大精神，学习习近平总书记系列重要讲话精神，学习中央、省及南平市老科协的重要工作部署和会议精神列入常规工作来抓。除安排专项学习外，每次会议都安排内容学习，挖掘潜能，明确任务，更好地融入大局、服务大局。及时研讨新形势下进一步做好老科协工作，为建设美丽建阳发挥作用。

【调研建言发挥余力】 2020 年，建阳区老科协围绕建阳区经济社会发展重大问题，按照“选题求准，调研求深，撰写求精，转化求实”的调研思路，形成一批紧扣经济发展、社会事业进步和人民生计改善的调研报告论文，建有据之言，献务实之策，参在点子上，谋在关键处。进一步提高建阳区老科协的建言能力和水平，力求达到开展一项调研活动，形成一个调研报告、催生一个决策、推动一项工作、解决一方面问题的目的。

【关爱义诊】 2020 年，建阳区老科协开展义诊惠民活动，关心老区、支持老区，帮助解决老区和贫困地区百姓“看病难、看病贵”难题，服务群众惠及民生的重要工作，关爱义诊受群众欢迎。义诊已成为建阳区老科协、科普工作的重头戏，义诊开始在市区，再到乡镇，最后到村庄。

【技术培训与科技宣传】 2020 年，建阳区老科协开展科技宣传、咨询和技术指导，普及各项科技知识。根据建阳区委、区政府的统一部署，利用“科技宣传周”在步行街广场举行了科技宣传和科技咨询活动。在各乡、镇的赶圩日，举办送科技知识、书籍和开展科技咨询、科技服务“三下乡”活动。技术指导 500 人次，发放相关的各种林业实用技术资料和书籍3000份。科技宣传和咨询内容有葡萄种植技术、油茶种植技术、草莓种植技术、森林病虫害防治知识、五大商品林基地建设技术、桉树栽培技术、经济林栽培技术、毛竹丰产培育技术、锥栗栽培技术、千年桐栽培技术、林业法律法规知识、森林防火知识、野生动植物保护知识及最新的农林业科技成果等。组织科技人员利用各乡镇赶圩日到每个乡镇进行两次巡回宣传，协同农业、林业科技人员和科技特派员适时下乡指导千年桐栽培技术、锥栗丰产、毛竹丰产、桉树种植等栽培技术，不定期举办林业员技术培训、千年桐栽培技术、锥栗丰产、毛竹丰产、桉树栽培、种苗培育及生态公益林保护等各类实用技术培训。

【开展科技研究，探寻科技成果】 2020年，建阳区老科协针对农村生产存在的问题和难点，开展无患子苗木繁育关键技术及其应用研究、福建北部高纬度区引种邓恩桉高产栽培技术研究及其推广、亚热带低纬度区高附加值雷竹笋食品基地推广与示范等林业科学研究，探索和解决农村生产中存在的问题和困境，为促进农村农业、林业生产健康持续发展提供技术服务。老科协联系建阳区农业局、林业局，福建农林大学等科技单位主要从两方面对雷竹进行研究，分别为正交试验法优化雷竹早产高产试验研究、不同保温增温措施下雷竹经济效益研究。与雷竹合作社在莒口、麻沙、黄坑等地建立雷竹笋食品示范基地33.33公顷。

【科技项目推广，发挥科技示范作用】 2020年，建阳区老科协开展建立毛竹丰产高效示范片，笋、竹两用林丰产示范片，锥栗丰产示范片。推广速生阔叶树栽培技术、毛竹丰产高效栽培和低产改造技术、锥栗丰产技术等各种实用林业技术。进行耐寒邓恩桉、大叶桉、毛红椿、响叶杨等一些树种的引种栽培，实施短轮伐期工业原料林建设、油茶示范基地建设，在建阳综合林场开展酸枣载秆栽培丰产实验，使科技在农林业生产和经济中的贡献率得到明显提高。

【加强组织建设，夯实科技工作基础】 2020年，建阳区老科学技术工作者协会党支部委员会由汤文伦、阙泽芹、黄权组成，汤文伦任支部书记，阙泽芹任组织、纪检委员，黄权任宣传、统战委员。创新党建工作，在思想上政治上行动上同以习近平同志为核心的党中央保持高度一致。通过完善制度，开展活动，充分发挥老科协党支部的政治核心作用，适时开展党日活动，推进老科协党建工作。建阳区老科协主动与退休及即将退休老科技工作者取得联系，发展会员，不断增加老科协队伍的新生力量。对确有一技之长，且能够帮助群众致富的其他老年乡土人才，都吸收他们为会员。2020年底共发展教授、高级工程师、乡土人才等11名老科协新会员。各分会老科协组织，成立了科研小组、文艺小组、健康教育小组、书法小组、象棋小组、科技富民小组、民事协调小组等特色活动小组。

区老促会

【概况】 2020年，建阳区老促会深入学习习近平总书记关于苏区老区的系列讲话和习近平新时代中国特色社会主义思想，学习廖俊波扎实工作，廉洁奉公，身体力行的崇高精神，不断增强“四个意识”、坚定“四个自信”、做到“两个维护”，当好党委、政府联系苏区老区人民的参谋助手，发挥好纽带桥梁作用。积极抢救革命历史遗存遗迹，为教育后人传承红色基因，努力做好区域内革命历史遗存遗迹的修缮修建与保护工作。向区财政争取资金46万元，用于9处革命遗址遗迹的保护修缮（其中，将口镇回潭村、杨香村；漳墩镇姜地村；黄坑镇红军标语墙、坳头村、苦竹坪村；莒口镇金山村；徐市镇南槎村、唐科村）。

【疫情防控工作】 2020年春，新冠肺炎疫情突袭而至，老促会干部积极响应党中央号召，认真贯彻党中央关于疫情情况的指示精神，深入老区村开展防疫宣传，从有限的经费中挤出5000元，支持老区村抗疫，驻会人员也积极为疫情防控捐款。

【坚持每年向区常委会汇报工作制度、谏言献策】 2020年7月10日，建阳区委常委会在繁忙的工作中，专门安排时间听取区老促会工作汇报。汇报会上，区老促会会长练明武汇报了区老促会2019年以来的工作情况及今后工作思路，提出四个需要区委、区政府帮助解决的困难和问题，并就老区重点乡镇村脱贫攻坚、革命历史遗迹遗址保护建设、编写红色文化读本教材进校园、发挥革命历史纪念设施教育阵地作用、加强区老促会的组织建设等方面提出了四点建议，获得了区委、区政府领导的认可与采纳。区委杨新强书记在常委会上，对老促会的工作给予赞扬和充分的肯定，并提出要向老干部学习，发挥老干部作用，保护老干部的积极性，关心老干部。要求各级党委和相关部门要进一步增强老区意识，支持老促会的工作，推进老促会工作再上新台阶。

【《革命老区县发展史》编纂】 根据上级工作部署要求，《建阳革命老区发展史》编纂工作已完成30余万字初稿，送交有关部门审阅，计划于2021年交付海峡文艺出版社完成出版印刷。

【为老区办实事、办好事】 1. 继续稳步开展好新一轮“光明行”活动。千万华厦基金光明行活动自2015年7月在建阳区开展以来，据不完全统计，自活动开展以来，共筛查眼疾患者19476人，治愈眼疾及手术人数达1520人，减轻患者经济负担约400万元。2. 认真做好贯彻省黄仲咸教育助学奖学金发放工作。2002年开展黄仲咸教育奖学金发放以来，到2020年累计受助学生达1961人次，累计金额已达132.05万元，激励贫困学子自强自立，奋发向上，成长成才。3. 宣传老区。一是向《中国老区建设》《红土地》杂志及相关媒体投送稿件36篇，其中刊登9篇。二是在2020年8月1日，老促会会同建阳青松合唱团在建阳区考亭水美城举办《宣传老区 赞美军人》专场歌舞晚会。激发爱国主义热情，营造传承红色文化，发扬革命传统等良好社会氛围，获得社会广泛好评。

个私协会

【概况】 截至2020年12月31日，全区企业10099户，雇工总人数合计7661人，注册资本合计651.06亿元；个体工商户35388户，从业人数69986人，资金数额合计35.46亿元。其中，2019年12月31日至2020年1月止，新增注册登记企业总户数为2141户，雇工5511人，注册资本109.24亿元。新增注册登记个体工商户12396户，从业人数合计17406人，资金数额合计6.91亿元。

【组织建设】 2020年，建阳区个私党支部及工、青、妇等各组织机构均设立独立的办公和服务窗口并配备电脑、交通工具等，建有塑胶篮球场、健身房等会员活动场所。有完善的理事会、会长座谈会的议事制度，会员走访联络与服务制度，财务管理制度，票据管理制度。准确把握坚持创新发展、协调发展、绿色发展、开放发展、共享发展的深刻内涵、目标要求和基本原则，强化协会党组织整体功能，发挥战斗堡垒作用和党员先锋模范作用，激励协会广大党员开拓进取、攻坚克难，更好带领企业会员全面建成小康社会。

【党员携手抗疫情，爱心捐赠】 2020年，建阳区个私协会在全国上下众志成城抗击疫情之时，个私协会会员做好新型冠状病毒感染的肺炎防控工作，确保广大人民群众的健康安全，广泛宣传疫情防控科学知识和措施，不信谣、不传谣、不造谣，不发布未经证实的疫情和防控工作信息等，不断加强正面舆论引导，全力做好释疑解惑、化解矛盾、理顺情绪、增进共识工作，凝聚起心往一处想、劲往一处使、万众一心抗击疫情的强大正能量。劝导行人必须要戴口罩，商店门口贴“疫情”防控广告。积极宣传复工复产、春耕备耕以及对境外人员疫情防控“七个一”健康服务管理办法。踊跃参与党员自愿捐款活动，个私协会支部党员20名捐款5210元。

【热心社会公益、扶贫慰困】 2020年，南平市建阳区文化科技卫生“三下乡”集中服务活动1月8日在莒口镇启动，建阳区个体私营企业协会党支部便民服务队参加（公益）服务；4月13日协会党支部到小湖镇东鲁村慰问帮扶对象刘金珠，送去大米、食用油、牛奶、营养麦片、疫情防护口罩，并祝福老人身体健康。协会张肖舟秘书长送上慰问金300元，并祝福老人身体健康；7月14日，个私协会开展“献爱心，送温情”主题党日活动，市场管理局与个私协会27名党员、积极分子志愿前往黄坑镇开展理发、配锁等便民活动，并慰问老党员、烈士家属困难群众16户，每户送去价值500元的物品，合计9000元全部由协会党员捐助；9月18日下午，建阳区个体私营企业协会党支部便民服务队到南平市第二医院，开展“献爱心，递温情”主题党日活动，为院医护工作人员及患者家属义务理发；10月28日上午建阳区个私协会党支部到小湖镇东鲁村，看望帮扶对象刘金珠，送去大米、食用油、鸡蛋、牛奶、营养麦片、水果，并祝福老人身体健康。12月2日，市总工会在南平市体育馆工地组织开展“携手防疫抗艾，共担健康责任”世界防艾滋病日主题宣传和便民服务活动，建阳区个私协会党支部便民服务队，为体育馆工地的建筑工人和农民工义务理发。

【开展慈善活动】 2020年，建阳个私协会资助南平市建阳区第二中学贫困学生曾昊文10000元；5月8日，建阳区个体私营企业协会向建阳区妇女联合会“母亲健康1＋1”公益活动捐款3000元。

【支部换届选举】 2020年7月24日，建阳区个私协会召开支部委员会会议集体讨论，确定中共南平市建阳区个私协会支部委员会委员候选人预备人选。支部委员会拟设委员5名，提名候选人6名；设书记1名，副书记1名。大会选举结果如下：中共南平市建阳区个体私营企业协会支部委员会支部书记由邱德友担任；支部副书记、组织委员由张静担任；支部纪检委员由叶文业担任；支部宣传委员由林升辉担任；支部统战委员由康青担任。

区消委会

【概况】 2020年，建阳区消委会围绕“凝聚你我力量”消费维权年主题，发挥消协社会组织平台作用，汇聚各方面消费维权力量，促进建立政府部门、社会组织、广大消费者、企业主体共同参与的消费维权共建共治共享新格局。

【宣传引导，增强消费维权意识】 建阳区消委会始终坚持以提升全社会的消费维权意识为目标，将消费教育引导贯穿消费维权工作始终。与有关部门配合，通过“3·15”国际消费者权益日、“4·26”世界知识产权日、食品安全宣传周、安全生产宣传咨询日、科技宣传周、“5·20”世界计量日等大型宣传活动，向群众发放宣传材料，开展现场受理投诉、举报、咨询，广泛普及消费维权知识，不断扩大社会影响力。根据疫情防控工作的需要，1月28日通过微信公众号、宣传单的形式，向消费者发出“建阳区消委会应对新型冠状病毒感染的肺炎疫情倡议书”，倡导广大消费者在疫情期间主动配合疫情防控工作，理性消费；倡导经营者在特殊时期严格履行法定责任、积极承担社会责任，及时采取有效措施，妥善处理相关消费者合理诉求，尽力为消费者减少损失。与建阳区市场监管局、教育局密切配合，先后到曼山小学、建阳一中、建阳二中开展“消费教育进校园”“食品安全知识进校园”等活动，普及食品安全知识，增强儿童、青少年识假辨假、安全消费意识及能力，鼓励学生家长及社会公众对“五毛”小食品和“三无”低价伪劣食品、伪劣学生用品等商品及其销售者进行投诉举报，引导学生们树立正确的消费观念，提高维权和消费自我保护意识，共同打造安全健康的校园及周边环境。

【持续推进，完善维权站点建设】 2020年，建阳区消费者权益保护委员会为更好地畅通投诉渠道，方便群众维权，新设立维权站点16个。截至2020年底，在供水、供电、有线电视、汽车站、1个AAAA旅游景区、2个城市综合体商场、2家保险公司、3家电信运营商、5家商业银行、5家大型超市等营业场所共设置36个消费维权服务点，另有13个乡镇（街道）消费维权服务站，每个行政村、社区设置消费维权服务点，站点总数达262个。由所在经营单位推荐具备一定法律知识、沟通协调能力强、热心消费维权事业的工作人员担任调解员（联络员）。其中，建发、万达作为闽北仅有的两处城市综合体，经济体量大，消费投诉集中，提早介入，指导设立消费维权站点，为消费者维权提供便利。

截至2020年底，全区各维权服务站点受理收费、服务方面引发的消费纠纷共282件，调解办结196件，办结率70.2%，为消费者挽回经济损失2.31万元，赢得了社会各界的广泛赞誉。

【依法监督，切实维护消费者权益】 2020年，建阳区消委会各成员单位共受理各类消费投诉1136件，比2019年同期增长102.2%，受理消费者咨询216人次，为消费者挽回经济损失41.25万元。诉转案3件，均为房地产企业虚假宣传、误导消费案，经立案调查，两户企业各处罚款70万元，另一户企业罚款20万元。其中“三迪西城枫丹”上叠业主熊某等5人投诉该楼盘开发商虚假宣传，误导消费，欺骗消费者纠纷案，经区消委会多次介入，成功化解了双方矛盾，有效地维护了消费者的利益，6名业主代表为此送来“为民解忧 心系群众”的锦旗，以示感谢之情。通过南平市消委会推荐，省消委会将此案例作为第三季度全省消费维权典型案例进行通报，并在相关媒体上发表。

区社科联

【概况】 2020年，南平市建阳区社科联以习近平新时代中国特色社会主义思想为指导，深入学习贯彻落实中共十九大，中共十九届二中、三中、四中全会精神，以“潭山市民讲坛”省社科普及基地和省理论进基层示范品牌为抓手，与时俱进，在新时代文明实践中心开设理论宣讲宣传，通过进企业、进农村、进机关、进校园、进社区、进军营、进网站，实现社科宣传普及精准到位。2020年申报2020—2022年度福建省社会科学普及基地。

【普法宣传活动】 2020年，建阳区社科联组织科协，农业、司法和各类社科协会、学会等30家单位部门合力发动强大的宣传攻势，就社会主义核心价值观、乡村振兴战略、创新发展、生态环境、科技兴农、安全卫生等社科知识开展广场咨询服务活动，发放宣传册、宣传单等社科资料1.5万份；举办2020年南平市建阳区“决胜全面小康　决战脱贫攻坚”社会科学普及宣传周启动仪式暨畲族民俗文化展演。举行“争创文明城、争做文明人——不文明行为大家谈”演讲比赛。开展科普进校园活动，如建阳区水东小学开展“积累科学知识，争当科普先锋”科普知识竞赛活动，实验小学开展“启迪科普意识、激发创造热情”主题科普知识进校园系列活动。开展以“深入学习《习近平谈治国理政》第三卷”为主题的第十三期社会科学知识有奖竞答活动。建阳广播电视台、《建阳报》等区本级媒体做足宣传报道，多角度、多层次反映学习贯彻中共十九大，中共十九届二中、三中、四中全会精神，中共十九大精神和社科支撑发展服务民生的经验和事例。

2020年10月14日，在区中山广场举办南平市建阳区“社会科学普及宣传周”启动仪式暨畲族民俗文化会演

【开展讲坛宣讲活动】 以区委理论学习中心组学习会、“潭山市民讲坛”、新时代文明实践中心（站）和考亭讲坛为平台，围绕学习贯彻中共十九大，十九届二中、三中、四中全会精神，对接省委宣传部、省社科联要求举办“2020年福建省学习习近平新时代中国特色社会主义思想百场社会科学专题报告会”活动，邀请福州大学社会学系主任、教授、博士生导师甘满堂作《文化资源开发与乡村振兴——基于福建区域观察》专题讲座。各单位按需点单，开展政策热点、经济金融、法律法规、文化教育、健康养生、农村农业、生态环境、艺术鉴赏等社科知识报告会等专题讲座。全年共开展各类报告、讲座活动278场次。开展宣传中共十九届五中全会精神送戏下乡活动和“庆祝建党百年，文化艺术乡村行”活动，创作《快板说唱十九届五中全会》快板作品，组织艺术家们深入农村采风写生，创作一批植根农村基层、反映时代风貌、展现乡村振兴的优秀作品。

【组织宣传阵地宣传活动】 2020年，建阳区社科联精心制作社科宣传展板，在全区各科普宣传活动展示。开展《中华人民共和国民法典》图片展，大力宣传中共十九大提出的行动纲领和大政方针。在城区各公交站点的LED（发光二极管）走字屏滚动播放精准扶贫、人口普查、

2020 年 11 月 17 日，百场社会科学专题报告会会场之一，福州大学教授甘满堂作《文化资源开发与乡村振兴》专题讲座

文明城市、厉行节约、疫情防控等主题宣传标语。科普周期间，建阳区城市规划展览馆、博物馆、美术馆、图书馆、建阳革命历史纪念馆、徐市上饶集中营南迁纪念馆、书坊太阳山革命历史纪念馆、建阳建本文化展览馆等面向社会公众免费开放，各乡镇（街道）、组织学生和干部群众前往参观学习，传播和弘扬红色文化、优秀传统文化以及地方历史文化知识。如 10 月 23 日下午，建阳区人民检察院精心策划并组织干警前往建阳区建本展览馆开展参观学习活动。

工商联

【概况】 截至 2020 年，全区工商联有会员 1741 人，其中，会员企业 660 家。商会管理、联系组织 23 个。其中，区外异地商会 6 个（北京、上海、广东、天津、福州、厦门），区内异地商会 2 个（温州、寿宁），乡镇（街道）商会 13 个，青年民营企业家商会 1 个，23 个商会中已登记注册规范商会 16 个。本届工商联（商会）常、执委 97 人，其中，主席、副主席 11 人，副会长、秘书长 35 人，常委 11 人，执委 40 人（女常、执委 11 人）。工商联班子整体上比上届班子在文化结构、年龄结构上更趋优化。常执委中有市人大代表 1 名，市政协委员 4 名，区政协委员 26 名（其中政协常委 7 名），区人大代表 3 名（其中人大常委会委员 2 名）。

【各商会活动】 2020 年 4 月 23 日，顺昌县工商联林峥嵘副主席、青商会谢均鉴会长到建阳区工商联走访交流。5 月 29 日，厦门市淮安商会组团到建阳区考察建盏文创园、漳墩白茶小镇馆及漳墩镇商会、潘盏柜建盏陶瓷有限公司及区经济开发区。南平市工商联书记黄雄杰、副主席林玉叶陪同，建阳区工商联书记张春贵、漳墩镇商会会长陈盛福参加。7 月 14 日上午，义乌市闽北商会响应南平市委、市政府“回归经济”号召，会长李香伟带领副会长、理事等 61 人回乡考察，商会一行主要考察了区福建武夷兴华实业有限公司、福建省唐金包装有限公司、建阳经济开发区及福建龙泰竹业股份有限公司等。南平市工商联副主席林玉叶，建阳区工商联副会长徐吉兴、彭云飞参加。

2020 年 9 月 28 日，区工商联举办第六期民企大讲堂

【参加会议、活动】 5月15日，张春贵副部长主持召开乡镇统战委员联席会，安排部署“回归经济”与“民企带村”工作。之后，区委统战部、区工商联联合召开“民企带村”工作会议。12家民企和6个帮带村第一书记参加会议。会上村企签订了帮扶协议，并就帮扶方式、措施等进行交流座谈。6月5日下午，区工商联召开商会调解委员会成立工作会议。7月22日上午，书记张春贵主持召开青年民营企业家学习会，学习7月21日习近平总书记在企业家座谈会上的讲话全文，深刻领会习近平总书记重要讲话精神。8月21日，南平市建阳区工商联（商会）第十一届四次执委会暨2020年半年工作会议在建阳区宾馆会议室召开。建阳区委副书记、区长魏敦盛，区委常委、统战部部长林贻彬，副区长陈文藩及有关的各区直机关单位负责人和嘉宾等100余人出席会议。会上，魏敦盛区长给区工商联（商会）4位优秀的企业家颁发了“招商顾问”（陈春流、张桂明、彭吉辉、吕建义）的牌匾，李友明主席为新任的11名副会长（王丽娟、吕建义、叶生盛）、执委（王志川、陆泽彭、梁自宽、陈涛、廖强、练飞、邹义来、丁国雄）授牌。9月10日，区工商联召开“圣农光明基金”“同心·光彩助学”受资助对象座谈会。9月28日，区工商联举办第六期民企大讲坛，60多名常执委参加。

【非公人士活动】 7月30日上午，建阳区工商联组织民营企业家丁燕军、徐贵忠到建阳区消防救援大队慰问消防全体官兵。送去慰问品菊花茶、王老吉、葡萄糖、麻沙樵溪米粉等240件，价值8000多元，表达了区工商联及企业家们的一份拥军之情。区政府副区长陈文藩、区工商联党组书记张春贵参加慰问。9月11日上午，省水利投资集团副总经理高锦芳一行到书坊乡贵溪村开展助学活动。为1名患病儿童送上慰问金，为9名贫困学生送上学习用品和助学金。

【走访调研】 4月27日上午，区委书记杨新强、南平市工商联书记黄雄杰率常委、部长林贻彬，副区长陈文藩等一行到省工商联，就省领导挂钩帮扶建阳工作向主席王光远、书记李家荣做汇报。6月17—18日，省政协副主席王光远率各挂钩帮扶部门单位到建阳走访调研。省工商联主席王光远、副主席刘军、经联部副部长陈向东、王主席秘书吴世彦一行走访调研区青商会及区工商联副会长彭云飞、卓学进、何伟企业。10月13—14日，书记张春贵、秘书长刘玉琪，会同区文体旅局副局长钱建，一行6人先后走访连江县工商联，参观贵安欢乐世界、溪山温泉、高尔夫球场、定海湾和渔夫岛等项目，期间推介建阳文旅项目。9月6—8日，书记张春贵前往厦门参加“9·8厦洽会”活动，并走访厦门建阳商会。8日上午陪同区委书记杨新强、区常委王杨、副区长陈文藩等拜访盛方集团及董事长宁晓辉并座谈。区直部门单位负责人叶义清、蔡树明、张文鲁及厦门建阳商会彭吉辉会长参加。11月4—6日，区工商联书记张春贵随区长魏敦盛、副区长陈文藩赴上海参加第三届中国中际进口博览会，并走访上海仓丰投资管理有限公司（魏兆华）、建阳区上海商会（陈菊花）、上海嘉来顿活塞有限公司（王卫华）等。

2020年3月17日，市工商联走访调研黄坑镇商会

【疫情防控】 2020年，建阳区工商联全体人员主动放弃休息连续作战，发动区内、外民企乡贤奉献爱心，捐款捐物，为区疫情防控捐赠防控紧缺物资和防控资金。据统计，共有300多名民企乡贤和8个商协会组织以不同形式向建阳区

指挥部、卫健局、红十字会、乡镇街道捐款捐物共计180.28万元。其中捐款累计78.93万元；捐赠各类型号口罩21.99万个，医用手套900双，防护服213套，酒精消毒液、消毒水2585瓶（桶），以及体温枪、牛奶、富硒营养复合粉等防控物资合计101.36万元。此外，还主动向2020年帮扶建阳的省工商联领导汇报建阳区疫情防控情况，得到省光彩促进会和正荣公益基金支持疫情防控资金200万元。

疫情防控期间，南平市工商联书记黄雄杰、副主席林玉叶先后到新纪集团、飞力士物流、黄坑镇商会及顺竹制品、馥峰茶叶、东方红家庭农场、麻沙镇商会及天天铁艺、樵溪伟业等商会、企业走访调研，了解企业疫情防控与复工复产情况，并为一线生产员工送上防护口罩300个。建阳区工商联先后到宝山社区、金厦粮业、三和机械、三顺建材、青松股份、武夷白鹭、朱子酒业、奇英彩印走访调研，并为一线生产员工送上防护口罩共600个。4月2日、3日，为学校高年级复课复学，副会长彭云飞先后捐赠防护口罩给建阳一中1万个，建阳二中、外国语学校各5000个，麻沙中学2400个。

应急管理

安全生产工作

【概况】 2020年，南平市建阳区应急管理局坚持以习近平总书记关于应急管理、安全生产和防灾减灾救灾重要论述精神为引领，认真贯彻落实党中央国务院、省委省政府和市委市政府关于应急管理和安全生产工作一系列重要的决策部署，深入推进安全生产领域改革发展，在守牢安全生产“基本盘”的基础上，推动建立健全应急管理体系，在落实安全生产责任、开展防灾减灾救灾等方面持续发力，为全区经济社会高质量健康发展提供了坚实的安全保障。全区共发生各类生产安全事故6起，死亡5人（建筑业事故4起，死亡4人；批发和零售业事故1起，死亡1人），受伤1人，事故起数、死亡人数同比分别下降2起、2人，未发生较大以上生产安全事故，亿元生产总值生产安全事故死亡率为0.019，发生一般森林火灾1起，受害森林面积120亩，受害率0.03‰，发生率0.04次/万公顷，全区安全生产态势总体平稳。

【应急管理机构建设】 2020年，南平市建阳区森林防火指挥部办公室、南平市建阳区人民政府防汛抗旱指挥部办公室先后成建制转隶至南平市建阳区应急管理局，南平市建阳区应急管理局共核定行政编制10名，事业编制（含参公）19名、工勤编制1名。

【安全生产监督管理】 2020年，南平市建阳应急局先后组织开展春节前安全检查、防疫暨复工复产安全检查、服务督导、危险化学品企业安全隐患大排查大整治、加油站专项安全检查（含散装汽油）、危险化学品企业储存环节专项检查等行动，配合市应急管理局开展危险化学品重点县专家服务，推动市应急管理平台使用，推进危险化学品重大危险源风险监测预警系统接入工作，4家重大危险源企业已全部完成接入工作。共检查危险化学品企业89家次，其中，检查危险化学品生产企业41家次，经营企业48家次；摸排出隐患问题156条，下达49份限期整改指令书，各生产经营单位按期整改率达到100%。检查烟花爆竹批发企业和经营点44家次，摸排出隐患问题13条，下达限期整改指令书4份，按期整改率达到了100%。非煤矿山方面：先后组织开展非煤矿山疫情防控和复工复产安全生产工作、汛期安全检查、安全生产大排查大整治等行动，邀请省冶金院、南平安生公司的专家对3座矿山进行指导，现场为矿山企业解决生产、基建过程中安全问题，完成3座尾矿库闭库销号工作，完成4座尾矿库的闭库评审工作。共检查矿山企业24家次，摸排出隐患问题104条，下达21份限期整改指令书，各生产经营单位按期整改率达到100%，责令停产整顿矿山3家，行政处罚矿山1家，行政罚款2万元。工贸企业方面：深入开展工贸行业生产经营单位数量的调查摸底和安全隐患大排查大整治工作，初步摸排全区工贸行业生产经营单位数量为318家，按八大类进行分类建档，并将318家工贸企业接入南平市应急管理平台，共组织监督检查工贸行业的生产经营单位45家次，发现一般隐患116项，已完成整改116项，对2起违法行为进行立案调查，行政罚款2.2万元。坚持立足区情，持续推动各负有安全生产监督管理职责的部门依据职责持续开展道路交通、公众聚集场所消防安全、建筑施工、校园安全等重点行业领域监管，重点领域安全生产形势持续好转。

【安全生产执法】 2020年，建阳区应急管理局共受理案件19起，累计实施经济处罚388.49万元，其中：受理区政府交办事故类案件15起，实施经济处罚356.76万元；受理上级应急部门移交案件1起，实施经济处罚2万元；受理区有关部门移交案件2起，实施经济处罚27.68万元；实施监督检查立案1起，实施经济处罚2.05万元；挂牌1处重大安全隐患，已整改完毕。落实行政执法三项制度，持续推进执法信息公示公开，严格开展行政处罚法制审查，主动公开行政处罚信息，自觉接受社会监督，全年没有出现行政执法投诉举报处理情况。持续开展“双随机、一公开”监督检查，实现重点行业领域重点企业全覆盖检查，一般企业按不低于5%比例抽查，开展双随机抽查2次，抽查企业14家次，抽查执法人员4人次。

【隐患排查治理】 2020年，建阳区4843家企业被南平“双控平台”确认，居全市第一，3200家企业将自查自改安全隐患录入“双控平台”管理，上报率81.3%；541家企业开展安全风险辨识，居全市第一。坚决把安全隐患问题整改摆在突出重要位置，扎实抓好安全隐患排查整治行动。2020年，全区组织排查整治组1916个12538人次，检查了7084家生产经营单位和场所，排查发现安全隐患10357项，完成安全隐患整改10311项，整改率99.6%，行政罚款170万余元。省政府安委会指导服务组排查发现的安全隐患问题，全部落实整改。南平市安委办下达的68处普铁安全隐患任务，全部整改完毕，整改率100%。

【强化安全生产机制建设】 2020年，南平市建阳应急局建立宣传培训、定期排查、清单管理、失职追究等工作机制，提升安全生产工作成效。在开展安全隐患大排查大整治大培训和安全生产专项整治三年行动中，在南平市实行“2＋10”［2个专题：1. 学习宣传贯彻习近平总书记关于安全生产重要论述专题专项实施方案，2. 落实企业安全生产主体责任三年行动专题专项实施方案；10个专项实施方案：1. 危险化学品、烟花爆竹和易爆物品安全整治三年行动专项实施方案，2. 非煤矿山安全整治三年行动专项实施方案，3. 消防安全整治三年行动专项实施方案，4. 道路运输安全整治三年行动专项实施方案，5. 交通运输（民航、铁路、邮政、水上和城市轨道交通）和渔业船舶安全整治三年行动专项实施方案，6. 城市建设安全整治三年行动专项实施方案，7. 工业园区等功能区安全整治三年行动专项实施方案，8. 危险废物等安全整治三年行动专项实施方案，9. 自然灾害安全整治三年行动专项实施方案，10. 安全生产风险防控、隐患治理和应急救援信息化建设三年行动专项实施方案］的安全生产专项整治三年行动的基础上，积极探索提高整治工作成效的方式方法，创新开展了创建落实安全生产主体示范企业及安全生产等级管理工作，在全区实行了“2＋11”（在2个专题、10个专项实施方案之上，增加了第11个行动方案；开展安全生产工作示范企业创建三年行动专项实施方案）的安全生产专项整治三年行动，并对参与示范创建工作的企业视达标情况分别奖励1.2万元、1万元、0.8万元，力争通过以点带面和示范推广，夯实企业主体责任，完善安全生产责任链条。2020年，全区共有41家企业参与示范创建工作，该项创新做法拟在中国安全生产网刊发和推广。开展“安全管家”服务安全生产工作，引导企业通过聘请安全技术服务机构或安全技术人才方式为自身提供持续的安全管理服务。2020年，全区共有60多家企业聘请了“安全管家”。坚持将安全生产工作情况纳入督查和区四比六促、绩效管理的考评内容，倒逼乡镇（街道）、区直部门加大工作力度，促进属地监管、行业监管责任落实。

【风险监测和综合减灾】 2020年，南平市建阳应急局针对汛期、森林火灾等灾害风险，重大活动或重要时间节点，及时开展灾害综合风险会商研判；开展自然灾害综合监测预警，及时准确发布灾害预警预报信息，开展有针对性精准化的警示提醒。同时加强应急值班，落实24小时值班和领导带班制度，督促乡镇（街道）党政领导责任到位、靠前指挥。努力践行“两个坚持、三个转变”的防灾减灾新理念，区政府拨付配套资金108.62万元，按紧急转移安置6000人标准为区救灾物资储备库采购救灾物资；区政府拨付配套资金30.38万元，为3个区级避灾点采购补充储备物资，维护、完善区级自然灾害避灾点功能。加强防汛和森林防灭火应急物资储备，配备防汛抢险舟5艘、救生衣850件、防洪沙包3000个、编织袋20000条、强光灯10盏、对讲机18对，储备风力灭火机、高压水泵、阻燃服装、二号工具、劈刀、手电、水壶等设备4525件（套），确保关键时刻调得出、供得上。按照市应急局的部署要求，2020年建阳区要建成2个乡镇级避灾点和11个村级避灾点。区委区政府将避灾点提升建设工程列入2020年为民办实事项目，严格按照《避灾点分类管理标准与要求》《自然灾害避灾点应急管理规范》等文件要求，投入建设资金共计65万元，其中省级补助资金45万元、区本级配套资金20万元，13个避灾点建设任务均已按时完成。深入开展避灾点安全隐患大排查大整治，共组织检查人员472人次，开展排查249次，暗察暗访31次，共排查发现隐患86个，均已整改，隐患按期整改率100%。为做好全区因灾困难群众冬春救助工作，及时组织各乡镇（街道）工作人员上门入户认真摸清因灾困难群众需救助情况，并按受灾困难群众的自救能力实行分类，冬春期间灾民生活需救济人口554人，区应急局、区财政局已联合向上级申请救灾资金29万元。

【防汛工作】 2020年，建阳区应急局全面开展汛前安全大检查，对全区江河堤防、水库、闸坝、地灾点等进行全面的安全隐患排查，并对检查情况进行通报，对问题整改情况进行跟踪落实，检查人数160人次，检查工程138处。着力开展全区自然灾害风险隐患大排查大整治工作，进一步明确整治内容和责任分工，抓实抓细隐患排查整治工作。调派人员深入水库、电站等场所开展安全隐患排查整治活动，坚持对排查出的安全隐患全部进行问题清单、责任清单、销号清单的“三单”管理方式，定准整改的对策措施，倒排时间表，逐一落实整改，严格对单销号清零。以危险区域群众建档立卡系统为抓手，对所有自然村进行摸排，设置自然村紧急避灾点97个。组织对全区12家尾矿库防汛安全问题开展联合执法行动，倒逼尾矿库业主加大工作力度，增强抓好安全隐患大排查大整治行动的主动性和自觉性，消除尾矿库的安全风险，进一步建立健全防范尾矿库发生安全事故的举措。

【森林防灭火工作】 2020年，建阳区应急局推进森林防灭火“县—乡—村”“乡—村—组”3×3级网格化工作，发挥网格员的“五员”（森林防火巡护员、火灾隐患排查员、法规政策宣传员、火情报告信息员、森林扑火指挥员）作用，建立村小组网格员，全区共有网格员2334名（其中区级31人、乡镇街道级79人、村级568人、小组级1656人），延伸森林防灭火工作的触角；根据全省自然灾害风险隐患大排查大整治的部署，建阳区针对野外炼山用火、农事用火、祭祀用火和燃放烟花爆竹等行为，制定印发了专项整治和大排查大整治工作方案，从源头上控制和减少森林火灾隐患，组织林业、农业、民政、供电和乡镇等各部门开展森林火灾风险隐患大排查整治工作，全年共整治火灾隐患点229处，做到即查即改，销号闭环，有效遏制森林火灾发生。

【应急宣传教育】 2020年，建阳区应急局坚持通过电视、村村通广播、短信、微信公众号、宣传展板、LED显示屏等方式，打造多维宣传格局，宣传安全生产、防灾减灾、森林防火、汛期安全等法律法规、安全知识、预警信息等，提升全民安全意识。以全国安全生产月、全国防灾减灾日、防灾减灾宣传周为契机，扎实开展应急管理宣传活动。全国安全生产月期间，6月12日，区委区政府组织31家党政机关、企事业单位开展了线上安全宣传咨询日直播活动，消防救援大队与蓝天救援队分别为网友线上直播消防安全普及讲座及急救知识讲座，众多网民参与互动，线上参与达4.65万人次，全区还利用公交车站及各大楼LED显示屏播放安全生产宣传标语及图片，向群众发放34万条安全生产宣传短信，增强了广大干部群众讲安全、要安全的意识。“全国防灾减灾日”“防灾减灾宣传周”期间，采取“线上为主，线下为辅”的形式普及各类防灾救灾知识，共投放宣传站点100个，集中宣传时间长达10天，线下发放科普宣传资料1000份、接待咨询人数500人，累计普及宣传5万人次，有效提升全区群众的防灾减灾意识与应急自救能力。3月和10月森林防灭火宣传月期间，组织开展森林防灭火安全知识进林区、进乡村、进

2020 年 6 月 12 日，举办 2020 年“安全生产咨询日”线上直播活动

企业、进家庭“五进”宣传活动，开展墟日集中宣传 26 次，通过融媒体、村村通广播、电视台播放高火险预警信息，提升全民森林防灭火意识。坚持将开展安全生产大培训行动作为 2020 年安全生产工作的一项重要内容来研究谋划，积极组织实施大培训工作。区政府安委会先后 6 次举办了全区性安全生产大培训活动。各乡镇（街道）各部门按照区安委办的统一部署，通过派出去或请进来的方式，分类推进企业负责人、企业安全管理人员、企业其他从业人员的安全教育培训工作。2020 年，全区共开展领导干部培训 198 期，培训人数 11901 人；企业主要负责人培训 81 期，培训人数 1088 人；企业安全管理人员培训 94 期，培训人数 1133 人；企业其他从业人员培训 180 期，培训人数 4220 人。开展区级防汛工作培训 2 场，培训人数 700 人次。全面开展区、乡（镇）、村三级防灭火网格化管理应用业务培训，提高群防联控的联动能力。全区 13 个乡镇（街道）全部完成了乡镇、村、小组三级森林防灭火网格化业务知识培训，全区共有森林防灭火网格员 2334 人参加培训。

【加强应急处置能力建设】 2020 年，建阳区应急局督促各乡镇（街道）、区直有关单位和企业组织开展应急演练活动，切实提高从业人员的自防、自救、互救等应急处置能力，有效检验应急预案的科学性、实效性和可操作性。全区累计组织各项安全生产应急演练 84 场次，累计参与人数 12605 人次。汛前，完成 13 个乡镇、194 个行政村的防汛预案修订编制工作和 45 座小（2）型以上水库、24 座 10 万立方米以上水库电站的防洪抢险应急预案及运用调度计划的审查、审批。组建防汛抢险队伍 14 支 656 人，组建调整灾后防汛专业技术队伍 44 支 531 人、施工队伍 24 支，施工机械设备 250 台，车辆 94 辆。进一步明确防汛一线指挥人员、责任人的防汛职责，对各类抢险方案、撤离人员路线、安置地点等都做了明确规定，构建“横向到边、纵向到底”的预案体系。组织现有危险区域群众 689 户 2445 人开展全覆盖转移避险演练，提升防汛抢险和防灾减灾救灾能力。推进森林防灭火队伍建设，严格队伍培训、演练，全区现有地方半专业森林消防队伍 7 支 136 人；组织开展建阳区 2020 年森林扑火应急处置演练，应急局、武夷山森林消防大队、林业局、麻沙镇、桂林国有林场、武

2020 年 11 月 26 日，森林防灭火网格员开展森林灭火演练

夷山国家公园黄坑管理站、星村管理站等 11 家单位参与演练，参演人员 84 人。

消防工作

【概况】 2020 年，南平市建阳区消防救援大队在建阳区委区政府和南平市消防救援支队的坚强领导下，认真学习贯彻习近平总书记授旗训词精神和关于应急管理、防灾减灾救灾工作的系列重要论述，以“抓基层、打基础，保稳定、保打赢”为目标，以党的建设为引领、按纲建队为主线，深化改革，夯实基础，聚焦主业，提质强能，从严治队，全面防范化解重大安全风险、全力处置各类灾害事故，有效确保维护了队伍和辖区消防安全形势稳定。全年，共完成 340 起灭火救援任务，其中火灾 126 起，抢险救援 151 起，社会救助 63 起，抢救被困人员 39 人，挽救财产价值 1000 万余元。完成市、区两级两会，2020 年中国资产管理武夷峰会和全国郊野钓鱼大赛、市运会等重大活动和重要节日消防安全保卫工作。大队党委和黄花山消防站党支部双双荣获总队、支队 2020 年度先进基层党组织称号。

【瞄准实战，提质强能，全面提升队伍打赢能力】 大队立足灭火实战需要，在“极限化挑战训练、实战化合成训练、岗位化技能训练、常态化实战演练、特色化操练创新、现代化装备配置”上下苦功、求突破。一是强化熟悉和演练。修订编制消防安全重点单位灭火救援预案 105 份，开展辖区“六熟悉”和重点单位演练 200 余次、多部门联合灭火救援实战演练 12 次。开展疫情处置，山岳、车辆、水域、危化品等典型灾害事故的实战演练 10 次；二是强化体能和技战术训练。常态化开展绳索、破拆、水域三大类项目为重点的综合救援技术训练，创新着战斗服落水自救操，同时，每周开展紧急避险训练和遇险救助训练，每月开展战训大讲堂、典型战例研讨，灭火救援复盘讲评，并坚持每周一测、每月一考、每月一赛，每周评选“训练之星”并上墙表扬，及时落实奖惩。涌现陈志斌、李述非、邹赵诚等训练先进典型，营造“赶、帮、超”练兵氛围；三是强化车辆器材装备熟悉训练。开展“全员学装、科学用装、规范管装”活动，组织指战员对所属车辆、器材进行熟悉训练和规范管理。每月开展灭火救援装备“小革新小发明小创造”工作。聘请地方专业教练员对大队新老驾驶员进行复训，提升新老驾驶员驾驶技术。其间，大队 1 名指战员荣获支队装备业务理论竞赛第二名；四是强化专业队伍建设。大队高标准组建水域救援小组、大跨度厂房专业队和疫情处置 6 人小组，并配齐舟艇、速干衣、防化服等相关器材装备。以联勤联训为突破口，在原有联勤机制基础上与辖区两家大型机械公司签订联勤联动保障协议，为全区 13 个乡镇专职队开展培训，组织开展多种形式消防队伍比武竞赛，大大提升了队伍全灾种、大应急打赢本领。在南平市消防救援支队举办的 2020 年度执勤岗位练兵比武竞赛中，大队黄花山消防站获得团体第二名、赤岸消防站获得政府专职队第一名，并有 2 名消防指战员代表南平市消防救援支队参加总队高层建筑火灾拉动演练比武竞赛，取得高层供水打靶操第四名；2 名消防指战员作为南平市消防救援支队尖兵参加总队 2020 年实战化练兵“龙虎榜”专项挑战、4 名消防指战员代表南平市消防救援支队参加三明跨区域高层火灾救援拉动比武竞赛、3 名消防指战员入选南平市消防救援支队备战总队比武集训队、2 名消防指战员作为骨干代表南平市消防救援支队参加漳州地震救援拉动演练。

【广聚合力，清除火患，全面强化火灾防控】 一是强化政府领导责任。大队提请区政府召开消防工作联席会议 5 次，部署开展消防安全大排查大整治、消防安全专项整治“三年行动”、打通生命通道集中统一行动等消防工作 10 余项。2 次召开常务会、区委常委专题现场督办会，研究解决重大消防问题 5 项。下发《2020 年度消防工作责任书》《消防安全专项整治“三年行动”实施方案》等各类文件通知 30 余份。同时，大队结合每个季节火灾特点和文明城市创建总评等工作，开展火灾风险分析研判，查找辖区突出火灾风险和薄弱环节，提出可行性建议和意见，提请区政府部署开展老旧居民小区、消防车通道、公众聚集场所等消防安全综合治理。对“10·16”亡人火灾事故开展延伸调查和责任追究，进一步强化了乡镇、街道和区直有关单位的消防安全责任意识，实现了亡人火灾事故延伸调查和责任追究“零”的突破。二是强化行业部门消防监管。依托区安委会和消防工作联席会议平台，建立行业系统火灾情况和突出问题定期通报机制，先后9次对火灾事故高发多发行业系统及时发函警示督办，推动有关职能部门加强行业消防管理和火灾防范。推动民政、教育、民宗、卫健、文物等部门开展消防管理标准化示范创建和评审，推选行业系统单位消防安全管理标杆38家。三是强化单位落实消防主体责任。大队通过召开部署会、集中培训会、约谈会和现场指导等方式，广泛发动社会单位开展“三自主两公开一承诺”活动，构建社会单位“管理自主、安全自查、隐患自除、责任自负”消防工作格局。其间，大队共召开社会单位消防安全工作部署会5次、集中培训会2次、约谈会4次，组织社会单位自查整治火灾隐患300余处。四是强化火灾隐患整治。2020年，大队相继开展了今冬明春消防安全专项整治、消防安全大排查大整治活动、消防安全专项整治“三年行动”等工作，全面实施打通“生命通道”工程，综合治理电动自行车和电气火灾、高层建筑和大型商业综合体消防安全，强化防疫场所和复工复产企业消防安全监管，紧盯“高低大化”和人员密集、“城中村”“三合一”、城乡接合部等不托底区域、场所，以及易燃可燃装修装饰材料、建筑消防设施损坏故障、消防控制室值班人员未持证上岗等突出问题整治。其间，共排查各类场所1000余家次，办理处罚案件13起，临时查封1家，挂牌督办重大区域性火灾隐患2处，督促整改火灾隐患600余处。四是广泛开展消防宣传培训。2020年，大队经常性开展消防宣传车进社区、单位、广场、集市、农村宣传工作。充分发挥指战员、社区消防宣传大使、消防宣传志愿者作用，常态化进村入户、上门宣传。其间，共发放消防宣传资料5万余份，开放消防站50余次，开展开学第一课30余次、消防安全教育进军训6次、复工复产第一课20余次、“119”消防宣传月等大型消防宣传活动7次。开展消防知识“三下乡”12次，分行业、分层次开展消防培训50余期，累计培训3万余人。与教育局联合开展“消防安全伴我成长”三年行动，征集“小小消防员”作品100余份。建成1个消防主题公园。与此同时，还通过建阳电视台、辖区户外LED显示屏、楼宇电视、KTV、电影院等在节假日重点时段播放消防安全警示标语和消防知识宣传片，发布近期火灾信息、曝光消防违法行为，有效提升了辖区群众消防安全意识和火灾防御能力。

【灭火抢险救援守护平安】 2020年，建阳区消防大队1月1日上午8时29分接到报警：建阳区城关水岸名郡河边有老人被困。大队迅速出动1辆消防车7名指战员前往处置。经过近一小时的救援，老人被成功救出，指战员将老人抱至担架，移交医护人员救治。3月12日17时7分，大队接到报警：建阳高速麻沙往浦城方向有辆货车侧翻，有1人被困于货车内。接警后，救援站立即出动1车6人前往现场处置。经过1个小时战斗，人员被成功救出，队员收整器材归队。3月24日6时28分，大队接到报警：位于建阳区小湖镇桂园村一民房着火，无人员被困。接到报警后，大队立即出动2车12人赶赴现场处置。经过40分钟紧张扑救，火灾基本扑灭，为了防止复燃，指战员对现场进行浇水降温，将残留火星彻底消灭干净，收整器材归队。4月8日13时46分，大队接到报警：建阳区城关水南华光巷1903有人被卡在墙缝里。接到报警后，黄花山消防救援站立即出动，赶赴现场

2020年，建阳区一居民楼发生火灾，消防指战员成功处置，未造成人员伤亡

2020 年 7 月 29 日，消防员在 G3 京台高速浦城方向 1638 千米处处置货车追尾

救援。经过救援人员 10 余分钟的紧张救援，男子成功获救，并被送往医院救治。4 月 26 日 13 时 33 分，大队接到报警：位于建阳区童游富林新村一居民楼着火，无人员被困。接到报警后，大队立即出动 2 车 12 人赶赴现场。指战员到达现场后发现，现场浓烟滚滚，着火部位为居民楼 2 层房间。经过约 10 多分钟的扑救，火灾被成功扑灭。6 月 29 日 17 时 27 分，大队接到报警：建阳区城关新体育场着火。接到报警后，大队立即赶赴现场。30 余分钟后，明火基本被扑灭，为防止火势复燃，指战员继续对倒塌叠盖部位进行冷却，确认火势无复燃可能后，收整器材，洗消后归队。7月1日17时9分，大队接到报警：建阳区水东工业路五福桥旁河坝上有一名男子被困，现场河流湍急，情况危急。接警后，大队立即出动 2 辆消防车、1 艘橡皮艇、12 名指战员赶赴现场处置。河岸上的救援人员利用救生抛投器往橡皮艇方向打出牵引绳，利用小绳拉大绳的方法，将救援安全绳固定到橡皮艇上，合力将橡皮艇拉离河坝，成功将被困男子解救上岸。7 月 29 日 14 时 4 分，大队接到报警称：位于建阳区往浦城方向京台高速（G3 高速）1638 千米处，货车追尾，一人受伤被困。接到报警后，黄花山消防救援站出动 1 车 6 人前往处置。经过近一小时的努力，受伤驾驶员被成功救出，并移交现场 120 医务人员。8 月 17 日下午，一名男子来到大队求助，称手上的戒指尝试各种方法也无法取下。大队指战员立即查看该男子的手指，发现其手指因长时间被卡且自行强硬摘除，已出现充血肿胀迹象，如不及时将戒指取出，将给手指带来更严重的后果。指挥员了解情况后，迅速制定解决方案，由两名消防员稳定男子的手，防止剪切时候造成二次伤害，利用绝缘剪、尖嘴钳等器材轮番上阵，仔细地对戒指进行剪切，成功将戒指摘除。9 月 13 日 5 时 2 分，大队接到报警：建阳区水吉镇仁山村旁一建窑厂发生火灾。赤岸消防站立即出动 2 车 12 人奔赴火灾现场。经过 40 多分钟的努力，火灾被成功扑灭。9 月 19 日 7 时 52 分，大队接到报警：建阳区城关考亭村 36 号着火，黄花山救援站立即出动 2 辆消防车 10 名消防员前往处置。经过近 12 个小时的奋战，火灾被成功扑灭。11 月 14 日 13 时 37 分，大队接到报警：建阳区莒口镇范墩坪地质大队的礼堂着火，黄花山救援站立即出动 2 辆消防车 8 名消防员前往处置。15 时 22 分大火被成功扑灭。

2020 年，大队回应群众的需求，开展义务军训、上门培训、冲洗街道、送水、摘马蜂窝、取匙开门等为民做好事办实事 70 余件，得到了广大群众的广泛赞誉。

政法

【概况】 2020年，建阳区政法系统持续深入学习贯彻习近平新时代中国特色社会主义思想和中共十九大，中共十九届二中、三中、四中、五中全会，以及中央、省委、市委政法工作会议精神，紧紧围绕“市区一体、绿色发展、产业强区、书香建阳”思路定位，统筹抓好疫情防控和平安建阳创建工作，纵深推进扫黑除恶专项斗争，积极动员发动“大排查大化解大整治”三项攻坚行动，有效防范化解重大风险，维护全区社会大局持续安定稳定，为平安建阳、法治建阳建设和服务南平市行政中心搬迁营造了良好的社会环境和法治环境，群众获得感、幸福感、安全感不断提高，2020年，全区群众安全感满意率98.06%，扫黑除恶好评率96.48%，执法工作满意率93.83%。

【成立平安建设领导小组】 2020年，建阳区委政法委根据上级安排部署，印发《关于成立建阳区平安建设领导小组的通知》，由区委书记杨新强担任领导小组组长，区委副书记、区长魏敦盛担任第一副组长，44个区直单位主要负责人担任成员，平安领导小组下设办公室及九个工作组，制订各自的工作职责及运行规则，夯实党委、政府及区直相关部门主要负责人的平安建设第一责任人职责。各乡镇（街道）全部成立平安建设领导小组，全区建立从上而下的平安建设协调机制，有效统筹协调推动平安建设工作，不断健全和完善“纵向到底、横向到边”的区、镇、村三级平安建设（综治工作）责任体系。

【全力服务新冠疫情防控大局】 2020年，建阳区委政法委统筹抓好疫情防控和平安建阳创建工作，在区疫情防控领导小组设立社会维稳组，协调推动各级各部门形成齐抓共管合力，充分运用“12345”、随手拍、“民生110”等网络平台，关注疫情防控过程中可能引发的问题，加快涉及疫情类案件的流转和处理，切实将疫情可能引发的矛盾纠纷解决在萌芽状态。全年全区共排查涉疫情纠纷115件，成功化解109件，成功率94.78%；共破获涉疫刑事案件18起，抓获犯罪嫌疑人61人；查处涉疫行政案件32起，查处违法嫌疑人90人，有力支持全区防疫大局，为建阳疫情防控取得阶段性胜利做出应有贡献。

【防范化解风险推动高质量发展超越】 2020年，建阳区委政法委开展“大排查大化解大整治”攻坚行动、“枫桥经验在建阳”活动等，进一步完善“访调对接”工作机制，有效排查和化解各类矛盾纠纷，成功化解多个楼盘纠纷以及因疫情引发的群体访等重大矛盾纠纷。扎实开展治安专项整治，着力加强道路交通安全、寄递物流管理、公共场所安全等公共安全领域整治，严厉打击涉枪涉爆、电信诈骗、涉黄涉赌等违法犯罪行为。严格落实意识形态责任制，强化网上巡察，营造良好的线上线下舆论氛围。全年“平安三率”中群众安全感满意率98.06%，扫黑除恶好评率96.48%，执法工作满意率93.83%。完成全国、省、市、区两会，中共十九届五中全会，全国钓鱼大赛，“两山”高峰论坛等重大安保维稳任务和48场重要考试、4次等级警卫任务，切实维护国家政治安全和社会稳定。成立闽北首个

2020 年 1 月 15 日，区委政法委推进“雪亮工程”建设

“金融纠纷调解中心”，诉前调解金融纠纷 503 件，涉及金额 1.4 亿元，有力服务金融稳定，实现全区连续 8 个月保持不良贷款率全市最低，推动政法工作有效融入绿色高质量发展超越大局，着力防范金融风险，护航经济发展。

【开展“六清”行动，完成扫黑除恶三年目标】 2020 年，建阳区委政法委围绕打赢扫黑除恶专项斗争收官战为目标，聚焦“长效常治”和“一十百千万”行动目标，以开展“六清六建”行动、重点行业整治为牵引，对黑恶势力掀起新一轮凌厉攻势，对十大行业领域乱点乱象开展“地毯式”清查、“零容忍”打击、“无死角”整治，按期实现线索清仓、逃犯清零、案件清结、伞网清除、黑财清底、行业清源。加快推进挂牌督办案件审判，顺利完成省上挂牌督办案件回访工作。三年累计打掉涉黑组织 3 个、恶势力集团 5 个、恶势力团伙 2 个，破获九类刑事案件 152 起，抓获九类涉黑涉恶案件嫌疑人 463 名，查封、冻结、扣押涉案资产 4 亿余元，打击战果位居全市前列。一批干预市场秩序、破坏社会治安、扰乱群众生产生活、影响经济发展的突出问题得到解决。

【建设科技防控体系】 2020 年，建阳区委政法委大力推进“滨江一号”智慧小区试点和智慧城市、“雪亮工程”等科技平台建设。推动“智慧平安崇阳”App 开发和试运行，实现小区的智慧安防系统与公安网上平台无缝对接，确保小区全覆盖、无死角，打造人防、物防、技防三结合的智慧安防系统，为社区居民提供一个安全、舒适、便利的现代化、智慧化生活环境，构建信息化、智能化社区社会治理新格局。2020 年再投入 2281 万元资金建设完善“雪亮工程”，形成对党政机关、车站、学校、医院及主要广场等重点场所的无缝覆盖，各乡镇（街道）综治中心均已实现和公安派出所监控指挥中心互联互通，构筑覆盖城乡的科技智能防控预警体系。

【建设纠纷多元化解体系】 2020 年，建阳区委政法委坚持创新和发展新时代的“枫桥经验”，建立完善一站式多元解纷机制，指导区法院和司法局牵头，各乡镇（街道）和多个区直单位共同参与，开展多元解纷、诉源治理、社会治理，构筑全域覆盖的调解网络；指导各行业主管部门建立工商联（商会）人民调解委员会、退役军人事务人民调解委员会，创新设立的金融纠纷调委会取得良好的社会效益，经验做法得到上级肯定；积极建设行政调解专家库，指导成立知识产权行政调解委员会，在全区重点行业部门推广行政调解组织建设，持续完善调解、仲裁、行政裁决、行政复议、诉讼等有机衔接、相互协调的多元化纠纷解决机制。全区现有各类调解组织 281 个，调解员 1249 人，政府购买服务的金牌调解员 30 人，先后成立了 28 个行业性调委会，设立个人调解工作室 11 个，评选星级调解员 34 名，建立派驻派出所调解室 13 个，派驻法院（法庭）调解室 3 个，驻检察院调解室 1 个，群防群治队伍和矛盾纠纷多元化解体系不断发展壮大。

【共建共享社会治理体系】 2020 年，建阳区委政法委坚持党建引领，践行“1335”新型乡村治理新模式，推动区、镇、村三级法律服务全覆盖，实现“三治”（法治、自治、德治）融合，有效提升基层社会治理水平。区平安办、依法治区办和教育局联合开展法治副校长评聘活动，为全区 75 所中小学选聘 75 名法治副校长和平安副校长，有效推动未成年人法治教育和平安校园建设，维护未成年人合法权益；区检

2020年12月9日，区委政法委组织开展国家司法救助金发放活动

察院在学校和企业设立3个未成年人观护帮教基地（潭馨工作室），加强对涉罪未成年人的教育和挽救；区司法局积极建设区、乡、村三级公共法律服务中心（站、室），构建覆盖城乡的法律服务坐标系；区妇联积极联合法院、司法局、润泽社工组织、阳光志愿服务队等，建设妇女儿童一体化维权服务中心，创建“妇工＋社工＋专家＋金牌调解员”的运行模式，实现法治宣传、信访接待、婚姻调解、法律援助、诉讼代理、法庭审理、心理疏导、跟踪帮扶“八位一体”，有效维护弱势群体合法权益。

【发放国家司法救助金】2020年，建阳区委政法委认真贯彻落实《关于印发福建省国家司法救助实施办法的通知》，针对刑事案件受害人及亲属因受到犯罪侵害导致生活极度困难，但由于被告人没有赔偿能力或赔偿能力不足而无法获得有效赔偿的情况，由区委政法委牵头公安局、检察院、法院、司法局等部门，严格规范司法救助工作流程，持续完善救助资金审批和发放制度，向这些困难群体发放国家司法救助金，使案件当事人等困难群众体会到司法公正与司法为民，彰显党和政府的民生关怀，为建设平安建阳与和谐建阳奠定坚实基础。2020年全年共发放国家司法救助金60.95万元，涉及案件19起，共救助对象26人。

公 安

【概况】 2020年，建阳区公安局在区委、区政府及南平市公安局的正确领导下，以习近平新时代中国特色社会主义思想为指导，全面贯彻中共十九大和中共十九届二中、三中、四中、五中全会精神，按照中央政法工作会议，全国公安厅（局）长会议，省委、南平市委政法工作会议和全省、全市公安工作会议的部署，紧紧围绕维护社会稳定总任务，聚焦打赢防范化解重大风险攻坚战，统筹新型冠状病毒肺炎疫情防控工作，全力以赴战疫情、防风险、保安全、护稳定，为建阳全面建成小康社会和“十三五”规划收官营造了更加安全稳定的社会环境。

【维护社会稳定】 2020年，建阳区公安局共化解各类矛盾纠纷71起，指挥中心（办公室）报告党委政府各类信息78条，成功化解信访积案12起。开展24次局长信访接待日，接待群众来访12起20人；通过互联网发现有害信息4212条。编发舆情周报41期，实现“五个坚决防止、三个确保”的安保目标。

【常态抗击疫情】 2020年，新型冠状病毒肺炎疫情发生以来，为确保疫情防控常态化后企业复工复产、学校复课复学需要，建阳区公安局坚决贯彻落实党委、政府和上级公安机关对防范新型冠状病毒肺炎疫情的部署，发挥公安职能，全面做好外防输入、内防反弹疫情防控工作，为抗击疫情奉献公安力量。共核查人员4794人次，疫情防控平台通报核查2209人次，核查境外来潭人员2570人。启动12个入潭通道检查站，对2个定点医疗机构、17个发热门诊、1个隔离观察点以及汽车站、火车站、高铁南平市站进驻执勤和巡逻，做好留观人员的防控工作。破获涉疫刑事案件18起，抓获犯罪嫌疑人61人；查处行政案件32起，查处违法嫌疑人90人，实现政治效果、法律效果和社会效果的有机统一。

【打击刑事犯罪】 2020年，建阳区公安局共立刑事案件1217起，同比1233起下降1.3%；破获各类刑事案件579起，同比563起上升2.84%；破案率为47.58%，同比45.66%增加1.92个百分点。实现现行命案16年全破的目标；抓获犯罪嫌疑551人、在逃人员188名。聚焦“长效常治”和“一十百千万”行动目标，全面推进扫黑除恶专项斗争。年内共打掉恶势力集团1个。共破获九类刑事案件20起，抓获九类涉黑涉恶案件嫌疑人33名，查封、冻结、扣押涉案资产共计1053万元。深入推进打击整治电信网络诈骗等新型犯罪专项行动。开展“云剑——2020”“砺剑”系列专项行动，年内共摧毁诈骗团伙35个、抓获涉嫌诈骗犯罪嫌疑人162人；缴获手机174台。通过发送手机短信，发放宣传资料18万余份。打掉两卡违法犯罪团伙5个，抓获37名两卡犯罪嫌疑人，惩戒两卡不良信用卡者17人。

【严打暴力侵财犯罪】 2020年，建阳区公安局落实以“一长双责”为核心的命案侦破机制，实现现行命案全破、命案积案多破的目标。年内共立八大类刑事案件49起，破49起，破案率为100%。落实小案快侦机制，严打传统侵财犯罪，注重从小案件、小线索入手，快侦快破一批扒窃、入室盗窃、盗窃车内财物等多发性侵财犯罪案件，坚决有效遏制盗抢骗侵财犯罪高发的态势。2020年共立传统盗抢骗案件693起，同比826起下降16.1%，破获案件325起，同比299起上升8.7%，破案率46.90%，同比36.2%增加10.7个百分点。

【维护林区治安】 2020年，建阳区森林公安认真贯彻新修订《中华人民共和国森林法》和全国人大常委会《关于全面禁止非法野生动物交易、革除滥食野生动物陋习、切实保障人民群众生命健康安全的决定》及省人大常委会相关决定精神，组织开展严打整治专项行动，坚决取缔和严厉打击非法野生动物市场和贸易，从源头上防控重大公共卫生风险。全年共受理查处各类涉林案件140起，处理各类违法犯罪人员84人次，其中立森林刑事案件46起，破森林刑事案件31起，刑事拘留6人，逮捕3人，取保候审32人，移送起诉34起38人；受理林政案件94起，查处53起，移送41起，林政处罚53人，收缴木材22.8573立方米。

2020年12月31日，副厅长郑雷声（左三）深入南平建阳调研指导刑侦工作

【打击经济犯罪】 2020年，建阳区公安局认真履行“打击、参谋、服务”三大职能，不断完善“预警、防控、协作”三大机制，坚持以侦查破案为中心，深入开展“云端2020”专项行动，为建阳区经济建设发展保驾护航。不断深化与各行政部门的合成作战机制。年内共受理各类经济犯罪案件12起，破获9起，其中破获非法集资类案件3起，追赃挽损1645万余元。抓获犯罪嫌疑人6人。通过税务部门移送的案件线索，发现一家汽贸企业（空壳公司）以虚开机动车销售统一发票的方式进行非法获利的犯罪线索，该案经公安部经侦局审批，成功发起“会战7号”机动车销售统一发票专项行动。

【开展禁毒斗争】 2020年，建阳区公安局开展禁毒“两打两控”专项行动和“飓风肃毒2020”会战行动，深化贩毒犯罪查缉、涉麻制毒围剿、网络涉毒清查、吸毒人员查控、制毒物品管控、涉毒资产追缴，持续开展吸毒人员“大排查、大收戒、大管控”行动，严格落实风险评估、分类管控等措施，有效预防了吸毒人员肇事肇祸问题发

2020 年 6 月 3 日，建阳区开展禁毒宣传进社区活动

生。认真开展对外出经商务工人员的摸底排查工作，本地外流犯罪得到遏制并大幅度下降。针对失学辍学青少年、农村留守儿童、社会闲散人员、外出务工人员、社区矫正人员等人群开展教育，实现“不发生 18 周岁以下未成年人参与的涉毒违法犯罪案件”和社区戒毒社区康复人员“零脱失”的目标。

【净化治安问题】 2020 年，建阳区公安局始终坚持“民意引领”和“问题导向”，聚焦社会乱点乱象问题，以社会治安专项整治行动为契机，相继开展“压发案保平安”“打击治理电信网络诈骗犯罪”“打击整治跨境网络赌博犯罪”等系列专项行动，有效净化全区治安乱象。年内共受理治安案件 1850 起，查处 1844 起，查结 1295 起；查处治安违法人员 592 人，其中警告 7 人，治安罚款 186 人，治安拘留 395 人，其他处理 4 人；另查处单位 3 家。破获食药环刑事案件 4 起，抓获犯罪嫌疑人 4 人，涉及金额达 40 万余元。破获非法持有枪支案件，查缴各类非法枪支和子弹，收缴非法劣质烟花爆竹 135 件。起诉 3 名非法制造枪支犯罪嫌疑人，缴获 3 把以火药为动力的枪支；立境外赌博刑事案件 6 起，破获 4 起，抓获犯罪嫌疑人 18 人，涉案金额达 2307 万余元。检查旅馆 2336 家次，查处不如实登记案 20 起；检查娱乐场所 312 家次，检查留宿洗浴场所 78 家次，检查寄递物流企业 2040 家次。

2020 年 9 月 6—17 日，南平市、建阳区两级公安机关开展“打现行、压发案”第一次集中统一清查行动

【消除安全隐患】 2020 年，建阳区公安局严格按照安全隐患大排查大整治一系列工作部署，克服侥幸心理，坚守底线思维，坚持边排查、边整治，进一步深入推进安全隐患拉网式检查，确保不留死角、不留盲区，坚决遏制各类安全事故发生。年内共出动警力 690 人次，清查旅馆 2336 家、娱乐场所 170 家、出租房 5657 家，发现一般隐患 65 个。深化道路交通安全综合整治三年行动，全力压事故、减伤亡。年内发生一般程序处理事故（含路外事故）109 起，比上年增长 32.93%；死亡 24 人，比上年增长 4.35%；受伤 182 人，比上年增长 133.33%；财产损失 4.63 万元，比上年减少 18.91%。未发生 3 人以上亡人事故和生产经营性道路运输事故。查处各类交通违法 18.13 万起。新增标志牌 110 面、标线 3 万平方米、护栏 1100 米，投入 330 余万元，完

成嘉禾大道 4 个路口等信号灯和电子警察系统建设；推动完成省政府为民办实事五里樟大桥改造项目 1 处、嘉禾大道和水吉后南线后井路口改线等市政府为民办实事项目 2 处。侦破交通逃逸案件 147 起，刑事拘留 79 人、行政拘留 73 人；扣车 1.44 万辆、扣证 1577 本。推动校园安全防范建设工作落实 4 个 100%（校园封闭化管理 100%，一键式紧急报警、视频监控系统与公安机关联网率 100%，专职保安员配备率 100%，“护学岗”设置率 100%），排查各类学校 155 所，检查消除隐患 90 余处，督促配备保安员、保卫人员 163 名，安装校园视频系统，选派 130 名派出所领导、责任区民警担任各中小学校的综治副校长或校警。

【营造防控格局】 2020 年，建阳区公安局坚持传统与科技手段相结合、专项整治与基础工作相结合，在重大节点、重大活动期间，启动社会治安等级防控机制，梯级调整社会面巡防勤务，提升公安机关驾驭社会治安能力。年内完成综治雪亮工程监控联网共享任务；“一机一档”填报工作全部完成，注册率 100%。完成农村行政村居视频监控联网建设。完成 40 路停车场车牌识别系统联网；本地 18 个一类重要车辆卡口在线率高于 98%，数据入库质量高于 95%。全区 9 个派出所所长进入乡（镇、街道）班子、35 个社（村）区民警进入社（村）区班子；全区 195 个行政村警务助理配备率达 100%。将口派出所被省厅评为“枫桥式公安派出所”。落实武装巡逻“四项机制”和“1—3—5 分钟”处置机制，开展 13 次设卡临检行动，处置各类警情 120 余起；在二维码门牌方面：全区二维码门牌覆盖率为 95.41%，梯位牌覆盖率为 91.84%，户室牌覆盖率为 92.88%。

【优化发展环境】 2020 年，建阳区公安局认真落实区委、区政府关于简政放权、转变职能的部署要求，推出各项服务措施。工作中把握公安工作与经济建设的结合点和着力点，全面提升服务经济发展水平，努力营造风清气正、公平正义、诚实守信、开放文明、服务高效的发展环境。年内，共立武夷新区范围内刑事案件 274 起，破案 90 起，抓获违法犯罪嫌疑人 94 人，查处治安、消防类行政案件 16 起；排查化解涉及重点工程建设纠纷 132 起，组织各种重点工程建设保护性施工 51 次。受理全国异地办证 305 张；受理省内异地办证 4915 张；挂失居民身份证 6401 张；通过网上办事大厅解决与民息息相关的户口问题 102 件；举办摩托车下乡便民考试 23 场 3157 人，现场发证 2707 本。对接建设互联网＋监管系统、国家企业信用信息公示系统，归集数据 1 万条，三级执法关联率已完成 100%，通过“双随机、一公开”方式，累计抽查企业 40 家，发现问题 11 家次，整改 11 家次。

【规范执法建设】 2020 年，建阳区公安局细化执法办案标准，升级执法管理系统，建立执法巡查机制，加强对接处警、受立案、强制措施等执法关键环节的监督。推进受立案制度改革，规范受立案工作流程，严把案件质量关口。全年通过执法办案系统办理各类刑事、行政案件共 3392 起，其中刑事案件 1357 起，行政案件 2035 起；应考评案件总数 375 件，已考评案件总数 375 件，共发现各类执法问题 1027 条。投入 600 万元建设智慧执法中心。实现对“警、案、人、物、卷”的智能化、闭环式管理。

【夯实队伍建设】 2020 年，建阳区公安局深化机关党建工作，结合学习贯彻落实习近平总书记重要讲话精神，加强全警忠诚教育，推进主题教育常态化。累计召开专题学习会 45 场次，专题研讨 20 场次。全面部署开展“坚持政治建警 全面从严治警”队伍教育整顿，组织开展作风建设专项整治，严肃纠治“四风”问题，集中整治漠视侵害群众利益的突出问题，特别针对涉酒、枪、车、赌、密、网等问题进行专项整治，有力防止老问题复燃、新问题萌发、小问题坐大。全年开展函询 5 人、诫勉谈话 5 人、提醒谈话 43 人、批评教育 13 人，14 名民警受到党政纪处分。按照“一年打基础、两年抓深化、三年大提升”的要求，继续强化日常的教育训练组训工作。全年共组织 45 周岁以下民警训练 6 期 260 人。同时组织党建、扫黑除恶专项斗争、交通管理、信息采集、执法办案、网络舆情引导员等各类培训班 30 期，轮训民警 900 人次。全局 1 人被省公安厅记个人二等功；2 个集体荣立集体三等功，3 个集体受集体嘉奖；7 人荣立个人三等功，32 人受个人嘉奖。全面完成省委巡视、南平市委交叉巡察问题整改工作，省委巡视整改 31 个问题，南平市委交叉巡察整改14项33个问题中31个问题已整改完毕。

检 察

【概况】 2020年，建阳区检察院围绕“稳进、落实、提升”工作总基调，按照“讲政治、顾大局、谋发展、重自强”总体要求，以办案为中心引领工作发展，以检察官为主体抓好队伍建设，推进“四大检察”整体平稳发展。共获得国家省、市、区集体和个人各项荣誉表彰59次，信息、调研、宣传、未检、公益诉讼等工作继续走在全市前列，党建、新媒体宣传、未成年人保护等形成独具特色的检察品牌。

【服务发展大局】 2020年，建阳区检察院全力投身疫情防控。从严从快批捕涉疫刑事犯罪3人，起诉5人，办理涉案金额194万元；办理涉疫情公益诉讼案件9件，开展“废弃口罩回收处置”专项监督及野生动物资源保护监督专项行动，对5起非法狩猎案提起刑事附带民事公益诉讼；组织39名党员干部深入11个社区参与联防联控，与区疫情防控领导小组联合发布《致全区企业经营者和项目负责人的一封信》，对复工复产企业进行“法律风险提示”。加强扫黑除恶专项斗争收官攻坚。起诉涉恶犯罪1件3人，起诉恶势力“保护伞”2件2人，向南平市检察院和区监委移送涉伞线索10条。追诉姜某等16人涉黑案件8起；落实“打财断血”，依法对62名涉黑涉恶服刑罪犯财产刑执行情况进行监督，向区法院发出纠正违法通知书1份；就放贷行业、农村基层组织建设、赌博违法查处等暴露出的隐患发出《检察建议书》8份。打好“三大攻坚战”。突出金融风险防控，批捕危害金融安全犯罪5人，起诉6人；推进“断卡”专项行动，批捕涉“两卡”犯罪9人，起诉3人；聚力决胜脱贫攻坚，为扶贫联系点提供生产帮扶资金7万余元，帮扶32户实现脱贫；推进司法救助与精准脱贫深度融合，向8名生活确有困难的刑事被害人发放司法救助金16.75万元。以“专业化法律监督＋恢复性司法实践＋社会化综合治理”生态检察模式开展污染防治。批捕生态环境领域刑事犯罪3人，起诉44人；监督行政执法机关移送非法采矿案件2件，督促修复生态公益林52.14亩，督促赔偿森林修复和生态功能损失费用26.45万元。助力打造法治化营商环境。起诉强迫交易、职务侵占、合同诈骗等侵害企业利益犯罪3件8人，帮助受害企业挽回经济损失16万元；对涉及民营企业特别是法人代表、重要管理人员的犯罪案件依法规范慎重采取强制措施，依法不捕、不诉2人；开辟民企法律服务“绿色通道”，走访辖区重点企业4家，综合运用上法治课、“一对一”法律咨询等方式提供即时化、精准化司法服务。

2020年8月17日，绿欧集团代表为建阳区检察院送来锦旗，对检察官为民营企业挽回经济损失表示感谢

【履行维稳职责】 2020年，建阳区检察院牢固树立总体国家安全观意识，充分履行审查逮捕、审查起诉职能。共批捕各类刑事犯罪190人，起诉485人。严惩危害群众安全感获得感犯罪，起诉故意杀人、放火等严重侵害人民群众生命安全犯罪42人，起诉“两抢一盗”等多发性侵财犯罪78人，起诉网络赌博、网络诈骗等电信网络犯罪30人。加强新形势职务犯罪检察工作，完善与区监委的工作衔接机制。起诉职务犯罪1件1人；立案侦查南平市检察院交办渎职犯罪案件2件2人。全面贯彻宽严相济刑

2020 年 11 月 6 日，区检察院对蓝某某等 5 件国家司法救助案件集中举行公开听证

事司法政策，依法不批捕 66 人，不起诉 30 人。建立院领导一线办信机制，落实“7 日内程序答复、3 个月内实体性回复”要求，妥善办理群众来信来访 114 件。推行阳光司法，对 1 起未成年人附条件不起诉案件和 5 起司法救助案件，邀请人大代表、政协委员和人民监督员进行听证。落实“谁执法谁普法”责任制，加强检察官释法说理，开展“法律十进、百场宣讲”活动 25 场次，受教育人数 7000 余人。守护未成年人健康成长，对侵害未成年人犯罪零容忍，从严从快批捕 15 人，起诉 13 人。充分落实刑法对未成年人的特殊保护，依法对 2 名涉罪未成年人作出不起诉决定，发出督促监护令 4 份，封存犯罪记录 19 人次，确保涉罪未成年人无痕回归社会；牵头开展预防校园性侵专项行动，建立常态排查及强制报告、教职员工入职查询及限制从业等 6 项机制；认真落实“一号检察建议”，6 名院领导、2 名未检干警兼任法治副校长，通过线上开设“法治副校长”普法专栏、线下启动“‘未’星课堂走进三乡三镇”等方式，拓展“法治进校园”活动的广度、深度；在南平市农业学校设立的“潭馨”工作室被确定为省政协调研建阳普法工作观摩点，一名未检干警被最高人民检察院评为“法治进校园”全国巡讲活动表现突出个人。

【强化检察监督】 2020 年，建阳区检察院做优刑事检察。坚持“在办案中监督，在监督中办案”，立案监督 2 件 3 人，纠正漏捕漏诉 3 人，追诉漏罪 5 件，改变定性 15 人，对侦查活动发出纠正违法通知书 10 份、发出侦查活动监督通知书 15 份；向法院提出量刑建议 458 人，采纳率 94.1%；对认为定罪不当、量刑失衡案件提出刑事抗诉 5 件，获南平市检察院支持 3 件；以适用法律错误提出抗诉的张某生产、销售伪劣产品案于 2020 年 4 月获改判，被告人刑期由有期徒刑三年六个月改判为十五年，罚金由 100 万元改判为 1400 万元，被告单位罚金由 150 万元改判为 1400 万元；加强刑事执行检察监督，针对看守所安全管理、应急处置等方面存在的漏洞发出检察建议 4 份、纠正违法通知书 2 份，向社区矫正管理局

2020 年 5 月 11 日，检察长刘子华（主席台中间左四）出庭公诉被告人张某某非法狩猎罪、非法制造枪支案，采取庭审直播方式就野生动物保护向社会进行普法宣传

发出检察建议1份、纠正违法通知书2份，督促区司法局对社矫人员手机关机、人机分离等违规问题提出警告12次，对不符合社区矫正条件人员提出暂缓建议13人次。做好民事行政检察，办理各类民事行政检察监督案件22件，发出检察建议8件；主动摸排涉黑恶刑事案件关联民事虚假诉讼监督线索，向法院发出再审检察建议2件，涉案金额138万余元，被法院采纳；加强民事执行活动监督，针对一起涉民营企业债权纠纷案执行过程中存在的违法情形发出检察建议；促成区法院清除一批失信被执行人名单并推动失信被执行人名单制度规范运行；扎实开展“诉讼活动中涉及行政处罚执法活动法律监督专项活动”，针对罪后吊销驾驶证、营业执照不及时等问题排查线索220件，发出检察建议4件，推动相关部门重视并及时整改；注重做深做实行政争议实质性化解，通过释法说理成功化解3起因加收水资源费滞纳金引发的行政争议。做好公益诉讼工作。紧盯损害公共利益突出问题，抓办案、抓质量、抓拓展，共立公益诉讼案件40件，同比增长300%，其中办理诉前程序案件27件，提起刑事附带民事公益诉讼案件10件。聚焦生态环境和资源保护领域，开展水环境污染专项整治，督促关停“散乱污”无证塑料粒子加工点1处，督促整治崇阳溪、麻阳溪部分河道两岸的违章搭建、违规种植、丢弃垃圾10处；开展食品药品领域公益诉讼专项行动，督促区市场监管局将8名违法行为人依法列入“食品药品严重失信黑名单”；探索“等外”案件办理，督促区烟草专卖局开展校园周边100米内烟草制品销售点专项整治。

【锻造过硬队伍】 2020年，建阳区检察院深化司法责任制配套改革。聚焦司法责任制改革和“捕诉一体”机制，通过廉政风险点排查、案件流程监控等加强内部监督制约，评查案件109件，对办案瑕疵问题予以通报并落实整改；发挥诉前主导作用，规范引导侦查取证，对疑难复杂案件或具有较大社会影响的案件提前介入18件次；坚持“法不向不法让步”理念，准确运用正当防卫，依法对一起故意伤害案作绝对不起诉决定；大力推进认罪认罚从宽制度适用力度，同步推行精准量刑建议，认罪认罚适用率达78.9%，精准量刑率76.77%；坚持“案—件比”价值导向，通过建立延长、退查案件审批，审查案件同步补查等机制等严格控制“案—件比”，从最高2.5降至1.32，提升办案质效。充分发挥领导干部引领示范作用，将落实党组意识形态主体责任与打造“党建＋关键”品牌建设相结合，推动“关键少数”走在前作表率。班子成员带头上党课8场，带头办理重大复杂、疑难案件8件，上法治课5场，接待来访群众24人次；完善党组落实全面从严治党主体责任清单，细化党组书记、党组成员的主体责任。加大对青年干警的培养教育和选拔任用，组织参加业务培训27班次，参训355人次，80%以上青年干警在办案一线，提任3名“80后”科室负责人，涌现出“全省检察机关案件管理业务能手”“南平青年五四奖章个人”等先进青年典型；注重运用轮值书记、党建成绩单考核管理等制度优势激发队伍干事创业活力。2020年，共有10个集体和22名个人获得市级以上表彰，调研文章获奖13篇次，其中2篇获国家级调研征文奖，取得新突破。自觉主动接受监督。主动向区人大及其常委会报告检察公益诉讼、“两法衔接”等工作情况；自觉接受区纪委监委及派驻纪检监察组监督，

2020年3月13日，检察院工作人员邀请相关部门、人大代表及村民代表参加，共商修复方案，促进解决“多头治理”难题

2020 年 12 月 21 日，中共南平市建阳区委交叉巡察区人民检察院党组工作动员会召开，自当日起，巡察组对区检察院党组开展为期 30 天的巡视巡察

建立与派驻纪检监察组定期研究会商制度；举办“服务‘六稳’‘六保’护航民企发展”等主题检察开放日 3 场；对涉及“一家两制”的 6 名检察人员开展提醒谈话，组织对照检查并签订承诺书；结合身边案例开展专项警示教育，组织学习违纪违法典型案例通报 38 次，开展谈心谈话 134 人次；以案件信息公开为核心，推送案件程序性信息 441 条、法律文书 344 份、重要案件信息 6 条，听取律师意见 415 件次，主动向 124 名律师推送程序性信息 300 余条；加强检媒协作，通过“两微五端”推送动态信息 760 条，在国家、省、市级媒体上刊发新闻宣传 259 篇。

法 院

【概况】 2020 年，南平市建阳区人民法院（以下简称区法院）高举习近平新时代中国特色社会主义思想伟大旗帜，围绕“四崇四立”（即崇学立信、崇法立业、崇匠立新、崇廉立身）工作思路，紧紧围绕司法工作目标和主线，统筹推进疫情防控常态化和审判执行工作，各项工作取得新成效。全年共受理各类案件 7523 件，同比略有增长；审执结 7013 件，同比增长 6.8%；未结案件 510 件，同比减少 16.4%，实现“两个不低于”（全年结案率不低于上年和实际结案数不低于上年）。2020 年，区法院干警获区级以上表彰 30 人次，其中省级以上 4 人次，1 名干警获评“全国法院先进个人”，1 名干警获最高人民法院“荣誉天平奖章”。

【服务新冠肺炎疫情防控】 严格执行上级防控要求，统筹做好疫情防控和维护稳定等工作。依法审结各类涉疫案件 7 件，坚决打击大发“疫情财”的犯罪行为，审结全市金额最大的涉疫物资诈骗案，该案被告人陈某借防控物资紧缺，发布虚假信息，实施诈骗行为，非法敛财 194.4 万元，被判处有期徒刑 14 年，并处罚金 20 万元。为中小微企业纾困解难，疫情初期，对 26 件涉企案件依法准予申请延期审理，诉前调处各类涉企纠纷 35 件，慎重使用查封、扣押、冻结等措施，助力企业复工复产。落实防控常态化要求，开启诉讼活动“云模式”，全年“线上”立案 1386 件，“线上”开庭、调解、宣判等 202

2020 年 3 月 4 日，因疫情原因建阳法院采取“线上”庭审模式

2020年7月14日，建阳法院党组书记、院长潘少军带队开展“亮剑八闽——扫黑除恶利刃行动”网络直播活动

件次，“线上”查控执行6061次。响应党中央号召，197人次投入社区、乡村等抗疫阵地，参与人口排查、信息登记、社区管控、宣传引导等工作，彰显法院党员干警的先锋模范作用，2名干警家庭被评为区“抗疫最美家庭”。

【扫黑除恶专项斗争】 制定“案件清结、黑财清底”攻坚方案，奋力冲刺收官之战。依法审结浦城姜某某、建阳王某某等重大涉黑涉恶案件，最高判处24年有期徒刑。三年来累计审结2个黑社会性质组织犯罪案件4件40人、2个恶势力集团犯罪案件3件21人、4个恶势力团伙犯罪案件5件35人，重刑率22.9%，受理的黑恶案件已全部审结。坚持“打财断血”，审结的黑恶案件财产刑适用率66.7%，加大执行力度，黑恶财产执行到位3878.8万元，开展“亮剑八闽”黑恶案件财产刑专项执行行动，并通过网络同步直播，吸引超53万名网民围观。坚决“打伞破网”，甄别移送涉黑涉恶及“保护伞”线索26条，受理涉黑涉恶相关职务犯罪案件2件2人，累计发出司法建议5份。

2020年7月7日，建阳区政府与区法院工作联席会召开

【保障建设平安建阳】 依法惩治犯罪，审结各类刑事案件336件，判处罪犯591人。审结故意杀人、抢劫、强奸等严重暴力犯罪案件12件，维护社会治安持续平稳。审结侵犯公民人身、财产权利等犯罪案件67件，切实增强人民群众安全感。深入开展禁毒斗争，严厉打击涉黄涉赌涉毒犯罪，净化社会风气，审结相关案件15件。依法惩治涉众型经济犯罪，审结集资诈骗，非法吸收公众存款，传销、电信网络诈骗等犯罪案件21件57人。贯彻宽严相济刑事政策，加强人权司法保障，判处5年以上有期徒刑25人，适用缓刑、管制等非监禁刑和免予刑事处罚204人，对343名被告人适用认罪认罚从宽制度。

【法治化营商环境】 服务区委“创新突破年”，聚焦突破“难、硬、重、新”工作行动，发挥司法职能，联合职能部门成立闽北首个“金融纠纷调解中心”，诉前调解金融纠纷541件，涉及金额1.4亿元，至12月末建阳区金融机构不良贷款率0.93%，低于全市0.28个百分点，中心成立以来，建阳区曾连续8个月保持不良贷款率全市最低。加强破产审判力度，审理破产清算重整案件 5 件。依法审结各类合同案件 2212 件，对 2 名恶意串通、伪造证据的当事人作出 3.5 万元的罚款决定，引导市场主体增强契约意识、坚持诚实守信、主动执行合同。发挥行政审判职能，推动法治国家、法治政府、法治社会一体建设，审结行政诉讼案件 96 件，审查非诉行政案件 127 件，准予执行 127 件，依法保护行政相对人合法权益，维护政府公信力。加强司法与行政良性互动，召开府院联席会，共同推进优化营商环境、行政争议化解等工作。

2020 年 12 月 10 日，福建省委政法委副书记马必钢（右二）到建阳生态司法教育实践基地调研指导工作

【生态司法护航绿色发展】 审结涉生态环境类刑事、民事、行政案件 71 件，2 起案件入选 2020 年全省法院生态环境典型案例。积极探索生态环境损害赔偿机制，审结 11 件涉生态环境刑事附带民事公益诉讼案件，判令 14 名被告人赔偿生态服务功能损失费 29.3 万元。聚焦革除滥食野生动物陋习，加强野生动物保护，审结非法猎捕、杀害珍贵、濒危野生动物等犯罪案件 6 件 10 人。5 月 11 日，公开审理建阳区首例涉及野生动物刑事附带民事公益诉讼案，由院长担任审判长，并将该案作为“复学第一课”，向广大师生和群众同步直播庭审过程和宣判结果。助力“武夷山水”、水美经济建设，在区“河长办”设立法官工作室，开展增殖放流，组织干警在业余时间开展巡河护河志愿活动。持续发挥生态司法教育实践基地的理念传播和法治教育功能，实行定期免费开放，接待社会各界 664 人次参观。

【维护民生权益】 以老百姓关心的“头等大事”“关键小事”为重点，加强民生司法保障，依法妥善审结教育、医疗、就业、住房、消费等各类民商事案 3244 件，标的总额 20.7 亿元。参与根治拖欠农民工工资行动，审结追索劳动报酬、工伤保险等案件 25 件，追回拖欠工资 210.4 万元。妥善审理涉及城市拆迁、征地补偿等群体性案件 35 件。优化家事审判机制，在区妇联设立“家事审判巡回法庭”，联合建立“谈情·说理·讲法”的家事矛盾纠纷化解一体化平台。引入心理疏导机制，审结婚姻、抚养、赡养等各类家事纠纷 240 件，其中以调解撤诉方式结案 124 件，占 51.7%。设立“牵手童行”单亲

2020 年 5 月 11 日，建阳法院党组书记、院长潘少军（中）开庭审理一起保护野生动物案，庭审过程全程钉钉直播

家庭儿童成长关怀志愿服务项目，帮助困难家庭和儿童走出困境，感受司法温度，已帮扶28名单亲家庭儿童。

2020年11月4日，建阳法院开展被执行人福建省金凤岩茶业有限公司执行款集中发放活动

【解决执行难力度】 2020年，建阳区法院充分运用分段集约执行模式，提高执行效率，执结案件3121件，到位金额3.9亿元，有财产可供执行案件执结率99.8%，增长2.8个百分点。加大强制执行和惩戒力度，以涉嫌拒执罪移送公安机关5件5人，失信被执行人名单和限制高消费制度持续发力，促成1136名被执行人主动履行生效裁判义务。提高财产处置效率，网络司法拍卖标的物378件，成交金额1.5亿元。加大案款发放力度，制定实施办法，明确发放条件、流程和责任，确保及时兑现胜诉权益，全年累计发放案款1.96亿元。设立3个专项小组，针对民生、黑恶、拖欠民营企业账款等5类案件集中开展专项执行行动6次，依法强制腾空3套涉危公房，助力房屋安全“百日攻坚”行动，做好“六稳”工作，落实“六保”任务。

【助力脱贫攻坚战】 2020年，建阳区法院认真学习贯彻习近平总书记在决战决胜脱贫攻坚座谈会上的讲话精神，强化司法职能，审理涉及脱贫攻坚、乡村振兴的各类案件，审结农村土地承包纠纷、山林纠纷等涉农案件11件。强化挂钩帮扶，落实“百个支部联百村”机制，加大挂点帮扶力度，落实帮扶资金2万元。结合省委巡视整改，完成对35户结对帮扶情况的双向排查，对2名患有重病的帮扶责任人及时调整，确保帮扶工作有序衔接。加强司法保障，依法为生活困难当事人缓减免诉讼费用3.1万元，全力保障困难群众行使诉讼权利。加强司法救助，为确有困难的19名当事人发放司法救助金58.6万元。

2020年10月26日，福建省委常委、政法委书记罗东川（右二）到家事巡回法庭调研

【诉讼服务体系建设】 2020年，建阳区法院打造现代化、标准化诉讼服务中心，不断完善网上诉讼服务中心、律师服务平台、“12368”诉讼服务热线、移动微法院等平台，让群众享受“马上办、一次办、网上办、掌上办、扫码办”等优质高效便捷的诉讼服务。升级跨域立案服务，努力让群众少跑腿，全年完成省内、省际跨域立案26件。深化司法公开，开展直播庭审1121

2020 年 7 月 1 日，建阳法院党组书记、院长潘少军（中）到水吉镇莘溪坪村为村两委上党课

场，公开裁判文书 10484 份，发布执行信息 2262 条，以看得见的方式践行“司法为民、公正司法”。妥善化解涉诉信访矛盾，推进院领导接访常态化，实行院领导每周三轮班接访，定期开展“院领导集体大接访”，依法稳妥处理和化解涉诉信访 35 件。落实普法责任，用贴近群众的方式传播法治理念，加强巡回审判、以案释法，组织开展宪法宣传周、民法典宣讲等活动，增强公民法治意识。

【优化司法资源配置】 2020 年，建阳区法院全面落实司法责任制，院庭长表率作用增强，带头审理各类案件 2049 件，占结案总数的 29.2%。规范法官自由裁量权，完善法律统一尺度适用机制，审判委员会研究重大疑难复杂案件 32 件，召开咨询会议 54 次。成立集约送达服务中心，依托邮政公司专业服务和司法送达信息化专门平台，开展“线上”“线下”相结合的送达工作，实现“送审分离”，中心成立以来接收送达任务 3483 件，送达成功 2951 件，既为法官“减负释压”，也为审判“提档加速”。深化“六位一体”（院长统筹、分管主抓、审管办协调、部门负责人直管、团队负责、政工纪检考核监督）审判管理格局，建立审判质效提醒和函询制度，加大长期未结案件催办督办力度，审判质效整体呈现结案数、结案率、结收比上升，未结案数下降的“三升一降”良好态势，一年以上长期未结案件同比下降 22.2%。

2020 年 5 月 20 日，南平市建阳区人民法院行政与生态环境审判庭到墩头村开展巡回法庭审判

【横向延伸速裁快审机制】 2020 年，建阳区法院深化民商事案件“分调裁审”机制，“速裁”团队诉前调解案件 1166 件，快速裁决案件 962 件，平均用时 7.2 天，繁简分流、简案快审、繁案精审效果得到优化。积极探索“分调裁审”机制向刑事、执行领域延伸。2019 年 4 月启用刑事速裁格式化审判模式，针对轻微刑事案件，采取集约化审理，适用“表格式”判决书，加快轻刑案件办理进度，用该模式审结 105 件轻刑案件，平均用时 4.5 天，累计发出“表格式”判决书 105 份。推行简易案件的快速执行机制，成立速执团队，负责标的额 10 万元以下简易案件的快速执行，执结案件 696 件，平均结案时间为 30.3 天。

2020 年 10 月 12 日，建阳区人民法院司法集约送达服务中心挂牌成立

【诉源治理减量工程】 2020 年，建阳区法院坚持共建共治共享，把非诉讼纠纷解决机制挺在前面，大力推进诉源治理减量工作。积极推进道路交通事故纠纷“网上数据一体化处理”平台，在线调处纠纷 182 件，该类诉讼案件同比减少 30.2%。加强一站式多元解纷机制建设，先后在回龙乡人大代表联络站以及徐市镇、莒口镇、漳墩镇等乡镇设立 4 个诉讼服务站，并与有关部门、行业、乡镇联合设立“法官工作室”、“律师调解工作室”、法庭“人民调解室”等一系列非诉多元解纷平台。同时，成立“诉非联动中心”（对外是加强诉讼与非诉讼分流对接，完善诉前多元解纷衔接机制的重要平台；对内是筛选过滤、诉非分流、调裁分流、繁简分流、速裁快审以及程序转化的重要枢纽），依托法院内设部门和团队，通过“人民法院调解平台”建立诉调对接关系。初步形成“城区—乡镇—村居”纵向到底、“行业—部门—组织”横向到边、诉讼与非诉讼有机衔接的诉源治理格局。诉源治理减量工作成效显著，区法院全年新收诉源案件 3067 件，同比下降 9.4%，各类非诉多元解纷平台诉前调解各类纠纷 755 件，占新收诉源案件的 24.6%，4 个诉讼服务站接受法院推送案件 126 件，调解成功 86 件，成功率 68.3%，“金融纠纷调解中心”做法得到中央政法委、省委政法委自媒体报道肯定，工作机制被福建省最高人民法院“每日快讯”、南平市委“闽北快讯”刊登认可。11 月 9 日，开展“多元解纷 诉源治理”福建法院一站式建设系列网络直播活动，吸引了超 51 万名网友围观。11 月 19 日，区平安建设领导小组牵头召开诉源减量暨人民调解工作会议，并印发实施意见，推进全区诉源治理减量工作。

2020 年 8 月 28 日，南平市建阳区人民法院诉非联动中心成立

司法行政

【概况】 2020 年，全区司法行政系统坚持以习近平新时代中国特色社会主义思想为指导，按区政府工作报告任务分解要求。全区各级人民调解组织共排查化解社会矛盾纠纷 2854 件，成功调处 2849 件，同比增长 11.12%，其中成功调解涉疫纠纷 109 件，全区兑现“以奖代补”17.4 万元。

【法律服务】 实现公共法律服务掌上办、指尖办。2020 年，“12348”

热线受理群众咨询 465 件，“建阳区掌上 12348”微信公众号共解答法律咨询 667 起、指引办理法律援助 65 起、人民调解 40 起，服务数较上年明显提升。持续推进法律援助标准化建设。扩大法律援助覆盖面，开通建档立卡贫困群众法律援助免予经济困难审查绿色通道，2020 年共受理法援案件 303 件，其中民事案件 70 件、刑事案件 233 件，免收诉讼代理费用 90 万元，发放法援经费 47.16 万元。提升律师服务水平，落实律师参与化解涉法涉诉案件机制，2020 年参与接访服务的律师和法律服务工作者共计 42 人次。对信访群众合理引导，依法依规处理信访问题，服务群众 615 人次。引导律师为重点建设项目提供优质高效的法律服务，与南平市建阳区工商业联合会共同下发《关于为民营企业开展疫情防控和复工复产专项法治体检的通知》，为民营企业疫情防控和复工复产提供免费法律服务。

2020 年 9 月 25 日，南平市建阳区“七五”普法检查验收汇报会召开

【矛盾纠纷排查调处】 开展“枫桥经验在建阳，实现矛盾纠纷不上交”活动。加强调解组织建设，建立工商联（商会）人民调解委员会、退役军人事务人民调解委员会，设立的金融纠纷调委会获得良好的社会效益，新增区级金牌调解室 2 个、个人调解室 2 个，有个人调解室 11 个，其中 6 个被评为区级金牌调解室、1 个市级金牌调解室。徐市司法所所长范子兴被司法部评为“全国模范人民调解员”。

【深化扫黑除恶专项斗争】 召开专题部署会议 14 场、工作会议 34 场，学习传达上级有关会议精神，研究部署全系统扫黑除恶专项斗争。专项斗争开展以来，共移交涉黑恶线索 9 条，完成社区矫正涉黑涉恶审前调查评估 10 件，排查涉黑恶社区矫正对象 5 人、刑满释放人员 22 人，加强对律师办理黑社会性质组织犯罪案件辩护代理工作的指导监督，备案办理涉黑恶犯罪案件 125 件，累计开展专项法治宣传活动 575 场次，发放宣传资料 3.31 万份。

【社区矫正与安置帮教】 运用“矫务通”App、“协矫通”App、电子腕带等手段加强信息化监管，并投入 50 余万元对视频监控指挥系统进行升级改造，实现区局与司法所的视频双向对接，开展线上教育学习矫正。贯彻落实《中华人民共和国社区矫正法》，成立建阳区社区矫正管理局，开展《中华人民共和国社区矫正法》宣传月活动，规范落实刑罚执行一体化工作。2020 年新接收社区矫正对象 235 人，完成适用前社会调查 231 件，警告 25 人次，累计重新犯罪率 0.20%，在矫 241 人无重新犯罪现象发生。加强对刑释人员的衔接帮教，在册刑满释放人员 1296 人，衔接率、安置率、帮教率均为 100%。对重点刑满释放人员落实“必接必送”，与公安部门协作配合，规范重点人员管理。

【法治宣传】 线上线下开展疫情防控、“3·15”国际消费者权益保护日、国家安全生产月、“12·4”国家宪法日等宣传活动，对新颁布的《中华人民共和国社区矫正法》《中华人民共和国民法典》组织专题宣传活动，全年累计开展法治宣传活动 800 场，普法覆盖约 20000 人，解答法律咨询 600 余次。突出做好“建阳区掌上 12348”微信公众号的普及，公众号关注数已达 28000 余人。开展全区“七五”普法自查，制定各乡镇、单位的验收内容及指导标准，对全区 13 个乡镇街道、20 多个执法单位五年来普法工作开展情况进行检查，并于 7 月 31 日和 9 月 25 日分别迎接南

2020 年南平市“宪法宣传周”大型现场法治宣传活动召开

平及省考评组对建阳区“七五”普法的总结验收，普法工作受到考评组的好评。

【队伍建设】　加强意识形态工作，定期召开意识形态工作专题会，组织机关全体干部观看意识形态专题片，将履行意识形态工作责任制情况纳入民主生活会、领导干部述职述廉等工作，研究制定《南平市建阳区司法局意识形态责任制实施方案》，邀请区保密局的专家到局授课，提升干部安全保密意识。加强党风廉政建设，召开党建和党风廉政建设工作会议 8 场次，落实党建工作、党风廉政建设和意识形态建设党委主体责任、党组书记“第一责任人”责任和领导班子成员“一岗双责”责任，召开司法局班子成员述责述廉会，组织全体党员干部学习中央纪委，省、市、区纪委相关会议及文件精神 10 余次，开展向先进模范学习教育活动 8 次，开展效能督查 12 次，公车定点停放督查 12 次，未发现违反规定的现象。抓好服务型党组织建设，与北门社区大党委建立联席会议制度并签订共建协议，建立党建共建项目清单，共同做好外地入建阳人员情况摸排、值班值守、“八闽健康码”宣传推广、人口普查等工作。开展“百个支部联百村”结对帮扶活动。走访慰问建档立卡贫困户，帮助谋划生产并引导其在“家门口”就近就业；帮助协调配套资金，完成河道整治、机耕路修建、村道改扩建、饮水安全提升等基础设施建设工程，协调产业扶贫政策落实到位。为 2 名高中生提供助学补助金各 5000 元，捐资 2 万元助学 1 名大学生。严格干部选拔任用制度，在干部选拔任用工作中落实干部的知情权、参与权、选择权和监督权力。严格执行民主推荐、考察、讨论决定等程序，坚决防止干部“带病提拔”“带病上岗”。坚持以注重品行、科学发展、群众公认为主要标准的用人导向，2020 年度提拔副科级干部 2 名，职级晋升 4 名。

【依法治区】　推进法治政府建设，开展行政裁决事项梳理工作，全区共确认 13 项行政裁决事项。全年共办理行政复议 8 件，决定不予受理 2 件，受理 6 件中已审结 5 件，其中维持决定 2 件，撤销 3 件，正在审理 1 件；承办南平市政府受理的行政复议案 36 件。承办区政府一审行政诉讼案 38 件，胜诉 36 件、败诉 1 件、在审 1 件。组织 2 批次 560 余名干部参加行政执法考试。深化行政执法体制改革，与编办、水吉镇政府等单位密切协助，推动水吉镇行政体制管理体制改革，9 项县级行政审批事项委托下放至乡镇；有序推进交通运输、文化市场、农业等方面工作；对乡镇、街道权责清单开展全面的合法性审查；开展行政裁决事项梳理工作，全区共确认 13 项行政裁决事项。开展全区行政执法主体资格确认等工作。开展合法性审查工作，对区政府及政府办 500 余份文件进行事前合法性审查，其中 4 件规范性文件均按照要求向市政府和区人大备案，并通过区政府门户网站“规范性文件”专栏公示，同时对区政府招商引资协议、战略框架合同等法律文书、文件进行合法性审查，推进法治政府建设。

人民武装

【概况】 2020年，建阳区人民武装部在军分区党委的领导和机关业务部门指导下，以强军思想为引领，围绕“适应新体制、履行新职能、担当新使命”要求，按照凝心铸魂固本、聚力动员备战、确保安全稳定思路，坚持盯着问题做工作、瞄准弱项求突破、突出解难抓落实，较好完成以动员备战为中心的各项工作。

始终牢记习近平主席开训动员令，紧紧推进各项准备，按照“召得来、拉得出、用得上”的要求，抓好战备常态保持，修订完善过境保障、抢险救灾、支前保障、应急动员等8类20份方（预）案，提高遂行任务的能力；按照“实用管用”原则，狠抓战备规范化建设。在区委、区政府的大支持下，投入专项资金280万元用于区本级、基层武装部“三室一库”和民兵营（连）部“一室一家”建设。认真开展民兵整组工作，建立建强民兵应急分队。组织为期5天的民兵营（连）长暨专武干部集训、冲锋舟操作骨干集中训练，区本级组织应急连民兵开展为期12天的训练，各乡镇（街道）按照区部划分的训练任务组织应急排民兵12天训练，提高民兵队伍应急应战能力，高标准完成2020年征兵任务。始终坚持“底线思维”，群策群力抓安全促发展，常态抓好“学法规、用法规、促正规”活动，结合交班、会议等时机组织干部职工、专武干部学习新修订的共同条令，并定期进行军容风纪检查、队列训练。

【人员疏散转移演练】 2020年7月3日，为提高建阳区民兵应急分队应急处突能力，建阳区人武部联合区应急、人防、公安等部门组织人员疏散演练，通过演练，提高应急分队组织指挥和救灾能力，锤炼训练作风，促进建阳区民兵分队整体建设水平的提高。

武警南平支队执勤二大队

【概况】 2021年，中国人民武装警察部队福建总队南平支队执勤二大队（简称武警南平支队执勤二大队），驻地建阳区曼头山童游街道，下辖4个中队。主要担负驻地看押、看守勤务外围武装及城市武装巡逻、处置暴恐事件、群体性事件、抢险救灾、参加地方经济建设等任务。

【中心任务】 全大队官兵贯彻学习习近平主席一系列治军思想，发扬不怕苦、不怕累、不怕牺牲的精神，刻苦勤务技能训练，提高警惕，忠于职守，严格落实上级党委要求指示，严守执勤岗位，完成上级赋予的各项任务，在高铁南平市站、建阳城区和武夷新区开展常态化武装联勤巡逻，保证人民群众的生命财产安全，保证驻地看押、看守勤务的绝对安全，安全无事故完成中心任务。

【抢险救援】 5—7月是自然灾害频发期，大队全体官兵保持箭在弦上、蓄势待发的战备状态，做到召之即来、来之能战、战之必胜，展示了武警部队忠诚卫士的风采。

【获得表彰】 2014年以来，连续7年被武警部队评为“基层建设先进大队”，连续32年实现“六无”，2019年被武警部队评为基层建设标兵大队。2021年大队党委被武警部队表彰为基层先进党组织，所属松溪中队1996年以来连续25年被总队表彰为“基层建设先进中队”，18次被评为“基层建设标兵中队”，中队党支部先后14次被总队表彰为“先进党支部”“先进基层党组织”。2021年，所属松溪中队班长王建平被共青团中央表彰为“全国优秀共青团干部”，被武警部队表彰为“四有优秀个人”。

2020年6月，建阳区人口临战疏散训练人防专业分队开展保障现场

人民防空

【概况】 2020年是全面建成小康社会和“十三五”规划收官之年，建阳区人防工作在南平市人防办和建阳区委、区政府的正确领导下，积极坚持人防“准军事化”长效建设，围绕新时代人民防空“战时防空，平时服务，应急支援”的使命任务，全办人员团结协作，有效履职，较好地完成了年度各项工作任务。年度平安建设综治考评获南平市人防系统第一名。

【效能建设】 2020年，建阳区强化机关效能建设，提升政治思想站位，加强作风养成，落实规定制度，规范从政行为，严肃工作纪律，提升人防形象。加强“准军事化”建设，开展岗位练兵和参加上级组织的演习演练，落实战备值班值勤，完成人防业务工作，提高人防综合素质。推行政务公开，促进公平公正，规范权力运行，严格人防审批。坚持人防工程跟踪检查监督，把日常管理纳入工程建设全过程。

【指挥通信】 2020年，建阳区筹划人防疏散基地和人防地面指挥所建设，完成项目可行性研究、项目评审、规划选址、用地预审、立项批复等前期工作。完成人防应急方案修订工作，按照人防专业队伍建设要求，编配人防专业队伍。开展防空警报试鸣活动，于5月11日开展防空警报试鸣活动。

【人防工程】 2020年，建阳区人民防空按照人防“战时防空，平时服务，应急支援”的建设目标，把人防工程质量监督检查与安全生产相结合，积极提升人防监理从业能力，进一步落实工程质量管理监督，强化人防综合防护体系建设。

【人防演练】 2020年6月，在建阳区开展由南平市、建阳区两级人防联合开展的人口临战疏散训练活动，与省人防办指挥所互联，接受省人防办点评指导，训练取得成功，达到预期效果，受到省人防办及南平市人防办的好评。训练结束后，人防办对训练工作进行认真总结，并制作视频光盘和宣传画册，为建阳区今后开展城市人口疏散实战化组织指挥提供了宝贵的经验。

【人防宣传】 2020年，建阳区推进人防宣传进社区、进学校、进机关、进企业、进网络等“五进”工作，坚持以人防法律法规为基本，加强人防、国防教育。利用国防教育日、法制宣传日、防空警报试鸣日等重大节日和纪念日时机，加大人防宣传力度，增强人民群众人防、国防意识。2020年12月1日在建阳中山广场结合市、区两级举办的宪法周活动中，开展人防宣传，取得良好效果。

【规划编制与用地审批】 为深入贯彻习近平新时代中国特色社会主义思想，保障各种所有制经济主体平等取得土地，建阳区自然资源局在深刻认识社会主义基本经济制度下，坚持“两个毫不动摇”对深化供给侧结构性改革、推动高质量发展的重要意义，深入推动节约集约用地要素，保障新产业新业态发展和民生服务设施建设需要。面向全类用地主体宣传用地政策，扎实推进“多规合一”国土空间规划编制工作，科学布局生态、农业、城镇等功能空间。统筹划定生态保护红线、永久基本农田、城镇开发边界等控制线，合理安排新增建设用地规模，优化配置各类基础设施、公共服务设施等用地。坚持部门合作、上下联动，坚持因地制宜，注重特色塑造，鼓励盘活使用存量土地，同步加快省、市、区重点建设项目用地征转用报批速度。推进重点项目建设，建立项目服务机制，定期汇总研讨项目征迁报批用地情况，协调解决重点项目征迁用地矛盾，确保重点项目按时序落地。2020年12月完成6个省级试点村村庄规划编制，2020年9月启动建阳中心城区规划区外10个乡镇的国土空间总体规划编制，并组织建阳辖区内严墩片区、水南片区、童游片区、北门地块、水东地块控制性详细规划编制工作。

【规范土地出让行为，推进节约集约用地】 一是为了更好地贯彻国家加强土地调控的有关精神，加强对房地产市场的调控，规范土地供应行为，认真编制全年土地供应计划并报区政府发布，2020年国有建设用地供应总量控制在221.5817公顷以内（未含武夷新区）。二是严格执行土地招拍挂制度，切实保障项目用地需求。全区出让经营性土地4宗，总面积为11.89公顷，成交总价4.38亿元；共出让工业项目用地及补办出让项目33宗，总面积为78.01公顷，总成交价款为9911万元。共办理划拨用地供地15宗，涉及土地总面积35.39公顷。三是继续贯彻落实《南平市国土资源局关于强化工业用地保障支持实体经济发展十三条措施》南国土资综〔2018〕315号，协调解决好企业用地相关问题，为企业创造宽松的投资环境，保障企业“落地生根”。四是完成建阳中心城区及建阳城区乡镇土地级别和基准地价修订更新工作，进一步加强地价管理，完善科学地价管理体系，充分发挥基准地价对土地市场的调控作用。五是推进集约节约用地，加强土地批后、供后监管，加快批而未供土地处置。充分发挥自然资源在项目落地中的资源保障作用，为建阳区旅游、民生、城市公共基础设施等重点项目用地提供用地保障。

【严格落实耕地保护措施】 2020年，建阳区全面完成区、乡镇（街道）、村三级耕地保护责任状的签订工作，层层分解耕地保有量和基本农田保护任务，确保建阳区耕地保有量不低于3.17万公顷，基本农田保护面积不低于2.63万公顷。

【全力建设高标准农田】 2020年，建阳区有建设项目7个，建设规模504.35公顷，总投资281.85万元，新增耕地23.33公顷。

【保持控违高压态势】 一是加强日常动态巡查工作。2020年巡查发现国土资源违法行为51起，下发《责令改正违法行为通知书》51份。二是开展移动执法工作。2020年，全区移动执法监察系统巡查记录2873条，巡查到位率及覆盖率均为100%。通过手机上传移动执法平台违法用地17宗，其中立案10宗。三是严肃查处国土违法行为。共立案查处47宗违法占用土地、采矿行为，其中巡查发现37宗，督查发现1宗，矿产卫片执法检查发现1宗，土地卫片执法检查发现5宗（2019年第二季度1宗、第三季度1宗、2020年卫片图斑3宗），信访举报2宗，业务股室移交1宗，已做出行政处罚决定17宗，4宗已由建阳区人民法院作出行政裁定，罚没收入共计71.76万元。

【卫片执法监督检查】 2020年，自然资源部下发建阳区土地变更调查遥感监测图斑共2350宗，监测面积640.73公顷，其中耕地面积164.86公顷，违法用地面积为4.29公顷，针对轻微违法行为已整改到位2.75公顷，并根据《中共建阳市委、市人民政府关于健全和完善土地管理共同责任机制的意见》（潭委〔2009〕24号）的规定，函告各职能部门依法处置；省自然资源厅下发月度图斑共967宗，监测面积306.9公顷，其中对推填土违法面积已整改到位42.69公顷；农村乱占耕地图斑共下发10462个，涉及耕地面积为153.81公顷，建阳区自然资源局按照省自然资源厅要求，于2020年10月30日前完成10462个农村乱占耕地建房图斑信息平台汇交系统的录入工作。建阳区自然资源局持续结合“天上看、地上查、网上管”动态执法及自然资源部卫片图斑与省自然资源厅月监测图斑，持续开展违法用地摸排工作，做到发现1宗，上报1宗，查处1宗，以确保违法占用土地行为能够得到有效整治，同时定期梳理已建立的长效机制，加大执法力度。

【加大法律法规宣传力度】 2020年，建阳区自然资源局征订自然资源100问、永久基本农田特殊保护、“节约集约利用资源、倡导绿色简约生活”、爱护地球、乱占耕地“八不准”等相关宣传材料5700份，并结合自然资源部宣传活动主题，在各乡镇（街道）人流密集区域开展宣传活动，共计解答群众咨询350余次，参与宣传活动500人次，于建阳区自然资源局一楼大厅LED屏滚动播放相关宣传活动主题海报、图片、视频，公开宣传活动简讯等，面向群众开展多种形式的宣传，响应“法律六进”，深入乡镇（街道）开展“4·22”世界地球日、“6·25”全国土地日宣传活动，共计进机关5次、进乡村5次、进社区5次、进校园3次，在其他场所进行法治宣传2次，覆盖1000人，同时，宣传黑恶违法犯罪举报电话、信箱和举报奖励办法，鼓励发动群众积极检举揭发涉黑涉恶线索，并将宣传材料送进各区直单位、各乡镇（街道）、各社区，扩大宣传范围，争取做到全区宣传全覆盖，落实“谁执法、谁普法”责任。

【扫黑除恶专项斗争】 2020年，建阳区自然资源局排查各类信访件574件次，各类行政执法案件116件，矿山企业7家，旧村复垦项目41宗。通过日常巡查、摸排自查和群众举报，经实地走访调查取证并核实后共移交区扫黑办涉黑涉恶线索2宗。区扫黑办移交线索件、中央线索转办件及区公安局移送的提示函共5件，均已形成调查情况报告反馈给扫黑办。对黑恶现象形成有力的打击和威慑，有效制止黑恶现象的滋生。

【切实做好乱占耕地建房问题专项整治工作】 至2020年，建阳区自然资源局已完成全区10462个农村乱占耕地建房图斑外业核查工作，同时，对各乡镇、街道乱占耕地建房开展全面摸排，并整理原档案材料，对比第二次全国土地调查

2020年12月1日，区自然资源局志愿者开展法律法规宣传活动

成果，发现在2020年7月3日之前，建阳区自然资源局共立案查处非法乱占耕地54宗，其中4宗违法行为人身份为党员，已移交纪检监察部门；14宗为2020年7月3日后新发生的乱占耕地建房行为（涉及土地面积0.42公顷，违法占用耕地0.39公顷）已报送至建阳区纪委监委，14宗乱占耕地建房行为已全部拆除并复耕。

【加强矿业秩序治理整顿】 一是开展矿山安全生产大检查打击非法违法采矿工作，开展非法违法采矿日常巡查328次，持证矿山安全生产检查51次，做到督促检查全覆盖。二是颁发2家机制砂配套矿山采矿许可证，分别为建阳区麻沙镇井窠矿区建筑用凝灰岩（机制砂）和南平市建阳区小湖镇白泥垅矿区建筑用凝灰岩（机制砂）。

【地质灾害防治工作扎实推进】 2020年，建阳区自然资源局通过排查登记在册地灾隐患点和高陡边坡209处，62处隐患点建立一点一卡台账，全区3处地灾治理项目（童游1处、徐市1处、莒口1处）通过竣工验收，完成降险项目1处（小湖镇下乾村），争取中央补助资金50万元。启动徐市紫金山崩塌治理项目，争取省级补助资金301万元，完成搬迁任务20户。

【地质勘查工作开展】 一是全面完成建阳区农业地质调查评价项目，2020年9月通过成果验收。二是推进水吉镇南山高岭土、大梨陶瓷土探矿权勘查工作取得较好成果，勘测建盏用高岭土矿石71.64万吨，陶瓷土矿石90.51万吨。

【林权类不动产登记试点工作】 建阳区自2019年6月被列为林权类不动产登记规范化制度建设试点，从开展林权登记档案移交和存量数据整合、完善地籍调查的组织形式与技术方法、研究解决具体问题、创新服务举措等四个方面探索林权类不动产登记规范化制度建设的方法与路径，及时总结典型经验做法，并于2020年12月通过福建省自然资源厅专家组验收。通过建立林权登记代理制度，推行林权登记合并办理，尊重历史，充分考虑历史、现状和现行政策法规，针对林权登记中林地与建设用地、耕地界线重叠或重复发证等历史遗留问题，分类施策，依法依规满足人民群众的合理诉求，为有序推进林权类不动产登记规范化制度建设工作提供示范，为林权类不动产登记工作提供可复制可推广的经验。

【实现“不动产+金融服务”全覆盖】 为不断提升建阳区不动产登记效率，建阳区不动产登记中心推行“不动产＋金融服务”模式，打破在政府部门设置服务窗口的固有思维模式，积极与各银行金融机构签署战略合作协议，在区内金融机构开设便民服务点18个，将不动产登记服务延伸至业务一线，实现建阳区“不动产＋金融服务”全覆盖。企业、群众在办理不动产抵押贷款时，可一并提交不动产抵押登记申请材料，使客户可以“一站式”完成不动产抵押登记手续，解决群众往返跑路的问题，实现“让数据多跑路，让群众少跑腿”。

【推进数据共享，提升“互联网+政务服务”水平】 一是区不动产登记中心在实现法院、住建部门信息共享的基础上，进一步实现与税务部门的信息共享，让数据多跑路，群众少跑路，缩短群众办事时间。二是深化“放管服”改革，将“划拨土地出让价款补缴”纳入窗口受理范围，解决群众办理划拨土地转出让流程复杂、耗时较长的问题，提升办事效率。三是利用不动产登

2020年4月，建阳区不动产登记便民服务点

记入驻市行政服务中心这一契机，通过数据共享实现水、电、气、网络和不动产登记“四合一”联动过户，有效推进市区一体化建设，实现市区一体“一站式”链条服务。四是设置“跨省通办”（闽浙赣皖）窗口，拓展“异地代收代办”。对不动产预告登记、不动产登记资料查询、不动产抵押登记等事项，在不改变各地原有办理事权的基础上，通过“收受分离”模式，打破不动产登记事项办理的属地化管理限制，进一步提高不动产登记办事效率。

【深化“放管服”改革】 2020年，受理各类行政审批业务546件，其中行政许可办件123件、公共服务1件、其他行政权力422件，所有办件均在承诺时限内办结，提前办结率达到100%。按照“减程序、减时间、提高服务质量、提高服务效率”的要求，将所有审批服务事项办理流程统一压缩到3个环节以内，承诺时限统一控制到法定时限的30%。加快推进“互联网+政务服务”，2020年建阳区自然资源局审批服务事项在福建省网上办事大厅办件申报率达到总办件的95.33%。开展多项便民利民举措，如提供延时服务、预约上门取印服务、批文证照快递送达服务等，通过一系列措施有效提升服务效能和服务质量。通过梳理公布审批事项、推进并联审批、统筹“一张蓝图”项目、推行“多测合一”、加强事中事后监管、推行告知承诺制、简化审批手续等措施推进行政审批制度改革及工程建设项目审批制度改革，促进审批服务提速增效，创造良好的营商环境。

【加强基础测绘管理，强化服务职能】 加强基础测绘成果应用，服务建设需要。为政府和社会公众提供地理信息成果，提供地形图、土地利用总体规划图和影像图70批次，有条件建设区指标调整20宗、面积17.85公顷，套叠地类图、规划图、农村居民住房打点图件等1161项。为规范测绘单位行为，加强事中事后监管，对建阳区11个测绘单位进行抽查，在4家单位开展测绘地理信息领域“双随机、一公开”工作。

【完成第三次全国国土调查，加快推进农村地籍和房屋调查工作】 2020年，建阳区第三次国土调查统一时点更新工作总面积33.83万公顷，核实整改权属核实2727块图斑，修改17345块耕地坡度图斑，核实1163块县市级接边图斑，已完成成果汇总分析；内业解译判读11007块图斑（1.500万公顷）；外业核实举证8795块图斑（4375.22公顷）；数据库建设通过省级检查。10月26日，建阳区第三次国土调查统一时点更新数据库，经国家三调办内业复核无重大问题且按国家规定整改提交。

加快推进农村地籍和房屋调查。坚持严格把握政策、严守操作规程，既尊重历史，又统筹解决农村土地房屋权属纠纷。加大对各乡镇督促力度，对作业队伍开展警示约谈，有力地推动全区农村宅基地及房屋确权登记工作。建阳区有194个行政村，经申请批准开展调查的行政村有190个，开展率97.94%；已完成调查的行政村有190个，完成率100%；通过市局验收的行政村有100个，完成率52.63%。

【确权登记工作】 根据《福建省自然资源厅 福建省财政厅 福建省生态环境厅 福建省海洋与渔业局关于印发〈福建省自然资源统一确权登记总体工作方案〉的通知》（闽自然资发〔2020〕6号）文件要求，全面开展建阳区自然资源统一确权登记（建溪）工作，已完成编制底图、发布通告、编制初步调查成果，与涉及的乡镇进行第一次对接。完成5宗地类情况调查说明，完成2宗工业用地并宗会审。

城乡建设与管理

城乡建设

【加大中心城市建设力度】 2020年，建阳区完成嘉禾大道、西桥西路、北门中山北路等城市主次干道建设，完成水东桥头人行天桥二期建设，积极推动水东大桥东侧人行天桥建设、塔山大桥拓宽改造工程建设。在抓好大项目建设的同时，重视群众反映强烈的民生问题和小项目的建设，先后启动了童游民主路施厝巷街巷整治等民生工程。新增城区停车泊位610个，受到群众欢迎和肯定；完成排水管网清淤及深度普查，提升改造由源溪沿河污水干管、崇阳溪东岸地税局至五里樟大桥段沿河污水干管、崇阳溪西岸螃蜞路口至原自来水泵站沿河污水干管，解决灌溉水和河水混入污水处理厂问题，并结合北门老旧小区改造、童游民主路施厝巷街巷整治、北门人居环境整治项目等，推动老城区排水系统雨污分流建设。塔山污水处理厂进水浓度显著提高；完成九儒公园建设、童游崇阳北路木栈道改造，同时完成人民公园、滨江公园和麻阳溪两侧绿道健康主体元素提升工作；共策划生成老旧小区改造项目9个，总投资约4.4亿元。新开工老旧小区改造项目6个，总投资约3亿元，其中北门老旧小区改造项目已完成70%的工作量，其他5个项目（老城关片、西桥片、金桥市场至赤岸片、水东片、曼头山至二监片老旧小区项目）均已开工建设；完成农村危房改造任务58户，拨付资金105.7万元，均已竣工验收，同时完成第三方鉴定机构鉴定，出具安全评定报告。对全区50户造福工程易地扶贫搬迁农户进行排查，确保信息上墙、准确有效。完成公布的52处历史建筑测绘建档、编制保护图则工作；完成15处历史建筑的修缮工作；投资388万余元建设“十镇百村千屋”书坊乡、书坊村。

建筑业

【加强建筑业市场管理】 加强建筑业企业资质管理和房建、市政工程项目招投标监管。2020年注册地在建阳区的建筑业企业共有76家，其中同时具备房建和市政一级的企业1家，同时具备房建和市政二级的企业1家，单独具备房建二级的企业3家，其余的为三级企业，另外共有58家劳务公司。规范房建和市政基础设施工程招投标工作，工程招标统一在区公共资源交易中心进行。2020年，建阳区依法依规工程招投标备案36个，预算造价4.31亿元，中标价3.69亿元。其中，公开招标27个，预算造价4.07亿元，中标价3.47亿元；邀请招标9个，预算造价0.24亿元，中标价0.22亿元。办理建筑工程施工许可证审批45件，建筑面积55.65万平方米，工程总造价10.02亿元；办理竣工备案项目14个，建筑面积45.53万平方米，工程造价8.37亿元。

【加强工程质量监督管理】 2020年以来，受理工程监督项目46个，其中房建工程42个，市政工程4个。按照省住建厅建设项目质量安全动态管理办法，不断完善工程质量安全管理机制，严格执行相关法律法规和强制性标准的规定，规范各责任主体质量行为。建立“双随机”监管机制，按照“全覆盖、零容忍、严执法、重实效”的要求，开展各类专项检查89次，发出责令整改通知书148份，记分告知单592份。在日常监督管理工作中，严格按照建设工程质量监督原则的要求和建设工程强制性标准，加强对建设工程各方责任主体质量行为的监督检查，对各方责任主体违反工程强制性条文的行为责令整改。以国家的法律、法规，工程建设标准和强制性标准为依据，加强对建设工程质量各方责任主体质量行为和工程中涉及结构安全和重要使用功能的实体质量、环境质量的监督检查，同时加强对工程质量验收规范“验评分离、强化验收、完善手段、过程控制”的监督检查。针对在工程质量监督检查过程中发现的各种问题，分门别类，制订措施，特别是提高施工企业和监理企业的质量保证能力和纠错能力，不断完善质量保证体系，促进建阳区工程质量持续提高。

【严格安全生产监督管理】 工程安全生产管理工作按照上级工作部署要求，积极开展在建项目疫情防控，做好项目节后复产复工，深刻吸取泉州“3·7”酒店坍塌事故教训，确保安全生产大排查大整治大培训、安全生产专项整治三年行动、消防安全大排查大整治、文明工地“大讨论”、建筑施工扬尘管控、2020年春节前安全生产大检查、打击假证无证“亮剑”行动、住建系统两会前安全生产大检查行动顺利进行。做好汛期和高温期间建筑施工安全生产工作，做好国庆中秋期间安全防范工作，做好寒潮天气防范、住建系统冬春火灾防控，做好岁末年初安全防范工作等。进一步加强住建系统安全生产宣传工作，并全面履行安全生产“一岗双责、党政同责、失职追责”的工作制度，认真贯彻落实“消除事故隐患，筑牢安全防线”的工作方针，从而进一步提高全区建筑施工安全生产水平。

房地产和住房保障

【房地产开发】 2020年，已办结商品房预售许可申请19宗，其中协办武夷新区商品房预售许可申请12宗。全年批准预售商品房面积17.19万平方米，其中武夷新区批准预售商品房面积15.81万平方米；办理新建商品房买卖合同备案登记5875套，备案面积52.64万平方米，备案金额42.04亿元；办理商品房买卖合同备案注销登记485宗。

【住房保障工作】 建阳区共有住房保障家庭1410户，2020年新增办理公共租赁住房配租入住63套，配租率为98.7%（海西花园除外）；新增住房保障家庭资格申请135户；办结保障性住房上市交易申请及转换房屋性质申请32户，收缴土地增值收益87.25万元；新增住房租赁补贴家庭137户（239人），合计发放补贴37.5万元（共计220户，320人）；累计开具住房保障证明173份，并完成公租房租赁合同续签879户。

城市管理与行政执法

【概况】 2020年，建阳区城市管理局以习近平新时代中国特色社会主义思想为指导，以服务南平市行政中心搬迁和创建全国文明城市提名城市为目标，以围绕建阳区疫情防控、复产复工、绿色发展、创全国文明城市提名城市为工作重点，创新工作方式方法，开展疫情防控及市容环境整治工作。立足职能，主动作为，在服务大局工作中冲锋在前、勇于担责；加强部门联合，加大职能融合，进一步形成协调有序、联动高效的“大城管”机制；加强机制建设，提振队伍精神，逐

2020年10月9日，双拥广场城管中队与夜巡中队进行集训

2020 年 12 月 22 日，交警驻城管中队在西区中队门口列队早训

步推动建立一支基础夯实、作风优良、形象良好的城市管理队伍，以务实的态度、专业的形象服务中心工作，大力提升市容市貌。建阳区城区市容环境整治工作在绿色发展考核中获得全市第二名的成绩，获得党委、政府和群众的支持与肯定。

【综合行政执法】 2020 年，建阳区城市管理局持续加大执法力度，按照各项法律法规，严厉查处占道经营、乱倒垃圾、乱贴小广告、渣土撒漏等违法违规行为。大力推行简易处罚，执法水平与能力大幅提升。5 月正式启动交警驻城管中队工作机制，由建阳交警抽调 5 名精干人员，通过交警罚、城管巡、市政堵、物业修、环卫扫，形成高效联动的协调配合机制。自队伍成立以来，共计组织巡查 697 次，发放劝导黄单 163 份，发放罚单（红单、粉单）8132 份，查扣违法车辆 189 次。人民西路、潭山大道、七贤路等路面破损基本修复，隔离设施基本完成。2020 年，完成简易行政处罚案件 18 件。严把案卷质量，保障程序与实体并重，坚持“三个认真”的工作原则狠抓案件审查。对送审的案件认真登记、审阅，严把材料关，对于存在问题的案卷，逐一列出其问题，并指导执法人员及时改正，确保案件办理高质量，案件材料严规范。牢固树立“依法行政”意识，在做到“有法必依，执法必严”的同时，明确“法无明文授权不得为”，加强行政执法，有所作为、不乱作为。对屡劝不改、影响恶劣的违法违规行为，严格按照《中华人民共和国行政处罚法》《南平市市容和环境卫生管理办法》等法律法规进行惩处。共办理“两违”案件 17 件、其他行政处罚案件 304 件。

2020 年 3 月 15 日，联合执法队伍工作人员在东桥东路整治电动车乱停乱放行为

【“5 + X”联合执法】 2020 年，建阳区城市管理局进一步深化“5＋X”（“5”指城管、交警、巡防、交通执法、市场监督 5 家城市管理主要单位；“X”指根据城市管理需要，应急联动增加如水利、住建、商务、环保等其他部门执法力量，充分运用相关法律法规，治理占道经营、乱排乱倒、油烟污染等违法违规行为，形成城市管理联合执法的强大合力）联合执法机制，拓展联合执法工作机制广度深度。依托“5 ＋ X”联合执法队伍，开展交通整治、二手车经营秩序、餐饮业经营秩序等多项整治工作。每天在主城区开展不间断巡逻整治，

对影响市容市貌及行人车辆通行的违停车辆，一经发现一律暂扣至南林停车场，经宣传教育后再放行。累计暂扣电动车、摩托车、三轮车等各类违停车辆7989辆。人民路、西街、中山路等主次干道车辆及各农贸市场周边停放秩序显著改善。大力开展二手车行业整治提升行动，重点针对各主次干道沿线二手车、洗车、修车行业占道等问题开展定期集中整治，通过宣传告知、文明劝导、行政执法、强制暂扣等手段，结合日常管理和集中整治等方式，二手车不规范经营等问题已基本解决，实现了还路于民。累计暂扣二手小车20辆。通过集中整治，取得强大的震慑力与影响力。

配合市场监督管理部门对前灶后店、油烟乱排等行为进行整治，大幅度提升环境质量；采取“补偿奖励、限行、禁行”手段有序推进黄包车整治工作，至2020年6月23日，联合交警、交通执法、巡防等单位执法人员60余人，开展人力黄包车强制收缴行动，共强制收缴人力黄包车9辆，至2020年7月22日，完成257辆黄包车清理整顿工作。

2020年5月21日，联合执法队伍工作人员在建发周边整治二手车

【市容环境整治】 2020年，建阳区城市管理局多措并举，攻坚克难，配合区委区政府全力推进第一、第二轮童游大会战行动，顺利完成童游人居环境整治工作。开展创全国文明城市提名城市工作，认真对照考评细则全面排查并及时推动“补短板”工作，助力南平市顺利入围全国文明城市提名城市。

取缔新建路、西桥西路“马路市场”，集中整治五里樟、江厝村等处占街为市的马路市场，规范店外占道经营，劝导流动摊点，拆除各类乱建乱搭。重点整治童游五里樟、水南西桥新村等片区，拆除西桥新村各类乱搭盖89处、水南义乌街巷道老旧乱搭建120余处，解决了20年来的脏乱差及安全隐患问题。统一规范广告牌匾设置，严格审批标准，清理、拆除有碍观瞻、存在安全隐患的广告牌、雨披、遮阳布等。2020年来，拆除存在安全隐患的破损广告牌140余处，清理“外窗广告”、橱窗广告、大型墙体喷绘广告等381处，清除破旧店招、灯箱广告、立柱乱张贴现象，大幅度保障城市立体空间整洁，提升市容品质。

开展流浪犬整治及文明养犬宣传劝导行动，牵头制定《南平市建阳区关于加强建阳区城区公共场所养犬管理工作方案》，明确城管、公安、民政、市场监管等部门职责。

2020年11月19日，城管队员在大潭印象小区门口张贴养犬通告

2020 年 10 月 13 日，建阳区城管局开展五里樟、江厝马路市场专项整治行动

积极作为、主动担责，深入各街道、社区、物业小区进行规范养犬的宣传劝导，对于屡劝不听屡禁不止的不文明养犬行为，采取抓捕、收容措施，第一阶段（1—6 月）任务完成和创城阶段性集中整治行动结束，建阳区城市管理局共出动 800 人次，对建阳城区（包含云谷小区）进行全覆盖巡逻，发放文明养犬通知、通告等 1500 份，劝导不规范养犬行为 380 次，捕捉流浪犬 227 只。

【“两违”综合治理】 2020 年，建阳区城管局按照省、市统一部署，贯彻落实各项整治要求，以实现“两违”零增长为工作目标，大力推行网格巡查、停水停电、建材源头管控、征信“黑名单”等工作机制；对新增违建坚持“露头就打、出土就拆”；结合市区重点工程项目建设、人居环境整治及安全隐患排查整治专项行动，及时拆除各类妨碍重点项目建设、存在安全隐患或影响市容环境的乱搭乱建，保障重点工程项目建设顺利推进，进一步提升人居环境质量。2020 年“两违”春季攻坚战，严格落实网格化巡查管控，定人定岗定责，及时发现及时打击新增违建，确保实现“两违”零增长。高度重视小区装饰装修管控工作，使新兴楼盘外立面美观整洁。创新实行“一三五”工作法，加强巡查，密切联合物业，严厉打击违规装修行为。围绕童游人居环境大整治、创建文明城市等中心工作，重点整治拆除屋顶，沿街、沿河严重影响市容和安全的临搭、简搭及违法建设，拆除沿街门店乱搭私建遮阳雨披。贯彻落实省、市、区关于开展房屋安全隐患大排查大整治“百日攻坚”专项行动的精神和要求，大力拆除存在安全隐患的乱搭乱建。实行清单式管理、跟踪式推动、销号式验收。区“两违”办牵头组织工作，先后制定下发《南平市建阳区 2020“两违”综合治理春季攻坚战实施方案》（潭治违〔2020〕1 号）、《南平市建阳区深化“两违”综合治理专项行动实施方案》（潭委办发〔2020〕8 号）等规范性文件；组织召开全区深化“两违”综合治理专项整治工作推进会，并明确下一步整治工作重点；组织开展徐市镇 10 层高违建大型专项拆违整治行动、螃蜞路隧道施工现场清理行动等

2020 年 12 月 4 日，建阳区城管局拆除妨碍建阳经济开发区建设的违建彩钢棚

2020 年 3 月 16 日，建阳区城管局拆除妨碍长安隧道建设的 3 栋建筑及违建部分

大型重难点“两违”治理行动；持续开展“两违”分类处置工作，完成富林新村、南阳新村等 6 户历史问题建筑的罚款补办申办工作；加强“两违”督查考评，将“两违”治理工作纳入全区绿色发展考评工作中，对各乡镇、街道进行督查考评，未落实“两违”治理工作及未完成目标任务的，予以扣分问责。

全区制止“两违”行为1889起，拆除“两违”建筑 967 处 42.22 万平方米。其中，处置“两违”信息系统内的历史积案 147 宗 6.94 万平方米。在“控制增量、消化存量”方面取得显著成效，经过“大拆违、大清理”，不仅有效打击震慑了违建行为，也显著提升了市容与人居环境，获得广大市民的好评。

市政公用事业维护

【市政设施管理】 2020 年，随着西区生态城、水美城、考亭古街、体育馆等工程建设以及老旧小区改造、道路拓宽、道路改造等城市基础设施建设，建阳城市公共设施设备渐趋完善，建阳城市品位不断提升，但对照文明城市考评及绿色发展考核标准存在很多不足的地方，2020 年度，建阳区城市管理局全面加强市政管护工作，持续完善市政基础设施维护工作。共修复故障路灯 800 余处，确保路灯设施安全运行。加大夜景照明工程的维保力度，持续开展夜景亮化的巡查管护，确保夜景照明设施完好。加强道路巡查，及时修补破损路面、人行道，全面清疏淤堵的排水管网，及时更换破损井盖、雨水篦。修复破损路面、人行道 300 余处，增设“U”形隔离栏 140 个，隔离立柱 80 个。有效推进全区窨井盖专项整治行动，全面摸排全区主次干道和街巷井盖，发现存在安全隐患的市政窨井盖约 1500 个，2020 年底已更换井盖 700 余个，确保市民出行畅通；排查建平大道存在安全隐患的市政窨井盖 368 个。持续加大飞灰填埋场厂区内的运营管理力度，重点关注雨季来临时处理尾水的各项指标及尾水排放管道的日常巡查疏通工作，确保厂区内部正常运转，无安全事故发生。为贯彻落实建阳区创建全国文明城市精神，补齐建阳区市政公用设施短板，加强对标巡查。经巡查，共须推进市政道路沥青混凝土路面修复、市政高杆灯及公园灯维护、

2020 年 11 月，市政路灯维护人员对中山广场路灯进行检修

市政道路改造及基础设施建设等项目3个，预计投资约380万元。项目已全面完成，为创城工作奠定坚实的基础。

2020年春节期间，人民公园迎春广告牌及时令花卉布设

园林绿化

【城市绿化花化彩化水平提升】为加快推进"市区一体"园林景观建设步伐，促进城区生态环境和绿化功能全面提升，建阳区城市管理局从细节处着手，不断提升建阳区城市绿化花化彩化水平。截至2020年底，建阳区共有各类绿地531万平方米，绿化覆盖率46.8%，绿地率43.24%，人均公园绿地面积15.41平方米。在春节、元旦等重要节假日，在主要路段进行花化彩化。在各大公园广场廊架、主次干道树木上悬挂灯笼15000盏；在建平大道、人民西路高速入口、人民公园等处以春节主题图案配置大型盆栽植物或摆放鲜花造景；在城区重要景观节点，各路口安全岛、渠化岛种植摆放万寿菊、孔雀草、花海棠等各类花卉59万余株。查漏补缺，以长安路分车带、七贤桥头绿地、考亭沿线等处为重点进行提升改造，新增和提质改造绿地25000平方米，对西桥西路、西桥南路大乔木整形修剪，处理树木480株，保障市民生命财产安全，使城市形象美观。

结合创城工作，全面加强公园管理，做到及时、高效发现问题、解决问题。2020年，针对巡察发现的问题，投入资金约755万元，完成13个创城补短板项目，补植乔灌木5574株，补种行道树411株；完成公园绿地绿化养护工作，完善公园休憩配套设施建设，增设休闲椅30余张，为市民游园提供休憩点。因地制宜，积极谋划串珠公园、口袋公园等绿化项目建设；开拓创新，深入推进建阳高速入城口等立体绿化工程项目建设，利用有限的空间，建设更加丰富多彩的园林绿化城市。

环卫工作

【扩大保洁面积，提升保洁水平】2020年，随着南平市行政中心搬迁、南平市创建全国文明城市提名城市验收等重点工作的推进，建阳区举办全国郊野钓鱼大赛、第二届大武夷赶山节等重要活动，为提升建阳城市品位，城市保洁面积进一

2020年5月14日，建阳区环卫工人在人民路清洗交通护栏

步扩大，保洁管理工作更细致、更严格。

根据建阳区委、区政府要求，建阳区环卫处加大环卫保洁力度，不断提高保洁服务质量。2020年新增童游赤岸巷道（25.9万平方米）、考亭观书园（30.5万平方米）、建平大道、长安隧道等保洁面积66万平方米，实现城市道路保洁面积322万平方米。继续新增交通护栏保洁5700米；投入资金353万元清掏2000个化粪池；新增童游大道、建平大道小广告清理项目。实现老旧城区保洁一体化，背街巷道基本全覆盖。加强道路清扫、垃圾清运、公厕管理、河道保洁等精细化作业。对道路进行洒水降尘、机械化清扫、巡回保洁，建立快速保洁机制，除每日道路保洁外，加强对人行道、垃圾桶、果皮箱等设施常态化清洗；城乡生活垃圾日产日清，2020年完成城乡17座垃圾中转站垃圾清运量9.8万吨；加强31座公厕保洁管理；对15.3千米河道进行保洁，对13千米交通护栏进行清洗，对88座公交站点进行清洗。在2020年人居环境整治、创城总评、全国郊野钓鱼大赛期间，增派保洁力量，加强保洁作业，较好完成各项任务。2—3月，环卫处班子成员每天深入一线，对重点区域进行摸排、检查，组建消杀队伍，加大对中转站、垃圾桶、果皮箱等设施的消毒力度，在重点区域设置废弃口罩垃圾桶。为促进夜市经济发展，在夜市区域及时安排车辆和人员对地面卫生进行清理，保障工作落实到位。做好公厕改造工程，投入资金198万元对大潭公厕、大潭印象公厕、滨江花苑公厕、西华园公厕、越剧团公厕等7座公厕提升改造，达到二类标准。同时，在主干道按照垃圾分类要求设置分类垃圾桶。

2020年3月9日，机扫车对黄花山路进行清扫

加大崇阳溪、麻阳溪河道常态化保洁，清理河岸河面垃圾，打捞大量树枝、水葫芦。2020年清理河面漂浮物3000吨、垃圾280吨。

【城区生活垃圾分类工作】 2020年是生活垃圾分类工作在建阳区范围内全面铺开的一年，加大软硬件设施建设，确保前端、中端、末端设备设施全方位保障，严防“先分后合，分而又合”情况出现。投入资金7000余万元，规划建设占地面积1.6万余平方米的餐厨废弃物

城市垃圾分类之“潭城模式”在2020年11月的“2020年度环卫行业典型案例”征集活动中获“示范案例”称号

资源化处理厂；规划建设再生资源产业园暨废旧物资回收加工基地项目，已挂网招标；对于其他垃圾做到“日产日清”，统一收运并及时清运至瀚蓝（南平）固废处理有限公司进行焚烧发电，变废为宝。引进积分兑换、智能监控等分类信息云平台，完善垃圾分类管理、兑换、激励等流程，实现强制分类与自愿参与相结合，让自觉分类者在生活垃圾分类中得到现实好处，更多人自愿参与到垃圾分类事业中来。利用电视、微信、微博、政府网站、社区宣传栏、公园广场、各大型商业综合体 LED 宣传屏、公交站点等载体广泛宣传垃圾分类；深入开展垃圾分类进校园、进教材、进课堂等活动，探索“社工＋志愿者”模式，营造垃圾分类浓厚氛围。

通过软硬件结合，大大提升居民垃圾分类参与率，各项工作成效渐显，2020 年累计投入资金 359 万元，共设置四色分类垃圾桶 1300 个、智能分类箱 14 台、投放点 43 处，招聘督导员 43 人，配备中转车辆 20 辆。开展形式多样的宣传活动 300 次，发放分类宣传手册 5.3 万份，累计入户宣传 2 万次。建阳区潭城街道的垃圾分类工作在中国城市环境卫生协会组织的“2020 年度环卫行业电信案例”征集活动中被评为“典型案例”。年底，潭城街道涉及 13 个社区约 39433 户城区生活垃圾分类项目完成招投标并正式启动选点工作；童游街道涉及 8 个社区约 31220 户的城区生活垃圾分类项目也将于 2021 年 1 月完成招标工作。

物业服务工作

【基本概况】 建阳区物业服务中心成立于 2020 年 8 月，成立后便迅速投入物业服务工作中，全面摸排建阳及武夷新区物业相关工作情况。截至 2020 年底，建阳区及武夷新区范围内有物业管理区域 76 个，已备案的物业服务企业共计 37 家，新成立或换届的业主委员会备案共 32 个，住宅专项维修资金代管金额为 2.49 亿元。建阳区城市管理局接手住宅专项维修资金时，存在同一地产项目住宅专项维修资金存放于不同银行的情况，武夷新区房地产项目住宅专项维修资金甚至存放于建阳区和武夷新区两个不同行政区划管辖账户的情况，这导致住宅专项维修资金支取困难。成立建阳区物业服务中心后，及时沟通协调市区两级政府及相关部门，理顺住宅专项维修资金管辖

2020 年 11 月，物业中心针对全区开展物业小区安全隐患检查

2020 年 10 月，物业中心督促物业企业在省厅信用评价系统中注册

情况，统一划转至建阳区城市管理局代管账户，方便住宅专项维修资金管理、使用。

在新建住宅物业竣工后，督促开发建设单位和物业服务企业严格按照相关规定及程序做好物业验收及承接工作。2020年成立以来，已监督完成三迪西城枫丹、正达商业中心等数个房地产项目的物业承接查验备案工作。指导、督促物业企业制定综合服务标准、公共秩序维护、公共部位管理、共用设施设备运行维养、公共区域卫生保洁服务等一系列服务事项和服务标准，提高物业服务水平。同时，根据省、南平市等相关文件精神，及时督促企业开展疫情防控、安全隐患排查、电动车乱拉线充电排查、占用消防通道排查等专项工作。

建阳区城市管理局接管物业服务工作时，建阳区物业服务企业在省厅物业服务企业信用评价平台注册的仅12家。为加强物业服务企业诚信体系建设，提升企业服务质量，方便群众对物业服务企业适时给予客观、公正、有参考性的评价，建阳区城市管理局积极履行职责，严格要求建阳区物业服务企业按照相关规定，及时完成省厅物业服务企业信用评价系统注册。截至2020年12月31日，建阳区物业服务企业在省厅物业服务企业信用评价平台注册新增至27家，注册率到达80%。

环境质量状况

【空气质量总体状况良好】 根据《福建省人民政府关于印发贯彻落实〈福建省大气污染防治行动计划实施细则〉责任分工方案的通知》，南平市建阳区2个省控城市空气质量监测点：环保局评价点、农工校评价点，利用大气自动监测系统开展二氧化硫（SO_2）、二氧化氮（NO_2）、可吸入颗粒物（PM10）、细颗粒物（PM2.5）、一氧化碳（CO）和臭氧（O_3）6个空气污染因子实时监测。2020年报送大气监测数据12期，与“福建省空气质量监测监控系统”联网。2020年，南平市建阳区空气质量监测有效监测天数为364天，其中一级达标天数305天，二级达标天数59天，空气质量达标天数比例为100%。全区共取得降水样品120个，酸雨样品37个，酸雨频率30.8%，pH酸碱度最低值5.08，出现在8月。2020年全区环境空气质量以优良天数为主，总体环境空气质量与上年度相比持平。

2020年空气自动监测各项指标月均浓度

表4

监测月份	环境空气综合指数	污染项目						首要污染物	上年同期首要污染物
		SO_2（微克/立方米）	NO_2（微克/立方米）	PM_{10}（微克/立方米）	$PM_{2.5}$（微克/立方米）	CO（毫克/立方米）	O3-8h（微克/立方米）		
1月	2.61	11	16	37	23	1.2	86	PM2.5	PM2.5
2月	2.13	8	10	27	20	0.9	91	PM2.5、O_3	PM2.5
3月	2.08	13	13	27	16	0.7	82	O_3	O_3
4月	2.90	16	17	39	23	0.8	126	O_3	O_3
5月	2.42	16	12	33	17	0.8	110	O_3	O_3
6月	1.56	13	10	22	10	0.4	63	O_3	O_3
7月	1.83	12	12	27	12	0.6	72	O_3	O_3
8月	1.70	13	10	24	12	0.5	69	O_3	O_3
9月	1.86	14	10	26	13	0.6	78	O_3	O_3
10月	2.62	21	15	38	21	0.6	96	PM2.5、O_3	PM2.5
11月	2.87	21	20	42	24	0.8	85	PM2.5	PM2.5
12月	2.40	12	16	37	25	0.8	58	PM2.5	PM2.5
二级标准值		60	40	70	35	4	160	—	

建阳橘柚种植面积 1066.67 公顷，年产总量 1.8 万吨以上；蔬菜面积 1.05 万公顷，总产 21.1 万吨。全区有茶园面积 5466.67 公顷，改造低产茶园 50 公顷，引进优新品种 58.67 公顷，完成茶叶产量 6167 吨，比上年同期增产 4.1%。其中，乌龙茶 2598 吨，红茶 1419 吨，白茶 1338 吨，绿茶 812 吨。生产各类食用菌 1.95 万吨，比上年增长 2.7%，其中鲜品 2273 吨，干品 17258 吨。

【农产品质量安全】 2020 年，全区检测中心监督抽检各类农产品 6630 份，合格 6588 份，合格率为 99.37%。其中果蔬 6448 份，合格 6402 份，合格率 99.29%。瘦肉精检测 990 例，均合格。茶叶 47 份，合格率 93.6%。扎实推动“一品一码”追溯管理工作。2020 年共组织开展 7 次生产主体集体培训会，共有 250 人参会，发放材料 300 份。全区有 406 家生产主体被纳入福建省农产品质量安全追溯监管信息平台，建立生产档案 2221 个次，赋码生产主体数 365 家，赋码总数 8203 家次，使用赋码标签 103.6 万张，开展线上线下巡查 6712 人次，巡查主体 78851 家次，累计接待和指导来访咨询追溯系统使用主体 1000 人次。2020 年落实“四挂钩”制度主体约 200 家次，巡查通报辖区内茶叶类生产主体、养殖类生产主体未批批赋码准出情况累计 30 家次。同时，指导并辅助生产主体将生产档案信息及时准确纳入系统约 380 家次。配合农业农村部在建阳区农贸市场、批发市场、生产基地抽取果蔬菌 31 份；开展建阳区 2020 年国家农产品质量安全监督抽检工作，在建阳区生产基地抽取 8 份，样品检测结果皆合格；完成省厅年度全省农产品质量安全抽样检测工作，按照“双随机”抽检原则，精心安排抽检路线，选定抽检企业，科学抽取样品，较好地完成蔬菜、水果、禽肉、禽蛋等 47 份样品、10 份生猪尿样样品、4 户散户蔬菜的抽检工作；配合南平市农业农村局完成 91 份市级抽样的抽样检测任务。

【化肥农药减量增效】 2020 年，全区完成推广测土配方技术服务 4.67 万公顷次，采集土样 50 份；全区冬种紫云英面积 2000 公顷。在潭城、童游、崇雒、莒口、书坊等乡镇建立 16 个紫云英示范区，共 133.33 公顷；全区 13 个乡镇完成稻草还田 9333.33 公顷，在茶山、果园推广长豇豆、油菜、箭舌豌豆等绿肥 3333.33 公顷；在茶叶优势产区建立核心示范区面积 1000 公顷，建立茶山施肥效果监测点 30 个。通过项目实施，核心示范区化肥使用量减少 15% 以上，有机肥用量提高 20% 以上。通过推进化肥减量增效项目，测土配方施肥、茶叶有机肥替代化肥、冬种绿肥、秸秆还田等项目措施，使建阳区 2020 年化肥使用量比 2019 年减少 2%，2020 年化肥使用量比 2016 年减量 10%。

【高标准农田建设】 2020 年，建阳区完成高标准农田建设任务 1900 公顷。其中，示范项目 3 个，建设面积 347.33 公顷；一般高标项目 1 个，建设面积 146 公顷；千亿斤粮食项目 7 个，建设面积 1406.67 公顷。2020 年，建阳区高标准农田建设项目涉及潭城、麻沙、莒口、将口、漳墩、回龙、童游、崇雒等 8 个乡镇（街道），22 个村，项目总投资 6607 万元。

【农民丰收节】 2020 年，建阳区在武夷花花世界举办 2020 中国农民丰收节南平市主题日活动。此次农民丰收节以“武夷山水庆丰收，田园欢歌迎小康”为主题，展示南

2020 年 9 月 22 日，中国农民丰收节福建南平主题日活动在建阳区武夷花花世界举办

平市脱贫攻坚、乡村振兴、供销改革新成果，引导城乡共庆丰收、共享喜悦、传递幸福。

养殖业

【畜牧产业】 2020 年，建阳区生猪出栏 3.73 万头，家禽出栏 579.59 万羽，羊出栏 1.44 万头只，牛出栏 0.32 万头，肉产量 1.20 万吨，奶产量 1.98 万吨，禽蛋产量 2.99 万吨。

【水产品产业】 2020 年，建阳区水产养殖面积 819 公顷，同比增长 1.2%，预计渔业总产量 9590 吨，同比增长 4.9%，渔业总产值 4.97 亿元，同比增长 5%。在结构调整上，发展小龙虾养殖 66.67 公顷，澳大利亚淡水龙虾养殖 6.67 公顷，稻田养殖田螺 33.33 公顷，稻田养殖黑斑蛙 6.67 公顷及稻田养鱼、泥鳅、棘胸蛙等。水产品市场品种丰富，草鱼、鲢鱼、鳙鱼等常规品种供应充足，优质鲫鱼、团头鲂、黄颡鱼、鲈鱼等鱼应有尽有，水产品价格与上年同期持平。

【重大动物疫病防控】 2020 年，建阳区全年有集中免疫家禽禽流感 572.16 万羽，鸡新城疫 445.92 万羽，猪口蹄疫 7.41 万头，牛羊口蹄疫 2.86 万头（只），小反刍兽疫 1.82 头，猪瘟 6.47 万头，猪高致病性蓝耳病 6.3 万头。组织乡镇（街道）畜牧兽医技术人员开展专题培训 4 期，合计 125 人次；各乡镇（街道）自行组织培训会议共计 24 期，合计 545 人次。

农村经济管理

【规范新型农业经营主体培育】 2020 年，建阳区新增南平市建阳区宝财家庭农场、南平市建阳区缘来家庭农场、南平市建阳区黄坑佳禾家庭农场、南平市建阳区禾润宋慈家庭农场、南平市建阳区黄坑镇云曦月家庭农场、南平市建阳区麻沙镇建兵家庭农场、南平市建阳区黄坑镇立春家庭农场、南平市建阳区安然家庭农场 8 家区级家庭农场示范场。新增南平市建阳区永腾家庭农场等市级示范家庭农场 7 家，新增南平市建阳区东方红家庭农场等省级示范家庭农场 8 家。南平市建阳区国城家庭农场与南平市建阳区松鼠家庭农场两家示范场成功申报福建省“百佳家庭农场”。

【农业生产社会化服务项目工作】 2020 年，建阳区由最初的 13 家农业生产社会化服务组织发展到 2020 年 32 家服务组织，为 13 个乡镇街道 1000 多户农户水稻生产耕、种、防环节提供托管服务，面积达 1.33 万公顷次，系数折合 3800 公顷，已超额完成省下达任务 3333.33 公顷的服务面积数。

【农村承包地确权颁证登记“回头看”工作】 2020 年，建阳区已基本完成农村承包地经营权确权登记颁证工作，对已发放的土地确权证发现的问题，与确权第三方公司进行对接，及时沟通解决问题。增加确权记录 320 条，删除 29 条，全区共确权 55547 户。委托第三方（中科讯公司）进行土地确权登记颁证档案数字化扫描工作。核对审批潭城、童游、将口、徐市等征地村上报的失地农民保险对象的申报工作；做好建阳区农村承包土地经营权流转工作，申报市级土地流转奖励面积 124.31 公顷。

【经营性资产股份合作制改革】 对照清产核资成果，有经营性资产的村，应全部开展股份合作制改革，尚未完成的应加快进度，2020 年 3 月底全面完成 75 个有经营性资产村的股份合作制改革，并在 6 月底前以户为单位出具股权证书，并已全面发放。鼓励没有经营性资产但有资源性资产经营收入的村开展份额制改革，10 月底全面完成 119 个份额制村的改革。

【农村宅基地审批管理工作】 为进一步深化“放管服”改革，加强部门协作配合，压实基层政府属地责任，就规范农村宅基地用地建房审批有关事项，在全区统一印制农村宅基地和建房申请审批表 5000 份及农村宅基地批准书 2000 份，并发放给乡镇。回复相关信访件 4 次。

精准扶贫

【拓宽农民增收渠道】 2020 年，建阳区扶贫办对因疫情防控无法外出就业，有意愿在本地就近就业的 94 户贫困劳动力，由区人社部门根据本地用工单位的用人条件筛选匹配的方式，推荐就业 65 户 73

人。建阳区分别于9月5日、9月12日组织召开贫困户创业农户和贫困户致富带头人培训，分别培训65人和81人，通过现场教学和实地考察相结合的方式，提高培训对象技能。

【补齐社会事业短板】 2020年，建阳区扶贫办加快推进城乡供水一体化项目建设，优先安排32个贫困村及急需改善贫困户饮水状况的集中供水工程，及时修复因灾损毁的供水设施。建立健全建档立卡贫困户饮水问题“一户一台账”，对调查发现饮水存在问题的294户逐户核销。加强水源保护、净化消毒、水质检测和安全巡查，落实贫困户水费补助政策。

【持续巩固脱贫成效】 2020年，建阳区扶贫办大力实施产业扶贫“七大工程”“五个一百”示范带动工程，重点发展葡萄、养蜂、烤烟、橘柚等特色脱贫产业，促进农村村集体和困难群众脱贫致富。2020年以来，下拨徐市镇大田村、莒口镇上布村、小湖镇祝中村、漳墩镇外屯村、水吉镇吴中村、崇雒乡后畲村、麻沙镇交溪村等7个村整村推进扶贫资金各25万元，共计175万元。严格落实省、市消费扶贫“七条措施”，结合建阳区实际制定细化方案。深入开展教育扶贫工程，扎实开展“雨露计划”培训，2020年建阳区共实施雨露计划，补助161人补助金额48.9万元。同时，扎实开展“三四七”工程。按照“三个一批”“四个到位”“七个一工程”的工作要求对建档立卡贫困人口进行健康扶贫精准帮扶，共筛查出患病人员2624人。

农业科技

【科技培训】 2020年，建阳区农业农村局通过实施基层农技推广补助项目，围绕4个主导产业，筛选79名基层农技指导人员，遴选480个科技示范主体，辐射带动农户4800户，由指导员在示范基地和示范主体推广应用主导品种10多个和主推技术17项，使主导产业的主导品种和主推技术的入户率和到位率达到95%以上。组织120名基层农技人员安装使用“中国农技推广”App，使用率达到100%，人均使用量达到90条、提问和回答问题120条。组织农技人员开展知识更新培训，参加省、市、区3级，共培训83名基层农技人员。开展农业“五新”技术推广普及，指导带动科技示范户480户，开展科技咨询、科技下乡120次，服务对象5000人次，发放技术资料3万份。2020年，全区培育500人，认定新型农业经营主体带头人（生产经营型）100人。组织建阳区农技人员参加省厅举办的农村实用技术远程培训，全年组织1.08万人次参加各级农村实用技术培训。对接村数量21个，对接经营主体数量48个，建立科技示范基地数量7个，推广农业“五新”数量25项，有科技示范带动310人，有科技示范推广田21.33公顷，带动辐射233.33公顷，举办培训班3期，培训165人次，为3700人次提供技术咨询等服务，发放技术资料8500份。

农业机械

【农机装备】 2020年，建阳区有农机总动力38.26万千瓦，各种类型农业机械8.4万台（套），其中，各种类型拖拉机总量为4557台；插秧机总量为1242台，其中高速插秧机新增15台；联合收割机总

2020年11月26日，区农机站到漳墩镇开展多功能拖拉机安全检查

2020 年 3 月 20 日，区农机站工作人员到莒口镇农户家中开展农机安全宣传

量为 1236 台，新增 172 台；粮食烘干机总量为 284 台，新增 38 台。

【农机安全监理】 2020 年，出动执法检查 5 次，出动执法人员 19 人次，检查拖拉机、联合收割机等农业机械 15 台次，纠正违法违章行为 3 次，其中无证驾驶 2 人，无消防器材和防护设施取下未安装 1 台。同时，还对有关从事农机经营、维修网点进行安全检查和督查，教育相关从业人员，严禁非法改装、拼装拖拉机。开展农机安全隐患专项排查整治工作，加强对农机专业合作社隐患的排查整治。2020 年，检查农机专业合作社 11 家，排查隐患 12 项，整改完成 12 项。近年来未发生农机安全生产事故。2020 年完成回龙乡“平安农机”示范乡镇的创建任务。

【农机安全宣传】 制定农机安全生产月实施方案，确保农机安全宣传落到实处。组织农机系统干部职工参与农机安全生产月有奖线上答题活动。组织农机干部职工参与 2020 年南平市建阳区“安全宣传咨询日”直播活动。在农机监理办事大厅播放农机事故警示教育宣传片，组织前来办事的机手观看。在区农机信息网发布农机政策、安全宣传等信息；利用手机信息平台发送农机安全宣传信息 1253 人次。疫情期间结合购机补贴验机，到各乡镇合作社、农户家中开展农机安全宣传。结合农机安全生产检查、现场会、咨询活动等向机手发放农机保养维护常识和事故防范宣传单 1156 份、宣传手册 500 本，有效增强了广大农民机手的安全观念。

【农机购置补贴】 2020 年，使用补贴资金 2621 万元（其中中央资金 1722.1 万元，省级资金 898.9 万元），受益农户 3290 户，补贴机具 7583 台，其中耕整地机械 1737 台，高速插秧机 15 台，植保无人机 33 台，自走履带式谷物联合收割机（全喂入）172 台，谷物烘干机 38 台，田间管理机械 3543 台，茶叶加工机械 523 台，机库 6 座等。

【农机化示范推广】 2020 年，全区召开 9 场机插秧现场会（其中省办 1 场、区办 2 场、乡办 6 场），对众多农户进行育插秧等相关知识

2020 年 7 月 2 日，南平市农机总站和建阳区农机站联合举办中晚稻无人机飞播现场会

2020 年，智慧农机服务平台指挥中心（位于农行大厦 11 层）

培训，其中于 6 月 19 日在将口镇横塘村召开的“2020 年福建省水稻机械精量穴直播、飞播现场会暨技术培训班”对“水稻精量穴直播机、飞播机”进行示范推广讲解，培训近百人。2020 年完成“水稻生产全程机械化示范点”的创建工作，安排莒口茶山食用菌合作社承担建阳区的特色农业产业生产全程机械化试点的建设工作。将南平市建阳区嘉禾里农机专业合作社建设成一个“农机站培训示范基地”。

【推进农业机械化耕作】 2020 年，全区主要农作物机耕面积 2.95 万公顷；水稻机耕面积 2.76 万公顷，机插面积 1.06 万公顷，机收面积 2.77 万公顷；全区机电灌溉面积 3800 公顷；机械植保面积 1.98 万公顷。

【建阳区智慧农机服务管理平台】 为推进乡村振兴战略，服务广大农户，创新建设“建阳区智慧农机服务管理平台”项目。2020 年着重点放在探索、着手落实对平台进行提档升级，将南平其余县（市、区）也纳入“滴滴农机”服务范围，并对第一批 210 套安装在各合作社大中型农机具上的北斗定位终端进行全面升级换代。截至 2020 年底，南平市已有 88 家（其中建阳 36 家）农机专业合作社进驻“滴滴农机”，153 套定位终端完成更新换代，完成农机作业服务面积超过 14 万亩，辐射带动全区机械化作业面积 40 万亩。农机智慧平台（北斗定位）在农机社会化服务已推广应用，将为全区农机社会化服务面积提供数据保障。“滴滴农机”已由省农业农村厅向全省推广运用。

良种场

【概况】 2020 年，建阳区良种繁育场有住户 127 户，总人口 407 人。场部工作人员 7 人（事业专技人员 4 人，职工 3 人），退休人员 75 人（退休干部 7 人，退休职工 68 人）。全场共 3 个作业区，分别为马伏作业区、外墩作业区、芦林作业区（集体性质）。

【农业科研试验及生产情况】 因武夷新区征地红线因素，2020 年未进行水稻新品种区域试验。农业新技术及品种推广示范方面：2020 年共完成水稻新品种示范、推广面积 200 公顷。葡萄、嫁接苦瓜、西瓜等经济作物示范推广面积 20 公顷。全年累计种植蔬菜面积 13.33 公顷，产量 20 万公斤，产值 10 余万元。管护好 11.33 公顷香料作物玳玳园。养殖方面：养殖小龙虾 0.5 万公斤，禽类 1000 余只。做好余下未征 6.67 公顷国有山林的管护工作。做好集体性质芦林作业区的社会性服务工作。

【社会保障】 2020 年，建阳区良种场有 127 户，除参加职工医保外，另有 347 人参加“城乡居民医保”，参合率 99%。落实最低生活保障政策，有 6 户 12 人享受民政部门发放的低保补助金。

林业

【概况】 林业局下属共有17个基层单位：1个林业执法大队、13个林业站、1个林业规划设计队、1个苗圃、1个试验林场。区绿化办公室、林地林权争议调查处理办公室也挂靠在区林业局。林业局现有在职干部职工207人，专业技术人员92人，其中，教授级高级工程师1名，副教授级高级工程师24名，林业工程师等中级职称21名。2020年，完成林业全社会总产值198.2亿元，同比增长5.6%，其中，第一产业增加值19.8亿元，同比增长2.5%；第二产业增加值146.8亿元，同比增长5.2%；第三产业增加值31.6亿元，同比增长10.6%。

【造林绿化】 2020年，全区共完成植树造林面积1989.34公顷（含不炼山造林173.47公顷），占下达任务的110%，其中，完成“二沿一环”（沿路、沿河，环城）森林景观带改造20.53公顷，完成村庄绿化14.67公顷，完成生物防火林带40公顷，完成珍贵用材树种造林363.4公顷，完成林分修复666.67公顷，完成其他造林更新884.07公顷。完成森林抚育4029.07公顷，完成封山育林任务1471.07公顷。

【林业改革】 对划入重点生态区位和高铁、高速公路、303快速通道、轻轨沿线200米范围内的一重山商品林优先赎买，2020年，全区签订《南平市建阳区重点区位商品林赎买合同》并已办理林权过户17份，面积164.09公顷，拨付赎买资金991万元，对已赎买的商品林做好分类改培经营规划，符合条件的林分及时纳入改培范围。构建评估、保险、监管、收储、处置“五位一体”的林业金融风险防控机制，为林农提供林权抵押贷款6笔15宗地，面积134.93公顷，贷款额330万元，累计贷款额15029.2万元。全区新增林业专业合作社3家，累计128家。调处山林权属争议16起，办结涉林信访件30件，办理区人大代表建议、议案3件。

【重点项目】 开展国家储备林质量精准提升工程项目建设，完成资金投资7607.67万元，完成项目建设面积2116.74公顷，其中，集约人工林栽培面积156.33公顷，现有林改培面积1133.33公顷，现有

2020年3月15日，小湖镇开展造林工作

2020 年 12 月 30 日，翠屏山登山步道建成

林赎买面积 827.08 公顷；开展南平市闽江流域山水林田湖草生态保护修复试点项目“建阳区商品林赎买和林分改造提升及林业生物多样性保护工程”建设，结合国家储备林质量精准提升工程项目，累计使用国家开发银行贷款资金约 30841 万元，完成商品林赎买约 6086.67 公顷、林分改造（现有林改培）946.67 公顷、封山育林 666.67 公顷、新建保护小区 333.33 公顷；潭山林下旅游项目，投入资金 6090.2 万元，完成项目二期前期地勘、设计、预算、监理等招投标工作；潭山改建新建林下旅游登山步道工程——烈士陵园景观提升改造完成总进度 60%，潭山建平大道入口工程、翠屏山登山步道、骑行道、观景台工程（二阶段）完成施工图设计。

【林业产业】 按照 2020 年笋竹精深加工示范县项目建设要求，对申报企业及项目进行筛选，将 350 万元补助资金安排给 4 家企业，并实行全程跟踪、指导和服务，验收合格后支付奖励补助资金。8 月 24 日，完成 FSC（森林管理委员会）森林认证报告审核。申请到省级以上财政资金 431.2 万元，主要用于林木良种基地抚育、保障性苗圃建设和花卉产业发展。全区实现林下经济总产值达 15.14 亿元，面积 73266.76 公顷。其中，林下种植面积为 6786.67 公顷，林下养殖面积 15206.76 公顷，采集加工面积 22273.33 公顷，森林景观利用面积 29000 公顷。

【灾害防控】 采取林分改造、松枯死木清理和松墨天牛综合防治相结合等措施，切实做好松材线虫病的防控。全区主要林业有害生物发生面积 3876.67 公顷，防治面积 3876.67 公顷，已清理松枯死木 2817 株，诱捕天牛 39551 只，完成松林林分改造 149.13 公顷。完成森林防灭火职能划转，自 1 月 1 日起，南平市建阳区森林防灭火指挥部设在建阳区应急管理局，按照职责分工，扎实做好防火宣传和巡查工作。加强安全生产责任和管理制度建设，健全完善隐患排查和安全预防控制体系，深入重点林业领域安全隐患大排查大整治，排查整治隐患 550 处，整治率 100%；开展房屋结构安全隐患大排查大整治百日攻坚专项行动，拆除存在较大安全隐患房屋 18 栋，坚决遏制防范安全事故发生。全面完成豪猪、蛇类、竹鼠、骨顶鸡、黑水鸡的 9 家（7 家有证、2 家无证养殖）养

2020 年 4 月 30 日，回龙乡开展生态林越冬代马尾松毛虫防治工作

殖企业退养转产，在养野生动物已全部处置完毕，发放补助资金 453.9696 万元；4 家蓝孔雀养殖场户（无须办证），按照省上统一标准 28.86 万元的补助资金已筹措到位，3 家已签订协议，28.4 万元的资金补助已发放到位。

【资源保护】 经各级林业主管部门审核同意永久使用林地 24 宗，面积 109.0982 公顷；临时使用林地 4 宗，面积 0.5891 公顷。组织开展“打击破坏野生动物资源违法犯罪‘春季行动’”、“野外火源专项治理”、“昆仑 2020”、“非法占用林地建设龙窑专项整治”、“绿卫 2019”和茶山整治等专项行动，共受理查处各类涉林案件 173 起，其中，立森林刑事案件 41 起（含重特大 3 起），林业行政案件 132 起。根据《南平市建阳区加强建窑遗址保护和建盏产业重点整治工作方案》（潭委办〔2020〕48 号）文件精神，将人民法院裁定恢复原状的 46 起非法征占用林地案件移交给相关乡镇（街道）执行，以达到依法查处、落实拆除与生态恢复的目的。2020 年，拆除 2 座违建龙窑。

水 利

【概况】 2020 年，是“十三五”规划收官之年，也是主动适应国内外疫情防控和经济运行新形势，在科学应变、主动求变中化危为机、战胜挑战的大考之年。一年来，建阳区水利局上下坚持以习近平新时代中国特色社会主义思想为指导，深入贯彻落实中共十九大、中共十九届历次全会精神，在区委、区政府的坚强领导下，牢牢把握稳中求进工作总基调，紧扣绿色高质量发展超越主题主线，深入挖掘释放南平市行政中心搬迁红利，较好完成水利各项任务。重点水利建设已完成投资 3.3 亿元，全面完成年度投资任务。在民生水利、“水美城市”建设、河长制工作、水行政执法、综合治水试验县机制体制创新等方面取得新成效，“加强地方配套资金保障”创新做法被省水利厅列为典型在全省推广；在水利部主办的第三届水工程与水文化有机融合典型案例展示和网络投票中，建阳区考亭水美城建设项目获得 61 万多张票，在全国 51 个参选的典型案例中名列第六；林业局代表建阳区选送的“水美经济”典型经验做法在南平市“改革创新项目”评审中荣获第一名。

【重点水利项目】 水美经济项目投资创历史。2020 年，共完成水美经济建设投资 13.15 亿元，其中“水美城市”项目完成 6.63 亿元，“水美经济”之水利支撑项目完成 1.68 亿元，“水美乡村”项目完成 3.20 亿元，“水美经济”业态项目完成 1.64 亿元。

（一）综合治水完美收官。2020 年是建阳区实施综合治水试验县项目的收官之年，2020 年共实施 8 个项目，完成投资 4.37 亿元。3 年来，共完成综合治水试验县项目 28 个，总投资 19.3 亿元，先后推行一系列机制体制创新，为区综合治水试验县项目推进提

重点水利项目——“水美城市”

供了有力保障。

（二）重点水利工程项目持续推进。2020年，完成漳溪（漳墩段）安全生态水系建设项目，麻阳溪（莒口集镇段）、徐宸溪（长春桥段）、书莒溪（书坊段）、麻沙新溪（水南村段）4条中小河流治理项目基本完工，城乡供水一体化项目漳墩、书坊集镇已实现供水，其他片区已实现部分供水，管网延伸工程正有序推进。三江六岸水生态修复治理——水美城市流域综合治理（崇阳溪大桥—五福桥段）项目于9月开工，项目总投资5300万元，2020年底已完成投资2000万元。

将口镇南台村省级水土保持生态村

【民生水利项目】 水土流失综合治理面积1733.33公顷。2020年底，退出老旧电站和休眠电站30座，退出电站总装机2905千瓦。水电站下泄流量在线监控装置安装全部完成，设施改造率和安装完成率达100%。库区移民直补资金完成489.96万元，全部完成发放任务。万元生产总值用水量、农田灌溉有效利用系数、水功能区水质率均达标。组织全体干部职工分组进村入户完成2657户建档立卡贫困户6333人饮水安全登记工作。

【河湖与水政水资源管理】 建立生态巡查机制，通过设立区生态巡查管理中心，整合专业化巡查整改资源，建设大数据综合监管平台，形成生态共治、部门联治，为深入实施生态文明建设提供有力保障。节水型社会建设通过省上验收，养鳗企业取水许可办证稳步推进，水资源费征缴足额完成。2020年区财政投入河长制工作经费近450万元，主要用于城区15千米河道常态化保洁、生态巡查、河道清“四乱”、区河长办日常工作等。

加强水行政执法队伍建设，全面落实河砂准运单制度，组织水利、交运、公安、住建等职能部门开展巡查检查，通过“查运砂、核用砂”方式，精准打击河道采砂违法违规行为，从源头上制止非法采砂行为发生。2020年立案43件，处罚93.31万元。在南平市率先创新河道采砂监管方式，通过政府采购，在中标砂场堆料场中安装砂场智能管理系统，进一步加强河道采砂监控数量，有效改进之前河道采砂超采数量难以准确计量的问题。

【库区移民项目】 2020年，建阳区着力实施后期扶持“惠民工程”，库区移民直补资金完成489.96万元，全部完成发放任务。

2020年4月23日，河长制工作宣传活动在麻沙镇举行

【质量安全与疫情防控责任落实】 2020年，建阳区水利局落实“党政同责、一岗双责、齐抓共管”安全生产责任体系，全区水利系统没有发生安全生产事故。在建水利水电建设项目的质量监督实行100%全覆盖，对项目招投标制、监理制、业主负责制的执行情况进行监督，组织相关专业技术人员不定期对项目进行质量安全检查，对发现的问题进行及时整改。面对突如其来的新冠肺炎疫情，水利局举全局之力，严格落实区委、区政府安排的任务，党员干部冲锋在前，共组织38名志愿者深入各居住地社区及共建社区童游街道富林社区开展疫情防控工作。疫情防控形势平稳向好后，有序推进水利项目复工复产，局领导带头深入联系帮扶企业，了解企业的困难并协助企业解决问题，服务企业复工复产。

2020年7月1日，建阳区水利局机关第一党支部到七贤社区开展主题党日活动

【党建工作】 2020年，建阳区水利局紧贴工作实际情况，推进学习型组织建设，开展“业务大学习、能力大提升”活动，扎实开展“百个支部联百村”活动，为挂点帮扶村在争取项目与安排资金方面给予大力支持。落实全面从严治党主体责任，坚持不懈推进系统党风廉政建设和反腐败斗争。全力抓好省委巡视反馈问题进行整改，配合做好区委巡察“回头看”工作，对存在的问题做到主动认领、认真分析、立行立改。

交通 邮电 电信

交 通

【概况】 2020年，建阳区交通运输局在中华人民共和国成立71周年之际、“十三五”规划收官之年，全面贯彻落实习近平新时代中国特色社会主义思想和中共十九大和中共十九届五中全会精神，不折不扣落实中央、省、市、区决策部署，在区委、区政府正确领导下，在南平市交通运输局指导下，加强组织领导，全面落实“五位一体”总体布局和“四个全面”战略布局，全面实施乡村振兴战略，担当作为、争先创优，认真抓好各项工作落实，全力以赴抓好交通疫情防控和交通发展攻坚。

【项目建设，稳步推进】 2020年，建阳区交通运输局公路水路投资计划任务5.62亿元，1—12月完成投资8.27亿元，占计划数的147.15%，已超额完成年度投资任务。其中，普通公路建设与改造完成投资1.65亿元，占年度计划1.36亿元的121.32%；公路运输场站建设完成投资6.62亿元，占年度计划4.25亿元的155.76%。支持保障系统完成投资50万元，已完成年度计划，2020年在全市交通运输系统绩效考评排名第二。

2020年6月，区质安办检查建阳区双龙桥建设工程

【重点工程，奋力攻坚】 至2020年止，道路交通基础设施建设重点项目开工完成考亭旅游通道、五福桥、徐大线（一期）、麻书莒线、将崇线、县道860线旅游公路白加黑、省道303线、双龙桥工程、官小线等多个项目，完成计划投资达9亿元。加大对农村公路拓宽改造项目、危桥改造项目、生命防护工程等民生短板工程的建设力度。危桥改造方面，续建危桥1座，即莒口村头大桥，总投资733万元；撤渡建桥方面，开工撤渡建桥1座，即洲头大桥及接线工程，总投资940万元，2020年完成计划300万元；村道安保建设方面，建阳区村道安保建设里程4.32千米，共2条路线，总投资为53万元，项目于8月底全部完工验收。

2020年，农村公路单改双建设方面，已完成省单改双项目16个71.881千米，完成投资5629.28万元；县乡村错车道项目方面，下达建阳区县乡错车道125个，分布5个乡镇12条乡道，已完成126个。已完成由建阳区下达建设全区的村道错车道512个，各乡镇已完成村道512个。先后出台

2020 年 8 月，区交通局质监站月督查建阳区县道 X859 新崇线崇雒村至 G237（芦口）公路改建工程

各级路长制方案和乡村道专管员制度，设立农村公路各级路长和农村公路路长办公室，扎实推进乡镇综合运输服务站和港湾式客运站建设，港湾式客运站和乡镇综合运输服务站项目成功经验向全市推广。

【保障建设，服务民生】 2020 年，建阳区交通运输局狠抓运输保障能力建设，运输服务水平进一步提高。坚持以人为本，把便民利民作为交通运输工作的出发点和落脚点，紧紧围绕“行有所乘”目标，全面推进城乡客运体化发展，积极构建以城市公交、城乡客运班线、镇村公交为基本框架的三级城乡客运体系。2020 年新增、延伸、优化公交线路 9 条，建阳区公共交通枢纽项目已完成建设投资 4850 万元。至 2020 年，建阳区水吉、麻沙、书坊、莒口、徐市、崇雒等 7 个乡镇陆续开通了公交线路，城乡客运公交覆盖率达到 70%，城乡客运公交化水平达到 AAAA 级。推广应用新能源、清洁能源、智能化、数字化、轻量化、环保型交通装备及成套技术装备。2020 年新增纯电公交车辆 40 辆，报废柴油车 1 辆。

2020 年 12 月，市局检查建阳区县道 X858 徐建线官元至小湖三级公路改建工程（二期）

【依法行政，安全维稳】 2020 年，建阳区交通运输局开展长效治超工作，坚持交通、公安多部门联动执法，不断加强重点源头监管，辖区内公路超限率大幅下降；加强出租车管理服务，积极应对出租车行业新兴业态，依法整治规范客运市场，与公安部门联合打击非法营运，客运市场持续保持平稳。进一步落实安全生产“党政同责”“一岗双责”，并落实安全生产监管责任。做好重点时段和重大活动安全保障和安保维稳工作，按照“全覆盖、零容忍、严执法、重实效”原则，以隐患排查治理攻坚行动为抓手，集中开展各类专项整治活动，安全隐患督促整改到位。持续开展“平安交通”创建活动。牢牢树立“以人为本，安全发展”的理念，坚持“安全第一，预防为主，综合治理”的方针，始终把保障经济社会持续健康发展，维护人民群众生命财产安全放在首位，减少道路运输事故的发生。

【紧盯疫情，加强防控】 2020 年，建阳区交通运输局根据疫情防控形势和客流变化情况，聚焦境外和国内高中风险地区疫情输入、进口冷链物品疫情输入等风险点，紧盯重要时段，因时因势细化工作举措，切实抓好道路水路运输领域疫情防控工作。严格执行道路水路运输相关防控指南，督促铁路客运站、汽车客运站及公交车企业落实乘客测温、查验健康码、佩戴口罩、“一米线”、信息登记、发热乘客移送等措施，加强中高风险地区人员排查、管理，并落实交通运输场站和运输工具清洁消杀及从业人员防护工作；加强入境涉潭人员落实抵达目的地后续跟踪管理。

公路养护

【概况】 2020年是贯彻落实建设交通强国的开局之年，也是“十三五”规划的收官之年，更是交通脱贫攻坚任务的完成之年。建阳区公路分局坚持以中共十九大精神为指针，认真学习、践行习近平新时代中国特色社会主义思想，紧紧围绕统筹疫情防控和公路中心工作，持续推进公路建设、养护、管理协调发展，全面提升国省干线公路管养水平。

【坚持精细化管理，提升公路养护质量】 2020年，建阳区公路分局坚持按小修养护标准化要求做好公路养护工作，狠抓精细化管理，努力提升公路养护质量。养护G205、G237、G322国道3条，S302省道1条，养护里程共186.094千米。2020年度分局综合优良路率86.38%，达到全面预期养护目标。分局养护工程项目共4个，包括2020年G205线建阳段水泥路面加铺改造工程及变更追加项目、2020年度国道路面标线工程、2020年隐患路段专项整治工程及G205线水泥混凝土路面加铺路段附属设施完善工程，总造价1132.58万元。分局在做好日常养护工作的基础上加强小修内业管理，内业标准化建设取得实质性成效。做好路面修补工作，总修补路面2310.46平方米，粘贴裂缝贴3200米。加强桥梁养护管理，组织技术人员对所管辖内的国、省道共51座桥梁进行认真细致的检查，并拍照进行影像留存，对各座桥梁进行桥梁技术状况评定，完善“一桥一档”技术档案，根据每座桥具体情况进行针对性养护。做好市场化养护工作，对S302线（原X830）K30+622—K53+869段共计23.25千米公路小修市场化养护管理路段破损路面面积950平方米进行修复。加大专案工程管理力度，规范公路小修养护工程和小规模公路工程建设，针对工程质量管理工作中的问题和难点，制定解决方案，项目建设过程中没有出现过一般或重大安全事故。

【开展路政管理，保障公路安全畅通】 2020年，建阳区分局组织开展多次专项宣传活动，在5月份“防疫情、守安全、保畅通、优服务”主题宣传月活动中，结合“一年一主题”联合路域整治工作，以宣传带动整治、以整治促进宣传。在做好自我疫情防护基础上持续开展“三走进”活动，结合防疫工作，将公路政策法规、服务事项等，制作成精美图片和短视频，在城区水东桥、考亭大桥的宣传广告液晶显示屏上24小时滚动播放，进一步提升全民爱路护路意识。持续加强与区交通综合行政执法大队的联合执法力度，加大对侵犯路产路权的整治力度、保持整治高压态势，并逐步完善路域整治的长效机制，切实净化公路沿线路域环境、维护路容路貌，为群众安全出行提供“畅、安、舒、美”的公路通行环境。全年办理路产损坏赔偿案件27起。全年准予路政许可案件9起。全年路政人员上路检查共计168次，出动579人次。联合交通综合行政执法大队整治活动总计16次，184人次参加，清理堆积物3处，共330平方米，发放改正通知书11份，拆除违章广告牌146面（版面面积1890平方米）。纠正制止违章107起，其中占用挖掘公路1起、污染公路13起、堆放物品3起、倾倒垃圾2处、打场晒粮4处、种植植物1处、违法搭接平交道口3起、违章搭盖2处、违法设置非公路标志56起、违法埋设管线1处、损坏公路附属设施21起。截至2020年底，开展路政宣传电视广播2次，竖立标语宣传牌11面，发放宣传材料1196份，进行报刊宣传1次、微信宣传7次。

【提高安全管理水平　提升安全应急处置能力】 2020年，建阳区公路分局坚持“安全第一，预防为主，综合治理”的方针，全年共投入安全资金9万元，重新制作水毁警示牌100面，购置路锥200个，更换干粉灭火器药剂82次等。备足抢险设备，其中抢险指挥车2台，

2020 年 11 月 5 日，建阳区公路分局开展公路养护工作

农用运输车 15 辆（含公路站内养护车），装载机（含社会）7 台，挖掘机（含社会）6 台。提前准备水毁标志 100 面，水马 80 个，编织袋 500 个，锥形标 200 个，涵管 8 节，砂、石料各 200 立方等应急物资。

一年来共开展安全检查 44 次，查出隐患点 1019 处，查出安全隐患 107 条，整改 107 条，整改率 100%。2020 年开展道路交通事故多发重点路段大排查、大整治工作，共摸排出 3 处事故多发隐患点，已经于 11 月完成整治。

【深化理论武装，推进党风廉政建设】 2020 年，建阳区公路分局制定《中共南平市公路局建阳分局支部委员会2020年理论学习计划》《关于开展“业务大学习、能力大提升”活动实施方案》《2020 年度“牢记初心使命、助力交通强国”主题活动实施意见》等系列主题活动，全年共完成理论学习 18 次，引导党员干部增强“四个意识”、坚定“四个自信”、做到“两个维护”，发展积极健康的党内政治文化，完成党支部书记带头讲党课 1 次、党员领导干部上党课 1 次、党员大会 4 次、支委会议 12 次、主题党日活动 12 次。

落实全面从严治党，扎实推进党风廉政建设。抓牢抓实意识形态工作，全年召开 2 次专题会议研究意识形态工作，举办 1 期“做好新时代意识形态工作”专题讲座。开展落实中央八项规定精神自查自纠 2 次，组织学习反面典型案例及上级纪委相关文件精神 7 次，观看廉政警示教育片 2 次，到红色教育基地参观 1 次。分局 2020 年未出现违反中央八项规定精神的情况。

【践行核心价值观，开展志愿服务活动】 2020 年建阳区公路分局为推动交通运输行业社会主义核心价值观主题实践不断深入，分局在全局范围内广泛征集“身边好人”宣传“身边好人”范胜宝和舒立荣先进事迹，并成立舒立荣劳模工作室。组织党员深入社区、群众中，开展春节送春联、人居环境整治、路政知识宣传等活动，持续推进学雷锋志愿服务常态化。全年开展志愿服务 12 次，服务时长达 922 小时。同时，11 名职工积极参与无偿献血活动，10 人成功献血，血量达到 4000 毫升。认真落实“百个支部联百村”结对帮扶及“机关联社区，党建促治理”工作，与结对共建村漳墩镇龙安村、外屯村开展联建活动 4 次，与共建社区开展联席会议 4 次、联建活动 11 次，机关 18 名党员与共建村党员结对共建。走访慰问分局困难职工、省劳模、黄花山社区及挂点龙安村、外屯村特困户共计 14 人次，发放慰问金及慰问品 5968 元。慰问 70 岁以上老党员 5 人次 740 元。“八一”中国人民解放军建军节期间慰问复员军人和退伍军人。为黄花山社区发放共建扶持资金 5000 元。

【统筹疫情防控及复工复产】 2020 年建阳区公路分局在疫情期间，采取多种防控手段，坚决打赢疫情防控攻坚战。发挥党员干部先锋模范作用，开展“联乡村、联社区”活动，对黄花山社区住户逐一进行疫情摸排，以电话入户形式开展摸排 1000 人。

组织分局全体党员开展疫情防控捐款活动，共计捐款 3850 元。发放口罩 2000 个、84 消毒液 5 桶、酒精消毒液 9 瓶、额温枪 9 把等，在机关办公楼和各公路站悬挂防疫宣传横幅 6 条，发放宣传册 300 册。

高速高铁

【概况】 2020年，武沙高速公路建阳段全程27.874千米，总征地面积196.83公顷，为全面完成征迁各项工作任务，加强组织领导，增强工作力量，由区领导挂村指导，主动下沉，靠前指挥，督促督导。2020年已完成协议签订征地面积191.02公顷，支付补偿金717.59万元。总拆迁面积54栋15959平方米，完成协议签订拆迁面积43栋10926平方米，支付补偿金额1493.34万元。杆线迁移总计7家，2020年底已签订协议5家，已支付150.7万元。电力杆线和长途线务局（国防光缆）的杆线迁移合同正在积极协商中。

【铁路工作情况】 2020年，根据《委托协议书》办理合福铁路（建阳段）不动产登记证。2020年底不动产确权登记已全部完成总计15宗，面积83.85万平方米。配合做好温武吉铁路前期准备工作。配合南平市铁办整理收集温武吉铁路前期设计勘探及相关资料，国铁集团于2019年7月12日发布温武吉铁路勘察设计招标公告，标志着温武吉铁路项目勘察设计正式启动。

【疫情防控】 2020年2月3日至9月30日期间，认真落实疫情防控指挥部相关会议精神和具体工作要求，参与南平市站疫情防控工作，全体人员参与南平市站出站口疫情防控，安排值班19轮241班次964人次，协调配合南平市站、将口镇人民政府、将口派出所、将口卫生院、卫健局做好疫情防控工作，做到有阻拦设施、有人员值守、有体温测量、有进出登记、有消毒消杀等“五有”。同时向南平市站、建阳火车站运送防疫物资，做好后勤保障。积极做好宣传工作，通过横幅标语等形式营造联防联控氛围，积极引导群众避免各种聚会聚餐活动，增强群众的防疫意识。

邮　政

【概况】 2020年，建阳邮政分公司金融、包裹快递、电商、报刊、函件、集邮等业务发展态势良好，累计实现业务总收入7967万元，规模列全市第二位，同比增长9.02%。截至12月31日，代理金融网点邮储期末余额规模达37.14亿元，自然年余额净增4.68亿元。

【党建基础工作不断夯实】 抓好“三会一课”，提升党员学习能力。2020年共召开党总支中心组理论学习12次、机关支部党员大会学习12次。通过加强新党员培养，增强组织鲜活力，全年培养、发展预备党员2名，入党积极分子2名。

【社会公益活动】 建阳邮政分公司认真履行社会责任，开展扶贫帮困活动回馈社会。自2010年开始联合团市委、教育局举办“爱心储蓄”活动，搭建爱心平台，扶困助学，截至2020年12月，共计办理爱心储蓄业务9425笔，募捐爱心储蓄利息近54.15万元，帮助295名贫困儿童走进学校。

【疫情防控】 2020年元宵节，协助建阳区卫健局处理在途物资，确保区卫健局防疫用品及时到达；加急印制《新冠病毒健康科普防护小知识》宣传手册2.2万册；为政府部门、单位、企业，累计寄递防疫物资4500份；累计寄递建阳一中、建阳二中、外国语学校等5所校园的教材5000份；为广大群众提供邮件投递服务，日均投递6000件；党员先锋队协助社区完成疫情防控宣传发动、摸排核查、联防联控等工作，用实际行动彰显“人民邮政为人民”的担当。

【安全生产月】 2020年，建阳邮政承办建阳区安全生产月活动，从最初的19家单位到64家单位参与。2020年受新冠肺炎疫情的影响，安全生产月活动从线下宣传转移到线上直播，并从城关延伸到乡镇，宣传范围及覆盖面进一步扩大，线上参与达4.88万人次，取得良好社会效益。

【介入南平市人口普查宣传】 2020年9月28日，由南平市统计局、国家统计局南平调查队、南平市第七次全国人口普查领导小组办公室主办，建阳区统计局、建阳区第七次全国人口普查领导小组办公室承办，建阳邮政分公司协办的“大国点名　没你不行”第十一届“中国统计开放日”暨南平市第七次全国人口普查宣传月启动仪式在建阳区中山广场举办。建阳邮政分公司主动作为，积极参与其中，做好前期各项准备；做好线上、线下宣传，结合宣传品的制作、邮政金融积分积极协助政府做好人口普查的宣传；制作包裹贴，将印有“人口普查十年一度，如实填报摸清底数”的图案贴纸贴在包裹上，进一步扩大人口普查的宣传面，营造了全民参与人口普查的良好氛围。

中国电信向百姓及时传递新冠肺炎疫情防控信息与科普知识城市智能广播系统

中国电信建阳分公司

【概况】 2020年，中国电信股份有限公司建阳分公司（简称“中国电信建阳分公司”）完成主营业务收入约8200万元以上，移动市场份额持续提升。

【经营发展】 2020年，中国电信建阳分公司主动围绕地方中心工作做好服务。践行“012”战略，大力建设全光网络，发展向互联网+“云转型”，以云计算、物联网、大数据为代表的新一代信息技术与现代制造业、生态性服务业等融合创新，发展壮大新兴业态，打造新的产业增长点，为大众创业，为产业智能化提供支撑，增强新的经济发展动力，促进全区经济提质增效升级。随着“政务云”大数据平台建设使用，实现政府办公、会议、商务洽谈、网间结算等公务要素的高度融合，提高工作效率。涉及医疗云、教育云等行业大数据平台的建设，带动各领域的VPN（虚拟专用网络）联网建设和乡村综合信息服务平台建设。2020年，中国电信建阳分公司借助信息化应用优势，担当央企责任，主动融入政府抗“疫”战斗。通过智能广播系统的应用推广，获得当地政府高度赞誉，展现中国电信企业新时代的新形象。截至2020年底，已建成覆盖建阳城区潭城、童游街道的融媒体音箱102个及潭城、童游、麻沙、水吉、莒口、漳墩、黄坑、将口等8个乡镇及所辖行政村的智能音箱279个，智能音箱发展累计381个，行政村智能音箱覆盖率达61.5%，带动增收136.83万元，打破原由广电网络建设应急广播“村村响”平台的传统，成为全省第一家由电信公司承接城市智能广播系统应用，实现城市广播的精准覆盖，传递防疫“最强音”。

【通信建设】 2020年，中国电信建阳分公司全力推进5G无线网

中国电信建阳分公司工作人员在进行5G无线网络设备安装

中国资产武夷峰会千兆固定 IP（网络之间互联网的协议）专线保障现场

络建设工程，疫情期间按疫情防控工作部署，全力支持配合地方政府做好重要通信保障工作。打造全球领先 5G 精品，新增 5G 基站 94 个，载扇 263 个。担当央企责任，主动融入政府抗“疫”战斗。与建阳区委宣传部、区融媒体中心快速联动，打造无线化、智慧化运营的城市智能广播系统，快速协调厂家设备并组织装维人员完成智能音箱的安装调试任务，实现城市广播的精准覆盖，传递防疫“最强音”，实现城区、镇、村三级全覆盖。上下联动，主动作为，做好 2020 年“武夷山水·圣农杯”全国郊野钓鱼大赛、“中国资产武夷峰会”等重要活动通信保障任务。参与“雪亮工程”建设，用信息化手段为平安建阳贡献力量。

中国移动建阳分公司

【概况】　2020 年，中国移动通信集团福建有限公司建阳分公司（简称“中国移动建阳分公司”）在建阳区委、区政府的正确领导下，以习近平新时代中国特色社会主义思想为指导，深入宣传贯彻习近平新时代中国特色社会主义思想和中共十九大和中共十九届二中、三中、四中、五中全会精神，始终坚持“力量大厦”和“五个领先”发展定位。运营收入超 1.3 亿元，在网客户数超 20 万户，宽带用户数超 5.5 万户。

【自身建设推进】　2020 年，中国移动建阳分公司始终把政治建设放在首要位置，深入学习习近平新时代中国特色社会主义思想。扎实开展主题教育，每月结合工作实际丰富学习内容，常态化开展线上、线下测试，巩固学习效果，真正做到入脑入心。持续推动党业融合，聚焦“解决发展短板、强化党业融合、履行社会责任”三个方向，组织开展“党建和创”“我为企业建功立业”等主题实践活动，以业务能力、实际成效彰显支部战斗堡垒作用。激发企业活力，持续开展“榜样”等形式多样的群团活动，深入落实“奋斗为本，担当先行”的企业文化，营造干事创业氛围，提升员工士气，激发企业活力。

【通信安全保障】　2020 年，中国移动建阳分公司深度围绕“客户导向”，建立全流程服务质量管理体系，关注客户感知，将服务重点放在资费、业务支撑、窗口等候时长等长期未解决问题上，2020 年以上短板均有明显改善。严格落实国务院打击治理电信网络新型违法犯罪工作部际联席会议部署在全国范围开展“断卡”行动，重点强调并落实手机卡实名制管理、渠道管理、物联网业务管理重点领域的相关要求，确保“断卡”行动做到有布置、有落实、有跟踪。组织开展内部自查，完成涉案电话卡阶段性风险排查，清理一批严重违规的营销渠道，健全完善社会营销渠道和物联网用户黑名单机制。全面梳理 2020 年度用户一次性办理 3 张及以上移动电话卡、一年内 2 次及以上补办移动电话卡、一年内 2 次及以上注销并新办移动电话卡等异常线索，对明显异常的号码及时上报处置，并以案为鉴、以案为戒，对一线人员、网点渠道人员开展反面案例警示教育，确保 100% 覆盖、100% 宣贯、100% 知晓。同时，为提高应对各种公共安全事件、自然灾害及大型活动保障的能力，中国移动建阳分公司积极开展网络应急通信保障演练，提升网络安全支撑能力。一是做好重大节假日保障，建立经验模型以及话务预测模型，精准预测，提前部署保障方案。二是建立快速调度应急保障小组，统筹网基带板、LIC（线性集成电路）应急宝等资源管理，实现资源快速响应保障调度。确保移动网络稳定运行，打造关键时刻信赖中国移动的优质体验。2020 年先后完成南平市两会、中国资产武夷峰会、“武夷山水·圣农杯”全国郊野钓鱼大赛的通信保障。

【网络建设加强】 2020 年，中国移动建阳分公司深入贯彻上级公司服务理念，积极打造建阳优质移动网络。在无线建设方面，累计完成超过 106 个 5G 站点的开通工作，其中 46 个为武夷新区新建站点，主要完成武夷新区云谷小区、南林 CBD（中央商务区）中心及天圆地方信号覆盖加强工作；完成超过 57 个 4G 新建站点开通；完成 100 个以上维护利旧开通 FDD（频分双工模式）站点；完成 12 个自主利旧开通 FDD（频分双工模式）站点；完成 44 个全业务机房配套改造工作；完成 106 部电梯直放站建设工作。有线宽带建设方面，新增网络带宽端口 1744 个以上，全面推动建阳及武夷新区的宽带网络服务支撑能力，并完成“点”“线”“面”的传输网络的整体布局，为武夷新区后期建设提供网络信息化基础保障。

【疫情防控保障】 2020 年，新型冠状病毒突袭而至，疫情就是命令，防控就是责任，面对疫情，中国移动建阳分公司高度重视疫情防控工作，充分发挥国企社会责任担当意识，积极配合当地社区完成疫情防控宣传劝导工作，面向客户赠送口罩 1.2 万个、消毒液 300 瓶，为建阳城区＋乡镇所有中小学提供热成像半球摄像机、热成像筒摄像机、安检门、额温枪等各项疫情防控设备，为疫情防控提供有效支持。同时还助力建阳人社局，合作创新开展“2020 年建阳区人社局在线招聘”活动，成功率达 46.54%，该活动获得南平市及建阳区人社局大力肯定，在全区各县市复制推广。

中国联通建阳分公司

【概况】 2020 年，中国联合网络通信有限公司建阳区分公司（简称“中国联通建阳分公司”）作为国有通信运营商，全面落实统筹疫情防控和生产经营“两手抓、两不误”要求，深化实施聚焦创新合作战略，坚定推进全面数字化转型，助力数字建阳建设。

【认真履行社会责任】 2020 年，中国联通建阳分公司以央企担当扛起抗疫责任，依托联通优质网络资源和信息化服务优势，迅速为地方政府重大项目集中开工以及医疗、交通、教育等系统提供云视频服务保障；建阳联通员工零感染，持续做好疫情时期员工防疫管理，为生产经营提供坚强保障。

【持续提升网络能力】 2020 年，中国联通建阳分公司深入学习贯彻网络强国重要论述，加大共建共享力度，3G 人口覆盖率达 97.57%，4G 人口覆盖率达 90.35%，5G 人口覆盖率达 30%。云网新架构初具雏形，行业云池具备三级等保能力。行业云池接入国家 BSN（区块链服务网络）骨干网，具备私有区块链业务接入承载能力。IT（信息技术）集约有序推进，整合 IT 资源，加快推进数字化新 IT 智慧中台建设，提高生产效率。建成自主交付队伍，交付能力逐步提升。

【聚力增强客户感知】 2020 年，中国联通建阳分公司以客户体验为引领，构建端到端客户体验管理体系，由事后评价转变为实时端到端全场景、全生命周期评价。以客户体验实时评价数据、投诉数据为基础，建立全量问题运营体系，由客户问题解决转变为客户、员工全量问题运营，实现投诉申诉闭环管理。

【助推数字应用发展】 2020 年，中国联通建阳分公司全面推进数字化转型战略落地，参与建阳区范围内公路治超非现场执法试点工程建设，促进形成建阳区科技治超“建设一盘棋、管控一张网”新格局，推动智能信息化在交通强国建设中的引领作用。承建建阳区小流域水质自动监测站项目，对辖区主要河流开展 24 小时自动监测、监控，以信息化手段完善建阳区水环境网格化监测和管理布局。聚焦扶贫产业，搭建振兴乡村平台，迈出乡村振兴数字化转型新步伐。

财政和经济管理

财 政

【概况】 2020年，全区一般公共预算总收入完成18.65亿元，完成预算92.61%，比上年减收1.09亿元，下降5.57%。地方一般公共预算收入完成13.36亿元，完成预算99.02%，比上年增收1877万元，增长1.42%。地方一般公共预算收入中：税性收入完成8.11万元，完成预算89.28%，比上年减收5272万元，下降6.10%；非税收入完成5.25亿元，完成预算119.06%，比上年增收7149万元，增长15.74%。一般公共预算支出31.80亿元（含上级专款、上年结转、地方政府债券转贷等支出），比上年增加2.79亿元，增长9.62%，其中，教育、科学技术、社会保障和就业等民生支出26.50亿元，占全区一般公共预算支出的83.33%。全年争取专项债券资金19.05亿元，与上年（8.27亿元）相比增长130.35%。

【挖掘潜力增收入】 加强税源监控，落实好减税降费政策和积极应对疫情帮助中小企业共渡难关的各项措施，帮助中小企业解决实际问题，助推企业复工复产达产。加强支柱产业、特色产业、重点税源监控，正确处理好减税降费与依法征收的关系，努力做到应收尽收。加强非税收入征收和国有资本经营预算收入管理，多渠道挖潜增收；积极向上争取资金。根据有关精神，制定《建阳区争取上级资金正向激励考核暂行办法（试行）》。加快项目资金支出进度，为区直各部门和乡镇（街道）项目顺利开展做好服务保障，督促区直各部门和乡镇（街道）项目资金支出进度，加快“市区一体、绿色发展、产业强区、书香建阳”建设。

【提升公共服务水平】 2020年，建阳区财政局完善公共卫生体系，拨付2.81亿元用于卫生健康支出，较上年增长49.48%，一方面用于疫情防控，另一方面主要用于提高基本公共卫生服务水平，将基本公共卫生服务财政补助标准由年人均69元提高到74元，将城乡居民基本医疗保险财政补助标准由年人均520元提高到550元；根据上级政策及区为民办实事要求新增乡村医生“七统一”管理经费210万元、农村妇女和城市低保妇女免费“两

2020年1月20日，建阳区财政局局长李永华（左三）带队前往小湖镇下墘村慰问困难群众

癌”检查经费 118 万元、省级慢性病综合防控示范区建设经费 50 万元；拨付 4.15 亿元用于社会保障和就业支出；安排住房保障资金 7009 万元，另争取政府专项债券及抗疫特别国债资金 1.13 亿元，用于老旧小区改造；拨付最低生活保障资金 2827.13 万元（其中城市低保 313.24 万元，农村低保 1731.5 万元，特困供养 782.39 万元）80 周岁以上低保老年人高龄补贴 17.48 万元，困难残疾人生活补助 321 万元，重度残疾人护理补贴 485.16 万元。农村 80 周岁以上老人高龄补贴 400 万元，支付困难群众殡葬费用 32.92 万元，收治精神病人医疗及生活费用 113.31 万元，解决了低收入家庭及困难人员的基本生活问题；下拨临时救助资金 295.7 万元，解决了因突发灾难或疾病引发的家庭困难。

【筹措资金确保疫情防控】 2020 年，建阳区财政局安排全区疫情防控保障资金 4460 万元。其中，省级补助资金 1881 万元，省光彩事业促进会捐款 200 万元，区红十字会接受捐款 329 万元，区本级配套 2050 万元。争取抗疫特别国债资金 7993 万元，安排建阳区童游老旧小区改造配套设施建设工程 6393 万元，南平市建阳经济开发区建设项目（一期）1000 万元，建阳区疾控中心实验室改造提升项目 600 万元。

【支持教育强区建设】 2020 年，教育支出 6.48 亿元，比上年增长 6.95%。共拨付 4714 万元用于教育公用经费，确保了学前、义务教育及高中阶段各学校的正常运转；为落实公办义务教育学校家庭经济困难学生生活费补助政策，共拨付 662 万元；拨付省示范校建设、校舍安全工程、校舍维修改造工程、薄弱校改造、建阳一中一级达标校复评等各类工程建设项目资金 2812 万元。

【发展文化体育事业】 2020 年，建阳区财政局安排 6997 万元完善公共文化服务体系，改善基层公共文化设施，主要用于美术馆、公共图书馆、文化馆（站）免费开放，建窑建盏遗址保护工程项目建设，可移动国家文物预防性保护，融媒体中心建设，旅游宣传营销等费用，支持建阳区优秀传统文化传承发展，加强文化遗产保护；安排 2200 万元启动童游体育公园项目建设，安排 1881 万元用于南平市第四届运动会以及备战省运会对建阳区现有体育基础设施设备进行升级改造等支出。共拨付免费开放资金 176.5 万元。

2020 年 2 月 21 日，财政局志愿者对已开店的店铺发放疫情防控宣传单，叮嘱佩戴口罩

【三大攻坚战】 2020 年，建阳区财政局确保实现脱贫攻坚目标任务。拨付 2573 万元用于扶贫村基础设施建设；拨付 3463 万元用于扶贫村生产发展；拨付 1244 万元用于软弱涣散村帮扶补助、精准扶贫医疗叠加保险、少数民族贫困村精准扶贫、少数民族社会事业建设、少数民族扶贫发展资金等。支持生态保护。拨付 4139 万元用于污染防治、节能减排等支出；拨付 5436 万元用于森林培育、自然生态保护、天然林保护等；拨付 4960 万元用于乡村环境卫生整治、农村三格化粪池建设、屠宰场建设、河道岸线蓝线、污水管网建设工程、水流域综合治理等支出。防范化解政府债务风险。处置政府存量债务，通过预算安排和争取上级债券置换额度，履行政府存量债务偿债责任。截至年底，全区政府性债务余额 553679 万元，低于省政府确定的债务限额 574358 万元。

【助推乡村产业发展】 2020年，建阳区财政局安排农田水利、乡村道路等农村基础设施建设资金1.44亿元，改善乡村生产生活条件；安排产业发展、现代农业、特色种养、乡村旅游等资金1.79亿元，不断壮大村级集体经济实力；落实耕地地力保护补贴、农机购置补贴、农产品质量安全等惠农资金6717万元，支持乡村农业发展；拨付土地增减挂钩等项目经费1106万元，支持镇、村两级事业发展。安排大中型水库移民、高标准农田等建设资金5493万元；安排农村基层党建与村级保障等经费2635万元，保障村干工资待遇和村级机构运转。

【支持美丽乡村建设】 2020年，建阳区财政局为实施乡村振兴战略，全面改善人居环境，投入2258万元实现“全域无垃圾”专项整治活动，推进“厕所革命”，着力打造干净、畅通、整齐、和谐的城乡人居环境。投入4516万元，用于乡村万人保洁、绿化环境及垃圾处理等支出；争取1.30亿元政府专项债券，用于污水处理设施及污水管网建设项目。通过多方筹措资金，推进乡镇污水治理工程项目建设，实现所有乡镇政府驻地生活污水治理设施全覆盖；投入1608万元，用于村级公益事业建设一事一议财政奖补项目及美丽乡村试点村建设工作。

【全面开展闽江流域生态修复试点工作】 2020年，建阳区山水林田湖草项目批复总投资额6.58亿元，项目到位资金6.40亿元，其中中央到位资金9845.08万元，地方资金（包括省级资金、市县及其他资金）到位5.41亿元。20个子项目累计完成投资6.63亿元。在水环境综合治理、环境质量改善、生态环境修复等方面的绩效目标已全部完成。

【帮扶企业发展】 2020年，建阳区财政局安排绿色发展资金2147万元扶持企业发展，支持企业复工复产，帮扶企业渡过难关，推动产业升级，提高核心竞争力。配合有关部门组织相关企业对符合中央、省上的项目争取资金支持，2020年共收到上级专项指标4721万元，支持建阳区企业和各项社会事业的发展。落实阶段性减免企业社会保险费政策，为全区1354户企业阶段性减免三项社会保险单位缴费部分9708万元，对困难行业企业免征公共交通运输、餐饮住宿、旅游娱乐、文化体育等服务增值税433万元。不断探索和推进政府和社会资本合作（PPP模式）创新投融资机制，做好建阳区PPP相关工作，有4个PPP项目，分别为303省道、考亭水美城、国家储备林精准提升、餐厨废弃物资源化处理项目。

【提升财政管理水平】 2020年，建阳区财政局加强预算编制管理，健全各项资金管理制度体系，推动财政管理制度化、规范化；坚持“保基本、保重点、保民生，压一般”的原则，优化支出结构，认真贯彻落实党政机关厉行节约精神，严格控制“三公”经费等一般性支出，确保全年安排民生支出占一般公共预算支出的80%以上，支持社会保障、教育、医疗卫生、文化体育、污染防治、保障性住房及重点项目等改革发展需求。加大对历年结余结转资金的清理力度。2020年收回部门存量资金1.05亿元，统筹用于民生、城市基础设施建设及支持企业发展等方面支出；完善和丰富政府性基金预算、国有资本经营预算、社会保障基金预算

2020年3月11日，建阳区财政局派人员前往碧全工艺品有限公司，和企业相关负责人、防疫管理员到厂房查看复工复产和防疫情况

编报的内容。加大财政资金使用监管。建立财政“大监督”格局，重点加强对涉农资金和民生项目的监督检查，开展严肃财经纪律专项检查，在财政执法检查工作中全面推行“双随机、一公开”（在监管过程中随机抽取检查对象，随机选派执法检查人员，抽查情况及查处结果及时向社会公开）工作机制，促进依法依规使用财政资金。政府债务实行限额管理。积极处置存量政府债务，通过预算安排和争取上级债券置换额度，切实履行政府存量债务偿债责任。对政府债务实行规模限额管理制度，举债不得突破省政府确定的债务限额。

2020 年 7 月 21 日，建阳区财政局召开 2020 年部门预算编制会议

【落实“六稳”“六保”要求】 2020 年，建阳区财政局认真贯彻财政厅落实政府过紧日子和进一步严格财政支出管理有关工作部署，坚持稳中求进工作总基调，真正发挥财政政策稳定经济的关键作用，扎实做好“六稳”工作，全面落实“六保”任务；全面落实疫情防控主体责任，优化专项资金支出结构，统筹使用好各类财政资金，结合建阳区疫情情况和财力状况，加大对卫生部门的疫情防控投入，全力支持做好“六稳”工作；聚焦重点领域重点项目，优化地方政府专项债券投向，优化预算内投资支出安排结构，加快地方政府债券资金拨付进度，督促债券资金使用部门有序推进重点项目开工建设，加快支出进度。

【国库集中支付改革稳健开展】 2020 年，建阳区财政局通过国库集中支付系统共办理预算内资金、财政代管专户资金、义教专户资金、结余资金支出 35.97 亿元，其中财政直接支付业务发生 35192 笔，资金支出 31.18 亿元，占集中支付的 86.68%。利用预算执行动态监控信息化平台，对预算单位基本支出进行动态监控，严格按照资金渠道进行开支，加强专项资金管理，提高资金使用效益。

【深化国有企业改革】 完善企业领导人员综合考核评价管理制度、规范企业代建政府投资项目的管理、推进出资企业集团人员设置和薪酬制度改革、对部分全民所有制企业进行公司制改革等，深化国有企业改革。

【加强财政监督检查】 2020 年，建阳区财政局开展“1＋X”“三公”经费及日常经费支出情况检查。在监督检查中，发现区卫健局截留及占用了 2 笔财政专项资金，分别为孕产妇补助约 10.1 万元、计生法定奖退回部分约 26.8 万元，由检查组下达检查结论收回区财政局，2 项资金共计约 36.9 万元。做好部分单位日常业务工作中形成专项资金结余的收缴及银行专户检查工作。通过检查区直预算单位 2017 年以来银行专户中各项专项资金的收支、使用及结存情况，共计收回 5 个区直预算单位银行专户结余两年以上的专项资金约6444.8万元。开展享受低保对象高龄补贴专项资金检查。在检查中发现民政局对于 80 周岁以上老年人当月死亡如何领取高龄补贴没有政策依据。徐市镇圳头村的低保吴嫩玉，于上年 6 月 18 日死亡，高龄补贴发到 10 月，至 11 月才停止发放高龄补贴，共计多发了 4 个月。检查组对区民政局下达财政检查处理决定书〔潭财监（决）〔2020〕2 号〕，责令区民政局整改收回高龄补贴低保补助及价格补贴资金 1442 元。加强财政资金动态监控管理，以财政资金活动监控为重点，以监控系统为平台，加强预算单位财政资金动态监控管理，特别是对扶贫资金、直达资金的监管，从财政指标下达、分配到单位支付进行全程跟踪，及时向上级财政报送支付进度及使用情况。

国有资产管理

【成立南平市建阳林业集团有限公司】 2020年11月13日正式注册成立南平市建阳林业集团有限公司。集团本部设6个部门，分别为综合管理部、计划财务部、产业发展部、资源保护部、组织人事部和监督审计部。下属全资子公司18家，在岗职工500人，其中国有林场12家，经营区总面积4200公顷。

【企业领导人员综合考核评价管理制度】 2020年，印发《南平市建阳区财政局所出资企业负责人经营业绩考核办法》《南平市建阳区财政局所出资企业负责人经营业绩管理绩效指标考核评价实施细则》，进一步完善区财政局所出资企业负责人经营业绩考核制度。

【规范企业代建政府投资项目的管理】 印发《关于印发南平市建阳区区级政府投资项目法人责任制管理办法（试行）的通知》，对企业承建区政府投资项目收入确认进行规范。

【对部分全民所有制企业进行公司制改革】 完成对区华厦城市开发总公司和建阳银铅锌矿公司的制改革。

【完成国有企业退休人员社会化管理工作】 国有企业职工办理退休手续后，其管理服务工作与原企业分离，统一交由当地社区、乡镇实行社会化管理。

审计

【概况】 2020年，建阳区审计局承担区委审计委员会日常工作。全年完成本级审计项目7个，其中财政预算执行审计1个，经济责任审计2个，领导干部自然资源资产审计3个，专项审计1个。完成交办配合审计项目15个。审计查出主要问题金额8088万元（违规金额104万元，管理不规范资金7984万元），审计促进整改落实有关问题资金2446万元，审计后挽回（避免）损失2026万元。审计提出建议38条，被采纳审计建议38条。政府投资项目审计中心共开展预算、结算审计项目13个，送审金额2.18亿元，审定金额1.84亿元，核减金额3454.73万元，核减率15.82%；对中介机构审核后再审计16个项目，核减造价1595.96万元。

【国家重大政策措施落实情况跟踪审计】 2020年，建阳区审计局分季度开展政策落实跟踪审计，重点围绕省应对疫情“六稳”、“三促进”、“两不愁三保障”、财力财源挖掘、创新驱动发展等政策措施落实情况以及重大投资项目推进情况，推动政策落地见效、平稳运行。

【财政大格局审计】 2020年，建阳区审计局以促进财政政策措施落实、规范财政管理、维护财政安全、提高财政资金使用效益为目标，充分履行审计监督职能，对区财政局开展区本级预算执行审计，并针对存在的问题审计提出合理有效的意见和建议，促进财政资金的规范化管理，提高财政资金使用效益。同时，高质量起草年度审计工作报告。

2020年3月5日，审计人员在卫健局审查疫情防控相关材料

【自然资源资产和生态环境保护专项审计】 2020年，建阳区审计局按照全面深化改革的工作要求，认真抓好生态文明体制改革工作任务，扎实开展3个乡镇领导干部自然资源资产离任（任中）审计。自2016年试点以来，建阳区13个乡镇（街道）已对9个乡镇（街道）进行自然资源资产审计，对3个部门进行了自然资源资产审计。

【领导干部经济责任审计】 2020年，建阳区审计局对2个乡镇4名党政主要领导干部开展经济责任审计，发现问题30个，查出问题金额3435万元（违规金额49万元，管理不规范资金3386万元）。通过经济责任审计明确领导干部的主管责任和直接责任，同时也为干部考核和提任提供一定的参考依据。

【政府投资项目审计监督】 2020年，建阳区审计局创新工作方法，除对政府投资项目预结算进行审计外，还对中介机构审计后的项目进行监督，2020年审计中心预结算审计建阳区政府投资项目13个，核减金额3454.73万元，对中介机构审核后再审计16个，核减造价1595.96万元。通过加强审计监督检查力度，更加规范造价咨询机构履职尽责，为建阳区政府节约建设资金。

统计

【概况】 2020年，南平市建阳区统计局主管全区统计工作，为正科级行政单位。内设3个职能股室：办公室、经济统计股和综合统计股。隶属统计局管理的参公事业单位3个，分别为南平市建阳区城市社会经济调查队，属副科级参公事业单位，内设住户调查股、价格调查股2个职能股室；南平市建阳区农村社会经济调查队，属副科级参公事业单位，内设综合股1个职能股室；南平市建阳区普查中心，属股级参公事业单位。

【农村社会经济综合统计】 2020年，建阳区统计局对建阳区各种经济组织类型、各个系统的全部农林牧渔业生产单位进行逐级汇总统计调查：乡镇街道13个，行政村195个，以季节报、季度报、年报形式收集报表，了解农林牧渔业生产情况、农林牧渔业产值情况等。

【县、乡、村社会经济基本情况统计】 2020年，建阳区统计局对在建阳区县本级及所有乡镇街道、所有行政村社会经济基本情况进行统计调查，其中统计调查县本级1个、乡镇街道13个、行政村195个，以年报形式收集报表，了解县域社会经济发展情况等。

【规模以上工业企业统计】 2020年，全区共有规模以上工业154家参加联网直报，以月报、季报、半年报和年报形式收集报表，主要计算工业总产值、工业增加值、规模工业“绿色发展”五大产业增加值增量、可比增速、规模以上农产品加工企业增加值增速、工业经济效益综合指数、工业生产景气状况、规模工业综合能源消费量、规模工业水消费量等指标。

【规模以下工业抽样调查】 2020年，建阳区统计局抽取全区省级目录和非目录规模以下工业企业24家、个体调查村（居）1个、调查个体工业3户，以季报形式收集总产值和增加值报表，用于推算全区规模以下工业企业生产经营情况。

2020年11月16日，审计人员到龙盛智能科技有限公司了解防疫和复工复产情况

【限额以上批发和零售业、住宿和餐饮业统计】 2020年，全区限额以上批发和零售70家、限额以上住宿和餐饮业12家、限额以上批发和零售业（大个体）1家、限额以上住宿和餐饮业（大个体）4家。实现社会消费品零售额89.19亿元，同比下降3.4%。

【限额以下批发和零售业、住宿和餐饮业抽样调查】 2020年，抽取全区限额以下批发和零售36家、限额以下住宿和餐饮业9家企业开展调查，以季报形式收集报表，用于推算全区限额以下贸易业经营情况。

【规模以上劳动工资统计】 2020年，对建阳区统计联网直报平台上的324家规模以上企业进行统计调查，以季报、年报形式收集报表，了解所有规模以上企业的从业人员数量及工资总额等情况。

【规模以下劳动工资抽样调查】 2020年，以季报、年报形式收集报表，季报抽取全区38家规模以下单位进行统计调查，年报抽取全区192家规模以下单位进行统计调查，了解所有规模以下单位的从业人员数量及工资总额等情况。

【项目投资统计】 2020年，对辖区内计划总投资500万元及以上的项目进行投资统计，2020年项目投资个数为341个。

【小微企业固定资产投资调查】 2020年，针对全区规下服务业、规模以下工业企业、限额以下商业等企业开展调查，以年报形式收集报表，用于反映小微企业固定资产投资情况。

【房地产企业统计】 2020年，对在建阳区注册的有资质的房地产企业进行统计调查：房地产企业43家，房地产项目57个，以月报、季报、年报形式收集报表，了解房地产项目的建设规模、投资情况和销售情况与房地产企业的资金土地流转情况、经营情况等。

2020年4月22日，区统计局人员到规模以上工业企业走访调研

【建筑业企业统计】 2020年，对在建阳区注册的有资质的建筑业企业进行统计调查：建筑业企业60家，以月报、季报、年报形式收集报表，了解建筑业企业的签订合同额、完成产值、企业人数和经营情况等。

【规模以上服务业统计】 2020年，面向全区的14家规模以上服务业开展调查，以基层年报及基层定报形式收集报表，用于反映全区规模以上服务业经营情况。

【规模以下服务业抽样调查】 2020年，抽取全区的8家企业开展调查，以季报形式收集报表，用于反映全区服务业经营情况。

【信息化和电子商务交易情况统计】 2020年，面向规模以上工业、住宿餐饮业、批发零售业、建筑业、重点服务业324家，以基层年报的形式收集报表，用于反应全区信息化和电子商务交易情况。

【人口普查】 2020年，开展第七次全国人口普查。此次普查的标准时间是2020年11月1日零时，主要调查人口和住户的基本情况，内容包括姓名、居民身份证号码、性别、年龄、民族、受教育程度、行业、职业、迁移流动、婚姻生育、死亡、住房情况等。此次普查全区共划分229个普查区、1781个普查小区，选聘普查指导员和普查员2043人。

【基本单位名录库统计】 2020年，建阳区统计局对全区在工商、

2020 年 10 月 21 日，统计局班子成员到社区指导第七次全国人口普查工作

民政、编办等部门进行新增、变更、注销登记的法人和产业活动单位在基本单位名录库中作相应处理，以季报形式收集企业资料。对新纳入一套表调查的单位或投资项目进行资料审核并申报。

【统计监督检查】 2020 年，建阳区统计局分别对 3 个乡（镇、街道）开展统计监督检查。查处统计违法案件 2 起，其中，罚款 1 起，警告 1 起。

【编印统计年鉴、公报、摘要和月报】 2020 年，建阳区统计局整理编印 16 开版《建阳统计年鉴（2020）》，涵盖全区 2019 年度的主要经济及社会民生数据，并附有统计指标解释。发布《2019 年建阳区国民经济和社会发展统计公报》，把 2019 年全区国民经济和社会发展情况从统计角度向全社会公开发布，同时印刷 2019 年度综合性的统计资料《建阳统计摘要（2020）》。按月编印《建阳统计月报》，第一时间向区委、区政府和区直部门提供月度全区主要经济指标发展情况。

【统计分析】 2020 年，建阳区统计局印发《建阳统计》22 期和《建阳调查》1 期，实时反映全区各行业经济运行状况以及社会和经济发展过程中的亮点、难点、热点问题。

统计调查

【粮食产量抽样调查】 2020 年，建阳区统计局对中、晚两季稻谷产量抽样调查，调查中稻 10 个村、晚稻 8 个村，以此了解全区的稻谷亩产情况。

【农作物播种面积抽样调查】 2020 年，建阳区统计局利用卫星地图对全区抽中的 15 个调查村进行农作物播种面积遥感测量野外调查，用于推算全区稻谷播种面积。全年开展两季调查，分别为春播和夏播，每个村调查 3 个样方，每个样方至少 4 公顷。对 15 个村进行全村播种面积解译。

【城乡住户抽样调查】 2020 年，建阳区统计局抽取全区城乡住户调查点 15 个，其中，农村 7 个，每个村调查 10 户，共 70 户；城镇 8 个，共 80 户。主要调查住户每日登记现金和实物收支账，了解农村和城镇居民生产和生活状况，调查成果是明晰农村居民人均可支配收入和城镇居民人均可支配收入具体情况。

【工业生产者价格调查】 2020 年，建阳区统计局抽取全区工业企业 39 家、工业品数量 65 种开展工业生产价格调查，采用重点调查和典型调查相结合的调查方法，用于反映全区工业生产者价格情况。

【畜禽监测调查】 2020 年，建阳区统计局对全区 13 家（9 家生猪、3 家奶牛和 1 家蛋鸡场）大型畜禽养殖单位作为畜禽监测调查点，以季报形式收集报表，用于反映建阳区畜禽生产经营情况。

【小微企业调查】 2020 年，建阳区统计局抽取全区的 19 家小微企业开展调查，以季报形式收集报表，用于反映小微企业经营情况。

2020年4月16日，区统计局人员在将口镇开展春播农作物播种面积调查

发展改革和科技工作

【概况】 2020年，建阳区生产总值完成261.9亿元，实施总投资183.36亿元重点项目126个，全年生物产业谋划超亿元绿色产业项目21项。全年向上级争取资金共10397.57万元；提前批、第一批、第二批共有14个项目获得专项债券资金17.95亿元。获得国家、省、市科技项目立项22项，争取项目扶持资金共429万元；新增国家高新技术企业6家、省级高新入库培育企业7家、市级高新入库培育企业5家、省科技小巨人领军企业8家；有省级团队科技特派员55人、市级团队科技特派员12人、法人科技特派员4人。全年共启动价格临时补贴7次，补贴受益面达51170人次，发放补贴金额225.78万元。全面完成粮食订单收购任务，按期完成2020年储备粮油轮换任务。

【经济运行】 2020年，全区生产总值完成261.9亿元，完成“十三五”全区生产总值实现234亿元的目标，相较于2015年全区生产总值153亿元。三次产业增加值比重为15∶40.6∶44.4，“十三五”期间建阳区第三产业占生产总值的比重超过第二产业。

2020年，“十四五”规划编制高效开展。年初形成《“十四五”时期建阳区经济社会发展基本思路》，全面启动前期规划思路和专项规划的编制工作；10月基本形成《中共建阳区委关于制定建阳区国民经济和社会发展第十四个五年规划的建议》（简称《建议》）。通过建阳电视台、建阳区政府网站等媒体渠道向全社会开展建言献策活动，开门问策、集思广益，并结合十九届五中全会精神再次进行修改，经区委十三届十一次全会表决通过；12月完成《南平市建阳区国民经济和社会发展第十四个五年规划和二〇三五年远景目标纲要（征求意见稿）》（简称《纲要》），并根据全委会通过的《建议》对《纲要》进行修改完善，经区第十六届人民代表大会第五次会议审查批准。

上市工作取得成效。2020年7月，龙竹科技（原龙泰竹家居）

2020年7月27日，福建龙泰竹家居在福州海峡股权交易中心举行挂牌上市仪式

作为福建省唯一一家首批晋层新三板精选层的企业，在福州海峡股权交易中心举行挂牌上市仪式。

【重点项目】 2020年，建阳区实施重点项目126个，总投资183.36亿元，年度计划投资38.51亿元，其中，列入省市重点项目42个，总投资103.68亿元，1—12月完成投资32亿元，占年计划投资的121.75%。实现再生资源产业园、闽北气象防灾减灾中心等19个省、市重点项目落地开工；经开区创业园一期、嘉禾大道改造工程、餐厨废弃物资源化处理等7个省、市重点项目按计划竣工。此外，开工建设残疾人康复及综合服务中心、北门、童游老旧小区改造工程等区级重点项目32个，实现未成年人救助保护中心、长安路隧道、三中扩容等12个区级重点项目竣工。持续开展项目集中开竣工活动，90个项目集中开工，总投资60.65亿元；31个项目集中竣工，总投资25.33亿元。全区新增“五个一批”项目101项，总投资153亿元，形成项目滚动接续的良好发展态势。

【产业发展】 2020年，全年生物产业谋划超亿元绿色产业项目21项，“五个一批”开工项目数3个，重点支撑开工项目2个，竣工项目1个，在建项目3个，计划投资1.8亿，截至12月底完成投资。规模以上企业总产值22亿元。全年生物产业固定资产投资增长88.5%，增量贡献率为100%。

【“6·18”项目】 第十八届“6·18”，建阳区共征集技术需求4个；征集对接项目83个，其中合同项目51个，所有技术需求、对接项目均已入库至“6·18”官网。

【资金争取】 2020年，向上级争取资金共1.04亿元；建阳区提前批、第一批、第二批共有14个项目获得专项债券资金17.95亿元；申报2021年第一批政府专项债券项目21个，项目总投资达114.44亿元，计划争取专项债券18.51亿元。申报中央、省级预算内投资项目，上报2021年中央预算内投资项目20项，其中，农业经济领域项目3项，保障性安居工程项目6项，卫生健康领域项目2项，教育项目1项，养老托育项目4项，文化保护传承利用工程1项，社会福利服务设施建设项目1项，生态环保领域项目2项；上报2021年省级预算内投资项目4项，其中社会事业项目1项、生态环保项目3项。

【优化营商环境】 2020年，建阳区发展改革和科技局开展2019年营商环境第三方评估工作，出台《关于落实营商环境问题整改、提升和创新清单工作的通知》并督促落实，全面清理与《优化营商环境条例》不相符的规章、规范性文件205件，其中确认继续有效的规范性文件180件，废止或宣布失效的规范性文件23件，修订重新发布的规范性文件2件。制定并实施《“优化营商环境行动”任务分工方案》，不断优化建阳区营商环境；深化“放管服”改革，规范行政审批和服务事项清理，规范前置审批和中介服务事项清理，降低市场交易的制度性成本；

南平市建阳区2020年4月项目集中开竣工暨金石氟业专业园开工活动现场

南平市建阳区2020年9月项目集中开竣工暨城关村安置小区（城关嘉苑）开工现场

2020 年 10 月 29 日，粮储、财政、农发行、购销公司联合验收轮换粮

2020 年 10 月 12 日，南平市发改局四级调研员刘理表（右二）、区发展改革和科技局副局长林水泉（右一）等对建阳区粮食购销有限公司进行秋粮收购专项检查

量，不断提高军粮供应能力和服务水平。

【粮食安全责任制考核】 进一步压实粮食安全责任，牵头协调各责任单位明确工作目标，按照责任分工，各司其职、有序推进、逐项落实，确保粮食安全责任各项任务落实落细落到位，在南平市粮食安全考核中位居前列。

【应急物资储备】 建阳区发科局2020 年 6 月，通过公开招标，采购毛巾被、棉大衣、防寒服、棉被、毛毯、帐篷、发电机等 17 种救灾物资，总价 97.37 万元。规范应急物资调拨和管理。2020 年累计发放帐篷 94 顶，用于新型冠状病毒感染的肺炎疫情防控工作；发放棉被、毛毯 313 床，冬衣 242 件，用于防范应对“12·29”寒潮低温灾害。建立完善各项管理制度，确保应急时各种物资调得出、用得上。

发展改革和科技局落实区级应急物资储备

国家税务总局南平市建阳区税务工作

【概况】 2020 年，国家税务总局南平市建阳区税务局在上级局和建阳区委、区政府的正确领导下，坚持以习近平新时代中国特色社会主义思想为指导，深入贯彻落实中共十九大和中共十九届二中、三中、四中、五中全会精神，紧扣服务“六稳”“六保”工作大局主线，推进组织收入，落实

党建引领、依法治税、减税降费工作，服务经济社会发展、优化税收营商环境，较好地完成各项工作任务，为推动建阳区绿色高质量发展贡献税务力量。

税收概况

【税费收入】 2020年，国家税务总局南平市建阳区税务局累计入库各项收入259060.38万元，同比减收6643.49万元，下降2.5%。其中，税收收入188951万元（区本级收入84630.6万元），社会保险基金收入65127.22万元，其他非税收入4982.16万元。

【税收分析】 2020年，国家税务总局南平市建阳区税务局从产业看，第一产业、第二产业减收，第一产业减收216万元，下降47%；第二产业减收8098万元，下降10.5%；第三产业实现增收，增收8979万元，增长8.1%。

从行业看，房地产业同比增长7198万元，增长12.1%；公共管理、社会保障和社会组织业同比增长2969万元，增长23.7%；租赁和商务服务业同比增长1980万元，增长45.6%；制造业同比下降5604万元，下降15.7%；建筑业同比下降2761万元，下降7%；居民服务、修理和其他服务业同比下降2463万元，下降62%。

从各税种入库情况看，增长前三的税种为土地增值税、契税、个人所得税，增长额分别为6366万元、5665万元、2825万元，增长率分别为32.1%、37.3%、46.27%；下降前三的税种为企业所得税、增值税、城市维护建设税，下降额分别为10778万元、5149万元、591万元，下降率分别为24.84%、6.28%、11.73%。

【落实减税降费】 2020年1月至12月，全区累计新增减税降费2.28亿元，其中，2020年新出台支持疫情防控和经济社会发展的税费政策新增减税降费1.76亿元，2019年年中出台政策在2020年的翘尾新增减税降费5171.79万元。

税收法治

【“三项制度”建设】 2020年6月行政执法信息公示平台正式上线，上线后已对7个大项29个小项事项在执法信息公示平台进行公示。1月，金税三期系统正式嵌入重大执法决定法制审核流程，全年共对7户次强制执行案件进行审核。对执法全过程记录采取以文字记录为主、音像记录为辅的形式，做到执法全过程留痕和可回溯管理。

【全面依法行政】 2020年，实施行政处罚919件，处罚金额10.17万元。其中，简易处罚879件，处罚金额9.53万元；一般程序处罚40件，处罚金额0.64万元。对1份规范性文件进行审查备案，并对税收规范性文件开展自查清理。

【督察内审】 2020年，国家税务总局南平市建阳区税务局加强内控机制建设，对税务工作过程中风险点进行事前控制、事中监督和事后纠正的管理，防范各类税收风险；严把监督关，对支持疫情防控和复工复产税费优惠政策落实、征收“过头税费”等工作开展自查；积极配合审计部门的检查，发现问题及时整改到位。

征收管理

【清理欠税】 建立欠税台账，通过运用强制扣缴等税收保全和强制措施扎实开展欠税清理工作。2020年，共清理新欠265户962.82万元，清理陈欠138户569.61万元。

【支持企业复工复产】 2020年，国家税务总局南平市建阳区税务局建立挂点帮扶制度，局领导、业务骨干严格落实挂点帮扶联络工作，走访重点帮扶企业139户，收集并解决纳税人诉求16条。累计办理延期缴纳税款审批35户，涉及税款1635.26万元；办理延期申报5户，涉及税款88万元。其间，为区委、区政府支持企业复工复产提供决策支持，报送复工复产分析报告2份，行业税源分析报告1份、简报1份、建阳区委书记杨新强、区长魏敦盛先后在报告上作了肯定批示。

【推广“非接触办税”】 引导纳税人缴费人选择电子税务局、“闽

2020年4月1日，建阳税务干部到企业了解生产经营情况

税通”App、O2O领票、自助办税终端等“非接触式”渠道办税，让纳税人多走“网路”、少走“马路”，切实为纳税人办税提速减负。2020年以来，网上申报358787笔，网报占比99.03%。

税费管理

【增值税管理】 2020年，国家税务总局南平市建阳区税务局落实增值税优惠政策，享受支持新型冠状病毒疫情防控、个体工商户复工复产等增值税优惠税减免1247户，减免增值税2434.27万元；提高增值税小规模纳税人免税标准，享受优惠2056户，减免金额1940.43万元；为符合增量留抵退税条件的14户企业办理增值税留抵税额退还业务，退税款2902.43万元。依托发票系统和异地协作平台，做好增值税发票风险防控，核查发票18份，进项转出3.97万元；完成3户企业风险评估工作。区局增值税增量留抵退税工作得到省税务局领导批示肯定。

【车辆购置税管理】 全面落实《中华人民共和国车辆购置税法》，2020年累计征收车辆购置税5107.73万元，审核车辆购置税免税4616条，免征车购税 1410.94万元。

【出口退税管理】 2020年，国家税务总局南平市建阳区税务局执行《全国税务机关出口退（免）税管理工作规范》（2.0版）和《出口退（免）税企业分类管理办法》，规范退税流程，优化退税服务。全区66户出口企业办理出口退税4880万元，免抵税额6941.7万元。

【个税汇算】 2020年，个人所得税综合所得汇算扣缴单位1075户次，纳税申报19543人次；应补税357人次，实际申报补税1294人次，实际已缴款728人次，已缴款金额188.94万元。

【企业所得税管理】 完成2019年度企业所得税汇算清缴工作，享受加计扣除11513.28万元，其中，研发费用加计扣除2598.23万元、高新技术企业减免税额4036.77万元、固定资产加速折旧382.09万元、小微企业减免税额4496.19万元。

【非居民税收管理】 2020年，国家税务总局南平市建阳区税务局加强非居民税收管理，实时跟踪“走出去”企业发展，并提供政策支持。全年共入库非居民税收89.37万元。

【土地增值税清算】 加强税源动态监控，及时了解房地产企业的经营情况、工程开发进展情况和销售情况，稳步推进全年土地增值税清算工作。2020年，完成土地增值税清算项目4个，补缴土地增值税8999.32万元。

【环保税管理】 2020年，国家税务总局南平市建阳区税务局高度重视扬尘环保税征管，加大同交通运输、自然资源、环保等部门协作力度，助力绿色发展。截至12月31日，累计入库环保税8.81万元。

【资源税管理】 2020年9月1日《中华人民共和国资源税法》（简称《资源税法》）正式施行。根据《资源税法》的新变化，对辖区范围内萤石、砂石等相关企业开展专项辅导，解答纳税人关心的申报征收热点问题，确保宣传全覆盖。

同时，加强与自然资源局的协作，确保信息对等，提升税收共治水平，切实维护纳税人权益。

【土地使用税、房产税管理】 2020年，入库房产税2115.97万元，同比增长5.32%；入库土地使用税2909.12万元，同比增长7.17%；办理疫情期间困难减免土地使用税、房产税37户，涉及税款210万元。

【“两险”征缴】 2020年，国家税务总局南平市建阳区税务局积极向区政府汇报，并协调相关部门共同做好年度城乡居民“两险”征缴工作，全年累计征收城乡居民基本医疗保险费6334.47万元，征缴275560人；征收城乡居民养老保险费2147.94万元，征缴86084人。区局社会保险征缴工作得到市税务局领导批示肯定。

纳税服务

【纳税信用等级评价】 2020年评定纳税信用A级291户、B级2496户、M级3240户、C级42户、D级739户。与建设银行、邮政储蓄银行签订“银税互动”合作协议，通过“银税互动”为纳税人累计提供贷款3666.7万元。

【办税大厅建设】 主动融入市区一体化建设，2020年7月20日，国家税务总局南平市建阳区税务局办税服务厅正式入驻南平市行政服务中心，为辖区范围内2.7万余户纳税人和29.1万余户缴费人提供税务登记、税费缴纳等涉税服务。同时，持续完善云票柜、VR体验、智能导税机器人等新型功能模式，在积极创建全省标准示范服务厅的工作中提升纳税人满意度和获得感。

【税收咨询与辅导】 2020年，国家税务总局南平市建阳区税务局开展实体及网上纳税人学堂，加强对纳税人的培训及辅导，并针对纳税人的特点及业务需求，提供涉税个性化服务。全年举办4期纳税人培训，培训纳税人184户次。

【便民办税】 2020年，国家税务总局南平市建阳区税务局持续开展“便民办税春风行动”，推广“最多跑一次”、网上办税、预约办税、开通绿色通道等服务，简化办税流

2020年12月9日，国家税务总局南平市建阳区税务局同邮政储蓄银行南平市建阳区支行签订“征信互认 银税互动”合作框架协议

2020年6月24日，建阳区税务局第一党支部与书坊乡书坊村党支部共建的集生态保护与休闲于一体的开放性公园——七星园正式投入使用

工业和信息化工作

【概况】 2020年，受疫情影响，建阳区本级2020年规模以上工业总产值累计同比增长-7.4%；规模以上工业增加值累计同比增长-2.4%，位居南平各县市第一名。2020年工业投资完成44.65亿元，同比增长28.4%，其中，技改投资完成28.29亿元，同比增长55.2%。2020年工业累计用电量3.55亿千瓦时，同比下降0.99%。全年建阳区本级工业经济效益指数305.05。

【工业稳定增长】 加强运行监测分析。围绕年初目标任务，以提高经济增长质量和效益为中心，细化落实工业增加值、工业投资等主要指标，落实到每个乡镇、街道、重点企业，并根据工价指数变化及时调整。实施精准调度，在月度工业运行预期目标中突出增加值目标，重点关注增加率高、附加值高的行业企业，集中保障要素资源，鼓励重点企业提高生产负荷，多做贡献。

积极落实上级政策。贯彻落实中央、省、市出台的稳增长、促改革、调结构政策措施，继续推进“惠企政策送企业”活动，通过工信门户网站、各乡镇（街道）企业站、微信公众号、重点企业邮箱等载体宣传惠企政策，提高惠企政策的知晓度和覆盖面，帮助企业解决实际困难。

加快淘汰落后产能。按国家相关落后产能淘汰政策，推进建阳区冶金铸造行业淘汰类炼铁设备的关停改造复查工作，确保“地条钢”不死灰复燃。现已全部完成对建阳区7家铸造企业的复查工作。

强化安全生产监管。将安全生产工作作为行业领域管理的重要内容，突出重点狠抓民爆销售企业安全监管，排查安全隐患，防患于未然。从行业规划、产业政策、法规标准、行政许可等方面加强行业安全生产工作，指导督促工信系统企业加强安全管理，配合相关部门共同做好安全生产工作。将“防风险保平安迎大庆”作为年度安全生产工作重点，深入开展安全生产隐患排查和综合治理，全年开展隐患排查和专项检查18次，检查企业150家次，共排查隐患156条，均已完成整改，按期整改率100%，集中消除大量安全生产事故隐患，确保企业不发生较大的安全生产事故。

【提升发展质量】 落实中央、省、市关于支持企业技术改造的优惠政策，重点支持一批转型升级、结构调整、质量提升技改项目。实施南平市级重点技改项目13项，总投资28亿元，2020年计划投资6.22亿元，全年完成投资9.8亿元，完成年度计划的157.6%。完成工业技改项目的备案66项，合计总投资额29.65亿元，2020年投产5个项目，预计新增产值8016万元。

推动绿色产业发展。实施一批智能制造、绿色制造、工业强基项目，对企业生产工艺、技术装备、管理控制流程进行智能化、绿色化改造，加快企业转型升级。实施市级智能制造重点项目1项，总投资0.6亿元。全区签约数字信息产业项目3个，总投资33360万元。推进建阳区工业企业信息化建设。指导龙竹科技集团股份有限公司和福建武夷白鹭日用化工有限公司加快信息化建设，现阶段龙竹科技集团股份已完成工业ERP建设和机房建设；福建武夷白鹭有限公司也正在ERP供应商公司的选择和洽谈中，前期工作正在有序推进。

扎实开展节能环保工作。组

织建阳区汽车锻压件厂及南平市鑫平锌业有限公司等重点用能企业参加能耗在线监测项目建设。围绕“绿水青山，节能增效”主题，组织开展内容丰富、形式多样的宣传活动。牵头召集相关部门完成“打击防范‘地条钢’死灰复燃”等多项专项行动。配合环保、自然资源等部门进行“散乱污”企业取缔工作。为建阳区汽车锻压件厂及南平市鑫平锌业有限公司争取两项省级节能循环专项资金，共计 27.5 万元。

着力培育新增长点。福建南平凯盛供销再生资源有限公司、福建新嘉纺科技有限公司等 6 个新增长点项目，年初计划新增产值 3 亿元，全年新增产值 3 亿元。

推动工艺美术行业发展。协调相关资源，在建盏产业上发力，树立“品牌”和“大师”并重的发展思路，组织建盏企业参加全国各类工艺美术博览会和工艺美术师评选，取得较好的效果。在“品牌”上，组织参加第三届福建省工艺美术创意设计大赛，共组织 60 多家建盏企业参赛。组织建盏企业人员参加第二届南平市工艺美术大师评比，共有 40 人获得“南平市工艺美术大师”称号。

【企业服务环境】 加大金融支持力度。深化政银企合作。组织召开政银企对接会，与区人行、银保监组、农发行、工商银行、农业银行、中国银行、建设银行、邮政银行、农商行、农信社、兴业银行、泉州银行和瑞狮银行就 2020 年企业发展规划、企业运行资金需求情况、需要政府部门和金融机构协调解决的问题进行研究，对落实 2020 年度金融机构支持企业特别是为应对疫情而支持企业发展的相关措施，需要政府部门协调解决的问题进行研讨，并对对接成果举行了现场的签约仪式。评选信用示范企业。与人民银行南平市中心支行、人民银行建阳支行和武夷新区共同打造信用示范企业，在 10 家“信用示范企业”授牌的基础上，引导成熟和信用良好的信用企业加入。加强对美乘、龙泰和龙盛智能科技等公司的引导，确保下一批进入信用企业名录。创建银企互信“网”，旨在集中性、全方位地展示征信体系支持小微与民营企业融资发展的重要作用，在全社会营造“用征信、助融资、促发展”的良好信用环境。助力企业纾困解难。推进产融合作，保障重点企业融资需求，深入企业帮扶，针对不同银行的不同产品，通过政银企对接方式，帮助更多企业获得银行更大支持。协调金融机构，帮助味和国际获得 500 万元纾困资金贷款、恒泰汽配获得 200 万元纯信用贷款，从而帮助企业扩大产能。上报纾困资金需求企业 106 家，资金需求总量 5.1 亿元，已有 21 家企业获得授信，授信金额 10022 万元。组织 2 批次 5 家企业开展申报工作，分别为福建省武夷白鹭日用化工有限公司、福建省双鑫活性炭有限公司、福建省福建清辉矿业有限公司、福建省南平市建阳区安顺变压器配件厂、福建省南平市建阳区奇英彩印包装有限公司，共为企业申请贴息 10.19 万元。加大转贷力度，为企业降低融资成本。自 2014 年以来开展转贷业务帮扶企业降低融资成本，为 27 家企业转贷 65 笔共计 3.38 亿元，降低企业融资风险和资金使用成本。

强化类金融行业监管。根据行业监管职能，抓实类金融企业的行业监管，开展多次专项检查，严格督促企业依照行业管理规定经营。2020 年，对相关企业进行专项检查 8 次，进行扫黑除恶线索摸排 12 次，与市场监督管理局、金融办等单位联合检查 4 次，检查范围覆盖全区 4 家经批准正常经营的类金融机构，未发现这些企业存在违法违规经营的现象，在对企业进行检查的过程中，也会进行防范非法集资以及扫黑除恶的宣传活动，督促企业诚信经营。

深化简政放权工作。深化行政审批制度改革，规范行政审批行为，围绕一个“快”字做足文章，采取提前介入的办法，前期主动上门与企业进行全方位对接，从企业关心的问题上找出路、找办法，避免企业在办理过程中走弯路，继续简化办事手续，减少办理环节，持续优化企业投资人办事体验。对已公布的行政权力清单和通用目录进一步进行清理，推进全流程网上审批和全流程电子化审批，实现电子化收件、网络化流转的全流程审批办结的新型审批服务机制，同时全面应用电子证照。将文件快递收取、送达事项在所有公布事项中 100% 应用，简化企业办事流程。

切实减轻企业负担。及时将福建省与南平市下达的减负文件及时传达给各有关部门，收集企业减负方面好的做法及典型经验。将有关问卷发放给企业，通过问卷调查的方式了解企业面临的困难及需要的帮助，将意见和建议反馈给上级，为进一步制定惠企政策提供参考。

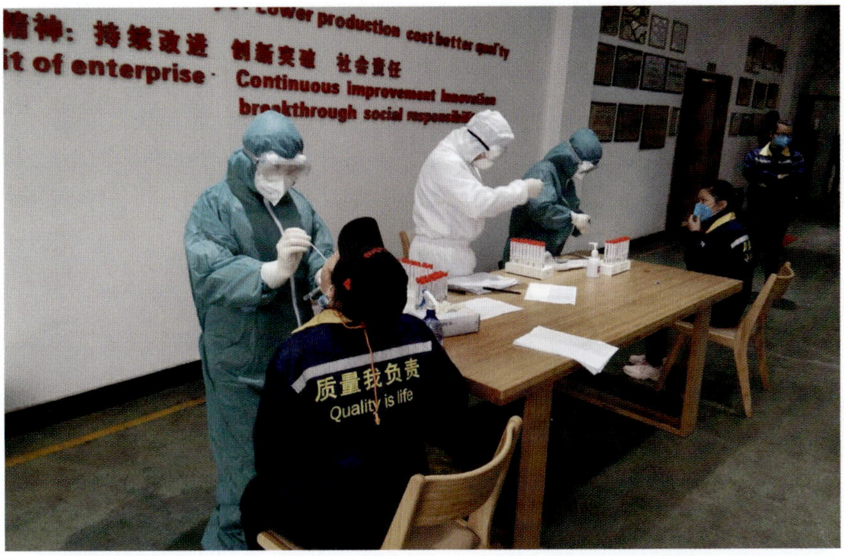

2020 年 2 月 14 日，区工信局与博瑞医学检验所到福建龙泰竹家居股份有限公司（现已更名为龙竹科技集团股份有限公司），对企业复工员工进行新冠核酸检测

开展清理民营企业欠款工作。

【机关履职尽责】 工信局机关党委结合自身工作实际，以开展“双强双比·业务大学习、能力大提升”活动为载体，巩固提升“不忘初心、牢记使命”主题教育成果，在“绿色发展”“创新突破年”等工作中更好地发挥党组织战斗堡垒作用和党员先锋模范作用。一是扎实推进深入学。局机关党委重视理论学习，加强意识形态能力建设。结合局党组、机关党委中心组学习、党史学习教育、主题党日、“一周一学习、一月一主题、一季一交流、一年两督查”等工作的开展，局党组、机关党委组织集中学习习近平新时代中国特色社会主义思想，党的十九大精神以及党的十九届四中、五中全会精神，《习近平在福建》系列采访实录，《习近平谈治国理政》第三卷，《中国制度面对面》等内容 40 余次。局党组、机关党委中心组学习 15 次，上专题党课 5 次，集中讨论 8 次，交流发言 80 余人次。二是全面推进扎实做。贯彻落实“四联四促”工作机制，推动干部重心下移、力量下沉，让干部在乡村振兴、脱贫攻坚最前沿、联系群众第一线、服务发展主战场上转作风、强担当、抓落实。工信局机关党委由单纯的“引领”向“既引领，又保障”的双重作用转变。三是认真推进规范建。加强意识形态阵地建设，坚守传统阵地，拓展新兴阵地，加快网络、新媒体等平台建设，不断巩固壮大主流思想舆论。规范党员思想教育建设，以党建引领发展，巩固、提升“不忘初心、牢记使命”主题教育成果。严格落实各支部“三会一课”制度，认真开好中心组学习会、组织生活会和民主生活会，提高党员的思想觉悟、政策理论水平和活动能力。

【召开政税银服务小微企业发展共建会】

2020 年 11 月 8—12 日，第三届福建省工艺美术创意设计大赛在“世界石雕之都”（惠安）展示中心盛大举行，此次大赛由福建省工艺美术行业发展促进中心主办。

建阳区工信局积极组织 70 多件作品参赛，通过建盏作品展示，让建阳区特有的建盏文化“走出去”的道路更宽广，进一步促进工艺美术行业交流与融合发展。此次大赛，

2020 年 11 月 12 日，区工信局组织小微企业参加第三届福建省工艺美术创意设计大赛

建阳区参赛作品共获得金奖 6 项，获得银奖 8 项，获得铜奖 13 项，获优秀奖 16 项。

区城镇集体工业联合社

【工作职能】 区城镇集体工业联合社负责研究和制订建阳区二轻工业的发展规划，落实企业各项生产任务和经济技术指标，负责二轻系统人事、劳工及企业领导班子的考核、任免，建阳区工艺美术行业管理，职称评定等各项工作。现有建阳家具厂、建阳日用化学制品厂、建阳羽绒厂 3 家集体企业未完成企业改制工作。

【工艺美术工作】 建盏人才培养、推荐。2020 年 3 月 30 日，全国技能竞赛中，建阳区城镇集体工业联合社推荐的建盏师傅张小灵脱颖而出，被福建省总工会授予“福建省金牌工人”称号。

2020 年 7 月 31 日，建盏师傅在建阳区网际电脑学校参加技能鉴定手工实操考试

加快建阳建盏高技能人才队伍建设，提高企业从业人员工艺水平，提升企业产品质量，主动对接福建省陶瓷行业协会、泉州工艺美术职业学院，开展 2020 年第一期福建省陶瓷行业国家职业资格培训鉴定工作。2020 年 7 月 30—31 日组织建盏人员参加高级工、技师、高级技师国家职业资格鉴定培训，有 48 人通过资格考试。

鼓励建盏行业匠人积极进取，敬业创新，精益求精，立足本职岗位，为新时代新福建建设作出应有贡献，推荐工艺美术行业人才参加“八闽工匠”评选活动。2020 年 8 月 20 日，蔡龙、徐长和、吴兴乾、廖成义 4 名优秀建盏匠人被福建省轻工业联合会、福建省财贸轻纺烟草医药工会工作委员会评选为 2020 年度福建省轻工行业“八闽工匠”。

2020 年 9 月 4 日，第三届福建省陶瓷艺术名人、陶瓷艺术大师推荐学习活动在建阳举办现场陶瓷技能实操比赛，区城镇集体工业联合社组织 65 名优秀建盏师傅参加角逐。

为进一步扩大培养建阳区建盏陶瓷创新创意高层次人才，区城联社对接泉州工艺美术职业学院，为建阳区建盏人才培养聚集大量储备力量。2020 年 9 月 20 日《艺术设计》（建盏方向）成人网络教育大专班在建阳区网际电脑学校开班，招收建盏学员 36 人。

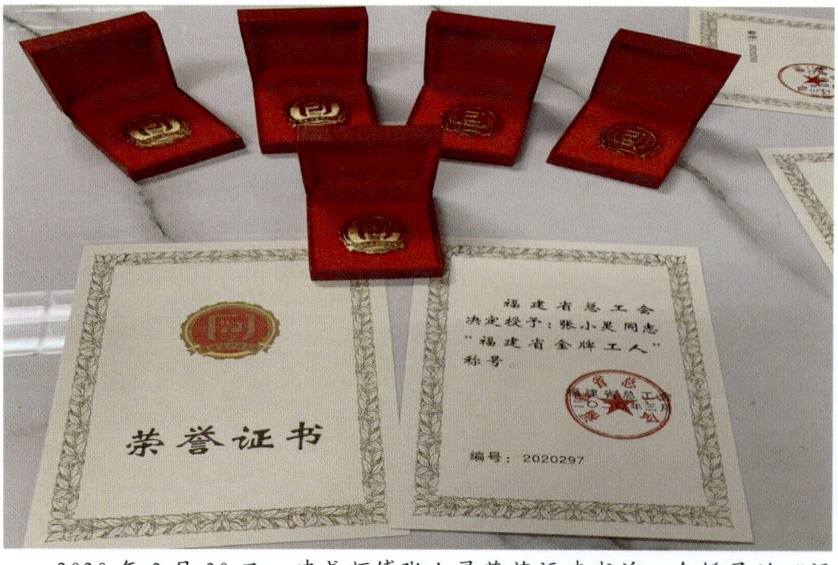

2020 年 3 月 30 日，建盏师傅张小灵荣获福建省总工会授予的“福建省金牌工人”荣誉证书

2020 年 9 月 20 日，新招收的 36 名建盏学员到建阳区网际电脑学校报到，参加网络教育学习

2020 年 10 月 20 日，建盏师傅们到福州参加福建省人力资源社会保障厅、福建省总工会举办的第二届福建省陶瓷装饰工（建盏）职业技能竞赛

2020 年 10 月 20 日，为提升整体建盏行业技艺水平，鼓励获得陶瓷装饰工技师、高级技师职业技能证书的师傅们参加福建省人力资源社会保障厅、福建省总工会举办的第二届福建省陶瓷装饰工（建盏）职业技能竞赛，技师们不负众望载誉而归。

【工艺美术展会和产品推介会】

2020年6月14日，助力《百人百盏》新书发布暨建盏文化“凝心聚力•弘扬国粹”推荐会活动在建阳举行。2020 年 6 月 27 日，配合福建省陶瓷行业协会举办建盏直播“默享堂云集大师 • 造极东方，携手层峰人物 • 共鉴惊艳建窑力作”活动，推荐《百人百盏》中蔡炳盛、李细妹、吴立主、孙福昆等建盏匠人参与。

2020 年 8 月 18 日，参加广州传统工艺美术展。组织福建建盏行业近 20 名大师、名人作品参展，建盏以朴实的材质、精巧的造型、幻化的斑彩，展示自然极致之美，为饮茶方式多样、对茶具讲究的广州人提供一种文化享受。联展期间，区城镇集体工业联合社刘建斌主任和建盏大师孙福昆等接受《广州日报》、广州电视台采访。进一步宣传推介建盏，为建阳文化事业添砖加瓦。

2020 年 10 月 18 日，区城联社组织选送有代表性的油滴盏、兔毫盏、曜变盏、柴烧盏作品参加中国景德镇第 15 届国际陶瓷博览会，建窑有多件作品荣获“十大名窑”金奖。

鼓励建盏优秀匠人参加 2020 年 11 月 8—12 日在福建惠安举办

2020 年 10 月 18 日，区城联社组织建盏企业参加中国景德镇第 15 届国际陶瓷博览会建窑专柜展示会

的第三届福建省工艺美术创意设计大赛。推选的朱信丛建窑建盏作品《托福》获得第三届福建省工艺美术创意设计大赛金奖。

2020 年 11 月 14 日，区城联社与福建省陶瓷行业协会共同推荐优秀建盏匠人作品参加 2020 年中国（北京）国际精品陶瓷展览会，宣传建盏文化，推动行业发展。

2020 年 12 月 3 日，工作人员向客户推广国网 App

电力产业

【概况】 2020 年，建阳区电力公司坚持以习近平新时代中国特色社会主义思想和党的十九大精神为指导，认真贯彻省、市公司党委和建阳区委、区政府的决策部署，坚持攻坚突破、担当作为，夯基础、促发展，努力开创高质量发展新局面，务实高效地推进各项工作。建阳行政区全年全社会用电量 11.46 亿千瓦时，同比增长 8.09%，其中公司供区全社会用电量 8.39 亿千瓦时，同比增长 3.14%，武夷新区供电服务中心全社会用电量 3.07 亿千瓦时，同比增长 24.42%。自觉将各项工作放在党和国家工作大局中思考、谋划，在服务地方党委政府中心工作中做到主动作为、主动服务。

【全力助“六稳”、促“六保”】 2020 年，建阳区电力公司认真做好疫情防控工作，自觉融入“四道关口”防控大局，严格落实“外防输入、内防反弹”总体防控策略，强化员工的自我防护、自我管理意识，组织全员核酸检测，实现“双零”（零感染、零疑似）目标。落实惠企政策。减免非高耗能一般工商业、大工业企业电费的 5%，惠及用户 2.34 万户，累计电量 2.05 亿千瓦时，为用户减少电费支出 987.69 万元。延长“支持性两部制电价政策”执行期限，惠及企业 47 户，为用户减少电费支出 217.7 万元。开展百千万客户大走访。促进夜间经济，对年用电量 150 万千瓦时以上的商业用户在 21：00 至 23：00 计取低谷时段优惠电价。服务地方脱贫攻坚。落实莒口河坝新村、麻沙水南村“美丽乡村”电网升级改造，推动红色基地、特色小镇、环境和谐等品牌工程建设，助力惠农富民。

【充分发挥电力“先行官”作用】 建设坚强网架。2020 年安排电网投资 0.63 亿元，带动社会投资 1.89 亿元。落实配网建设，总投资为 0.298 万元，以解决农村电网低电

2020 年 4 月 12 日，党员服务队到黎历水库配变站进行现场勘查村委会新增的春耕灌溉设备

压、“卡脖子”、供电能力不足等问题。加快服务模式转型，大力推广“网上国网”，5.05万户用户实现“足不出户即可办理业务”的需求。实施营业窗口转型升级，完成转型撤并厅5个，撤柜19个，撤柜率73.08%，客户临柜率降至4.98%。大力落实绿色发展。加快“智慧建盏”项目研发，提高能源综合利用效率。助推新能源汽车应用，大力推动油改电进程，深化车联网平台数据分析应用，接入充电桩26个，自营充电桩利用率已提升至17.8%。

【努力满足人民美好生活需要】 提升服务水平。推广网格化、在线化、数字化服务模式，推进低压供电服务网格融入社区共建。完成直供区治理，全面完成莒口中布村电站自供区改造接收工作，共接入居民用户314户、非居民用户47户。启动业扩配套项目，投资26万元安装公用配变400千伏安两台，以解决五户小微企业用电。大力推广不停电作业，减少停电，实现旁路带电作业技术上的首次突破，用户平均停电时间同比降60%。优化电力营商环境，构建“便利化、透明化、标准化、规范化”的阳光业扩服务模式，落实1600千伏安及以下用户接入“三个零天”管控机制。推行“电小e”专属邮政服务和线上提质等措施进一步简化办电流程，高、低压业扩项目平均时长同比分别减少27.54%、60.43%，公司“获得电力”指数进入全区前列。贯彻能源安全新战略，发挥电网整合带动作用，推动构建开放、共赢产业链共同体。积极服务产业相关方，主动服务电厂并网，规范电费结算，实现全区125户分布式光伏及77户小水电用户100%及时支付。拓展产业单位市场服务，推广用户设备代维护业务。依托国网电商平台整合行业资源，深化产业链上下游企业合作。

经济开发

【概况】 建阳经济开发区是建阳区委、区政府贯彻落实南平市委、市政府提出的七大绿色产业发展理念，紧抓南平市行政中心搬迁的历史机遇，为承接中心城市产业发展和退城入园需要，整合原有部分工业平台而成立，与武夷新区高新技术园区优势互补、错位发展，全力打造闽北工业经济新增长极的重要工业平台。经开区位于南平中心城区下游，规划用地面积约25.69平方千米。2020年，建阳经济开发区入驻企业90家，其中原有工业平台入驻青松股份、龙翔科技等企业34家（规模以上企业18家，年产值48亿元），年缴税2.08亿元。

【管理服务】 一是完善管理体制，采取“指挥部+公司”管理模式，即建立福建建达开发建设集团有限公司作为园区运营公司，和指挥部共同承担开发区管理工作，逐步实现由政府主导型向市场主导型的转变。二是创新工作模式，通过开展“现场会+务虚会”结合“实时销号”工作制度，推动工作。三是加强安全管理，引进安全生产社会化服务，落实安全监管责任，实现2020年度园区安全生产零事故。四是推进园区升级。积极申报建设省级经济开发区与省级精细化工产业园，组建专班，明确工作职责，完成省级经济开发区的规划环评修编，省级精细化工产业园已启动总规、控规、产业规划、安评等材料的编制工作。

【项目建设】 2020年，建阳经济开发区按照“七通一平”“先主后次”要求，高标准推进园区交通路网、供水供电、排水排污、土地平整等基础设施建设，累计投入建

2020年12月31日，建阳经济开发区举行生物质集中供热项目动工仪式

2020 年 12 月 4 日，建阳经济开发区高端医卫健康新材料产业园第一批入驻企业集中签约仪式举行

设资金 12.76 亿元，完成一期、二期、三期场平及路网工程建设，累计平整台地 320 公顷，路网建设 12 千米，推出连片台地，实现路网闭环。加快徐市片区路网工程、建盏孵化基地市政工程建设，当前在建路网 9 千米。创业孵化园即将投入使用，回瑶污水处理厂已进入试运行阶段，集中供热项目已启动建设，相关生产生活配套项目有序推进。

【用地保障】 2020 年，建阳经济开发区不断优化征迁工作机制，细化目标责任，部门联动，定期会商，及时解决用地事务相关问题，有力保障开发建设用地。截至 2020 年底，建阳经济开发区共完成土地征用 860.27 公顷（其中 2020 年完成 206.67 公顷）。完成房屋等建筑物、构筑物拆迁 29159 平方米，支出拆迁补偿费用 0.54 亿元；完成林地报批 470.67 公顷，支出报批费用 0.99 亿元；完成土地报批 283.4 公顷，支出报批费用 0.62 亿元。

【招商引资】 2020 年，建阳经济开发区确立以林产工业、医卫材料、生物医药、食品加工四个产业为重点和铸链、建群的产业招商思路，全面抓好招商引资工作。新开发工业平台已入驻企业 56 家，共供地 148.4 公顷，总投资约 68 亿元。已投产 7 家，在建 32 家，已签约待供地企业 17 家，供地 63.13 公顷。意向入园企业 46 家，用地约 142.13 公顷，总投资约 40 亿元。成功签约总投资达 25 亿元的医卫材料产业项目，项目一期用地 33.33 公顷，共有 8 家企业入驻，总投资超 25 亿元，达产后年产值约 50 亿元，年缴税约 2.5 亿元。

招商工作

【概况】 2020 年，建阳区招商局新引进总投资超 5000 万元产业招商引资合同项目，累计完成 37 项，总投资 48.95 亿元，完成目标任务 36 项的 102.78%，37 个项目已开工。

【落实“招商引资突破年”总体要求】 2020 年，建阳区招商局落实“招商引资突破年”总体要求，坚持绿色引领，主动适应经济发展新形态，有针对性地开展“一对一”叩门招商、“点对点”精准对接，全力推进绿色产业项目招商引资工作。制订《2020 年建

2020 年 9 月 2 日，建阳区重大招商引资项目“云签约”仪式举行

阳区“招商引资突破年”活动实施方案》，明确全年招商引资任务目标，强化考评机制。同时制定招商引资奖励办法，保证全区招商引资任务的完成。

【以商招商，开展产业链招商】 2020年，建阳区招商局为适应经济发展新形态，培育发展新优势，落实产业链招商工作。明确以高科技、高附加值和绿色产业项目为招商重点方向。紧盯世界五百强、央企、国内外行业龙头投资布局动态，及时跟踪信息。引进一批转型升级带动强、主业特色明显的绿色产业项目，形成产业链，推动上下游产业发展。

【加大招商引资实效，做实回归经济】 2020年，建阳区招商局成立南平市建阳区回归经济工作领导小组。制订全区回归经济工作计划、工作目标、重大活动方案等，解决项目落地过程中的问题。选派“回归专员”加强区外异地商会建设联系，畅通联络渠道，助力政府招商引资，以至诚之心“迎凤归巢”，促进“回归经济”发展。建立乡贤数据库。重新梳理全区异地商会成员及在外发展乡贤信息，摸底在外重要乡贤基本情况，根据乡贤企业经济实力、产业投资方向、回归意愿等基础信息建立乡贤数据库。聘请招商顾问。聘请知名乡贤和行业领军人物，作为区招商顾问，为建阳区引进一批高端项目、优质人才、先进技术。

【多形式开展招商引资活动】 2020年，建阳区招商局为实现招商引资工作的创新与突破，打破现有格局。在做好疫情防控的前提下，开展“云签约”等招商活动。区领导将“亲情招商”与“一把手招商”相结合，主动“走出去”洽谈项目，6月，区长魏敦盛带领招商小分队就生物科技项目先后到无锡、重庆开展精准招商，9月期间借助“9•8”厦洽会契机，区委书记杨新强带队再次去厦门盛方生态技术有限公司洽谈合作事宜。以项目对接为载体，突出区域和产业特色，发挥平台效应，参加南平市组织的南平市（深圳）招商推介座谈会，会上建阳区促成深圳飞力士投资控股有限公司投资8亿元的建阳经济开发区物流枢纽项目完成签约。

商贸流通

【概况】 2020年，社会消费品零售总额合计89.19亿元，累计比增-3.4%，培植限额以上贸易企业10家，其中批发零售企业6家、住宿餐饮企业4家，社会消费市场运行情况良好。

【加快商贸重点项目建设】 在建重点项目2个，年度计划完成投资2亿元。

市场建设与管理

【推进市场建设与培育】 2020年，建阳区市场规模扩张，推进市场建设与培育，完善市场流通体系。城区商业区不断增加，相继形成西区生态城商圈、嘉禾商圈、万达商圈、金茂广场、财富广场等新兴商业区。已建成的“潭人街”、建盏文化街、林产品一条街、美食一条街、站前美食广场、永康五金城等特色街区成为建阳区商贸流通业发展的重要经济增长点。西区的大润发超市、正达永辉超市、水南永辉超市、城关的夏商好当家购物广场与童游的万商汇购超市为建阳区人民生活提供很多便利。市场流通业态拓展，连锁经营、物流配送等新型流通方式和超市、专卖店等新型零售业态稳步发展。城关中山路、人民路、民主路老商业区建设得到完善，商业服务网点功能不断增多。

【成品油市场管理】 截至2020年底，有成品油经营企业28家、加油站28座。全区加油站储油能力为柴油1061吨、汽油1139吨。做好成品油分销体系发展规划，做好新建加油站规划确认工作，严把市场准入关；加强成品油市场日常监管，做好成品油零售经营批准证书管理，每年对成品油经营企业进行一次审核、审查，按时进行年检，严厉打击无证照经营油品违法行为；开展专项整治，查处成品油零售企业违规经营，核实各加油站成品油经营批准证书、危险化学品经营许可证、工商营业执照是否有效，各证照的经营范围是否一致，检查是否有无证照或超范围经营行为。对本辖区内的国道、省道以及一些有可能设立加油站的乡村公路进行全面排查，取缔无证照经营，净化成品油市场。

“菜篮子”工程建设

【主要副食品市场】 建阳区省控副食品基地有5个，分别是信勇畜牧场、新明康畜牧有限公司、恒亮生态禽业有限公司和蔬菜基地、水吉和平蔬菜专业合作社、龙华农业发展有限公司，其中龙华农业发展有限公司为省级重点副食品基地。两个蔬菜培育基地分别是将口镇胡巷蔬菜培育基地和莒口镇中埯蔬菜培育基地。2020年，向区内5个副食品基地及两个蔬菜培育基地拨付市场运行调节专项资金共15万元。

【平价商店和直供销售点建设】 2020年，建阳区商务局重点抓好蔬菜、猪肉平价商店和直供销售点工作，由城关的夏商好当家购物广场、童游双好超市、水南永辉超市实施。在永辉超市、夏商好当家购物广场、双好超市设立平价摊位，在元旦、国庆、春节假期和市场价格波动的情况下，政府启动平价补贴机制，降价差额由市政府补贴。永辉超市、夏商好当家购物广场、双好超市每日各推出6个普通蔬菜品种和猪肉2～4吨。在城关、北门、新华村、水南黄花山、西桥新村、童游富林、前进路等地设立早晚便民市场，为当地农民、蔬菜基地产品销售和群众就近购物提供便利。

【市场应急调控保障】 2020年，建阳区商务局为防止市场异常波动，应对突发事件，做好生猪活体和蔬菜轮库储备，按城镇人口7天应急消费量，生猪活体储备2000头，蔬菜储备200吨，由信勇畜牧场、新明康畜牧有限公司承储，签订储备合同。

对外贸易

【概况】 2020年1—12月，建阳区外贸进出口累计完成12.5亿元，同比增长-13.7%，其中外贸出口累计完成11.3亿元，同比增长-12.3%，外贸进口累计完成1.2亿元，同比增长-26.4%。

【企业参加第三届中国国际进口博览会】 2020年，建阳区6家企业参加进博会，激活市场潜力，降低生产者生产成本，营造更好的营商环境。

【应对疫情挑战】 2020年，面对突袭而来的疫情给外贸发展带来的冲击，建阳商务局有序推动外贸企业复工复产，保障重要企业和关键产品生产和出口。支持企业通过网上洽谈、网上参展等方式主动抓订单。落实各级扶持政策，帮助企业应对疫情影响。为受疫情严重影响的外贸企业申请专项纾困资金，继续加强信保与金融合作，帮助线上小微企业获取融资专属产品。

【做好外商投资服务工作】 2020年，建阳区商务局认真做好外商投资服务工作：一是落实负面清单管理要求。对照《外商投资准入特别管理措施（负面清单）（2019版）》大幅扩大服务业开放，基本放开制造业和放宽农业与能源资源领域准入，不断加大对外开放水平。二是简化外资企业设立程序。商务备案与工商登记“一口办理”。2020年1—12月，外商实际到资人民币2140万元，同比增长-95.8%。

供销工作

【概况】 2020年，建阳区供销社在区委、区政府和南平市供销社的正确领导下，以习近平新时代中国特色社会主义思想为指导，认真贯彻落实党的十九大，党的十九届二中、三中、四中、五中全会精神和《中共中央 国务院关于深化供销合作社综合改革的决定》（中发〔2015〕11号）、精神，学习习近平总书记对供销社工作的重要讲话和重要指示批示精神。一年来，实现农副产品购进7.28亿元，同比增长25.3%，再生资源购进1.11亿元，同比增长21.9%。实现商品销售总额21.12亿元，同比增长13.2%。其中生活资料销售14.41亿元，同比增长21.1%；生产资料销售1.27亿元，同比增长1.7%；电子商务销售5.44亿元，同比增长60%。

【致力“三农”服务，促进乡村振兴】 2020年，建阳区供销社认真按照省供销社、南平市供销社工作要求，做到年初有部署、年中有检查、年底有提升的工作要求，推进各项工作落实。截至2020年底，实现农副产品购进7.28亿元，同比增长25.3%，再生资源购进1.11亿元，同比增长21.9%。发挥供销社系统农资流通主渠道作用，参与推进化肥农药减量增效行动，大力推广智能测土配方施肥、水肥一体化、有机肥替代与深耕施肥一体化等施肥模式，为新型农业经营主体和农户提供“私人订制”的测土配方肥和液体肥，减少盲目施肥和过量施肥。推广应用高效、低毒、环保型农药，开展农药减量增效技术服务，提高农业可持续发展能力。加强农业投入，产品规范化管理，依托中国农资质量安全追溯平台，推动供销社系统农资企业加大农资质量追溯、农资物联网建设力度，做到“产品可识别、状态可记录、信息可查询、去向可追踪”。一年来，新增省级示范社2家、南平市级示范专业合作社2家。申请省级示范社1家。组织农资科技下乡活动，在13个乡镇举办25场活动，免费发放新肥料1.2吨，发放宣传单5000份。

2020年7月7日，南平市（建阳区）供销社与南平农信（建阳联社）战略合作签约仪式举行

【加强基层再生资源回收网点建设】 2020年，建阳区供销社开展村庄清洁行动，对已有的乡村回收网点因地制宜进行升级改造，实施规范化经营，在网络薄弱和网点空白的乡镇，主要通过对现有社会回收网点、个体经营者采取收购、租赁、加盟、兴办专业合作社等灵活多样的方式进行整合，规范配备收集设施，有条件的要新建一批现代化、标准化回收网点，扩大网络覆盖面，探索开展就地资源再利用，做实回收渠道，夯实回收网络基础。截至2020年底，建阳区供销社已逐步规范回收网点共68处。2020年新网工程项目不断创新：新建莒口供销社圆城超市项目于12月底开业。惠农工程项目有序进行：对回龙和莒口供销社进行办公楼和仓库改造，12月底全面竣工。

2020年1月1日，建阳区供销社新网工程项目——书坊供销社圆城连锁超市在书坊乡书林街正式开业

【开展社会流通服务】 2020年，新网工程现代流通服务网络工作持续开展，全区改造农资和消费品网点各1家。此外，完善再生资源网点62个、烟花爆竹网点90家。保障肥料供应，扎实做好肥料冬储。2019—2020年冬储肥料9000吨，完成任务的133.78%；做好春耕肥料供应，备足肥料72种，做好肥料供应。截至2020年底，供应各

种肥料 10.48 万吨，销售额 1.76 亿元，做到政府放心、群众满意；推销新型有机化肥，配合建阳区市场监督管理局等部门开展农资打假和肥料科普工作。建立健全基层电子商务工作体系，安排专人专职负责，配齐办公设备，确保工作有序开展。在 2019 年参加厦门首届“一带一路”农产品农资（电商）交易会的基础上，做好省社“一县一周”名特优农产品展销推介会的前期工作。建阳区电子商务运营服务中心建设项目获得上级批准，年底完成装修投入运营。2020 年，新建电商服务站点 33 个。

【健全社有企业工作机制】 2020 年，建阳区供销社不断完善社有资产管理体制、现代企业制度和市场化经营机制，认真落实“三重一大”、投资项目、资产租赁、财务资金、风险防控等管理制度和内控体系，强化制度执行刚性约束，大力激发社有企业发展的内生动力。探索建立社有资本经营预算制度，对社有企业实行全面预算管理。盘活存量资产，增强为农服务能力。

【助力脱贫攻坚】 2020 年，建阳区供销社按照区委“机关联乡村，党建促振兴”工作要求，区供销社党组书记、主任陈辉带队分别前往供销社结对帮扶的水吉叶中村和麻沙华溪村开展扶贫济困专项活动，通过入户走访、召开座谈会等形式，了解挂钩贫困户农产品销售受疫情影响、农产品滞销脱销情况。结合贫困村、贫困户实际情况，研讨制订对应销售计划，充分利用供销优势，依托供销电商平台，加强农产品、农特产品推介工作，增加农产品线上线下销售渠道，力争帮助贫困户解决生活、生产销售难题，助推乡村振兴，确保脱贫攻坚路上不落一户、不落一人，全年为困难农户销售了自产农家蜂蜜数百公斤。疫情期间，区供销社向挂点村水吉镇叶中村赠送口罩 50 个，为麻沙镇华溪村赠送口罩 80 个。

【支持“武夷山水”品牌，开展消费扶贫】 2020 年，建阳区供销社依托基层网络组织体系，在麻沙和书坊供销社圆城超市摆放 2 米×1.5 米消费扶贫产品专柜，主要摆放麻沙淮山、蜂蜜、笋制品、武夷味精等“武夷山水”品牌农产品，增加了品牌知名度，大力宣传“武夷山水”品牌，将消费扶贫与品牌宣传结合起来，展现供销力量。建阳区供销社加强与区总工会、区财政局等相关部门联系，主动对接机关、学校、企业工会，组织全区供销系统统一购买消费扶贫农产品，支持农民专业合作社发展。截至 2020 年底，购买福建夷山物产食品实业有限公司手剥笋、建阳茶布农业开发有限公司椴木香菇共计 6533 元。

【参加“农民丰收节”促销活动】 2020 年，建阳区供销社主动对接农民专业合作社，建立长期稳定的业务合作关系。组织日用消费品、农产品等流通企业举办各类贫困地区农产品产销对接活动，集中推介、展示、销售特色农产品，向贫困地区延伸经营服务网点，依托基层社、农民专业合作社、生产基地等加强项目合作，建立长期稳定的产销对接关系，帮助贫困地区做好农产品生产、加工和销售。认真开展扶贫协作工作，组织相关企业深入建阳区农产品主产乡镇，大力开展建阳农产品和日用消费品购销业务，助力脱贫攻坚。建阳区供销社直属企业电商公司精心组织了 5 家企业及合作社参加南平市 2020 年“中国农民丰收节”，充分发挥长期为农服务的优势，组织农民专业合作社、合作企业、帮扶的贫困村等，选送茶叶、大米、蜂蜜、食用菌、笋制品等 20 多种特色农副产品参与展示展销和线上直播等促销活动，14 万余名网友在线观看，销售总额 30.05 万元。今后还将继续促进全区农村电商发展，助力实施乡村振兴战略及消费扶贫。

【开展疫情防控，坚决打赢疫情阻击战】 2020 年，疫情期间建阳区供销社提前结束春节休假，成立抗击疫情领导小组和办公室，投入抗击新冠肺炎的战斗中。配合社区对社区居民网格摸排和入闽返乡信息摸底调查，共入户摸排 786 户。对居民发放并且粘贴《再致全区市民朋友们的一封信》及《南平市建阳区新型冠状病毒感染的肺炎防控工作领导小组通告》，做好群众思想政治工作和政策措施宣传解读工作。参加疫情值班劝导行动，组织机关及所属企业，在各个小区门口设置卡点，对外来人员进行询问登记、体温检测，纳入健康管理，坚守第一道关口，坚决阻断病毒传播渠道。

【保障生活、生产资料供应】 2020 年，建阳区供销社为做好疫

队以个贷按揭业务合作为契机，挖掘客户潜力，提升客户黏性，在时点揽存、贵金属第三方绑卡、证券开户、信用卡业务等指标上作出贡献。特别在房抵分期业务上成为分行分期业务的领跑者，仅 12 月就新增分期突破 700 万元。

【个人金融业务】 2020 年，中国工商银行股份有限公司建阳支行以客户至上，夯实基础，着力提升市场竞争力。成功上线建阳宾馆“无感支付”智慧停车项目和新区政府智慧食堂项目，丰富支付场景、拓宽获客渠道；信用卡分期付款投放 15430 万元，抢占楼盘的车位分期业务，全年楼盘车位准入 5 个，全年外拓 41 次。

【机构存款】 2020 年，中国工商银行股份有限公司建阳支行在市场竞争异常激烈的情况下，紧盯地方债、拆迁、土地、房地产、县域重点企业、新开户企业等板块，以一抓到底的精神把握宝贵的存款机遇。2020 年以超 23% 的份额拿下建阳区地方债下拨资金超 8 亿元（2020 年建阳区地债总额 2137 亿元）；在土地竞拍保证金中以超 50% 的份额争取到 8 亿元；在公共资源交易中心招投标保证金的竞争中取得超 5 亿元的资金。

2020 年 8 月 8 日，农行员工在麻沙镇葡萄美食节期间向客户讲解“快农贷”产品

农行南平建阳支行

【概况】 截至 2020 年底，中国农业银行股份有限公司南平建阳支行（简称农行南平建阳支行）各项存款余额 38.89 亿元，比年初增加 6.4 亿元；各项贷款余额 37.95 亿元，比年初增加 5.96 亿元；实现营业收入 1.4 亿元，净利润 0.6 亿元。

【疫情防控】 2020 年，农行南平建阳支行充分发挥国有金融机构在防疫措施落实、疫情防控企业金融服务等工作中的先锋模范作用，深化企业金融服务，助力农户春耕备耕，有效保护员工和客户人身安全，有力支持企业复工复产，全行上下实现平安运营。疫情期间共对区内 3 家防疫重点企业授信金额 5900 万元，发放贷款 3400 万元，有力保障建阳区疫情物资生产企业和医院的资金需求。发动党员干部和员工积极开展捐款活动，累计开展捐款活动三次，向武汉等疫情严

2020 年 2 月 6 日，农业南平建阳支行为书坊乡罗家堆村捐赠抗疫物资

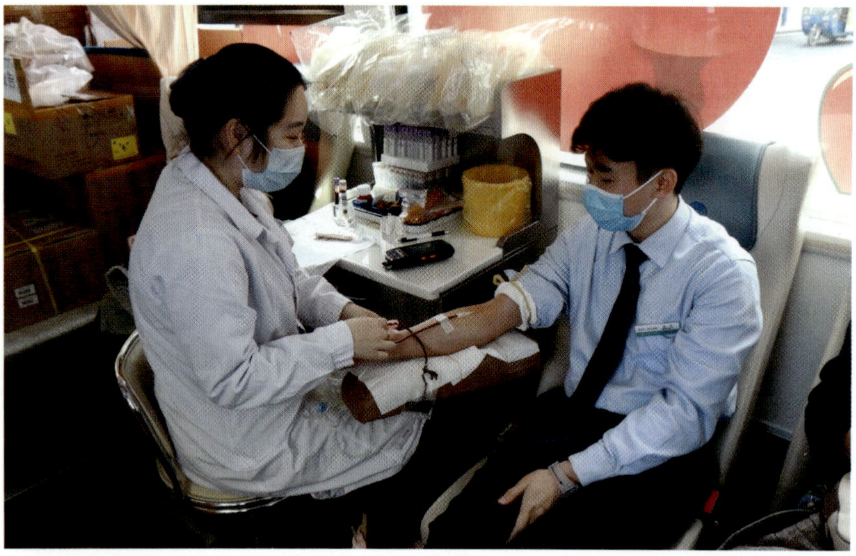

2020 年 5 月 3 日，五四青年节来临之际，农行员工在流动献血车上献血

重地区捐款 1.3 万元，向结对帮扶村——建阳区书坊乡罗家堆村、区永安社区捐赠抗疫物资 3000 元助力抗击疫情等，展现国有银行负责任和勇于担当。

【服务实体经济】 2020 年，农行南平建阳支行累计向武夷新区建设发展有限公司、福建巨电新能源有限公司、南平青华科技有限公司、南平建设集团等企业投放贷款 4.5 亿元。积极落实纾困政策，为符合条件的企业客户群量身定制金融服务方案，与企业共渡难关。截至年末，农行南平建阳支行对民营企业贷款余额 4.09 亿元，比年初增加 7400 万元；有贷客户 66 户，比年初增加 28 户；普惠型法人小微企业贷款余额 1.2 亿元，比年初增加 0.6 亿元；支持纾困企业 2 户，发放纾困优惠利率贷款 1900 万元。

【"三农"金融服务，助力乡村振兴】 2020 年，农行南平建阳支行全力推进"快农贷"业务扩面、增量、提质工作，以建阳区笋竹、茶叶、橘柚、葡萄产业为重点，持续做好"快农贷"整村推进和客户增值服务，助力农业抗疫，服务乡村振兴。截至年末，农行南平建阳支行"快农贷"上线 10 个特色产业项目，覆盖全区所有乡镇和 97% 的村，信用余额 2.4 亿元，比年初增加 0.8 亿元，服务农户超过 3600 户，比年初增加近 1300 户。加大对生猪产业的金融支持力度，助力稳产保供工作，全年服务生猪企业 6 家、个人养殖户 10 户，授信金额 1800 万元。扎实开展精准扶贫工作，全年共支持建档立卡贫困户 25 户，发放精准扶贫贷款 75 万元。与建阳区农业农村局签订农村集体"三资"管理平台合作协议，为建阳区农村"三资"管理打造专属管理平台，助力建阳区农村集体经济组织管理。

【深化服务品质建设，提升金融服务水平】 2020 年，农行南平建阳支行围绕"做南平市民最认可银行"，为进一步提升金融服务水平，建阳支行理财中心于 11 月 11 日正式对外运营，理财中心融合建阳朱子、建盏、建本文化及山河美景，配备理财区、沙龙区、品茗区等功能区，成为市区首屈一指的风景线；各网点增加现金票据一体机，进一步分流柜面客户，缩短客户等待时间，有效提升客户体验；增设双面屏、海报屏宣传设备，各类金融政策、知识、产品等海报全面电子化，有效美化厅堂环境；持续开展暖心服务，开展献血、志愿者、金融知识宣传等公益活动，把社会责任和热情服务落到实处。

中行建阳支行

【概况】 2020 年，中行建阳支行深入落实中总行"建设全球一流现代银行集团"的精神，以党建引领促业务发展，大力弘扬"担当、诚信、专业、创新、稳健、绩效"精神，用心服务客户，深入贯彻金融支持实体经济发展，积极加大个人消费类授信业务投放，做好新增企业的贷款发放和存量授信企业的续贷工作，积极支持建阳地方经济建设，加大风险防控力度，继续保持信贷资产平稳健康发展。截至 2020 年末，共完成人民币核心时点存款 20.16 亿元，比年初增加 4.26 亿元，其中公司存款 14.38 亿元，比年初增加 3.21 元，个人储蓄存款 5.78 亿万元，比年初增加 1.05 亿元。各外币折美元时点余额1063.00万美元，比年初下降53.13万美元；各项贷款109623.00万元，比年初增加3164.00万元；中间业务收入1100万元；不良率0.38%。

【投放防疫贷、纾困贷，民营小微企业信贷支持】 2020年，受新冠疫情影响，中行建阳支行投放防疫贷、纾困贷，持续加大对民营小微企业的贷款投放。截至2020年末，支持小微企业贷款余额1.29亿元，支持大公司民营企业贷款8500万元。2020年，共为6家中小微企业发放纾困贷款1800万元，贷款利率均降至最低标准。给当地贷款企业续作优质客户无还本续贷业务6笔，合计1950万元，有效帮助企业节约转贷成本，扶持优质企业健康发展。推出多种纯信用类贷款产品，如中银流水贷、外贸通宝、税贷通宝等，有效解决企业抵押物不足而出现融资难的问题。

【持续服务民生，加大个人客户按揭贷款投放】 2020年，中行建阳支行推出个人普惠金融贷款，向个体工商户、小微企业主、农户等发放用于满足生产经营需要的个人经营性贷款。贷款金额最高可达1000万元，期限最长5年，年利率优惠至3.85%，按月付息，按季、按月或者到期还本。截至2020年底，累计投放个人贷款7.97亿元，比年初新增6597.00万元，增幅为9.02%。

【加大对武夷新区直接融资项目的支持力度】 从投行、发债业务上持续支持武夷新区建设，降低融资成本，优化融资结构。2020年度成功为武夷新区发行三年期中期票据10亿元，票面利率4.5%。

建阳建行

【概况】 2020年，中国建设银行股份有限公司建阳支行（简称建阳建行）坚持以发展为第一要务，以服务客户为中心，以夯实基础管理为保障，以队伍建设和企业文化建设为支撑。建阳建行一般性存款日均余额33.75亿元，当年新增4.64亿元，余额及新增四行占比均排名第三。各项贷款余额34.46亿元，四行第三；新增5.01亿元，四行第二，其中对公非贴贷款、个人贷款新增分别为四行第三和第二。

【经营效益继续提高】 主营业务收入1.44亿元，账面利润1.18亿元，均创历史新高；实现中间业务收入4510万元，四行占比37.3%，四行排名首位。存贷利差3.71%、贷款收益率4.85%、存款付息率0.9%，均在系统中排名领先。

【多项业务创新发展】 2020年，建阳建行创下了多个“第一”：成功发放首笔小微企业纾困专项资金贷款50万元，推动普惠金融业务的发展；为福建甫津贸易有限公司办理首笔“交易快贷”银票质押快贷9.50万元，实现了业务办理流程和效率双提升；建行监察委涉案资金管理系统在南平市建阳区监察委员会成功上线，实现“客户端＋银行端”全流程管理，合约台账实现“一案一人一户”模式，提供定制化的案件管理、案款管理和金融资产实时查控等功能。

【落实普惠金融发展】 建阳建行始终把扶持小微企业作为工作的重要着力点，支持实体经济，贯

2020年9月24日，建阳建行走进建阳区召星传媒宣传金融支持“稳企业 保就业”政策

2020 年 5 月 27 日，建阳建行走进将口镇将口村农村幸福院开展“防疫有我　爱卫同行”主题志愿活动

彻落实党中央、国务院关于做好“六稳”“六保”工作的决策部署，在全区开展金融支持“稳企业 保就业”政策宣传，落实普惠金融。2020 年，实现普惠金融贷款余额 3.26 万元，在系统中排名首位，新增 8131 万元，在系统中排名第四。其中小微快贷签约 337 户，金额 3.76 亿元；有贷款余额 298 户，支用金额共 2.38 亿元。

【常态化做好疫情防控】 建阳建行多措并举强化金融服务。在疫情形势最严峻的时候，为疫情防控提供金融服务“绿色通道”。建阳建行主动对接医疗机构拨付疫情防控专项款，拨付疫情专项资金 265 万元，确保专项资金及时到位，解决缺少应急资金的燃眉之急。

同时，建阳建行采取线上线下相结合的方式受理客户业务咨询、理财产品咨询、办理贷款延期还款等事项，满足客户业务办理需求。对参与疫情防控和受疫情影响导致还款困难的客户，建阳建行工作人员通过电话详细为客户讲解申请延期还款操作方法，成功帮助 53 户按揭贷款客户办理延期还款，帮助客户渡过难关。全行员工按照区疫情防控领导小组工作通知的要求，开展疫情防控路巡。疫情还未结束，建阳建行健全常态化疫情防控机制，做好常态化下的疫情防控工作。

【志愿服务活动】 作为省级文明单位的建阳建行成立了张富清金融服务队和张富清党员突击队两个志愿者服务队，积极开展各类志愿服务活动，履行社会责任。2020 年，开展金融知识进校园、进社区、进企业，宣传反洗钱、防电信网络诈骗、保护金融消费者权益等志愿活动 20 余次。

2020 年 8 月 7 日，建阳建行开展“预防洗钱活动 遏制洗钱犯罪 维护金融秩序”反洗钱宣传活动

兴业银行建阳支行

截至 2020 年末，兴业银行建阳支行各项存款余额 30.92 亿元，比年初增加 16.49 亿元，增长 114.23%。其中，对公存款余额 23.50 亿元，比 2019 年增加 15.19 亿元，增长 182.72%；人民币储蓄存款余额 7.42 亿元，比上

年增加1.30亿元，增长21.21%。各项贷款余额27.23亿元，比2019年增加2983.33万元，增长1.11%。其中，个人贷款余额5.97亿元，比2019年增加1.12亿元，增长23.14%。对公贷款余额21.26亿元，同比减少8240.29万元，同比减少16.99%。

2020年7月1日，邮储银行建阳支行深入湛卢精密铸造公司开展主题党日活动

邮储银行建阳支行

【概况】 2020年，中国邮政储蓄银行股份有限公司南平市建阳区支行（简称邮储银行建阳支行）人民币各项存款余额42.97亿元，比上年增加5.22亿元，发放人民币各项贷款8.62亿元，贷款结余比上年增加2.12亿元。

【信贷投放】 邮储银行建阳支行立足建阳区经济发展，始终坚持普惠金融、服务实体经济的战略定位不动摇，实行走乡镇、进企业、访百村策略，以城市金融市场与农村信贷市场共同拓展为思路，践行“服务三农”取得了较好的成效。从2009年邮储银行建阳支行成立至2020年末累计发放贷款29274笔，金额52.07亿元，其中2020年共发放贷款7487笔，金额8.62亿元。

【服务“三农”】 为乡村振兴注入金融“活水”。邮储银行建阳支行聚焦乡村振兴重点领域和重点服务主体，加大信贷支持力度，优化产品和服务模式，稳步推进协同支农生态建设，全面服务乡村振兴战略。2020年，全行累计开展下乡服务166次，新建信用村24个，累计建设信用村66个，信用村贷款结余1035笔，共1.6亿元。并且不断加大金融精准扶贫力度，金融精准扶贫贷款余额1600万元。

【惠企纾困】 2020年，邮储银行建阳支行面对突如其来的新冠肺炎疫情，主动担起国有大行的责任，为抗疫企业和复工复产注入邮储银行的金融“活水”。对建阳地区纳入央行名单库内的企业实现营销走访全覆盖，为应急防控物资生产等相关抗疫企业信贷开辟绿色通道，为福建省唐金包装有限公司授信应急专项信用贷款300

2020年5月30日，邮储银行建阳支行、建阳青商会战略合作签约仪式举行

万元；通过无还本续贷纾解小微企业困难，共发放无还本续贷 13 笔 3582 万元；全年纾困贷款累计投放 5 笔 1246 万元；发放新兴产品科特贷 2 笔 440 万元。

交通银行建阳支行

2020 年新冠肺炎疫情发生以来，交通银行建阳支行成立防疫企业支持攻坚小组和金融服务攻坚小组，推出线上金融产品，开通融资绿色通道，提高贷款审批效率，全力支持企业复工复产和帮助困难企业纾困。坚持立足地方实体经济，始终将自身业务发展融入建阳区域经济发展大局中，深化小微民营企业金融服务改革创新，通过严把信贷投向、优化信贷结构、向小微企业倾斜，为实体经济提供全方位、综合化、多渠道的金融服务。从小微企业切实需求入手，主动对接各类小微企业，消除融资痛点，解决小微企业融资难题，交通银行建阳支行已在建阳本地投入信贷资金约 7.2 亿元。交通银行建阳支行将时刻牢记百年民族金融品牌的使命，秉承“服务千家万户，推动社会发展”的理念，践行普惠金融服务，努力助力建阳实体经济发展。交通银行建阳支行也将充分发挥中国银行业最佳服务品牌的优势，努力为建阳广大客户提供更加优质的金融服务，同社会各界共同为“再上新台阶、建设新建阳”的目标而努力。

建阳农村信用合作联社

【概况】 2020 年，创利能力保持稳健，累计向地方缴纳税款 3439 万元，助力地方经济发展，社会影响力不断提升。投放实体不遗余力，建阳联社各项贷款 36.98 亿元，同比增长 4.78 亿元，同比增长 14.8%，服务实体经济力度进一步加大。不良清收有新成效。2020 年，建阳联社共清收表内外不良贷款 1.01 亿元，其中表内清收 3366.71 万元，表外现金收回 4421.93 万元、转成抵债资产 2327.47 万元。

【突出政治教育，筑牢主阵地】 坚持以党建为统领，抓牢意识形态主阵地，围绕提高广大党员政治敏锐性和鉴别力、坚定理想信念两条主线，在全区以党委中心组（扩大）学习、党委班子带头上党课、邀请专家授课、开展主题党（团）日、树立先进典型以及参与“学习强国”学习等多种方式，开展“大学习”及“大宣讲”。如“七一”组织党员、入党积极分子前往邵武金坑红色教育基地参观学习。同时，通过对标文明创建体系，紧紧围绕习近平新时代中国特色社会主义思想筑牢员工思想基础，并立足社会主义核心价值观营造文明创建的浓厚氛围。还通过建立党员先锋岗和党员示范岗，发挥党支部战斗堡垒和党员先锋模范作用，开展金融驻村、防控疫情、扶贫扶弱等工作。

【创建党建品牌，展现新名片】 紧紧围绕全面从严治党要求，探索打造“绿色普惠·暖心银行”党建品牌，通过树立以“绿色金融＋”为抓手，将建阳联社打造成为绿色特征明显、绿色产品丰富，有情怀、有温度的信用合作社作为发展目标；打造“红马甲”金融服务队（身着有农信标志的红马甲，外出开展金融服务）和“福万通”农

2020 年 7 月 1 日，建阳联社组织党员、入党积极分子前往邵武金坑红色教育基地参观学习

村金融助理队伍；创建员工家园、客户家园、股东家园；通过致力发展绿色金融、打造扶农平台、创建幸福联盟、履行社会责任四个方面，带动建阳联社各项工作持续开展。

2020 年 5 月 22 日，“红马甲”金融服务队到水南村葡萄种植大户调查走访

【和谐企业文化，增强凝聚力】

创建群团文化。举办学习培训、“青年大学习”、演讲比赛、技能竞赛、趣味运动会、员工春游、“七一”表彰等活动，与区总工会、区人社局联合开展农信职工技能竞赛，第一名选手获得南平市建阳区五一劳动奖章和“南平市技术能手”荣誉称号。创建暖心文化。对乡镇网点员工宿舍、食堂进行重新装修、配置家具，安排异地单身职工入住员工宿舍，打造“三有（有情怀、有责任、有担当）书屋”、“职工小家”等活动场所，充分发挥聚人气、文化惠农、以文传声的作用，累计投入 50 万元为乡镇员工购置书桌等生活必备设施 86 套。创建公益文化。在员工中积极传播志愿服务、公益志愿精神，组织建阳农信志愿服务队，积极参加社区、村组防疫宣传。开展下沉社区、关爱留守儿童、送金融知识下乡、无偿献血等一系列志愿服务活动。连续七年开展捐资助学活动，累计捐助 71.5 万元，帮助 136 名贫困学子圆大学梦。同时，建阳联社主动融入“绿色南平、水美经济”“全民健身”等建设绿色产业的部署中，赞助第二届大武夷赶山节、建阳白茶协会年会暨首届民间斗茶大赛、建阳“农信杯”第二届云谷越野赛等，助力建阳打造绿色山水品牌，并现场为参赛人员、过往游客、商家提供优质高效的金融服务。建阳联社已被列入省级文明单位候选单位公示名单中。

2020 年 2 月 5 日，建阳联社向区红十字会捐款，支持疫情防控和救助工作

【聚焦金融抗疫，弘扬正能量】

疫情防控期间，向建阳区红十字会捐款 10 万元，组织全体员工捐款 27150 元，向一线防疫人员送去防疫物资以及食品，并推出抗疫专享贷系列产品，借助支农再贷款、纾困贷款等，为实体经济快速“输血”。2020 年，已累计发放 4.2 亿元用于支持受疫情影响的小微企业和个体工商户以及春耕备耕生产。其中，“金服云”平台对接企业 32 户，授信金额 5429 万元，已用 5329 万元（依

托“金服云”平台发放纾困贷款8笔3158万元）；先后发放央行支农再贷款1.37亿元。

人保财险建阳支公司

【概况】 2020年，中国人民财产保险股份有限公司建阳支公司在上级公司党委、总经理室的指导和关怀下，公司全体员工团结一致，不忘初心、牢记使命，统一思想、凝聚共识，调整结构，提升质量。2020年，公司累计实现保费收入6765.47万元，同比减少3.67%，直接赔款累计支出2809.06万元，同比减少1347.11万元。缴纳各项税款653.67万元。

【保障服务“三农”】 2020年，中国人民财产保险股份有限公司建阳支公司完成农村住房保险67683户，统保水稻面积21.35万亩、森林面积210.51万亩，承保烟叶1784户3.61万亩，承保养殖保险2.14万只，承保全区产业扶贫保险644户。处理农房赔款200户，赔付金额72.91万元；处理水稻赔款246起4521.75亩，赔付1486户，赔付金额149.04万元；处理森林险赔款15起6218.76亩，赔付金额119.9万元；处理烟叶赔款11起296户1035.1亩，赔款38.93万元，处理养殖保险赔款213起，共赔付29.19万元；处理产业扶贫保险赔款87起136户，支付赔款20.55万元。

人寿保险建阳支公司

【概况】 2020年，建阳支公司在上级公司及地方政府的正确领导下，以习近平新时代中国特色社会主义思想为指导，紧紧围绕“重振国寿”战略目标和“双心双聚”战略内核，以“鼎新工程”变革转型要求为指引，以高质量发展为根本要求，以加强党的建设和加快转型升级为统领，不断提升公司竞争力和可持续发展能力，确保公司各项业务稳步健康发展。2020年，建阳支公司实现长险首年期交保费4889.37万元，同比增长27.59%；长险首年标准保费2980.85万元，同比增长29.71%；大短险保费2473.8万元，同比增长19.47%，完成率115.6%。

【大个险业务】 2020年，个险渠道坚持队伍驱动业务发展不动摇，在扩量的基础上着力提质。结合省、市公司聘才政策，通过行业人才、团队筹建等，改变队伍质态，增强发展信心。实现长险首年期交保费4370万元，完成率108.15%，同比增长38.6%；十年期及以上期交实现总保费3065.3万元，完成率127%，同比增长45%；标准保费达成2926.3万元，完成率119.7%，同比增长42.5%。

2020年，季均有效人力595人，完成率101%，月均主举人力406人，完成率110.03%，月均持证人力934人，完成率98.32%，月均星级人力114人，完成率154.05%，年度新增1176人，月均增员率10.49%。

【银行保险业务】 2020年，银保渠道深入贯彻省、市公司渠道均衡发展战略，商业银行通过网络项目推进、日常面谈销售，提高商业银行保险销售意愿，拓展商业银行渠道关系。2020年，银保渠道实现首年期交保费519.12万元（其中网营保费430.9万元，同比增长78%）；渠道五年期交保

2020年6月11日，金融日宣传活动现场

费 127.7 万元，同比增长 61%；标保 39.1 万元，同比增长 28.5%；短期险保费 30.13 万元，完成率 251%；保障型保费 16.1 万元，完成率 100.6%；季均实动人力 11 人，完成率 125%。互动业务完成 68 万元，完成率 480.6%。

【团体保险业务】 2020 年，团险渠道大短险保费 2473.8 万元，同比增长 19.47%，完成率 115.6%；团险保费实收 1480.16 万元，同比增长 11.19%，完成率 119.00%，其中 2020 年学平险保费 986 万元，计生险保费 159.53 万元，女性安康险保费 175.2 万元，公务员险保费 159.43 万元，均位居全区销售总量第一，完成各项指标。

2020 年 2 月 10 日，建阳国寿在疫情期间慰问农校教职工

【客户服务】 2020 年，建阳公司客户服务中心围绕“服务满意、管理高效、考核优秀、价值贡献”主题，提升客户服务水平。一是大力推广科技国寿服务，客户可以通过国寿 e 店、微信公众号、中国人寿寿险 App、“企易赔”、“重疾一日赔”等互联网渠道申请理赔，提高理赔时效，体现中国人寿的关爱与真情。二是以多种形式开展每年的“6·16”国寿客户服务节、VIP 客户年会和健康体检、国寿小画家等系列活动，较好地提升公司形象。三是开展免息复效活动，向业务员推出保全管家服务，提高公司服务质量，助力销售。加强销售前端宣导力度，加大保后调查力度，严格控制死亡重疾指数，提高公司经营效益。四是密切关注日常业务处理过程中产生的纠纷，主动做好客户解释和安抚工作，联动销售，争取将纠纷化解在源头；加大投诉件跟进力度，及时妥善处理各渠道转办的投诉件；抓好理赔服务品质，着力改善理赔时效，针对理赔纠纷快速响应，妥善解决。五是妥善应对义务兵群体性事件。为妥善处理建阳义务兵养老保险客户纠纷，严防群体性事件发生，扎实做好维稳工作，建阳支公司积极与上级公司、各级政府、退役军人事务局及投保义务兵养老保险的客户做好沟通、协调工作，对纠纷客户切实做好疏导、劝解、给付及群体性事件处理工作。

【履行反腐倡廉职责，加强党风廉政建设】 2020 年，公司认真践行“三严三实”，强化干部作风建设，全力推进“学习型、服务型、

2020 年 11 月 18 日，中国人寿建阳区支公司党支部“百个支部联百村”结对帮扶座谈会召开

创新型”党组织建设，为公司各项工作提供强有力的政治和组织保证。一是落实学习机制，促进综合素质提高；二是加强政治建设，开展主题活动；三是强化党建引领，提升队伍战斗力。

【全力以赴做好疫情防控】 2020年，建阳支公司及时成立疫情防控工作领导小组，主动配合社区开展疫情防控工作，落实防控措施。认真查缺补漏，及时掌握公司员工及销售人员出行及身体状况，确保去向明、分类细、底数清。筹措口罩、酒精消毒液等疫情防控物资，捐赠给潭城街道、童游街道、西门社区、新建社区、建阳第一医院、建阳农校、建阳教育局，为打赢疫情防控阻击战提供保障。

对接、履行防疫政策。疫情防控期间，建阳支公司通过微信、电话、邮件等方式向建阳市民广泛宣传，公司对31款重大疾病保险产品进行了保险责任扩展，对生效的相关产品合同，在原保险责任基础上增加了新型冠状病毒保险责任。防疫期间及时赠送新冠防疫防控专属保险，切实发挥保险的社会保障功能，为市民抗击新冠肺炎保驾护航，全面助力打赢新冠肺炎疫情防控阻击战。

2020年8月23日，南平市建阳区妇联“春蕾计划”助学金发放仪式举行

2020年4月9日，建阳支公司完成南平市首例新型冠状病毒肺炎保险理赔。

【勇担央企责任，助力打赢脱贫攻坚战】 2020年，通过党建扶贫、消费扶贫、业务扶贫、就业扶贫、宣传扶贫等方式，助力打赢脱贫攻坚战。2020年10月，为溪口村捐赠2万元扶贫资金，用于溪口村建设、计生扶贫等，助力溪口村早日实现脱贫。2020年6月，购买湖北丹江口市、湖北郧西县、广西壮族自治区天等县、广西壮族自治区龙州县等贫困地区的农副产品，促进贫困户增收，采购金额5984元。

2020年，建阳支公司为建阳全区建档立卡的贫困人员6258人提供3.13亿元的意外伤害保险和1.51亿的补充医疗保险。为1632名贫困妇女提供7670.4万元的“四癌”（乳腺癌、卵巢癌、子宫内膜癌、宫颈癌）保险。

【春蕾助学、传递爱心——建阳国寿在行动】 2020年9月，南平市建阳区“关爱女性、春蕾助学”捐赠仪式在建阳区委统战部会议室举行。建阳区妇联刘晓兵、建阳支公司副经理郑顺阳、爱心捐助人士以及受资助的20名学生和家长参加此次捐赠仪式。

教 育

教育综述

【概况】 2020年秋季，全区有幼儿园52所（其中民办园35所）、完全小学24所（含教学点56个）、九年一贯制学校2所、初级中学10所、完全中学2所、高级中学1所、12年一贯制学校1所和特殊教育学校1所。在园幼儿10656人，在校小学生25868人、初中生13421人、普通高中生5409人。教职工3087人，其中专任教师3044人。适龄幼儿净入园率98.03%；小学净入学率100.00%，六年巩固率104.78%；初中净入学率98.59%，三年巩固率98.78%，九年义务教育巩固率120.09%；优质高中定向生比例从2012年起连续10年达50%。全区省级二级达标高级中学2所、三级达标高级中学1所、示范性幼儿园25所、省级文明学校4所、市级文明学校11所。

【教育督导】 2020年，建阳区教育督导工作深入贯彻党的十九大和十九届五中全会精神，勇于担当，在区委、区政府的正确领导下，在省、市教育督导部门的精心指导下，真抓实干，完成了全年工作任务。通过了南平市“两项督导”市级核查，被南平市人民政府确认为“南平市2019年度政府教育工作优秀区”，通过了省级“两项督导”实地评估。

认真组织学习中办、国办《关于深化新时代教育督导体制机制改革的意见》（简称《督导意见》）的文件精神。3月10日，区教育局召开学习贯彻《督导意见》专题会。3月12日，区政府教育督导室召开学习《督导意见》培训会。

强化培训，提高督学队伍素质整体水平。通过开展强本领、强担当、比服务、比落实的“双强双比”提升活动，提高督学的责任意识、工作标准、工作质量、工作效率。组织责任督学和视导员学习教育法律法规及国家教育方针、政策，树立依法督导意识。组织督导相关人员参加各级各类培训，开展教育督导调研，8月1日至11月30日，选送兼职督学张锦华参加全国第一期新任督学任职资格网络培训班学习；10月26—30日，选送兼职督学张锦华与张丽参加闽南师范大学举办的2020年全省中小学幼儿园责任督学示范培训班学习。

2020年11月3日，省政府督学、福州市教育局副局长念琪（右二）在实验幼儿园评估考核教育“两项督导”

精心组织，同心发力，做实“两项督导”评估。印发中共南平市建阳区委、南平市建阳区人民政府《关于调整充实党政主要领导干部抓教育督导考核自评工作领导小组的通知》（潭委〔2020〕16 号），成立以区委书记杨新强任组长，区委副书记、区长魏敦盛任副组长的督导考核自评工作领导小组。5 月 9 日，建阳区政府召开 2020 年教育“两项督导”评估考核迎检工作动员部署会；5 月 27—29 日，接受南平市“两项督导”评估；7 月 1 日，针对市级评估反馈情况，组织召开“两项督导”整改工作推进会；10 月 10 日，召开建阳区迎接省教育“两项督导”工作推进会；10 月 12—23 日，区政府教育督导室组织检查组对各乡镇街道、学校幼儿园的迎检工作进行督导检查和指导；11 月 2—6 日，接受教育“两项督导”省级评估考核。

8 月 17—31 日，福建省人民政府教育督导办公室开展对南平市人民政府 2019 年履行教育职责情况满意度调查工作。8 月 21 日，国家教育督导办开展对省级人民政府履行教育职责满意度调查工作。10 月 10—19 日采用“互联网＋调查”方式，省教育督导办公室开展对建阳区政府履行教育职责情况满意度调查工作。

加强监督，落实责任，开展疫情防控开学专项督导工作。督导室全体人员深入社区、学校，开展疫情防控督导工作。按学校督导责任区挂牌督导分工，充分发挥中小学校、幼儿园责任督学作用，组织责任督学，逐项督促检查中小学校、幼儿园疫情防控落实情况，开展线上线下督导。开展 2020 年春季学期开学准备工作专项督导：3 月 31 日—4 月 3 日，高三开学专项督导；4 月 13—19 日，初三开学专项督导；4 月 26—30 日和 5 月 6—10 日，全区高一、高二，初一、初二和小学三至六年级 2020 年春季学期开学准备工作专项督导；5 月 26—31 日，全区小学一至二年级、幼儿园、校外培训机构 2020 年春季学期开学准备工作专项督导。

规范管理，扎实推进督导责任区挂牌督导工作。9 月 21 日，区教育局、区财政局、区人力资源和社会保障局关于印发《南平市建阳区责任督学挂牌督导和督导人员专项（综合）督导工作有关费用管理办法的通知》（潭教综〔2020〕53 号），为建阳区中小学校及幼儿园开展挂牌督导工作提供保障。

扎实开展幼儿园办园行为督导评估，促进学前教育规范发展。11 月 18—20 日，区幼儿园办园行为督导评估组在幼儿园自查自评的基础上，深入建阳第二实验幼儿园、水吉中心幼儿园、万盛幼儿园等 13 所公办、民办幼儿园，开展办园行为督导评估，有 4 所幼儿园被评为优秀、7 所幼儿园被评为良好、2 所幼儿园被评为合格。通过督导评估，促进幼儿园办园条件进一步改善，更加重视安全、卫生，教职工队伍建设水平逐步提升，内部管理更加规范，为建阳区幼教事业的健康发展打下坚实的基础。

加强合作，落实责任，认真组织省义务教育质量监测工作。认真组织学习《新时代福建省义务教育质量监测实施方案》。认真组织做好 2020 年省级义务教育质量监测工作，充分认识此次义务教育质量监测工作的重要性，围绕目标，精心组织；完善机制、落实责任，按照监测时间节点要求，依规办事，规范操作，圆满完成 2020 年省级质量监测工作。推荐 1 名省级视导员，完成对宁德市蕉城区义务教育质量监测视导工作；推荐 18 名责任督学，交叉到延平区，完成对延平区的义务教育质量监测的监督工作。

【经费保障】 2020 年，建阳区财政教育经费总支出 6.456 亿元，下拨义务教育中小学生均公用经费 3800.82 万元、公办普通高中生均公用经费 4657.6 万元、公办学前教育生均公用经费 335.27 万元，城乡义务教育阶段免学杂费和教科书费、免作业本费、免住宿费等各项惠民政策全面落实到位，农村义务教育阶段寄宿生营养改善补助资金 327.04 万元。

【惠民助学】 2020 年，建阳区共向符合条件的大学生办理生源地助学贷款 1014 人，发放贷款 742.98 万元。其中新增 394 人贷款 291.81 万元（农信新增 305 人贷款 223.17 万元，邮储新增 89 人贷款 68.64 万元）；续贷 620 人贷款 451.18 万元（农信续贷 422 人续贷款 304.93 万元，邮储续贷 198 人续贷款 146.25 万元）。

全年发放高中国家助学金 79.06 万元，惠及家庭经济困难学生 732 人次（其中建档立卡 159 人次）。春季学期发放 38.08 万元，惠及学生 344 人（其中建档立卡 81 人）；秋季学期发放 40.98 万元，惠及学生 388 人（其中建档立卡 78 人）。

全年免除普通高中建档立卡等家庭经济困难学生学杂费 20.4 万元，惠及学生 255 人次（其中建档立卡 159 人次）。春季学期核拨 10.72 万元，惠及学生 134 人（其中建档立卡 81 人）；秋季学期核拨 9.68 万元，惠及学生 121 人（其中建档立卡 78 人）。

全年核拨政府助学金 42.25 万元，惠及困难儿童 500 人次。其中春季学期核拨 22.2 万元，惠及 264 名儿童，秋季学期核拨 20.05 万元，惠及 236 名儿童。

全年核拨营养改善专项补助资金 430.5 万元，惠及寄宿生 8580 人次（其中建档立卡生 385 人次，低保生 124 人次）和建档立卡、低保寄午生 30 人次。春季学期核拨营养改善专项补助资金 216.9 万元，惠及 4323 名寄宿生（其中建档立卡生 194 人，低保生 60 人）和建档立卡、低保寄午生 15 人；秋季学期核拨补助资金 213.6 万元，惠及 4257 名寄宿生（其中建档立卡 191 人，低保生 64 人）和建档立卡、低保寄午生 15 人。

全年义务教育学校核拨家庭经济困难学生生活补助（“一补”）81.53 万元，惠及寄宿生 604 人次（其中建档立卡 437 人次）、非寄宿生 1741 人次（其中建档立卡 961 人次）。春季学期核拨家庭经济困难学生生活补助 41.06 万元，惠及寄宿生 321 人（其中建档立卡 231 人）、非寄宿生 846 人（其中建档立卡 490 人）；秋季学期核拨生活补助 40.48 万元，惠及寄宿生 283 人（其中建档立卡 206 人）、非寄宿生 895 人（其中建档立卡 471 人）。

全年核拨免费教科书补助资金 537.76 万元，发放免费教科书 75.95 万册，惠及学生 77525 人次。免费字典金额 5.97 万元，惠及 4355 名学生。春季学期补助资金 229.26 万元，发放免费教科书 33.28 万册，惠及 38392 学生；秋季学期补助资金 308.50 万元，发放免费教科书 42.67 万册，惠及 39133 名学生。

全年核拨免费作业本补助资金 115.82 万元，发放免费作业本 7.76 万册，惠及学生 77611 人次。春季学期补助资金 63.10 万元，发放免费作业本 3.84 万册，惠及 38380 名学生；秋季学期补助资金 52.72 万元，发放免费作业本 3.92 万册，惠及 39231 名学生。

【重点工程】 2020 年，建阳区中小学、幼儿园办学条件改善工作全面展开，校舍安全保障长效机制项目、义务教育薄弱环节改善与能力提升项目、中央苏区项目、中央预算内补助项目（教师周转房）按时序进度稳步推进，有序地完成年度目标。2020 年各专项共 16 个项目，资金总量 4569 万元，其中房建 1.64 万平方米、运动场 1.53 万平方米、围墙 1190 米、护坡 1230 立方米。

校舍安全保障长效机制项目：水吉中学教师宿舍修缮、崇雒中心小学教学综合楼改造为教师宿舍，已完成修缮和改造。中央苏区项目：建阳第三中学教学综合楼，义务教育薄弱环节改善与能力提升 11 个小项目，均已竣工投入使用。

校舍安全保障长效机制项目：书坊中学教学楼，建筑面积 3000 平方米，主体在建；中央预算内补助项目（教师周转房）漳墩中心小学教师周转房，建筑面积 4645 平方米，主体在建。

【教育装备】 2020 年，开展建阳区教育局装备建设工作，提升“宽带网络校校通”“多媒体班班通”等信息化、智能化项目建设、管理、应用水平。为师生提供高速、可信、绿色的校园网络环境。强化教育技术装备应用。推进实验室、图书馆等建设和应用。

以破解乡村小规模学校发展瓶颈为重点，不断改善乡村小规模学校办学条件，提高乡村小规模学校办学水平，让乡村孩子在家门口接受较高质量的教育，为实现教育公平、全面建成小康社会奠定坚实基础。增强建阳区义务教育薄弱环节改善与能力提升工作的计划性、针对性和有效性。加强乡镇寄宿制学校食堂、宿舍、厕所和体育运动场地建设，配备淋浴设施、饮水机等学生生活必需的设施设备。投入 246.24 万元，为建阳区书坊中学、杭头小学、长坪小学等 13 所乡镇寄宿制和小规模学校配备寄宿生用床、食堂设备、饮水设备、课桌椅、图书、教学多媒体、音乐和体育器材、互动录播设备。对规划保留的乡村小规模学校，设置必要的功能教室，配备必要的设施设备，保障基本教育教学需要。具备适合学生特点的体育活动场地和设施设备，各校均有可供开展多媒体教学的教室。寄宿制学校或供餐学校具备食品制作或加热条件。配备开水供应设施设备。寄宿制学校设置淋浴设施。

在高标准创建“三通两平台”教育信息化环境和应用体系，搭建建阳区“教育智慧云平台”（二期项目）的基础上，投入456万元开展全区中小学、幼儿园有线网络的主干网络升级改造，完善教育网络设备，提高网络整体带宽，进一步完善“教育智慧云平台”基础架构及各智慧模块建设，改造全区中小学、幼儿园及农村教学点有线及无线基础网络环境，确保区各级各类学校信息化教学环境得以更好实现。2020年，完成全区14所中学、26所小学、66个村教学点、17所幼儿园的宽带网络建设改造工作。提升学校网络宽带，构筑起学校独立的安全网络空间。推动学校的信息化建设，为建阳“教育智慧云平台”的进一步运用和学校的快速发展提供有利条件，奠定扎实的基础。

【教育信息中心】 2020年，建阳区教育局建立健全教育系统网络及信息安全管理制度，完善网络安全工作组织机构，强化统筹规划，健全工作机制，严格履行网络及政务新媒体信息发布“三审三校”制度，加强基础保障，构建建阳教育系统的网络安全保障体系。

教育信息化应用水平进一步提升，建用结合，以用促建。坚持与服务教育教学和教育管理相融合，强化信息技术对学校教学教研、管理服务和人才培养的支撑，提升教育管理的科学化、精细化、精准化水平。切实推进建阳“教育智慧云平台”的应用，充分发挥学校多媒体一体机、录播教室以及“专递课堂”等信息化设备设施的作用，强化信息技术与其他学科的深度融合，稳步提升建阳区教育信息化水平。

【队伍建设】 2020年，建阳区教育局创新队伍管理机制，坚持把培育高尚师德放在首要位置，认真贯彻落实《中小学教师职业道德规范》，全面提升学校领导班子和教师队伍“精气神”。实施教育人才计划，招录中小学、幼儿园新教师73人，选调13名农村教师充实到城区中小学校；通过2020年“南平·人才校园行”招聘方式招聘师范类本科毕业生和研究生共45人；继续落实高校倾斜招生政策，加强急需紧缺专业人才培养，2020年委托武夷学院培养免费师范生76人，为建阳区优质师资储备提供了保障。交流教师419人，较好地发挥了城区教师的资源优势，实现了城乡教师的合理流动。评选表彰福建省“优秀教师”5人、“优秀教育工作者”1人；评审认定南平市第二届名师2人、名校长1人，确定南平市“十三五”中小学教学名师11人、学科带头人33人、骨干教师49人，推荐10人参加建阳区第八批优秀人才选拔。开展“名师结对”“送教下乡”等结对帮扶活动，充分发挥建阳区名师工作室在教育教学和素质教育实践中的引领示范和带动作用，实现名师辐射效应，全年送教下乡课程45节。选派16名正（副）校级领导和328名教师参加中央、省、地级培训；依托区教师进修学校，开展各类培训项目18个，参训人员7800余人次，其中远程培训6200人次，中小学教师疫情防控线上培训成效显著，开展新教师岗前培训，培训100人。213名在岗教师完成首次教师资格定期注册，完成教师资格认定330人。启动并顺利完成建阳区教育系统第五轮岗位设置聘任管理工作；完成建阳区中小学、幼儿园教师职称评审工作，评审通过高级职务教师24人、一级

2020年10月15日，2020年建阳区高中英语“杨素芳名师工作室”送教送培下乡活动举行

职务教师49人、二级职务教师28人、三级职务教师3人。切实提高教师待遇，结合建阳实际，认真落实《建阳区乡（镇）村教师支持计划（2016—2020年）实施办法》，提高乡村教师待遇，乡村教师的生活补助人均每月500元。

【德育工作】 2020年，建阳区教育局以习近平新时代中国特色社会主义思想、党的十九届五中全会精神和《中小学德育工作指南》为指导，增强学校德育工作时代性、针对性和实效性，落实立德树人根本任务。一是广泛开展主题教育。围绕新冠肺炎疫情防控主题，加强学生爱国主义、生命安全、科普环保、遵纪守法等方面的思想引导；学习抗疫阻击战中呈现的新时代雷锋志愿服务精神，开展网上祭英烈、节粮惜粮、节约用水、限塑、诚信、“争创文明城 争做文明人”大讨论等主题教育，扣好人生第一粒扣子。二是不断推进优秀传统文化进校园。组织开展2020朱子敬师礼、朱子成年礼活动。2020年9月9日，明理崇德 尊师尚学——“朱子故里·理学摇篮”南平市2020年朱子敬师礼活动在建阳考亭书院举行。开展“纪念朱子诞辰890周年祭祀大典”活动；修订下发《南平市建阳区教育局关于进一步加强校园优秀传统文化建设实施方案》，推进全区校园优秀传统文化特色创建工作。三是扎实开展学校心理健康教育。充分发挥建阳一中省级心理健康教育名师工作室示范引领作用，组建全区中小学心理健康教育微信群，对学生进行心理健康摸排，调整、充实学校心理健康教育委员会成员及工作组成员。四是全面加强劳动教育。以疫情防控为契机，大力开展家庭劳动教育；开展全区中小学劳动教育情况调查，提供劳动教育决策依据。水吉中心小学2020年成为省级第二批劳动教育实践特色项目校；深入中小学生研学实践教育基地、劳动教育基地（卧龙湾花花世界）指导创建工作，进行学校教育和校外教育有效衔接。五是协同开展家庭教育。疫情期间，线上线下结合，开展家庭教育指导，调动全体教师对学生进行全员家访，建立家访档案；组织区级家教讲师团成员持续深入开展“立德树人 从家出发”家庭教育公益大讲堂活动，不断提升家长的家教水平。六是配合做好创城工作。召开教育系统2020年创城迎评工作会，认真做好创建文明城区和未成年人思想道德建设电子申报材料收集、整理和报送工作，督促指导学校做好实地测评项目自查整改，推动全区学校德育工作。七是表彰先进示范引领。区教育系统7名教师被评为南平市“文明标兵”，31名教师入选南平市第一批德育、思政、劳动教育专家库；9名教师被评为“南平市优秀少先队辅导员”，28名学生被评为“南平市优秀少先队员”，4所学校少先队被评为“南平市优秀少先队大队”，7个班集体少先队被评为“南平市优秀少先队中队”，西门小学少先队被评为“福建省优秀少先队大队”，三中陈昕熠同学被评为“福建省优秀少先队员”。八是德育竞赛成绩喜人。全区中小学生参加“辉煌七十年 奋进新时代”“爱国力行 共抗疫情”“暑假读一本好书”主题读书活动，59篇优秀征文获得南平市级一、二、三等奖；学生参加“抗击疫情 朗读传温暖”亲子诵读，10余篇作品在南平广播电台《我爱阅读》栏目播出；水东小学柳涵艺等3位同学获第四届福建省“爱国力行 共抗疫情”校园微拍大赛一、三等奖和优秀奖，曼山小学丁志康同学获第五届福建省学生“学宪法讲宪法”知识竞赛三等奖。

【校园安全】 2020年，建阳区教育局加强组织领导，认真落实“一岗双责，党政同责”，以预防为先导，建立学校安全管理的长效机制；组织学校开展安全大排查、大整治活动，扎实开展宣传教育活动，组织学校开展交通安全、消防安全、防溺水、食品安全、禁毒、扫黑除恶宣传等系列教育活动。以创建“平安学校、消防标准化”为抓手，提高安全管理水平。利用学校安全教育宣传日、全国防灾减灾日、安全宣传月、食品安全宣传周和国际禁毒日、“119”全国消防日、“12·2”全国交通宣传日等活动，联合有关部门开展宣传教育活动，共发放各类宣传单、手册2000份，发布短信2000条，开展安全演练400场次。按照区疫情防控指挥部防控要求，全力做好教育系统疫情防控工作。2020年获得“南平市教育综治安全目标责任制优良单位”称号。

【民办教育】 2020年，建阳区有取得办学许可证的民办幼儿园38所、中小学2所，教育培训机构16个，逐步形成教育门类多元化、办学形式多样化的民办教育发展格局。对民办幼儿园实行定级评估、分类管理的原则，开展普惠性民办幼儿园评估认定，全区现有普惠性民办幼儿园25所，2020年下发建阳区普惠性民办幼儿园奖补资金63.87万元；指导民办幼儿园、校外培训机构开展疫情防控工作，全面提升安全防范水平；会同市场监督管理、公安、消防、卫生部门等及当地政府（街道办）开展校外培训机构、无证幼儿园专项整治，规范民办教育秩序，2020年审批民办幼儿园4所、校外培训机构3所。

【招生工作】 2020年，建阳区教育局小学招生：为做好2020年秋季招生工作，区教育局基教股进行入学情况摸底，草拟2020年秋季招生草案提交建阳区招生委员会讨论。5月，2020年秋季建阳区义务教育阶段小学招生工作的通知正式向社会公布。6月下旬，审查政策生入学申请材料；7月13—15日片内生登录云平台报名，7月21日片内生录取，7月24—26日片外生报名，7月31日片外生抽签录取。2020年度城区小学共提供2800个学位，城区户籍学生安排1332人，解决各类政策生入学110人；进城务工人员随迁子女申请在城区小学入学得到逐一解决，共安排1358个学位，基本满足随迁子女不仅有学上，而且上好学的需求。

初中招生：进一步完善义务教育招生建阳“教育智慧云平台”，实现户籍、身份证、产权证等信息自动对接分析，将“零跑腿”服务范围扩大到全区各义务教育学校；规范民办校招生管理服务，统一纳入招生平台，促进教育最大公平。2020年义务教育招生实现市、区一体，组织武夷新区义务教育阶段学校南平一中武夷校区初中部面向建阳户籍新生招生工作，共有245名初一新生进入南平一中武夷校区初中部。2020年7月28日，举行2020年建阳外国语民办学校招生现场抽签仪式。8月7日，在建阳二中举行2020年城区公办初中校（建阳二中、建阳三中）招生分组抽签。2020年，建阳区初中共招收七年级新生4522名，其中民办初中共招收七年级新生1179名。

高中招生：根据潭招委〔2020〕5号文精神，2020年建阳区高中计划招生1920名，其中南平一中（武夷新校区）计划招生90人，建阳一中计划招收630人，建阳二中计划招收500人，麻沙中学计划招收300人，外国语学校计划招收400人。2020年，建阳区高中实际招收1920人，其中南平一中（武夷新校区）招生90人，建阳一中招收630人；建阳二中招收500人；麻沙中学招收300人；外国语学校招收400人（其中向建阳区招生300人，向外地招收100人）。南平市其他县市、区在建阳区招生90名，其中顺昌金桥学校（民办）招生60人，武夷山二中（日口班）招生10人，建瓯芝华中学（民办）招生20人。

【党建工作】 2020年，建阳区教育局机关党委深入学习贯彻宣传习近平新时代中国特色社会主义思想和党的十九届四中、五中全会精神，习近平总书记关于教育的重要论述和最新重要讲话、重要指示批示精神，制订学习和宣讲计划，采取党组中心组示范学、领导干部带头学、个人自学、专家辅导学、党支部“三会一课”、专题学等形式深入学习。为各党（总）支部党员发放《习近平谈治国理政》第三卷、《习近平关于统筹疫情防控和经济社会发展重要论述选编》等学习读本9500多本。组织开展强本领、强担当、比服务、比落实的“双强双比”业务大学习、能力大提升活动。开展好“书香建阳·机关读书月”“得一读书会”活动，用好用活“早课制度”“业务大讲坛”“微党课”等平台，坚持“一周一学习、一月一研讨、一季一交流”，推动教师常态化学习。抓好学校党建工作课题调研，向区直机关党工委选送了13篇优秀党建调研论文。发挥思想引领，抓好、抓牢、抓实意识形态工作，严格意识形态阵地管理，将意识形态工作列入对学校创业竞赛、党建工作责任制等考核中。统筹各中小学思政课一体化建设，配齐、配强学校思想政治学科专、兼职教师，推行学校党组织书记、校长带头抓思政课、上思政课、听思政课制度。制定下发《党建目标责任书》，坚持党建与业务工作同部署、同推进、同落实。成立了童游中心小学党总支、增设了2个在职党员党支部，新成立了17个退休党支部；教育局机关及建阳第一中学、第二中学等的17个党组织顺利完成按期换届选举工作，推动党支部各项工作标准化、规范化。在开展“建设示范支部、创建模范机关”达标创星活动中，建阳一中党总支部、实验幼儿园党支部被评为“区五星党组织”，局机关第二党支部等5个退休党组织被评为“区首批星级退休党支部”。做好发展党员工作，共吸收预备党员11名，19名预备党员按期转正，组织11名发展对象参加区直机关党工委培训。持续开展“党员示范岗”、“党员承诺”、志愿服务等活动，发挥党员教职工先锋模范作用。机关、学校的广大党员教师主动亮身份、践承诺，成立“党员先锋队”“志愿服务队”“突击队”，组织党员社区“双报到”，开展“争创文明城、争做文明人”“全域无垃圾”等活动。在疫情防控期间，组织教育系统全体党员捐款助抗疫，累计捐款总额154457.32元。认真做好党费收缴工作，全年上缴区委组织部党费550402.42元。深入开展“机关联乡村、联社区、联企业”活动，通过结对共建、资源共享、活动连办、党员结对、党员联学等方式，推动机关党支部优化服务，向结对共建的莒口镇东徐村、策口村和上坊村提供帮扶资金共计18万元。与共建村、社区、企业开展主题党日活动16次。结合上年度基层党组织书记抓基层党建述职评议情况和省、市、区各级巡查督查中发现的问题，建立问题清单、责任清单和整改清单，加强日常党建工作动态管理，开展“党建体检”2次。完善全面从严治党主体责任工作考核机制，定期召开教育系统全面从严治党工作会议，组织对各党（总）支部2019年度全面从严治党主体责任落实情况进行检查。加强与妇联、关工委、文明办、区团委等单位的密切配合，做好离退休教师和关工委报告团工作。

【廉政建设】 2020年，建阳区教育局坚持不懈地抓“四风”、强作风，常态化、制度化深入开展“以案明纪、以案明责、潭纪通”等廉政警示教育活动；进一步加大对招生考试、干部人事、学校收费、工程建设、物品采购、教辅征订等事项的公开要求，加强师德师风、教育扶贫、餐饮浪费等领域腐败的监督检查，压紧压实“两个责任”，推动各学校、各股室严格依法办事、依规履职；积极推进运用“四种形态”落地见效，驻区教育局纪检组收到各类检控类信访件16件，给予党内严重警告处分1人、开除公职1人、师德师风记过处理1人、提醒谈话5人次、集体提醒谈话1次，一体推进“不敢腐、不能腐、不想腐”机制建设。加强日常监督监管，紧盯关键环节、关键岗位、关键人员、关键事项，谈话提醒、抓早抓小、防微杜渐。局机关加大政务公开力度，全面推进决策、执行、管理、服务、结果公开和重点领域信息公开，全年对外公开信息190条，政务校务公示、公开取得了良好的成效。通过加强日常监管和对违纪问题的严肃处理，纠正违纪违规的倾向性、苗头性问题，起到较好的震慑作用。通过反面的警示教育和正面榜样教育的引领，营造教育系统良好的廉洁氛围。

【机关效能】 2020年，建阳区教育局严格执行中央八项规定精神，机关公务接待、公车管理严格规范，“三公”经费支出全面下降。落实年度绩效管理工作，强化机关效能建设，机关干部的服务意识、服务作风、服务效率、服务能力和社会满意度持续提升。深化“放管服”改革，2020年33项行政审批和服务事项全部由省网窗口授权办理，全年受理办件93件（其中行政许可15件），网上申报率、办结率达100%。承办人大代表建议8件和政协提案11件，答复率、满意率100%。持续发挥工青妇等群团组织作用，为教育改革与发展助力。加强政府信息公开工作，落实《26个试点领域基层政务公开标准目录》，全年发布政务信息80条、公告32条。加强教育宣传工作，推进网站建设和信息更新，全年在各级各类媒体上发表信息达3040篇，发布“建阳教育”微信公众号48期225篇文章，及时、生动地反映建阳区教育工作业绩和发展态势。

幼儿教育

【概况】 2020年，建阳区有幼儿园52所（其中公办园17所，取得办学许可证的民办园35所），农村幼儿班49个。全区在园幼儿10656人，其中公办幼儿园在园幼儿6192人，民办幼儿园在园4464人，公办幼儿园在园幼儿占比58.11%。全区有省级示范性幼儿园1所、南平市级示范性幼儿园6所（其中民办园1所、乡镇中心幼儿园1所）、县级示范性幼儿园18所，各级示范园在园幼儿7396人，示范园在园幼儿占69.41%。普惠性幼儿园42所，其中公办普惠性幼儿园17所，民办普惠性幼儿园25所。普惠性幼儿园在园幼儿9611人，其中公办普惠性幼儿园在园幼儿 6192 人，民办普惠性幼儿园在园幼儿 3419 人，占 90.19%。全区 3～5 岁幼儿入园率 98.03%，基本形成以公办幼儿园为主导，民办幼儿园为主体，公办和民办幼儿园协调发展的格局。

【“停课不停学”】 2020 年，建阳区教育局做好疫情期间“停课不停学”家园共育工作。明确疫情期间幼儿教育的主战场为家庭，各幼儿园能将工作重心放在高质量的家长工作上，利用互联网等手段，充分做好家园沟通，有效降低各幼儿园因疫情延期开学带来的影响。一是有计划地与每个家庭进行适当的沟通，了解近期幼儿在家庭中的身心状况、行为表现等，尤其关注和关怀父母无法陪伴或受疫情影响较大或一线医务工作者家庭的幼儿。二是向家长推荐优质网络资源，供家长自选使用，指导家长开展相关亲子活动。资源推荐能充分考虑幼儿的年龄特点、学习方式及个别化需求，针对不同家长在资源运用中的问题提供可操作的活动建议，涉及的教育材料尽可能做到“生活化”“低碳化”。三是有效提供家教指导服务。各幼儿园积极为家长指导幼儿居家作息提供合理化建议，针对幼儿家庭的现有条件，引导家长规划幼儿每日的运动、游戏、学习的时间与空间，保障孩子生活的规律性。促进幼儿身心和谐、全面发展；引导家长珍惜当前的亲子陪伴时光，鼓励家长积极主动地通过亲子游戏、亲子运动、亲子阅读、亲子制作等活动加深亲子关系，实现高品质陪伴。四是引导家长指导幼儿掌握基本的防疫知识和技能，及时疏导孩子缓解因疫情或户外活动减少所引发的紧张、焦虑等消极情绪，为疫情过后的幼儿园生活做好充分准备。2020 年 11 月，建阳区多名幼儿在南平市教育局、南平市妇女联合会联合举办的南平市“幼儿讲述身边故事”活动中取得佳绩，其中获得一等奖 2 人次、二等奖 3 人次、三等奖 6 人次、优秀奖 3 人次。2020 年，实验幼儿园、人民政府机关幼儿园、曼山幼儿园在全国家校（园）社区共育先进经验推广指导办公室《动漫界·幼教 365》举办的“全国教育战疫”主题征文活动中荣获“优秀组织奖”。

【国培项目】 2020 年 10 月，在建阳区委、区政府的高度重视下，首都师范大学学前教育学院携手建阳区教育局，打造幼儿教育“国培计划”项目跨地区合作模式。自承担“国培计划”项目以来，区教育局将“国培计划”作为“引水”，积极实施“引水成流、双向协同、共享共进”战略，将“国培”作为师资水平、园所生命力展示的窗口，促进教师专业发展、完善教学研究制度的桥梁，整体提高园所课程建设能力和办园水平的平台，以联动驱动发展。2020 年，完成幼师“国培计划”湖北、贵州、广西共 342 名学员的幼师国培培训任务，取得良好的培训效果，促进幼儿教育协同发展。

【师资培训】 2020 年，全区继续践行“五真”教师培养模式，即立足岗位练真功、外出学习取真经、课题研究求真谛、园本教研求真效、在职培训求真果的教师培养模式，通过专家引领、同伴互助、个体反思等方式促使教师专业成长，引领教师继续深入学习贯彻《幼儿园教育指导纲要（试行）》《3～6 岁儿童学习与发展指南》，同时结合教师教育教学基本功和岗位练兵活动，通过说课与片段教学、教师技能大赛、优质课录像、科学小实验亲子活动案例、区域活动案例等鼓励教师自学自练、互帮

2020 年 10 月 29 日，首都师范大学 2020 年湖北省“37 个贫困县幼儿骨干教师省外访学”国培项目参加人员合影（地点：实验幼儿园）

互评，提高教师素质，实现“一个中心”——教师专业水平提高，“两个转变”——教育观念和教学行为转变，“三个提高”——教学水平、反思能力和教研能力提高，助推各幼儿园教师专业化素质的提高和骨干教师队伍的形成。依托罗青名园长工作室、李冬玲名师工作室、建阳区学前教育教学研究指导组，通过视导帮扶、送教送培、园本教研、课题研究等方式，着力解决建阳区幼儿园教育教学实践中的问题，在优质园创建、教育科研、课题研究等方面示范引领，努力提升各级各类幼儿园保教质量。

【课题研究】 2020年，建阳区教育局深化课题研究工作，以课题研究为载体，借助“立德树人”（以朱子文化、建本、建盏等非遗传统文化与幼儿教育的融合为研究方向）和“家园共育”数字化（以运用科学小实验微课促进家园科学共育为研究方向）两项课题研究，采用问题本位及基于教育现场研究教育行为等方式深化课题研究，推进园所和教师“研幼、研学、研教”工作，促进教师专业化成长，提升园所保教质量。2020年8月，“立德树人”和“家园共育”数字化21个区级课题结题。同时，建阳区普教室《同频共情　玩转科学——运用科学小实验微课促进家园科学共育活动的实验研究》等7个课题通过省级结题验收、6个课题通过市级结题验收，推荐确定为国家级立项课题6个、省级立项课题1个、市级立项课题3个。实验幼儿园教育成果“幼儿园主题表演游戏生长路径的开发和突破”被评为2020年福建省基础教育教学成果二等奖；曼山幼儿园《幼儿园美术活动游戏化的研究》课题成果获得中国学前教育研究会课题优秀成果二等奖。2020年8月，人民政府机关幼儿园、将口中心幼儿园、英华幼儿园有限公司被南平市教育局确定为体育基地园。2020年12月，第二实验幼儿园、徐市中心幼儿园、金曙光幼儿园通过福建省第二批保教改革建设园中期评价。

【示范辐射】 按照“精准帮扶，托底提质”的总体思路，依托学前教育管理片区，积极发挥城区优质示范性公办幼儿园和乡镇中心幼儿园的引领辐射作用，2020年疫情期间，各学前教育管理片区龙头园及学前教育学科指导组成员通过网络研修、送教上门、视导帮扶等多种方式，构建了区域内学习共同体，通过变单一、分割、孤立的“小教育”为系统、整体、开放的“大教育”，整体推进学前教育良好发展局面，促进了区域内园所之间双向互动，形成合力，促进园所保教质量的提升。

【特色兴园】 2020年，建阳区教育局各幼儿园立足本园实际，以拓展园所教育内涵、创新园所教育形式、提升园所教育品牌等方式强化幼儿园文化建设，不断打造园所特色，丰富办园内涵，形成独特的幼儿园文化，做到管理有创新、办园有特色、教学有内涵，呈现“一园一品”的发展格局。例如，实验幼儿园始终立足于园所发展实际，以“本然教育”办园思想为指导，秉持“为幼儿一生可持续性发展奠定良好的基础”的办园宗旨，寻本土文化之本，在传承中创新，将建盏文化内涵渗透到幼儿园的办园理念中，以建盏烧制过程所需的13道工序中最重要的“拉坯”“上釉”“窑烧”三道工序比喻儿童成长过程，形成“本然为坯·嬉阅为釉·窑变天成”的园本特色，旨在尊重儿童，顺应天性，施展潜能，营造“嬉阅多彩·本然舒展”的童年文化，追求真实有品质的教育；机关幼儿园秉承“童蒙养正·礼成未来”的办学理念，围绕“管理精细、环境精致、师资精良、课程精彩”的办园目标，从教学到管理、从课程到生活、从环境到活动，始终将幼儿养成教育有机渗透、整合融入，切实将“育人以礼，树人以乐”的育人目标植于心、立于行，逐步打造一支“美丽＋健康＋智慧”的教师队伍，展示了“崇德向善正能量，乐观向上最阳光”的校园文化。第二实验幼儿园秉承“以爱为魂　育善美儿童”的办园理念，致力构建善美文化校园品牌，遵循“爱中成长，游戏与生活中获得有意义经验”的教育理念，围绕“仁爱家园、探秘花园、游戏乐园、自主学园”的办园目标，以爱立教、以美立校、以善立德，培育拥有“健康身心、良好习惯、仁爱品质、自主精神”的儿童，逐步实现善美教育的终极目标——“善美之人，快乐成长，幸福生活”。曼山幼儿园坚持“童画书香·童话童年”的办园宗旨，秉承“童真·童乐”的办园理念，立足“以童真认识世界，用艺术启迪人生”的办园特色，坚持“善思乐教、修身养慧”的教风，崇尚“和谐创新、润心养正”的园风，逐步构建本土文化与乡土资源结合的课程，致力打造美术特色幼儿园。水东幼儿园秉承“让爱多一点，艺术浓一点”的办园理念，树立“健康快乐、探究思考、文明乐群、审美创造”的育人目标，营造“平等、支持、执着、善思”的教风及“和、乐、雅、信”的学风，通过基础课程和特色课程的有效融合，探索以“音乐艺术”特色为载体，有效融合乡土资源和主题游戏活动，打造“乐”文化的教育特色。

【家园合作】 2020 年，建阳区教育局推动全国“家园共育”数字化项目示范区工作，通过邀请国家教育行政学院“家园共育”项目办专家到建阳区开展“‘家园共育’数字化项目实施培训”、试验园入园培训指导活动、科学育儿培训，依托“学前在线”“幼教 365 频道”家园共育亲子互动平台数字化手段进行常态化引导，为教师与家长育儿工作提供理论学习和实际操作上的专业支撑，助推了幼儿园保教质量的提升。

【收费调整】 2020 年，建阳区教育局协助区发改局做好各级公办幼儿园近三年办园成本监审等项目工作。省级示范园从 480 元 / 月调至 540 元 / 月，市级示范园从 410 元 / 月调至 460 元 / 月，县级示范园从 340 元 / 月调至 400 元 / 月。

【示范园建设】 鼓励条件成熟的幼儿园通过自身努力和区教育局指导帮扶，创建各级示范园。2020 年，英华幼儿园有限公司通过建阳区级示范园评估，麻沙中心幼儿园通过南平市示范性幼儿园评估。

【教育成果】 2020 年，建阳区幼儿教师有 12 篇论文在 CN 刊物中发表，有 22 名幼儿、27 名教师在全国各类竞赛中获奖，有 9 名教师获省级奖励，有 32 名幼儿、89 名教师在南平市各类竞赛中获奖，有 205 名幼儿在南平市故事比赛、电子百拼竞赛中获奖，有 205 名幼儿、645 名教师在区级各类竞赛中获奖。

初等教育

【概况】 2020 年，建阳区有公办完全小学 24 所（其中城区小学 7 所，乡镇小学 11 所，村小学 6 所）、民办学校小学部 2 所、教学点 56 个。全区小学共有 670 个教学班，班生额在 51 ～ 55 人的有 253 个、46 ～ 50 人的有 93 个、45 人及以下的有 324 个。全区一年级招生 4357 人，其中城区小学一年级 2800 人。全区小学毕业生 4400 人，其中城区 2488 人。全区一至六年级在校学生 25868 人，其中城区 16277 人。小学起始年级控制在 54 人以内，消除 66 人以上超大班额现象。适龄儿童入学率 100%，适龄残疾儿童（含随班就读儿童）入学率 100%。

【教育管理】 2020 年，建阳区教育局疫情期间教育教学管理。为准确掌握所有师生及其家属的健康状况，教育部门积极做好师生疫情日报告及跟踪等疫情防控工作，为上级部门精准掌握师生的健康状况提供第一手资料。由于学生长期滞留家中，给家庭教育、亲子关系造成严峻的挑战，教育部门积极探索停课不停教、停课不停学的教学新模式，组织指导全区各校用好线上教学平台，科学开展线上教学活动，为师生提供各类线上教学资源，做好师生心理疏导的指导工作。在疫情基本得到控制后筹备复课时，基教股深入各学校开展线上教学情况调研工作，了解各校疫情期间线上教学开展情况，并对各校线上教学开展情况进行汇总分析，形成复课后的线下教学指导意见，确保上学期的教学工作如期结束。

义务教育管理标准化学校建设工作。根据《关于做好义务教育管理标准化学校评估工作的通知》（闽教基〔2016〕52 号）、《关于报送南平市 2016—2020 年义务教育学校管理标准化建设评估完成情况规划表的函》（南教基函〔2016〕8 号）等文件精神，2020 年安排小湖、黄坑 2 所中心小学参加新一批义务教育管理标准化学校申报评估工作，在教育局及学校等多方面的共同努力下，2020 年 9 月下旬顺利通过南平评估组的现场评估。2020 年 12 月，省教育厅正式发文确认以上 2 所学校为福建省义务教育管理标准化学校。

省教改项目校中期绩效评估工作。根据《关于做好南平市第二批省教改项目校中期绩效评估工作和开展乡村小规模学校达标创建市级实地抽查评估工作的通知》（南教基〔2020〕32 号），建阳区实验小学、桥南小学、西门小学、曼山小学、水东小学、水吉中心小学共6所小学于2020年11月29日—12月3日接受南平市评估组的评估验收，并于12月22—24日参加南平市教育局在建瓯举办的全市省教改项目校现场观摩活动暨中期绩效评估情况反馈会。反馈会上南平教育局基教中心陈瑞根主任对建阳区实验小学的中期绩效工作给予高度肯定。

乡村小规模学校评估工作。根据《关于做好南平市第二批省教改项目校中期绩效评估工作和开展乡村小规模学校达标创建市级实地抽查评估工作的通知》，12月3日，南平市评估专家组分两个小组对崇雒右巨小学、麻沙七宝小学、麻沙新溪小学、莒口石庵小学、莒口东山小学进行实地抽查评估，并于12月14日在南平市教育局网站对拟通过市级评估认定的“乡村小规模学校”名单进行公示（建阳区共有16所）。

劳动、美育教育工作。根据习近平总书记在全国教育大会上的讲话精神，2020年教育部工作、省教育厅工作安排，各校结合本校实际情况通过课内、课外加强和改进学校美育，坚持以美育人、以文化人，提高学生审美和人文素养；在学生中弘扬劳动精神，引导学生崇尚劳动、尊重劳动，懂得劳动最光荣、劳动最崇高、劳动最伟大、劳动最美丽的道理，长大后能够辛勤劳动、诚实劳动、创造性劳动。

【教研教改】 2020年上半年，建阳区课改开放周工作由于疫情原因暂停，下半年教学秩序恢复正常，第六轮课改开放活动西门小学专场于2020年12月16—18日举行。此次研讨活动主题为“落实立德树人任务，构建智趣探究课堂”。此次活动共展示语文、数学、英语、道德与法治、科学、体育共六个学科，其中语文、数学、英语三科采取围绕一个研讨课题分别进行片段教学、释理、课堂展示、讲座以及互动等形式，在互动环节，数学学科借鉴福建省小学数学教研员的卷入式研修方式，采取随机抽签与自主发言相结合的方式，最大限度地调动听课教师主动参与研讨，打破了以往开放周研讨环节冷场的气氛，相比往届的开放形式有所创新。据统计，此次西门小学专场开放活动共有603人次参加。

片际主题教研活动。2020年上半年的片际主题教研活动因疫情暂停开展，下半年的主题教研活动分别为由童游中心小学、莒口中心小学、水吉中心小学承办的以“崇阳寻梦”“西山之约”“吉水师话”为主题的片际教研活动。

城乡“手拉手”教研活动。各校根据区教育局基教股关于城乡“手拉手”工作的安排，主动策划“手拉手”活动方案，一年来共开展7场活动，既增进校与校之间的沟通交流，又实现资源的共享，发挥了城区优质资源的辐射和引领作用。

教学指导团工作。为做好2020年福建省义务教育质量监测工作，2020年9月14日，在区教育局五楼会议室召开小学语文、数学、英语三科教学指导团成员工作会议，对质量监测的复习迎检进行精心部署，安排学科指导组成员编写复习资料。

山海协作教研活动。根据《南平市贯彻落实闽东北协同发展区发展规划的实施方案》，为加强教育合作，积极承接和落实福州等中心城市高水平中小学到建阳区开展结对帮扶，11月19—20日在建阳区实验小学举行山海协作教育工作启动对接仪式。12月22—23日，建阳区教育局开展建阳·连江山海协作教育工作对接赴连江县回访活动，建阳区教育局副局长李红云、陈建亮，基教股、区普教室有关负责人和教研员，有关学校的校长、教师代表参加回访活动。

一溪两岸·论课潭阳教研活动。为加强校际交流，强化青年教师教学基本功和教学技能训练，全面提升教学教研品质，助推青年教师的快速发展，12月28日，“一溪两岸·论课潭阳”建阳区实验小学·童游中心小学小片区青年教师教学比武活动在实验小学景贤校区举办。区教育局副局长陈建亮，区普教室教研员张敏、白锦红，实验小学、童游中心小学、莒口中心小学、水吉中心小学校长等校领导出席开幕式，参加开幕式的还有实验小学与童游中心小学所有参赛选手和评委、以上四所学校以及漳墩中心小学部分教师共计200人。此次活动为期4天，两校共有28位选手参加10个学科的比武活动。

课题研究工作。根据《关于开展小学学科课题结题工作的通知》（潭教研〔2020〕13号）文件精神，区普教室组织专家对92项课题进行评审，其中75项课题通过评审，准予结题，17项课题延期结题。

2020 年 12 月 28 日，“一溪两岸 · 论课潭阳”建阳区实验小学 · 童游中心小学片区青年教师教学比武活动举行

2020 年 9 月，建阳区普通教育教学研究室组织开展 2020 年度区课题研究申报工作，经普教室组织专家评审，共有 75 项课题获得区立项，研究起止时间为 2020 年 9 月—2022 年 8 月。

【质量监测】 为全力做好 2020 年福建省义务教育质量监测工作，区普教室 9 月中旬组织学科指导组成员编写复习资料，向沿海及省会城市寻找一些适合的资料补充给学校复习使用。为检验学校复习的效果，11 月 19 日组织全区五年级语文、数学、英语质量监测。11 月 26 日，福建省义务教育质量监测工作在各样本校举行。组织开展全区小学英语口语检测、单元卷复习卷命制、期末质量监测等工作。

【教师竞赛】 2020 年，建阳区教育局举办“嘉木杯”小学教师技能大赛活动。此次大赛分校级初赛、片级复赛和区级决赛 3 个阶段。12 月 5 日，在建师附小举行区级决赛。通过观课评课、片段教学、学科项目 3 个项目的角逐，54 名评委工作人员的认真评审，最终评选出一等奖 25 名、二等奖 34 名、三等奖 24 名。推荐 9 位优秀选手参加 2021 年南平市举行的第五届教师技能大赛。

【学生竞赛】 2020 年上半年，建阳区小学“嘉禾杯”语文、数学、英语智能竞赛活动顺延到下半年举行。此次“嘉禾杯”学科智能竞赛分初赛、决赛两个阶段。参赛对象为三至六年级学生，各校各年级各学科初赛人数不少于学生总数的 10%。经过初赛，全区共产生 532 名选手参加总决赛。11 月 21 日，2020 年建阳区“嘉禾杯”学科智能竞赛决赛在实验小学景贤校区举行，共评选出一等奖共 162 名、二等奖共 215 名、三等奖 155 名。10 月 24 日，举办“嘉禾杯”2020 年建阳区小学生书法现场比赛，来自全区各小学的 200 名学生参赛，共评选出一等奖共 60 名、二等奖共 80 名、三等奖 60 名，评出团体总分奖（前 6 名）。

2020 年 6 月，组织“暑假读一本好书”活动，全区各小学全部参与，在学校评选的基础上，推荐 250 篇参加区级评选，共评出一等奖 10 名、二等奖 30 名、三等奖 50 名，5 个学校获优秀组织奖，并推荐 20 篇优秀作品参加南平市评选。

2020 年 11 月 21 日，建阳区“嘉禾杯”学科智能竞赛决赛在实验小学景贤校区举行

【教育教学成果】 2020年，建阳区西门小学荣获2020年南平市建阳区“少年传承中华传统美德”系列教育活动暨中华经典诵写讲大赛“诵读中国”经典诵读比赛教师组一等奖。曼山小学的《青春中国》参加2020年南平市“少年传承中华传统美德”系列教育活动暨中华经典诵写讲大赛“诵读中国”经典诵读比赛获教师组二等奖。曼山小学参加2020年南平市无人机职业技能竞赛荣获团体第三名。曼山小学参加2020年南平市小学生足球联赛荣获团体第三名。童游中心小学参加2020年南平市无人机职业技能竞赛荣获团体第二名；童游中心小学节目《武汉，我想对你说》在参加2020年南平市“少年传承中华传统美德”系列教育活动暨中华经典诵写讲大赛“诵读中国”经典诵读比赛中荣获教师组二等奖。

教师荣誉。为及时总结、交流教师学术研究成果，提高教师撰写论文水平，促进教师专业化成长，普教室组织开展2020年度建阳区论文征集评审工作，教师积极参与，共有698篇论文参加评审，经区普教室组织专家评审，共评出一等奖283篇、二等奖415篇。其中择优推荐42篇参加南平市论文评审。

在2020年福建省教育学会小学数学教育分会年会论文及优质课征集评选活动中建阳区共征集到49篇优秀论文和18节优质课参加评选，10篇论文获一等奖，17篇论文获二等奖，22篇论文获三等奖，10节优质课获一等奖，8节优质课获二等奖。根据《福建省教育厅办公室关于开展2020年“一师一优课、一课一名师”活动的通知》（闽教办基〔2020〕23号）、《南平市教育局关于做好2020年南平市“一师一优课、一课一名师”活动评选推荐工作的通知》（南教办〔2020〕19号）、《关于做好2020年省、市“一师一优课 一课一名师”评选推荐活动工作的通知》（潭教基〔2020〕47号）的要求，建阳区积极组织教师参加晒课活动，共晒课872节，经评审共评出一等奖141节、二等奖210节，被认定为区级公开课521节。向南平推荐的12节“一师一优课”获市优秀奖，其中建师附小詹玉华老师的数学课、西门小学王佩老师的道德与法治课、水东小学黄丽霞老师的心理健康教育课均被评为省级优秀课。

学生荣誉。2020年共获国家级荣誉79人次、省级荣誉134人次、市级荣誉197人次。建师附小葛天宁、余之术同学在北京竹笛邀请赛中获金奖和铜奖。实验小学刘子豪同学的作品《快乐的水车》获得中央电化教育馆评比国家级一等奖；王翊萱同学在教育部基础创新研究中心举办的中小学优秀作品大赛中的参赛作品《照片里的变化》获得国家级一等奖；何昕玥同学在教育部基础教育课程改革研究中心举办的2020年全国中小学生优秀作品评选中的参赛歌曲作品《时钟嘀嗒嘀嗒》荣获全国一等奖；在中国管理科学研究院教育科学研究所举办的2020年全国中小学生优秀作品评选中，陈依芳同学歌曲作品《听我说谢谢你》荣获国家一等奖；叶芷昕的《数独的奥秘》在全国中小学生优秀作品评比活动中荣获全国一等奖；建师附小卢思洁的作文《会变的爸爸》发表在《海峡儿童》；张静琪的作文《雨中情》发表在《海峡儿童》。建师附小徐钰轩同学在共青团福建省委、福建省少工委举办的“致敬时代先锋”——小小朗读者大赛福建省总决赛中荣获福建省金奖；实验小学徐张尧同学在全国第24届中小学生书法大赛中荣获省一等奖。

【学校创新“金点子”】 福建省建阳师范附属小学坚持走艺术教育社团化道路，科学制定活动方式，分阶段规模化开展美育，陶冶学生情操，提升学生艺术审美能力，让美育在孩子们心中播下美好的种子，让艺术之花绽放于美丽校园，2020年开展校园歌手赛、“阳光小达人”、2020新年音乐会等活动。桥南小学的《与诗同行》让祖国传统诗词文化进校园，诗词竞赛为全区学校示范，获上级及兄弟学校的一致好评。曼山小学以“快乐足球”“芬芳悦读”为学校的办学特色，制订教师阅读方案和学生阅读方案，在足球特色方面开展“空中足球课堂”、“以球抗疫、金色童年”特殊足球文化节、班级足球联赛、足球操比赛等丰富多彩的活动。水东小学的研学旅行，帮助学生拓宽视野、丰富知识，加深与自然和文化的亲近感，增加对集体生活方式和恪守社会公共道德的体验。在2020年开展了“小手拉大手”研学之旅、“花花世界”研学之旅、“污水处理厂”研学之旅，水东小学还开展了大课间活动，开设9个社团。童游中心小学“聚沙成塔”培优补差法。成立课外兴趣小组，通过举办“嘉禾杯”语数英技能大赛等竞赛及活动培优；教师及时记录平时作业批改过程中的典型错题，汇编成册，教师再举一反三，有针对性地对学生进行辅导。徐市中心小学一直在师生中开展书香校园读书活动，把“书香·故事”作为教育教学的一个重要载体，作为特色学校建设的重要抓手。水吉中心小学寄宿生餐厅打造“家”的味道、市头小学闲置校舍改造成教师公寓。漳墩中心小学畲族语言班开发校本课程《畲乡文化》（上下册）。利用少年宫活动课程、班队课时间，以校本教材《畲乡文化》为主要教授内容，在活动中让学生了解畲语，欣赏畲歌、畲舞等，发掘和传承畲族文化。将口中心小学开展“古诗词吟诵”教学。小湖中心小学乡村少年宫采用“一班一特色”的思路，共开设20个班，其中有舞龙狮、竹笛、茶艺、民族舞、毛笔书法特色班等5个特色班。

中等教育

【概况】 2020年，建阳区共有初级中学10所、九年一贯制学校2所、完全中学2所、12年一贯制学校1所、高级中学1所，其中全区省二级达标高级中学2所，三级达标高级中学1所。在校初中生13419人（其中，七年级4530人，八年级4508人，九年级4381人），普通高中生5429人（其中，高一年级1826人，高二年级1817人，高三年级1786人）。初中班级数275个，高中班级数114个。

【初中教育】 推动管理标准化学校创建。按照“示范引领、项目推进、以评促建”的原则，在现有7所义务教育初中学校创建省义务教育管理标准化学校的基础上，2020年小湖中学、回龙中学开展创建省义务教育管理标准化学校工作，截至2020年底，共完成60%的创建任务。从基础入手，从细节抓起，全面加强义务教育学校的规范化、标准化建设。坚持正面评价、引导，促进学校加快实现管理的标准化、治理的现代化。同时，坚决兜住底线，严肃查处触碰红线的行为，进一步夯实办学行为的规范化。

加强教改示范校培育指导。建阳二中作为福建省首批义务教育教改示范校接受南平市中期绩效评估后，继续做好最终的绩效评估；加强对建阳三中福建省第二批义务教育教改示范校建设的工作督查与指导培育，积极组织教学成果、教改项目、课题研究的申报展示工作。2020年11月，建阳三中接受省级中期绩效评估，建阳三中围绕“创新校本课程实践，促进学生全面发展”为主题，以“务实进取，臻于至善”为理念，在理念、内容、方法、途径、模式上，建立有创新、有亮点、有特色的课程。

努力提升中考质量与水平。发挥初中学科指导组研究、指导、服务功能，加强初中毕业班教学的质量调研，提升备考复习的能力和水平，全面提高建阳区初中教育教学质量。2020年建阳区初中毕业班教育教学质量继续在全市保持前列，2020年中考总分平均分、优秀率、及格率均居全市第一名。围绕学生的学业成绩、学业均衡、学习兴趣、学习自信心、课业负担、信息化教学资源、师生关系等7个方面的指标，扎实做好建阳二中、建阳三中、建阳外国语学校、麻沙中学、书坊中学、崇雒学校迎接省义务教育质量监测的工作。

【高中教育】 2020年，建阳区教育局加强对建阳一中省一级达标高中工作的指导，确保建阳一中能顺利完成省一级达标高中申报，并向示范性高中目标迈进，重点从质量提升、队伍建设、校园文化等6个专项工作方面推进。南平市教育局于2020年10月20日组织专家对建阳一中进行资格审核和预评，专家组一致认为，建阳一中已具备福建省一级达标高中的申报资格，预计2021年3月省教育厅将对建阳一中进行评估。

推进新课程、新教材实施。根据《福建省教育厅关于组织开展普通高中新课程新教材实施示范区建设工作的通知》（闽教基〔2020〕37号）的精神，建阳区被确认为省级普通高中新课程新教材实施示范区，建设周期为3年。通过示范区建设，开展新课程、新教材实施中的重点、难点问题研究，积极探索普通高中课程建设、教学改革、考试评价等关键领域改革，力求在开发选修课程、推进选课走班、加强学生发展指导、实施综合素质评价、健全学分认定管理办法和完善办学质量评价、劳动教育方式等方面有所突破，形成新课程、新教材实施的有效经验，发挥示范引领作用，辐射带动其他地区做好新课程、新教材实施工作，为全面推动普通高中课程改革奠定良好基础，推进普通高中育人方式改革。制订《南平市建阳区普通高中新课程新教材实施省级示范区建设工作三年规划（2021—2023）》（潭教综〔2020〕64 号），健全新课程、新教材实施和课程开发与课程资源保障机制，积极探索推进课程改革的有效工作机制；深入开展新课程、新教材培训，加强教研体系建设，组织开展普通高中课程建设、教学改革、考试评价等新课程、新教材实施中的重点、难点问题研究，加强新课程、新教材实施监管，积极探索综合评价改革，完善普通高中办学质量评价，建立以发展素质教育为导向的科学教育评价体系，加快构建对德智体美劳全面培养的教育体系，进一步健全立德树人落实机制。12 月 30 日，建阳区教育局召开普通高中新课程、新教材实施省级示范区建设协调会，就课程设置、选修课程、选课走班、劳动教育、学生发展指导、综合素质评价、教育评价、教学改革等示范区建设重点目标工作协调推进。

扎实推进高考综合改革。根据《福建省深化考试招生制度改革实施方案》，持续推进高考综合改革工作，形成符合建阳区实际的高中课改模式，以适应高考综合改革工作。从改善课程实施基础条件、深化课程教学改革、优化评价模式等方面，推动各高中校改进教学方式、引导学生高效学习、促进教师专业成长、推进学校特色发展，逐步构建多样、开放和灵活的普通高中教育体系，逐步满足学生个性化发展需要，逐步适应社会对普通高中的多样化需求。探索生涯规划、学生社团、多元发展等有效推进举措，为学生的全面发展创造条件。全面认真组织好“3 ＋ 1 ＋ 2”选科的管理教学工作。

深化高考备考教学研究。加强区 2020 届高考学科中心指导组的教研活动，2019 年 10 月至 2020 年 6 月，各学科共开展 85 次教研活动，开设 32 节高考观摩课和 13 场高考专题讲座。各学科认真研读省和国家考试中心制定的考试精神，积极参加并传达各级高考研讨会、培训会的精神和内容，提高复习效率，严格把控每个阶段的质量关。加强信息的沟通和交流，各学科调动一切力量，采用灵活多样的手段，分点采集信息。全面掌握考生基础与应试能力，区普教室认真组织好省、市、区高中毕业班质量检测。2020 年 1 月 13—14 日，组织南平市高三毕业班第一次综合质量检测；3 月 28—29 日，组织福建省高三毕业班质量检测；4 月 18—19 日，组织南平市高中毕业班第二次综合质量检测；6 月 6—7 日，组织南平市高中毕业班第三次综合质量检测。

【教育质量】 2020 年，建阳区共有 1691 名考生参加高考，本科上线 1176 人，上线率达 69.54%。其中理工类本科上线 789 人，上线率 77.89%；文史类本科上线 234 人，上线率 50.43%；体育、艺术类本科上线 153 人。2020 年，建阳区高考成绩呈现的亮点有三个：一是全区 600 分以上高分考生 80 人，其中建阳一中 78 人，位居南平市第二名。二是建阳区高考特殊类型招生录取控制分数线（强基计划）以上的共有 357 人，建阳一中本科上线率 90.58%（不含艺体生）。三是全区体育、艺术考生本科上线人数 153 人，建阳二中、麻沙中学体育、艺术高考成绩斐然，建阳一中的吴宇豪、黄婷悦的专业及文化课达到中国美术学院录取线，建阳二中的葛盛辉的专业超过清华美术学院录取线、徐羽萍的专业超过中国美术学院录取线。

2020 年，建阳区初中毕业班教育教学质量继续保持在全市前列。2020 年，中考总分平均分 548.56 分、优秀率 32.13%、及格率 63.22%，均居全市第一名。建阳一中录取分数线 550.15 分，位居全市一中系列第二。南平一中武夷校区在建阳区录取的 90 名学生的分数线为 575.8 分，位列全市各类学校录取线第一。

【教育管理】 2020 年，建阳区教育局突出质量管理导向。区教育局进一步完善制度、强化措施，突出学校教育教学管理能力的提升。强化学校和校长抓教学质量的意识，强化教学质量是学校生命线的意识，强化教学质量是校长守土有责、守土担责、守土尽责的重要体现之一。2020 年，继续抓好省义务教育质量监测成绩、中考成绩、高考成绩在各初中、高中创业竞赛中的主体考核作用，并进一步细化考核的导向性、科学性。通过西片、中片、东片教学教研联席会，高考学科中心指导组会议，调研会等途径，向学校通报各类质量检测情况，指导学校扎实做好教育教学工作。2020 年的中考、高考成绩，以及初中、高中各学段期末考试成绩均居全市前列。

提升教师专业水平。进一步

突出管理能力的提升，建阳区加大外出学习交流力度，举办全区性的初中、高中学科培训，有计划地邀请国内、省内专家到建阳区开展培训；同时组织校长、分管校长、教研员、骨干教师等参加省、市教学开放活动，以及毕业班教学、教材培训等活动。2020 年先后组织教师参加省、市高考、中考学科培训会，省、市、区学科名师工作室送培送教活动等。

完善质量评价办法。根据依进论出、依学评教、依教论功、公平竞争、公正评价、公开奖惩的教学质量评价与奖惩激励机制，普教室建立完备的教学质量监测与评价体系，认真做好分析评估并备案存档。建立质量分析报告制度，对初中、高中各学段期末成绩、中考成绩、高考成绩及初三、高三省、市、区适应性质量检测成绩等进行质量分析，并进行通报。通过召开相关质量分析会，通报成绩，分析情况，在横向、纵向比较中找出学校管理和教师教学质量的差距，总结经验、发现差距、寻找对策、促进提升。普教室建立数据库和质量台账，把质量分析结果作为教育局评估考核学校办学水平和校长工作业绩的重要依据。

【教育科研】 组织全区各学科教师参加 2020 年福建省初中物理学科教学研讨活动，南平市“核心素养视角下的高效课堂”教学教研开放活动，省教育学院“教育评价与发展”专题研讨活动，福建省“十三五”第二批中学生物学科带头人研修活动，福建省中学数学学科“肖骁名师工作室”送教下乡南平市专题教学培训研讨活动，2020 年建阳区普通高中语文新课程、新教材培训，2020 年建阳区中学教学教研开放（建阳二中、外国语学校、莒口中学、徐市中学、小湖中学专场）活动，南平市教育学会中学语文分会第二十三届年会活动，2020 届高考学科中心指导组学科教研活动，2020 年全国高三二轮备考大型公益讲座，2020 年福建省中考名师面对面第二轮复习策略研修班，2020 年福建省高考名师面对面第二轮复习策略研修班，南平市 2020 年高中物理、化学新课程、新教材培训，南平市 2020 届高三毕业班第二次质量检测学科反馈会暨高中毕业班教师培训工作视频研讨会，2020 年北师大版义教教材线上培训等。

【师生获奖】 建阳区中学开展 2020 年“一师一优课，一课一名师”晒课活动，全区中学晒课共计 180 节，共评定一等奖 45 节、二等奖 34 节，认定为区级公开课 101 节。其中有 3 节获得省级“优课”，分别是建阳一中吴媛媛的高中数学课《等差数列的前 n 项和等比数列的前 n 项和》、黄桂凤的高中生物课《主动运输与胞吞、胞吐》，建阳三中林树琴的初中生物课《种子萌发形成幼苗》。2020 年共收到全区中学教师撰写的有关中学教育教学、教研及管理方面的论文和相关的经验总结共 239 篇，区普教室组织有关专家进行评选，评出一等奖 99 篇、二等奖 140 篇。12 月 6 日，在外国语学校举办 2020 年建阳区青少年动手电子制作锦标赛，共设置高中组、初中组等组别的电子百拼图现场拼装、电子小拼图现场拼装、基础型机器人现场制作行走定点竞赛、基础型寻轨器现场制作赛行驶竞赛、无线电测向现场测向竞赛、基础焊接制作赛竞赛等比赛项目。全区各初中校在 2020 年暑假广泛开展“暑假读一本好书”活动，并组织学生参加读书征文活动。

【学籍管理工作】 2020 年，建阳区教育局加强各初、高中校学籍管理队伍的建设，明确管理规范与管理责任，确保学籍管理工作的规范、有序、高效。按照教育部学籍管理办法和《福建省中小学学籍管理实施细则》等相关文件的规定，做好新生学籍接续工作，适时、有序做好异动学生的信息网上审批等工作，不断完善学籍管理信息系统。指导完成基层报表上报工作，实现基层报表与学籍数据的一致。大力推进学籍信息化校正建设，提高服务意识和服务质量。加强学籍异动管理，严格标准，规范流程，提升服务意识，落实好“只跑一次”要求，为家长提供便捷服务；对转入学生实施学位审核前置制度，确保城区学校不再出现新的大班额问题。

【教材管理】 规范教学用书目录管理，组织好免费教科书发放、调剂和循环使用工作。规范学校教辅征订工作，落实学生自愿购买和学校无偿代购服务工作。进校教辅征订工作全部通过网络征订平台运行，进一步规范中小学进校教辅征订管理。5 月 25 日召开建阳区 2020 年秋季中小学教学用书征订工作会议；10 月 28 日召开建阳区 2021 年春季中小学教学用书征订

2020 年 5 月 7 日，南平市教育局副局长吴礼清、体卫艺语科科长许海明到南平农校检查指导学生开学复课准备工作

【招生与就业的咨询指导】 2020 年，南平市农业学校秋季中职招生是 2002 年以来首次实行以线上招生与学校自主招生相结合方式进行。南平市农业学校招生严格按照南平市教育局《2020 年南平市五年制高职院校和中等职业学校（含技工院校）招生录取方案》的文件精神，开展五年制高职和中等职业学校招生录取工作。在考生填报志愿期间，学校安排有关人员及时为家长、考生提供咨询服务，线上指导考生填报志愿。2020 年，南平市农业学校共招收全日制学生 1059 人（含“3 + 2”五年专）；南平市农业学校新型职业农民中专班（非全日制）招收 812 人（学制三年）；建阳农业工程学校建筑行业协会中专班（非全日制）598 人（学制一年）。

【结对帮扶办学】 南平农校于 2020 年 9 月成功入选福建省示范性现代中等职业学校，成为闽北唯一入选省示范校的中等职业学校，并获闽北唯一推荐福建省“双高计划”职业院校和全国乡村振兴优质职业院校。12 月，学校通过了第二届（2018—2020）省级文明校园的届末验收工作，连续 6 年被授予省级文明校荣誉称号。2020 年，承担教师招聘考试、公务员招聘笔试、工勤人员考试、全国成人高校招生考试、注册消防员考试、建阳区事业单位公开招聘考试、教师资格考试普通话考试、全国研究生入学考试等 14 类考试，服务考生 1.2 万人，实现疫情防控常态化下考试安全。11 月 7—8 日，由南平市教育局主办的中等职业学校市级骨干教师培训在南平市农业学校举办，共有 3 个培训项目的 128 名教师参加培训。教务科组织人员认真做好场地布置、校园卫生、资料分发等后勤服务工作。12 月 30 日，来自全市 15 所中职学校的 30 多名教师参加 8 个赛项的比赛，教务科组织人员做好后勤服务工作，确保顺利完成承办工作。同时，组织相关学科教师参加优质课比赛。2020 年 8 月，南平市农业学校刘瑞璧副校长（福建省 18 名专家之一）受邀参加东西部专家院士团到宁夏与对口的企业开展现场指导工作，解决企业生产中遇到的难题。2020 年 10 月，南平市农业学校总支委员、工会主席周峰作为闽宁协作第二十二批援宁支教队领队，到宁夏回族自治区固原市西吉县职业中学开展为期一年的支教工作。

【学生职业技能培养工作】 学校稳步推进园林景观实训基地的建设，阳光房的建设已基本完成，相关设施设备已基本到位。在原有的汽车运用与维修、特殊焊接技术、智能新能源汽车 3 个全国试点专业基础上，2020 年 6 月，学校的城市轨道运营与管理、数控技术运用、电气运行与控制、畜牧兽医、会计 5 个专业入选福建省“1 + X”证书试点专业。

【教学教研工作】 2020 年，南平市农业学校组织推荐教师参加国家级、市级教师培训共计 90 人次。其中，教师参加国家级培训 20 人，南平市级骨干教师培训 27 人参加培训，37 人参加 10 门公共基础课课程标准线上培训。学校 11 名教师参加英语、体育与健康、机械基础、汽车构造、建筑施工技术、职业道德与法律、幼儿园教育活动设计与指导、市场营销基础、语文、电子技术基础等观摩课。发表论文及参加论文评比，共发表 CN 论文 35 篇，在《南农教研》上发表 33 篇；南平市农业学校教师陈媛、褚建明

2020 年南平市农业学校参加福建省职业院校技能大赛成绩汇总表

表 8

序号	赛项名称	奖项	选手姓名	指导老师
1	电子电路装配与调试	省赛一等奖	范舜懿	童民魁
2	焊接技术	省赛二等奖	叶文龙	虞仔南
3	蔬菜嫁接	省赛二等奖	黄肃瑶	袁　文
4	平面图形设计与制作	省赛三等奖	魏欣雨	龚　青
5	蔬菜嫁接	省赛三等奖	邱梓婷	丁巧莲
6	数控综合应用技术	省赛团体三等奖	张陈辉	林茂兴
7			王文轩	陈李东
8			陈文辉	林茂兴
9	数字影音后期制作技术	省赛三等奖	蔡宇涵	孙殿生
10	数字影音后期制作技术	省赛三等奖	游宇鑫	余　翔
11	汽车机电维修	省赛三等奖	高桂林	汪春芳
12	汽车机电维修	省赛三等奖	张　麟	丁　杰
13	车身修复（钣金）	省赛三等奖	尤存义	甘联裕

在 2020 年福建省中职党建研究优秀论文评选中获得三等奖。

【德育管理工作，建设平安校园】 2020 年，南平农校开展了“树新风，展风采，争做文明中职生”班级文化展评；开展了“制止餐饮浪费 培养节约习惯”“抗击疫情，我们在行动”“争做文明中职生”“践行社会主义核心价值观”“扫黑除恶　共建和谐校园”班级板报评比；召开“崇尚科学，反对邪教”“预防毒品，珍爱生命”“预防近视，科学用眼”等主题班会活动，形式多样的主题宣传活动和实践活动使学生提高了思想认识，提升了道德修养，进一步打造文明和谐的校园。

南平市武夷旅游商贸学校（建阳商校）

【概况】 2020 年，南平市武夷商贸学校以习近平新时代中国特色社会主义思想为指导，全面贯彻党的教育方针，落实“立德树人”根本任务，认真贯彻执行《国家职业教育改革实施方案》的要求。秉承“爱国、明德、求真、力行”的校训，坚持“以就业为导向、以能力为本位，服务市场、服务社会”的现代职业教育的办学理念，完善职业教育和培训体系。深化产教融合、校企协同育人，着力培养高素质劳动者和技术技能人才。全日制在校生 2065 人。学校开设财经商贸、旅游管理、信息技术、学前教育、艺术设计等五大类 15 个专业。近年来，学校先后被评为全国中职学校德育先进单位、省级文明学校、省职教系统先进集体、首批省级花园式学校、省创先争优先进基层党组织、市先进基层党组织等。学校为省级规范校、省农业农村厅新型农民种植养殖技术培训基地、省商务厅“助力万企成长”外贸培训基地、国家技能型紧缺人才培养培训基地。

【教育教学质量】 2020 年，学校针对学生现状提出教学内容实用化、教学方法多样化、教学过程岗位化、评价方式过程化的教学改革探索，突出“以学生为主体，在活动中愉快学习”的教育理念，对课程开发与实施进行大胆创新，采用“活动中教，活动中学”的教学模式进行课程设计，使学生学得进、掌握得了，提高学习兴趣和增强完成学业的自信心，提高学生综合职业素质。学校每年还通过举办“成才杯”十项技能大赛和参加各级各类职业技能大赛，开展学业水平测试等，以提高学生的综合职业素质。

学校高度重视学生日常行为规范养成教育，自新生入学起就通过新生入学教育、军训教育、礼仪文明周等加强学生养成教育，着重把礼仪文明贯彻到在校学习生活的全过程中。抓住重要纪念日、节庆活动契机，开展以爱国主义、社会主义核心价值观为主题的系列教育活动，制定学生“十会十不”日常

南平市武夷旅游商贸学校

行为准则。2020年，学校被评为南平市AAAA级平安校园，一大批毕业生参加工作后能较快地成长为企业管理人员、技术骨干，受到用人单位的好评。

【校企合作、产教融合】 2020年，学校充分利用南平市旅游职教集团这一平台，结合武夷新区“打造千亿旅游产业”发展新形势，拓宽办学路子，大胆进行专业调整，形成了集“旅游—商贸”于一体的办学特色。先后与多家企业进行校企合作，发展订单培养模式。企业专家与学校共同制订教学计划和人才培养方案，合作开发课程，聘请企业专家到学校上课、学生到企业实习、青年教师进企业实践锻炼及为企业培训员工等，通过这种深层次的校企合作方式不仅扩大了学校的办学规模，而且提高了学生就业率和就业质量。

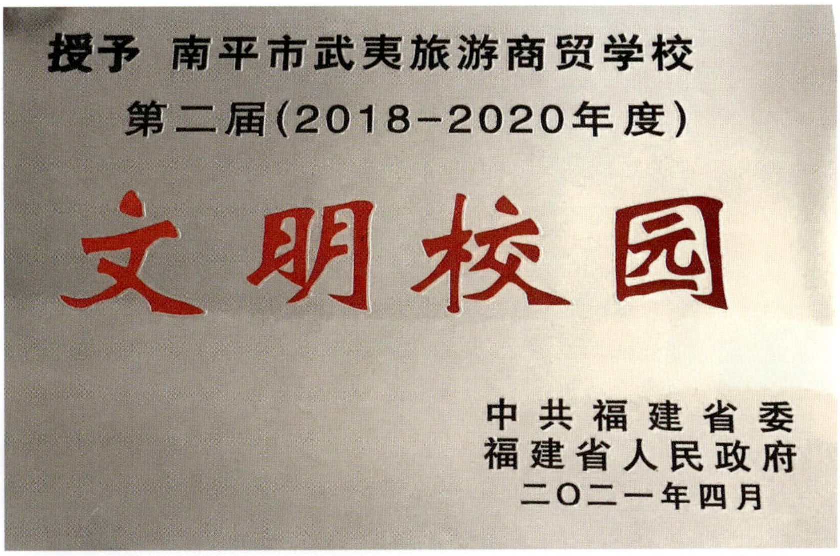

2021年4月，中共福建省委、福建省人民政府授予南平市武夷旅游商贸学校第二届（2018—2020年度）“文明校园”称号

【各级各类培训】 2020年，学校充分发挥作为国家技能型紧缺人才培养培训基地、新型农民种植养殖技术培训基地、外贸培训基地的优势，开展贫困村、老区农民和企业职工岗位培训、继续教育，为社会培训1500人次。与南平市民政局、农业农村局及建瓯市农业局开展新型农民种植养殖技术培训；与南平市商务局开展对南平市、三明市进出口企业的外贸知识培训；与南平星安公司开展安全生产培训，与建阳御捷公司开展保安培训；与建阳中青家政服务公司、贤德培训学校等开展中式面点、插花、育婴、护理、茶艺、品茶等技能培训。通过培训，提高社会人员的从业素质和管理服务水平，取得较好的社会效益和经济效益。

闽北卫生学校

【党建工作】 2020年，闽北卫生学校校党总支重视自身建设，年初制订党建工作计划，实行“一把手”亲自抓，相关负责人具体抓，按照“六有工作法”，坚定不移落实全面从严治党主体责任。学校成立意识形态工作领导小组，校长切实履行意识形态“第一责任人”主体责任，各科室负责人担任小组成员，按照“谁主管谁负责”的原则，落实“一岗双责”责任，切实加强学校意识形态工作的教育和管理。

2020 年 11 月 19 日，南平市卫健委工作人员到闽北卫校指导党建工作

“七一”建党节活动期间，校党总支开展“重温红色历史，传承红色基因”微党课评选、“学习领袖精神风范　建功南平绿色发展”云演讲和“学习新思想，建功新时代”读书分享会等活动，组织全校党员前往邵武金坑红色文化教育基地参观学习，接受教育。通过举办专题讲座、组织参观反腐倡廉警示教育基地、阅读廉政书籍、观看影视作品、开展案例讨论等方式，教育引导党员干部严格执行廉洁自律准则，严守党纪国法，严格家教家风。

学校开展“学业务、练精兵、促健康”业务大学习、能力大提升活动，以学理论、学业务、学党务“三学”为目标，坚持“一周一学习、一月一研讨、一季一交流”建设学习型学校。学校成功举办南平市卫健系统 2020 年度第三期“天使礼赞、青春之歌”道德讲堂，邀请校外专家到校开展 4 期大讲堂。

7 月，在市卫健委直属机关党委的党支部“达标创星”活动中，学校第一党支部被评为“五星级党支部”。

【教学工作】 2020 年，闽北卫生学校组织全校学生参加 2020 年福建省中等职业学校学生学业水平考试，其中计算机基础考试合格率为 100%，公共基础知识考试合格率为 99.2%，专业基础知识考试合格率为 98.3%。选拔和培训优秀学生参加职业技能大赛。在南平市职业学校技能大赛护理类技能竞赛中，3 名学生获得一等奖，3 名学生获得二等奖。选派 2 名学生参加福建省各大中专职业学校技能大赛护理类技能竞赛，分别获得一等奖和三等奖。选派 26 名教师分别参加省、市骨干教师和新入职教师培训，积极开展教研活动，举办多项各类教学竞赛、论文参评、课题立项申报等活动。2020 年，学校成功申报 5 个市级课题，于 12 月完成课题开题报告会。

【学生管理与安保工作】 2020 年 12 月，闽北卫生学校举办校园第二届班主任基本功大赛，18 名班主任在大赛中获奖。完成 2019—2020 学年学生评优表彰工作，共有 301 名在校学生受到表彰。2020 年学校发放中职助学金，惠及家庭经济困难及涉农专业学生 555 名。根据有关文件规定，享受中等职业教育免学费学生 3902 名。南平市扶贫协会及南平市慈善总会

2020 年 10 月 10 日，南平市卫健系统 2020 年度第三期“天使礼赞、青春之歌”道德讲堂举行

对学校2018级30名贫困学生进行资助。3名学生获得中等职业教育国家奖学金，1名学生获得福建省南丁格尔护理奖学金。

【招生与就业指导】 学校通过多种渠道加强毕业生就业指导，加强就业形势及政策的教育分析，引导学生转变就业观念，培养学生自我推荐的能力，为毕业生提供就业信息。6月举办以“相约云端，遇见精彩职业教育”为主题的2020年福建闽北卫生学校线上咨询会，为603名毕业生搭建供需平台，当天登录平台观看、咨询人数达5000余人。

学校开设护理（3＋2）、护理、助产、麻醉护理、老年护理、康复技术、农村医学7个专业，择优招收824人，完成招生任务。

【共青团与青年志愿者】 学校始终坚持以“党建引领，立德树人”为核心，坚持“党建带团建，团建进班级”的亮点特色，校团委组建“宣讲小分队”深入班级开展宣讲。开展“传承·2020清明网上祭英烈”“不忘初心跟党走”“健康人生，绿色无毒”禁毒月、“文明新风·青年先行”“党史、新中国史、改革开放史、社会主义发展史”等主题团日活动，举办“红十字生命健康安全教育项目救护员培训班”“朱子敬师礼”、职业教育周系列活动，传承红色基因、培育家国情怀，弘扬中华美德、提升综合素养。在校团员“青年大学习”网络主题团课完成率达100%。建立4支志愿者队伍，定期开展清洁家园、关爱留守儿童、暑期“三下乡”等各项青年志愿者服务。2020年暑期“三下乡”2支队伍分赴武夷山和延平，通过爱心义诊、关爱孤寡老人、关爱留守儿童、参观赤石暴动革命烈士纪念馆、关爱环卫工人等形式开展志愿服务活动。学校创建的品牌项目“每日一善”特色活动，每个月评选“每日一善”积极分子，充分展现了当代青年良好的精神风貌，倡导文明新风，推动学校精神文明创建活动蓬勃开展。

【行政管理】 2020年学校考核录用教职工13名，学校有在职人员93人，其中专任教师82人，高级专业技术人员21人、中级专业技术人员31人、初级专业技术人员34人。学校以巡察整改为契机，重新修订、完善《福建闽北卫生学校校务会议事制度》《福建闽北卫生学校绩效管理奖实施方案》《福建闽北卫生学校专业技术职务聘任评分细则》《福建闽北卫生学校党建工作制度汇编》等各类制度、办法、工作职责共36项，有针对性地努力构建覆盖全面、务实管用、执行有力的长效机制。制定完善文件，新校区17.73公顷建设用地已完成用地预审、建设项目选址意见书、土地的勘界工作。进行多功能教学楼附属设施及消防验收等工程的扫尾工作。

【社会工作服务】 2020年，根据《关于进一步加强乡村医生规范培训工作的通知》要求，对南平市10个县市区2421名乡村医生基层卫生基本知识与技能和基层中医药适宜技术等进行培训、考核。

【疫情防控工作】 学校坚决贯彻落实上级加强新冠肺炎疫情防控工作的重要指示精神和市委、市政府的各项决策部署，在市卫健委和市教育局的领导下，制定《福建闽北卫生学校2020年春季复学疫情防控准备工作方案》《福建闽北卫生学校新型冠状病毒疫情防控工作应急预案》《闽北卫校通风消毒制度》《闽北卫校环境卫生检查制度》《闽北卫校缺勤复课证明查验制度》《闽北卫校学生因病缺勤登记跟踪

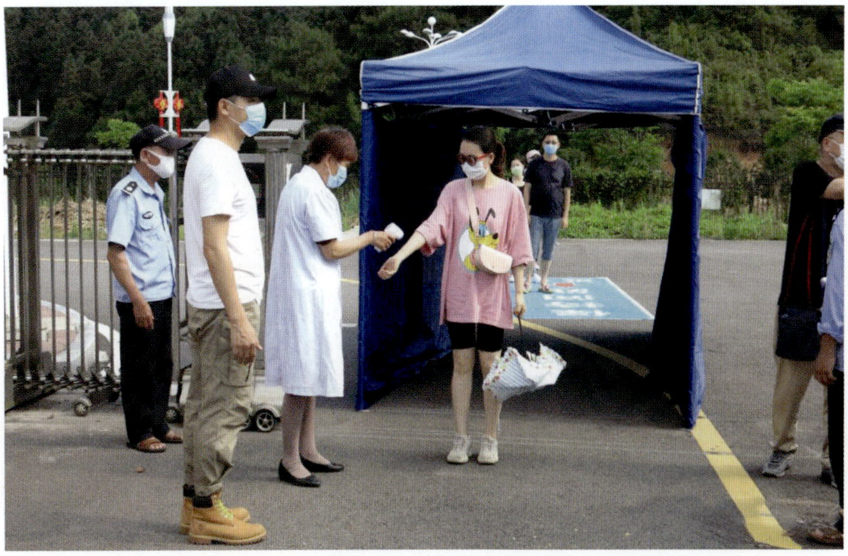

2020年5月18日，新冠肺炎疫情防控演练——学生入校模拟

制度》《闽北卫校健康管理制度》《闽北卫校健康教育制度》《闽北卫校疫情报告制度》《闽北卫校晨午检制度》，加强学校疫情防控工作。开通3条网络心理辅导和危机心理干预等心理支持热线，为全体师生及家长提供心理疏导和心理支持，引导广大师生做好疫情下自我心理调适、心理健康护理和心理健康建设。学校于2月制定《福建闽北卫生学校2020春季延期开学工作预案》，3月开展线上教学。学校严格落实工作责任，切实保障师生身体健康和生命安全，维持正常的教育教学秩序，坚决完成疫情防控攻坚战任务。

南平市教师进修学院

【概况】 2020年，南平市教师进修学院、南平市普通教育教学研究室和职业教育与成人教育研究室完成搬迁工作，合署办公，承担全市基础教育（含中等职业教育）以及成人教育教学研究、培训、指导和服务工作。学院财政核拨事业编制总数80名，其中行政管理人员20名，专业技术人员60名，核定院领导职数4名，其中正职1名（相当正处级）、副职3名（相当副处级）；内设机构领导职数16名，其中正职9名（相当正科级），副职7名（相当副科级）。有9个内设机构，分别为办公室、培训处、教育科研信息室、高中教育研究室、初中教育研究室、小学和学前及特教教育研究室、综合学科研究室、职业教育与成人教育研究室、总务处。专任教师51人，其中，正高级教师1人，高级教师30人，中级教师9人，初级教师11人，特级教师1人，省级学科带头人8人，市级名师13人，市级学科带头人8人，享受市政府津贴高层次人才4人。2020年，学校被评为第一届南平市级文明校园，荣获综治平安建设“一类平安单位”称号。

【党建工作】 学院党总支带领全院教职员工坚定不移以习近平新时代中国特色社会主义思想为指导，全面贯彻落实中共十九届四中、五中全会精神，加强学院理论学习中心组学习制度化和示范引领，全年共组织15次理论学习中心组学习，党总支和各支部集中专题学习交流累计48次，开展9场主题党日活动，“学习强国”平台全年采用稿件3篇，3次召开落实全面从严治党主体责任会议，针对驻教育局纪检监察组对南平教师进修学院全面从严治党主体责任落实情况检查提出的七项“问题清单”进行逐一整改，当年已全部整改完成。继续开展“培青计划”“党员送培送教下乡”“贫困联系点精准帮扶”特色活动。一年来，累计开展专题培训4场、现场教学2次、党课3场，参训党员225人次。加强党组织领导干部配备，充实党务干事人员，积极发展党员。2020年，增补总支副书记1名和党务干事1名，确定党员发展对象1人、入党积极分子1人、入党申请1人。

【文明校园】 2020年，学院加强思想道德建设，定期组织教师开展政治学习，宣传身边的师德典型，在各类师训干训中设置德育课程，向学员传达德育工作先进理念和德育教学方法。加强民主与法治建设，通过院务公开和党政工联席会等形式，进行民主管理、民主监督。组织教职工参加法治学习与宣传活动，提高教职工法治意识，在各类培训中开设法治宣传讲座，对参训教师和教育干部进行法治教育。强化校园文化建设，投入120多万元，对学院的人防、物防、技防工作进行优化，包括加强安全保卫人员配备，对校园进行二期改造等工作。加强效能建设，严格考勤制度，使用“钉钉”App考勤打卡，严格遵守工作纪律，强调教学纪律。

【综治平安】 学院调整南平市教师进修学院综治平安单位创建领导小组，实行“一岗双责、党政同责”，明确各处室的责任，全年召开综治平安建设各项会议15次，把综治工作成效纳入考核体系，建立健全《2020年“平安单位”创建实施方案》等多项综合管理制度及重大突发事件应急处置预案，建立健全疫情防控等各部门应急处置措施或预案。学院实行内外双重门卫制度，大门口3名保安24小时轮值，并对校园进行定时巡查；内部设有2名保卫人员分别负责综合楼和学员楼的安全保卫工作。同时学院实行由领导带班，二层班子成员轮流值班制度。加大摸排力度，化解矛盾纠纷，充分利用单位的LED屏、微信公众号和希沃云屏等载体开展平安建设的疫情防控知识等主题宣传。协同共治，开展“四项活动”，创新举措，将综治平安教育融入各类教研培训活动中。抓实抓细疫情防控，打好打赢扫黑除恶专项斗争收官战。

【教研工作】 高中教育研究室全年组织高三备考指导活动共8类15次，联考5次，2020年南平市高考成绩整体取得进步。组织教学视导活动，开展网络教研与新课程实施的问题答疑，组织南平市各学科高三毕业班教师参加福建省2020年高三毕业班教学研讨会，组织高考九学科高三备考工作会议，5次组织高三南平市质量检测考试，召开高三备考学科工作视频会议，撰写防疫期间高三自学指导意见与教学建议，组建各学科高三教师工作群，组织南平市线上培优活动，承办语文、生物学科的全省高三质检分析会议。加强对学科竞赛的组织与辅导，2020年生物学科松溪一中齐予炫同学获得金牌，保送清华大学。生物学科4人获得省一等奖，是南平市生物奥赛金牌的重大突破。物理学科获得省一等奖2人，化学学科获奖1人。

初中教育研究室14名教研员全年开设省级讲座12场、市级讲座44场，主持或参与国家级课题1项、省级课题5项、市级课题9项，撰写CN论文7篇，指导6名教师在省级大赛中荣获一等奖。疫情防控期间，针对不同年级的教师、学生、家长，进行线上教与学的指导，撰写线上教学建议，每天精选学习资源推送给学校，撰写《南平市初中在线教学情况调查报告》和《复学后教学和教材整合》。开展送教活动，组织学科技能竞赛，开展专业培训，建立教研员到乡村校和薄弱校联系制度，举办开放周活动，组织全市初中各年级期末质量检测，指导义教质量监测工作，严格阅卷管理，开展数据分析研究。

搭建平台，线上指导，开发网络课程资源，加强中考备考研究，组建新一届南平市学科指导组。

小幼特教教研室召开全市小学（线上）教研工作大会，参加2019年国家义务教育质量检测福建省语文学习质量监测结果反馈会，组织小学教研员深入政和县澄源乡中心小学开展“送培下乡”和帮扶活动，开展“南平市小学教学开放暨校本课程开发专题展示研讨活动”，分别对政和县8所学校展开小学教学视导活动。开展“相约云端，共谋发展”学前教育教研工作会议，遴选幼儿体育基地园，开展优秀游戏案例评选，遴选出10篇游戏案例参加省级比赛。南平市实验幼儿园成功申报福建省生活化幼儿教育基地园。

综合学科教研室教师组织“校本研修与送教下乡”相结合的教研活动。美术、音乐、信息技术学科完成《南平市初中美术学科学业水平考试指导意见》《南平市初中音乐学科学业水平考试指导意见》《南平市初中综合实践活动（信息技术）学科学业水平考试指导意见》的工作。协助南平市教育局顺利完成2020年省义务教育体育与健康、艺术教育质量监测工作。

教育科研信息室组织市县级教科研部门申报全国教育科学“十三五”规划2020年度课题、福建省教育科学“十三五”规划2020年度课题申报立项工作。2020年申报的国家级课题有5个、市直属校申报的省级课题有7个。协助省教育科学规划领导小组办公室开展2020年全省“十三五”教育科学研究基本情况调查。组建新一届南平市教学研究指导组，共选聘指导组成员515名。评选出中小学作业设计市级获奖作品560件，向省上报送192件作品。从各县（市、区）初评推选的326件课例中，择优评出市级中小学优质课获奖作品196件，推荐42名教师参加2019年度福建省中小学优质课的评选活动，有16人的课例被评为省优质课。主持召开南平市中小学教研工作会议，制订学院教师集中业务学习计划，与学科网达成合作协议，完成南平教师进修学院教研员的账号开通工作。

职成教研室申报联赛点并积极参与联赛，协助举办技能竞赛。协助市教育局和市人社局组织举办2020—2021年南平市职业院校技能竞赛，16所职业院校的306名学生参加31个项目的竞赛。助力省规范化中职学校建设，开展市级示范性中等职业学校建设工作，南平市武夷旅游商贸学校、闽北卫校和南平职业中专学校被审定为南平市示范性中等职业学校。协助开展市级专业带头人评审工作，从89个候选人中初步评审出40名专业带头人，在南平农业学校举办南平市中等职业学校市级骨干教师培训班，全市共有16所学校的132名骨干教师参加为期2天的专题培训。在2020年“网龙杯”福建省职业院校教学能力比赛中，南平农校获得二等奖和三等奖，指导中职学校开展职业教育教学改革的课题研究活动，全年有24个市级课题通过立项，共征集论文96篇。

2020 年 5 月，福建省南平市教师进修学院国家职业技能鉴定站成立，至 12 月，共有 1956 名学生通过中级工职业技能鉴定。举办 2020 年南平市职业院校教师优质课评选活动。

【培训工作】 学院培训室开展南平市“十三五”中小学第二批骨干教师线上集中培训，合计培训 572 人。举办南平市“十三五”学科带头人培养对象第四次集中培训暨结业活动，319 名中小学教师被市教育局确认为“南平市学科带头人”。组织开展南平市“十三五”中小学教学名师培养对象第五次在岗研修活动，共有 102 名名师培养对象参训，99 名教师被市教育局确认为“南平市教学名师”。2020 年 11—12 月在南平各县（市、区）陆续举行南平市“十三五”第二批中小学学科骨干教师培养对象第二次集中培训暨送教下乡活动，合计 258 人参加。联合省教育学院开展“乡村教师素质提升工程和乡村校长助力工程”培训活动，共培训 436 人。组织开展“2.0 市级专家培训团队和试点校管理团队”培训，共培训 197 人。开展中考、高考学科骨干教师复习质量提升培训，参训学校近 200 所，培训人员达 1900 多人。开展思政课程一体化建设研讨暨“感受中国共产党的新时代荣光”大中小幼同上一堂课教师培训，培训思政骨干教师 114 人。组织开展《教育部关于加强和改进新时代基础教育教研工作的意见》文件学习，加强中小学校本教研培训，共 76 人参加培训活动。构建较完善的学院培训师资，聘请兼职培训教师，对年轻师资采取“老带新”“一对一”等校本培训形式，帮助年轻培训师更快成长。

文化 体育 旅游

文 化

【概况】 2020年，建阳区文体旅局机关内设办公室、市场管理股（行政审批股）、文化文物与体育股、产业发展股、新闻出版广电股。建阳区文体旅局有公益一类事业单位10个，分别为南平市建阳区文化市场综合执法大队、南平市建阳区文化馆、南平市建阳区博物馆、南平市建阳区图书馆、南平市建阳区美术馆、南平市建阳区文体服务中心、南平市建阳区少年儿童业余体育学校、南平市建阳区旅游产业发展中心、南平市建阳区城市规划展示馆、南平市建阳区文物保护中心。

【文化艺术】 2020年，建阳区文化科技卫生“三下乡”活动分别走进将口镇三农文化广场和莒口镇莒口村。在武夷新区天圆地方广场举办“我们的中国梦”——文化进万家 南平市2020年新春文艺展演。4月举办2020年南平市建阳区“仿宋点茶”专项技能培训班。5月承办的“5·19”中国旅游日福建分会场主题系列活动在建阳区考亭书院正式启动，在启动仪式上开展“仿宋百人点茶”表演。6月开展“戏曲进校园”文化志愿活动，以文化和自然遗产日为契机开展“非遗”宣传活动走进建阳区童游中心小学、走进将口镇横塘村。第十六届福建省少儿讲故事大王比赛（建阳赛区）在区文化馆进行录制，建阳区获得四金五银四铜的好成绩。8月开展以“弘扬抗疫精神 护佑人民健康”为主题的南平市庆祝2020年中国医师节暨援鄂医务人员表彰文艺晚会。9月，中国农民丰收节福建南平主题日活动在建阳“卧龙湾武夷花花世界”举办，开幕式上组织了各类民俗节目表演，精心打造的《建阳仿宋点茶》参与表演，全面展示建阳地方特色文化。11月举办全国郊野钓鱼大赛、鉴盏吃茶·“鱼”你同乐建盏文化展示、建本文化宣传周暨建阳建本文化主题展系列活动。11月18日晚，第四届南平市运动会开幕式在建阳区体育场举行。该届市运会主题为“新南平新跨越”。开幕式共分序幕《点亮梦想》、上篇《山水诗画》、下篇《城市乐章》、尾声《豪情跨越》四个篇章，通过这四个篇章向观众全方位地展现南平市文化体育事业取得的进步，展示南平市经济社会发展取得的巨大成就。

2020年9月1日，福建省文旅厅厅长吴贤德（第一排右二）到建阳区调研建盏

2020年11月25日，在建阳区建本文化展览馆举行建本文化宣传周活动暨“奋进新时代　开启新征程”建本文化主题展览启动仪式

【文旅产业】 2020年建阳区旅游接待488.99万人次，恢复至上年同期的76.7%，旅游总收入75.15亿元，恢复至上年同期的75.7%。2020年全年新开工文旅产业项目18个，总投资19.37亿元。新增文旅谋划项目35个，其中已转化落地16个，总投资23.63亿元。

【文旅特色产业】 截至2020年12月底，建阳区共注册建盏企业和个体4763家，其中企业有1004家，个体3741家；规模以上企业7家，限额以上企业11家，省级文化产业示范基地1个，福建省名牌产品1个，南平市知名商标4个，从业人员2.8万人，产值近35.6亿元。为进一步深化建盏文化产业机制改革创新，制定《南平市建阳区人民政府关于进一步推动建盏产业健康发展的实施意见》《南平市建阳区加强建窑遗址保护和建盏产业重点整治工作方案》。评选出第四批“建窑建盏烧制技艺”代表性传承人30人。组织建盏企业参加厦门旅博会、海峡两岸茶博会、闽东北地区文旅推介活动、闽宁特色产品展览展示活动、援疆展览“福建黑、白瓷器展”等活动。发挥朱子文化优势。加快考亭书院提升项目建设，推进考亭书院纪念馆布展提升工作，使考亭书院纪念馆成为朱子后裔和理学研究者寻根慕贤的中心，推动朱子文化传承弘扬。推进国学研学旅游开发及配套设施建设，与建盏文创园、考亭古街、花花世界等周边景点相互促进、相互融合，将考亭片区打造成集文化展示、研究培训、艺术体验、休闲度假于一体的国家级文化旅游胜地，推动建阳区文旅产业融合发展。推动建本文化传承。开展雕版印刷技艺传承人技艺交流、展示，引导鼓励传承人进校园、社区进行技艺传承展示，扶持传承人建立工作室、工坊授徒传技，扶持企业做大做强，支持“广勤堂”建本文化展示体验馆建设，协助企业打造、传播建本“非遗”文化，形成示范效应。

【新业态发展】 一是夜间演出常态化。考亭古街属于区夜间文旅区，是以宋朝市井生活为主题，融入建阳“非遗”文化打造的项目，古街内有40多栋古建筑，在古街中心有一固定展演舞台，每天19：00、20：00进行夜间节目展演。二是夜间活动形式多样。第三季度以来在考亭夜间文旅消费集聚区举办了形式多样、丰富多彩的夜间文旅活动，如考亭古街“龙虾啤酒节”、夜游麻阳溪；潭人街举办妈妈集市、毕业集市、夏日儿童泳池派对、夜市文化演出月、车友文化节等各类美食、歌舞表演等，以及相亲交友会、医师节文艺会演、优秀文艺作品下乡、男子篮球赛、建盏直播、点茶表演等。三是夜间活动促进消费。八闽美食嘉年华系列活动暨雪津啤酒2020旅游美食季、以“脱贫攻坚奔小康　乡村振兴飘果香”为主题的第五届建阳葡萄美食节活动、麻沙楠木林景区免费玩活动、“全闽乐购”促消费行动启动仪式、首届茶文化节暨朱子茶旅文化研学之路等活动吸引了不少游客到现场，各类活动期间共发放消费券30000张。夜间经济项目有成效。建阳区推动夜间经济项目26项，总投资27.75亿元。其中建成项目7项，总投资12.4亿元；在建项目14项，总投资13.78亿元；谋划项目5项，总投资1.57亿元。夜间经济项目涉及特色餐饮、文化休闲、观光游憩、演艺体验、购物娱乐等多方面。除美食街、商业综合体等常态项目外，还打造了夜游项目，如麻阳溪夜游，以考亭片区实景山水、人文背景为依托，打造夜游麻阳溪项目。山体侧投以变幻的光影效果展现建阳山水的四季变化，游客可乘坐画舫游船，沿溪而上，充分欣赏和感受建阳的朱熹、宋慈、建盏、建本，以及茶和水美生态文化。夜读项目，如：“369 城市书房”、来读书吧、麻沙镇书津古渡休闲吧项目等。在建阳悦城中心广场打造“潭人街”夜市，以文化、旅游、购物、餐饮等为主题，开展深夜食堂、乐队驻唱、摇滚 DJ 表演等夜间主题活动。增设潭人街主题街区门头和若干游乐设施。

【夜间文旅消费集聚区蓬勃发展】 一是消费业态丰富。（1）精品夜市，潭人街夜市为闽北首个综合体网红夜市。（2）民俗小吃，发展夜间文旅特色餐饮。（3）文旅表演，开发富有创意的夜间文化旅游项目和产品。（4）特色民宿。花花世界景区，融合独有的生态资源，打造缤纷的特色民宿。（5）文化街区。考亭古街、建盏文化旅游街区。二是打造福建省级示范商圈。以营造商业氛围、优化营商环境为目的，开展改造提升步行街、美食街，合理布局广场、景观节点等公用设施，完善配套设施等项目建设进行补助。

【文旅融合】 一是坚持高点定位。进一步优化考亭片区景观布局、建设定位、功能特点，以考亭书院、建盏文化创意园、武夷花花世界景区为核心，串联沿线各景观点，整合周边餐饮、住宿、休闲等旅游业态，创建省级文化旅游度假区。二是推进重点项目建设。致力于从旅游项目着手，丰富旅游业态，重点推进考亭书院、考亭古街、麻沙建本小镇、书坊红色小镇等项目提升；着力激活夜间经济，培育夜间休闲业态，繁荣夜间旅游消费市场，重点打造寻梦麻阳溪、考亭古街、潭人街夜市等夜游项目。三是促进全域旅游。按照“绿水青山就是金山银山”理念，发挥环武夷山国家森林公园地域优势，主动融入大武夷旅游圈，邀请知名专家崔莉团队，对建阳“全域旅游”进行全面盘点、系统梳理、战略规划，着力打造“全域旅游”系列产品。

【文旅融合，打造特色旅游品牌】 一是深挖文化内涵。把文化作为旅游的灵魂，旅游作为文化的载体，在该届旅发会的项目策划和活动安排上，大量融入“朱子、宋慈、建盏、建本”等建阳特色文化元素。通过举办春暖花开季 重聚全福游——2020 福建分会场主题活动、朱子诞辰 890 周年祭祀大典、第二届大武夷赶山节暨“鱼”你同乐美食嘉年华、建阳首届茶文化节等文旅活动，打造“千年古县 • 书香建阳”特色品牌。二是促进业态融合。实施“文化＋”“旅游＋”战略，推动文化、旅游及相关产业融合发展。把朱子文化、宋慈文化、水吉龙窑遗址、建本文化展示等纳入旅游线路、融入景区景点，策划了考亭文化研学游、水吉古窑探幽游、麻阳溪旅游带休闲度假游、书坊红色记忆游等 4 条精品路线。提升建盏文化产业园建设水平，建设参观建盏、建本生产流程的观光作坊，丰富文化旅游业态。三是开发文创产品。结合游客需求与审美，推出一批文旅、盏旅、茶旅结合等体验类旅游产品，把看武夷山水、品武夷岩茶的游客引到建阳来。如印发中美协“闽北苏区行”美术作品集、雕版印刷《茶经》《洗冤集录》等仿古书籍、创新制作“建盏＋文具”“建盏＋饰品”等作为旅游伴手礼，线上线下同步推介，拓展“旅游＋文创”“旅游＋购物”发展领域。

文化场馆

【图书馆】 2020 年 4 月 23 日，建阳区“369 城市书房”在世界读书日正式对外开放。阅读空间 400 平方米，配备 50 个阅读卡座，精选图书 1000 种，形成以图书阅览为主，集阅读空间、展演活动、文创咖啡、艺术展览、公益讲座等板块于一体的社会交流、时尚体验和文化消费中心。

2020 年 4 月，在由福建省文化和旅游厅、福建省文学艺术界联合会指导下，福建省图书馆、福建省作家协会联合主办的“读吧！福建”第三届福建文学好书榜评选及阅读推广活动中，图书馆被授予“优秀组织单位”荣誉称号。4 月，在第 25 个世界读书日之际举办“为爱献声——致敬最美逆行者”网络朗读大赛。由图书馆选送的《不寻常的冬》作品，翁炎尚恩（少儿组）荣获三等奖。8 月 19 日，区图书馆根据永安社区分馆提出的读者需求配送方案，向永安社区分馆补充新书 715 册。永安社区分馆自 2019 年 10 月成立以来，已有藏书

2020 年 4 月 23 日上午，“369 城市书房”在世界读书日正式开始对外开放

2020 年 8 月 19 日，图书馆向永安社区分馆补充新书 715 册

2156 册，截至 2020 年底共有读者 113 名，已累计借还图书 2329 册次，取得了良好的社会效益。区图书馆积极构建并不断完善公共图书馆总分馆体系，努力实践公共图书馆服务新模式，以满足市民不断增长的文化需求。

【文化馆】 2020 年，建阳区文化科技卫生“三下乡”活动分别走进将口镇“三农”文化广场和莒口镇莒口村，此次活动由区委宣传部牵头主办。建阳区文化馆精心组织各类型文艺节目参加活动，小品、器乐、舞蹈、歌舞等精彩节目给现场群众百姓带来一场特殊的文化盛宴。

1 月 17 日，在武夷新区天圆地方广场举办“我们的中国梦”——文化进万家 南平市 2020 年新春文艺展演，南平市建阳区文化馆负责指导编排全场节目。

4 月 9 日，2020 年南平市建阳区“仿宋点茶”专项技能培训班正式开班。此次培训班诚邀区文化馆群文干部及社会各界点茶技艺人共同参与授课，面向社会各界招募 100 名学员。5 月 19 日，由福建省文化和旅游厅、南平市人民政府主办，南平市文旅局、建阳区人民政府承办的 2020 年中国旅游日福建分会场主题系列活动在建阳区考亭书院正式启动。活动现场上，经过 3 个月专业培训指导的 120 名“点茶人”进行的“仿宋百人点茶”表演，成为此次活动的一大亮点。

6 月 2 日，文化馆组织戏曲协会骨干老师共同走进考亭小学，开展“戏曲进校园”文化志愿活动。

2020 年 1 月 7—8 日，2020 年南平市建阳区文化科技卫生“三下乡”集中服务活动举行

2020 年 5 月 19 日，“仿宋百人点茶”表演在建阳区考亭书院举行

6 月 11 日下午，以“传承文化瑰宝 守护自然之家”为主题的“非遗”宣传活动走进建阳区童游中心小学。6 月 12 日，以“非遗传承 健康生活”为主题的“非遗”宣传活动走进将口镇横塘村。文化馆分别向横塘村、童游中心小学捐赠建本雕版印刷读本《国学读本》60 册。6 月 24 日，录制参加第十六届福建省少儿讲故事大王比赛南平市决赛的视频。参赛视频送至南平参加决赛，通过激烈精彩的角逐，取得优异的成绩：幼儿组取得银奖 2 名，铜奖 1 名；小学组取得金奖 4 名，银奖 3 名，铜奖 3 名。8 月 19 日，在建阳区建发悦城一号门广场开展以“弘扬抗疫精神 护佑人民健康”为主题的南平市庆祝 2020 年中国医师节暨援鄂医务人员表彰文艺晚会。

9 月 22 日，2020 年中国农民丰收节福建南平主题日活动在建阳“卧龙湾武夷花花世界”举办，此次活动以“武夷山水庆丰收，田园欢歌迎小康”为主题。

9 月 22 日上午，桥南社区党委联合周边共建单位共聚水南永辉超市大门口广场，举办以“和谐一家亲 共叙邻里情”为主题的 2020 年迎中秋庆国庆联欢会。9 月 26 日，区沪剧（越剧）票友会组织举办“树敬老 促社会文明”庆祝中华人民共和国成立 71 周年文艺、戏曲晚会。10 月 22 日，建阳区宝山社区、区文化馆在中山广场联合主办“情系重阳邻里守护一家亲”宝山社区迎重阳京剧汇报演出。11 月 6 日，“2020 年武夷山水·圣农杯全国郊野钓鱼大赛”的开幕式在建阳区考亭文创园举行，建阳区文化馆文艺组老师精心编排“鉴盏吃茶·‘鱼’你同乐——南平市全国郊野大赛考亭文创园文艺演出”的所有节目。

11 月 6—8 日，在考亭古街举行建阳区第二届赶山节活动，区文化馆组织斗茶大赛、“非遗”表演和建盏拉坯、建版印刷、剪纸等独具地方特色的系列“非遗”活动，并进行现场互动演示。

11 月 22 日，中央歌剧院 20 名音乐家在院党委副书记、纪委书记王晓红，南平市文体旅局王松雄副局长等人陪同下，参观南平市建阳区书坊乡太阳山革命历史纪念园，开展铭记历史、缅怀先烈的主题党日活动。

【博物馆】 2020 年 4 月，建阳区博物馆完成圣迹寺、屏山书院、蔡沉墓第九批区级文物保护单位

2020 年 11 月 6 日，“2020 年武夷山水·圣农杯全国郊野钓鱼大赛”开幕式在建阳区考亭文创园召开

的申报文本编写工作，并成功通过区政府批准。10月，由福建省文物局和福建省对口支援新疆工作前方指挥部主办的“交相辉映 耀世千年——福建黑、白瓷器展”在新疆昌吉回族自治州博物馆开展。11月经过省文物局专家评审，祝夫人墓被确定为第九批省级文物保护单位。为宣传建阳区建本文化，特编制《品味图书之府》一书。

【其他】 为庆祝中国共产党建党100周年，特举办“庆祝建党百年 文化艺术乡村行”文化惠民下乡活动。活动由中共南平市建阳区委宣传部、南平市建阳区文化体育和旅游局、南平市建阳区文联主办，南平市建阳区美术馆、南平市建阳区书法家协会、南平市建阳区美术家协会承办，具体由南平市建阳区美术馆执行。2020年城市规划展示馆完成正常接待工作。全年共接待团队30次，共接待参观游客1.5万人。

【文化市场监管】 2020年1月下旬开始，文化市场所有经营单位暂停营业。为确保文化市场经营场所无擅自开门营业的情况，大队执法人员从正月初二开始主动放弃假期，对建阳区城区所有文化市场经营单位进行全覆盖式巡查，出动执法人员2000人次，检查经营场所956家次。根据南平市建阳区疫情防控工作实际，结合低风险地区企事业单位复工复产的有关要求，区疫情防控工作指挥部于5月12日召集区文体旅、公安、市场监管、卫健、疾控中心等部门召开推进文化市场安全有序复工复产工作协调会议，于13日开展文化市场复工复产培训会议，并对复工场所进行指导验收，建阳区文化市场娱乐场所、互联网上网服务营业场所5月19日有序恢复营业，疫情防控期间文化市场总体情况良好。

【抓五项行动，清理文化市场】 开展“清源2020”专项行动，封堵查缴政治性有害出版物。执法大队始终将封堵查缴政治性有害出版物作为“扫黄打非”第一要务，根据南平市扫黄办下发查缴目录，着力从查缴境内、封堵境外、清除网上、打掉地下、严查市场、杜绝炒作等六个方面开展工作，查封相关非法出版物30余册。开展“净网2020”专项行动，清理网络淫秽色情有害信息。深入推进网上“扫黄打非”斗争，主动监管建阳区重点门户网站、论坛网站，2020年以来，共开展7批次的内容巡查。开展“护苗2020”专项行动，有效净化校园周边文化环境。一是抓住开学节点，集中开展少儿出版物市场专项整治。针对校园周边文具店擅自发行非法出版物现象，开展校园周边专项整治行动，查处含有淫秽色情、恐怖暴力、封建迷信等影响青少年身心健康的有害出版物，共查扣盗版工具书2册。二是在高考、中考等重大考试前，检查印刷企业、出版物经营单位是否印刷销售非法出版物，为高考、中考保驾护航。开展“秋风2020”专项行动，持续规范报刊出版物市场。重点对假新闻、假媒体、假记者及记者站等“三假”及侵权盗版出版物、报刊经营管理、内部资料审批管理、邮政发行渠道进行监管，建立联动滚动督查机制与重点监管单位名录，同时加大对游商地摊的取缔力度，2020年共计取缔游商地摊10余处。开展“固边2020”专项行动，严厉打击各类非法出版物。加大市场巡查力度，严厉打击涉及“三股势力”及邪教出版物和非法宗教类出版物，严查出版物市场及游商地摊。2020年因疫情原因1月底至5月初文化娱乐场所长期处于关闭状态。文化市场复工复产至今，文化执法人员出动检查互联网上网服务营业场所156人次，检查52家次，立案处罚2

2020年，在回龙中心小学开展“庆祝建党百年 文化艺术乡村行”南平市建阳区文化惠民下乡采风活动

起；出动检查歌舞娱乐场所234人次，检查78家次，并立案处罚18起；出动检查书报刊经营单位39人次，检查13家次；出动检查印刷经营单位198人次，检查经营单位66家次，立案处罚2起。

历史文化遗产

【物质文化遗产】 2020年，建阳区辖区内有不可移动文物点328处。继续聘请12名文保员对15处文保单位进行日常维护，博物馆工作人员不定期对建阳区各级文物保护单位进行安全大检查，排除安全隐患，同时完善相应的安全检查档案。增加78个灭火器，多宝塔、如是寺、圣迹寺等文保单位更换灭火器22个。7月初水灾侵袭，建阳区省级文物保护单位将口唐窑受灾，部分墙体倒塌（约18米）。建阳区博物馆立即启动紧急维修方案，已于7月底修复完成。建阳区有国家级重点文物保护单位2处：建窑遗址和朱熹墓；省级文物保护单位6处：书坊陈氏民居（楠木厅）、蔡元定墓、将口唐窑、水南多宝塔、宋慈墓和祝夫人墓；县市级文物保护单位27处。

【重要陈列展览】 一是建阳宋代专题展，主要为四个专题：朱熹、建盏、宋慈、建本。两宋时期，建本、建盏风靡海内外，以朱熹为代表的儒士学者创立了理学的闽派学说，建阳被誉为南闽阙里；法医学家宋慈所著的《洗冤集录》是世界第一部法医学专著。该陈列从这四个专题向群众展示了建阳宋代深厚的人文积淀焕发出的无穷魅力，令人从中感悟建阳宋代历史深处的文明之光。二是建阳古代历史文物展：该陈列展出各类文物，有化石、石器、玉器、瓷器、木雕类等，按时间顺序排列，从新石器时代的各类石器到民国时期的木雕板，向群众展示了建阳灿烂不朽的文明。三是建本文化展览馆：展览馆主要展示建阳古代辉煌的刻书历史、深厚的印刷文化底蕴，展示各类文物近200件。馆内还设有建本文化体验互动区，可在现场刻、印，体验建本悠久灿烂文化。四是临时展览：为了满足建阳人民日益增长的文化需求，建阳博物馆发挥社会教育职能，提供一楼临时展厅，为单位或个人举办临时展览，分别为《犍陀罗佛像个人收藏展》《建窑建盏文创作品展》《红心向党·助力发展 南平市建阳区老年大学“我看脱贫攻坚新成就”摄影展》《峰华正茂建阳区庆国庆迎中秋张剑锋、周志华书画雕刻艺术展》《“奋进新时代，开启新征程”建本文化主题展》。

2020年5月18日至7月17日，博物馆一楼临时展厅举办《庆祝“5·18”国际博物馆日——建窑建盏文创作品展》

【交流展览】 为了宣传建阳区建盏文化，让文物真正走出去、活起来。开展文化交流，《盏韵天成——建窑瓷器精品展》巡展工作持续开展，1月16日至2月16日在三明市博物馆展出。受疫情影响，展览只开放近一个星期。工作人员于4月12日赴三明博物馆撤展。2020年12月25日至2021年2月1日在泉州市博物馆展出。10月21日上午，由福建省文物局和福建省对口支援新疆工作前方指挥部主办的“交相辉映 耀世千年——福建黑、白瓷器展”在新疆昌吉回族自治州博物馆开展。

【文物普查】 2020年，经建阳区第三次全国不可移动文物普查结果确定，辖区内有不可移动文物点356处。因县市级文物保护单位有3处（麾山书院、书坊陈拱北故居、蔡沉墓）不在第三次全国不可移动文物普查文物点内，同时在县市级

2020年12月25日至2021年2月1日,《盏韵天成　建窑瓷器精品展》在泉州市博物馆展出

文保单位公布时,将原三普登记中:芦花坪、牛皮仑、大路后门山、营长乾 4 处遗址合并为 1 处(建窑遗址),县市保普照塔、联升塔合并申报为 1 处,西山、庐峰合并申报为 1 处。所以原实际总数为 354 处。定线落图工程实施过程中发现消失文物点 26 处,建阳区实际不可移动文物点总数为 328 处。经第一次全国可移动文物普查,建阳区国有可移动文物收藏量为 4127 件(套)。其中博物馆收藏可移动文物 4113 件(套)、将口文体服务中心收藏可移动文物 14 件(套)。

建阳区国有可移动文物收藏表

表 9

珍贵文物	数量(个)	约占总数比例(%)
一级文物	3	0.07
二级文物	18	0.44
三级文物	1054	25.54
一般	3043	73.73
未定级	9	0.22

【国家文物保护单位遗产保护】 建阳区国家级重点文物保护单位有 2 处:建窑遗址和朱熹墓。2020 年朱熹墓的保护工作仍为文保员的日常保护和博物馆工作人员的安全巡查相配合。为加大对建窑遗址的保护力度,2020 年不断加大建窑遗址的巡查力度,同时积极与当地政府及派出所沟通,加大文物保护法律法规的宣传及加大对盗挖分子的打击力度,共同保护好建窑遗址。为深入贯彻学习习近平新时代中国特色社会主义思想,进一步加强文物保护利用工作,同时为迎接第 44 届世界文化遗产大会,建阳区博物馆经馆务会研究决定对建窑遗址大路后门山窑址加盖顶棚段进行维修,现工程已全面完工。

【非物质文化遗产】 2020 年 8 月 18 日,南平市建阳区在区文化馆举办第四批“建窑建盏烧制技艺”代表性传承人授牌仪式,区长魏敦盛,区委常委、宣传部部长刘寒,副区长郑顺莲,区文体旅局局长徐卫兵等出席授牌仪式。授牌仪式由徐卫兵局长主持,郑顺莲副区长在仪式上宣读南平市建阳区第四批“建窑建盏烧制技艺”代表性传承人名单(30 人)。

2020 年 8 月 18 日,南平市建阳区在区文化馆举办第四批“建窑建盏烧制技艺”代表性传承人授牌仪式

体 育

【概况】 2020年，建阳区持续加大公共体育设施投资力度，城区建有1个标准田径场、1个游泳池、1个体育馆、多功能体育场、青少年校外活动中心、潭山公园休闲健身步道、宝塔山健身步道、崇阳溪亲水平台健身步道、麻阳溪亲水平台健身步道、人民公园、朱熹健身广场、宋慈健身广场、蔡元定广场等群众健身场所。全面实施全民健身五项工程，“农民体育健身工程”行政村覆盖率达100%，所有乡镇均建有1个以上体育活动场所，为城乡居民提供良好的体育健身场所，初步满足了群众体育健身需求。

借助考亭水美城建设项目，打造沿麻阳溪沿河健身栈道、沿河健身广场，该项目分阶段实施，大潭映象小区段已开工建设。利用区级体彩公益金落实为民办实事项目，2017年投资88万元更新村、社区44条全民健身路径，2018年投资144万元更新村、社区72条全民健身路径。2020年，再度投资230余万元，更新覆盖全区13个乡镇街道200多个行政村和社区。

区政府逐年加大群众体育场地设施建设力度，初步实现“全区体育健身场地设施人均场地面积达到2.0平方米”和争取早日实现打造“15分钟健身圈”的目标。

【免费开放体育场馆】 2020年，建阳区文体服务中心管理的建阳区体育馆、青少年校外活动中心以及游泳池等活动场馆全年开放。每周开放时间至少72小时，安排固定体育训练活动，包括乒乓球馆的乒乓球协会训练、少儿班培训；羽毛球馆的羽毛球协会训练、少儿班训练；室外馆的老体协、少儿班训练，以及体育馆内男篮训练、老体协轻排球训练及各机关事业单位、社会团体在场馆举办的职工文化体育活动等。2020年，对青少年校外活动中心进行外立面及室内改造工程建设，力求给广大体育爱好者提供一个良好的锻炼环境。为迎接2022年省运会的到来，对体育场进行升级改造。

【群众体育活动】 建阳区体育总会根据群众体育活动的需要，多次组织派人参加二级社会指导员培训，2020年新增国家二级社会体育指导员46人，逐步建立一支高素质、有特长、稳定的社会指导员队伍，在群众体育活动的普及和提高上发挥了积极的作用。为贯彻落实全民健身国家战略、《全民健身条例》和《全民健身实施计划（2016—2020）》，进一步推进建阳区“全民健身运动与省运同行”“运动健身进万家”活动的开展，在做好疫情防控措施下，同时大力开展各项全民健身运动会。

1月，在建阳区林后水库举办2020南平建阳首届全国郊野钓鱼大赛暨“武夷山水”品牌嘉年华，参赛规模达1000人，以及2020年福建省全民健身运动会南平市建阳区庆元旦“河长制”冬泳比赛；7—8月，在建阳区黄花山体育场举办2020年全民健身运动会暨“我爱足球”中国足球民间争霸赛南平市足球协会第三届业余足球联赛，在麻沙镇举办2020年福建省全民健身运动会“陈依九杯”南平市传统武术“云”上交流赛；10月，在建阳区人民公园广场与区总工会、区卫健局联合举办2020年建阳区“迎重阳”全民健身职工工间操比赛；11月，在建阳区考亭国家垂钓基地举办2020年“武夷山水·圣农杯”全国郊野钓鱼大赛总决赛，参赛规模达14000人，在回龙乡举办2020年“大美乡村，魅力回龙”第四届“青松·龙行杯”全国自行车爬坡赛；12月，在将口镇松柏村举办规模人数达千人的2020南平·建阳“农信杯”职工第二届云谷山越野赛。2020年，共举办20场全民健身运动会体育赛事活动。

各协会年初要制订工作计划，年底上报工作总结；赛前制订工作计划，赛后做好工作总结，做到月月有活动，年年有赛事，并及时上报建阳区体育总会，建阳区体育总会根据各协会上报的业绩，每年评出先进单位及个人，并给予协会相应的资金和其他奖励手段。

【竞技体育】 建阳区文体旅局组织运动员参加各类比赛，硕果累累。在2020年第四届南平市运动会（青少部）上，建阳区报名参加其中13个项目。领队、教练员、运动员247人组成青少年比赛代表团。乒乓球获得团体总分第二名、游泳获得团体总分第三名、羽毛球获得团体总分第三名、足球获得第二名。2020年第四届南平市运动会（群众部）上，建阳区组队参加群众部11个项目中的中国象棋、

2020 年 10 月 8 日，南平市第四届运动会散打比赛在邵武体育馆举行

2020 年 11 月 19 日，“三遗地产”南平市第四届运动会“武夷仁武”（青少年部）跆拳道比赛在建阳区黄华山田径场举行

足球、乒乓球、太极拳、三人篮球、体育舞蹈、钓鱼、篮球等八个大项的比赛。领队、教练员、运动员近 100 人组成区代表团。其中中国象棋获得团体总分第一，足球获得团体总分第二，乒乓球获得团体总分第一，太极拳获得团体总分第二，钓鱼获得团体总分第二。

【青少年体育】 2020 年，建阳区文体旅局承办南平市第四届运动会群众部赛事中的足球赛事。11 月承办南平市第四届运动会青少部赛事中的田径、举重项目。

附：2020 年比赛中获得奖项名单

竞技体育获奖情况

表 10

运动员	年份	赛事名称	成绩和名次
建阳队	2020	第四届南平市运动会（青少部）	乒乓球团体第二名
建阳队	2020	第四届南平市运动会（青少部）	游泳团体第三名
建阳队	2020	第四届南平市运动会（青少部）	羽毛球团体第三名
建阳队	2020	第四届南平市运动会（青少部）	男子足球第二名

群众体育获奖情况

表 11

运动员	年份	赛事名称	成绩和名次
建阳队	2020	第四届南平市运动会（群众部）	中国象棋团体第一名
建阳队	2020	第四届南平市运动会（群众部）	乒乓球团体第一名
建阳队	2020	第四届南平市运动会（群众部）	足球第二名
建阳队	2020	第四届南平市运动会（群众部）	钓鱼团体第一名
建阳队	2020	第四届南平市运动会（群众部）	太极拳团体第二名
建阳队	2020	第四届南平市运动会（群众部）	篮球团体第二名

旅 游

【概况】 截至2020年底，建阳区共有A级景区6个、全域生态旅游小镇1个、旅游休闲集镇2个、旅游村9个、露营公园1个、观光工厂1个、星级饭店4家、旅行社3家。2020年受疫情影响，全区累计接待旅游488.99万人次，同比恢复76.7%，高出全市3.2个百分点；累计实现旅游总收入75.15亿元，同比恢复75.7%，高出全市7.1个百分点。

【旅游景区建设】 书坊红色小镇景区：书坊乡以绿色生态为依托，以古色建本文化为底蕴，以历史缅怀、党性教育、红色体验为核心，投入资金约9000万元，完成康宁古街传统古村落活化保护、古街炮楼声光电体验、太阳山革命烈士纪念园宣誓广场、鲜花广场等项目建设及标识系统、旅游公路等基础设施提升，成功创建国家AA级景区。

书坊红色小镇景区 （陈孝开 摄）

国华酱酒景区：以酒文化为主题，设有酒窖、酿酒作坊、酒文化长廊等多个景观点，同时，游客可亲身参与到酿酒过程中，并支持游客对现有存酒进行预订、签售，可随时存取。2020年，投入资金约2000万元，建设游客中心、旅游厕所、标识系统、生态停车场、各类旅游娱乐活动设施建筑及配套，成功创建国家AA级景区。

现有景区提升：建阳（卧龙湾）武夷花花世界景区完成萌宠乐园改扩建；黄坑景区完成响鼓水世界沿河栈道铺设、独栋木屋安装及PVC（聚氯乙烯）排筏采购；麻沙楠木林景区完成风车长廊、喊泉等业态提升。

【旅游市场开发】 按照“做透周边、巩固重点、延伸境外”营销策略开展宣传推广，举办各类文旅推介活动，如参加厦门旅博会、闽东北推介会、第三届中国进博会、闽宁特色产品展示展销嘉年华、福建旅游生活展等。积极深化与抖音视频等新媒体平台合作，注册建阳文旅抖音官方账号，定时推送建阳文旅资讯，持续增强品牌曝光度、吸引流量关注，已有粉丝5600余人，获赞26.8万次。在福州地铁1号线、2号线投放建阳旅游广告，通过品牌包车、梯眉贴、主题展厅墙贴等方式实现优势互补的广告覆盖营销。举办“春暖花开季 重聚全福游”——2020福建分会场主题活动、朱子诞辰890周年祭祀大典、第二届大武夷赶山节暨“鱼”你同乐美食嘉年华、建阳首届茶文化节等文旅活动，打造月月有节庆、季季大活动的营销盛况。

【特色旅游】 2020年，建阳区营造开放、有序、活跃的夜游环境，打造独具特色的夜游品牌，一是以考亭片区实景山水、人文背景为依托，打造夜游麻阳溪项目，展现建阳的朱熹、宋慈、建盏、建本，以及茶和水美生态文化；二是以考亭古街为依托，引进闽北地区特色美食、“非遗”技艺等项目，采用多样化的灯光表现形式，重现宋代夜市的繁华景象；三是以红色文化为主旋律、“建本文化”为特色、“绿色文化”为基础，打造康宁古街夜游产品。以乡村振兴为抓手，打造独具特色的乡村旅游品牌，麻沙镇完成游客服务中心、旅游车站、售票中心、旅游公厕、书津古渡休闲中心、特色商品交易中心、生态旅游停车场、建本文化公园、游酢文化广场等项目建设，成功创建省级全域生态旅游小镇；莒口镇小源村结合乡村文化，充分发挥文化遗址、古村落的文化价值和旅游价值，布局体验式业态，成功创建省级乡村旅游特色村。

卫生 计生

【概况】 2020年，南平市建阳区共有各级各类卫生机构228所（个），其中公立综合医院1所（不含南平市第二医院）、中医院1所、妇幼保健院1所、精神病医院1所、疾病预防控制中心1所、卫生监督所1所、监狱医院1所、看守所卫生所1所、社区卫生服务中心2所、乡镇卫生院11所、社区卫生服务站7所、民营医院2所、血液透析中心1所、个体门诊部6所、个体诊所21所、村卫生所（室）164所和厂矿、学校、居委会医务室6所。有公立医疗机构正式在职人员820人（乡镇卫生院326人），其中卫生技术人员787人（乡镇卫生院310人），各医疗机构共有临时聘用人员892人（乡镇卫生院305人）。建阳区属医疗单位业务收入26634.82万元（其中乡镇卫生院5060.4万元），全年完成门（急）诊工作量95.07万人次（其中乡镇卫生院54.98万人次），住院3.27万人次（其中乡镇卫生院1.23万人次）。

【卫生信息建设】 2020年，建阳区卫健局被南平市列为世行贷款信息化建设试点县（区），率先完成双向转诊、心电、影像、电子病历等项目，医共体管理、化验室检验检查项目已基本完工，建阳区综合医院及13家基层医疗卫生机构高清视频会议系统建设实现省、市、县、乡高清视频会议，远程会诊系统的互联互通。开展网安培训，6月6日在南平市第四医院、建阳中医院举办网络信息安全及世行贷款信息化建设项目培训会议，会议上福州中信网安的工程师做了专题讲座，针对各级医疗机构网络安全的常见问题进行解答。7月17日，总医院（建阳第一医院）举办一期网络系统应急演练及信息安全培训会议，邀请区公安局网安大队的专家进行专题培训。通过各类培训，及时传送工作精神，提高各级医疗卫生机构网络管理人员业务知识和工作能力。制定管理制度，各单位成立网络信息安全相关的工作小组，落实涉疫信息安全保密任务，制定网络安全管理制度、计算机使用管理制度等，区级医院根据自身情况制订工作网络安全应急预案。为了推动工作落实，将网络安全工作内容纳入区委、区政府下达的公立医院考核、院长年薪考核细则中，与医院的绩效挂钩。严格涉疫信息管理。对返乡人员、留观点留观对象信息及核酸检测、流行病学调查等信息进行严格管控，严禁通过互联网传播，要求各单位及时更改电子邮箱密码，严禁通过微信传递涉疫信息。针对此次疫情防控需要，全区所有医疗机构对网络安全工作进行全面的自查，对疫情报告系统的计算机网络环境进行排查。

【疾病预防与控制】 2020年，建阳区新生儿2813人，建卡率100%，国家扩大免疫疫苗接种率均在98%以上，百白破等疫苗加强接种率均在90%以上；脊髓灰质炎疫苗儿童接种11733剂次，接种率99%；麻疹类疫苗接种6562剂次，接种率99%。抓好免疫规划信息化建设，预防接种信息化建设覆盖率达100%。率先开展数字化预防接种门诊建设，共建设完成13家数字化预防接种门诊并投入使用。2020年1—12月全区无甲类传染病发生，共报告乙类传染病12种，共计865例，传染病报告发病率为266.98/10万；死亡3例，死亡率为0.93/10万；传染病漏报率为零。建阳区2020年1—12月共发生217例手足口病病例，实验室确诊47例，无重症病例，未发生死亡病例。完成艾滋病自愿咨询检测481人次。

【疫情防控】 截至2020年12月31日，建阳区疾病预防控制中心疫情监测组每日收集疫情防控动态并上报，共计131期。疾控中心检测组负责建阳区样本采集、保存、运送及生物安全管理，落实8类重点人群“应检尽检”，做好特殊人员（包括监管场所、学校工勤人员、学校老师、境外人员、高中风险地区入潭人员、超市人员、快递外卖人员、农贸市场人员及环境标本等）核酸检测工作，8月初，建阳区疾病预防控制中心核酸实验室建成并投入使用。疾控中心消杀组负责对疫点疫区的消毒技术培训、指导出动消杀人员270多人次，出动车辆350多辆次，使用含氯消毒剂约800公斤，消杀面积约160万平方米；以区疾控中心为主，从区卫健局、中医院、妇幼保健院及乡镇卫生院抽调70余人，组建专业防控队伍。防控队负责指导全区112家规模以上企业、44个省市重点项目复工复产人员健康管理和疫情防控；为建阳区复工复产企业发放84消毒液，为建阳区180家单位发放漂白粉350公斤、84消毒液700公斤，给各乡镇、街道医疗机构发放过氧化氢180桶（25升／桶）、次氯酸钠消毒液366桶（25升／桶），并指导各单位做好环境消杀工作；督促学校做好复课期间疫情防控相关工作，在开学期间各派出一名技术人员驻点各学校，保障师生安全，累计指导学校约20所、100人次；做好各种考试、会议现场疫情防控工作，安排防疫工作人员到考试、会议现场，应对突发事件，进行疫情防控工作，累计指导考试50多场、100人次。认真落实防控主体责任，加固防控薄弱环节，突出重点，落实疫情防控常态化工作。对辖区内275家公共场所、41所学校、5家集中式供水单位、161家卫生医疗机构、其他单位41家等开展监督检查，检查出动600车次，3000人次。

储备医疗物资，合理安排部署，设立负压病房2间，开设床位12张，同时配备与床位相匹配的呼吸机、心电监护仪和CRRT（连续肾脏替代疗法）等重症救治设备。区总医院根据秋冬季节疫情防控需要，建立防控物资储备清单，并按照既往疫情高峰期30天的使用量动态储备防护物资，每周一清点库存，填好动态储备清单，做好统计，及时做好采购计划。严格按照《新型冠状病毒肺炎诊疗方案（试行第八版）》要求储备医疗救治药品，医院现有药品储备均能满足12张病床满负荷30天使用需求。区疾控中心重点做好医用防护物资、实验室检测试剂、消杀器械和消杀药品等物资储备，至少满足既往疫情高峰期10天满负荷运转需要。基层医疗卫生机构现有既往疫情高峰期10天用量的防护物资、医疗设备、医用耗材药品、消杀产品等物资储备。（一）全力用信息技术服务防控。对来源不一、信息驳杂的返乡人员数据进行统计分析方法，解决返乡人员的管理是疫情控制的重点和难点，为基层实施精准的网格化人员管理提供行之有效技术支持。充分利用信息化手段服务于疫情防控，积极协调DR（数字X线摄影术）远程诊断和“云诊室”远程会诊，及时搭建远程视频会议培训系统，快速提高基层鉴别发热、上呼吸道感染病人的能力。组织卫健系统信息团队开发医学留观管理系统，通过细致的架构分析，把防控方案中的各项管理要素融入系统，实现运转流程的准确控制，减少工作差错。经过团队两天的连续奋战，信息系统及时上线投入使用，极大提高管理效率，减少工作量，避免纸张办公的交叉污染。在南平市第四医院建设中，对参与网络环境、硬件要求、软件功能进行了周密的规划和论证，保证新院信息建设的先进性、可行性和时效性。（二）多方位开展疫情防控工作。响应南平市心理卫生协会的倡议，加入南平市心理卫生协会组织的新冠肺炎心理干预团队，为市民提供免费心理热线咨询服务。积极投入社区，对居委会工作人员进行细致的培训，传授防控知识，指导小区管理人员开展环境整治消杀、电梯管理、快递管理、人员出入管理。把“7S4T”（7S：整理、整顿、清洁、素养、清扫、安全、节约；4T：早发现、早隔离、早防护、早治疗）管理理念融入进疫情防控工作中，指导卫生院开展环境场所整治，严格加强院内感染控制管理，加强医务人员自身防护。

【卫生基础设施建设】 2020年，建阳区卫健局加快推进医疗卫生重点项目建设，推动补短板项目落地落实。一是续建建阳区康宁医院二期建设项目，该项目总投资1500万元，已完工，处于试运行阶段；二是新建建阳区疾病预防控制中心实验室提升项目，该项目总投资1000万元，于4月开工建设，已完成设备采购；三是新建南平市建阳第一医院公共卫生应急救治中心项目，该项目总投资10500万元，于11月开工建设，处于基础施工阶段；四是南平市建阳第一医院感染性疾病科改造项目，该项目总投资1050万元，于12月开工建设。

【妇幼保健】 2020年，建阳区卫健局免费为2600名待孕妇女发放叶酸，完成任务的100%；免费为6664名城乡居民医保妇女“两癌”检查，完成任务的121.16%；为农村孕妇和城市低保孕妇免费产前筛查978名，完成任务的51.47%。全区产妇2624人，孕产妇产前检查2572人，产前检查率96.98%；筛查出高危孕产妇1822人，高危筛查率69.44%，高危孕产妇管理率达100%；共对2624名孕产妇进行艾滋病毒检测，检测率达100%，检测出艾滋病病毒阳性孕妇2人；全区无孕产妇死亡；全区7岁以下儿童保健覆盖率95.12%；3岁以下儿童系统管理率91.26%；高危儿童筛查率2.5%，管理率100%；5岁以下儿童死亡率3.77‰；婴儿死亡率2.64‰；新生儿疾病筛查2774人，筛查率99.53%，筛查出甲状腺功能减退症3人、G6PD（俗称蚕豆病，葡萄糖六磷酸脱氢酶缺乏者进食蚕豆后发生的急性溶血性贫血）18人；新生儿听力筛查2769人，筛查率99.35%；共为25839名儿童进行眼保健，为26979名儿童进行口腔保健。全年共为883名适婚青年男女进行免费婚前医学检查，检出各种疾病168人，占婚检人数的19.03%，建议暂缓结婚19人。

【卫生监督执法】 2020年，建阳区卫健局有公共场所卫生行政许可新证116家、公共场所卫生许可变更3家、公共场所卫生许可延续10家、供水单位卫生许可新证1家、生活饮用水变更法人1家、放射诊疗建设项目职业病危害放射防护预评价审核5家、放射诊疗建设项目放射防护设施竣工验收2家、医疗机构放射诊疗许可变更2家，为1名放射工作人员补办遗失证件。加强职业卫生监管，开展南平市矿山、冶金、化工、建材等行业领域尘毒危害治理工作。督促42家企业完成职业病危害因素申报工作，申报率100%。加强卫生监督，有各类卫生应监督户数829户，实监督797户，监督信息报告管理建档率达100%，覆盖率达96.14%，顺利完成国家监督抽检“双随机、一公开”工作。

【人才队伍建设】 2020年，建阳区卫健局校园招聘紧缺急需人才15人，双一流招聘6人；委托福建医科大学、福建中医药大学、莆田学院、厦门医学院定向培养临床医学本科生5人；委托泉州医学高等专科学校定向培养临床医学专科生2人，本科定向毕业生入编9人，大专定向毕业生入编5人。

【加快推进乡村卫生服务一体化建设】 截至2020年底，建阳区共有村卫生所163所，其中一体化村卫生所151所。全区163所村卫生所均完成规范化建设。近三年建阳区政府结合部分村委会、村卫生所新建、改扩建、搬迁等实际情况，共投入525万元用于村卫生所升级标准化建设，统一村卫生所外墙立面、标识、内部装修，采购统一的家具、电脑、打印机、电器（电视、空调）等设施设备。153所村卫生所已完成建阳区升级标准化建设，10个村卫生所升级建设中，预计在2021年完成升级建设。增设18个医疗巡诊点，均已完工。2020年区政府将乡村卫生服务一体化管理经费210万元列入政府预算，用于一体化管理的人员、网络、读卡器等补助。区卫健局制定了一体化村卫生所及乡村医生绩效考核方案，根据考核结果为一体化乡医发放人员补助经费。全力推进医保结算终端入村，2020年全区163所村卫生所均已开展村卫生所医保报销服务，共报销57320人次，为农村居民报销772843.53元。

【医药建设工作】 2020年，建阳中医院创建二级甲等中医医院，已向南平市卫健委申报等级验收。加强特色专科建设，建阳中医院肛肠科已被确认为福建省农村医疗机构中医特色专科。2020年通过蛇伤救治二级站申报项目，获得专项资金。在对口帮扶单位福建中医药大学附属第二人民医院的指导帮助下，选送康复科、肛肠科申报南平市重点专科。2020年5月，建阳中医院与福建中医药大学附属人民医院签订黄氏蛇伤学术流派传承工作站建设协议，并举行授牌仪式。全区加快以中医专科联盟为核心的中医药服务能力建设，推进建阳区基层中医药医疗、预防、保健、康复等服务能力。至2020年底全区所有基层医疗机构均完成中医馆建设，中医馆覆盖率达100%。2020年麻沙中心卫生院通过精品中医馆建设申报项目，获得专项资金30万元。

【医政管理】 2020年，建阳区共办理医疗机构执业登记注册10家、医疗机构执业许可证变更18家、注销医疗机构4家、有效期延续5家、医疗机构校验181家、医疗广告审查1个、义诊活动备案6个；医师首次注册27人次，医师变更注册86人次，医师多机构备案41人，医师注销注册1人；乡村医生执业注册2人；母婴保健技术服务人员考核合格证许可5人；麻醉药品和第一类精神药品购用许可1家，麻醉药品和第一类精神药品购用许可变更3家；护士首次注册60人次，变更注册135人次，延续注册113人次，注销注册10人次，重新注册10人次。共参与医疗纠纷调处7起，委托医疗事故技术鉴定6例，组织专家咨询1例。未发生重大医闹事件，有效维护医患双方的合法权益。2020年提供医疗保障任务96次，调配医生100余人次、护士71人次、救护车30辆次。

【医疗质量管理】 2020年，有7个专业质控中心根据年度工作计划安排，对区各级医疗机构医疗质量质控工作通过培训、指导、检查等多种手段方法，充分发挥各质控中心的专业引领作用，有效提高建阳区医疗机构的质控管理水平。2020年8月临床用药质控中心举办建阳区抗菌药物临床应用管理培训班，组织全区二级以下医疗机构医师、药师进行集中培训，并进行考核。区卫健局依法授予159名二级以下医疗机构的医师、43名药剂师抗菌药物处方权或调剂权。同时区属二级以上医疗机构按照药事管理法规要求开展培训考试与授权工作，进一步规范建阳区抗菌药物的合理规范使用。

【扫黑除恶专项斗争】 2020年，建阳区卫健局全面贯彻落实党中央的决策部署及省委、市委、区委的相关工作要求，继续深挖摸排线索，加强行业领域专项治理。努力提高各级各类医疗卫生机构管理能力、防范能力，改善医疗秩序。根据制定下发的行业领域整治方案，督促各单位开展自查自纠工作，加强医德医风、卫生健康行业“九不准”、医保、财务政策等方面的学习，规范医疗机构依法执业行为。通过自查自纠发现并纠正一些存在的问题。行业乱象得到遏制，卫健行业作风有较明显的改善，基本形成长效工作机制。

【基本公共卫生服务】 2020年，共建立居民电子健康档案29.67万份，规范化电子建档率90.46%；更新健康教育宣传栏1303期次，乡、村两级共组织健康知识讲座1171次，开展健康咨询活动123次，印制并发放宣传资料18.93万份。为22999名65岁以上老年人提供中医药健康管理服务，为9069名0～36个月儿童提供中医药健康管理服务。认真开展卫生监督协管工作，协助进行饮用水采样送检工作27次，非法行医协助查处1起。全区共计巡查2435次，其中公共场所巡查316次，学校托幼机构358次，医疗机构703次，饮用水巡查662次，公共场所巡查316次，非法行医巡查52次，非法采供血巡查28次。为25034名65岁老年人进行免费健康体检，体检率达70.25%；早孕建册2509人，早孕建册率87%，免费产后访视2787人，产后访视率96.64%；免费建立0～6岁儿童保健手册2767册，免费为儿童体检24567人，儿童健康管理率92.85%，免费新生儿访视2767人，新生儿访视率95.94%；7岁以下儿童预防接种建卡率达100%，一类疫苗各单苗基础免疫接种率均在90%以上；高血压患者健康管理21661人，规范化管理17523人；糖尿病患者健康管理7164人，规范化管理5748人；重性精神疾病患者健康管理1394人，规范化管理1235人；健康管理肺结核患者103人。

【精神文明与党风廉政建设】 2020年，建阳区卫健局深入学习习近平新时代中国特色社会主义思想，习近平总书记重要讲话、重要指示批示精神和中共十九届二中、三中、四中全会等精神，深入开展“文明行医抗疫情，争做文明卫健人”活动、“业务大学习、能力大提升”活动和卫健系统“学习强国”学习活动。组织党员干部职工学习《习近平在厦门》《习近平在宁德》《习近平在福州》《习近平在福建》采访实录，统筹推进新冠肺炎疫情防控和经济社会发展工作，关于历史特别是党史、新中国史、改革开放史的重要论述等知识；精读《习近平谈治国理政》第二卷、第三卷，《习近平关于统筹疫情防控和经济社会发展重要论述选编》，《论党的宣传思想工作》等党内法规和必读书目。卫健系统持续开展各类主题党日活动，打造“卫生健康”党建品牌，推动党员干部先锋模范作用。自 2020 年以来，共开展65项不同类别的志愿服务活动，派出志愿党员医疗专家 350 人次，在“福建志愿服务网”上累计服务时长 8968 小时，服务群众 4.55 万人次，发放卫生健康类宣传资料和宣传品 6.35 万份。落实初信初访件“零暂存”，办理情况“零报告”。共受理关于信访群众来信、电子访、电话访 440 件，其中关于来信来访 41 件、南平“12345”便民服务平台 392 件、随手拍转来 7 件；440 件案件全部结案。

【计生管理与服务】 2020 年，建阳区坚持计划生育基本国策，稳妥实施全面两孩政策，创新计划生育服务管理，紧紧围绕“抓民生、促和谐”的思路，以深化卫生和计划生育综合改革为统揽，以多层次保障、多渠道奖励、多形式帮扶为重点，构建奖、优、免、扶、保、助六位一体的利益导向机制，推动人口计生工作走上科学发展、统筹发展、和谐发展、健康发展的轨道。截至 2020 年 12 月，全区常住总人口约 36.24 万人，其中育龄妇女 83060 人，已婚育龄妇女 60910 人。2020 年 1—12 月，全区总出生 2659 人，出生率为 7.37‰，自然增长率为 2.22‰，其中政策内出生 2484 人，政策符合率为 93.42%；出生性别比为 87.25（女 =100），近三年出生性别比为 91.90（女 =100）；免费孕前优生健康检查项目目标人群覆盖率为 83.04%；计划生育法律法规及政策规定的各项奖励优惠政策、资金兑现率均达 100%；特殊家庭建档率为 100%。

【宣传教育】 2020 年，建阳区卫健局充分运用报刊、广播、电视、网络和其他多种形式开办人口与健康专栏、专题、讲座等栏目，面向大众，增大频率，全面做好做实卫生计生宣传工作。与《闽北日报》《建阳报》紧密协作，在《闽北日报》专栏刊登报道 43 篇。截至 12 月 31 日，在国家、省、市、区四级平台（报刊、网络）等媒体刊登稿件 282 篇，其中国家级平台用稿 20 篇，省级平台上稿 134 篇、市级以上平台用稿 128 篇。与建阳广播电视台紧密协作，开辟《医改之窗》栏目。大力做好卫生健康教育宣传微信公众号宣传工作，每周推送 3 次以上健康知识与卫计动态新闻，公众号及时回复对象的咨询 19 人次，2020 年全年共推送微信服务信息 424 篇，各乡镇（街道）卫生院（社区卫生服务中心）微信公众号推送频率保持在每周 3 次以上健康知识信息。为做好建阳区新冠肺炎疫情防控宣传工作，区卫健局宣教股通过定制粘贴户外宣传海报、定制发放宣传品，做到新冠病毒防控知识宣传无死角、全覆盖。截至 12 月，各类户外粘贴文件公告 10 种，粘贴范围覆盖各个村居、医疗机构、车站、学校、社区、复工复产宾馆、商超等。同时，针对不同群体制定相应防控宣传折页和书籍，内容包含新冠病毒知识科普、疫情防控知识、复工复产、八闽健康码操作流程、低风险地区疫情防控行为准则等；宣传材料制定、宣传工作的开展紧紧围绕区疫情防控工作。各项卫生健康宣传活动有序开展，2020 年 1 月 1 日至 2020 年底区卫健局组织区疾病预防控制中心、区卫生监督所、流动人口管理站、区公共卫生管理中心开展“三下乡”、“走基层、送温暖”慰问活动、复工复产复学宣传、机关党建宣传活动等形式多样的户外宣传活动 22 次，健康教育宣传栏更新 18 期。各项宣传活动的开展，进一步丰富了广大人民群众卫生健康知识、提升了卫生健康法律意识。

【流动人口计生服务管理】 2020 年，建阳区共有流动人口 4.77 万人，其中流出人口 3.15 万人，流入人口 1.62 万人。在流出人口中，跨省流出人口 1.64 万人，省内流出人口 1.51 万人；在流入人口中，跨省流入人口 7956 人，省内流入 8241 人。跨省协查和通报信息及时率 93.02%，跨省流动人口婚育信息查询率 96.43%，省内流动人口四项信息通报接收及时率达到 94.48%，开展流动人口基本公共卫生服务，建阳区完成 65 岁以上流动老人健康体检覆盖率 86.21%，3 周岁以下流动儿童体检覆盖率 89.07%，孕产妇产后访视覆盖率 92.39%，孕产妇产前检查覆盖率 92.91%，0 ～ 6 岁儿童预防接种覆盖率 91.46%。上述五类流动人口公共卫生服务总体覆盖率达 90.91%，超过“国优”标准 5.91

个百分点。

【计生奖励与扶助】 在全面落实国家、省和南平市出台的特殊家庭扶助政策的基础上，2020年度农村奖励扶助对象为2760人，每人每年1200元（其中低保户146人，每人每年2400元），共发放奖励扶助资金348.72万元；城镇奖励扶助对象为3963人，每人每年1200元（其中低保户32人，每人每年2400元），共发放奖励扶助资金479.4万元；贡献奖励对象为1945人，每人每年360元，共发放奖励扶助资金70.02万元；特别扶助对象为232人［其中49～59周岁（非低保）为106人，每人每年12120元；60周岁及以上（非低保）为82人，每人每年13320元，49～59周岁（低保）为14人，每人每年15600元；60周岁及以上（低保）为30人，每人每年16800元］，共发放特别扶助金309.936万元；手术后遗症10人，每人每年3600元，共发放特别扶助金3.6万元。农村二女夫妇奖励扶助对象为8662人，每人每年360元，共发放奖励扶助资金311.832万元。以上六项奖励和扶助制度的对象共17572人，共发放奖励扶助资金1523.508万元。以上奖励扶助资金已全部落实到位。

【省级托育试点项目建设】 3岁以下婴幼儿（以下简称婴幼儿）照护服务是生命全周期服务管理的重要内容，事关婴幼儿健康成长，事关千家万户。婴幼儿照护服务试点工作对于逐步满足人民群众对婴幼儿照护服务的需求，促进婴幼儿健康成长、广大家庭和谐幸福、经济社会持续发展，具有重要意义和作用。建阳区对婴幼儿照护服务试点工作高度重视，将试点工作纳入建阳区2020年为民办实事项目，制定切实管用的政策措施，促进婴幼儿照护服务规范发展。在区政府的统一领导下，成立婴幼儿照护服务联席会议制度，卫健、发改、教育、公安、民政、财政、人力资源、自然资源、住建、市场监督、应急管理、消防、税务等部门紧密配合，加强对婴幼儿照护服务工作的支持、指导、监督和管理，研究解决工作中遇到的困难和问题，确保婴幼儿照护服务工作顺利进行。加强对婴幼儿照护服务的监督管理，各部门按照职能，各司其职，建立监督管理制度，确保各项政策措施、规章制度落实到位。按照属地管理和分工负责的原则，建立以街道为主体、各部门参与的属地综合监督管理机制。省卫健委联合省发改委、财政厅于2020年11月12日对省级托育试点开展验收工作，建阳区省级托育试点顺利通过验收。

【开展人道救助工作】 2020年，建阳区红十字会参与“99公益日”活动。通过微信，发出《99公益日，南平市建阳区红十字会邀您一起做公益！》倡议书，通过线上与线下爱心捐赠，共筹款27261元，参与捐款2421人次。开展“红十字博爱送万家”活动，共发放慰问金1.65万元，慰问物资价值1.013万元，为103户困难群众送去温暖。对重特大疾病困难家庭实施应急人道救助。应急人道救助9人，发放救助金14170元。此外，资助闽北卫校学生郝梦如1000元，助其完成学业；慰问患肺癌晚期红十字会会员郑平，并送去慰问金3000元。

【扎实推进应急救护培训工作】 2020年，建阳区红十字会开展以“助力疫情防控，红十字救在身边”为主题的应急救护知识“六进”活动，开展30场应急救护知识普及讲座，普及培训9375人次，占总常住人口比例的3.21%，进一步提高居民的自救互救能力。全力配合南平市红十字会有序推进“学校＋社区”安全健康教育活动。完成救护员培训13期629人，亲子讲座4场1000人，应急演练1场658人，主题宣传活动2场260人，学校安全教育体验活动3场1925人。按期完成“红十字博爱驿站”建设。于12月底，在潭城街道社区卫生服务中心的家签中心，完成红十字博爱驿站建设。建阳一中作为红十字体验式生命教育示范校，积极举办应急救护知识课堂；在春季运动会开展应急救护技能比拼项目；举办水上安全与救生知识讲座，减少和避免学生溺水事件发生；建阳一中拟在图书科技大楼2楼建设面积约200平方米的生命教育体验馆。

【依法参与推动“三献”工作】 2020年，建阳区红十字会为确保疫情防控期间建阳区临床血液供应，动员适龄公民参加献血及造血干细胞血样采集。全年参与无偿献血2606人，累计献血4661人次，献血量为93.22万毫升，造血干细胞血样采集入库26人。2020年6月，莒口镇上�村55岁包某，去世后无偿捐献眼角膜，他是建阳区

第四例眼角膜捐献者。截至 2020 年底，建阳区遗体自愿捐献登记 25 人，人体器官自愿捐献登记 295 人，已实现器官捐献 9 人，遗体捐献 4 人，眼角膜捐献 4 人。

【老龄工作】 建阳区卫健局老龄健康办组建于 2019 年 9 月，系区老龄委的成员单位，组建以来，协调全区老龄健康工作，认真探索完善老年健康服务体系建设，全力推进建阳区医养结合工作，贯彻落实机关事业单位干部职工荣誉退休制度，拓展建阳区老年友善医院、老年人居家养老医疗服务建设和全国示范性老年友好社区创建，组织开展了形式多样、丰富多彩的“敬老月”活动，不断促进老龄健康工作，落实老年优待政策，维护老年人合法权益，增强老龄人的幸福感、获得感，取得一定的工作成效。

社会民生

人力资源和社会保障

劳动就业

【就业创业】 2020年，全区已实现城镇新增就业人员3270人，完成任务数3080人的106.17%；城镇失业人员再就业人数1060人，完成任务数560人的189.29%，其中就业困难对象再就业385人，完成任务数380人的101.32%；城镇登记失业率控制在3.27%；新增农村富余劳动力转移就业人数4405人。

创新劳动力供需平台，打开招工新思路。依托“云视讯”“云招聘”等网络招聘平台优化视频面试服务，推动线上视频招聘常态化。2月19日举办全省首个线上视频招聘会，共举办线上招聘会2场，为160家企业发布就业岗位6500多个，达成就业意向408人，意向率达49.63%。重启线下招聘，2020年组织大型现场招聘会17场，通过双向选择，531人与企业达成初步就业意向，印发就业信息明白卡等就业政策宣传品2万份。

2020年疫情防控期间，全区发放各类惠企补助1243.77万元，其中面临暂时性生产经营困难且恢复有望企业稳岗返还资金694.02万元，拨付失业保险稳岗补贴409.83万元，规模以上企业春节期间稳定生产补助5.17万元，春节期间开工生产和保障民生的商贸配送企业稳就业奖补132.3万元，发放疫情期间就近就地就业用工奖励2.45万元。

支持各类群体创新创业，着力提升青年就业。新增就业见习基地7家，开发60个见习岗位，吸纳44名高校毕业生就业见习并优先留用，发放就业见习补贴22.07万元，吸纳应届毕业生补助金4000元。共有4家企业与7个行政村建立村企合作关系，共有213名农民工在村企对接活动中实现就业。支持各类群体创新创业，扶持培育3名创业者获得市级优秀项目评审优秀奖励共9万元，1名获得2020年省级大中专毕业生创业资助3万元奖励。

【职业培训与技能人才培养】 2020年以来，共培训3023人，其中包含精准扶贫对象7人，发放职业技能提升行动专项资金332.37万元。全面开展“以工代训”职业技能培训，共培训2000人，发放“以工代训”补贴款250万元；完成岗前简易培训52人，发放补贴1.04万元。完成邱芙蓉陶瓷工艺技能大师工作室、亚裴美发技能大师工作室等7家技能大师工作室申报工作，其中陈国飞、李光熙、邱芙蓉、武夷明红贸易商行、裴仁福5家被评为南平市技能大师工作室；完成吴兴乾、蔡龙等8家技能大师申报工作，其中吴兴乾、徐长河、蔡龙、朱信丛4家被评为南平市技能大师；廖设生陶瓷工艺市级技能大师工作室被评为省级大师工作室。开展以“春暖花开，文化创意”为主题的百人仿宋点茶师培训，为“百人点茶”活动输送了120名优秀点茶师；开展南平市建阳区2020年农信职工劳动技能竞赛1场、南平市建阳区美发职业技能竞赛1场、建盏制作1场；组队参加市级手工木工竞赛1场，推荐参加省级陶瓷装饰工（建盏方向）1场，推荐参加省级美发竞赛1场。

【精准就业扶贫】 2020年，建阳区人社局做好精准就业扶贫工作，提升服务质量。为促进建档立卡的贫困户实现就业，印制就业信息明白卡1.5万份，并按时送达贫困家庭劳动力手中，组织举办13场精准扶贫招聘会和农村贫困残疾人招聘会，送达岗位信息7122条。开发公益性岗位108个，安置农村贫困家庭劳动力上岗108人，发放补助资金203.71万元。2020年，共有22家企业吸纳41名农村贫困家庭劳动力，获得14.09万元的社保补贴；共有23家企业吸纳53名农村贫困家庭劳动力，获得3.55万元的就业补助；共有25家企业吸纳35名外省贫困劳动力来闽务工，获得补贴3.21万元；1名贫困家庭劳动力首次在生产型企业就业获得奖补资金600元。

构建和谐劳动关系

【劳动用工报备】 2020年，建阳区职工总数32923人，签订劳动合同人数31753人，劳动合同签订率达96.45%；非公有制企业职工总数32184人，签订劳动合同人数31015人，非公有制企业劳动合同签订率96.37%；全区有有效集体合同211份，覆盖企业1467家，企业工会数1544家，集体合同签订报审率达95.01%。全区累计受理工伤认定申请518件，做出认定结论518件，结案率达100%；累计处理来信来访30件，“12345”便民服务信访系统214件，信访按期办结率达100%。

【劳动监察】 2020年，建阳区累计接到劳动监察投诉举报20件，其中立案处理2件（涉及劳动者3人，为劳动者清欠工资涉及金额8320元），协调处理18件，投诉结案率达到100%。收取农民工工资保证金1356.6万元，退返用人单位缴纳的农民工工资保证金1043.04万余元。对全区2家劳务派遣单位、42家用人单位的招用工行为进行拉网式清查。切实提高企业依法支付农民工工资的自觉性，增强农民工依法理性维权的意识，开展根治欠薪冬季专项行动，检查在建项目30家。通过“双随机”的方式对企业开展夏季高温天气专项保护执法活动的专项检查，并以日常巡查为契机检查用人单位223家。2020年9月开展“建阳区工程建设领域落实工资支付制度及创建‘无欠薪’项目部标杆项目、优质项目评选”活动，并对获得标杆项目和优质项目前三名的建设项目给予提前解除预存保证金30%和20%的激励。该做法得到南平市人社局的肯定并在全市通报表扬。通过全区广播媒体宣传、发放宣传资料等有效方式广泛宣传《保障农民工工资支付条例》等政策。

【劳动人事仲裁】 2020年，建阳区办理劳动人事争议案107件，乡镇保障所及单位调解组织调处36件，案前化解纠纷12件，立案受理59件（未含不予受理案件5件）。裁决结案8件（其中一裁终局4件），调解结案49件，其他结案方式1件。全年结案率98.31%，调解率90.43%，一裁终局率50%，为当事人挽回工资、补偿金、工伤保险待遇等各项经济损失共计553.64万元。在全区13个乡镇全覆盖建立规范化基层调解组织（有人员、有场所并开展工作），并对基层调解人员进行相关法律指导。在南平市建阳区汽车锻压件厂和南平市建阳区金吉汽车配件有限公司新成立2家非公有制企业劳动争议调解委员会，将劳动争议处理在企业内部、调解在企业源头、化解在基层，进一步促进了劳动关系的和谐。

社会保障

【企业职工养老保险】 建阳区截至2020年12月，参加基本养老保险企业3330户，人数68237人（其中，在职人员52153人，离退休人员16084人，领取无力参保老年生活保障金7人，无力参保高龄人员老年生活保障金23人），基本养老保险基金征缴收入13779万元，养老保险基金全年累计支出49171万元，提前并超额完成全年养老保险扩面任务数49000元的100.35%。

同年7月，根据《福建省人力资源和社会保障厅 福建省财政厅关于2020年调整退休人员基本养老金的通知》（闽人社文〔2020〕90号）文件要求，建阳区企业退休人员基本养老金待遇调整工作完成。此次调待惠及建阳区15432名企业退休人员（其中在2019年1月1日至12月31日期间达到70周岁526人另特调40元、死亡114人调资），调整前月人均养老金2401.14元，调整后月人均养老金2543.17元，月人均增资142.03元。调整由三部分构成：一是定额调整每人55元；二是挂钩调整，按退休人员2019年12月基本养老金标准的2.35%调整增加；三是按退休人员缴费年限每年增加1元。调整所需资金由省级统筹承担，其中补发2020年1—7月调整待遇部分1528.73万元，已于

2020年7月24日发放到位。

【工伤保险】 截至2020年12月，建阳区参加工伤保险企业2690户，人数97411人，工伤保险基金征缴收入1361万元，享受工伤保险待遇612人，工伤保险基金累计支出3145万元。完成工伤保险扩面任务数74500人的130.75%（其中工程项目参保53323人）。建立因履行工作职责感染新冠肺炎的医护和相关工作人员工伤认定"快认快办"机制。

1月，根据省人民政府同意，省人社厅、省财政厅联合印发的《关于调整全省工伤保险定期待遇的通知》（闽人社文〔2020〕5号，以下简称《通知》）文件要求，建阳区工残职工定期待遇调整工作完成。此次调待惠及建阳区9家单位12名伤残职工，月增伤残津贴共计6925元；33家单位61名供养亲属，供养亲属抚恤金每月共增发13786元；生活护理费月增1051元。调整执行时间从2019年1月起开始。

【城乡居民保险】 截至12月底，建阳区参加城乡居民养老保险人数164963人，其中，16～59周岁应参保缴费人数为114568人，60周岁以上领取待遇人数50395人；收缴居民保险费2274.39万元，省级（含中央）财政补助资金8581.27万元，发放养老金8542.51万元（其中丧葬补助金358.83万元），实现城乡居民养老金按时足额发放和100%实行社会化发放工作要求，期末滚存基金累计结余23341.85万元。

截至12月底，全区纳入被征地养老保障人数6365人（其中参加被征地养老保障人数4805人，参加企业职工保险财政补贴人数1560人）。筹集被征地农民保障资金2039.6万元，支出1551.18万元，期末滚存基金累计结余25612.99万元。

按时完成城乡居民保养老金待遇调整。及时调整城乡居民养老待遇，对65周岁及以上领取待遇人员提高每人每月5元基础养老金，全区有约3.27万名待遇领取人员，全年增发居民保养老金支出约204.66万元；12月，城乡居民养老保险基础养老金由原来的123元提高到130元，65周岁及以上待遇领取人员每人每月提高5元基础养老金，即由130元提高到135元，全区约5.0395万名待遇领取人员，全年增发居民保养老金支出约211.66万元（含补发7—11月）。

村级便民信息化平台建设工作。为推进省委省政府、南平市委市政府和区委区政府为民办实事项目落实，促进建阳区城乡居民养老和医疗保险经办服务便民化、信息化，7月下旬，中心针对第二批村级平台建设村开展村级平台业务培训班，共培训乡镇（街道）保障所经办人员及村级信息化平台经办人员88人，11月第三批村级平台建设办公设备已配送至各个村级便民信息化服务点，并安装调试完毕。截至2020年底，224个村级平台建设村已全部安装调试完毕，并投入使用。

【机关事业单位养老保险】 截至2020年12月，建阳区参加机关事业单位养老保险的单位345个，在职参保6424人，退休4248人。征缴基本养老保险费10674万元，待遇发放22836万元，征收职业年金3131万元。

根据闽人社文〔2020〕22号精神于7月及时调整2019年12月31日前退休人员待遇，参与调待4132人，调待金额548万元，均已足额发放到位。截至2019年12月，建阳区有需要待遇重算的"中人"1128人，年底已完成待遇重算1120人，完成率为99.29%。同时抓好2020年新增退休人员的档案收集和审核工作并及时完成年金记实推送。根据部署，认真落实职业年金归集上解工作，预计全年归集职业年金7011万元。

【失业保险】 2020年1—12月建阳区失业保险参保人数达到28496人，征缴失业保险基金796.74万元，共为4243人次发放失业保险金1751.57万元。

【落实阶段性减免企业社会保险费政策】 2020年，阶段性减免各类参保企业职工养老、工伤和失业三项保险费10880.6万元，惠及10万多名参保职工。其中养老保险免征9532.75万元、减征233.21万元；工伤保险免征854.1万元、减征9.9万元；失业保险免征239.17万元、减征11.47万元。完成各类企业691户养老保险退费393.58万元、572户的工伤保险退费64.08万元、459户的失业保险退费12.24万元。

人才队伍建设

【专业人才管理】 2020年，建

阳区完善专业技术人员管理，推进“放管服”改革，实行专业技术岗位结构动态调整机制，拓展基层专业技术人才职业发展空间，进一步加强基层专业技术人才队伍建设。完成各类职称资格考试、评审、确认工作。完成高级职称申报57人，中级179人，初级92人。做好证书管理工作，及时制证并发放证书，共发放中级证书49本、初级306本。

根据闽委办发明电〔2020〕21号、闽委组通〔2020〕7号、南人综〔2020〕17号等文件精神，晋升符合条件的援鄂医疗队员3人。完成教师第五轮岗位设置及续聘工作。根据《中共福建省委 福建省人民政府关于全面深化新时代教师队伍建设改革的实施意见》文件精神，指导教育部门按新比例核定岗位，其中小学高级教师岗位比例提高5个百分点，普通中学（完中）高、中级教师岗位比例分别提高5个百分点，普通高中高级教师岗位比例提高5个百分点。幼儿园高、中、初级岗位结构比例调整为1∶5.5∶3.5。高级岗位增加106个，中级岗位增加27个，大大增加教育系统中高级岗位数，提升教师队伍的活力。

【人才工作】 2020年，建阳区申报南平市重点产业高技能人才8人，发放高技能人才生活补贴1.3万元，高层次人才享受市政府津贴3人；申报福建省工科类青年专业人才3人、南平市工科类青年专业人才25人，发放工科补贴29.74万元；享受建阳区人才奖励房资格19人、购房补贴41人、人才公寓80人；引进人才身份认定2人，申报通过福建省高层次人才B类人才2人、C类人才4人；推荐享受国务院政府津贴人选谢济兴1人；全区高技能人才获证45人（技师3人、高级工42人），中级工293人。

事业单位管理

【招考招聘】 2020年，建阳区招聘“双一流”医疗类储备人才5人，招聘紧缺急需专业人才共计61人，公开招聘中小学、幼儿园教师71人，定向委培安置卫生14人，教育4人，军转士官安置若干人。开展事业单位公开招聘工作，计划招考12人，其中招聘事业单位工作人员10名。完成2018年56名基层党群工作者服务期满聘用为区直机关或乡镇（街道）下属财政核拨事业单位工作人员工作，完成1名有意愿入编的援鄂医疗队员招聘入编手续，完成2020年5个省级“三支一扶”高校毕业生岗位征集申报工作。

【年度考核管理】 在全区范围内下发《关于做好2020年度全区事业单位年度考核工作的通知》，推进全区事业单位年度考核工作有序进行。开展2020年度全区企事业单位继续教育验证工作。督促全区事业单位完成2019年度绩效考核工作。研究拟订《南平市建阳区关于事业单位工作人员奖励的有关规定》，嘉奖事业单位优秀人员667名，进一步激励建阳区人才干事创业精神。

【工资福利管理】 2020年，建阳区人社局及时全面落实国家对义务教育教师的工资标准和绩效工资的相关优惠政策，优先办理教育部门的工资审批，落实好教师的工资待遇，保证建阳区教师待遇不低于当地公务员；努力配合卫健局和财政局做好疫情防控人员的相关待遇工作，特别是援鄂医护人员的临时生活补助，对承担防控任务重、风险程度高的医疗卫生机构核增一次性绩效工资总量，为3名援鄂工作人员发放临时性工作补助6.84万元，慰问金1.8万元；为46名省内一线医务人员发放临时性工作补助2.19万元。

会同区公立医院管理委员会、区卫健局、区财政局、区审计局、区市场监督管理局、市医保基金管理中心建阳管理部等单位对建阳第一医院、建阳妇幼保健院和建阳中医院等3所公立医院进行2019年度院长年度目标完成情况实地考评；协助区医管办做好区公立医院2019年度的工资总额核定。

认真落实省、市有关山区人才绩效奖励政策。按省、市、区有关山区人才绩效奖励政策，认真负责地做好审批工作；按文件要求核增事业单位2019年度绩效管理奖；核增事业单位管理岗位优秀人才的奖励性绩效工资；核增建阳区山区高级职称人才专项奖励金的审批等工作。做好乡镇事业单位加班值班奖励性绩效工资的总量核增审批；按要求按时完成2019年度事业单位工作人员、机关工勤人员的工资统计报表填报。按时按要求完成上级布置有关收入待遇统计任务。

继续做好“1＋X”事业单位绩效工资专项督查，认真配合区省巡整改办工作，积极为整改办提供相关数据。按省巡整改办和市人社局的要求，在全区范围内开展“1＋X”事业单位绩效工资督查全覆盖工作，会同财政、审计等业务部门开展自查、抽查等多种形式的督查，认真做好督查信息资料的收集、整理、归档工作，做好专项督查台账，将督查中发现的问题线索及时移交给纪委等部门。

住房公积金管理

【业务指标完成情况】 2020年，建阳区住房公积金缴存人数18428人。全年，新开户77个单位，新增缴存人数2037人，完成年计划1700人的119.82%。年末，住房公积金累计归集收入25.33亿元，归集余额8.83亿元。全年，归集收入3.32亿元，同比增长9.57%，比上年归集收入增加2897.32万元。年末，住房公积金累计贷款总额27.95亿元，贷款余额15.66亿元，个贷使用率177.3%。全年，共发放公积金贷款478户，金额1.92亿元，完成年计划7000万元的274.3%；为904户发放贴息贷款，金额3.77亿元，完成年计划1.8亿元的209.44%。全年住房公积金共支取7875笔，累计3.14亿元，比上年增加16.69%。其中，职工购房支取1388笔，累计1.04亿元，比上年增长140.21%；偿还贷款本息支取3689笔，累计1.16亿元，比上年减少5.56%。全年累计冲还贷30152笔，共计9327.45万元。贷款逾期率为0.28‰。

【推进信息化建设】 2020年，建阳区住房公积金依托数据互联互通，按照“五级十五同”要求，重新梳理绑定32项公共服务便民事项，主动推进与各部门的数据共享，实现与公安、民政、市场监督、税务、数办、银行等6个部门信息互联共享，网上商贷自助提取合作银行扩至4家，开通全国“跨省通办”3项高频业务和浙闽赣皖四省边际城市“跨省通办”5项高频业务。宣传推广南平市住房公积金管理中心开通的门户网站、网上办事大厅、微信公众号、“闽政通”App、“12329”住房公积金服务热线和“12329”服务短信，方便客户了解政策，咨询、查询和办理业务。依托福建省住房公积金综合管理信息系统，不断扩大业务受理量。

【落实个贷差别化政策】 继续执行2017年贷款政策：1. 调整第二次申请住房公积金贷款的首付比例，职工家庭第二次申请住房公积金贷款的首付比例不得低于40%。2. 停止向已经使用两次（及以上）住房公积金贷款购房的职工家庭发放住房公积金贷款。3. 停止向购买第三套（及以上）住房的职工家庭发放住房公积金贷款。从2019年10月24日起，建阳双职工最高贷款限额提高到50万元，单职工最高贷款限额40万元。从2019年11月1日起受理的购买第二套住房的公积金贷款利率上浮10%。住房套数的认定，以借款人在购房所在县（市、区）不动产登记服务中心出具的“不动产登记信息证明”中的实际拥有住房为准，但借款人的征信报告中存在未结清的住房类贷款，应认定为已有住房。

【公积金贷款贴息试点及商转公贷款】 自2017年7月12日开始，暂停办理“商转公”贷款业务。

医疗保障

【辖区的医保定点情况】 2020年，建阳区定点医疗机构31家。其中，南平市属公立医院2家；建阳总医院1家（包括建阳区属公立医院4家，乡镇卫生院、社区服务中心13家）。民营医疗机构12家。定点零售药店58家。

【城镇职工基本医疗保险】 2020年，建阳区城镇职工基本医疗保险参保人数45256人。其中，在职人员26299人，退休人员18957人，赡养比为1.39 ∶ 1。全区城镇职工基本医疗保险基金（含生育保险）收入18455.82万元，完成上级下达任务数18248万元的101.14%。

【城乡居民基本医疗保险】 2020年，建阳区城乡居民基本医疗保险参保人数285221人，完成上级下达任务数291500人的97.85%。全区城乡居民基本医疗保险基金收入22817万元。

【全力抗击新冠肺炎疫情】 2020年，建阳医保第一时间向承担救治的医疗机构调拨应急救治医保周转基金，确保患者不因费用问题得不到及时救治，确保定点医疗机构不因医保总额预算管理规定影响救治。全区共预付基金2080.03万元。其中，建阳总医院保障基金1880.03万元，南平市第二医院保障基金200万元。全力保障新冠肺炎药品临床供应和医保结算系统正常运转，结算患者2人，其中确诊病人 1 名、疑似病人 1 名，共产生医疗费用 10986.85 元，其中医保基金支付 6074.85 元。全力落实疫情期间企业职工基本医保费阶段性减征、缓征政策，惠及全区 665 家参保企业，减征 868.3 万元；缓征企业 2 家，缓缴 22.98 万元，助力实现“六稳”“六保”任务。

【决战决胜医保脱贫攻坚】 2020 年，建阳区医疗救助政策已全部落实落细，实现应保尽保，应报尽报。一年来建立、更新 11640 名医保扶贫对象台账，全额资助 6258 名建档立卡贫困人口参加基本医疗保险（其中，国定贫困人员 4731 人，省定贫困人员 1527 人），1280 人次享受一次性定额救助和重特大疾病救助，救助总费用 157.24 万元，医疗费用实际报销比达 94.23%，其中 34 种大病患者医疗费用实际报销比例达 99% 以上。

【持续保持基金监管】 一是围绕“打击欺诈骗保，维护基金安全”主题，启动宣传月活动，指导定点医药机构增强责任意识，加大医保知识学习力度，依法依规使用医保基金，同时引导参保群众及社会各界主动参与医保基金监督，日常设立投诉举报电话，使基金监管常态化、长效化，共同维护医保基金安全。二是在建阳的定点医药机构开展自查自纠的基础上开展集中交叉监督检查，以及交叉检查“回头看”、省医保局移交的疑点问题核查等一系列医疗稽核工作，共追回违规违约金 394.59 万元，暂停定点零售药店服务协议 2 家，对存在不规范经营的定点医药机构分别进行限期整改、通报、约谈等。

【稳妥推进改革】 一是强力推进支付方式改革。加快推进南平市国家 DRG（疾病诊断相关分组）付费方式改革试点——建阳区第一医院的进程，以此为契机，全面覆盖辖区内二级以上公立医院（除中医院）。按照南平市 DRG 付费模拟运行工作安排有序推进，使模拟运行持续对信息服务平台进行优化改造。二是把医保基金打包支付全面纳入绩效目标管理，将医保基金使用、医疗总费用增长、次均费用增长、基层医疗机构医保基金使用占比和医保协议履约情况等纳入绩效考核指标，并将绩效考核结果与医保基金使用支配相挂钩，经初步结算，2020 年医保基金基本实现收支平衡、略有结余的预期目标。三是指导辖区 21 家医疗机构接入全国跨省异地就医结算系统，二级及以上定点医疗机构实现全覆盖，占全区定点医疗机构的 67.74%。四是顺利完成职工医保个人账户家庭共济信息系统改造，截至 2020 年 12 月 31 日，共开通家庭共济账户 1087 个，为 2111 人实现共济。

【医保治理能力全面提升】 2020 年，建阳区医保局以打造窗口服务品牌为抓手，实行“简化办”“马上办”“就近办”和疫情防控期间“不见面办”，全面推广“窗口综合柜员制”。163 所村卫生所开通医保服务，基本实现“村村通”。13.7 万名参保人员激活医保电子凭证。构建医保与社会各界常态化沟通机制，实行医保服务“好差评”制度。

退役军人事务

【为立功受奖家庭送喜报】 2020 年 1 月 10 日，建阳区人武部、退役军人事务局、潭城街道及所在部队领导等一行人为立功受奖家庭送

2020 年 1 月 10 日，建阳区人武部、退役军人事务局、潭城街道领导为立功受奖家庭送喜报

喜报。

【成立南平市建阳区退役军人事务人民调解委员会】 2020年6月9日，建阳区退役军人事务局联合建阳区司法局、律师事务所等部门，成立南平市建阳区退役军人事务人民调解委员会，保障退役军人合法权益。

【签订战略合作协议】 2020年8月6日，南平市建阳区退役军人事务局与南平市建阳区农村信用合作联社签订战略合作协议。

2020年8月6日，建阳区退役军人事务局、建阳联社战略合作签约仪式举行

2020年8月26日，2020年度转业士官安置选岗现场会召开

【转业士官安置工作】 2020年8月26日，建阳区退役军人事务局组织召开2020年度转业士官安置选岗现场会，区委编办、区人社局等部门分管领导参加。建阳区提供全额拨款事业编制岗位给转业士官，按照量化评分排名顺序从高到低依次选岗，完成2020年转业士官安置工作。

【举办退役士兵适应性培训会】 2020年9月10日，南平市建阳区退役军人事务局举办退役士兵适应性培训会，帮助退役士兵更快转变角色、融入社会。

2020年9月10日，南平市建阳区退役军人事务局举办2020年度退役士兵适应性培训会

【发放抗美援朝纪念章】 2020年9月，在纪念抗美援朝70周年之际，为志愿军老战士发放、佩戴“中国人民志愿军抗美援朝出国作战70周年”纪念章。

【举行公祭活动】 2020年9月30日，南平市及建阳区班子主要领导与社会各界代表一起，在建阳区登高山烈士陵园革命烈士纪念碑前举行公祭活动。

民政

【概况】 2020年，建阳区民政局成功通过全国第四批居家和社区养老服务改革试点验收。周谷洁获得南平市建阳区委、区政府颁发的2019年度先进个人荣誉。建阳区有百岁老人15名、80岁以上老年人6536名、革命“五老”7名。

【社会组织管理】 2020年，建阳区民政局引导239个社会组织通过结对帮扶、捐赠款物等方式，参与脱贫攻坚工作。已实施的扶贫项目17个，资金总额31.45万元，受益贫困人口数4725人（含阳光1＋1项目）。探索社会救助工作便民服务试点改革。建阳区在南平市范围内率先将城乡低保、特困人员审批权限全面下放到乡镇人民政府、街道办事处。同时，进一步优化救助工作审核审批流程、提高救助效率，实现审核审批和监督管理职能的有效分离。全面规范行业协会、商会各类收费行为，落实减税降费政策，切实为市场企业主体减负松绑、增添活力。同时进一步完善监管机制，做到对违法违规收费“零容忍”，促进行业协会、商会健康有序发展。创新服务，实现“流程最优、审批最快”。推行“5＋X”工作日模式，对群众需求迫切、办件频率高的婚姻登记窗口推行周末轮班制度。同时，探索政府购买社会服务方式，大力推进社会工作服务与社会福利、社会事务、社会救助和社区治理等领域深度融合，服务保障质量不断优化。

【社会救助】 2020年，建阳区民政局与扶贫、残联、教育、住建、卫健等部门进行信息数据分析比对，落实农村低保专项治理“六个一”工程，加强对困难群众的监测预警，重点对象全面摸排从9类扩展至12类。新增农村低保对象265户541人，其中支出型贫困家庭78户168人。推进延保渐退机制，全区17户42人符合延保渐退条件。疫情防控期间，城乡低保审批权限全部下放到乡镇（街道），并适时开展分类救助，重点开展 “救急难”救助。对受疫情影响的低保对象、特困人员，根据实际情况和生活需要直接给予临时救助。对因新型冠状病毒感染的肺炎造成重大生活困难的，采取“一事一议”方式加快救助速度。全年发放临时救助资金275万元，救助1752人次。全区农村低保最低标准从人均每年6960元提高到7908元，充分发挥农村低保制度在脱贫攻坚中的兜底保障作用。办理享受农村低保2161户4115人，城市低保391户618人，特困户521人。全年共发放城市低保资金289.62万元，农村低保资金1587.35万元。其中，80周岁以上低保老年人高龄补贴资金17.1万元，服刑人员家庭未成年子女享受低保共5个家庭（8人）。

按照“六项”标准，对全区520名特困人员进行复核评定，重新调查、评议并公示，逐一建档。评估摸排集中供养94人，集中供养率74.02%，分散供养特困人员照料护理协议100%签订，分散供养照料服务卡100%登记。全年共发放特困供养金765.87万元。

保障流浪乞讨人员在疫情防控中的生命安全，街面巡查累计901次，出动各类车辆491辆次，救助300余人，街面劝导55人，集中安置15人，乡镇接回5人，护送返乡4人，发放疫情防控宣传单650余份。为集中安置且精神异常的8名受助人员寻亲，寻亲成功4人。

【慈善促进】 2020年，建阳区民政局指导区慈善总会向南平市建阳区新冠防控工作指挥部捐赠善款100万元，用于抗击新冠肺炎疫情。指导区慈善总会开展“助孤上学”“光明通道”工程、低保家庭助学工程及应急救济救助活动。指导区慈善总会划拨100万元，用于建阳区农村慈善幸福院建设和阳光“1＋1”项目，加快推进农村养老服务事业的发展，助力老区村乡村振兴项目。福彩销售成绩稳健，其中电脑票883万元，刮刮乐50万元。因疫情影响以及民政部改革，停止中福在线游戏销售，中福在线全年只销售4个月，销售额290万元。

【社会事务和儿童福利】 2020年，建阳区民政局依法办理国内结婚登记1800对、国内离婚登记1026对、涉外结婚登记13对。积极开展《中华人民共和国民法典》宣传，10月成立婚姻家庭纠纷调解中心，增强夫妻之间对婚姻的责任感，切实做好婚姻家庭的稳定工作。

火化遗体1720具，办理殡葬惠民补贴200人，发放金额28万元。对清明祭扫群众宣传防护和人员分流实行管控。开通短信通知，出动宣传车15天全天候宣传，现场采用大喇叭循环播报、发放宣传单等方式广泛宣传疫情防控期间清明祭扫特殊政策，共登记祭扫群众3500户4800人次，祭扫现场井然有序。宣传严禁燃放烟花爆竹、焚烧冥币等规定，引导采用鲜花祭扫。依托厦门“孝管家”平台，开展网上祭扫服务项目260人次，提供代客祭扫服务13户次，创建文明、环保、平安的绿色清明。

探索社会组织服务机构通过政府购买服务方式开展儿童关爱项目。利用法定假期以夏令营形式开展“心·未来”建阳困境儿童关爱项目，为参加夏令营的困境儿童讲授安全知识、进行爱国主义教育等。执行孤儿保障政策，及时足额发放基本生活费，为每名孤儿办理800元的体检卡，为在读高中的孤儿申请南平慈善总会给予每人每年1200元的补助。为5名年满18周岁仍在读大学的孤儿申报孤儿助学补助每学年1万元。发放重度残疾人两项补贴和肇事肇祸精神病人医疗补助。

【基层组织建设】 2020年，建阳区民政局清理社区“万能章”，开展由基层群众性自治组织出具证明事项清单摸底工作，摸排出12项需要社区（村）出具证明事项，减轻群众负担。招聘44名社区工作者，充实社区工作者队伍。全面完成城乡社区工作者基础信息采集工作。建立社区、社会组织、社会工作、社区志愿者、社会慈善资源“五社联动”机制，持续推进社区治理。依托“互联网＋政务服务”，指导城乡社区灵活运用“线上＋线下”方式，开展全程代理服务，进一步提升城乡社区服务水平。城乡社区共接待来访、咨询、办事群众10万人次，为老弱病残等特殊群体免费代理服务4000人次，帮助群众解决困难2000件。新设立的社区综合服务用房，云谷、七贤社区综合服务用房投入使用；焦源社区在装修，嘉禾、狮子山社区已完成设计。

【区划地名管理与勘界】 2020年，建阳区民政局对新开发的商品房、小区进行地名命名、更名的审批备案。已备案的项目名称有文璟院、枫丹雅筑、溪山公馆、翡丽观邸、云栖台、鎏金华庭、和鸣小区、碧桂园熹悦里。

指导区种畜草种场下辖的黄坝州、外墩、富湾作业区合并设立村民委员会工作。优化建阳区行政区划布局，拟将潭城、童游街道办事处析置为潭城、童游、水南、赤岸、南林5个街道办事处，已完成民政部门相关法定程序。整理全国第二次地名普查（以下简称“二普”）地名档案，将“二普”成果转化印制建阳行政区划图及编撰地名志，同时对地名数据库的信息进行更新。与公安部门门楼牌设置工作衔接，民政局负责门牌号段的分配及二维码门牌的采购安装。

为全区界线界桩管护人员购买年度人身意外险，与邵武、政和民政局共同完成行政区域界线联检。

【养老服务】 2020年，建阳区民政局推进南平市创建第四批全国居家和社区养老服务改革试点。①推动居家和社区医养融合发展。13所乡镇（街道）医疗卫生机构与辖区养老机构签约，开展协议合作、合作共建，建立医养联合体。为65岁以上老年人提供1次健康管理服务，全年65岁以上老年人健康管理率达70%以上。②潭城街道桥南社区居家养老服务照料中心示范项目提升改造和长者食堂全面竣工。加快推进适老化建设，年底完成305户困难老年人家庭适老化改造。③投入420万元新（改）建农村幸福院47所，面积达14100多平方米，新增床位141个，2020年全区农村幸福院建设覆盖率达75%。把将口敬老院、崇雒敬老院建成区域性示范养老服务中心；把潭城溪源村、将口东田村打造成为农村留守老人示范养老服务中心。④区级智慧养老综合服务平台完成升级改造，为全区50%以上的老年人提供服务。⑤开展“时间银行”试点，通过开展志愿服务时间的储蓄服务，引导低龄健康老年人对空巢、留守、高龄老年人开展帮扶。自9月试点以来，“时间银行”共开展志愿服务90次，服务老年人达510人次。⑥加强养老服务人才队伍建设，落实养老从业人员入职和在职奖补政策。与职业院校合作，设立养老服务人才实训基地，推行养老护理员免费培训达50人次。⑦全年为6536名高龄老人发放高龄补贴398万元并办理意外伤害保险。为全区60周岁及以上老年人办理福建省老年人优待证，发放60～69周岁（绿本）47本，70周岁以上（红本）35本。重阳节开展“敬老月”慰问活动，为15名百岁老人送上慰问金，每人1500元。

【老区工作】 2020年，建阳区民政局实施老区扶建项目及革命遗址保护工作。向省上争取30万元扶建项目资金及25万元老区发展资金，分别用于道路硬化，自来水、路灯、中央红军七军团二十师五十八团革命遗址配套设施、革命遗址纪念碑建设等。向市老区办争取10万元农村基础设施建设资金，用于新建农产品交易市场、村前农贸广场项目配套设施、民俗文化广场畲族文化挡墙建设以及路灯建设等。

推进“阳光1＋1”牵手计划实施。根据老区村的村情特色和需求选取10个老区村和11个社会组织，形成“N＋1”的帮扶模式。

融媒体工作

【概况】 2020—2021年是县级融媒体中心建设年，建阳区融媒体中心坚持以习近平新时代中国特色社会主义思想为指导，深入贯彻落实中共十九大，十九届二中、三中、四中、五中全会重要精神，牢牢把握正确舆论导向，坚持守正创新，落实上级各项宣传工作和项目建设工作的部署安排，进一步提高中心干部职工的思想站位和政治站位，全力抓好意识形态工作，加强对外宣传，推动建阳区融媒体工作高质量发展、不断做大做强做优。2020年，建阳区融媒体中心顺利通过省级验收并获得“优秀”等级。

【正确舆论引导，打造主流媒体】 2020年抗疫新闻“战场”上，建阳区融媒体中心新闻记者深入抗疫前线，进行正面宣传报道，采写抗疫新闻报道3000余条。中心不断增强互联网思维与移动优先意识，在“准、新、微、快”上下功夫，做好各类新媒体平台运营工作。全力打造以“智慧建阳”App、“建阳新闻”微信公众号、“建阳区融媒体中心”官方抖音、“建阳区融媒体中心”海博TV订阅号为主的移动新媒体集群，为群众提供更多元化的信息服务。“建阳新闻”微信公众号平台累计发布信息1900条，其中《疫情下的“空城”建阳，勇敢且自律，温暖而坚定！》阅读量超过10万人次，并被“学习强国”福建平台采用；《紧急扩散！建阳首例确诊人员详细轨迹公布》阅读量超过10万人次。

全区防控疫情宣传取得良好的社会效果，其中，广播发布近1000条，电视发布1200多条，微信发布1400多条，获省级以上网络媒体采用稿件近500条。

中心加大策划力度，推出纵深报道，大力宣传建阳区主动服务武夷新区搬迁、加快产业转型升级、推动城乡发展一体化、深化重点领域改革、打造“美丽建阳”、加强社会民生建设等方面的新成就、新经验，不断形成舆论强势，先后在《建阳新闻》中开设“学习宣传贯彻十九届五中全会精神”“走向我们的小康生活”“打赢蓝天保卫战”“挖掘搬迁红利 建言新区发展”“平安出行”“大战六十天全域无垃圾曝光台”“不文明行为曝光台”等20多个专题板块。依托公众号、抖音、“智慧建阳”App等新媒体端开展新闻宣传和舆论监督，同时，策划拍摄大量短视频投放新媒体平台，增强宣传效果，扩大传播范围，提升宣传价值。

【争先创优提高质量，打造精品媒体】 2020年，建阳区融媒体中

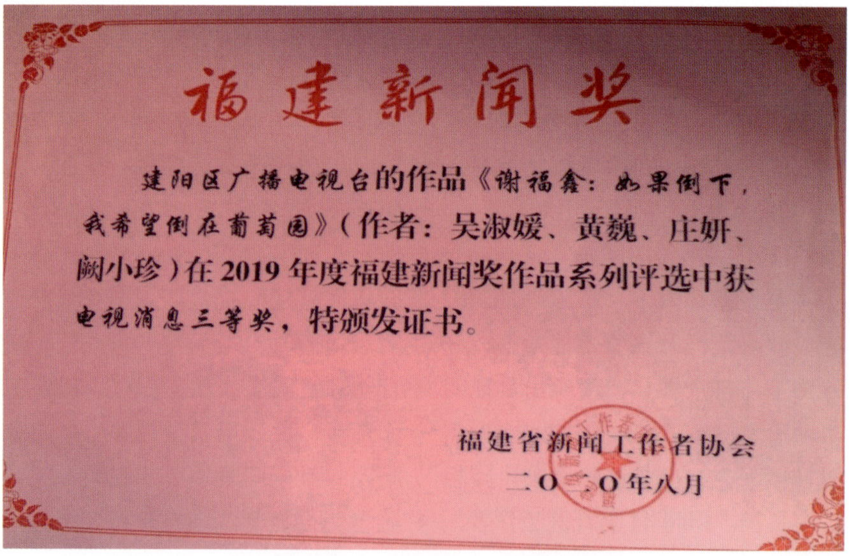

2020年8月，《谢福鑫：如果倒下，我希望倒在葡萄园》在2019年度福建新闻奖作品系列评选中获电视消息三等奖

心策划重点题材，创作出一批有品质、有情怀、有温度的精品力作。全年广播电视共播出新闻稿件2400多条，其中被南平电视台采用500多条，被福建省电视台采用100多条。电视新闻在南平广播电视台上稿量位居南平十县市（区）第一。纪录片《科技特派员谢福鑫和他的鉴湖园》，作为福建省16件优秀作品之一入选国家广电总局重点网络视听平台展播，播放量454.6万人次，获15.1万个赞。短视频《中国水仙茶之乡——小湖》《致敬坚守》在2020全国短视频展映中分别荣获形象宣传类年度突出作品、公益广告类年度入围作品奖项。广播媒体宣传不断提升，共有300多篇广播稿件被南平及省上广播媒体采用，位列南平十县（市、区）前三名。创作的系列微广播剧《我也可以》《青莒创客》《我要成网红》，国庆期间在省广电集团新媒体矩阵、福建网络广播电视台海博TV及省内各级广播电台展播。2020年被人民网、新华网、中国经济网等央级媒体采用稿件116篇；《福建日报》采用稿85篇，头版11篇；新福建采用稿62篇；《闽北日报》采用稿1056篇，头版184篇。截至2020年底，被“学习强国”学习平台采用文稿或视频300条，其中《福建非遗 | 蔡炳盛——千年窑火 匠心不辍》《味在八闽 | 南平建阳：传统手艺 打出来的美味乡愁》《靓 | 福建建阳：百日菊迎风盛放》《中国乡愁 | 福建建阳后畲村：白莲飘香地 周氏后人乡》《乡村振兴 | 南平建阳区：“互联网＋农机” 开启智慧新农业》等稿件被多个平台推送，阅读量超10万人次，传播广泛。

【加快媒体融合发展，打造智慧媒体】 2020年，建阳区融媒体中心正式接入省级网络平台打造“智慧建阳”移动客户端，并于8月正式上线。2020年9月16日，区融媒体官方抖音号正式开通。2020年12月正式入驻“海博TV”平台。

【全力提升公共服务质量，打造惠民媒体】 “智慧建阳”移动客户端上线以来，积极与各区直单位部门、乡镇（街道）协同联动，搜集新闻线索，逐条审核，累计发布各类图文、视频稿件2200余条，开设直播20余场。此外，积极与行政服务中心等部门对接，做好平台政务、民生服务工作。截至2020年底，“智慧建阳”App

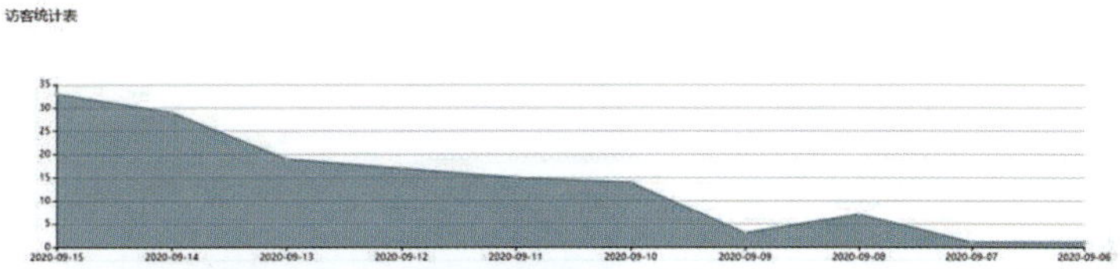

序号	日期	当日访问量	未注册用户	已注册用户	累计访问总数	涨幅
1	2020-09-15	33	33	0	1177	13.79%
2	2020-09-14	29	26	3	1144	52.63%
3	2020-09-13	19	18	1	1115	11.76%
4	2020-09-12	17	17	0	1096	13.33%
5	2020-09-11	15	14	1	1079	7.14%
6	2020-09-10	14	14	0	1064	366.67%

“智慧建阳”App访客统计表

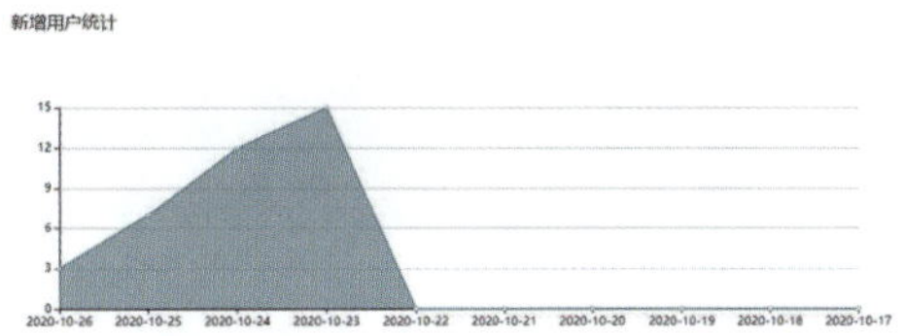

序号	日期	注册用户			装机量			涨幅
		新增安卓用户	新增ios用户	新增注册用户	安卓装机量	ios装机量	装机量	
1	2020-10-26	0	3	3	14	7	21	1.59%
2	2020-10-25	1	6	7	25	6	31	3.85%
3	2020-10-24	4	8	12	61	20	81	7.06%
4	2020-10-23	8	7	15	60	13	73	9.68%
5	2020-10-22	0	0	0	3	3	6	0.00%
6	2020-10-21	0	0	0	6	1	7	0.00%

“智慧建阳”App新增用户统计表

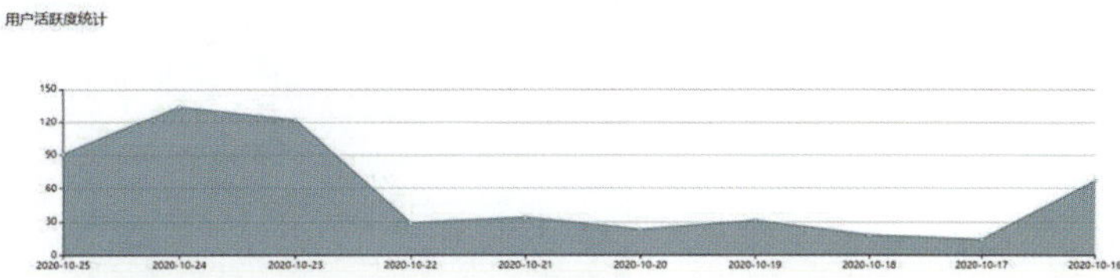

序号	日期	日活	日活率	涨幅
1	2020-10-25	91	7.57%	-32.09%
2	2020-10-24	134	11.44%	9.84%
3	2020-10-23	122	11.19%	320.69%
4	2020-10-22	29	2.85%	-14.71%
5	2020-10-21	34	3.36%	47.83%
6	2020-10-20	23	2.29%	-25.81%
7	2020-10-19	31	3.09%	72.22%

“智慧建阳”App用户活跃度

用户留存率达 100%，平均日活量由 1.03% 跃升至 2.25%。“建阳区融媒体中心”官方抖音号运营以来，区融媒体官方抖音号共发布各类短视频作品 126 条，累计播放量达 100 万人次，点赞量 13000 人次。其中，《建阳区不文明行为曝光》等系列视频作品播放量达 5 万余人次的共有 15 条；《“酿造”甜蜜新生活》《开展打击非法养殖牛蛙、红虫专项整治行动》2 件视频作品播放量超 10 万人次。在疫情防控期间投入 40 万元在城区建设 102 个电信物联网广播，使城市智慧广播系统覆盖更加全面。截至 2020 年底，全区共安装 300 多个智能音箱，以最接地气、最通民心的方式传递要闻资讯、政策法规以及紧急避险警告等，为群众提供更多元化的信息服务。

【做大做强媒体产业，打造高效媒体】 2020 年 6 月，中心将广告和收费性广播电视节目承包给区融创传媒公司，进一步做活、做强媒体产业，形成广播、电视、线下活动＋直播、户外平面等全媒体新业态，不断丰富和提升联办栏目、政企宣传片、活动直播、商业广告等经营产品，为客户提供更加多元化的服务。截至 2020 年底，举办“红心向党 耀动潭阳”短视频评选活动和国家网络安全周“金融日”广场活动等，先后承接医师节纪念晚会、全区工间操大赛、全国郊野自行车大赛和建阳区庆祝中国共产党成立百年文艺专场演出等现场直播，截至 2020 年底，共实现网络直播宣传 20 余场。

宗教与少数民族事务

【概况】 2020 年，建阳区民宗局宗教工作主要为组织、指导全区宗教政策和法律法规的宣传教育，以“和谐、生态”为主题开展和谐寺观教堂创建活动。民族工作主要是为少数民族村争取上级项目资金 91 万元，投入少数民族村建设，用于改善村财政收入和基础设施建设，全年共实施 8 个项目。

【提高宗教工作法治化水平】 2020 年，建阳区民宗局结合宗教场所房屋安全隐患大排查大整治工作检查，对全区 62 个依法登记的宗教场所管理制度和开展“四进”（国旗、宪法和法律法规、社会主义核心价值观、中华优秀传统文化进宗教活动场所）情况进行检查，

2020 年 7 月 18 日，建阳区道教协会第一次代表大会召开

2020 年 8 月 16 日，建阳区基督教爱国会进行消防安全演练

全区59个场所已完成调整。充实场所民主管理小组，建立健全各项管理制度。共引进14名有较高文化程度、年轻的教职人员到建阳区佛教场所住寺，提高场所管理水平。充实宗教团体和教职人员力量，加强宗教团体自身建设。召开区道教协会第一次代表会议，成立区道教协会。

2020年1月30日，建阳宝山清莲寺捐赠口罩与现金

【开展安全生产和房屋安全隐患大排查大整治活动】 2020年，建阳区民宗局组织力量对全区62个宗教场所进行全面排查，经排查，全区宗教场所共排查出安全隐患10处，对能及时整改的6处，立即进行整改。对宝山清莲寺旧宿舍楼、童子山观音寺天王殿、北岸圆通寺宿舍楼、黄墩柏源寺天王殿4处房屋存在的安全隐患陆续采取拆除隐患房屋措施，全部整改到位。

利用宗教慈善周，引导宗教界人士关爱人群，回报社会，发扬乐善好施、扶危济困、关怀社会、服务大众的传统美德，力所能及地参与助学赈灾、养老恤孤等慈善救助活动，2020年宗教界共计捐款捐物51.8万元。

【做好疫情联防联控工作】 2020年，建阳区民宗局成立由区委常委、统战部部长为组长的疫情防控工作领导小组，制定疫情防控工作方案。1月23日，通知各宗教团体和宗教场所暂停所有宗教活动。充分发挥宗教工作“三级网络两级责任制”作用，引导信众在疫情防控期间不组织、不参加各种集聚性活动，同时发动建阳区宗教界为疫情防控捐资、捐物。全区各宗教团体、宗教活动场所累计捐赠资金13.15万元、口罩2.22万个、医用面屏120个、手术衣200件、医用手套2000副。到62个宗教场所对实行“双暂停”（暂停举办宗教活动和聚集性活动）情况进行明察暗访，发现问题的当场要求落实整改到位，并及时通报场所关闭和场所消毒执行情况、开展督查检查情况，实现检查全覆盖。

2020年11月5日，建阳区佛教协会进行消防安全演练

【全力争取各级支持少数民族村发展】 2020年，建阳区民宗局共向上级争取民族项目8个，项目资金91万元。同时帮助三峡民族村、毛店民族村向基督教全国两会争取资金50万元，争取省基督教两会项目资金20万元，省委统战部副部长、省民族与宗教厅厅长黄进发参加捐赠活动。

对接上级各项政策，结合实施的“美丽乡村”创建工程开展毛店民族特色村寨新村建设。完成新建住房32栋，安置村民178人；完成新村部办公楼、畲族特色文化广场文化长廊等配套基础设施建设，特色村寨建设初具规模。

开展2个少数民族薄弱村帮扶工作。由1名区领导联村、1名乡镇领导包村、1名第一书记驻村、1个区直单位结对，由区领导牵头制定帮扶方案，区财政每年给予每个村10万元帮扶资金用于壮大村集体经济。

2020年5月，首批试烧活动的建盏作品

区属国有企业

城投集团

【概况】 南平市建阳区城市建设投资集团有限公司属建阳区国有独资企业，其前身为南平市建阳区城市建设投资有限公司，2018年12月注册，注册资本金为3亿元，主要经营范围有国有资产投资运营管理、市政基础设施开发建设、旅游及房地产开发投资。集团有在职员工745人，退休员工907人。经营内容涉及市政交通基础建设、污水处理、生态资源、旅游开发、发电生产及住宿餐饮等方面。截至2020年12月，城投集团（不含水务公司，下同）累计净利润757.81万元，同比增加1080.36万元，增长334.95%，累计营业收入11238.83万元，同比增加3494.49万元，增长45.12%，实现营业收入与净利润双增长的良好发展势头。

【做好探矿工作，探究科学制盏】 2020年3月12日，通过参加矿产资源竞拍，南平市建阳区建盏生态资源管理有限公司分别以115万元和108万元的价格取得南平市建阳区水吉大梨矿区陶瓷土矿探矿权和南平市建阳区水吉南山矿区高岭土矿探矿权。5月8日，各部门相关工作人员与地质勘探机构人员到矿区取土点，分5个区域挖取矿区土样，土样一部分供检测分析使用，一部分用于土样调配试验及试烧试验。在5月首次试烧活动中，通过对取样土进行配比、练泥、拉坯之后，送18户企业进行试烧，最终14家成功烧制出盏品，其中有9家企业烧制成品率更是高达50%以上。此次试烧活动成功烧制出各类纹理的建盏，成果令人满意，对于部分出现跳釉、开片、起泡等问题的试烧企业，建盏生态资源管理有限公司积极与相关专业人士进行分析研究及检测，多角度寻找问题症结。

【交通道路建设，城市经济发展】 为加快市区一体化发展建设，潭建公司根据区政府安排部署启动对嘉禾大道的改造工作。嘉禾大道是一条集交通和生活功能于一体的综合性城市主干路，道路全长4896.66米（其中A段位于武夷新区内，起

2020年5月，嘉禾大道改造竣工后通车

于童游大道，终于建阳火车站西北侧150米处，道路长度为1787.81米；B段位于建阳区内，道路长度为3108.85米），标准路幅宽42米，此次改造工期为18个月，总投资约1.4亿元。项目于2018年12月开工建设，2020年4月竣工。嘉禾大道的改造提升为童游片区的开发及发展奠定了坚实基础，同时也是实施武夷新区城市总体规划、提升市区竞争力的迫切需要。

【助力水美经济，发扬旅游文化】 2020年，集团涉及4个水美经济项目，其中，夜游麻阳溪项目，处积极改造场景、全息投影等设施设备阶段；考亭古街打造“晴雨皆宜、动静结合、全龄同乐、特色鲜明”的旅游嘉年华，成功举办第二届赶山节，吸引游客6万人次；考亭书院通过举办朱子诞辰祭祀大典、中国旅游日福建分会场主题活动等多场大型活动，有效推动考亭区域经济发展；通过参与承办建盏君“君藏天下”夏季拍卖会、“武夷山水·建阳茶盏”直播推介和“武夷山水·圣农杯”全国郊野钓鱼大赛总决赛等活动，打造考亭旅游业态，再次做足“山水”文章，激发新的经济活力，其中以朱子祭祀大典及“武夷山水·圣农杯”全国郊野钓鱼大赛为最。2020年10月18日，考亭书院举办“朱子诞辰890周年暨朱子祭祀大典”，吸引全国各地朱子文化团体、朱氏委员会、朱子后裔代表及社会各界代表参加，共同祭思朱子圣贤，弘扬传统文化。纪念朱子诞辰890周年祭祀大典按照祭舞、敬献祭品、恭致祭文、敬献花篮、行鞠躬礼、诵读《朱子家训》等程序进行。

2020年10月18日，考亭书院朱子祭祀大典活动现场

2020年9月，城投集团作为“武夷山水·圣农杯”全国郊野钓鱼大赛的协办方承接了钓鱼大赛场地建设项目，项目共计投资约1250万元，在集团各相关部门不懈努力下成功在10月底完成赛场建设，保障了赛事如期举办。此次全国郊野鱼王挑战赛于2020年11月7日、8日在建阳考亭举办，比赛设专业赛和业余赛，共有专业选手1500人、业余选手5000人参加总决赛，吸引众多新闻媒体与游客，为建阳区的旅游产业走向全国迈出了一大步。

【全力绘制民生幸福新画卷】 建阳区食品公司牲畜定点屠宰厂是区委、区政府“民生工程”的重要组成部分。新牲畜定点屠宰厂于

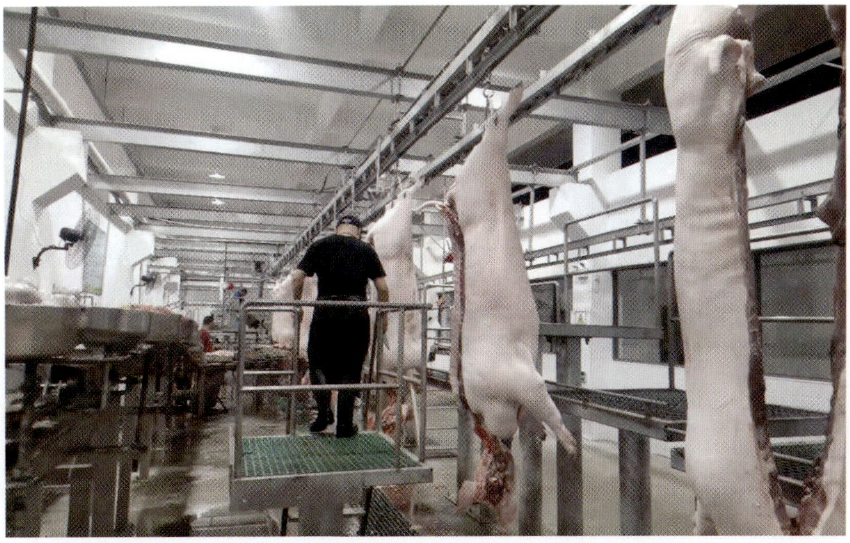

2020年9月中旬，新牲畜定点屠宰厂投入运行

2020年9月中旬建成投产，是日屠宰1000头以上的机械化、规模化肉类产品屠宰加工企业，承担着市区一体化市场肉类产品牲畜的定点屠宰和集中检疫，为牲畜肉类产品质量安全、人民身体健康提供坚实保障。

建达集团

【概况】 福建建达开发建设集团有限公司成立于2018年9月13日，为区属国有独资企业，主要承担建阳经济开发区的建设及运行管理工作。集团经营范围包括园区投资建设运营管理、基础设施建设、房地产开发、物业管理等。

集团公司下辖子公司13家，其中，一级全资子公司6家，分别为福建省建前林产园区开发有限公司、福建建达产业园区招商有限公司、南平市建阳区展旺工业区开发投资有限公司、福建省闽北林产工贸园区投资开发有限公司、福建建达集团建设工程管理有限公司、南平市建阳区房地产开发公司；一级合资控股子公司4家，分别为福建建达集团物资链供应有限公司、南平市建阳区塔山工业园区开发有限公司、福建建达颐辰网跨境电子商务有限公司、福建建达颐辰通国际供应链有限公司；二级子公司3家，分别为南平市建阳区建新房屋征收服务有限公司、福建建达物业服务有限公司、南平市建阳区工业园投资有限公司。

【园区开发】 项目建设坚实有效。围绕年度园区招商重点任务制定项目建设“红绿灯”表，通过实施“挂图作战”“一图三单”“周例会”“现场会”等项目建设推进机制，制定“大干一百五十天冲刺目标保全年”责任目标清单，以及集团班子挂项目等方式加速推进项目建设进程。截至2020年底，累计平整台地320公顷（2020年完成106.67公顷），累计修建路网管网总长12.7千米（2020年完成6.7千米），创业园建设工程土建施工全面完工，商业、住宅、学校、医院等相关生产生活配套项目有序推进。

招商引资成果丰硕。通过开展“招商突破年”活动，以发展回归经济为重要抓手，提升招商引资工作实效，着力引进与竹木循环、生物科技、医卫材料等产业组团关联度大、转型升级带动强、主业特色明显的绿色产业项目。截至2020年底，2个新启动片区累计引进企业57家，其中供地企业42家，供地面积152.32公顷，签约拟供地企业15家，拟供地面积65.72公顷。

【业务拓展】 2020年，通过引进民营资本合资组建、重组集团子公司等方式，开展经营性活动。与重庆颐辰科技有限公司合资组建福建建达颐辰通国际供应链有限公司、福建建达颐辰网跨境电子商务有限公司，开展汽摩电出口和农副产品（冷链冻品）进口贸易业务，为集团发展培育新的经济增长点；与福州榕光物业管理有限公司合资组建福建建达物业服务有限公司，开展园区管理服务、市政设施管理、城乡市容管理、建筑物清洁服务等业务；与福建莆津贸易有限公司合资重组福建建达集团物资链供应有限公司，开展原材料供应贸易业务；成立福建建达集团建设工程管理有限公司，主要承接房屋建筑工程、钢结构工程、土石方工程、园林绿化工程等业务。

【管理提升】 2020年，建阳区建达集团抓牢公司制度管理。制定集团各项规章制度，指导各子公司落实制度完善，制定《员工薪酬管理办法》《集团生产性物资集中采购管理办法》等，实现用制度管人管事，逐步完善管理职权。抓牢员工队伍建设。抓好选人用人工作，注重培养选拔优秀年轻干部，建立优秀年轻干部信息库和管理人才储备库。抓好干部监督管理，成立监察审计部，从廉政建设、制度建设、工程管理等方面实施深度监督。同时，积极落实安全生产责任制、疫情防控、人居环境整治等工作。

潭城街道

【概况】 2020年，潭城街道户籍人口67464人，常住人口66270人。全年完成农林牧渔业总产值2.7亿元，同比增长1.8%；规模以上工业总产值42.7亿元，同比增长2.1%；社会消费品零售总额2.0亿元，同比增长-3.3%。

【疫情防控】 2020年，潭城街道为打赢疫情防控阻击战，街道党工委组建疫情防控工作专班，严格落实“四方”责任。织密精准防控网，充分发挥党组织战斗堡垒作用和党员先锋模范作用，强化“五有一网格”的工作要求，建立街道、村（社区）、组（小区）“三级联包”网格制度，将辖区21个村（社区）分为114个“最小单元格”防控网络体系，汇聚各方资源下沉到网格，筑牢联防联控严密防线。强化重点人群管控，利用“大数据+网格化”，深入落实排查机制，抓实闭环管理。聚焦农村薄弱环节，全方位强化群防群控意识宣传，开展爱国卫生运动，进一步夯实防疫工作基础。全年纳入健康管理境内入潭人员1278人，已全部解除健康管理；纳入健康管理的境外入潭人员173人（含港澳台），已全部解除健康管理。

【党建工作】 2020年，潭城街道加强思想政治建设，以党建引领基层治理。深化巩固“不忘初心、牢记使命”主题教育成果，共开展业务大学习24场，举办专题研讨会6场。深化“四联四促”机制，提升基层党建实效。主动对接市、区及辖区内联建单位，持续推动机关党员干部重心下移、力量下沉，助力各村脱贫攻坚、乡村振兴工作，合力解决社区突出问题，帮助破解治理难题，在疫情防控、文明城市创建、人口普查等工作中发挥作用。自推行“机关联社区、党建促治理”机制以来，潭城街道13个社区始终以社区“党建联盟”建设为抓手，通过整合多方优势资源，搭建线上线下服务载体，与近90家机关企事业单位共建共治共享，实现社区治理从“独唱”变为“大合唱”。发挥共建单位党员与社区“双报到”党员先锋模范作用，鼓励其主动担任小区楼栋党小组组长，共有57名党员担任楼栋党小组组长、110名党员和居民担任单元楼栋长。

2020年2月27日，疫情防控期间，西门社区党委书记朱晓燕（左）带领社区工作人员在辖区入户宣传防疫知识

深化“达标创星”工作，补齐基层党建工作短板。坚持抓党建促乡村振兴、促脱贫攻坚，全面开展“党建体检”，落实好村“达标创星”活动，推进党支部标准化、规范化建设。充分利用现有的基层党群工作者群体，实行分片管理完善党建工作台账，以片带面提升村（居）党建工作规范化。大力发展壮大村级集体经济，8个村自主经营性收入均在10万元以上。加强非公有制企业党建工作指导，建立非公企业党建联席制度。

【重点项目建设】 2020年，建阳区潭城街道发挥区位优势，充分依托现有产业基础，扶植本地企业做大做强，巩固好现有优质企业，引进一批科技含量高、经济效益好的工业重点项目，促进街道经济又好又快发展。潭城街道被列入2020年省、市重点项目7项，总投资18.4亿元。“五个一批”开工项目12个，总投资35.32亿元；谋划项目6个，总投资5.92亿元；签约项目4个，总投资8.75亿元。新开工项目9项，总投资23.48亿元，分别为投资2.8亿元的南平市建阳区考亭旅游文化园项目、投资6400万元的建阳区生猪屠宰场项目、投资3600万元的闽北气象防灾减灾中心、投资12.7亿元的翡丽官邸项目、投资1.6亿元的卧龙湾休闲度假区生态第一园项目、投资4712万元的建阳区崇阳北路沿河木栈道改造提升项目、投资2.2亿元的福建供销南平再生资源产业园暨报废汽车农机具拆解回收中心、投资3.8亿元的建阳区城关村安置小区城关嘉苑、投资8600万元的周墩村村民住宅小区、投资2500万元的建阳中心加油站。

强化征迁，全力推进重大项目建设。双龙桥隧两端棚改（教堂片区）项目用地征迁基本完成。物资再生资源产业园（飞歌地块）项目已完成征地测量，6户房屋征迁已完成。青华产业园项目后源厂21户房屋征迁已全部完成；六期、七期项目约46.67公顷用地已完成征地。玉山实业园、武沙高速、严墩物流园二期项目用地征迁也正在抓紧推进。正达商业中心南区主体结构已全部完成，北区主体结构基本完成。

【乡村振兴】 2020年，建阳区潭城街道完成黄墩桥栏杆修复280米，完成村道错车道建设59个。实施农村安全饮水巩固提升工程，至2020年农村自来水普及率已达98%。开展村级卫生服务中心建设，保障乡村基本卫生医疗，加快推进基层医疗卫生机构和一体化村卫生所达标建设，2020年基本完成一体化管理村卫生所达标建设任务，实现村级卫生服务中心全覆盖。

建立和完善粮食产能区250公顷，推动街道全年1466.67公顷粮食生产任务的完成。建立回瑶再生稻核心示范片20公顷、周墩2个高档优质稻新品种核心示范片共32公顷，展示后备高档优质稻品种15个。新建温控大棚、连栋温室大棚2公顷，利用大棚种植名优果蔬如水果黄瓜、火龙果、百香果等20公顷。新建葡萄避雨大棚等普通果蔬大棚3.33公顷，利用大棚种植葡萄、蔬菜等200公顷。引种桑葚良种喜获成功，2020年在周墩、溪源、回瑶推广种植3.67公顷。建立紫云英、油菜示范片3片14.67公顷，推广落实化肥、农药减量增效等高效绿色增产技术模式。物化补助商品有机肥73吨，鼓励生产主体解决山垄田抛荒，落实水稻种植面积，确保全年粮食生产任务的完成。发展农村电子商务，回瑶、溪源、周墩、考亭、桥南、城关6个村共建设7个电子商务示范点——村级益农信息站，销售大米、鸡鸭、葡萄等。溪源村还开设直播间，销售多种农产品。通过建立完善益农信息社，开设直播间，推动网货下乡与农产品进城同步发展。落实惠农补贴。以“一卡（折）通”形式向全街道2388户农户兑现耕地地力保护补贴170.8万元，发放社会化服务——机插补助1.7万元。

推进乡村旅游产业发展，打造休闲观光、健康养生、文化研学、户外拓展等多类型乡村旅游产品，鼓励、引导、支持乡村旅游民宿发展。完成考亭水美城的朱子文化园、建盏文创园、水美公园、考亭古街建设，并成功举办了南平旅发会、全国郊野钓鱼大赛等重大赛事活动。完成城区—回瑶—溪源—考亭线建设，新增骑行漫道21.5千米。完成省级乡村振兴试点村回瑶、溪源村，以及考亭村主路立面改造，现已打造成了生态美、环境美、经济美、人文美融合发展的“四美”精品美丽乡村景观带，把田园、山林、美丽乡村、人文景观等有机串联，让游客体验“车在景中走，人在画中游”的生态绿道体系。

【人居环境整治】 2020年，建阳区潭城街道建设完成建阳南出城口环境提升项目一期工程、水南农贸市场提升改造，8个行政村内已建成31座水冲式公厕并已投入使用。持续加大对人居环境的整治力度，对陈年垃圾、建筑垃圾、垃圾死角等顽疾沉疴进行重点出击，限时整改。根据区委、区政府工作部署，在8月集中力量在城区范围开展镇区人居环境整治攻坚月活动。全年通过“街道吹哨、部门报到”模式发动共建单位68家，党员2116人，群众13129人，出动专项整治队伍87次，清理生活垃圾、死角983处，共计9015吨，清理建筑垃圾512处，共计263吨。各社区通过开展“洁净小区”“星级文明楼道”等活动，结合融媒体宣传，进一步提升宣传广度、深度，营造浓厚的人居环境整治氛围。

创建省级生活垃圾分类示范片区，投入资金200万元，在两个社区开展垃圾分类试点工作，并于10月30日通过省住建厅省级生活垃圾分类示范片第三方评估。通过随手拍、“12345”平台等多渠道开展群众监督，并由城区垃圾分类工作领导小组办公室成员组成综合考核小组，街道和社区每月对第三方中标单位进行考核监督。截至2020年底，共设置四色分类垃圾桶753个、智能分类箱13台、指示牌30个、宣传广告牌136处、公示牌18个，并确定11处大件垃圾及建筑垃圾暂放点。配备了4名宣传员、23名督导员。

【脱贫攻坚】 2020年，建阳区潭城街道严格落实“一对一”结对帮扶机制，精准发力，着力做好造血式扶贫。街道国定标准扶贫对象145户357人已全部脱贫。按照“两不愁三保障”“四不摘”要求，年度享受低保兜底政策91户199人；雨露计划中高职教育补助8人2.4万元；对在家中发展种、养业的50户建档立卡贫困户给予一定的产业扶持资金补助。主动应对新冠肺炎疫情影响，新设立125个村级保洁公益性岗位，参与美丽乡村万人保洁工作，巩固脱贫成果。

【社会事业】 2020年，建阳区潭城街道将公共服务45项、行政许可1项全部纳入“最多跑一趟”，事项转化率达到100%，并实现全部入驻省网大厅和实体便民服务大厅。推动线上“一网办”，向群众持续推广福建省网上办事大厅、微信公众号、手机客户端等多种形式进行线上申请办件。落实窗口首问责任制、限时办结制等制度，确保在承诺时限内完成事项办理，提升服务水平、服务效率，为企业和群众办事提供最大便利。加强事中事后监督，持续开展窗口部门“慵懒散慢”作风优化活动。全年街道共受理办结全程代理事项5.49万件。

2020年街道共有低保户296户557人，特困供养人员32户33人，其中半护理、全护理特困人员集中供养率为90%。开展困境儿童帮扶工作，共为6名符合条件的未成年儿童申请“事实无人抚养儿童生活补助”，帮助困难儿童家庭解决经济困难，助力未成年人健康成长。持续开展扶危济困工作，上半年共慰问各类困难群众418人次，发放慰问金、慰问物资、临时救助资金共计21.945万元。持续做好计划生育管理服务工作。政策内出生人数491人，人口出生政策符合率99.2%，发放城镇奖扶累计2589人。着力履行好教育管理职责。配合童游小学做好辖区4所村小学（教学点）的控辍保学工作；结合人居环境整治和房屋安全隐患大排查工作，联合各部门全面排查整治校园及周边安全；多方筹措教育经费，继续支付村小的“名师”奖励及安保工资；积极做好困难家庭的扶困助学工作；努力做好“教育强区”和“两项督导”督导评估工作，促进辖区义务教育水平的提高和均衡发展。

在2020年房屋安全隐患大排查大整治中，潭城街道全覆盖、零死角排查摸排共6644户，发现有安全隐患的房屋197户，其中重大安全隐患177户，一般安全隐患20户。在有安全隐患的房屋整治中，做到全部处理，不漏一户：封房148户，拆除22户，修缮27户。处理农村裸房30处、破旧危房8处，建新拆旧4户，清理残垣断壁270米。危房改造1户完成异地新建并验收，已搬入。夯实基层综治维稳基础，完善基层综治阵地建设。在各村居开展综治中心、公共法律服务室、信访评查评理室建设，认真落实各村居评查评理件的内业材料，整合各种资源，维护基层稳定，全面落实枫桥经验在建阳。全年承接办理信访件138条，“12345”信访平台诉求件432条，随手拍事件295条，司法调解件1002条。

【社区治理】 2020年，建阳区潭城街道13个城市社区党委积极

2020 年 1 月 17 日，七贤社区党委与建阳区纪委、建阳区实验小学、区书法家协会共同开展“景贤养正 翰墨飘香”义赠春联活动

探索党建引领基层治理新模式，充分发挥各社区优势，全面整合各方力量，引导多元主体积极参与小区治理，邻里议事堂、民心议事亭、星级文明评比、邻里红管家等行之有效的小区治理新模式聚成“邻聚力”，使社区、物业、业委会、居民“四驾马车”同向发力，逐渐构建起目标一致、协同配合、责任共担的小区治理新矩阵，打造“景龙邻里四景”“七贤连心四邻”“爱在中南文化惠邻”“桥南邻里议事堂”“全民阅读书香永安”“西桥绿色新月”等一批特色鲜明、亮点突出、群众满意的社区。南阳社区“南阳乐教 青松不老”荣获“福建省终身学习品牌项目”，中南社区申报“省级优秀社区工作法”。七贤、景龙、永安、中南、南阳 5 个社区开展“五社联动”服务格局工作试点，“青春健康俱乐部”“暖心家园”等服务提升社区综合服务能力。认真贯彻慢性病防治工作总体要求，积极参与创建建阳区建设省级慢性病综合防控示范区、健康支持性环境和无烟单位。8 个社区申报健康社区，创建工作有序进行。5 月 13 日，潭城街道景龙社区党委、景龙社区居委会挂牌成立，为街道基层组织建设和城市社区治理注入新的活力。

【文明实践】 2020 年，建阳区潭城街道获得南平市全国文明城市提名，并在建阳区省级文明城区的总评中扎实开展辖区文明城市创建各项工作。全方位多阵地刊播创城公益广告，广泛营造创城氛围。多形式多举措开展创城文明实践和志愿服务，充分凝聚创城共识。分阶段对标对表查找公共设施薄弱环节，建立问题台账分类处置，努力补齐创城短板。实现新时代文明实践全覆盖。2020 年，新增建设景龙社区、周墩村、桥南村 3 个文明实践站，实现村居全覆盖。各村居文明实践站积极与辖区共建单位的志愿者队伍围绕疫情防控、复工复产、人居环境整治、垃圾分类、创城宣传、路长制、机关连乡村、新思想学习等，共开展 270 场文明实践志愿服务，不断满足群众对美好生活的需求。

童游街道

【概况】 2020 年，童游街道辖 12 个行政村、11 个居委会，总面积 207.3 平方千米，总人口 17 万

徐墩八角瓜

徐墩葡萄园

多人。年公共预算收入4864.01万元，农业产值4.74亿元，乡镇规模企业总产值完成36.36亿元，其中规模工业完成产值38.18亿元。

【农业经济】 2020年，童游街道重点推广水稻基质叠盘暗化育秧、水稻精确定量栽培、头季机收再生稻、测土配方施肥、推广绿肥种植、水稻全程机械化生产、水稻病虫害专业化统防统治、绿色防控农药减量增效等一批绿色高效技术，推进良种良法配套，实现了农机农艺相结合，提高科技增产效益，推动大面积均衡增产，助力粮食稳步增收。共推广测土配方施肥1200公顷，秸秆还田1400公顷，推广茶叶、橘柚等商品有机肥150多吨，推广水稻新品种9个，推广面积866.67公顷以上；推广新农药在水稻、茶叶、葡萄等作物中的应用，采用无人机等统防统治作物病虫害面积200公顷次以上，使童游街道农作物化肥、农药减量使用达5%以上，促进童游街道农业可持续发展，促进地力提升，有力地保障粮食增产、农业增效、农民增收。

【工业经济】 2020年，童游街道工业经济以先进制造、绿色农业、数字信息、化工生产、食品加工为主。年乡镇企业总产值42.21亿元，其中规模工业总产值38.18亿元，完成固定资产17.07万元。

【文化事业】 2020年，童游街道在南平万达广场举办“党群一家亲 和谐邻里情”学习贯彻中共十九届五中全会精神理论文化广场活动。活动由童游街道新时代文明实践所主办，童子山社区党委、崇阳社区党委、狮子山社区党委、焦源社区党委、嘉禾社区党委承办及5个社区共建单位协办。

【重点项目建设】 2020年，童游街道紧抓“发展依托新区、项目依靠新区”理念展开招商工作，充分拓宽招商引资领域，盘活现有存量资源。持续加大力度狠抓招商引资工作，找出新的经济增长亮点。完善和争取招商引资鼓励政策，做好服务及优化投资环境，努力实现全街道企业的规模经济发展。创造锲而不舍抓项目的氛围，调动全街道力量，加强项目跟踪、协调、服务力度，持之以恒地推进项目建设，不断增强发展后劲。重点打造：飞力士现代物流园、白水岩生态旅游开发项目、象蜜湾大集市、

2020年8月16日，建阳区区长魏敦盛（左二）到童游街道检查指导美食街建设情况

建阳区溪口生态旅游开发项目、建阳金石氟业有限公司的含氟精细化学品生产建设项目；福建华懋生态旅游发展有限公司的酒店旅游、体育休闲、养生项目；嘉禾美食一条街、鹏宇广场美食城、万商红夜市等“夜市经济”“集市商贸”等项目。

【征迁工作】　2020 年，童游街道武夷新区共征地 13.33 公顷，支付征地补偿款 454.53 万元；童游管辖范围（建阳区征地项目）共征地 3.45 公顷，征地补偿款 116.97 万元。进一步完善征地内业资料，加强已征地块管护，共整治 13 处抢种、抢建、乱倒建筑垃圾行为，积极开展打击“两违”行动，共拆除“两违”面积 4.57 平方米，为武夷新区、建阳区的发展做出应有的贡献。

【党建群建工作】　2020 年，童游街道党员疫情防控期间共成立 19 个疫情防控临时党支部，设立 126 个疫情防控巡逻劝导站，成立 19 个党员志愿服务队，230 名党员志愿者投入疫情防控工作。街道共收到 1367 名党员的自愿捐款，捐款总额 9.76 万元，另外，在前期工作中党员还捐赠 1.80 万元的款项和物资。街道党工委共组织开展“业务大学习”学习会 18 次。开展软弱涣散村“回头看”，一村一策制定经济薄弱村发展计划，童游街道各村平均村级集体经济收入为 53 万元，已有 12 个村的村级集体经济收入高于 10 万元。提前谋划村级（社区）组织换届选举工作，并认真排查各村“两委”班子成员和后备干部中的党员档案，准确掌握实际情况，为明年村级组织换届打好基础。加强城市基层党建。为适应南平市行政中心搬迁新形势、新任务，在各小区、商圈、市场建立形成网格化党组织。现有 11 个社区党委共成立小区（网格）党支部 32 个、楼栋党小组 80 个。严格落实“机关联社区、党建促治理”工作机制，已有 48 家机关党委参与，在职党员报到 2600 名。进一步加强非公企业和社会组织党组织建设，整合商圈楼宇党员资源，加快推进万商红商圈党支部、万发装饰工程有限公司党支部建设。扎实推进云谷社区、童子山社区、曼头山社区党建示范带建设，全力打造童子山社区万晟皇庭封闭式小区和静园社区下马亭开放式小区近邻小区党建试点。落实制度强化队伍。传达好中共中央组织部关于学习党费收缴工作专项检查的相关精神，要求各党支部坚持做到按时足额收缴。严格按照党员发展“十六字”方针，突出把好“政审”关。新发展党员 13 人，其中 1 名为党群工作者。

【社区工作】　2020 年，童游街道共有 11 个社区，社区工作者 63 人，其中大专以上 51 人。童游街道新时代文明实践所为让社区志愿服务更加有效深入地开展，不断扩大志愿者队伍，志愿者达 5193 人次，每月至少开展 2 次实践活动，实践活动形式丰富多样。各项志愿服务活动赢得了广大居民的好评和支持参与，许多居民表示，文明实践活动是惠民、利民、便民的活动，有利于社区文明建设。积极营造创城氛围，提高居民知晓率。在辖区内居民小区楼道、背街巷道内粘贴居民公约 4030 份，大力宣传文明有你有我的公益广告以及市民公约、核心价值观、学雷锋、关爱未成年等公益广告约 480 处。发放致居民的一封信等宣传材料，共计 1.43 万份，用音箱播放创建文明城市宣传资料，通过印刷带有创城宣传的环保袋、扇子、书签等载体

2020 年 6 月 27 日，崇阳社区党委联合共建单位一同前往顺昌县洋口镇开展“迎七一”联合主题党日活动

积极宣传创城知识，共计发放1.6万份，开展以除“四害”为主的爱国卫生运动，抓好人居环境整治，开展整治活动120余次，营造整洁的居住环境；开展群众文化活动，包括春联义写、学习雷锋、感恩母亲、情暖五月天、七夕庆金婚、中秋和国庆联欢晚会等活动20次，开展创建文明城市、预防电信诈骗、食品安全、垃圾分类、扫黑除恶等宣传活动，通过系列活动共发放宣传册等3000份；开展各类知识讲座，涉及身体健康、科普知识、垃圾分类、精神生活、家庭教育等方面，共计30场；积极弘扬“奉献、友爱、互助”精神，倡导邻里互助，加强辖区共建单位联系，为“三无老人”“空巢老人”及外出过渡老人提供居家养老服务，构建和谐社区，传递正能量，温暖身边人。社区积极开展垃圾分类知识宣传特色活动，通过现场演示、知识宣讲、有奖问答、小游戏等，让居民积极参与进来，社区共开展活动16场，发放宣传手册1.2万份。全面推广和落实完善垃圾分类处理政策，为建设绿色、和谐、美丽、节约的社区环境而努力。

【美丽乡村建设】 2020年，童游街道因地制宜，全面加快村庄整治、造福工程搬迁、农村危房改造、农民饮用水、农业综合开发、农村联网公路、乡村文化体育、绿化示范村、农村电气化等工程建设步伐，切实提高乡村道路、交通、供电、供水、流通等农村公共基础设施建设标准和服务水平，改善村庄环境面貌。以保护乡村原始风貌、保留村庄原有形态、挖掘特殊意义村庄特色为前提，持续实施12个美丽乡村示范和万人保洁工作，重点推进中心村居以及高铁沿线、重要区域周边和具有特殊意义的村庄整治建设。把美丽乡村、现代农业与乡村游相结合，实施串点成线、连线扩面，分片推进美丽乡村建设，打造一批产业发展型、旅游休闲型、传统村落型、自然生态型等各具特色的童游美丽村庄。

2020年12月4日，童游街道综治中心联合焦源社区、狮子山社区在南平万达广场开展“弘扬宪法精神、建设平安童游”宣传活动

【环境整治】 2020年，童游街道建立街道、村、组三级联动工作机制，成立人居环境整治领导小组，由街道党工委书记任组长，党工委副书记、街道办事处主任任常务副组长，建立“一把手”负总责、党政成员划片联村、干部包组、党员包户的网格化体系。通过微信公众号、宣传车、宣传栏、入户宣传、发放《提升人居环境 共建美好家园》倡议书等方式，并结合“新时代文明实践站”“巾帼志愿者服务队”“小手拉大手”等活动，开展宣传。2020年，共发放宣传单4万份，粘贴“门前三包责任牌”3万张、悬挂横幅标语300条，发布微信公众号信息100条，形成立体式宣传格局。街道开展人居环境整治行动，累计投入人力1.6万人次，资金约2500万元（包含两线整治），大力推进旱厕改造，实行三格化粪池610户、改造旱厕158座；整治陈年垃圾、污水、乱搭盖等问题约4883处；整顿农贸市场3个、关闭养鸭场3家、建立临时停车场60多处、空地绿化3万多平方米；拆除大型墙体喷绘广告16处、户外大型广告14块；对高铁沿线650多栋建筑进行外立面、坡屋顶改造；拆除简易搭盖4万平方米。街道将人居环境整治工作中好的做法、措施、经验总结提升，根据各村（居）的实际情况进行宣传、推广，助推人居环境提升。

【精准扶贫】 2020年，童游街道建档立卡贫困户中扶持48户贫困户发展产业，共下发产业扶贫资

2020 年 10 月 10 日，童游街道举行“爱心企业”助力扶贫捐赠仪式

金 18.86 万元用于扶持贫困户产业发展；开设公益性岗位扶贫专岗 85 个，下发扶贫资金 43.43 万元用于公益性岗位补助；推进光伏扶贫，街道 99.9 千瓦光伏项目获益 5.80 万元，65.34 千瓦光伏项目共获益 6.43 万元，资金已全部发放到位。

【社会事业】 2020 年，童游街道以改善民生为根本，强基础、补短板、创优势，切实筑牢民生保障基准线、推动社会福利发展、全面提升服务水平，社会事业各项服务工作均呈现良好的发展态势。紧急召开部署会议 18 场，成立 9 个具体工作组，严格落实 24 小时值班值守制度，优化配置物资，充分运用各种形式开展宣传。取消庙会 20 次，劝导 40 家夜宵、火锅类摊点暂停营业，自发组织 26 支群众联防联控队伍，有 690 名群众主动投身到疫情防控工作中。街道严格做好人员管理工作，强化重点公共场所疫情防控，加强“验码、测温、不聚集、戴口罩”防控措施，推广应用“八闽健康码”。做好秋冬疫情防控准备工作，组建流调协查小队 24 支，消杀小组 23 个，在 23 个村（居）挑选空旷、通风、安全的区域设立核酸采样点。卫生院提前做好防护物资、医疗设备、医用耗材药品、消杀产品等物资储备。街道新增就业岗位 259 个，完成全年目标任务的 72.04%；城镇失业人员再就业 245 人，完成全年目标任务的 87.5%；城镇就业困难人员再就业 113 人，完成全年目标任务的 94.17%。举办 2 场招聘会，有 70 多家企业进行招聘，1000 名群众参与，发放材料 1400 份，达成求职意向 56 人。2020 年城乡居民医疗保险参保人数达 35802 人，参保率达 100.28%。扎实稳妥推进调整城乡居民基本养老保险缴费档次和补贴标准工作，截至 2020 年 10 月 20 日，新增参保人员 718 人。认真做好闽北产业集中区征地村 60 岁以上人员的社会保障申报，组织各村适龄人员参加企业社会养老保障，及时向区政府申报被征地农民的社保经费补助并发放给参保人员。切实抓好计生工作。街道出生人口政策符合率、出生统计准确率、人口信息准确率均达到或超过上级下达的指标率。开展生育关怀活动共计 280 人次，金额达 14.83 万元，办理一、二孩生育登记 258 份，计生审核 300 人次，计生行政执行 22 例，政策外社会抚养费征收文书送达率达 95%，共计征收金额 34.7 万元。大力推行计生家

2020 年 9 月 30 日，在金茂广场举行 2020 年金秋专场招聘会

庭意外伤害保险，参保计生家庭达 2000 户，保费达 21 万元。童游街道共划分 23 个普查区 575 个普查小区，选聘“两员”515 人。共完成摸底 68176 户（含空户），后期主要进行查缺补漏工作，对户籍资料、出生、死亡信息进行核对，对空户进行再次走访确认。街道高度重视教育事业，把教育工作列入党工委工作的议事日程。扎实开展适龄儿童入学、“控辍保学”等工作，多渠道筹资支持学校办学，改善学校办学条件，努力提高老师的经济和政治待遇，营造尊师重教氛围。建立学生安全管理工作领导机制，加强各类安全事故预防工作的领导，强化校园及周边治安综合治理，义务教育各项指标均达标。

将口镇

【概况】 2020 年，将口镇实现工农业总产值 22.35 亿元，增长 5.47%；财政收入 2045 万元，增长 -14.2%；农林牧渔业总产值 5.54 亿元，增长 2.2%；规模工业以上增加值 16.79 亿元，增长 9%；固定资产投资 5.41 亿元，增长 170.5%；农民人均纯收入 19924 元，增长 6%。

【疫情防控】 2020 年，将口镇疫情防控实行网格化管理，设置 14 个网格及 129 个防控专员，累计电话核实人员信息 3000 人，登记湖北（武汉）、外省及境外等各类人员信息 1000 人。安排干部职工 1000 人次从 1 月 27 日起轮班值守至 10 月 20 日，帮扶企业购买 14 批防疫物资，保障 10 家规模企业顺利开工复产，发放外来员工复工车票补助 8213 元，帮助永固、夷山物产、古汉城等 3 家企业申请小微企业纾困专项贷款共 1000 万元。

【聚力征迁】 2020 年，将口镇重点保障闽越大道一期、芹口物流园区、消防训练基地、西岸片区路网山尾路工程、防洪堤闭合等 5 个重点项目用地。全年完成征地 37.33 公顷、退地 74.67 公顷、拆迁 5000 平方米。

【项目建设】 2020 年，将口镇投入近 500 万元（用于征迁）完成新崇线 X859（将口段）工程建设；投入 379 万元完成山尾村防洪便道建设；投资 240 万元完成将崇工业平台道路提升改造；投入 120 万元完成东路（供销社路口至将口旧大桥）道路绿化和崇文公园建设；新引进南平建信建筑材料有限公司、古汉城酒业技改等 2 个超 6000 万元项目；引进的文旅项目“南武新城”加快建设，一幢 13 层酒店及一幢 16 层住宅主体结构已封顶，已投资达 2800 万元；投资 819 万元建设杨香村采石场生态恢复治理工程；投入 33.3 万元修建乡村公路错车道、增设护栏及进行养护等。

【生态环境】 2020 年，将口镇全力推进农村人居环境稳步提升；户厕无害化改造建设任务全面完成，各村无害化户厕普及率均达到 90% 以上；“两高”沿线整治完成整改 38 处，整改完成率达 80%。

【社会事业】 2020 年，将口镇累计新增低保 18 户 38 人，取消低保 13 户 19 人。全镇低保 139 户 264 人，累计发放农村低保金 91.63 万元；申报新建、南台、胡巷、回潭等村农村幸福院建设项目，东田村农村幸福院获评农村留守老人关爱服务保障示范点；为全镇 30 名特困人员发放补助金 43.33 万元；完善城乡居民临时救助制度，为 18 户 42 名救助申请对象，发放临时救助金 11.5 万元；向上级残

杨香村采石场生态修复

联争取居家托养和创业资金 3.8 万元，“扶持农村困难残疾人创业就业”项目 4 人，每人补助 5000 元；“残疾人托养服务”项目 9 人，每人补助 2000 元；不断完善老龄工作，发放 413 名高龄老人补贴（其中百岁老人 1 名）共 25.1 万元。发放重点优抚对象及 60 岁以上退伍军人补助金 77.94 万元。

崇雒乡

【概况】 坚持稳中求进工作总基调，紧紧围绕“对接市区谋发展、鼓足干劲上台阶”目标定位，紧扣绿色高质量发展超越主题主线，牢牢把握经济发展新常态，着力推进供给侧结构性改革，不断解放思想、锐意创新，攻坚克难、扎实工作，全面统筹推进疫情防控和经济社会发展“双战双赢”，收官脱贫攻坚，有效推进乡村振兴步伐，确保经济社会发展总体平稳有序。全年财政收入 446 万元，农林牧渔业产值 2.53 亿元，社会消费品零售总额 2804 万元。

【机构改革】 崇雒乡于 2020 年 10 月完成乡镇机构改革，“六办三中心”挂牌成立，分别为党政综合办公室、党群工作办公室、社会治理办公室、财政和经济发展办公室、社会事务办公室、乡村建设管理办公室，综合执法大队、党群服务中心以及乡村振兴发展中心，人员编制划转完毕，核定崇雒乡党政机关行政编制 28 名、“三中心”编制 24 名，有行政编制在编人员 29 人，“三中心”在编人员 18 人。

【疫情防控】 2020 年，崇雒乡以乡党委、政府和崇雒卫生院为 2 个防控主力点，充分发挥 6 个村党支部的战斗堡垒作用，采取日报告、零报告、全覆盖的方式，将全乡划分为 6 个防控网格、组建 6 支志愿服务队，有效构建起乡、村两级自上而下群防群控疫情防控体系。按照地毯式摸排、白加黑走访、每小时汇报的方式，以最快的速度，做好人员摸排到位、健康信息上报、健康服务上门、24 小时防疫值守等工作。引导党员干部群众自发取消婚丧嫁娶等各类集体活动 45 场 350 桌，3500 人次，其中农村集体聚餐 25 次 300 人，全乡 12 家旅店、饭店、餐饮小吃店及 12 座寺庙全面关停。发放防疫宣传单 3900 份，悬挂张贴防疫宣传横幅 180 条。乡班子成员带头点对点做好乡域企业复工复产、中小学和幼儿园开学等工作。在全乡党员干部群众的共同努力下，取得了疫情防控阶段性胜利。

【招商引资】 2020 年，崇雒乡以打造宋慈文化旅游景区为核心，做好配套企业招商引资。以宋慈纪念园为主体，与福建宋慈文化旅游开发有限公司签约开工项目 1 个。与福建长河生物科技有限公司、南平市中巨龙井坑茶叶有限公司洽谈投资意向，为崇雒乡农特产品、生物科技产业提供平台支持。崇雒 9 月“四比六促”位列全区第二，1—11 月，崇雒“五个一批”（谋划一批、签约一批、开工一批、投产一批、增资一批）项目 16 个，总投资 26.39 亿元，其中开工 5 个，竣工 3 个，谋划、签约 8 个。项目建设总体呈现出推进速度快、带动作用强的良好态势。

【农业生产】 2020 年，崇雒乡将“三农”工作作为乡党委、政府重点工作。新建粮食产能区面积 83.33 公顷，亩增粮食 39.8 公斤，新增总产约 5 万公斤，节约成本 13 万多元。建立粮食产能区

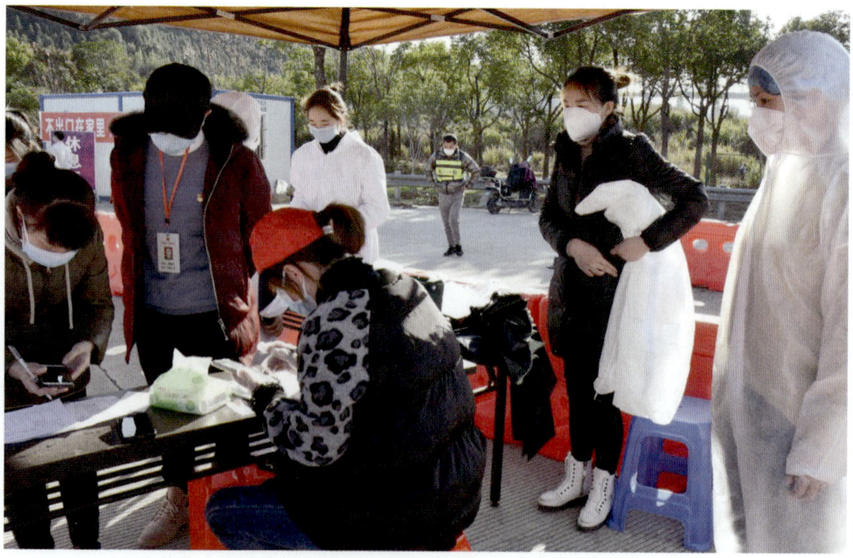

2020 年 3 月 4 日，崇雒乡志愿服务队在卡口防疫值班

2020 年 8 月 21 日，崇雒村再生稻示范片正在对头茬再生稻进行收割测产

增产模式攻关 33.33 公顷以上示范片 1 片。推广优质稻面积 2 万多亩，亩增产 34.7 公斤，总增产约 70 万公斤；建立高档优质稻示范片 2 片，推广优质稻新品种“甬优 7860”“甬优 7850”“野香优航 148”“桃湘优莉晶”“悬乡优莉珍”“龙两优月牙丝苗”“浙优 19”等 20 多个优质稻新品种。建立再生稻示范片 56.67 公顷，增收粮食 25 万公斤；再生稻新品种筛选试验示范品种 28 个，建立一个再生稻全程机械化头季稻缓释肥试验现场。建立山垅田稻鱼螺绿色生态种养示范片 20 公顷，亩效益达 6000 多元。做好水稻、果树等化肥农药减量化，开展绿色防控及重大病虫害统防统治，对重大病虫害进行统一防治，全乡统防统治面积达 233.33 公顷。做好植物病虫害预测预报工作，累计发放病虫情报 2000 份。做好农产品安全检测工作。对水稻、蔬菜、水果等农产品及时抽样检验，完成样品检验 500 多个，保证了农产品的质量安全。落实科技示范推动乡村振兴。建设科技特派员示范基地 6 个，推广新技术 12 项，引进新品种 20 多个，指导家庭农场或合作社 9 个，指导水稻科技示范主体 10 户，培训农民 380 人次，接受农民咨询 300 人次，发放技术指导资料 5000 份。

【脱贫攻坚】 2020 年，崇雒乡按照真扶贫、扶真贫、真脱贫要求，坚持抓牢“两不愁三保障”，全乡建档立卡贫困户 85 户 138 人全部脱贫，上洋村、后畲村 2 个贫困村实现脱贫摘帽。全年发放扶贫专项资金 125 万元，用于上洋村基础设施建设、上洋村和后畲村莲子产业发展、设立公益性岗位、发展扶贫产业等。全年完成贫困户危旧房屋改造 16 户，同步推进教育、健康、低保、金融等扶贫措施，加强技能培训和就业指导，多渠道鼓励创业和扩大就业，新增城镇就业及再就业 131 人。全乡脱贫攻坚任务圆满收官。

【生态环境】 2020 年，崇雒乡开展“一革命四行动”（实施农村“厕所革命”，农村垃圾治理行动、农村污水治理行动、农房整治行动、村容村貌提升行动）、“全域无垃圾”等行动，加快环保设施建设，推进农村卫生户厕改造工作，新建公厕 12 座。持续开展人居环境整治，房前屋后摆放更加到位，集镇主街、农贸市场管理更加有序，乡容乡貌更加美观，群众参与率、认

2020 年 6 月 10 日，崇雒乡开展人居环境集中整治

可度持续提升。更加注重生态环境保护，全面实施国家储备林质量精准提升工程项目建设，严格执行“河长制”工作，实行乡村双河长制、专管员管理责任体系全覆盖，同时加大政府投入，提供经费保障，给河道专管员派发巡河补助，全年6名河道专管员（9月起由第三方雪品公司承包，共聘两名河道专管员）共计巡河2051次，发现并解决污染水源等问题828个，联合水利、公安、环保部门严厉打击无证采砂行为，制止非法采砂行为6起，严守后崇溪生态红线。

【基础设施】　2020年，崇雒乡深入贯彻落实“项目创新年”活动，着力提升全乡各项基础设施。县道新崇线X859将口到崇雒段公路提级改造、其岭道路拼宽、农贸市场到宋慈纪念园道路白改黑项目均已竣工完成，正推进崇雒乡至右巨村段公路提级改造，谋划崇雒村至上洋村道路提级改造，长远规划省道302（安口）至崇雒公路改建工程，东连水吉、西出将口、南通童游、北接五夫的“四至”交通网络全面铺开，全乡基础交通实现跨越式发展；全面推进全乡饮用水安全提升改造工程项目；集镇污水处理厂及污水管网工程一期项目、二期项目均已竣工验收，污水处理厂有序运行。

【民生改善】　2020年，崇雒乡围绕科教文卫加强社会民生事业发展。崇雒九年一贯制学校已建成投入使用，成为全区第一所九年一贯制学校，有效实现小学、初中联合办学，为全区九年一贯制学校发展提供丰富的办学经验。崇雒卫生院公共卫生服务大楼全面投入使用，卫生防疫体系进一步健全，卫生阵地建设进一步提升，成效明显；协调推进崇雒养老院项目，右巨村幸福院顺利运行，获得群众一致好评，全乡养老服务保障体系显著提升；持续加大特殊群体帮扶，继续落实优抚、低保、高龄等人群补助政策，残疾人“两项补贴”惠及全乡残疾人650人次。全乡享受农村低保人数83户113人，特困人员24人。

2020年8月31日，九年一贯制学校——崇雒学校建成投入使用

成立退役军人服务站，加强退役军人服务管理工作，进一步维护退役军人合法权益。

【安全稳定】　2020年，崇雒乡以打造平安崇雒为目标，把平安崇雒建设和开展扫黑除恶专项斗争、防电信网络诈骗、重点工作、征地拆迁、加强党员教育管理等工作有效结合，全乡党员干部累计入户走访616户，集中宣传10场次，发放宣传材料3000份，形成“平安连着你我他，平安建设靠大家”的浓厚氛围。投入约14万元建设“雪亮工程”，实现辖区行政村全覆盖，建立完善的安防系统，为平安崇雒保驾护航。综治中心、禁毒中心使用效果良好，安全生产、道路交通安全、食品药品安全等形势总体向好，社会秩序安定和谐。

徐市镇

【概况】　2020年，徐市镇基础设施日臻完善，集镇主干道实现硬化、美化、亮化，徐宸溪小流域综合治理、河边休闲步道、人民公园广场等项目均已完工。上饶集中营南迁徐市革命烈士纪念馆，成为建阳红色旅游景点之一、党史教育基地之一，年参观人数达1万余人次。宸前金盘湖旅游、亭村特色乡村旅游、壕墩优野蔬菜基地及北岸村、南槎村、唐科村的美丽乡村旅游项目等均在建设中，着力打造远近闻名的乡村旅游区。

【国民经济主要指标】　2020

徐市镇全景

同时持续打造唐科、条岭吊瓜，大田、溪尾白莲，南槎橘柚，大阐锥栗，林墩杨梅，徐市甘蔗等一村一品特色产业，使其增强核心竞争力，逐步实现产业振兴、村民致富。2020年，徐市镇致力于增强综合实力，突出稳总量、优结构、增效益，镇域经济在提质增效中实现新突破，全年共有重点项目105个，总投资160亿元。其中在建项目32个，总投资29亿元。新开工项目32个，总投资49亿元。谋划项目41个，总投资82亿元。招商引资成效明显。通过“一把手招商”、乡贤招商、以商招商等方式，加大招商引资力度，新引进7家重点企业，分别是南平市鑫众信钢结构工程有限公司（钢结构产品）、福建新嘉纺科技有限公司（纺织产品）、南平市建阳区鑫旺生物能源有限公司（生产活性炭）、南平市润彤金年能源有限公司（生产新材料）、南平市建阳区瑞盛林业有限公司（红木家具）、福州优野生态农业有限公司（果蔬产品）、福建省德丰网络科技信息研究有限公司（软件开

年，全镇实现农林牧渔业总产值6.7亿元，同比增长3.1%；固定资产投资10.1亿元，同比增长20.0%。规模以上工业产值11.40亿元；社会消费品零售总额2769万元；农民人均纯收入16285元，同比增长7%；财政收入创历史新高，为2441.7万元，同比增长70.3%。

【经济发展概况】 2020年，徐市镇力求通过加快农村基础和设施建设，加强劳动就业技能培训，推广农业“五新”技术，加快“一品一码”建设，现代绿色农业取得新发展。抓好五新技术推广，“五新”集成技术在粮食产能区覆盖率达100%，新建粮食产能区220公顷，推广播种紫云英种植面积110公顷。积极发展再生稻117公顷，打造26公顷墺墩早稻示范片一片。在北岸、墺墩进行土壤改良剂试点项目，加大绿肥的种植和有机肥的推广使用，促进农业可持续发展。持续抓好“一品一码”。进一步抓好徐市镇农产品质量安全和农产品“一品一码”建设工作，加强源头监管力度，加大农业执法力度，同时对镇生产经营主体进行培训、指导、管理与监督，确保广大人民群众“舌尖上的安全”。持续打造“一村一品”。徐市镇积极与福州优野生态农业有限公司合作，建设现代大型蔬菜生产基地。通过“五新”示范指导，带动当地种植业走向规模化、标准化、市场化的生产经营。

2020年建设中的建阳经济开发区

发），项目总投资近 10 亿元。促进企业做大做强。坚持全方位全天候服务企业，完善领导挂点帮扶企业制度，全力帮助 6 家规模以上企业及其他中小企业共渡难关，7 月 27 日，龙竹科技集团股份有限公司成为全国首批、福建首家新三板精选层企业，是徐市镇做好“六稳”工作、落实“六保”任务，护航徐市镇经济发展的成功案例。征地拆迁持续推进，累计完成经济开发区征地 1000 公顷，完成房屋、厂房征迁面积达 2.8 万平方米，其中 2020 年征收土地 233.33 公顷，已征地块包含经开区纵五路、纵七路，北岸路网等；完成武沙高速徐市段征地 156.2 公顷，完成征迁面积 1.26 万平方米，确保武沙高速项目顺利实施。

【社会事业发展】 2020 年，徐市镇致力于保障改善民生，突出促稳定、保基本、兜底线，社会事业在均衡普惠中得到新成果。社会事业不断进步，坚持教育优先发展，不断加大教育投入。2020 年徐市中学考入建阳一中 21 名，位列乡镇中学前列。深入开展新时代文明实践活动，卫生院的医疗服务水平显著提高。社会保障不断完善，全年参加医保 24029 人，参保率达到 99.36%；参加养老保险 13926 人，参保率达到 90%；扶持残疾人创业就业 7 户，发放扶持资金 3.5 万元；全年共发放低保、特困补助金 255.9 万元。落实计生基本国策，加强两孩政策宣传，强化协会服务职能。出生 213 人，其中政策内出生 196 人，出生人口政策符合率达 92.02%，人口自然增长率 3.11‰。2020 年徐市镇致力于统筹协调发展，突出抓项目、夯基础，乡村振兴战略在统筹推进中取得新进展。人居环境整治纵深推进。全面开展“全域无垃圾”专项行动，持续推进美丽乡村建设和“六乱”整治，推行“领导联村、干部联片、党群联户”的三级网联做法，做到“三清三整一健全”，加大集镇执法管理力度，投入 600 多万元完成镇村一系列人居环境整治工程建设，镇村人居环境面貌得到有效改善。基础设施逐步完善。总投资 4500 万元的徐市城乡一体化供水项目已开工建设，涉及徐市集镇及周边六村一场，将逐步分期分批进行铺设主干管、配备水管入户；总投资 2675 万元的徐市镇“7·7”洪灾水利、农用桥、公路综合修复工程已基本完成；总投资 840 万元的徐市镇四条公路拼宽工程建成通车，极大地改善了盖溪、范墩、大田、北岸 4 个村的生产生活条件；投资 600 万元，对徐大线壕墩至南槎段破损路面及水毁点进行修复；投资 100 万元完成黄坑村地灾点综合整治项目。卫星集镇加快建设。总投资 4000 万元镇区雨污水管网改造项目，一期已经开工建设，主要涉及镇政府和卫生院、中小学校、市场和阳顺路以及桥头等主要路段，二期拟继续进行集镇背街小巷及低洼地带污水管理改造等；总投资近 500 万元的徐市集镇主街道立面综合改造项目，已基本完工；总投资 280 万元的徐市社区老年人日间照料中心项目在建设中；上饶集中营旧址改造工程和休闲步道提升工程在规划设计中，集镇品位逐步提升。

2020 年 11 月 30 日，“文化三下乡”戏曲专场活动在徐市镇举行

【安全稳定工作】 2020 年，徐市镇未发生较大及以上安全生产事故，切实保障人民群众生命财产安全。持续建立健全企地联勤制度，徐市镇综治中心与建阳经济开发区建立联席会议制度，定期深入开发区开展扫黑除恶宣传和矛盾纠纷线索摸排，及时化解在园区征地拆迁、企业建设等方面的矛盾纠纷。制定每季度一次的防范重特大安全事故

2020 年 9 月 13 日，徐市镇司法所开展疑难纠纷和案件调解

会议制度、每月一次的矛盾纠纷排查调处工作汇报制度及综治协管员例会制度、党政主要领导信访接待制度、预防和处置群体性事件工作预案等。与区人民法院联合开展“诉调对接”试点，启动诉调对接工作，邀请法院法官联合开展疑难纠纷和案件的调解工作。

【“三大战役”取得新成效】 2020 年，徐市镇致力全面建成小康社会、脱贫攻坚，突出抓重点、补短板、强弱项，三大攻坚战取得新成效。脱贫攻坚如期实现。严格落实“两不愁三保障”“四不摘”要求，加强政策宣传引导，加大资金使用投入，全镇建档立卡贫困户 328 户 836 人全部达到退出脱贫线要求，4 个贫困村全部摘帽；争取各级扶贫资金 122 万元，支持壕墩村、大田村、大闸村、盖溪村加快基础设施项目建设；增加公益性岗位 60 个，安置贫困劳动力 60 人；帮助困难学生 51 人，争取资金 18.4 万元，脱贫攻坚取得阶段性成果。严格落实“河湖长制”，规范河道采砂，整治水葫芦，处置河道乱倒垃圾、弃土、采砂、电鱼、毒鱼、污水排放等非法行为，扎实开展河道砂石“四乱”清理工作，开展河湖保护和“清四乱”专项活动，配合区水政大队查处小黄坑岩后、南槎村、大田村、条岭村非法采砂，扣留农用车 2 辆，处罚金额 3.6 万元；同时做好“林长制”工作，严禁商业性采伐和皆伐改造，新增造林面积 105.87 公顷。防范化解重大风险能力提升。加大政府债务管控力度，规范村级财务管理。紧盯扶贫小额信贷、农村专业合作社、扶贫项目资金、个体企业等重点领域风险，切实加强对重点领域的监督检查和指导，及时妥善处置安全风险。开展房屋结构安全隐患大排查大整治“百日攻坚”行动，共计排查 5396 户，其中重大隐患 82 户，一般隐患 93 户，已全部整治销号。

【全力以赴“战疫情”】 2020 年，新冠肺炎疫情突如其来，徐市镇迅速启动应急机制，全镇党员干部群众和社会各界迅速投入防疫战斗，迅速拉起“外防输入、内防扩散”牢固防线，切实抓好各项防控措施落实，齐心协力打好疫情防控总体战。全镇 59 名机关党员干部全部下沉一线，发动各党支部和广大党员干部组建临时党支部 17 个、党群小组 76 个，组织 267 名党员干部带动 1335 名群众在全镇 32 个村（居）卡口日夜值守，做好网格化

徐市镇大闸村贫困户蓝水亮的养鸡场

徐市镇大田村疫情防控巡逻劝导站

管理、红色代办、驻企服务等工作，有效保障群众健康安全，编录疫情防控“红色倡议”情景剧等特色宣传做法，得到市区领导肯定。在全力抗疫的同时，徐市镇扎实做好复工复产工作，为企业发展排忧解难，解决项目建设中的实际困难，做好“六稳”“六保”工作，社会经济平稳发展。

莒口镇

【概况】 2020年，莒口镇辖16个行政村、1个居委会、162个村民小组，总人口27366人。全镇土地总面积36593.2公顷，占全区土地总面积十分之一，其中山地面积29085.33公顷，耕地面积3360.33公顷，是建阳主要林区之一，森林立木蓄积量170.59万立方米，毛竹面积3767.13公顷，立竹645.35万株，各种林副产品十分丰富。镇党委下辖党支部25个，有党员1167名。

年初，新冠肺炎疫情突袭而至，在中央和省、市、区的坚强领导下，经过全镇上下的共同努力，抗疫工作（疫情防控工作）取得了阶段性胜利。莒口镇在坚持做好疫情防控常态化前提下，全镇实现财政收入1330万元，同比持平；农林牧渔业产值2.23亿元，同比下降5.3%；社会消费品零售总额180万元，同比下降20%；规模以上工业产值14.3亿元，同比增长1.2%；完成固定资产投资4.1亿元，同比增长118%。

【疫情防控】 2020年1月24日晚，福建省启动重大突发公共卫生事件一级响应，1月26日（正月初二）全体干部职工、村（居）干部和医护人员取消假期，开展疫情防控工作。其间，共召开线上、线下防疫会议30场，镇村干部及村医等每日入户开展疫情防控工作。各村党员、群众代表自发在各交通路口设立防疫劝导站24个，共劝返进出人员2353人次。禁止操办酒席、聚餐、庙会活动等，共取消酒席、庙会活动118场。共粘贴宣传标语、横幅1337条，入户发放《致市民一封信》《防控工作领导小组通告》等15160份，出动流动宣传车15辆。摸排国内外中高风险地区返乡人员，均按有关规定采取医学观察措施。

【农业生产】 以“一村一品”为产业发展基础，突出绿色、生态、

2020年2月13日，莒口镇党委书记彭阳敏（左一）走访各村检查点

高效农业特色产业。实施“村播计划”，培育“农民网红”。通过抖音直播新媒体带动农民创业，帮助农民在直播平台销售农产品，提升农村经济发展水平。打造“莒口村青年电商创业园”，一期占地350平方米，设立电商运营中心、村级电商创业园和青年创客基地。稳定粮食生产，提高粮食单产。2020年新增粮食产能区后山杭桥—豆仔坪133.33公顷，设立长埂、东山等5个早稻（再生稻）示范片，并列入产能区项目补助范围。重点抓好水稻“五新”技术推广，力争实现平均亩产增产50公斤。在后山、焦岚建立优质稻示范片30公顷，分别推广优质稻、高档优质稻品种3066.67公顷和1666.67公顷。落实烟叶种植面积276公顷，计划合同收购量517500公斤。引进智能大棚，建成果蔬基地。春晓农业科技有限公司建成农业果蔬新种苗试种科研基地、高科技全自动智能大棚、现代化标准农用管理房，完成“台湾玉女”“凤珠”“樱蜜”等7个小番茄品种和“阳光玫瑰”“浪漫红颜”“蓝宝石”等5个葡萄品种引种。加快特色农业发展。深入推广发展茶布食用菌、西山养蜂、中布蔬菜、金山毛竹等亮点产业，推进“互联网＋”机制建设，农产品销售渠道得到拓宽。蕲昇生物科技有限公司引进蛇苗并开展繁育工作，其中五步蛇养殖规模已达1万余条；建阳区武夷高脚岩茶叶生产项目，完成项目厂房建设并投入生产。

中�绿达蔬菜合作社种植的“玉女”小番茄

【工业生产】 工业企业稳步发展。规模以上企业7家，2020年上半年实现增加值5.67亿元。投资1.3亿元开展农林废弃物综合利用项目即国篁生物能源机制炭生产项目，提高竹制品加工附加值，实现废弃物再利用。

【文旅产业】 以长埂小源村、上布村美丽乡村建设为着力点，福建省西山生态旅游风景项目建设为契机，把创建传统村落与传承理学文化相结合，大力挖掘圣迹寺禅宗文化，进一步整合莒口镇文化资源，为莒口文化旅游绘好发展蓝图。

茶埄村水稻全程机械化机插

【农村人居环境整治】 全镇16个行政村的村庄规划编制工作均已完成，进一步加快了乡村振兴的步伐。扎实推进人居环境整治。以马伏、长埂乡村振兴示范村为着力点，全力加大全镇人居环境整治力度，结合“星级文明户”评定工作，建成“爱心公益美德超市”，完成东徐

2020 年 11 月 12 日，莒口镇机关第一支部联合焦岚党支部开展巾帼志愿者人居环境整治活动

村、湖桥村和马伏村共 1086 个三格化粪池建设。进一步推进人居环境整治工作常态化。全年开展人居环境集中整治自查自评 12 次，通报考评结果 3 次，有效提高人居环境整治工作成效。持续加大“两违”管控力度，全年共拆除“两违”1.04 万平方米。进一步落实河长制。各河长、河段长、河道管理员定期开展巡河工作，对非法采砂、河道污染等问题进行整治。全年河长、副河长共计巡河 296 次，发现并处理问题 50 件，均及时做好整改。

【项目建设】 按中央提出的“六稳”“六保”要求，毫不放松抓好项目建设。完成 10 项基础设施投资和 2 项 5000 万元以上企业项目的投资，金额共计 2.58 亿元。完成项目招标 47 项，投资额 4037.84 万元，其中进入区交易中心招标 11 项。共谋划项目 38 项，其中前期项目 12 项，在建项目 7 项，新开工项目 7 项，已完成投资近 1.3 亿元。社州、茶布、东徐等村灾毁耕地复垦项目 120 公顷，2020 年高标准农田建设项目 146 公顷，产能项目 116.73 公顷，已完成项目评审。长埂小源传统村落保护和永彬竹木制品厂一期建设项目已完工投用；集镇中小流域治理项目已完成主体工程的 90%；城镇污水处理设施及污水管网建设（莒口镇）项目已达成工程进度 47%；街道改造工程已进入招标程序；三圣文化旅游基础设施建设、焦岚康养旅游基础设施建设、古民居休闲旅游基础设施建设等重点文旅项目均已完成可行性研究报告的编制。

【脱贫民生】 2020 年，莒口镇共下拨上级财政专项扶贫资金 72.8 万元，用于贫困户发展产业；下拨 49.6 万元用于贫困村基础设施建设、发展产业等。截至 2020 年底，全镇 3 个贫困村和 158 户贫困户共 340 人已全部脱贫。全面落实低保政策，全镇享受农村低保 134 户 202 人。发放低保金约 35.32 万元，特困人员照料及生活护理费 24.4 万元，临时价格补贴 5.94 万元，临时救助金 4.95 万元。完成农村幸福院修建场所 16 个，完成率 94%。教育事业得到发展。教育改革持续优化，师德师风教育建设不断加强；薄弱校改造已完成，均衡教育得到进一步发展。计生工作正常开展。共发放生育关怀基金

莒口镇污水管网项目建设

2020年1月18日，镇党委书记彭阳敏（右三），党委副书记、镇长詹国鸣（右二）慰问困难贫困户

17人、1.55万元，幸福工程款3户、11万元，计划生育奖励扶助1548人、117.96万元。稳步推进社会保障事业。举办精准扶贫专场招聘会1次，落实精准就业扶贫就业5人；精准扶贫公益性岗位安置12人。参保新型城乡居民社会养老保险16631人，农保扩面完成235人，完成率69.45%。城乡居民基本医疗保险参保已收缴22416人，完成率97.34%。此外，发放耕地地力保护补贴365.3万元。

【社会稳定】 2020年，莒口镇持续提升群众安全感满意度，建设“平安莒口”。进一步规范雪亮工程，在各村（居）路口设立公安联网高清摄像头。加强信访突出事项的化解，按“五个一”要求，落实包案化解责任。全镇共受理信访件24件，已化解23件，正在办理1件，信访数量同比下降50%；共排查矛盾纠纷69件，已全部化解。始终保持禁毒工作的高压态势，对全镇社会面吸毒人员建立台账，并录入网格系统。联合派出所、各村（居）干部协助做好对社会面吸毒人员帮教和日常管控工作。加大电信诈骗防范宣传、排查力度，增强群众的防范意识。安全生产常抓不懈，共检查企业单位574家次，发现一般隐患654个，下达整改指令书345份，整改完成率100%。

麻沙镇

【概况】 麻沙镇辖1个社区、23个建制村、207个村民小组。总面积470.94平方千米。2020年全镇财政总收入2629.3万元，同比增长6.1%，农林牧渔业总产值6.96亿元，同比增长4.9%；全镇农民人均纯收入22472元，同比增长13%。23个村集体经济平均收入19万元，同比增长14.5%，全面消除年收入10万元以下的经济薄弱村。成功引入招商项目5个，涉及项目资金4.3亿元，其中4个亿元项目，同时新增注册企业7家，注册资本金3000万元。全镇共有规模以上企业12家，2020年规模以上工业总产值22.4亿元，同比增长6.5%；固定资产投资项目28个，投资总额32.4亿元；限额以上商贸企业6家；社会消费品零售总额1.11亿元，同比增长2.3%。

【项目建设】 2020年全镇共有重

2020年10月20日，麻沙镇集镇道路改造工程完工

2020 年 12 月 26 日，会文廊桥修复现场

点项目 38 个，其中省、市重点项目 5 个，投资 5000 万元以上项目 16 个（含投资亿元以上项目 9 个），总投资约 26.4 亿元。其中麻书莒线升级改造工程、集镇人行道改造工程、中小流域治理二期（长坪段）、龙正沥青搅拌站建设项目等项目已完工并投入使用；井窠矿区建筑用凝灰岩矿（机制砂）项目已累计完成投资 1.01 亿元，已投产，预计累计创税 6000 余万元；水南“圆梦村”工程 22 个项目建设有序推进；建本特色小镇项目已完成核心区 95% 征地打款、建本博物馆设计及水南会文廊桥修复等工作。

【工业发展】 成功引入招商项目 5 个，涉及项目资金 4.3 亿元，其中 4 个亿元项目，同时新增注册企业 7 家，注册资本 3000 万元。全镇共有规模以上企业 12 家，2020 年规模以上工业总产值 22.4 亿元，同比增长 6.5%；固定资产投资项目 28 个，投资总额 32.4 亿元；限额以上商贸企业 6 家；社会消费品零售总额 1.11 亿元，同比增长 2.3%。

【旅游发展】 麻沙镇全力推进全域旅游生态小镇建设，不断完善旅游基础设施建设，进一步打造楠木林景区。同时发挥麻阳溪流域生态资源优势，持续深化“三大创新”，发展“夜间经济”，打造“古渡休闲吧”，项目运营以来，累计接待游客 6000 余人次，创收 80 余万元，带动周边 20 余名村民就业。2020 年麻沙镇获评福建省全域生态旅游小镇。

【脱贫攻坚】 2020 年麻沙镇发放 29.7 万元资金用于 163 户贫困农户发展中蜂养殖、茶叶种植等农业产业项目。结合雨露计划，争取 7.8 万元资金补助全镇 26 名贫困学生。为全镇 9 户重点贫困户谋划 88 项帮扶项目。加强贫困村建设，为吕屯村等 4 个贫困村争取扶贫资金 237.7 万元，用于补齐基础设施短板。

【生态环境】 总投资 240 万元的垃圾压缩站项目已基本完工，同时完成 92 家单位排污许可证登记工作、316 户户厕改造工作及水源地勘界立标工作，进一步提高镇村污水收集处理率；积极实施森林质量精准提升行动，完成人工造林更新面积 2678 公顷，超额完成 8%，其中珍贵树种造林面积 629 公顷，林分修复面积 272 公顷，其他造林面积 1777 公顷，建立林地管理巡查

2020 年 11 月 23 日，“古渡休闲吧”开始运营

工作机制，全年办理案件 78 起，有效保护林地资源。

2020 年 12 月 5 日，人居环境整治后的麻沙镇环境卫生明显改善

【风险防控】 2020 年走访排查企业等安全经营单位（场所）155 家 325 次，发现问题 763 处，已全部完成整改。开展道路交通安全整治，查处摩托车和超标电动车超员 38 起，未遵守交通规则 1272 起。深入开展房屋结构安全隐患大排查大整治“百日攻坚”行动，共排查 7912 栋房屋，排查出重大安全隐患房屋 134 栋，一般隐患房屋 140 栋，重大隐患处置 126 栋，均严格按要求及时处置，全年辖区内未发生较大安全生产事故。

【农业发展】 2020 年，全镇发放耕地地力保护补贴 518.10 万元，新增粮食产能区 2000.2 公顷；积极指导合作社开展农业社会化服务，累计发放补助资金 26.9 万元；有序推进烟叶生产，2020 年完成烤烟种植 4600 公顷，收获烟叶 56.7 万公斤，全年烟叶税收入达 430 万元。

【人居环境】 常态化开展人居环境整治整村推进活动，全年共发动党员群众参与 2400 余人次，发放“全域无垃圾”倡议书 3000 余份，先后投入 276 万元专项整治资金，清除杂物乱堆放 3258 处，涂刷小广告 968 处，清理卫生死角 3215 处，清理垃圾 546 辆次 102 吨，各村人居环境卫生改善明显。同时集中整治违章建筑，共审批拆旧翻新个人建房 42 座，建筑面积 8000 平方米。严控乱搭、乱建，共拆除乱搭违建 2.7 万平方米。完成农房整治 78 栋，危房改造 12 户，新建公厕 22 座，裸房整治 25 户，清理残垣断壁 20 处 351 米。镇域环境持续向好，2020 年获得“第六届全国文明乡镇”荣誉称号。

【社会保障】 2020 年，麻沙镇着力解决群众所需，全镇享受农村低保 372 户 711 人，发放低保金（含特困金）400 万余元；社会救助体系逐步完善，投入 41.37 万元对 56 人次开展临时救助，发放补助金 67.3 万元落实残疾人补助政策；持续关心退伍军人，优抚对象信息数据省级审核通过 755 人；进一步加大农村“三无”（无生活来源、无劳动能力、无法定抚养义务人）人员供养。

【民生短板】 2020 年，麻沙镇推进公益性水利工程管护服务项目，已落实管护渠道 46.2 千米、灌溉面积 1600 公顷。投入 9000 余万元实施竹洲等中小流域治理工程。为切实改善村民饮水问题，积极推进城乡供水一体化建设项目，华溪等 6 个村分项目已完成镇区两侧主管道和水南村陈墩自然村部分管网的预埋。完成 26 个水毁项目修复，同时先后投入 355 万元完成界交线并宽工程、麻沙各村道路隐患整改工程、水毁道路修复（重建）工程以及增设错车道工程，投入 110 余万元落实“五小”（乡镇小食堂、小澡堂、小卫生间、小阅览室、小文体活动室）设施建设。

【卫教事业】 2020 年，麻沙镇麻沙中学连续十六年保持录取建阳一中人数全区前茅，高考本科上线 39 人，顺利通过福建省三级达标高中校复查验收，并被评为省级“文明校园”。麻沙中心小学、界首、长坪教学综合楼先后竣工，办学条件不断改善，被评为福建省“义务教育管理标准化学校”。中心幼儿园成功创建“南平市优质园”。继续深化医疗体制改革，麻沙卫生院按照分级诊疗原则建立双向转诊机制，开展具有中医药特色的服务项目，签约建档立卡贫困人员1109人，减免护理费与床位费11246.69元，为900余人进行健康体检。2020年，麻沙镇通过省级卫生乡镇验收考评工作。

【社会治理】 2020年，麻沙镇共排查矛盾纠纷172件，调处成功率达98%；各类平台件和领导批示件办结率为97%。2020年，麻沙派出所出警352起，侦破刑事案件16起，抓获互联网逃犯5人，查处各类治安案件41件，有力地维护辖区社会治安稳定，人民群众对社会治安满意率达99%。此外水南村积极探索推行“1335”新型乡村治理模式（党建＋自治、法治、德治＋综合管理、道德评判、法律服务平台＋要知道、要参与、要做主、要监督、要满意），相关做法获得省、市认可。

黄坑镇俯瞰图

黄坑镇

【概况】 2020年，建阳区黄坑镇先后获得“国家AAA级旅游景区”“全国生态乡镇”“全国人口与计划生育依法行政示范镇”“全国妇联基层组织建设示范镇”“全国模范人民调解委员会”“全国先进司法所”“国家卫生乡镇”“福建省农村宣传思想文化工作示范乡镇”“福建省级产业融合示范乡镇”“福建省乡村治理示范乡镇”“福建省先进基层党组织”“福建文明村镇”“关心下一代工作先进集体”“巾帼建功先进集体”“南平市先进基层党组织”“南平市征兵工作先进单位”等荣誉称号。

【政区概况】 2020年，建阳区黄坑镇总面积382.7平方千米，其中森林面积3.18万公顷，木材蓄积量高达100万立方米，毛竹2500万根，森林覆盖率达91%。辖区人口1.3万人。全镇有1.29万公顷面积隶属武夷山自然保护区，境内大竹岚被誉为“昆虫世界”“蛇类王国”“鸟兽天堂”“角怪故乡”。这里还拥有第六批国家重点文物保护单位——朱熹墓。

【经济建设】 2020年，实现全镇财政收入564.6万元；农林牧渔业预计总产值6.2亿元，同比增长3.4%；规模以上工业企业产值增长2%；完成固定资产投资4.03亿元。以招商引资为龙头，以打造观光型产业为主线，筷乐竹产业专业合作社、坳头春园盛茶旅山庄、东方红

黄坑镇朱熹公园

现代农业观光园、朱子林景区等4个产业融合示范基地充分发挥示范引领作用。签约建阳卓森木业新建厂房项目、众创智谷网红基地等项目2项；完成开工武夷天池茗香精制茶加工项目、蓝色火焰生物质气碳项目、龙华农业蔬菜加工项目、茗臻精制茶加工项目、鑫馨苑精制茶加工项目、和家乐改扩建项目、镇区污水管网等项目7项；累计投产建阳区黄坑镇富泰家庭用品生产、建阳区黄坑镇绿竹生物质气碳生产、建阳区黄坑镇翔龙竹木工艺厂建设、建阳区黄坑镇欣繁工贸竹木制品加工、馥峰茶业二期精制茶加工、建阳区黄坑镇凤侨工厂化养鳗等项目6项，为2020年的乡村振兴发展明确方向。

【基础设施】 2020年，建阳区黄坑镇总投资200万元的九峰等4个村土地开发项目总工程已顺利完工；投资560万元的省级为民办实事项目黄坑镇集镇污水处理厂及配套管网工程按时完工，进入试运行阶段；投资700万元的镇区污水管网建设处于稳步推进阶段，项目完成将进一步提高黄坑集镇污水收集处理能力；城乡供水一体化建设，已完成水质检测，启动前期摸底和测量，集镇已启动施工；总投资440万元、长8.55千米的九鹅线公路拼宽工程已通过验收并投入使用；总投资50万元、位于苦竹坪村的820县道隐患路段改造工程已完成，全镇公路畅通率达99%，列养公路错车道实现全覆盖；雷公口引调水工程通水。结合“两违”攻坚战要求，处理4宗历史积案，全年共下发“制止通知书”9份，责令整改到位违法用地1宗，巡查110余次，制止“两违”行为6次，拆除违章建筑1.5万平方米。

【疫情防控】 2020年，建阳区黄坑镇全镇人民同舟共济推行网格化管理，在全镇分村分片分组划分网格，网格员负责各村、各组疫情防控管理，做到责任明确、管理有序。开展人员信息摸排核实。落实“七个一”（上门送一封信、一套防护工具、一套消毒药品、做一次健康体检、赠送一支体温计、赠送一次血检、确定一名责任医护联络人）服务，通过强有力的措施，织牢基层一线疫情防控网，全镇无一例确诊和疑似病例。顺利完成87家企业复工复产，帮助企业争取申请省外员工返程车票补助1.3万元，有序推动复商复市、复学复课，以最快速度恢复正常生产生活秩序。

太子桥

【社会事业】 2020年，建阳区黄坑镇全面部署人口普查工作，全方位、多角度广泛宣传，营造浓厚宣传氛围。配强配齐普查指导员，按照时间节点和要求，抓细抓实抓牢人口普查工作，完成全镇12个普查区5607户15914人的普查登记。全镇有农村低保91户184人，特困人员34户35人，全年共发放低保金63.93万元，特困金66.63万元，开展临时救助16户45人，救助金额13.05万元，入户发放就业岗位信息4次；为建档立卡贫困户提供300多个岗位信息，其中公益性岗位8个。教育事业蒸蒸日上。疫情防控期间稳妥有序复学复课，2020年中考，124名考生中一中录取人数15人，二中及外国语高中上线23人，一中录取率位列农村初中第二名。医疗资源配置不断优化。黄坑镇卫生院依托建阳总院，开展院科联创，提升镇医疗水平，截至2020年12月，全院完成门诊及住院38646人次；住院治疗442人，比上年度下降35%。治愈率为90%，好转率为100%，死亡率为零；扎实推进全镇村卫生所全部开通医保终端。全国卫生乡镇创建工作通过验收。严格按照《国家卫生乡镇

疫情防控交通检查点

标准》，统筹资金300万元用于开展爱国卫生工作，于2020年10月26日顺利通过全国卫生乡镇验收考评工作。“五险”持续提标扩面。城乡居民社会养老保险8034人，领取养老待遇2141人；城乡居民基本医疗保险参保人数11601人，参保率达到98%。优化便民服务。镇便民服务中心坚持以务实为民、便民高效为宗旨，方便快捷地满足群众的需求。全年共接待群众咨询58人次，为群众办理、代办事项1794件，办结1794件，办结率100%。

【安全稳定】 2020年，建阳区黄坑镇“平安三率”工作层层部署、层层落实，极大提高平安建设的知晓率。投资73.8万元，在集镇、各村重要交通路口、路段布置高清监控摄像头，全面实施雪亮工程。安全生产持续推进。全面开展安全生产专项整治三年行动，推进2家安全生产主体责任示范企业创建，建立企业安全生产检查三级网格员制度，对辖区内165家企业生产经营单位进行安全大检查，全年发出整改通知书193张，发现隐患526个，整改完成526个，均已完成整改，全镇未发生较大及以上安全生产事故。

【生态环境】 2020年，建阳区黄坑镇全镇13家企业主动更换新能源新型聚能锅炉。纠正3处环境违法行为，督促“三废”治理，确保设施运转率100%，排放达标率在95%以上，解决各类污染纠纷4起。全镇完成人工造林更新面积74.79公顷，超额完成52.7%，其中，珍贵树种造林完成20.73公顷，林分修复完成33.13公顷，其他造林更新完成20.93公顷。森林抚育81.13公顷，超额完成1.4%。严格落实“河湖长”制，加强河道巡河力量，维护河道健康生态环境，2020年共清理河道垃圾30吨，河长巡河160次，河道专管员巡河3000次，河道巡护发现问题130个，年底已全部整改完毕，为建设水美、河清、岸洁的新黄坑持续努力。加强野生动物保护，坚决打击交易、捕猎、食用野生动物等违法违规行为，拆除非法捕猎陷阱11个。全面落实林业有害生物防治工作，在沿路、村庄周围的马尾松林挂设松墨天牛诱捕器10盏，诱捕天牛345只，协助竹农调运白僵菌生物粉剂0.9吨，进行毛竹刚竹毒蛾防治，防治面积80公顷，发现并及时清理马尾松枯死木。

【旅游产业】 2020年，建阳区

龙华农业蔬菜农场丰收

麻阳溪

桂林休闲农庄

黄坑镇民宿经济持续发展。春园盛茶旅民宿、台石仙境农庄、武夷山国家公园（黄坑）生态康养游入选省文化和旅游厅举办的“全福游·有全福”最美福建·旅游产品创意设计大赛，其中武夷山国家公园（黄坑）生态康养游旅游线路获“旅游精品线路”称号，并获得三等奖；九龙山庄、米砻湾旅游休闲山庄、台石仙境农庄、山水家园农家乐、大竹岚休闲山庄、黄坑云雾山庄等6家民宿申报了民宿审评。

书坊乡

【概况】 2020年，建阳区书坊乡把握稳中求进工作总基调，围绕“六稳”“六保”任务，紧扣绿色高质量发展超越主题主线，深入挖掘释放南平市行政中心搬迁红利，攻坚克难，较好地完成了乡十四届人大七次会议确定的主要目标任务。全年实现规模以上工业总产值6.5亿元；全社会消费品零售总额2850万元；一般公共预算收入2743万元，其中税收收入432.9万元。

【机构改革】 书坊乡于2020年10月完成乡镇机构改革，六办三中心挂牌成立，分别为党政综合办公室、党群工作办公室、社会治理办公室、财政和经济发展办公室、社会事务办公室、乡村建设管理办公室，综合执法大队、党群服务中心以及乡村振兴发展中心，人员编制划转完毕，核定书坊乡党政机关行政编制26名、“三中心”编制数22名，有行政编制在编人员26人，“三中心”在编人员13人。

【疫情防控】 2020年，建阳区书坊乡快速构建疫情防控体系，组建9个“乡村组”网格化管理工作队，成立8个对企服务专班，累计隔离管理人员151人。建立信息共享机制，设立8个“乡医村”三方应急组，广泛运用大数据反馈数据，第一时间发现，第一时间上门，第一时间管理，全乡无本地新增和外来输入病例。率先成立企业复工复产服务组和点对点“直通”服务队，迅速实现境内企业应复尽复达产满产，中小学、幼儿园教学秩序井然恢复，疫情防控先进典型经验在人民网、中共中央纪检监察网报道宣传。

【招商引资】 2020年，建阳区书坊乡大力招引新型经济，洽谈推

2020 年 1 月 28 日，书坊乡开展疫情防控工作进行交通检查

进项目 1 个，签约项目 1 个，与数字经济新媒体福建省建盏君思凯文化传媒有限公司达成深度合作。“建盏君”是建阳区最大的抖音直播带货建盏销售公司，总部设在南平农校大楼，计划投资 1000 万元打造书坊乡网络直播基地。与数字信息企业洲亚（南平）信息技术服务有限公司达成投资意向，为书坊农特产品、旅游产业推介提供平台支持。新增规模以上企业 1 家，成功引进博宏新材料公司入驻建阳经济开发区。9 月，顺利举办重点项目开竣工仪式，项目涉及投资 7500 万元，集中竣工项目 3 个，开工项目 4 个。

【农业生产】 2020 年，建阳区书坊乡保粮增收成效显著，新增粮食产能区 124.67 公顷，发展再生稻种植示范片 3 个共 60 公顷，与省农科院水稻所联建优质水稻示范片 73.33 公顷，全年水稻产量突破 2000 吨。产业结构不断丰富，吊瓜、茶叶、百香果及蜜蜂养殖等特色产业不断扩大面积，其中种植吊瓜 440 公顷，产值达 3500 万元，成功申报贵溪村吊瓜生产省级“一村一品”示范村，完成吊瓜产业园项目主体建设；种植百香果 6.67 公顷，产值达 150 万元，完成建设年供应量 30 万株的百香果育苗基地；种植烟叶 111.33 公顷，产量 212900 公斤，产值 734 万元。农业品质持续提高，全乡 14 家农业生产主体实现“一品一码”，南平市建阳区书林成茶业有限公司获得绿色食品标识。投资 300 万元的饶坝村 2020 年高标准农田建设项目顺利开工，截至 2020 年底完成工程量的 60%。筹措资金 350 万元，完成水北村、书坊村巨村等水毁修复工程；投资 320 万元，完成书坊、贵溪、钱塘、水北、饶坝等 5 个村水毁耕地修复；持续推动书坊村、贵溪村等 4 个村土壤酸化治理及耕地质量提升。强农政策全面落实，发放各类支农补贴 209.3 万元，技术培训 640 人。

【脱贫攻坚】 2020 年，建阳区书坊乡坚持抓牢“两不愁三保障”，85 户贫困户中有 49 户建档立卡贫困户纳入低保，1 户纳入特困供养，维修翻建危房 1 户，改造自来水 85 户，安置就业 8 人，资助就学 8 人，城投公司帮扶分红收入 8 户。落实扶贫资金 76 万元、产业扶持 8 万元，产业扶贫项目达到 3 个。全乡财政民生性支出 119.1 万元，其中发放低保金 68.8 万元，特困供养金 28 万元，临时救助金 22.3 万元。全

2020 年 9 月，花园岭村八角亭自然村优质水稻机械化收割

乡85户211名建档立卡贫困人口年人均纯收入均超过1.3万元，脱贫攻坚任务完成。抢抓山海协作机遇，与连江县建立协作联系，获得750万元老区苏区帮扶资金。

书坊乡山水林田湖草项目

【生态环境】 2020年，建阳区书坊乡开展“人居环境品质提升年”活动，以整脏治乱为抓手，整村推进人居环境整治，整治农村裸房、破旧危房、残垣断壁107处，拆除旱厕25座，完成44户三格化粪池建设，改造户厕240户，新建水冲式公厕9个，无害化公厕普及率达100%。完成春季造林绿化任务51.47公顷，建设生态景观林2.67公顷，修复林分73.53公顷。按照“一村一品”要求，打造麻书莒线（书坊段）、书贵线沿线绿化彩化生态护栏。总投资1525.7万元的书坊乡山水林田湖草项目基本竣工。全面落实乡级河长制，村级河段管理员协调发力，开展“四乱”整治18起，打击非法采砂13起，没收私挖滥采砂石料900立方米。在试点村先行先试公益性管护，由第三方对干渠、防洪堤、水库等重点设施沿线开展管护，使全域河道更加清洁。

【旅游产业】 2020年，建阳区书坊乡重点打造书坊红色旅游小镇，成功申报并通过国家AA级景区验收。红色小镇项目陆续完工，其中康宁古街改造项目（含康宁路沿街立面及路面改造、展馆布设、夜景工程等）、太阳山革命历史纪念园鲜花宣誓广场改造项目、新农村一路九路新建项目、同文书院广场等项目已经建成投入使用；后隆路人行道改造项目、书林街改造、罗山湾公园、新街前街改造等项目顺利开工建设。红色小镇全域旅游发展框架初具规模，建本休闲游、红色研学游、生态养生游等“三色”精品旅游线路日益成熟。

【民生改善】 2020年，建阳区书坊乡全乡财政民生领域累计支出达到1166万元。城乡医疗保险、养老保险基本实现全覆盖。一批群众反映强烈的民生、环保领域的热点、难点问题得到有效解决，人民群众对政府工作的满意度不断提升。新农村一期30栋新房建设基本完成；红色小镇农产品交易市场开工建设；总投资983.5万元的书坊乡生活污水处理厂及管网建设项目，已完成处理厂主体部分建设，污水管网建设项目年底完成85%，建成后将改善集镇生活污水处理

游客在书坊康宁古街观看电影

太阳山革命历史纪念园鲜花宣誓广场

状况；集镇自来水项目完成建设投入使用。中小学九年一贯制学校项目顺利开工建设，占地 14000.07 平方米的运动场基本完工。建阳区第一医院书坊分院医联体建设日趋完善。集镇区域面积扩大 33.33 公顷，中心村建设框架基本形成；交通基础设施投资达 1.2 亿元，完成麻书莒线、书贵路、书花线晋级改建，路网更加健全，成功融入南平市半小时经济生活圈；新建村级组织活动场所 6 个，建成美丽乡村 5 个。书坊乡获评省级卫生乡镇、省级文明乡镇。

【安全稳定】 2020 年，建阳区书坊乡顺利完成“七五”普法验收，全面推行“法治、责任、阳光”信访，推广应用“随手拍”平台。开展扫黑除恶“下沉”“净化”“销号”三大行动，全力推进扫黑除恶专项斗争。举办防范打击非法集资宣传活动，全面曝光最新金融诈骗和电信诈骗方式方法，增强群众自我防范意识，对发现的非法集资、金融诈骗和电信诈骗案件从严处理。加强重点行业、重点领域安全监管，以房屋隐患大排查大整治为契机，对全乡 2400 栋住房进行系统性安全评估，对发现隐患的 120 栋房屋登记注册逐一销号。全面开展安全生产专项整治三年行动，深入推进防灾减灾救灾体系建设，2020 年未发生安全生产事故，安全生产形势总体平稳。

水吉镇

【概况】 2020 年，水吉镇完成工农业总产值 30.2 亿元，其中农林牧渔业总产值 6.4 亿元，同比增长 2%；规模以上工业产值 22.3 亿元，同比增长 4.1%；累计完成固定资产投资 11.9 亿元；地方级财政收入 1512.8 万元，同比减少 32.6%；社会消费品零售总额 1.4 亿元。

【疫情防控抓细抓实】 2020 年，水吉镇认真贯彻落实中央、省、市和区委、区政府关于疫情防控工作部署，压实各方责任，坚决打赢疫情防控阻击战。发挥基层宣传阵地作用，通过大喇叭、微信群、宣传资料等方式，大力宣传防控知识和相关政策，做到宣传工作无死角，累计入户宣传 9029 人次，发放宣传材料 5 万份；织牢织密疫情防控网，做好人员摸排管控工作，确保全镇范围内无一例确诊病例及感染者。积极克服疫情影响，加大服务企业力度，完善镇领导挂点帮扶制度，成立企业服务工作队，实行一企一策、一项一策，做到精准服务，支持企业和项目有序复工复产，有效帮助企业解决 13 个问题，为企业筹集防护口罩 8000 个、消毒液 17 桶、体温枪 5 个。积极协调企业与金融机构对接，安顺变压器配件厂成功贷款 400 万元，有效解决企业资金困难。

【项目建设稳步推进】 2020 年，水吉镇共梳理重点项目 46 个，其中策划前期 14 个，续建 6 个，开竣工 26 个，总投资 19.9 亿元，年度投资 4.8 亿元；全年开工建设安置房、仁山省级乡村振兴示范点、十里山溪葡萄沟旅游休闲观光、黄家店星润庚生猪养殖基地、池中大师建盏园、科特派示范基地提升等 14 个项目，总投资 2 亿元；竣工一事一议工程、人居环境整治提升工程、老虎山奶牛生态产业园、水吉绿地现代油茶加工、高标准农田建设、建窑遗址保护设施建设工程等 12 个项目，总投资 1.1 亿元。深化“五个一批”项目攻坚，动态实施项目 16 个，其中新开工项目

水吉镇盆地

3个。创新招商引资方式方法，实施精准招商，在谈项目9个，签约意向合同项目6个。

【工农业实力逐步壮大】 2020年，水吉镇统筹推进工业基础设施建设，持续巩固企业现代化优势，协调解决安顺变压器配件厂、鑫平锌业用地和资金等困难，启动汽车锻压件厂增资扩产项目，办理3.47公顷用地报批手续，帮助汽车锻压件厂申获“专精特新小巨人”称号，助推企业强劲发展。粮食生产保持稳定，新增粮食产能区至1126公顷，推广再生稻示范点种植100公顷，发放耕地地力保护补贴335.8万元，顺利建设益农信息社站点18个，提高农村网络覆盖率；持续抓好烟叶种植，全镇烟叶种植213.33公顷，收购总金额达1470万元，创烟叶税325.3万元；增强现代化特色农业优势，启动万亩十里山溪葡萄沟项目建设，新增53.33公顷标准化葡萄园，建成葡萄钢架大棚20公顷，完成AA级十里葡萄沟景点建设；启动建设十里山溪葡萄沟范围内机耕路、灌溉渠、防冲堤等基础配套设施；启动建设和平蔬菜大棚基地修缮工程，不断完善市级蔬菜供应基地。

【建盏产业健康发展】 2020年，水吉镇重点推进建盏小镇建设，打造建盏产业名片，在水吉登记注册的建盏个体户1450家、企业49家，年产值20亿元以上；充分发挥建盏产业集聚效应，在205国道、302省道形成建盏企业示范带；“宋庄”建盏商业街区（中心村）项目成功引进海南中鼎伟业集团，项目已启动建设；启动征收建盏小镇储备用地113.33公顷，加快完成建盏庄园土地收储招拍挂，逐步改造升级打造一批具有文化和旅游功能的建盏庄园，高标准打造建盏展示、交流、宣传、销售平台；完成大师建盏园的VR放映厅、名家建盏展

池中大师建盏园科教馆

水吉十里山溪葡萄沟　（邱国斌　摄）

示馆、办公区域和停车场建设，推进建窑遗址设施建设工程，进一步增强遗址保护实效；开展违规建设龙窑整治工作，推动建盏产业健康有序发展。

【城乡面貌焕然一新】　2020年，水吉镇投入330万元开展村庄清洁行动，对农村“六乱”问题进行整治，发动农民群众投工投劳3.9万人次，整治大街小巷乱堆放问题1510处，拆除违法建筑面积1500平方米，清理农村生活垃圾2915吨，人居环境品质得到有效改善；推进省级“百城千村”绿化美化宜居工程，坤坊村获得2020年度“福建省森林村庄”称号；完成造林任务1966亩，其中栽培珍贵树种547亩，有效扩展绿化空间，提高森林覆盖率；严格落实河长责任制，积极开展河段采砂、非法电鱼常态化巡逻检查，及时制止非法行为；全力抓好市、区大督查问题整改，坚决处理生猪、牛蛙、红虫养殖等环保难点问题，持续巩固畜禽养殖污染治理成果。

【人民生活持续改善】　2020年，水吉镇投入2000万元完成污水处理厂二期工程及镇区污水管网建设，有效收集处理生活污水；加快建设交通强镇，启动“四好农村路”建设，完成66千米乡道路面拼宽建设；持续推进“一革命四行动”，扎实做好厕所革命，完成全镇280户农村户厕新建改造任务；逐步完善社会救助制度，农村低保255户495人，特困人员77人，发放低保金217.9万元，发放高龄补贴37.6万元，发放临时救助金13.4万元；持续开展脱贫攻坚，用好用活扶贫资金252.6万元，带动贫困户再就业94户，引导71户贫困户发展产业；巩固拓展脱贫攻坚成果，投入89万元扶持贫困村坤坊村、仁山村、吴中村、安口村等4个村发展基础设施；持续健全社会保障体系，城乡医保扩大覆盖面完成91%，全镇城乡居民医疗保险参合率99.9%；完善卫生健康体系，水吉卫生院以“群众满意乡镇卫生院”活动为载体，积极推动医改、药品零差率、中医康复理疗卫生等工作。

【社会事业步伐加快】　2020年，水吉镇不断提高教育水平，水吉中学2020年录取一中26人，录取二中等高中44人，稳居乡镇中学前列；增强基层工会活力，成功创建全国模范职工之家；有力传播建盏特色文化，水吉中心小学“建盏陶艺特色”项目被确定为福建省第二批中小学劳动教育实践特色项目；幼儿教育工作迈上新台阶，水吉幼儿园被设为儿童早教发展项目试点园；加强治安巡防防控力度，制止文物和建盏矿土盗挖4起，有效遏制违法犯罪行为；扎实开展安全生产隐患大排查大整治活动，排查经营单位和场所342家次；扎实开展房屋结构安全隐患大排查大整治“百日攻坚”专项行动，共排查房屋8252栋，通过加固、封房、拆除等措施完成整治工作。

【履职能力得到提高】　2020年，水吉镇加强政府自身建设，持续加强机关效能建设，推进“不忘初心、牢记使命”主题教育常态化制度化，使习近平新时代中国特色社会主义思想入心入脑；每周一晚开展“业务大学习、能力大提升”活动，推动干部政治能力和业务水平提升，持续提振干事创业精气神。健全完善民主集中制、政府法律顾问等机制，坚持依法行政，自觉在党委的领导下履行职责，主动接受人大的监督，办理代表提出的议案和建议10件，组织代表联系选民活动7

次；完善招投标工作机制，规范招投标流程，组织招投标42次，做到公平公正公开。坚持意识形态工作责任制，认真落实全面从严治党责任制，严格落实中央八项规定精神，严控“三公”经费。深化政务公开，依法公开各类政策法规、政府信息80条。顺利完成机构改革工作，为加快水吉建设新型城镇化建设，全力建设高效型政府提供机制保障。

小湖镇

【概况】 2020年，全镇实现工业总产值16.8亿元，农业总产值5亿元，同比增长3%；地方财政一般公共预算收入974万元；完成固投4.82亿元，同比增长0.015%；社会消费品零售总额8453万元，同比增长54%；农民人均可支配收入19045元，同比增长8%。

【疫情防控】 2020年，小湖镇干部职工取消春节假期，坚守岗位下沉一线，医务人员、公安民警、志愿者日夜坚守，冲锋陷阵，累计排查人数超15000人，健康管理119人，至2020年底无疑似、确诊新冠肺炎病例。“外防输入、内防反弹”任务艰巨，小湖镇时刻绷紧疫情防控责任之弦，践行好习近平总书记“人民至上，生命至上”理念的同时，有序推动复工复产。

【工业生产】 2020年全年完成企业总产值超16亿元，完成先进制造业投资650万元。新上投资项目26个，总投资4.8亿元，培育百万级税收企业3个。

【农业生产】 2020年，小湖镇投入400余万元，完成祝中村、鸿庇村、马坑村高标准农田建设项目，新增粮食生产能力规划田间工程，平整耕地66.7公顷。全年种植烟叶160公顷，收购烟叶33.54万公斤，稳定粮食播种面积1700公顷，总产量超1.4万吨。推广测土配方施肥面积1700公顷，有效提升耕地质量，化肥使用减量20%以上。建立省级水稻科技示范户30户，创建区级示范家庭农场、合作社4家，市级示范家庭农场2家，省级示范家庭农场2家，创建数占全区总数的20%。

【民生工程】 2020年，小湖镇“四好农村路”（建好、管好、养好、运营好）建设深入推进。完成官小路一期（小湖段）改建，井杭线拓宽改造，路大线、西黄线、西美线

2020年2月14日，政府工作人员在国道旁通宵执勤

2020年12月底，农技人员在贵源村指导农民防寒防冻

小湖镇白改黑后的兴湖路

等县道、乡道建设，启动兴湖路二期和南湖路“白改黑”，建设总里程长32千米，位居全区各乡镇（街道）第一，获评南平市“四好农村路示范乡镇”。水利建设力度持续加大。全年累计投入小型水利建设资金832万元，修复水毁水利设施89处，有效保护农田160公顷。下墘溪河道疏浚整治和水美乡村建设项目、鸿庇村水美乡村防冲项目如期完工，做好葛墩溪小流域水土流失综合治理项目前期勘测设计和项目评审工作，龙吉灌区小湖片项目、南浦溪万里安全生态水系项目扫尾工作顺利开展。

【生态环境】 2020年，小湖镇干部带领、党员带头、群众跟上，开展人居环境整治专项工作近50次，共计完成16个行政村、24个自然村的人居环境整治工作，明显改善乡村脏乱差现象，受益群众万余人。镇村两级投入资金约151万元，完成353户户厕改造任务，新建或改造水冲式公厕19座，全镇16个行政村实现了无害化户厕普及率达90%以上。完成美溪、秦溪、东鲁、董步村生活污水治理工程、集镇污水处理厂技术升级改造工程，启动集镇污水管道及沿线道路改造工程，进一步提高镇村污水收集处理率。深入推行“河长制”，全年完成巡河5463次，发现并整改问题2790个，清理非法采砂码头3个。完成森林抚育100公顷，人工造林更新95.6公顷，其中迹地更新79公顷，环城景观带6.7公顷，生态景观林3.3公顷，林分修复6.6公顷。

【社会事业】 2020年，小湖镇城乡居民社会养老保险新增面410人，发放基础性养老金510余万元；完成城乡居民基本医疗保险16491人，达全年任务数的97.01%；发放大病救助金17.52万元、低保金110.8万元、高龄补贴12.82万元、残疾人护理和困难补贴15.73万元，争取残疾人各类居家养护和创业就业扶持资金3.8万元。举办专场招聘会1场，送精准扶贫就业信息上门133户，成功推荐120人就业。企业退休资格认定182人。受理劳动工伤投诉3起，劳资纠纷投诉3起。社会事业蓬勃发展。康养小镇建设再上新台阶，小湖卫生院获全国“敬老文明号”荣誉称号。教育质量不断提升，湖人同乡教育基金共筹集6.5万元，发放奖助学金9.4万元，中考升学率位居乡镇中学前列。高质量完成征兵工作，

环境优美的南浦溪畔

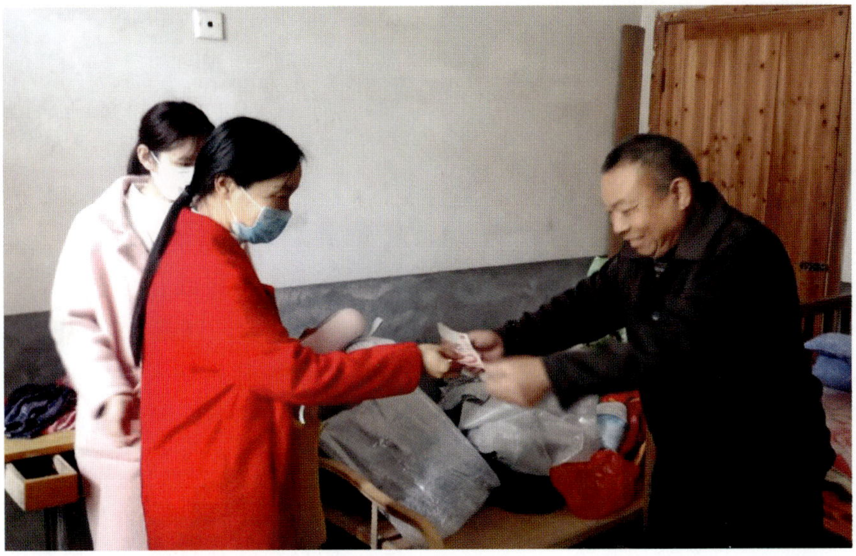

2020 年 12 月，大湖村两委慰问贫困户

超任务数 4 人。第七次全国人口普查工作蹄疾步稳，经济普查工作组获得“南平市先进集体”称号，镇人大代表活动点成功创建南平市级示范点。

【精准扶贫】 2020 年，小湖镇实现贫困户子女义务教育阶段教育扶贫政策全覆盖，基本医疗保险、大病保险、综合保障保险全覆盖，实现贫困户住房安全鉴定全覆盖，完成 53 户建档立卡贫困户危房改造项目，实现贫困户饮水安全排查全覆盖，完成 47 户建档立卡贫困户饮水改造工程，不折不扣完成“两不愁三保障”和饮水安全全覆盖的任务。持续推进贫困户挂钩帮扶制度，扶持贫困村发展。培育贫困村致富带头人 5 人，贫困户产业技术培训 5 人，雨露计划补助中专或大专贫困学生 8 人。全年发放各级财政扶贫资金共计 112 万元，用于贫困村基础设施建设、贫困户产业发展和就业扶持；发放省级重点村捆绑资金、老区扶贫资金共计 25 万元，用于贫困村基础设施建设；发放贫困村产业示范、集体经济补助等资金 15 万元，用于壮大贫困村集体经济收入。

漳墩镇

【概况】 漳墩镇位于南平市建阳区东部，北纬 27° 31′～27° 30′，东经 118° 53′～118° 92′，与松溪、政和、浦城、建瓯相连，距市区和横南铁路 50 千米、205 国道 8 千米，距合福高铁武夷山东站 40 千米、武夷山机场 60 千米。全镇辖区 303.97 平方千米，山地 35.2 万亩，下辖 25 个村（居）委会，有 3.01 万人，7144 户。2020 年，全镇实现社会生产总值 7.96 亿元，其中农林牧渔业总产值 5.56 亿元，同比增长 5.1%；规模以上工业总产值 2.4 亿元；社会固定资产投资 3.66 亿元；社会消费品零售总额 1999 万元；财政总收入 566 万元。

【特色亮点日益凸显】 2020 年，漳墩镇以小白茶为代表的特色农业产业不断发展，产业规模逐年递增，全镇白茶面积突破 2 万亩，小白茶面积 8000 亩，白茶全年年产量达 1000 多吨，产值超 4 亿元。“一村一企”产业框架基本形成，全镇 36 家茶叶企业中，通过 QS（企业生产许可）及 SC（食品生产许可）认证的茶企 9 家，获得“绿色食品”认证企业 3 家，“武夷山水”品牌认证企业 3 家。“茶汤小镇”旅游项目有序推进，其中小白茶主题民宿完成设计图图审和预算审核；小白茶研究中心展示区启动建设；小白茶文化产业中心已完成项目征地及控制性规划的编制，并开展林地和土地报批工作。福建省能源集团于 2020 年将漳墩地热资源勘探成果资料无偿转让给建阳区。制定完成建阳小白茶和建阳水仙白茶团体标准；“洞洞白”白茶获“中国全面小康消费扶贫直播电商品牌”称号；地理标志产品“建阳白茶”的品牌价值突破 19.45 亿元，“精准发掘小白茶 形成扶贫大产业”被国务院扶贫办社会扶贫司评选为“2020 年社会组织扶贫案例 50 佳”，为全省 8 个案例之一。传统特色农业发展势头平稳。建立粮食产能示范片 5 片 2650 亩；兑现耕地地力保护补贴 327 万元；发放紫云英种子 6950 公斤，建立竹口村紫云英种植示范片；扎实做好病虫害防治，设立杭头、杭下、枫坑 3 个草地贪夜蛾监测点；有序推进 2020 年高标准农田建设项目建设，预计 2021 年底前可完工；总投

2020 年 4 月 15 日，漳墩贡眉白茶采摘

资 1.05 亿元的市重点项目——福建高庄生态养殖基地处于建设主体基础设施阶段，预计 2021 年 9 月前可竣工投产；前溪村牧禾农业发展有限公司与福建傲牧农业投资有限公司完成合股改制及扩建工程；大力发展特色畜禽养殖，存栏南江黄羊 650 头、浙东白鹅 1100 羽。

【经济发展稳中求进】 2020 年，漳墩镇深入开展“创新突破年”活动，进一步增强绿色发展动力。持续推进项目集中开竣工，全年累计集中开工项目 11 项，总投资 1.67 亿元，集中竣工项目 12 项，总投资 1.68 亿元；全年新开工项目 35 项，总投资 4.19 亿元；新增“五个一批”项目 2 项，总投资 2.05 亿元。大力发展回归经济，促进总部回归、资金回流、项目回迁，累计引进项目 7 项，总投资 4.4 亿元。总投资 1.2 亿元的凯弘生物质利用生产项目和 1 亿元的久利食品加工项目分别落户徐市经开区及武夷新区，实现漳墩镇招商引资亿元项目“零的突破”；引进限额以上贸易企业 3 家，限额以上贸易额突破 5000 万元；在谈项目 3 项，总投资 2.2 亿元。总投资 1.1 亿元的日式清酒文旅项目即将落户漳墩，以“稻田生产基地＋清酒加工企业＋乡村特色旅游”模式，打造一二三产融合发展的清酒小镇项目，进一步激发漳墩镇发展活力。结合上级规划及漳墩镇实际情况，坚持高要求、对标高品质，高起点谋划“十四五”发展，制定总投资预计 45.35 亿元的“十四五”规划项目 41 项。

【宜居水平不断提高】 2020 年，漳墩镇积极践行生态优先、绿色发展理念，以完善基础设施、环境治理提升为切入点，健全常态长效管理机制，镇村面貌明显改善，“颜值”“气质”实现双提升。持续加大基础设施建设力度，着力为群众打造更加幸福的生活环境。总投资 993 万元的集镇自来水安全巩固提升工程全面建成投入使用，满足群众 20 多年的饮水安全的期盼。总投资 120 万元的赖屯至前溪公路拼宽及生态示范路工程全面完成，总投资 100 万元的竹口至杭头公路大中修及生态示范路竣工通车，总投资 90 万元的龙安至杭头公路改建工程完成建设，全年新修错车道 74 个，涉及 6 个村、9 条线，极大缓解了交通压力。加大公路养护力度，全年完成水毁塌方 150

漳墩镇全景图

中国小白茶文化产业中心项目效果图

余处，累计土石方18000多立方米，确保道路安全通畅。笼式足球场建成投入使用，群众休闲健身需求进一步得到满足。持续推进人居环境整治三年行动，全年发动党员干部群众整村推进30余次，清理农村生活垃圾1120吨，转运垃圾1954吨；拆除乱搭乱建1000余处；整治随意摆放车辆508辆。严厉打击自然资源违法行为，完成10处历史积案销号、11处卫片图斑销号。建立人居环境整治考核评比机制，健全农村网格化管理，提升群众参与度，实现农村人居环境整治工作制度化、常态化。有序开展山水林田湖草系统治理。完成造林更新2947亩，实现了对生态林8.6万亩的有效管护，全镇森林覆盖率达78.49%；深入开展污染防治攻坚战，严厉打击非法养殖行为，取缔牛蛙养殖场2处；扎实做好农村污水治理，总投资929万元的集镇污水处理厂和污水管网建设项目全面建成投入使用，有效提高全镇污水处理率，全镇污水处理率超75%；坚持不懈推进农村“厕所革命”，新改建水冲式公厕28座，加快实现农村无害化卫生厕所全覆盖。投资50万元完成总面积500平方米的生态巡查站、河长办标准化示范点建设，以“互联网＋生态巡查”模式，实现沿河重点区域视频监控全覆盖，有力打击非法采砂行为，全年打击非法采砂行为5起，清理复平非法采砂点5个。

【生活品质有效提升】 2020年，漳墩镇践行以人民为中心的发展理念，做好“六稳”工作，落实“六保”任务，切实保障和改善民生。全面推进专项就业援助活动，全年新增就业525人，其中建档立卡贫困户就业人员150人，提供精准扶贫户公益性岗位11个，稳就业、扩就业形势不断向好；成立漳墩镇劳动人事争议调解中心，有效化解劳动纠纷。广泛宣传城乡居民养老保险新政策、新要求，年新增城乡居民养老保险参保人数5702人，覆盖率达85.6%。城镇居民医保参保人数达24614人，参保率100.06%。关心残疾人、优抚对象等困难群体，加大社会救助和帮扶力度，申报残疾人就业创业补助5人，居家托养15人；全年新增低保户25户36人，低保覆盖合理水平位居全区前列；新增五保户2人，集中供养率达83%；发放临时救助资金13.7万元，

2020年5月20日，南平市扶贫开发协会常务副会长程耀平（左）对漳墩小白茶产业振兴挂点项目进行授牌

进一步加强对困难群众的生活保障。全镇建档立卡贫困户 380 户 903 人全部实现脱贫，重点帮扶对象全部增配帮扶干部，6 个贫困村全部实现“摘帽”。全年累计发放小额信贷资金 237 万元，拨付 686 万元用于贫困村基础设施建设及贫困户发展产业，9 月顺利通过南平市级脱贫攻坚成效考核评估。总投资 1280 多万元的漳墩中心小学教师周转宿舍开工建设，极大改善教学条件。全年新建体育健身点 7 个、老人幸福院 2 个、中老年活动中心 2 个，不断满足群众文体服务需求。全面开展村级卫生所一体化建设，全镇卫生所均已接入医保网络；合理配置医疗资源，“云诊室”正式对外开通，投资 37.4 万元购进中医四诊仪、肺功能分析仪等设备，公共卫生服务水平有效提升。

【社会事业全面进步】 2020 年，漳墩镇以人民群众满意度、获得感为导向，不断提升社会治理的社会化、法治化、专业化水平。平安建设扎实推进，深入推进扫黑除恶专项斗争，以“三大行动”为抓手，开展线索摸排 500 余次。持续深化禁毒攻坚，完成 14 名社戒社康人员信息录入工作并对其实施管控。扎实开展矛盾调处，共开展信访评理 33 件，受理信访件 25 件、随手拍事件 68 件、“12345”平台诉求件 36 件，办结率达 100%。加大打击犯罪力度，共查处行政案件 28 起，行政拘留 17 人，侦破刑事案件 9 起，刑拘 9 人。持续推进雪亮工程。综治维稳工作取得较好成绩，2020 年信访工作全区排名第一，综治平安考评被评为优秀一类乡镇。安全生产形势平稳，坚持“安全第一、预防为主、综合治理”方针，持续推进安全生产专项整治三年行动，全年开展各项执法活动 100 余次，发现并消除各类安全隐患 540 起。深入开展房屋结构安全隐患大排查大整治“百日攻坚”行动，完成房屋安全隐患排查 6038 栋，处置重大危险房屋 75 栋，重大安全隐患房屋全部整治销号。各项事业有序开展，完成第七次全国人口普查。申报农村公益事业（“一事一议”）项目 10 个，总投资 185 万元。计生、统计、民族、妇女儿童、招投标等各项事业全面发展。

【自身建设持续加强】 2020 年，漳墩镇牢固树立法治思维，着力规范政府内部管理，切实提高行政效能。深入推进依法行政。依法治理各项工作，提升法治政府建设水平。自觉接受人大监督、社会监督和舆论监督，认真办理人大代表建议和政协委员提案，不断提高政府决策科学化、民主化、法治化水平。全年办理区、镇人大代表建议和区政协委员提案 12 件，人大代表对办理结果满意度 100%。不断提高政府效能。落实基层减负年要求，深化“放管服”改革，互联网＋政务服务新模式更加深入人心，为民办事大项 26 项全部实现网上申报，全年完成为民办事代理事项 462 件，解决民生“110”事项 8 件。加强效能作风建设。切实履行“一岗双责”，驰而不息推进党风廉政建设。严格控制压缩“三公”经费和一般性支出，加强“三重一大”事项管理，完成全镇各村清产核资工作。扎实开展作风效能建设督查，在疫情防控、人居环境整治等重点领域加强督查。

回龙乡

【概况】 回龙乡下辖 12 个建制村、38 个自然村、104 个村民小组，总户数 4253 户，总人口 1.4 万人，全乡总面积 204.4 平方千米，其中，耕地面积 2.42 万亩，林地 25.23 万亩。2020 年，完成农林牧渔业总产值 4.17 亿元，同比增加 35.6%；规模以上工业产值同比减少 6.7%；固定资产投资同比减少 1.4%；全乡社会消费品零售总额 3466 万元，同比减少 6.3%；完成财政收入 849.1 万元，同比减少 15.9%。

【疫情防控措施有力】 2020 年，回龙乡面对突如其来的新冠肺炎疫情，乡党委、乡政府迅速反应，及时组织全体机关干部职工、村干部、医务人员、公安民警、广大志愿者等各方力量，第一时间筑起“外防输入、内防扩散”的牢固防线。疫情防控期间，乡、村两级干部累计入户宣传 9846 人次，发放有关宣传材料 1.07 万份，劝停各类宴席、聚会 106 场，1022 桌。截至 2020 年底回龙乡境内未发现确诊病例和疑似病例。按照上级要求，因时因势调整完善疫情防控机制，不断完善防控网格化管理模式，用好健康码扫码、测温、群众监督等各种手段，进一步形成工作闭环，全面消除外防输入的死角和盲区，特别是对境外、中高风

回龙乡全貌航拍

险区入潭返潭人员第一时间报告，并积极配合上级部门做好人员交接和核酸检测，确保管控不漏一人，检测不落一人。全面推广“八闽健康码”申领，累计申领11277人，占全乡户籍人口数79.7%。做好防疫物资储备工作，提前购买4万个口罩、30把额温枪等，为全乡防疫工作提供坚强保障。制定和落实党政班子成员挂点帮扶企业制度，以最快速度推动企业复工复产。多方协调解决恒亮企业饲料运输、蛋品物流及存放等问题。主动帮助联系邮政储蓄增加放贷资金300万元，解决弘阳工贸企业的融资难题。与小微企业共渡难关，共减免8家企业3个月的租金，合计4.65万元。

【三大攻坚扎实推进】 2020年，回龙乡用好中央、省、市、区各级财政专项扶贫资金128.77万元，带动贫困户再就业86户，引导发展产业58户。补助资金27.44万元，完成贫困户房屋改造23户。落实低保工作动态管理，新增低保户6户14人，取消不符合条件4户5人，累计发放低保和特困人员补助金48.07万元。推动完成恒亮蛋鸡养殖场、龙振碳业等企业环保设备升级改造，有效解决废气排放问题。严禁非法野生动物交易，革除滥食野生动物陋习，完成乡野生动物养殖退养转产工作。认真落实护林员巡查机制，全年发现处置乱砍滥伐行为12起，制止野外违规用火30余起。完成造林面积57.27公顷，占任务数的165%。严格落实“河长制”工作要求，加大非法采砂违法行为打击力度，配合区水政大队查处南浦溪、漳溪流域非法采砂案件4起。加强农村饮用水水源保护，完成集镇自来水水源地水资源、水环境承载能力现状评估和水源保护区勘界立标工作。深入开展“信用村”建设活动，不良贷款率下降至0.67%，回龙、浒洲等6个村被评为信用村。扎实开展房屋结构安全隐患大排查大整治“百日攻坚”专项行动，共排查房屋3358栋，135处隐患全部整治销号。深入推进防灾减灾救灾体系建设，每个自然村均设置紧急避灾点并组织开展防汛避险转移演练。2020年共组织开展安全生产大排查大整治活动12次，检查单位和场所163家次，发现隐患635处，整改635处，全年无重特大安全生产事故发生。

2020年1月30日，回龙乡志愿者在村道口开展疫情防控交通检查

【乡村振兴稳步推进】 一是不断夯实农业基础。持续落实粮食生产责任制，播种水稻面积1373.33公顷，有力保障粮食生产安全。持续抓好烟叶种植，全乡烟叶种

2020 年 5 月 3 日，全区农业生产社会化服务机插现场会在浒洲村举行

植 176.67 公顷，产量 33 万公斤，产值 1100 万元，实现烟税收入 281.29 万元，同比增长 35.7%。扶持壮大村集体经济项目，投入 30 万元，扶持白洋、西瓯浦等 5 个村财薄弱村，实现全乡村集体经济集体增收。壮大特色产业，恒亮生态禽业蛋鸡存栏 200 万羽，建成华东六省最大蛋鸡养殖基地，日产鸡蛋 120 万枚，全年产值 3.6 亿元。依托蛋鸡产业，回龙乡成功入选 2020 年度国家级农业产业强镇名录，获得补助资金 1000 万元。利用直播、抖音、微信公众号等新媒体，大力精塑回龙蓝莓品牌，2020 年蓝莓产量达 150 吨，实现产值 1200 万元。恒亮生态禽业、菇也食用菌成功申报“武夷山水”区域公共品牌。推动农村宅基地改革和管理工作，出台《农村宅基地审批管理实施方案》，2020 年底已经有 7 宗在办理。深化农村土地制度改革，出台《南平市建阳区回龙乡设施农用地实施方案》，2020 年底已完成备案申请 1 宗。加强农村公益性公墓管理，出台《回龙乡农村公益性公墓管理办法》和《回龙乡农村公益性骨灰墙（堂）管理办法》，启动白沙村、半天霄公益性骨灰墙建设。加快推进村庄规划编制工作，投入 19.8 万元，完成均中村“多规合一”村庄规划编制。

【项目建设有序推进】 2020 年，回龙乡集镇防洪堤、龙吉中型灌区节水配套改造工程等项目完成建设。投资 600 万元的垅下村垅下溪中小河流治理项目（一期）进入护岸施工阶段。投资 1.2 亿元的蓝莓小镇项目，处于施工阶段。投资新增马茶线、凉白线、茶高线共 36 处错车道，保障村民出行。有序推进均中、浒洲村乡村振兴项目，累计新上浒洲村路灯工程、浒洲村门头店招工程、均中村道路硬化等项目 14 个，总投资 600 多万元。全乡有生产性重点项目 35 项，年度计划总投资 3.84 亿元，累计完成投资 3.13 亿元，其中和创能源综合利用扩建、龙振碳业技改扩建、恒亮禽业有机肥仓储及废气处理中心、武夷白鹭智能工厂建设、恒亮智能选蛋等项目建成投产。协调流转土地 2.33 公顷，推动融富鳗鱼基地建设。大力实施资源招商、产业链招商和以商招商，2020 年以来，党政“一把手”带队外出招商 4 次，洽谈引进蛋鸡屠宰加工项目和鸡蛋深加工项目。利用建阳飞地企业政策，引进总投资近亿元的南平潮力电缆生产项目。与北京好农场签订战略发展协议，成立福建省南平市良品生态农业合作社。制定和实施《回龙乡“招商引资突破年”实施方案》，推行村级招商税收分成政策，马岚村成功引

南平市建阳区回龙村民住宅小区——蓝莓小镇效果图

入福建金亿辉建设工程有限公司建阳回龙分公司。

2020 年 5 月 3 日，回龙乡人民政府与北京好农场战略合作签约仪式举行

【乡村面貌不断改善】 2020 年，回龙乡实行政府补助与村民自筹，引导村民自愿参与户厕改造，截至 2020 年底全乡标准化户厕完成 2401 个，普及率达 80%。投入 90 余万元，新建 11 个水冲式公厕，全乡水冲式公厕达到 35 个，实现行政村全覆盖。投资 900 余万元完成集镇污水处理体系建设，污水收集率可达 80%。结合人居环境整治三年行动，全面开展人居环境整治月活动，投入 22 万元，完成集镇店招雨披改造工程和新桥头整治提升工程。大力开展“大战六十天实现‘全域无垃圾’”活动，下拨整治资金 100 余万元，提高村居整治成效，截至 2020 年底回龙乡前三阶段的“全域无垃圾”专项行动考评总排名全区第二。加强整治巡逻工作规范化建设，为整治办工作人员配备巡逻车辆、执法记录仪等，并统一巡逻制服。完成“两违”任务处置面积 2.61 万平方米，解决历史积案 15 宗。扎实开展农村裸房整治攻坚行动，完成二维码数据摸排 177 栋（处），2.22 万平方米，整治裸房 97 处、破旧危房 32 处，建新拆旧 17 处，清理残垣断壁 42 处。全面开展农村乱占耕地建房问题专项整治工作，完成 2013 年 1 月 1 日以来各类占用耕地建设摸排工作。加大违法占用耕地建设打击力度，共拆除违法占用耕地建猪栏 9 宗地，合计 0.28 公顷，有效遏制农村乱占耕地建设行为。

【民生保障持续提升】 2020 年，回龙乡持续加强农村饮水安全保障，投资 72 万元，实施垅下村饮水安全巩固提升工程以及高门村、均中村等 4 个村的农村饮水维修养护工程；利用扶贫资金，完成高门村梁厝自然村村道改造和梦科自然村道路硬化以及垅下村机耕路水毁修复。大力推进农村幸福院建设，成功申报半天霄、垅下、均中 3 个村，全乡农村幸福院覆盖率达 100%。认真抓好全乡 615 名残疾人帮扶工作，累计发放残疾人创业、托养、生活、护理等补贴 53.03 万元。持续关爱高龄老人群体，发放高龄老人补贴 15.05 万元，惠及 300 名 80 岁以上老人。全面落实农房叠加保险政策，实现农房保险全覆盖，共计 3472 户，2020 年办理保险理赔 4 户，理赔 1.31 万元。做好新农保扩编工作，完成扩编任务 100.44%，名列全区第二。认真开展个人医保卡信息采集工作，完成新农合征收任务 12755 人，参合率达 98.12%。大力推进医保电子

2020 年 11 月 20 日，机关干部职工开展“全域无垃圾”环境卫生大整治活动

2020 年 11 月 16 日，回龙乡农村乱占耕地建房问题专项整治工作推进会召开

凭证激活工作，50% 以上参保人员完成激活。大力支持教育事业，划拨片区约 0.27 公顷土地无偿给回龙中心小学，用于改善教职工住宿条件；拨付 28.5 万元，为中小学学生宿舍安装空调；为幼儿园购买钢琴；解决疫情防控期间临聘幼儿园教师工资；对有突出贡献的教育工作者和优秀教师进行嘉奖，2020 年回龙中心小学罗金水老师被评为省级“优秀教师”。扎实推进 14 类基本公共卫生服务，所有村级卫生所开通医保终端。不断提高回龙卫生院诊疗水平，投入 30 多万元购置“四诊仪”、肺功能检测仪等设备。2020 年 4 月，回龙卫生院获建阳区“三八红旗集体”称号。文体事业稳步发展，成功举办第四届“龙行杯”全国自行车（回龙白洋）爬坡赛。

【社会大局和谐稳定】 2020 年，回龙乡扎实做好信访件和南平“12345”平台投诉件处理工作，共处理信访件 14 件、投诉件 31 件，办结率均为 100%。严厉打击新型电信网络诈骗，发案率低于全区平均水平。禁毒专项整治成效明显，6 月，建阳区禁毒委取消乡“禁毒重点关注地区”。开展扫黑除恶专项斗争、打击非法出入境等专项行动，侦破刑事案件 6 起，查处治安、行政案件 31 起，调解各类矛盾纠纷 35 起，有力维护社会治安稳定。严格落实安全生产目标管理责任制，全面开展安全生产专项整治三年行动，积极推进安全生产主体责任示范企业创建，其中龙振碳业、亚龙生物、融富鳗业 3 家企业创建成效受到了区里肯定。“双控平台”企业自查自报上报率和监督检查企业录入率居全区前列。开展“平安农机”创建活动，西瓯浦村、白沙村获评南平市“平安农机”示范村。进一步推广“枫桥经验”，严格落实社区（驻村）民警兼任村（居）委员会班子成员机制，回龙乡 3 名民警兼任村主任助理，提高社会治理能力。扎实推进第七次全国人口普查工作、“村档乡管”工作，顺利通过“七五”普法验收。建立“一约四会”制度，全乡 13 个村（居）“一约四会”覆盖率达到 100%。发挥团委、妇联等群团组织的优势，推动家庭文明建设。2020 年度，回龙乡获评省级最美家庭 1 户、市级最美家庭 1 户、区级最美家庭 5 户、五好家庭 5 户。回龙乡被纳入 2018—2020 年度省级文明乡镇参评名单。

2020 年 12 月 22 日，建阳区理论文化广场活动暨“文化三下乡”戏曲专场活动召开

2020 年 11 月 29 日，第四届“龙行杯”全国自行车（回龙白洋）爬坡赛举行

【政府建设更加务实】 2020 年，回龙乡自觉接受人大监督，采纳人大代表建议，收到人大代表建议 16 件，已全部办结。设立诉讼服务站，完善便民服务中心行政服务功能，实行台账登记制度，2020 年共为群众办结各项便民服务事项 1919 件，其中 13 个村（居）便民服务代办点总办件量 1072 件，办结率达 100%。推动科特派示范基地建设，深化科技兴农服务，投资 20 万元打造回龙乡科技特派员工作站和成果展示厅，该厅被列为全市科技特派员精品现场教学点，2020 年以来学习、交流人次累计达 400 人次。推进“放管服”改革，结合单位权责清单和公共服务事项清单，对照《26 个试点领域基层政务公开标准目录》，全面梳理公开事项。有序开展乡镇机构改革，按时完成党政综合办公室、党群工作办公室等 6 个党政内设机构和综合执法大队、党群服务中心（综合便民服务中心）、乡村振兴发展中心等 3 个副科级事业单位的设立。加强政务公开和政府信息公开，通过政府网站及时、主动公开政务信息 76 条。落实全面从严治党主体责任，加强“一岗双责”，持之以恒抓好政府系统廉政风险防控。高标准落实省委巡视南平市建阳区的反馈意见，主动认领 4 个方面 12 项 27 个问题，认真抓好回龙土地抛荒、户厕改造未完成、污水处理厂未建成等问题的整改工作。严格落实中央八项规定精神，牢固树立“过紧日子”的思想，“三公”经费同比下降 11.2%。大力整治形式主义、官僚主义等“四风”问题，全年文件、会议、微信群信息数量，比上年同期皆有所下降。

2020 年 4 月 27 日，回龙乡人大代表联络站举行诉讼服务站揭牌仪式

2020 年 7 月 28 日，南平市科特派员专题培训班精品现场教学在回龙乡举行

一、区领导

区委领导

书　记：杨新强

副书记：魏敦盛　　谷国海

常　委：林贻彬　　孙德胜

方丹青（女）　连大松

王　杨　　郑立新

刘　寒（女）　刘用锋

区人大常委会领导

书　记：胡宗礼

副主任：李　宪（正处级）　孙立群

张晓虹（女）　郑林山

吴政禹

区政府领导

区　长：魏敦盛

常务副区长：郑立新

副区长：周德兴　　陈文藩

郑顺莲（女）　叶清勇

罗　超　　李培文

柯红梅（女）

区政协领导

党组书记、主席：吴少华

副主席：陈宗财　　李家回

沈嘉荣　　黄　辉

区纪委领导

书记、监委主任：连大松

副书记、监委副主任：

李国强　　肖立新

常　委：罗荣珍（女）　黄文新

林瑞妃（女）　罗卫国

二、区委机关

区委办公室

主　任：叶义清

区委组织部

部　长：方丹青（女）

常务副部长：江磐基

区委宣传部

部　长：刘　寒（女）

区委统战部

部　长：林贻彬

区委政法委

书　记：谷国海

副书记：周志刚

区委台办

主　任：叶义清

区委机构编制委员会办公室

主　任：倪毅仁

区直机关工作委员会

常务副书记：王东新

区委党史和地方志研究室

主　任：余庆明

区委老干部局

局　长：陈　容（女）

区委精神文明建设办公室

主　任：邱盛财

区委（政府）信访局

局　长：周天翼

区监察委员会

主　任：连大松（兼任）

民族与宗教事务局

局　长：彭宝金

三、区人大常委会机关

住房和城乡建设局

党组书记、局长：叶孝有

区人大常委会办公室
主　任：吴建磊

人事代表联络委
主　任：陈良添

内务司法委
主　任：黎　真（女）

财政经济委
主　任：王雪英（女）

农村经济委
主　任：汤祖华

教育科学文化卫生委
主　任：叶晓华

城建环保委
主　任：刘卫平

信访室
主　任：姚华杰

四、区政府机关

政府办公室
主　任：叶　强

行政服务中心管委会
主　任：伍清生

发展改革和科技局
党组书记、局长：魏松正

工业和信息化局
党组书记、局长：张文鲁

卫生健康局
党组书记、局长：许群瑜

教育局
党组书记、局长：陈大勇

公安局
局　长：周德兴

民政局
党组书记、局长：谢泽浩

司法局
党组书记、局长：黄永红

财政局
党组书记、局长：李永华

人力资源和社会保障局
局　长：吴世华

国土资源局
局　长：叶春华

环境保护局
局　长：王　敏

交通运输局
党组书记、局长：谭　健

农业局
党组书记、局长：周瑞明

林业局
党组书记、局长：丁德有

水利局
党组书记、局长：全祖梁

商务局
党组书记、局长：蔡树明

招商局
局　长：赵文华（女）

文化体育和旅游局
党组书记、局长：徐卫兵

审计局
局　长：林文进

应急管理局
党委书记、局长：张春贵

市场监督管理局
局　长：刘晨曦

统计局
局　长：赵文华（女）

城市管理行政执法局
局　长：柳仙秋

五、区政协机关

秘书长：谢道华

办公室
主　任：邹光祥

经济委员会
主　任：何贵松

提案委员会
主任科员：刘天成

教科卫体委员会
主　任：龚秀梅（女）

社会法制和民族宗教委员会
主　任：张晓英（女）

文化文史和学习委员会
主　任：蔡　伟

农业和农村委员会
主　任：朱丽莉（女）

六、军事司法机关

武警南平市支队二大队
大队长：彭　勇

区公安消防大队
大队长：毛华猛

区人民法院
党组书记、院长：潘少军

区人民检察院
党组书记、检察长：刘子华

七、民主党派 工商联 团体

农工党建阳区委会
主　委：叶福平

民盟建阳区委员会
主　委：张晓红（女）

区工商业联合会（总商会）
主席、商会会长：李友明
党组书记：张春贵

区总工会
常务副主席：秦龙飞

共青团建阳区委员会
书　记：黄　斌

区妇女联合会
主　席：杨铸华（女）

区科学技术协会
主　席：卢献根

区归国华侨联合会
主　席：谢　洁（女）

区残疾人联合会
理事长：林　芳（女）

区文学艺术界联合会
主　席：黄子平

区计划生育协会
会　长：陈文勇

区关心下一代工作委员会
名誉主任：方丹青（女）
主　任：李家回

区老科学技术工作者协会
会　长：张晓虹（女）

区老区建设促进会
会　长：练明武

区红十字会
常务副会长：徐　芳（女）

区个体私营企业家协会
副局长：李　健

区消费者权益保护委员会
会　长：刘晨曦

区社会科学界联合会
主　席（兼任）：刘　寒（女）
副主席：黎　玲（女）

八、事业单位

区委党校
常务副校长：邱行洲

区档案局（馆）
局　长（馆长）：虞福兴

区供销合作社联合社
主　任：陈　辉

区城镇集体工业联合社
主　任：刘建斌

区融媒体中心
主　任：王柳珍

区铁路建设办公室
主　任：张小平

区农业机械管理站
站　长：朱建峰

福建广播电视大学建阳工作站
站　长：张国华

区教师进修学校
校　长：谢安泉

建阳区第一中学
校　长：黄景青（女）

建阳区第二中学
校　长：朱仪俊

建阳区第三中学
校　长：赖家兴

建阳第一医院
院　长：陈　勇

建阳区中医院
院　长：陈贵声

建阳区卫生监督所
所　长：杨邦铭

区疾病预防控制中心
主　任：张贤强

建阳区妇幼保健院
院　长：刘文英（女）

九、省、市驻潭单位

国家税务总局南平市建阳区税务局
局　长：池良凯

区烟草专卖局
局　长：许东升

区邮政局
总经理：周泽村

中国电信建阳分公司
总经理：黄勇庆

中国移动建阳分公司
总经理：郑丽芳（女）

中国联通建阳分公司
总经理：游万辉

中国人民银行建阳支行
行　长：江　海

南平银监分局建阳监管组
主　任：谢颖（女）

农业发展银行建阳支行
行　长：陈经学

工商银行建阳支行
行　长：胡永峰

农业银行建阳支行
行　长：潘卫青

中国银行南平建阳支行
行　长：王为民

中国建设银行建阳支行
行　长：陈建峰

兴业银行建阳支行
行　长：陈青锋

邮政储蓄银行建阳支行
行　长：陈　凌

建阳区农村信用合作联社
理事长：陈宏文

人寿保险建阳支公司
经　理：林贵友

人保财险建阳支公司
经　理：许正飞

区气象局
局　长：叶福銮（女）

区水文局
局　长：詹丽娟（女）

南平市公路局建阳分局
局　长：郑成才

建阳区供电有限公司
总经理：吴远生

南平市住房公积金管理中心建阳管理部
主　任：邱华琦

福建闽北卫生学校
校　长：翁丽美（女）

南平农业学校（建阳农业工程学校）
校　长：李立泉

南平市武夷旅游商贸学校
党总支部书记：吴棋全

南平市教师进修学院
院　长：许志文

南平市第二医院
院　长：巢　毅

十、乡镇（街道）

潭城街道办事处
书　记：郑林山
主　任：张　年
人大工委主任：刘　庆

童游街道办事处
书　记：阎济民
主　任：谢江峰
人大工委主任：翁建义

将口镇
书　记：吴立国
镇　长：林振兴
人大主席：胡建福

崇雒乡

书　记：童宏崧

乡　长：龚继平

人大主席：潘震山

徐市镇

书　记：谢学想

镇　长：李文富

人大主席：黄　挺

莒口镇

书　记：彭阳敏

镇　长：詹国鸣

人大主席：张义德

麻沙镇

书　记：张礼华

镇　长：张金灼

人大主席：刘永义

书坊乡

书　记：姜丽华（女）

乡　长：暨雄青

人大主席：胡雄华

黄坑镇

书　记：周春林

镇　长：林瑞妃（女）

人大主席：熊友明

水吉镇

书　记：沈嘉荣

镇　长：陈宝珠（女）

人大主席：廖文忠

小湖镇

书　记：郑卓宁

镇　长：廖建文

人大主席：王国明

回龙乡

书　记：蓝忠明

乡　长：江　毅

人大主席：胡国强

漳墩镇

书　记：翁少敏

镇　长：陈莉娜（女）

人大主席：龚韶文

注：区领导职务名单以2020年12月31日在职为准

说 明

一、本索引采用主题词分析法，按主题词首字汉语拼音字母（同音字按声调）顺序排列。

二、栏目、分目标题用黑体字。“特载”“大事记”“人物 荣誉”内容不作索引。

三、索引主题词后的数字表示页码，数字后的 a、b、c 表示栏别左中右。

C

D

E

F

G

H

J

K

L

M

N

P

Q

R

S

T

W

X

Y

Z